China-Handbuch

Erkundungen im Reich der Mitte

Aufgezeichnet von Françoise Hauser und Volker Häring

Trescher
Reihe Reisen

1. Auflage 2005

Reinhardtstr. 9
10117 Berlin
www.trescherverlag.de
post@trescherverlag.de

ISBN 3-89794-070-1

Trescher-Reihe Reisen
Herausgegeben von Sabine Fach
und Bernd Schwenkros
Reihenentwurf: Robert Schumann
Satz und Bildbearbeitung:
Martina Sailer, Bernd Chill
Lektorat: Sabine Fach, Alice Gayler
Stadtpläne und Karten:
Johann Maria Just

Gedruckt auf chlorfrei gebleichtem Papier

Printed in Germany

Inhalt

VE FASHION
010-68436384 68436385
开文明车
修车
修车

Vorwort

Eine Eigenschaft ist es, die China aus der Sicht des Westens ganz besonders auszeichnet: Es ist weit weg. Kein Wunder also, daß es sich hervorragend als Gegenwelt eignet, in die wir Europäer allerhand hineinprojizieren. Grundsätzlich ist erst einmal alles anders, entgegengesetzt, was dem Westen in der Geschichte genauso Stoff für unbändige Bewunderung bot wie vermeintliche Gründe für grenzenlose Verachtung.

Aus chinesischer Sicht stellen sich die Dinge ähnlich dar: Auch der Westen muß als Vorbild genauso herhalten wie als abschreckendes Beispiel. Natürlich wünscht man sich in China den westlichen Lebensstandard, keinesfalls jedoch den sozialen Zerfall, die lockeren Sitten und das politische Chaos. Die westliche Auflösung der familiären Strukturen läßt alle Chinesen einmütig mit dem Kopf schütteln.

Eines ist jedenfalls sicher: Wer nach China fährt, muß aufräumen. Mit Vorstellungen, Verallgemeinerungen und Vorurteilen. Zurückkehren darf man dann mit neuen Klischees, unverarbeiteten Eindrücken, Überraschungen und allerhand offenen Fragen. Kein Chinabild gleicht dem anderen, und jede China-Erfahrung ist unvergleichlich. Und so mag es durchaus vorkommen, daß der eine Reisende von betörend schönen Landschaften, freundlichen Begegnungen und köstlicher Küche berichtet, während der nächste mit Geschichten von Umweltverschmutzung, muffeligen Verkäuferinnen und Schildkrötensuppe aufwartet. Beide haben auf ihre Weise recht, und beide haben nur einen kleinen Teil des modernen China gesehen. Daß sich das Reich der Mitte zudem in Folge der Wirtschaftsreformen in atemberaubender Geschwindigkeit entwickelt (wohin weiß allerdings keiner so ganz genau) macht die Angelegenheit um so interessanter. Und schon wieder wird China nun das Objekt vieler Mutmaßungen, Vorbild (welch Wirtschaftswachstum, welche Dynamik!) und abschreckendes Beispiel (die gesellschaftlichen Folgen!) zugleich. Auch wenn das moderne wie das touristische China oft nicht den westlichen Klischees entspricht, lohnt es sich, hinter die Fassade zu blicken.

Lachender Buddha in der Provinz Zhejiang

In Dali

China in seiner Komplexität im Verlauf einer Reise ergründen und verstehen zu wollen, wäre indes ein höchst ambitioniertes und anstrengendes Unterfangen – befreien Sie sich davon und genießen Sie die Begegnung mit einer völlig anderen Kultur! So unterschiedlich sind die einzelnen Regionen, daß auch erfahrene China-Fahrer immer wieder auf Überraschungen treffen. Im Grunde genommen ist der Grundsatz, daß nichts gleich bleibt in China bis zur persönlichen Kapitulation anzuwenden. Kaum glaubt der Reisende, China verstanden zu haben, scheint man im Reich der Mitte alles daran zu setzen, eine Fülle legitimer Ausnahmen zu kreieren. Darauf allerdings kann man sich verlassen. Und vielleicht ist genau das der Grund, warum die Autoren noch immer genauso viel Spaß an China haben wie bei der ersten Reise.

Hinweise zur Benutzung dieses Reiseführers

Im ersten Teil finden sich ausführliche Informationen über das Land, seine Bewohner, seine Geschichte und Kultur. Im zweiten Teil werden die einzelnen Landesteile vorgestellt. Am Ende des Buches finden sich Reisetips von A bis Z.

In einem einzelnen Reiseführer alle Gebiete Chinas erschöpfend behandeln zu wollen, wäre vermessen und würde den Umfang eines jeden Reisegepäcks sprengen. Dennoch werden in diesem Buch sowohl alle typischerweise auf einer Chinareise besuchten Reiseziele als auch viele weitere interessante Regionen und Städte ausführlich vorgestellt. Dem landschaftlich äußerst reizvollen Südwesten sowie den oft mit dem Schiff bereisten ›Drei Schluchten‹ des Yangzi wurden eigene ausführliche Kapitel gewidmet.

Zur besseren Orientierung vor Ort sind bei allen wichtigen Ausflugszielen sowie Hotels, Straßen und Adressen die chinesischen Schriftzeichen sowie die lateinische Umschrift beigefügt. Generell wird in diesem Buch die seit 1958 in der VR China übliche Umschrift Hanyu Pinyin verwendet, Ausnahmen bilden geographische Bezeichnungen, die sich in den deutschen Sprachgebrauch eingebürgert haben, wie Peking (Beijing) und Kanton (Guangdong). Nützliche Hinweise zu geographischen Namen finden sich im Sprachkapitel (S.122).

Die Autoren sind jedes Jahr mehrmals in China, der vorliegende Reiseführer wurde aktuell recherchiert. Dennoch kann es vorkommen, daß sich vor allem Adressen und Telefonnummern schon wieder geändert haben. In einem Land, in dem selbst die Bewohner oft nicht wissen, in welcher Straße sie morgens aufwachen, kann auch das eine oder andere Hotel und Restaurant zwischenzeitlich der Abrißbirne zum Opfer gefallen sein. Die Autoren und der Verlag sind deshalb für aktuelle Informationen, Hinweise und Anregungen dankbar.

Zeichenlegende

- Allgemeine Informationen, Post, Bank, Reisebüros etc.
- Flughäfen
- Bahnhof
- Busbahnhof
- Hotels und Pensionen
- Restaurants, Nachtmärkte, Garküchen
- Einkaufsmöglichkeiten, Souvenirs
- Bars, Nachtclubs
- Häfen, Ausflugsschiffe

Fast fünftausend Jahre konnte sich die chinesische Kultur kontinuierlich entwickeln. Kein Wunder, daß sie sich in vielerlei Hinsicht durch besondere Raffinesse auszeichnet.

Trotzdem sind die meisten Chinesen höchst bodenständig und freuen sich über jedes aufrichtige Interesse an ihrem Land.

Land und Leute

Geographie

Vordergründig scheint das Reich der Mitte erst einmal erstaunlich homogen, obwohl das drittgrößte Land der Welt sich immerhin über fast zehn Millionen Quadratkilometer erstreckt. Von der nördlichsten Spitze an der sibirischen Grenze bis zum Südzipfel der Insel Hainan sind es um die 5500 Kilometer, von Ost nach West erstreckt es sich über mehr als 5200 Kilometer. Das entspricht ungefähr der Distanz von Frankfurt bis zum Äquator – und trotzdem sind sich die Chinesen der sibirischen Grenzregion mit den Bewohnern des südchinesischen Küstenstreifens erst einmal einig, daß in kultureller, religiöser und gesellschaftlicher Hinsicht dieselben Grundideale gelten. Auch optisch scheint es auf den ersten Blick nur geringe Unterschiede zu geben, denn die Innenstadt von Beijing unterscheidet sich kaum von der Kantons oder Shanghais.

Dies liegt vor allem daran, daß ein Großteil der Bewohner Chinas zur Ethnie der Han gehört. Gut 92 Prozent aller Staatsangehörigen sehen ihre Wurzeln in der Dynastie der Han-Herrscher zu Beginn unserer Zeitrechnung und prägen entscheidend das China, wie wir es heute kennen. Nicht ganz unbegründet wirft man ihnen einen starken ›Kulturalismus‹ vor, und nur wer sich dieser Zivilisation anpaßt, kann in China auf Dauer bestehen. Dies mußten Fremdherrscher genauso lernen wie ausländische Geschäftsleute oder Minoritäten-Völker, die auch heute noch einem gewissen Anpassungsdruck ausgesetzt sind. Vielleicht blickt China deshalb auf die längste ununterbrochene Kulturgeschichte der Welt zurück.

Die physische Gestalt

Seine geographische, ethnische und kulturelle Vielfalt verrät China erst auf den zweiten Blick – was sicher auch daran liegt, daß die meisten Reisenden nur die Küstenregionen kennenlernen. Ein Blick auf die physische Karte zeigt jedoch, daß von Wüsten, Gebirgen, Steppen, tropischen und subtropischen Wäldern bis zu Nadelwäldern und Sümpfen in China praktisch jede Landschaftsform vertreten ist.

Generell läßt sich die Oberflächengestalt Chinas in drei große Stufen einteilen, die sich vom Himalaya bis zum ostchinesischen Meer erstrecken. Das Tibet-Qinghai-Plateau ist dabei nicht nur die höchste Stufe Chinas, sondern mit einer Durchschnittshöhe von 4500 Metern auch weltweit die höchste Region. Im Laufe der nächsten Jahrtausende dürfte sie sogar noch ansteigen: Hier schiebt sich, vereinfacht gesprochen, die indische Platte unter die eurasische und häuft so die Gebirgsmassen des Himalaya an. Abgeschlossen ist diese Gebirgsbildung noch lange nicht, und so rechnen Geologen mit etwa ein bis zwei Zentimetern Erhö-

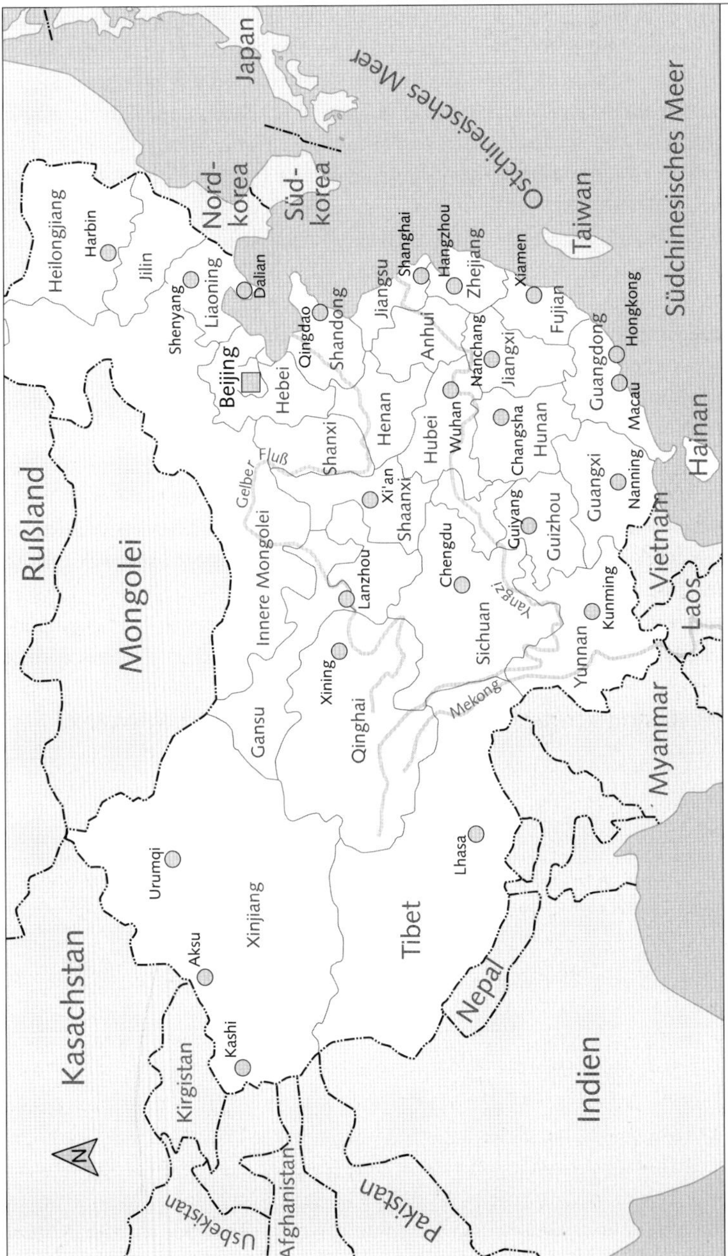

Übersicht über die Provinzen Chinas

hung im Jahr. Hier stehen die höchsten Gipfel der Erde (neun der zehn höchsten Berge der Erde liegen im Himalaya), und hier entspringen trotz des trockenen Klimas praktisch alle großen Flüsse Asiens: Die Quellen des Mekong, Huanghe, Yangzi, Irrawady, Salween, Brahmaputra, Indus und Ganges liegen im Himalaya. Das trocken-kalte Wetter macht Landwirtschaft auf dem ›Dach der Welt‹ fast unmöglich, läßt aber dank permanent blauen Himmels jeden Hobbyfotografen in Verzückungen geraten.

Direkt im Anschluß an das Tibet-Qinghai-Plateau, sozusagen als zweite Stufe, liegen nordwestlich das Tarimbecken, nordöstlich das Lößplateau des Huanghe und im Osten und Südosten die Gebirgsregionen des Großen Xinggan und des Yunnan-Plateaus. Nennenswerte Siedlungen gibt es im Tarimbecken eigentlich nicht, beherbergt es doch die Taklamakan-Wüste – und dennoch ist die abgelegene Region für China von großer Bedeutung, denn hier befinden sich die Erdöl-Quellen der Volksrepublik.

Als letzte, niedrigste Stufe schließt sich die ostchinesische Tiefebene an. Dieser bis zu 600 Kilometer breite Küstenstreifen gehört zu den am dichtesten besiedelten Regionen der Welt: Hier befinden sich die meisten chinesischen Millionenstädte, wird das Wirtschaftswachstum erbracht, liegen die wichtigsten Zeugnisse der chinesischen Geschichte.

Die geographisch wie kulturell wichtige Trennung zwischen Nord- und Südchina verläuft offiziell entlang der Gebirgskette des Xinlingshan. Seine teils über

Die Tigersprungschlucht am oberen Yangzi in der Provinz Yunnan

Marktszene in Dali

4000 Meter hohen Gipfel fungieren auch als Wasserscheide zwischen den beiden großen Flußsystemen des Yangzi (Changjiang) und des Gelben Flusses (Huanghe). Vor allem der Süden des Landes ist von allerhand Gebirgen und Mittelgebirgen durchzogen – ein echter Bonus für Naturtouristen, für die chinesischen Bauern jedoch ein permanenter Quell der Anstrengung. Nur durch Terrassierung lassen sich viele Berghänge nutzen. Und selbst unter diesen Bedingungen ist die landwirtschaftlich nutzbare Fläche Chinas geradezu lächerlich gering: Nur etwas mehr als 10 Prozent der Landesfläche sind bebaubar, die Hälfte davon sogar nur mit Hilfe von Bewässerung.

Die hydraulische Gesellschaft

Durchschnitten wird das Terrain von zwei großen Flüssen, die für den chinesischen Kulturraum geradezu mythische Bedeutung haben: dem Huanghe (Gelber Fluß) und dem Changjiang (Yangzi). Als ›Wiege der chinesischen Kultur‹ stehen die schlammigen Fluten des Gelben Flusses für die sogenannte Gelbe Kultur der chinesischen Kaiser. Ihn zu bezwingen war eine arbeitsintensive und gefährliche Angelegenheit. Immer wieder ergoß er sich, trotz komplexer Deichbauten, in verheerenden Überschwemmungen über die dicht besiedelte Ebene. Die Bekämp-

Fischer am Erhai-See

fung dieser Gefahr wurde zu einem zentralen Anliegen der chinesischen Kultur, die deshalb auch als ›hydraulische Gesellschaft‹ bezeichnet wird.

Der Yangzi hingegen und seine Delta-Siedlungen wie Shanghai, Suzhou, Nanjing und Hangzhou werden oft der ›Blauen Kultur‹ zugerechnet, dem offenen, zum Ausland hingerichteten China. Diese Einteilung ist zwar selbst in China nicht unumstritten, eine gewisse Relevanz läßt sich jedoch nicht abstreiten, ist doch der Süden traditionell das Land der Kaufleute, Auswanderer und Seefahrer.

Auch der Yangzi hat im Laufe der Geschichte Abermillionen von Todesopfern gefordert. Die Pläne, seine Kraft durch einen Staudamm zu bändigen sind deshalb nicht neu. Bereits der Revolutionär Sun Yat-sen spielte Anfang des 20. Jahrhunderts mit dem Gedanken, den Fluß zu stauen. Erst die Zentralregierung der Volksrepublik jedoch konnte genug Macht, Geld und technisches Knowhow aufbringen, dieses ambitionierte Projekt anzugehen.

Egal ob mit oder ohne Staudamm, der Yangzi bleibt eine der wichtigen kulturellen Grenzen: Hier trennt sich das Weizen-Nudeln-China vom Reis-China. Wer südlich des Yangzi wohnt, lebt offiziell in Südchina und mußte bis Ende der 80er Jahre traditionell auf Heizungen jeder Art verzichten. Und dies, obwohl die theoretische geographische Zuordnung zu den Subtropen in den eisig-kalten Wintern nur wenig wärmend wirkt.

Beiden Flüssen gemein ist, daß sie in West-Ost-Richtung fließen. Kein einziges Gewässer von Transport-Bedeutung überwindet die Nord-Süd-Gefälle.

Klimatische Vielfalt

»Wie ist denn das Wetter in China?« lautet eine gefürchtete Frage an Reisebüromitarbeiter. Die Antwort müssen sie ganz zwangsläufig schuldig bleiben, denn das Reich der Mitte erstreckt sich, von kühl-gemäßigt bis tropisch, über vier Klimazonen. Und da ist der Himalaya mit seinen ›arktischen‹ Ausbrechern noch gar nicht mitgerechnet!

Wenn in Beijing noch die Staubstürme aus der Wüste Gobi wüten, blühen in Shanghai schon die Kirschbäume. In Hainan braucht man derweil, wie eigentlich rund ums Jahr, Sonnenschutz und greift anstatt zum Heizungsregler zur Badehose.

Generell gilt die Faustregel: Je weiter nach Süden, desto wärmer, je weiter von der Küste entfernt, desto trockener. Genauso generell und für Westler überraschend ist die Verteilung der Jahreszeiten. Frühling und Herbst bieten in China nur kurze Gastspiele: Der Übergang zwischen kalt und warm vollzieht sich innerhalb weniger Tage. Gestern noch im T-Shirt über den Platz des Himmlischen Friedens geschlendert, kann heute schon spontan ein Wintermantel auf der Einkaufsliste stehen. Selbst in den tropischen Regionen kann es im Winter erstaunlich kalt werden, hin und wieder fällt sogar an der vietnamesischen Grenze noch Schnee. Lediglich auf eines ist landesweit Verlaß, es wird nämlich egal wo, vielleicht mit der Ausnahme Yunnans, heiß im Sommer – wirklich heiß! In den drei ›Backöfen‹ Wuhan, Chongqing und Nanjing sind Juli/August-Temperaturen von 40 bis 50 Grad durchaus üblich, ja selbst der Norden Chinas überrascht mit ähnlichen Spitzenwerten.

Wintervergnügen in Beijing

Vor der Abreise ist es jedenfalls ratsam, im Internet einen Blick auf die Wettervorhersage zu werfen. Bei http://weather.yahoo.com beispielsweise gibt es genaue Temperatur- und Feuchtigkeitswerte. Wer selbst keinen Internet-Anschluß hat, läßt eventuell im Reisebüro nachschauen.

Reisende nach Nordchina dürfen sich im allgemeinen auf ein recht trockenes Klima einstellen, denn ein Großteil der geringen Niederschläge fällt im Sommer, während im Winter die klirrende, aber sonnige Kälte für ideales Fotolicht sorgt. Im Süden wird das Wetter vor allem vom Monsun bestimmt: Besonders im Süden und auf Taiwan macht er sich als so genannter ›Pflaumenregen‹ bemerkbar. Der Name rührt übrigens nicht von den vermeintlich pflaumengroßen Regentropfen (wer je einen Monsunregen erlebt hat, fällt gerne darauf herein), sondern bezieht sich auf die zeitgleiche Pflaumenblüte.

Genaugenommen ist der Monsun, wie alle Winde, eine Ausgleichsbewegung zwischen Gebieten verschiedenen Luftdrucks, der nur im Sommer Regen bringt. Durch die direkte Sonneneinstrahlung erwärmt sich die Luft über den tropischen Landmassen besonders stark und steigt nach oben. Über dem Land entsteht so ein Tiefdruckgebiet, das die feuchte Luft der umgebenden Ozeane ansaugt. Das Resultat, ein feuchtigkeitsbeladener Südwestwind landeinwärts, bringt vor allem in Indien und Südostasien, aber auch Südostchina den lang ersehnten Regen. Besonders heftig macht sich dies an den Gebirgen bemerkbar. Hier staut sich die feuchte Luft, steigt an, kühlt ab und verliert dadurch die Fähigkeit, Feuchtigkeit zu speichern und regnet daher ab. Der Wintermonsun dagegen zeigt sich, zumindest aus Sicht der Reisenden, weniger spektakulär. In der kalten Jahreszeit bilden sich über dem Festland schwere Kaltluftmassen, die sich als Hochdruckgebiete manifestieren. Auch hier kommt es zu Ausgleichsströmungen, diesmal in Richtung Ozean, wo sich dank der wärmeren Wassertemperaturen ein Tiefdruckgebiet gebildet hat, doch die kalte Luft kann keine Feuchtigkeit speichern. Die daraus resultierenden Winde werden deshalb nicht von Niederschlägen begleitet.

Die ›unchinesischen‹ Chinesen

Gut 8 Prozent der Bevölkerung, also mehr als 100 Millionen chinesische Staatsbürger, besitzen zwar einen chinesischen Paß, zählen ethnisch und kulturell aber zu einer der sogenannten Minderheiten. 55 anerkannte ›nationale Minoritäten‹ gibt es, deren Kulturen sich teils erheblich von der der Han unterscheiden. Besonders im Südwesten des Landes können auch ethnologisch wenig bewanderte Rei-

Im Sommer kann es sehr heiß werden

Kinder vor einer Moschee bei Lanzhou

sende die Unterschiede zwischen den bunten Trachten der Zhuang, Miao sowie vieler anderer Völker und den (äußerlich) westlich orientierten Chinesen kaum übersehen. Andere, wie die zentralchinesischen Hui beispielsweise, unterscheiden sich nur in religiöser Hinsicht: Diese moslemischen Chinesen sprechen Mandarin und sind nur am weißen Turban zu erkennen.

Im Grunde genommen besitzen die Minoritäten kaum politischen Einfluß und werden von den Han-Chinesen eher als eine amüsante und touristisch interessante Abnormität betrachtet. Problematisch ist, daß sie aber in den strategisch wichtigen Randgebieten Chinas wohnen – wollte man alle vorrangig von Minoritäten bewohnten Gebiete von China abtrennen, blieben nicht einmal 40 Prozent des volksrepublikanischen Territoriums übrig! Die Beijinger Politik läßt sich deshalb auf eine einfache Formel bringen: Kulturelle Toleranz ja, politische Abspaltung nein. Um die Nationalitäten bei Laune zu halten und sie vor Han-Chauvinismus zu schützen, wurden ihnen allerhand Sonderrechte zugesprochen. Sie leben meist in ›autonomen Gebieten‹, lernen in der Grundschule oft ihre Muttersprache und sind von der Ein-Kind-Regel ausgenommen. Wehe jedoch, es entstehen trotzdem separatistische Bewegungen! Vor allem in der westlichen Provinz Xinjiang kommt es immer wieder zu Zusammenstößen zwischen den moslemischen Minoritäten und den han-chinesischen Ordnungshütern. Gerade im Westen Chinas läßt sich die Zentralregierung auf keinerlei Kompromisse ein, sitzen doch die Bewohner Xinjiangs sprichwörtlich auf der Energieversorgung des Staates, denn hier liegen die wichtigsten Öl-, Kohle- und Erdgas-Vorkommen des Landes.

Chinas zahlenreichste Nationalitäten

Nationalität	Anzahl	Hauptsiedlungsgebiete
Han	mehr als 1,2 Milliarden	Küstenregion
Zhuang	16 Mio	Guangxi, Yunnan, Guangdong
Mandschuren	9,8 Mio	Liaoning, Jilin, Heilongjiang
Hui	8,6 Mio	Ningxia, Shaanxi
Miao	7,4 Mio	Sichuan, Yunnan
Uighuren	7,2 Mio	Xinjiang
Yi	6,5 Mio	Yunnan, Sichuan
Tujia	5,7 Mio	Guizhou
Mongolen	4,8 Mio	Innere Mongolei
Zang (Tibeter)	4,5 Mio	Tibet, Qinghai
Dong	2,5 Mio	Yunnan, Sichuan, Guizhou
Buyi	2,5 Mio	Yunnan, Sichuan, Guizhou
Yao	2,1 Mio	Yunnan, Sichuan, Guizhou
Koreaner	1,9 Mio	Nordost-China
Kasachen	1,1 Mio	Xinjiang

Kinder bei Yangshuo

Stadt und Land

Und trotzdem sind es nicht die Minoritäten, die letztlich den Staat ins Wanken bringen könnten, sondern der wirkliche soziale Sprengstoff liegt, recht unspektakulär, auf dem Lande. Von 1,3 Milliarden Chinesen lebt ein gutes Drittel in urbanen Gebieten. Der Rest, etwa 60 Prozent, ist dazu verdammt, auf dem Lande zu leben. Eine harte Formulierung, die aber durchaus zutrifft: Kein Chinese lebt freiwillig als Bauer im Hinterland, wo die Durchschnittslöhne oft nicht einmal ein Zehntel des städtischen Verdienstes betragen. Meist sind es rein praktische Widrigkeiten, die ihn regelrecht an die Scholle nageln: Freizügigkeit hat es in China eigentlich nie gegeben, und auch der sozialistische Staat macht hier keine Ausnahme. Wer in die Stadt will, braucht eine Zuzugsgenehmigung, die nur sehr schwer erhältlich ist. Vor allem wenig qualifizierten Tagelöhnern bietet sich eigentlich nur die Chance, illegal auf Wanderschaft gehen. Und genau das tun sie, in unglaublicher Menge. Ungefähr jeder zehnte Chinese ist mittlerweile als Wanderarbeiter unterwegs! Ob als Näherin in Shenzhen, als Bauarbeiter in Shanghai oder als Dienstmagd in Beijing – sie leben jenseits der Gesetze, ohne soziale Absicherung, ohne Schutz vor Kündigung und oft unter erbärmlichen Bedingungen. Für die chinesische Wirtschaft ist dieses neue Lumpenproletariat von großer Bedeutung, denn gerade die lächerlich geringen Löhne dieser neuen Unterschicht ermöglichen enorme Gewinne für Unternehmer.

Bauer mit Handy in der Provinz Yunnan

Umwelt – welche Umwelt?

Ein weiterer Brennpunkt Chinas ist die Umwelt – ökologische Probleme sind im Reich der Mitte so alt wie die chinesische Zivilisation selbst. Bereits zu Beginn unserer Zeitrechnung beklagten die frühen Daoisten den Raubbau an der Natur und mahnten an, weniger Bäume zu fällen. Genützt hat es wenig – die Lößberge im Herzen der chinesischen Zivilisation waren schon damals zu großen Teilen

Der Bauboom ist ungebrochen

gerodet. Woher sonst hätte das Brenn- und Bauholz stammen sollen? Heute muten viele Landstriche geradezu wüstenartig an: Kein einziger Baum bremst die Wind- und Wassererosion am Mittellauf des Gelben Flusses. Die Auswirkungen nehmen die Menschen entlang des Unterlaufs und in der Hauptstadt zähneknirschend hin – sprichwörtlich, bringt ihnen doch der Frühling jedes Jahr tagelange Staubstürme, deren feinste Lößpartikel in jede Ritze dringen und die Region mit einer blaß-beigen Lasur übertünchen.

Aber auch ohne Sandstürme ist die Luft der Metropolen oft kaum mehr zu genießen, denn mehr als zwei Millionen Autofahrer drängeln sich beispielsweise heute durch die Straßen Beijings – mit zunehmender Tendenz, gehört doch der eigene Wagen zum Traum eines jeden Chinesen. Und in der Industrie gilt sowieso, daß die Produktion Vorrang hat. Umweltschutz ist ganz klar ein Luxus, den sich die aufstrebende Volksrepublik nur selten gönnt. Aufforstungsprogramme gibt es natürlich schon, aber was nützt es, ein paar Bäume in die Lößebene zu stellen, wenn derweil um die Ecke Fabriken weiter munter alle Abfälle in die Luft und die Flüsse ableiten. Zur mittlerweile recht auffälligen Luftverschmutzung gesellt sich daher ein weiteres großes Problem: der Wassermangel. Je mehr die Wälder Nordchinas verschwinden, desto mehr sinkt der Grundwasserspiegel des ohnehin schon recht trockenen Landstrichs. In manchen Monaten verwandelt sich selbst der Gelbe Fluß in einen Rinnsal. Eines sei allerdings an dieser Stelle angemerkt: Selbstverständlich gibt es in China noch immer viele geradezu unberührte Landschaften und einzigartige Biotope. Doch gerade weil das Land in landschaftlicher Hinsicht so einzigartig ausgestattet ist, wäre der Verlust umso tragischer.

Der Gedanke, diesen bedrohlichen Entwicklungen durch Umweltmaßnahmen Einhalt zu gebieten, ist natürlich auch der Regierung nicht neu, und es gibt durchaus einige ernst gemeinte staatliche Initiativen zur Verbesserung des Umweltschutzes. Generell befindet sich die Regierung aber in einer politischen Zwickmühle. Solange sie es schafft, der städtischen Bevölkerung eine stete Steigerung des Lebensniveaus zu verschaffen, braucht sie sich wenig Gedanken um die eigene Machtposition zu machen. Daß das imposante Wirtschaftswachstum von acht bis zehn Prozent (2003 8,2 Prozent) allerdings nicht immer mit einer umweltverträglichen Haltung einhergehen kann, versteht sich von selbst. Immerhin wurden aber seit den 1970er Jahren landesweit gut 400 Naturreservate eingerichtet, die mehr als sechs Prozent der Staatsfläche einnehmen. Auf internationaler Ebene hat China ebenfalls im Rahmen des Biosphäre-Programms der UNESCO sieben Biosphärenreservate deklariert.

Die Geschichte Chinas

Seit wann eigentlich gibt es China? Ganz genau läßt sich diese Frage nicht beantworten, denn immer wieder tauchen neue Teile des großen historischen Puzzlespiels auf. Lange Zeit nahmen die archäologischen Forschungen einen eher geringen Stellenwert ein – sie verschwanden einfach im Schatten der turbulenten politischen Entwicklung des 20. Jahrhunderts. In der Kulturrevolution gar wäre es ein höchst gefährliches Unterfangen gewesen, sich offen dem Studium imperialer Dynastien oder vergangener Königreiche (sozusagen dem Klassenfeind schlechthin) zu widmen. Wurde allem Unbill zum Trotz dennoch geforscht, betrachtete man die Funde allzu oft durch die ideologische Brille des Han-Kulturalismus. Vor allem südchinesische oder gar nicht-chinesische Völker gerieten dabei ins Hintertreffen.

Die Ursprünge

Lange galt der Unterlauf des Huanghe als die Wiege der chinesischen Zivilisation – eine Version, die auch heute noch uneingeschränkt in fast allen Publikationen zu finden ist. Hier entstand die Gelbe Kultur (abgeleitet von der gelben Farbe der Lößerde), die wir heute als die chinesische schlechthin wahrnehmen und die viele Jahrhunderte den Kaiserhof prägte. Funde, die auf zeitgleiche, bedeutende

Dachreiter in der Verbotenen Stadt in Beijing

Kulturen in Südchina (die sogenannte Blaue Kultur) hinwiesen, wurden entweder lange ignoriert oder in ihrer Bedeutung heruntergespielt. Erst mit der Öffnungspolitik seit Anfang der achtziger Jahre und der damit verbundenen Abkehr vom bedingungslosen Dogmatismus wurden einige der historischen Verzerrungen korrigiert. Sicher ist mittlerweile, daß die chinesische Kultur sich wohl eigenständig entwickelte, aber auf einem Gemisch aus diversen lokalen Kulturen fußt, die im Laufe der Zeit größtenteils verschmolzen.

Zeit genug dazu hatten sie allemal, denn die ersten Homo-Erectus-Funde von Yuanmou in der Provinz Yunnan sind gut 1,7 Millionen Jahre alt. Auch der Peking-Mensch, der 1927 in Zhoukoudian nahe Beijing entdeckt wurde, wird auf rund 500 000 Jahre geschätzt.

Viele weitere Funde stützen die These, daß Ostchina seit der Altsteinzeit kontinuierlich besiedelt war. Doch erst gut 7000 bis 8000 Jahre vor Christus, also mit dem Beginn des Neolithikums (Jungsteinzeit), begannen die Jäger, Fischer und Sammler seßhaft zu werden. Ackerbau, Töpferkunst und Weberei waren bereits 5000 vor Christus weit verbreitet. Schweine und Hunde gehörten schon zum Hof, während Schafe, Rinder und Wasserbüffel erst um das Jahr 3000 vor Christus auftraten. Besonders rund um den Gelben Fluß und den Yangzi entstanden Siedlungen mit permanentem Ackerbau. Daß sich gerade hier spätere Hochkulturen herausbildeten, hat seinen Grund: Ständig von Überschwemmungen bedroht, mußten sich die Menschen früh organisieren, um den Fluß zu bändigen.

Besonders bekannt ist mittlerweile die Peiligang-Kultur (6500–5000 v. Chr.), deren Mitglieder in Grubenhäusern in den Provinzen Shandong, Shaanxi, Henan und Hebei lebten und sich bereits von Hirseanbau und Viehwirtschaft ernährten. Auch die etwas spätere Hemudu-Kultur (5000–3000 v. Chr.) am Unterlauf des Yangzi kannte die seßhafte Reiskultur und domestizierte Hunde, Schweine und Wasserbüffel. Ihre Häuser thronten auf Pfählen über der Ebene, die immer wieder von Überschwemmungen heimgesucht wurde.

Ein weiterer, wichtiger Einschnitt geschah gut 3000 Jahre vor Christus: Die Siedlungen wurden nun größer, teils entstanden geradezu städtische Kulturen. Dank der seßhaften Ackerkultur gewann die Vorratshaltung an Bedeutung. Kein Wunder, daß die Töpferwaren immer kunstvoller gestaltet wurden. Die Yangshao-Kultur (5000–3000 v. Chr.) der Provinzen Henan und Shanxi beispielsweise wird durch eine rote Keramik mit schwarzen Verziehrungen charakterisiert. Die etwas spätere, in Shandong angesiedelte Longshan-Kultur (4000–2000 v. Chr.) hingegen stellte eine dünnwandige, schwarze Keramik her. Dazu kamen die ersten Versuche der Metallverarbeitung.

Die Kultur-Heroen der Xia-Dynastie

Genau in diese Zeit fällt die vermeintlich erste Dynastie Chinas, die Xia (ca. 2200–1600 v. Chr.). Lange galt sie als ein Produkt der chinesischen Mythologie. Erst Ausgrabungen in Erlitou in der Provinz Henan ließen die bisherigen Erkenntnisse wanken.

Die Frage ob und wie weit es die Xia wirklich gab, ist für viele Chinesen eher unbedeutend, und sie verweisen auf die mythologischen Entstehungsgeschichte, die nahtlos in die historisch belegten Erkenntnisse übergeht. Ihr zufolge waren es die ›Drei Erhabenen‹ (San Huang) Fuxi, Nügua und Shennong, die mit ihren Erfindungen die Basis der menschlichen Kultur legten sowie den Menschen vom Tier und von den Göttern trennten. Fuxi beispielsweise erfand Fischzucht und Jagd, Nügua reparierte die Welt, nachdem der Geist Gonggong sie verwüstet hatte, und ihr Nachfolger Shennong brachte Kochkunst und Ackerbau.

Auch die darauffolgenden mythischen fünf Urkaiser, deren Titel nicht vererbt, sondern an den Fähigsten verliehen wurden, regierten weise und brachten den Menschen weitere kulturelle Fähigkeiten. Der letzte von ihnen, Tangyao, wurde

Alter Mann auf dem Land

jedoch von einer großen Überschwemmung heimgesucht. Erst der Untertan Yu konnte die Fluten regulieren und den Staat retten. Zum Dank wurde er zum Kaiser ernannt.

Mit dem nunmehr zum Kaiser avancierten Yu beginnt nicht nur in der Mythologie eine neue Ära (er führte die Erbmonarchie ein), sondern auch der Übergang zur belegten Geschichte. Als Begründer der Xia-Dynastie galt er allerdings lange Zeit als weitere Erfindung des Volksglaubens, genau wie auch seine Dynastie selbst – unter anderem, weil aus dieser Zeit keine schriftlichen Dokumente überliefert sind.

Die Shang-Dynastie

Mit der Shang-Dynastie (ca. 1600–1040 v. Chr.), die sich wahrscheinlich aus der Longshan-Kultur entwickelte, geht die Welt der Sagen jedoch definitiv zu Ende. Funde nahe Anyang (Provinz Henan) and in Erligang bei Zhengzhou, zeigen, daß die Shang bereits ein höchst organisierter Staat waren: Allen voran stand der König, der nicht nur über die Streitkräfte herrschte, sondern auch als oberste Instanz der Ahnenverehrung und Opferkultur fungierte, denn er war für die Durchführung der Kulte zuständig. Besonders zimperlich ging es dabei nicht zu: Menschenopfer waren weit verbreitet, und nicht immer waren die Grabbeigaben tot, hin und wieder stieß man die zu opfernden Sklaven auch lebend hinein. Seine Herrschaft über das Staatsgebiet im heutigen Henan, Hebei, Shaanxi, das nördliche Anhui und Shandong sicherte der Shang-Kaiser mit Hilfe eines starken Kriegeradels und gut organisierten Armeen, die bereits per Pferdewagen unterwegs waren. Auch in punkto Metallverarbeitung waren die Shang führend in der Welt, und keine Zivilisation dieser Zeit konnte an ihre Bronzeverarbeitung heranreichen.

All dieses Wissen über die Shang ist zahlreichen Ausgrabungen auf dem Terrain der damaligen Hauptstadt Yin nahe dem heutigen Anyang zu verdanken, wo elf Königsgräber mit zahllosen Waffen, Grabbeigaben, Alltagsgegenständen entdeckt wurden – und mehr als 20 000 Orakelknochen! Um mit den Göttern in Kontakt zu treten, benutzten die Priester der Shang-Kultur Schweineknochen und Schildkrötenpanzer. Nachdem die Frage an das Orakel auf dem Knochen vermerkt worden war, wurde er dem Feuer ausgesetzt. Anhand der Risse, die sich dadurch ergaben, konnte die göttliche Antwort gedeutet werden, die später ebenfalls auf dem Knochen vermerkt wurde, genauso wie, quasi als Kontrollstreifen, eine Notiz ob die Vorhersage wirklich eintraf. Die Zeichenschrift der Priester gilt als Urform der chinesischen Schrift. Viele der damaligen Zeichen sind auch heute noch in abgewandelter Form in Benutzung.

Unter dem Mandat des Himmels – die Zhou

Allen grausamen Ritualen und der kriegerischen Lebensform der Shang zum Trotz erstarkten gegen Ende des zweiten Jahrtausends vor Christus die benachbarten Zhou (1040–221 v. Chr.). Im Jahr 1050 vor Christus schließlich überrannten sie das Reich der Shang und etablierten eine neue Dynastie. Auch eine ideologische Rechtfertigung brachten die neuen Herrscher mit: Zu dekadent hatten die Shang gelebt, zu moralisch und sittlich verwerflich, so daß sie den göttlichen Herrschaftsauftrag verspielt hatten. Dieses ›Mandat des Himmels‹ sollte fortan bis in das moderne China eine entscheidende Rolle spielen. Als Mittler zwischen Himmel und Erde blieb der Regent verantwortlich für die Verwirklichung der kosmischen Grundregeln auf Erden. Gelang ihm dies nicht, war es durchaus legitim, den Herrscher zu stürzen und eine neue Dynastie zu gründen. Alle Rebellionen und späteren Volkserhebungen erhielten damit einen höchst konservativen Touch. Nicht um Neues zu erschaffen wurden die Kaiser abgesetzt, sondern um Vergangenes wieder herzustellen. Der himmlische Zorn war im übrigen leicht zu erkennen, entlud er sich doch in Form von Naturkatastrophen wie Erdbeben oder Überschwemmungen. Letztere konnte in der Tat ein Anzeichen schlechter Herrschaft und höfischer Dekadenz sein, denn wenn sich der Herrscher nicht mehr um die Organisation der Deichbauarbeiten kümmerte und die Korruption nicht in Schach hielt, versickerten die Wasserbau-Mittel im Getriebe der Palastverwaltung. Kein Wunder, daß dann die Dämme brachen!

Traditionelles Neujahrsbild

Und noch eine Neuerung brachten die Zhou mit: die feudale Organisation des Staates. Vasallen-Fürsten regierten das Land im Namen des Königs, der sich so eine starke Präsenz in allen Landesteilen erhoffte. Immerhin erstreckte sich China mittlerweile über gut ein Siebtel des heutigen Staatsgebietes. Anbetracht der Distanzen war dieses Reisenreich nur schwer zu verwalten und zu überwachen. Im Grunde genommen war es dann auch die Feudalstruktur, die der Zhou-Dynastie letztlich den Rest gab: Je mächtiger die Fürsten wurden, desto weniger waren sie gewillt, den Anweisungen eines fernen Königshofes zu folgen. Zeitgleich nahm der Druck aus Norden zu: Immer öfter fielen die nomadischen Nachbarn und ›Barbaren‹ ins chinesische Kernland ein. Im Jahre 771 schließlich räumte der Hof die bisherige Hauptstadt Xi'an und zog ins weiter östlich gelegene Luoyang. Den Historikern gaben sie damit eine Strukturierungsmöglichkeit, denn aufgrund dieses Ereignisses unterscheidet man heute zwischen den westlichen und östlichen Zhou.

Den politischen Zerfall konnten auch die östlichen Zhou damit freilich nicht aufhalten. Immer mehr beschränkte sich die Rolle des Königs auf religiöse Aktivitäten: Als Oberhaupt war er zwar weiterhin für den himmlischen Kontakt zuständig, hatte aber ansonsten die politische Kontrolle verloren. Kein Wunder, daß die erstarkten Fürsten bald begannen, sich untereinander zu bekriegen. In dieser Zeit der Frühlings- und Herbstperiode (722–481 v. Chr.) reduzierte sich die Zahl der Staaten merklich.

Zeitgleich entstand eine neue Berufsgruppe – die höfischen Berater. Mal hier, mal dort auf Zeit angestellt, zogen sie von Staat zu Staat und verdingten sich als Lehrer, Berater und Philosophen. Teils folgten ihnen regelrechte Jünger, die sich in philosophischen Diskussionen mit ihren Meistern übten. Derweil ging die politische Situation rapide bergab: In der sogenannten Zeit der Streitenden Reiche (453–256 v. Chr.) wurde das Land von bürgerkriegsähnlichen Zuständen geschüttelt. Anstatt sich um das Wohlergehen der Untertanen zu kümmern, kämpfte eine Handvoll lokaler Herrscher um die Macht.

Vielleicht wurde diese Periode gerade deshalb zu einer philosophisch höchst fruchtbaren: Wie sieht der ideale Regent aus? Wie muß ein Staat geführt werden, damit er funktioniert? Wie ist überhaupt das Verhältnis von Staat zu Individuum, Regent zu Untertan? Gleich mehrere große Philosophen beschäftigten sich mit diesen brennenden Fragen. Wenn auch mit sehr unterschiedlichen Ergebnissen, die allesamt aber die chinesische Kultur entscheidend prägen sollten. Konfuzianismus, Daoismus und Legalismus entstanden in der Periode der Zhou.

China wird Kaiserreich

Der Kampf der Kleinstaaten neigte sich schließlich immer mehr zu Gunsten des Fürstentums Qin (221–206 v. Chr.). In einem zehnjährigen Krieg besiegte der Regent Zheng einen Konkurrenten nach dem anderen und ernannte sich selbst zum Qin Shihuangdi, dem Ersten Kaiser von Qin. Qin Shihuangdi hatte aus dem Fiasko der Zhou gelernt: weg mit den potentiellen Konkurrenten! Vorsorglich ließ er 120 000 adlige Familien in die Hauptstadt Chang'an (heute Xi'an) umsiedeln, sozusagen direkt unter seine Nase – und damit unter seine Kontrolle. Auch der Rest des Landes wurde in einen straffen Zentralstaat verwandelt. Philosophisch ließ sich Qin Shihuangdi vor allem von Han Feizi inspirieren: Seine Schule des ›Legalismus‹ setzte in der Staatsführung auf die Kraft des Normativen, auf Abschreckung und Vereinheitlichung.

Für Vergehen aller Art wurden daher strenge Strafen eingeführt, die aber auf alle Bevölkerungsschichten gleichermaßen angewandt wurden. Auch die Frage der Vereinheitlichungen nahm sich Qin Shihuangdi sehr zu Herzen. Was immer sich normieren ließ, wurde vom Hofe genormt: Die Achsenbreite der Wagen, Gewichte, Währung, ja sogar die regionalen Unterschiede der Schriftzeichen wurden auf kaiserliche Anweisung angeglichen. Alles das, was vor Qin Shihuangdi gewesen war, sollte aus dem kulturellen Gedächtnis der Menschen verschwinden. Mit einer großen Bücherverbrennung, die vor allem auf die konfuzianischen Klassiker abzielte, ordnete er eine Art kulturelle Tabula rasa an. Nur wenige Werke überlebten den größenwahnsinnigen Herrscher.

All dies ging mit einer sehr expansiven Außenpolitik einher. Bis Vietnam zog sich nun das Qin-Territorium, von Lanzhou bis Korea. Auch die Provinzen Yunnan, Guizhou und Sichuan wurden dem Reich einverleibt. Der Konflikt mit den nomadischen Völkern im Norden von China jedoch blieb. In einem gigantischen Großprojekt ließ der Kaiser daher alle bereits existierenden Wall-Anlagen an der Nordgrenze miteinander verbinden – die Große Mauer entstand. Über eine Million Arbeiter, die meist unfreiwillig von der Straße aufgegriffen oder aus den

Die Große Mauer entstand zur Zeit des Qin Shihuangdi

Gefängnissen zwangsrekrutiert wurden, errichteten in nur 17 Jahren die ersten 1900 Kilometer der Mauer.

In fast allen möglichen Bereichen schaffte es der Herrscher, den üblichen Rahmen zu sprengen. Selbst seine Grabstätte, die er schon zu Lebzeiten einrichten ließ, sollte sich zum historischen Superlativ entwickeln: Mit tausenden von lebensgroßen Tonsoldaten bestückt, sicherte sie dem Herrscher nicht nur den eigenen Weg ins Jenseits, sondern heute auch viel Einkommen für die modernen Bewohner von Xi'an. Als Terrakotta-Armee locken die Krieger heute jedes Jahr Heerscharen von Touristen in die Region.

All dies mag in der Retrospektive recht progressiv wirken, die Bewohner des Reiches jedoch litten unter der Herrschaft des Despoten. Frondienste, unglaublich harte Strafen, Sippenhaft, Abgaben und permanente Überwachung durch den Staat erbosten die Bevölkerung. Nach dem Tode von Shihuangdi explodierte der aufgestaute Unmut: In einer Rebellion konnte der Rebellenführer Liu Bang schnell die Oberhand gewinnen und sich selbst auf den Thron setzen.

Die westliche Han-Dynastie

Unter dem Eindruck der Qin-Dynastie war es für den neuen Kaiser nicht schwer, die Bevölkerung auf seine Seite zu bringen. Die Grundlagen der straffen Organisation behielt er zwar bei, lockerte aber die staatliche Kontrolle, senkte die Steuern und kehrte zur Philosophie des Konfuzius zurück, die wenige Jahrzehnte später sogar zur Staatsdoktrin erhoben wurde. Nichtsdestotrotz mußte das Reich natürlich verwaltet werden. Erstmals kamen dazu Beamte zum Einsatz, wie sie die nächsten zweitausend Jahre typisch für China sein sollten.

Diese administrative Innovation unter zentraler Verwaltung war erst einmal ausnehmend erfolgreich. Trotz der Probleme, die mit den großen territorialen Zugewinnen verbunden waren – China erreichte fast die Größe des heutigen Staatsgebietes –, ging es wirtschaftlich bergauf. Über die Seidenstraße entwickelte sich ein reger Handel. Kulturell entwickelte sich China zu dem, was wir auch heute noch als typisch chinesisch bezeichnen. Für Wissenschaftler und Erfinder wirkte die neue gesellschaftliche Stabilität höchst befruchtend: Stahlgewinnung, Schubkarre, Fallschirm, Papier und die Hängebrücke stammen beispielsweise aus dieser Epoche. Heute noch viel gelesen wird auch Sima Qian (135 v. Chr.–93 v. Chr.), der mit dem ›Buch der Geschichte‹ (Shiji) eine der frühesten historischen Abhandlungen schrieb und damit Standards setzte, die bis zum Ende der Kaiserzeit gelten sollten. Alles in allem gehört die Han-Dynastie (206 v. Chr.–9 n. Chr.) zu den großen Vorbildern der Chinesen, die sich auch heute noch selbst als ›Volk der Han‹ und den hochchinesischen Dialekt als ›Han-Sprache‹ bezeichnen.

Bei allem Glanz war ihre Herrschaft, die wegen der Lage ihrer Hauptstadt Chang'an als westliche Han bezeichnet wird, nicht ohne Probleme. Regelmäßig fielen die Nomadenvölker von Norden her ein, zudem war das große Reich schwer zu verwalten, immer wieder mußte der König gegen Lokalherrscher vorgehen – sofern er sich überhaupt dafür interessierte! Gegen Ende der westlichen Han kam eine Reihe von profillosen Kaisern an die Macht, die mehr am Palastleben als an den Regierungsgeschäften interessiert war.

Interregnum Wang Mang

Unter diesen Vorzeichen gelang es einem Verwandten des Kaisers, Wang Mang, im Jahre 9 nach Christus die Macht an sich zu reißen (9–24). Sein Programm war einfach, aber für das gewöhnliche Volk höchst vielversprechend: Alle Großgrundbesitzer sollten enteignet werden und ihr Land neu verteilt werden. Auch für die Sklaverei hatte er wenig übrig und forderte die Abschaffung. In besser gestellten Kreisen stieß dieses Programm natürlich auf wenig Gegenliebe und war zum Scheitern verurteilt. Nur 15 Jahre nach der Machtübernahme wurde das Interregnum des Wang Mang von Aufständischen beendet und die Han-Dynastie wiederbelebt.

Die östliche Han-Dynastie

Als ›östliche Han‹ (die Hauptstadt lag nun in Luoyang) kehrte der Aufständischenführer Liu Xin zu den Prinzipien der Han-Gründer zurück. Das größte Problem, die Last, ein derart großflächiges Reich zu regieren, konnte aber auch die neue Han-Dynastie (25–220) nicht lösen. Die lokalen Herrscher erstarkten, während das Volk unter der wachsenden Steuerlast stöhnte, denn die Expansionspolitik der Han erwies sich langfristig als finanzielles Desaster. Immer wieder wurden die Steuern erhöht, mußte das Geld entwertet werden. Ohnehin waren große Teile der Bevölkerung mittlerweile verarmt und verdingten sich als landlose Tagelöhner.

Trotz diverser Bemühungen sollte es den östlichen Han nicht gelingen, die Dynastie wieder zu beleben. Schon Ende des zweiten Jahrhunderts war der Kaiserhof praktisch machtlos und hatte 184 dem daoistisch angehauchten Bauernaufstand der ›Gelben Turbane‹ nur wenig entgegenzusetzen. Auch am Hofe selbst sorgte der Daoismus mit seinen Unsterblichkeits-Elixiren für viel Trubel, denn viele davon enthielten Quecksilber und bewirkten, daß fast alle Herrscher in jungem Alter dahingerafft wurden. Über einige Generationen hinweg rückten deshalb nur minderjährige Thronfolger nach, die den Hofintrigen nicht gewachsen waren.

So bunt trieben es die Eunuchen bei Hofe, daß im Jahre 189 einige Provinzmachthaber den Palast stürmen und über 2000 Eunuchen töten ließen. Formell bestand der Kaiserhof noch bis zum Jahr 220, als der letzte Han-Regent abgesetzt wurde und das Reich offiziell zerfiel.

Das zerfallene Großreich

Nur drei lokale Machthaber überdauerten den folgenden Machtkampf erfolgreich, so daß China über mehrere Jahrzehnte in die drei Reiche Shu-Han (221–263) im Westen, Wei (220–265) im Süden und Wu (222–280) im Norden zerfiel.

Kurze Zeit später gelang es der Dynastie der westlichen Jin, das Reich von 265 bis 317 zu einen. Doch bereits zum Ende des dritten Jahrhunderts begannen die Nomadenvölker der Steppe, nach und nach den Norden Chinas zu erobern. Ein einheitliches Herrschaftsgebiet konnten sie allerdings nicht etablieren, da es immer wieder zu heftigen Machtkämpfen unter den Konkurrenten kam. Bis zu 16 verschiedene Königreiche existierten dabei nebeneinander. Erst die Invasion des Toba-Volkes um 386 einte den Norden zur Wei-Dynastie.

Die Jin-Dynastie zog sich derweil nach Südchina zurück, wo sie bis 420 überdauerte. Die darauf folgende Zeit der ›Nördlichen und Südlichen Dynastien‹ (420–581) umfaßte ein ganzes Sammelsurium von Kleinstaaten, von denen keiner stark genug war, seine Konkurrenten zu besiegen. Doch das politische Chaos hatte auch gute Seiten, denn es erwies sich als Chance für die Kaufleute. Bis dato in der konfuzianischen Gesellschaft geächtet, gelang es ihnen in der Phase ohne starke Zentralregierung, ihren Reichtum in Macht umzusetzen.

Die Sui-Dynastie

Trotz der jahrhundertelangen Zersplitterung war das Ideal eines geeinten Reiches nie verloren gegangen. Im Jahr 581 war es wieder soweit: Der Militärführer Yang Jian usurpierte den Thron des nördlichen Zhou-Reiches und eroberte von dort aus nach und nach Gesamtchina. Wie schon vor der Teilung des Reiches, wurde Chang'an (heute Xi'an) wieder Hauptstadt von China. Auch die weiteren Maßnahmen des neuen Kaisers zeigten, wie dauerhaft sich die chinesische Kultur im Süden hatte halten können: Nach der Wiedereinführung der Beamtenprüfungen wurde die Reichsverwaltung erneut nach konfuzianischen Prinzipien in die Ministerien für Beamte, Finanzen, Justiz, Militär, öffentliche Arbeiten und Riten unterteilt. Eine Bodenreform zugunsten der niederen Schichten verhalf den Sui anfangs zu viel Rückhalt in der Bevölkerung. Schnell jedoch verspielten die neuen Herrscher den Bonus, indem sie ungeheure Mengen von Arbeitern bei Großprojekten verheizten. Der Große Kanal (Kaiserkanal) sollte endlich eine Transportverbindung zwischen Nord- und Südchina herstellen und den Zugang zu den Reisgebieten des Yangzi-Deltas vereinfachen. Fast fünf Millionen Arbeiter wurden dabei unter erbärmlichen Bedingungen aufgerieben. Auch die Reparatur- und Erweiterungsarbeiten an der Großen Mauer verliefen unter enormem Arbeitskräfteeinsatz. Nicht zuletzt sorgten auch Steuererhöhungen, mit denen die Projekte finanziert werden sollten, für Unmut in der Bevölkerung. Die positiven Auswirkungen ihrer Politik, wie beispielsweise die bessere Versorgung des Nordens mit Waren und Lebensmitteln konnten sie selbst nicht mehr auskosten: Alles in allem verspielten die Sui innerhalb weniger Jahre ihren Rückhalt und wurden nach nicht einmal dreißig Jahren Herrschaft gestürzt (581–618).

Die Tang-Dynastie

Die darauf folgende Dynastie der Tang (618–907) sollte es zu Weltruhm bringen. Dank diverser Siege über die nomadischen Nachbarn konnte sich China entlang der Seidenstraße ausbreiten und enorm vom innerasiatischen Handel profitieren. Doch auch neues Gedankengut kam mit den Händlern ins Land, die sich sowohl auf dem Landweg als auch per Schiff Zugang zum chinesischen Markt verschafften. Vielleicht war gerade deshalb der Beginn der Tang-Zeit von großer religiöser und philosophischer Toleranz geprägt. Der Konfuzianismus blieb zwar die herrschende Doktrin, doch die Anhänger anderer Religionen konnten problemlos praktizieren. Vor allem der Buddhismus profitierte davon und wurde nun zu einer wichtigen treibenden gesellschaftlichen Kraft. In kultureller wie wissenschaftlicher Hinsicht entwickelte sich die Herrschaft der Tang zu einer Blütezeit: Von der Dichtkunst des Du Fu oder Li Bo bis hin zur Porzellanherstellung, erreichten die Künstler ein nie dagewesenes Niveau.

Auch in administrativer Hinsicht entwickelten die Tang ihre Regierungsmethoden. Dank einer neuen Agrarverordnung wurde das Land gleichmäßig auf Lebenszeit unter den Bauern verteilt. Um diese Aufgabe möglichst korrekt durchzuführen, wurden Volkszählungen sowie ein Katastersystem zur Landbewertung eingeführt. Die Wirkungen ließen nicht lange auf sich warten: Viele Bewohner des Landes profitierten von den Neuerungen und konnten ihren Lebensstandard merklich steigern. Letztlich sollte aber gerade dies die Dynastie ins Wanken bringen, war sie doch unfähig, das daraus resultierende starke Bevölkerungswachstum zu verkraften. Auch die permanenten Kriege, die nötig waren, um das Riesenreich zusammenzuhalten, gingen zu Lasten der Staatskasse und führten in späteren Jahren zu einer starken Steuerbelastung.

Das Ende der Tang war eher unrühmlich und ganz und gar nicht von Toleranz geprägt: Eine groß angelegte Kampagne gegen den Buddhismus sorgte im neunten Jahrhundert für große Zerstörungen. Über 4000 Klöster wurden zerschlagen, der Klerus enteignet. Die Gründe dafür waren allerdings höchst weltlicher Natur: Die Mönche waren dem Kaiser zu reich und einflußreich geworden und hatten sich so zu einer politischen Kraft entwickelt. Den Todesstoß erhielt das Haus der Tang mit dem Aufstand des Huang Chao, dem angeblich mehr als 30 Millionen Menschen zum Opfer fielen.

Mit dem gewaltsamen Tod des letzten Kaisers endete auch die Tang-Dynastie, obwohl ein Eunuch des Hofes versuchte, die Macht an sich zu reißen und die Dynastie zu erhalten. Erneut zerfiel das Reich, und nördlich des Huai-Flußes folgte rasch hintereinander eine Reihe von Dynastien, die allesamt nur wenige Jahre anhielten. Im Süden hingegen zerbrach das Territorium in viele kleine Königreiche, die nebeneinander existierten.

Die Künstler-Kaiser der Song-Dynastie

Die letzte der fünf Dynastien des Nordens, die ›späteren Zhou‹ endeten 960, als sich der General Zhao Kuangyin zum Kaiser ausrief und die Song-Dynastie (960–1279) gründete. Und erneut sollte eine kulturelle Hochphase eintreten. Dank des Buchdrucks mit beweglichen Lettern war es nun erheblich einfacher, neue wissenschaftliche Erkenntnisse zu verbreiten. Generell stieg die Zahl der verfügbaren Bücher und damit auch das Bildungsniveau der Bevölkerung erheblich an. Unter dem Einfluß des Zen-Buddhismus erlebte die Malerei eine neue Blüte, das Papiergeld wurde eingeführt und die Porzellanherstellung verfeinert. Auch in wirtschaftlicher Hinsicht entwickelte sich die Song-Zeit zu einer wichtigen Epoche, denn erstmals entstanden Manufakturen in den Städten und damit ein Bürgertum.

Die kulturelle wie wirtschaftliche Blüte konnte aber das dringlichste Problem nicht lösen: Im Norden erstarkten die Nomaden immer mehr. Militärisch weit weniger geschickt als in anderen Fragen, mußten die Song letztlich unter dem Druck der nördlichen Invasoren klein beigeben. Zu Beginn des 11. Jahrhunderts begannen die Song, Tribut an das Kitan-Volk der nördlichen Liao zu zahlen. Besonders erfolgreich war diese Politik allerdings nicht, denn 1127 sah sich der Kaiserhof trotzdem gezwungen, sich nach Südchina zurückzuziehen und die Hauptstadt nach Hangzhou zu verlagern.

Wirtschaftlich war der Süden erst einmal durchaus erfolgreich: neue Reis- und Teesorten erhöhten die Zahl der Ernten, dank Bewässerung konnten die Erträge gesteigert werden.

Langfristig jedoch sollten die Song den Kampf gegen die Reitervölker verlieren. Bereits Anfang des 13. Jahrhunderts gelang es Dschingis Khan, dem chinesischen Reich große Teile abzuringen. Sein Enkel Kublai Khan schlug schließlich das Song-Reich vernichtend und wurde damit zum Herrscher über ganz China.

Die Yuan-Dynastie

Für die chinesische Zivilisation war dies ein völliges Desaster, denn gut ein Drittel aller Intellektuellen überlebte den Mongolensturm nicht. Aus dem innovativen Reich der Song wurde eine ausgebeutete Kolonie, in der die Chinesen nur noch Bürger unterster Klasse waren (1279–1368). Gegenüber ausländischen Besuchern aus dem Westen zeigten sich die Mongolenkaiser jedoch aufgeschlossen. Die Handelswege Zentralasiens standen nun alle unter mongolischer Kontrolle, erstmals war es jetzt relativ ungefährlich, von Europa in den Fernen Osten zu reisen. Vor allem Missionare erkannten die Gunst der Stunde, aber auch Kaufleute wie Marco Polo machten sich auf den beschwerlichen Weg an den Kaiserhof von China, wo sie oft Jahre als Berater verbrachten.

Mit einem jedoch hatten die Mongolen nicht gerechnet, nämlich der Sinisierung der eigenen Herrscher. Schnell gewöhnte man sich an den angenehmen Lebensstil, der anstatt harter Expeditionen auf dem Pferderücken gemütliche Tage im Séparée vorsah. Schon aus praktischen Gründen hatte man den Verwaltungsapparat der Chinesen übernommen, aber auch die Annehmlichkeiten des täglichen Lebens. Für die Kampfeskraft der Mongolen war dies keineswegs förderlich, und so hatten sie den Chinesen bald wenig entgegenzusetzen.

Als Mitte des 14. Jahrhunderts bei einer Überschwemmung die Deiche des Gelben Flusses brachen, kochte das Volk. Unter der Leitung der ›Roten Turbane‹ gelang eine erfolgreiche Rebellion, die die Yuan-Dynastie stürzte.

Figurendetail an den Ming-Gräbern bei Beijing

Die Ming-Dynastie

Die Herrschaft des ersten Kaisers der Ming-Dynastie (1368–1644) Zhu Yuanzhang stand ganz unter dem Zeichen des Wiederaufbaus. Die Bewässerungs- und Deichanlagen mußten wieder instand gesetzt werden, und auch die Große Mauer stand ganz oben auf der Liste der öffentlichen Arbeiten. Nie wieder sollten die Nomaden des Nordens über China herrschen! Alles in allem war die Politik in wirtschaftlicher Hinsicht erst einmal erfolgreich, obwohl sich die Herrschaft der Ming immer mehr zu einer Art Absolutismus entwickelte. Neue Nutzpflanzen wie die Süßkartoffel, Mais und Erdnüsse brachten eine bessere Ernährungssituation, während sich in den Städten verstärkt Industriezentren bildeten. Gesellschaftlich sorgte das neue Herrscherhaus für Unmut, als es die Bevölkerung in Bauern, Soldaten und Handwerker einteilte und jeden Berufwechsel kategorisch verbot.

Unter dem Eindruck der vergangenen Mongolendynastie erfreute sich nun alles ›Chinesische‹ größter Beliebtheit. In philosophischer Hinsicht beispielsweise entfaltete sich der Neo-Konfuzianismus, der sich durch seine strenge Auslegung von den Vorläufern unterschied, zur vollen Blüte. Die fremdenfeindliche Haltung der Neo-Konfuzianer machte sich auch in der jähen Wende der Außenpolitik bemerkbar: 1405 hatte der weltoffene Kaiser Yongle seinen vertrauten Eunuchen Zheng He auf die erste von sieben wahrhaft gigantischen Missionen geschickt. Mit mehr als 30000 Mann Besatzung und einer Armada von 300 Schiffen zog er über Südostasien, Sri Lanka, Indien, Arabien bis an die Küsten Afrikas, um der Welt von der Größe Chinas zu berichten und Tribut einzusammeln. Mittlerweile gibt es sogar Hinweise, er habe eventuell Amerika noch vor Columbus erreicht (den Vergleich zu seinem spanischen Kollegen hätte er ohnehin nicht scheuen müssen, denn dieser ging mit nur drei Schiffen auf große Reise). Bereits 1436, wenige Jahre nach dem Tode von Yongle, mußten alle Fahrten jedoch wieder eingestellt werden. Für die eingefleischten Konfuzianer repräsentierten Außenkontakte bestenfalls negativen Einfluß, und den Influx unerwünschter Ideen. Zudem war das alte Problem der nomadischen Nachbarn wieder drängend geworden, und alle Staatsmittel wurden vermeintlich zur Sicherung der Nordgrenze gebraucht. Nur für wenige Jahre war China die größte Seemacht der Welt, bevor es endgültig die Tür zur Außenwelt zuwarf.

Auf europäischer Seite tauchte China nun ebenfalls verstärkt auf der Landkarte der Seefahrer auf: 1516 erreichten die Portugiesen Kanton, 1624 ließen sich die Niederländer in Taiwan nieder und 1637 erschienen erstmals auch englische Schiffe in Kanton. Alles in allem hinterließen sie jedoch einen arroganten und unzivilisierten Eindruck und mußten alsbald ihre Niederlassungen wieder schließen.

Der Niedergang der Ming-Dynastie wurde, wie so oft in der chinesischen Geschichte, durch die unheilvolle Kombination aus kaiserlicher Machtlosigkeit und nomadischer Bedrohung eingeleitet. Zu Anfang des 17. Jahrhunderts lag die Macht am Hofe fast ausschließlich in der Hand der Eunuchen. Mehr mit Palastintrigen als mit den Geschicken des Reiches beschäftigt, ließ die allgemeine Wachsamkeit nach, beispielsweise gegenüber den Mandschuren, einem nordöstlichen Nachbarvolk, und vermeintlichen Verbündeten. Als korrupte Wachleute ihnen die Große Mauer öffneten, gelang es den Mandschus, die Macht zu übernehmen.

Die Qing-Dynastie

Auch die Mandschus der Qing-Dynastie (1644–1911) waren letztlich Fremdherrscher – wenn auch gut angepaßte. Vielleicht gerade deshalb sollten scharfe Gesetze dafür sorgen, daß sich Eroberer und Unterdrückte nicht vermischten. Mischehen waren genauso verboten wie chinesische Siedlungen im Heimatland der Mandschus. Auch wenn man die Chinesen nie vergessen ließ, daß sie von Fremden beherrscht wurden (unter anderem mußten sie den Mandschu-Zopf tragen), prosperierte China erst einmal unter der Herrschaft der neuen Kaiser.

In außenpolitischer Hinsicht griffen die Qing energisch durch, immerhin wußten sie aus eigener Erfahrung, wie gefährlich die nördlichen Nachbarn waren – sie selbst hatten ja China gerade erst überrannt. Anstatt sich jedoch mit Kleinkriegen zu verausgaben, gelang es ihnen, in einem gigantischen Aufwand die komplette heutige Mongolei zu besetzen. Auch an den anderen Grenzen war der Expansionskurs erfolgreich. Die Provinzen Xinjiang und Qinghai, Tibet, Taiwan und Nordvietnam wurden dem Reich einverleibt, ja bis zum Pamir reichten die Vorstöße. Noch nie war China so groß gewesen. Den Blick fest nach Norden auf den klassischen Feind gerichtet, wurde die eigentliche Gefahr – die europäischen Kolonialmächte, die sich seit dem 18. Jahrhundert vermehrt in Richtung China wandten – erst einmal gehörig unterschätzt. Gleichberechtigte Beziehungen zu einem westlichen Land waren für den Kaiserhof der Qing völlig undenkbar, genauso wie die westlichen Staaten eine rituelle Unterwerfung gegenüber dem Kaiser generell ablehnten. Bis zu Beginn des 19. Jahrhunderts waren die westlichen Händler gezwungen, über chinesische Mittelsmänner zu handeln, und auch dies war nur im Hafen von Kanton erlaubt. Vor allem die Briten spezialisierten sich immer mehr auf den Opiumhandel, der nach und nach die chinesischen Silbervorräte plünderte. Sehr zum Ärger des Kaisers, der kurzerhand das Opium verbieten und gut 20 000 Kisten der Droge aus englischem Besitz vernichten ließ. Die darauf folgende Strafexpedition 1839 überrumpelte China in jeder Hinsicht. Daß es überhaupt ein westlicher Staat dieser Welt wagte, das Riesenreich anzugreifen war überraschend – mehr noch aber, daß er sich innerhalb kürzester Zeit so überlegen zeigen konnte! Nachdem die britischen Truppen einige Küstenstädte

Besucher auf einer Bank in der Verbotenen Stadt

beschossen hatten und auf dem Yangzi bis Nanjing vorgedrungen waren, wurde an Bord eines Kriegschiffes 1842 der erste der ›ungleichen Verträge‹ unterzeichnet. Unter anderem wurden verschiedene Küstenstädte für die ausländischen Mächte geöffnet und die Insel Hong Kong an Großbritannien abgegeben. Und nicht zuletzt konnten die britischen Drogenhändler ihre Aktivitäten, nun legal, wieder aufnehmen. In einem weiteren ›Opiumkrieg‹ 1858 sicherten sich auch die anderen europäischen Mächte ähnliche Privilegien. Japan, Rußland, Deutschland, Großbritannien und Frankreich verwandelten so große Teile Chinas in Kolonien.

Aber auch im Inneren war der Qing-Hof den Problemen nicht mehr gewachsen. Aufgrund des gewaltigen Bevölkerungswachstums sank der Lebensstandard vor allem im Süden des Landes gewaltig. Auf diesem gärenden sozialen Boden entstand Mitte des 19. Jahrhunderts eine Aufstandbewegung von so gigantischem Ausmaß, daß ihre Anhänger innerhalb weniger Jahre halb China erobern konnten.

Der Taiping-Aufstand

Der Beginn des ›Taiping-Aufstandes‹ mutet heute eher skurril an: Im Jahre 1851 kam der erfolglose und labile Beamtenkandidat Hong Xiuquan in Kontakt mit der christlichen Mission von Kanton und gelangte schnell zu dem Ergebnis, er sei als jüngerer Bruder Jesu auserwählt, China zu retten. Sein Programm war einfach, aber im wahrsten Sinne revolutionär. Von der rigorosen Anti-Drogenpolitik, über die Abschaffung des Privateigentums bis zur Emanzipation der Frauen nahm Hong viele Schlagworte vorweg, die erst Jahrzehnte später wieder als westliche Importe in China auftauchen sollten. Unter der verarmten Bevölkerung Südchinas hatte er einen derartig grandiosen Erfolg, daß er bereits 1853 Nanjing erobern und zur Hauptstadt eines nunmehr riesigen ›Reiches des Himmlischen Friedens‹ (Taiping) küren konnte. Praktisch den gesamten Süden Chinas hatte er innerhalb weniger Jahre auf seine Seite gebracht. Allein war der Kaiserhof nicht in der Lage, den Aufstand niederzuschlagen, und so gelang es erst 1864, in Allianz mit westlichen Truppen, Nanjing zurückzuerobern. Und selbst dies war nicht nur auf militärische Überlegenheit zurückzuführen, sondern auch auf den maroden Zustand der Taiping-Regierung. Von jeher ein labiler Charakter, hatte sich Hong in einen derart übersteigerten Verfolgungswahn entwickelt, daß er viele seiner Weggefährten hinrichten ließ. Untereinander zerstritten und von außen bedrängt, waren die Taiping-Rebellen nicht mehr in der Lage, angemessen zurückzuschlagen. Auch in den anderen Regionen des Reiches kam es immer wieder zu großen Revolten, darunter diverse Moslem-Aufstände in Xinjiang und Yunnan.

Der Boxeraufstand

Selbst die konfuzianischen Kräfte des Hofes mußten nun eingestehen, daß Reformen höchst überfällig waren. Die moderaten Versuche der ›Selbststärkungsbewegung‹ jedoch gingen kaum über einige kosmetische Kurskorrekturen hinaus. Als der schwache, aber aufgeschlossene Kaiser Guangxu 1898 ein ganzes Paket progressiver Reformen verabschiedete (sogar die parlamentarische Demokratie war angedacht!), ließ die höchst konservative Kaiserinwitwe Cixi den jungen Kaiser gefangennehmen und unter Hausarrest stellen . Sie selbst übernahm daraufhin die Regierungsgeschäfte.

Als 1900 die daoistisch inspirierte Geheimgesellschaft der ›Fäuste für Rechtschaffenheit und Einheit‹, kurz ›Boxer‹, in Shandong von sich reden machte, war Cixis große Stunde vermeintlich gekommen. Ursprünglich gegen den Qing-Hof gerichtet, wußte sie die Aufständischen gegen die Ausländer zu wenden. Eine wunderbare Gelegenheit, sich endlich der Imperialisten zu entledigen! Als die Boxer im Jahr 1900 mit 150000 Anhängern das ausländische Botschaftsviertel in Beijing überfielen, griffen die kaiserlichen Truppen daher nicht ein. Innerhalb weniger Wochen, viel schneller als erwartet, traf jedoch eine Rettungsexpedition der westlichen Mächte ein und schlug den Aufstand nieder. Ihre Reparationsforderungen sowie der Verlust vieler Randterritorien an Rußland und Japan schwächten dazu das Reich – die Qing waren am Ende.

Die Republik China 1911 bis 1949

Die Gegner des Kaiserreichs standen Anfang des zwanzigsten Jahrhunderts bereits Gewehr bei Fuß. 1905 gründete der junge chinesische Arzt Sun Yat-sen im japanischen Exil den Revolutionsbund Tongmenhui und warb unter den wohlhabenden Auslandschinesen um Geld und Unterstützung für eine Revolution. Seine Visionen von ›Nationalismus, Mitbestimmung und Volkswohlfahrt‹ unter dem Mantel einer parlamentarischen Demokratie trafen vor allem in der städtischen Bevölkerung Chinas auf Zustimmung. Nach mehreren erfolglosen Versuchen gelang es ihm 1911, den Kaiser zu stürzen und die Republik auszurufen.

Schnell jedoch wurde klar, daß Sun zwar viel Rückhalt in der Bevölkerung und den modernen Wirtschaftszirkeln hatte, aber keinerlei Beziehungen zum Militär. Anstatt selbst die Stelle des Präsidenten anzutreten, willigte er in einen Kompromiß ein: Yuan Shikai, einst ein Vertrauter der Kaiserinwitwe und Marschall der kaiserlichen Armee, hatte die Seiten gewechselt und wurde zum Staatsoberhaupt erklärt. Yuans wirkliche Pläne wurden jedoch schnell deutlich: Wäre er nicht während den Vorbereitungen zu seiner Inthronisierungsfeier 1916 gestorben, hätte er sich zum Kaiser von China gekrönt – und eine neue Dynastie ins Leben gerufen!

Stattdessen zerfiel China nun in viele kleine Einflußbereiche, in denen so genannte ›Warlords‹ nach Gutdünken herrschten. Für die Bewohner Chinas brach eine Zeit der Anarchie und Willkür an. Nicht nur führten die selbsternannten Herrscher permanent Krieg gegeneinander, sondern sie finanzierten diese Eskapaden auch durch enorme Steuern ihrer Untertanen.

In den Metropolen Chinas brach dennoch die Moderne an; endlich gab es Auslandskontakte, erste Austauschstudenten brachten Bücher und Eindrücke mit, die die chinesische Intelligenz aufrüttelten. Der große Moment, sozusagen der Weckruf der Modernisierer, kam am 4. Mai 1919. Japan hatte während des Ersten Weltkrieges die deutsche Kolonie Qingdao besetzt. Zur großen Empörung Chinas wurde sie jedoch nach Ende des Krieges nicht an China zurückgegeben, sondern im Versailler Vertrag Japan zugeschlagen! Schnell wandelte sich die Bewegung in eine generelle kulturelle Erneuerung. Während die Gründung der Republik in politischer Hinsicht als Beginn der Moderne gilt, ist die ›Vierte-Mai-Bewegung‹ ihr kulturelles Pendant: Erstmals wurde die gesprochene Sprache als Schriftsprache durchgesetzt. Bis dato waren alle offiziellen Dokumente im antiquierten und für Uneingeweihte nicht lesbaren klassischen Chinesisch geschrieben! Immer mehr junge Menschen befaßten sich nun mit westlichem Gedankengut und trugen die Philosophien europäischer Denker nach China. Vor allem der Marxismus übte auf viele Studenten große Faszination aus.

Kurze Zeit später wurde auch die Kommunistische Partei Chinas (KPCh) gegründet. 1921 traf sich eine Handvoll Gründungsmitglieder, die sich fortan vor allem in der Shanghaier Arbeiterschaft engagierten und diverse Streiks und Demonstrationen organisierten.

Die Guomindang (GMD), die Partei Sun Yat-sens, hatte sich in der Zwischenzeit wieder stärken können und es gelang ihr 1923, eine Revolutionsregierung im Süden Chinas aufzubauen. Anfangs arbeiteten KPCh und GMD unter der Anleitung der Kommunistischen Internationale (Komintern) noch zusammen. 1925 jedoch starb Sun, und der junge Chiang Kai-shek übernahm die Führung der Partei. Für die Anhänger der KPCh begannen bittere Zeiten, war doch Chiang alles andere als angetan von der linken Konkurrenz.

Im großen Nordfeldzug 1923 bis 1928 gelang es Chiang unter Mithilfe der Kommunisten, die Warlords zu besiegen und China wieder zu einen. Er ließ sich zum Präsidenten Chinas wählen – und in Shanghai 1927 ein Massaker unter den Kommunisten anrichten.

Mao-Bild am Tor des Himmlischen Friedens in Beijing

Zwei der jungen Kommunisten, Mao Zedong und Zhou Enlai, flohen derweil in die ländliche Provinz Jiangxi, wo sich Mao endgültig gegen die von Moskau geforderte reine Lehre und für die Theorie der Bauernrevolution entschied und 1931 die ›chinesische Sowjetrepublik Jiangxi‹ gründete. Immer mehr Anhänger folgten ihnen ins ländliche Exil, das den GMD-Truppen ein konstanter Dorn im Auge war. 1934 setzte Chiang zum finalen Schlag an und eroberte die kommunistischen Gebiete Jiangxis. Den Kommunisten allerdings gelang knapp die Flucht. Getrieben von den Guomindang-Truppen durchwanderten sie halb China im Zickzack-Kurs. Auf diesem verlustreichen Treck, dem ›Großen Marsch‹, konnte sich Mao endgültig mit seiner politischen Linie durchsetzen. Wichtiger aber noch, er machte die kommunistische Ideologie in ganz China bekannt. Ganz im Gegensatz zu den republikanischen Truppen plünderten die Mitglieder der KPCh nicht und waren zu bestem Verhalten angehalten. Als die Kommunisten 1935 in Yan'an in der Provinz Shaanxi eine Bleibe fanden, hatten sie fast 12 000 Kilometer zurückgelegt. Weniger als ein Zehntel der 100 000 Teilnehmer überlebten den Marsch, doch wer es bis nach Yan'an geschafft hatte, gehörte fortan zum Führungszirkel.

Zeit zur Erholung fanden die kommunistischen Truppen allerdings nicht, denn bereits 1931 hatte Japan die Mandschurei überfallen und dort einen Marionettenstaat errichtet. Für Chiang Kai-shek schien dies kein Grund, seine Truppen von der Kommunistenhatz abzuziehen, sehr wohl aber für seine Generäle, die ihn 1936 bei einer stillen Sitzung auf dem Klohäuschen bei den warmen Quellen von Xi'an gefangennahmen und zur Kollaboration mit den Kommunisten zwangen. Wirklich wirkungsvoll war die Zusammenarbeit allerdings nicht, denn schon 1937 gelang es den Japanern, mit einem grausamen Feldzug fast den gesamten Küstenstreifen zu erobern.

Mit der Kapitulation der Japaner 1945 zerfiel die ungeliebte Allianz. Nun ging es darum, möglichst schnell das von den Japanern verlassene Territorium zu übernehmen. Besonders in Nordchina rückten die Kommunisten in die von sowjetischen Truppen besetzten Gebiete ein und übernahmen die Waffen der ehemaligen Feinde. Aber auch in den anderen Regionen Chinas hatte die ›Volksbefreiungsarmee‹ erheblich bessere Karten: Nun kam ihnen der propagandistische Effekt des Langen Marsches zu Gute, denn unter der ländlichen Bevölkerung war die Guomindang höchst unbeliebt. Nur vier Jahre dauerte es, bis sich die letzten Guomindang-Truppen auf die Insel Taiwan zurückzogen, um die ›Republik China‹ zu gründen.

Das sozialistische China

In der Volksrepublik begann eine völlig neue Ära, die in der Tat erst einmal als Befreiung empfunden wurde. Nach über einem Jahrhundert quasi permanenten Bürgerkriegs, ausländischer Besatzung und anderen politischen Problemen herrschte erstmals landesweit Frieden. Durch die umfassende Landreform gelang es der KPCh, große Teile der ländlichen Bevölkerung für sich zu gewinnen. In zahllosen Schauprozessen wurde mit den ehemaligen Knechtern abgerechnet. Hunderttausende dieser ›Klassenfeinde‹, meist ehemalige Landbesitzer, verloren ihr Leben. Auch Industrie, Handelshäuser und Banken wurden komplett verstaatlicht. Gegenüber den Intellektuellen jedoch hielt sich die KPCh erst einmal zurück. Als 1957 die Kampagne ›Hundert Blumen‹ ins Leben gerufen wurde und alle Intellektuellen ausdrücklich zur Kritik an der staatlichen Politik aufgefordert wurden, kamen viele dieser Aufforderung nach. Schnell wurde der Parteispitze klar, daß sie das gewaltige Protestpotential unterschätzt hatte. Schon 1958 widerrief man die Kampagne, und wer sich allzu weit aus dem Fenster gelehnt hatte, mußte nun als vermeintlicher ›Rechtsabweichler‹ bitter bezahlen.

Weitaus mehr Chinesen als vermutet, waren mit den Lebensumständen unzufrieden. Doch nicht nur das – auch die Mitglieder der Parteispitze waren sich keineswegs einig über den korrekten politischen Kurs. Während Mao Zedong und seine Fraktion besonderen Wert auf Ideologie und Theorie legten, vertrat die Gruppe um Liu Shaoqi und Deng Xiaoping einen pragmatischeren Ansatz. Verbesserte Lebensbedingungen und Wirtschaftswachstum sollten China wieder auf die Beine helfen. Dieser Konflikt sorgte die nächsten zwanzig Jahre für viel Wirbel und führte zu teils extremen politischen Kursschwankungen. Zunächst aber sah es aus, als ob Mao die Oberhand gewänne.

1958 rief der ›Große Steuermann‹ Mao den ›Großen Sprung nach vorne‹ ins Leben. Nicht nach und nach, sondern sprunghaft schnell sollte China wirtschaftlich vorankommen. Das gerade erst verteilte Land wurde den Bauern kurzerhand wieder genommen, ihre Höfe in gigantischen ›Volkskommunen‹ zusammengefaßt. Die allgemeine wirtschaftliche Linie war von Massenmobilisierung, Abschaffung jeglichen Privateigentums, Großkampagnen und völlig unrealistischen Zielen geprägt: In nur zwei Jahren sollte der Fünfjahresplan erfüllt werden, dazu kam das illusorische Motto ›in drei Jahren England überholen‹. Um die Stahlproduktion schlagartig zu steigern, mußten alle ländlichen Siedlungen kleine ›Hochöfen‹ bauen. Manch ein Kochtopf, Kommodengriff oder metallener Schöpflöffel wanderte in die primitiven Anlagen, Hauptsache, die Sollmenge wurde erfüllt! Aus allen Provinzen kamen daher die Erfolgsmeldungen von Übererfüllungen und Rekordernten. Daß praktisch nichts davon der Wahrheit entsprach, stand auf einem anderen Blatt. Wer hätte es gewagt, den Direktiven des Großen Steuermanns zu widersprechen? Mehr als 30 Millionen Menschen dürften in dieser

Dorfkinder vor Propaganda-Plakat

Straßenkomitee

Zeit verhungert sein. Kein Wunder, daß schon 1961 die pragmatische Faktion um Deng Xiaoping die Oberhand gewann. Mao gab das Amt des Staatspräsidenten an Liu Shaoqi ab, blieb aber Parteivorsitzender. Lediglich die Volkskommunen überdauerten die Kurskorrekturen und blieben bis Ende der 1970er Jahre die wichtigste Organisationsform auf dem Lande.

Außenpolitisch brachen ebenfalls schwere Zeiten für Mao an. Chruschtschow hatte nicht nur 1956 die Entstalinisierung eingeleitet, wobei besonders die Kritik des Personenkults für Mao ein Schlag ins Gesicht war, sondern er weigerte sich auch, China zur Atombombe zu verhelfen. Dies und viele ideologische Streitfragen sprengten den Freundschaftspakt mit dem großen Bruder Sowjetunion. 1960 wurden alle Fachleute Hals über Kopf abgezogen. So schlecht hatte Mao noch nie dagestanden. 1966 holte er zum Gegenschlag aus. Unter dem ideologischen Deckmantel der ›permanenten Revolution der Gesellschaft‹, die die Entstehung neuer Eliten verhindern sollte, attackierte er seine Gegner. Sein Aufruf an die Jugend, die Mao-Zedong-Ideen bis in den letzten Winkel des Reiches zu tragen und alle bourgeoisen und reaktionären Kräfte aufs bitterste zu bekämpfen, trug schnell Früchte.

Noch niemals hatte in China die Jugend aufbegehrt. Aus Sicht der konfuzianischen Gesellschaft, die jüngeren Familienmitgliedern kaum Mitbestimmung über das eigene Schicksal zugestand, war dies geradezu unerhört und für die Jugend ein verführerischer Gedanke. Freie Zugfahrt im ganzen Land sorgte dafür, daß überall jugendliche ›Rote Garden‹ unterwegs waren, die willkürlich alles Alte, Intellektuelle, Feudale und vermeintlich Reaktionäre zerstörten. Selbst untereinander lieferten sie sich bald erbitterte Kämpfe. Schon der Besitz einer Schallplatte mit westlicher Musik konnte das Ende einer Existenz bedeuten. Bald versank China im totalen Chaos, die Schulen wurden geschlossen, fast alle Tempel Chinas zerstört, Bücher verbrannt – kurzum, in kultureller Hinsicht zerstörten die Roten Garden mehr als alle Kriege vor ihnen zusammen. Selbst Mao verursachten die Roten Garden bald heimliche Schweißausbrüche, schien er doch nicht fähig, das Chaos noch zu kontrollieren. Zwischen zehn und zwanzig Millionen Menschen starben wahrscheinlich während der Unruhen und Kritik-Sitzungen. Eine ganze Generation wurde zudem um ihre Bildungschancen betrogen. Die schlimmsten Exzesse endeten 1969, theoretisch jedoch fand die Kulturrevolution erst mit dem Tode Maos 1976 ihr Ende.

Sein Nachfolger Hua Guofeng räumte zögerlich auf. Unter anderem ließ er die ›Viererbande‹ verhaften: Unter der Leitung der Frau Maos, Jiang Qing, hatten sie seit Beginn der 1970 de facto die Politik des Landes geleitet, war doch der große Steuermann aus gesundheitlichen Gründen gar nicht mehr in der Lage dazu gewesen.

Bereits 1978 war Deng Xiaoping wieder obenauf: Auf der 3. Plenarsitzung des 11. ZK 1978 (ein Begriff, den praktisch jeder Chinese kennt!) riß er das Ruder herum und leitete offiziell die Reform und Öffnungspolitik ein. Neben der Abschaffung der Volkskommunen führte er schrittweise wieder die Privat-

In einem Tempel in Chengde

Drachenwand im Beihai-Park Peking

wirtschaft ein, die schnell für rasantes Wirtschaftswachstum sorgte. Schlagartig war China auch international wieder salonfähig. Bereits 1971 hatte es die ›Republik China‹ (Taiwan) als offiziellen Vertreter Chinas in der UNO abgelöst und 1979 wieder diplomatische Beziehungen mit den USA aufgenommen. Nun strömten auch die ausländischen Firmen ins Reich der Mitte.

Während sich in wirtschaftlicher Hinsicht die Ereignisse überschlugen, blieb politisch im Grunde genommen alles beim alten. Auch Deng rüttelte nicht am alleinigen Führungsanspruch der KPCh und ließ keinen Zweifel daran, daß von Demokratie im westlichen Sinne nicht zu reden war. Problematisch war auch, daß mit dem neuen Reichtum alte Probleme wieder zutage traten, denn zum einen war er höchst ungleich verteilt, und zum anderen waren Korruption und Vetternwirtschaft mit einem Male wieder ein Teil des chinesischen Alltags. Vor allem dies, der Verdruß über den permanenten Machtmißbrauch vieler Kader, führte letztlich 1989 zu den Demonstrationen auf dem ›Platz des Himmlischen Friedens‹. Der eigentliche Anlaß, der Tod des 1987 entmachteten Reformers und ehemaligen Generalsekretärs Hu Yaobang, geriet schnell in den Hintergrund. Das Massaker vom 4. Juni 1989 kostete nicht nur Tausenden von Demonstranten das Leben, sondern beendete auch die Karriere einiger liberaler Kommunisten an der Parteispitze. Der amtierende Generalsekretär Zhao Ziyang beispielsweise, der sich für eine Fernsehdiskussion mit einigen Demonstranten zur Verfügung gestellt hatte, verschwand von der politischen Bildfläche. Die letzten maoistischen Hardliner im Politbüro sahen ihre Chance gekommen und kritisierten den Reformkurs auf heftigste: Schluß mit dem ideologischen Experiment der ›sozialistischen Marktwirtschaft‹! Obwohl gesundheitlich schon angeschlagen, ließ Deng daher 1992 ein letztes Mal seine Muskeln spielen und trat eine Propagandareise in den Süden an, auf der er leidenschaftlich und mit Erfolg für den Erhalt seiner Politik warb. Im Jahre 1997 starb Deng Xiaoping und mit ihm wohl auch der alte Konflikt zwischen Ideologen und Pragmatikern, denn seine Altersgenossen sind mittlerweile fast alle von der politischen Bühne verschwunden (siehe Kapitel Politik).

Historischer Überblick

2200–1600 v. Chr.	Xia-Dynastie
1600–1040 v. Chr.	Shang-Dynastie
1040–221 v. Chr.	Zhou-Dynastie
221–206 v. Chr.	Qin-Dynastie
206 v. Chr.– 9 n. Chr.	Westliche Han-Dynastie
9–24	Interregnum Wang Mang
25–220	Östliche Han-Dynastie
220–280	Drei Reiche
265–420	Jin-Dynastie
420–581	Nördliche und südliche Dynastien
581–618	Sui-Dynastie
618–907	Tang-Dynastie
907–960	Fünf Dynastien und zehn Königreiche
960–1279	Song-Dynastie
1279–1368	Yuan-Dynastie (Mongolen)
1368–1644	Ming-Dynastie
1644–1911	Qing-Dynastie (Mandschu)
1911	Gründung der Republik China
1919	Vierter-Mai-Bewegung
1934/35	Langer Marsch
1937	Japanische Invasion
1945	Kapitulation Japans
1945–1949	Bürgerkrieg
1949	Gründung der Volksrepublik
1957	Hundert-Blumen-Bewegung
1958–1961	Großer Sprung nach vorne
1966–1976	Kulturrevolution
1976	Tod Mao Zedongs
1978	Beginn der Öffnungspolitik
1997	Tod Deng Xiaopings
2001	Beitritt Chinas zur WTO

Goldlöwe in der Verbotenen Stadt

Religion und Volksglaube

Welcher Religion hängen die Chinesen eigentlich an? Keine einfache Frage – so viele Götter, Geister, Boddhisattvas, Dämonen, und Ahnen bevölkern die chinesische Welt, daß selbst Einheimische hin und wieder den Überblick verlieren. Auch das Konzept einer einheitlichen, heilbringenden Religion, von der es alle Ungläubigen zu überzeugen gilt, ist den meisten Chinesen völlig fremd. Religion ist eine persönliche Angelegenheit. Wie und in welcher Form er letztlich glücklich wird, muß jeder Mensch mit sich selbst ausmachen. Genauso ungezwungen gehen viele Chinesen mit der Exklusivität ihrer Religion um, und je nach Lebenslage oder momentanen Bedürfnissen verschieben sich die Schwerpunkte, werden neue religiöse Praktiken aufgenommen oder alte Götter verstoßen. Auch gläubige Daoisten wollen es sich nicht mit der Welt der Geister verscherzen, frisch konvertierte Christen opfern kurz vor der Prüfung im Tempel des Konfuzius, und manch ein Buddhist empfindet es als höchst unproblematisch, trotz seines Vertrauens in den buddhistischen Weg, täglich für Nachschub am Ahnenaltar zu sorgen. ›Aus drei wird eins‹ lautet der passende Begriff aus dem Schatz der chinesischen Sprichwörter. Konfuzianismus, Daoismus und Buddhismus vermischen sich im Alltag so sehr, daß sie oft kaum mehr sauber zu trennen sind. Hin und wieder teilen sich die vermeintlichen Konkurrenten sogar einen Tempel – das macht es den Gläubigen einfacher, denn sie können so alle transzendentalen Fragen in einem Aufwasch erledigen. Und was pragmatisch ist, das setzt sich auch im religiösen China ganz sicher durch. Ähnlich wie auf dem Arbeitsmarkt im ›echten Leben‹, haben viele Gottheiten ihre Spezialgebiete, und so vertraut man in China am liebsten dem ausgewiesenen Fachmann. In welchem Pantheon er beheimatet ist, ist dabei nicht so wichtig.

Einig sind sich alle originär asiatischen Religionen Chinas in ihrer Grundauffassung der Welt und des Kosmos. Alles in diesem Universum ist Teil eines Ganzen, eines geschlossen Systems, in dem sich jede Bewegung, jede noch so kleine Veränderung auf alle anderen Elemente auswirkt. Nichts geht verloren und nichts kommt hinzu, und dies seit Anbeginn aller Zeiten. Egal in oder durch welche Religion, wird es den meisten Chinesen daher immer wichtig sein, sich im Einklang mit der Umwelt und dem Kosmos zu befinden. Hin und wieder werden die Religionen Chinas deshalb auch unter dem Begriff ›chinesischer Universismus‹ zusammengefaßt.

Jahrzehntelang war Religiösität im sozialistischen China übrigens nicht gerne gesehen. Zum einen ist dies durch die traditionell ablehnende Haltung der Kommunisten gegenüber dem ›Opium für das Volk‹ begründet, zum anderen repräsentiert es die Angst vor den politischen Kräften, die dahinterstehen. Höhepunkt des Kampfes gegen die Religionen war die Kulturrevolution. Fast alle Klöster und Tempel Chinas wurden zerstört, die Geistlichen zu entwürdigenden Arbeiten gezwungen (islamische Geistliche beispielsweise mußten in den Moscheen Schweine züchten) oder ›verschwanden‹ ganz einfach. Mit den wirtschaftlichen und politischen Lockerungen der Deng-Xiaoping-Ära wurden die meisten religiösen Stätten wieder geöffnet. Theoretisch ist heute die freie Ausübung von Religion wieder garantiert, de facto aber ist dieses Gesetz mit allerhand Einschränkungen versehen. Vor allem Christen und Moslems müssen sich zur staatlichen Kirche bekennen. Begeben sie sich in die Hände einer ›Untergrundkirche‹ oder Sekte, kann dies mit extrem langen Gefängnisstrafen belegt werden. Auch obskure Gruppierungen wie die Falungong-Sekte, deren immenser Einfluß noch vor wenigen Jahren bis in die Parteispitze reichte, werden mit viel Einsatz verfolgt. Ein Blick in die Tempel jedoch zeigt, daß die Religion längst wieder einen festen Platz im Leben der Menschen gefunden hat. Anders als in Europa stehen auch junge Menschen in regem Austausch mit den Göttern, Geistern und Ahnen. Die schnellen und verwirrenden Veränderungen der Gesellschaft scheinen das Bedürfnis nach einer transzendentalen Perspektive ganz besonders zu fördern.

Opfernde Chinesen

Der Konfuzianismus

Der Konfuzianismus gilt als die chinesische Religion schlechthin und ist im Grunde genommen gar keine! Er kommt ohne einen einzigen Gott oder Heiligen aus, kennt keinen Himmel oder Hölle und weiß seine Anhänger ohne Priester oder Prediger bei der Stange zu halten. Und trotzdem hat der Konfuzianismus wie kaum eine andere Glaubensschule das Denken der Ostasiaten geprägt.

Daß aus seiner simplen Morallehre eines Tages eine der bestimmendsten Kräfte der Welt werden könnte, das hat sich der kleine Gelehrte Konfuzius (chinesisch: Kongzi, 551 v. Chr.–479 v. Chr.) ganz sicher nicht ausgemalt. Als verarmter

Reichtum und langes Leben

Intellektueller zog er zur Zeit der ›Streitenden Reiche‹ der Zhou-Dynastie durch die Lande und verdingte sich als Berater an verschiedenen Fürstenhäusern. Daß er so oft den Arbeitgeber wechselte, hatte nicht nur mit Wanderlust zu tun. Immer wieder verscherzte er es sich mit den einflußreichen Gesellschaftsmitgliedern, indem er seine philosophischen Vorstellungen propagierte. Angesichts der herrschenden politischen Verhältnisse – ein ganzes Sammelsurium korrupter Fürsten kämpfte um die Macht im Staat und ließ derweil die Untertanen kräftig bluten und die Fürstentümer im Chaos versinken – waren ihm klare Regeln für alle besonders wichtig. Selbst zu Papier gebracht hat er sie allerdings nicht, sondern nur mündlich an seine Schüler weitergegeben. Erst nach seinem Tode trugen diese die Worte ihres Meisters zusammen und strukturierten seine Gedanken.

Im Grunde genommen dreht sich das konfuzianische Denken um die Grundwerte Menschenliebe (ren), Pflichterfüllung (yi), die Liebe zum Wissen (zhi), Treue (xin) und Sittlichkeit (li) im Sinne einer korrekten Ausübung der rituellen Handlungen und einer allgemeinen Contenance. Welches Verhalten wann und für wen angemessen ist, legen diverse konfuzianische Klassiker wie beispielsweise das ›Buch der Riten‹ genauestens fest. Eine weitere zentrale Rolle spielt die Kindspietät (xiao), die die Nachkommen ein Leben lang dazu verpflichtet, ihren Eltern in absolutem Gehorsam zu dienen. Nicht Rechte, sondern Pflichten bestimmen das Leben des Einzelnen, befand Konfuzius. Eindeutige, hierarchische Strukturen sollten dabei die Gesellschaft gliedern und keine Zweifel ob der eigenen Position aufkommen lassen. Anhand der ›fünf Beziehungen‹ legte er eindeutig fest, wer wem in der gesellschaftlichen Hierarchie zu folgen hatte. So stellte er den Herrscher über den Untertan, den Mann über die Frau, den Vater über den Sohn, den älteren Bruder über den jüngeren und auch den älteren Freund über den jüngeren Freund.

Alles in allem war und ist der Konfuzianismus also eine recht konservative Denkschule. Wie konnte Konfuzius damit bei den Fürsten der Zhou-Dynastie nur so anecken? Trotz dieser hierarchischen Grundstruktur definierte er auch für den Höherstehenden allerhand Pflichten, die diese ganz bestimmt nicht zu befolgen dachten. Sie sollten als Vorbild dienen und ein makelloses Verhalten an den Tag legen. Genauso ermahnte er sie zur Güte im Umgang mit dem Volk.

Bereits in der Han-Dynastie (206 v. Chr.–220 n. Chr.) wurde der Konfuzianismus zur Staatsdoktrin erhoben, schließlich ließ sich mit den konfuzianischen, hierarchischen Regeln ganz vorzüglich regieren. Das westliche Konzept gleichberechtigter Beziehungen, in der sich beide Seiten auf gleicher Augenhöhe befinden, hat im Konfuzianismus übrigens keinen Platz und sorgt noch heute in den konfuzianisch geprägten Gesellschaften für Nervosität, denn der alte Meister hatte für derartige Fälle schlichtweg keine Regeln vorgesehen, auf die man sich stützen könnte.

In vielerlei Hinsicht ist der Konfuzianismus heute im Reich der Mitte unübersehbar. Trotz vieler Bemühungen und mehrerer Jahrzehnte des Sozialismus haben sich die Frauen Chinas noch immer nicht aus den Fesseln des Kongzi befreien können. Noch immer werden Kinder zum absoluten Gehorsam gegenüber ihren Eltern erzogen und mehr oder weniger permanent an ihre Pflichten gegenüber der Familie erinnert. Besonders auf dem Lande zeigt der Männer-Überschuß, daß der konfuzianischen Ahnenverehrung immer noch viel Wert beigemessen wird, denn da nur männliche Familienmitglieder dieser Aufgabe nachkommen können, wird oft schon vor der Geburt per Ultraschall selektiert.

Viele Aspekte des heutigen Konfuzianismus gehen nur bedingt auf den alten Meister zurück. Im Grunde genommen wollte er nur Ordnung, Frieden und ein geregeltes Leben, in dem jeder seinen Platz hat. Im Laufe der Jahrtausende, in denen sich der Konfuzianismus über ganz Ostasien verbreitete, wurden allerdings viele neue und mystische Elemente aufgenommen, die dem ursprünglichen Gedanken des kleinen Schulmeisters sicher nicht entsprechen.

Der Person des Konfuzius selbst opfern heute übrigens eher wenige Menschen. Seine Tempel sind meist leer und werden von Tempelwächtern bewacht, die aber keine Mönche sind. Für Schulfragen, Prüfungen oder die berufliche Karriere allerdings gilt Konfuzius als absoluter Fachmann, so daß man seiner besonders vor den nationalen Universitätsprüfungen gedenkt.

Der Daoismus

Welch ein Kontrast dagegen der Daoismus! Von Regeln, Disziplin oder gar Unterwerfung hält man hier wenig. Überhaupt kommt der Gesellschaft nur eine geringe Rolle zu. Nicht die menschlichen, sozialen Konstrukte, sondern der ewige Kosmos leitet den Menschen an. Menschliche Konventionen sind für den echten Daoisten Tand und hohles Beiwerk, denn nur die Natur kann als Quell der Erkenntnis dienen. Indem der Mensch in Einklang mit der Natur, dem Kosmos, der gesamten Welt überhaupt lebt, sich ihrem natürlichen Rhythmus anpaßt, anstatt ihr mit falschem Ehrgeiz zu widerstreben, kann er Glück und Zufriedenheit finden. ›Wu wei‹ lautet das Grundprinzip dieser chinesischen Religion, ›nicht handeln, nicht agieren, nichts erstreben‹. Der Daoist kämpft nicht, er gibt nach. Loslassen soll er, zur kindlichen Unbekümmertheit zurückfinden, sich von den gesellschaftlichen Konventionen lösen.

Auch dieser Glaube geht auf die Zeit der ›Streitenden Reiche‹ der Zhou-Dynastie zurück. Ähnlich wie Konfuzius machte sich der Philosoph Laozi, dessen Existenz nicht unumstritten ist, Gedanken über die ideale Lebensweise und den Weg aus dem gesellschaftlichen Chaos – mit geradezu entgegengesetztem Ergebnis. Seine Erkenntnisse faßte er im Daodejing zusammen, einem Werk, dessen Umfang kaum über eine Broschüre hinausgeht. Und trotzdem beschäftigt es bis heute die Philosophen und ist nach der Bibel das meist übersetzte Buch der Welt!

Die Basis des Daoismus ist das Dao (im Deutschen auch als Tao bekannt 道). Schon die Übersetzung dieses Begriffs kann gestandene Sinologen zum Haare-Raufen bringen. Der ›Weg‹ schlägt das Wörterbuch vor, aber auch ›Prinzip‹, ›Bewegung‹ oder ›Doktrin‹ und viele weitere Möglichkeiten. »Das Dao, das benannt werden kann, ist nicht das wahre Dao«, lautet lapidar die erste Strophe des Daodejing. Vielleicht ließe es sich als das ›allumfassende Prinzip des Kosmos‹ übersetzen. Vielleicht – denn die Antwort auf diese und jede andere Sinnfrage muß jeder für sich selbst finden. Im Grunde genommen ist der Daoismus weder faßbar noch eindeutig interpretierbar – wer einen Blick auf die zahlreichen Übersetzungen des Daodejing wirft, stellt schnell fest, wieso das so ist: sie sind alle korrekt – und dennoch gleichen sie sich in keinem Wort.

Auch das Yin-Yang-Symbol stammt aus dem Daoismus und symbolisiert das fragile Gleichgewicht des Kosmos. Alle Dinge, alle Tätigkeiten, kurzum alles, was diesem Kosmos innewohnt, kann den Prinzipien Yin, (dem weiblichen, dunklen, feuchten) und Yang (dem männlichen, hellen, trockenen) zugeteilt werden. Sie ergänzen und bedingen sich gegenseitig. Gerät das Gleichgewicht der beiden aus der Kontrolle, dann entstehen Katastrophen – in jeder Hinsicht. Egal ob in der Ernährungslehre, der Medizin oder der Architektur, immer ist es ein Hauptanliegen, dieses Gleichgewicht zu wahren.

Zur Volksreligion wurde der Daoismus übrigens nicht ob seines philosophischen Anspruchs, sondern eher dank seiner vagen Definitionen und kryptischen Aussagen. Er blieb immer offen für fremde Einflüsse und konnte so problemlos lokale Bräuche, Vorstellungen und Teile der Geisterwelt in sich aufnehmen. Aus dem philosophischen, sehr elitären Daoismus, wurde schnell eine Volkslehre, die heute Abertausende von Göttern beherbergt, denen in zahlreichen Tempeln gehuldigt wird. Sogar ein reguläres Mönchtum entwickelte sich im Laufe der Jahrhunderte. Ein weiteres wichtiges Element ist bis heute die Lebensverlängerung (bis hin zur Unsterblichkeit) durch körperliche Übungen und Alchimie. In dem irrigen Glauben, Quecksilber wirke lebensverlängernd, bescherten die Hof-Daoisten der Han-Dynastie zu Beginn unserer Zeitrechnung sogar eine lange Reihenfolge von minderjährigen Thronfolgern. Die eigentlichen Herrscher starben allesamt in jungen Jahren an den lebensverlängernden Maßnahmen.

Tempelrestaurierung

Illustration daoistischer Versenkung in einem Tempel

Traditionell jedoch war der Konfuzianismus die offizielle Ideologie der Herrscher. Immer wieder fungierte der Daoismus in der Geschichte daher auch als politisches Ventil. Galt es den Kaiser zu stürzen, sammelten sich die Aufständischen nicht selten unter dem Dach einer daoistischen ›Schule‹, die nicht nur eine gute Rechtfertigung bot (das Gleichgewicht des Kosmos wieder herstellen!), sondern auch noch mit Unsterblichkeits- und Unverwundbarkeitspraktiken lockte. War der Aufstand erfolgreich, kehrten die neuen Herrscher schnellstens zum Konfuzianismus zurück, schließlich galt es nun, das Volk mit harten Regeln zu kontrollieren.

In der Realität ist ein rein daoistisches Leben innerhalb der heutigen Gesellschaft kaum möglich. Nur sehr wenige folgen konsequent dem daoistischen Weg und ziehen sich zur lebenslangen Meditation auf einen einsamen Berggipfel zurück (obwohl es auch das im heutigen China noch gibt!). Für die meisten Menschen ist er ein Ausgleich zur rigiden Philosophie des Konfuzius, der in den Alltag integriert wird.

Vor allem in der Kunst ist der Einfluß des Daoismus unübersehbar (siehe Kapitel Kunst), aber auch in der Ernährung und Medizin. In der Architektur ist der Daoismus als ›Fengshui‹, der geomantischen Lehre von Wind und Wasser lebendig. Anhand zahlreicher Regeln und Messungen sollen alle menschlichen Veränderungen der Landschaft möglichst mit der natürlichen Umgebung harmonisieren und die natürlichen Energieflüsse nicht stören. Besonders im traditionellen Hongkong und Taiwan ist ein Hausbau ohne Konsultation eines Geomantikers undenkbar.

Die Frage, wie viele Menschen sich in China heute zum Daoismus bekennen, läßt sich übrigens kaum beantworten. Ein wenig sind sie alle Daoisten, wenn auch manche mehr Eifer an den Tag legen als andere. Vielleicht ist es sogar eine Frage der Tagesform. Bei einem Glas Bier im Mondschein, nach getanem Tagewerk, dürften sich erheblich mehr Chinesen zu dieser sympathischen Religion bekennen.

Das Daodejing

Auszug aus dem Daodejing, dem Grundlagenbuch des Daoismus

Strophe 47

不出戶，知天下；
不窺牖，見天道。
其出彌遠，其知彌少。
是以聖人不行而知，
不見而明，不為而成。

Ohne aus der Tür zu treten, weiß der Weise von der Welt;
Ohne aus dem Fenster zu schauen, sieht er das himmlische Dao.
Je mehr er weiß, desto weniger versteht er.
Er kommt an, ohne fortzugehen,
erkennt das Licht, ohne zu sehen,
tut nicht nichts und vollbringt doch.

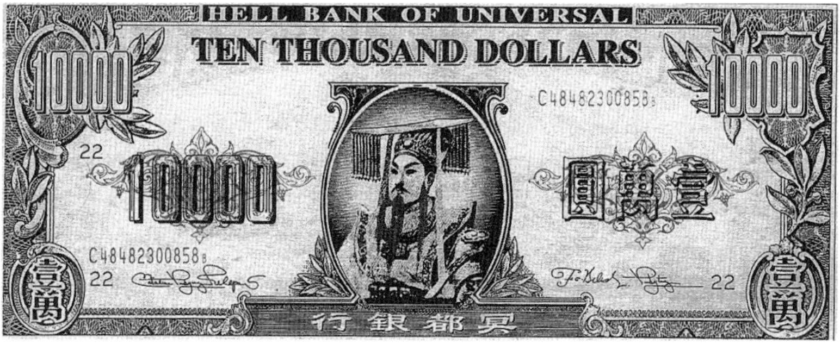

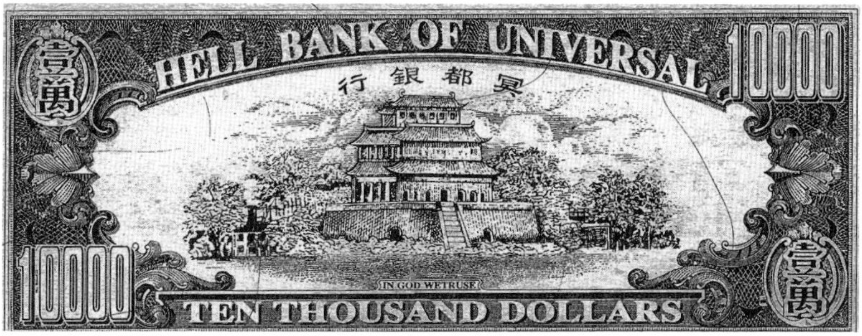

Notgroschen für das Jenseits

Der Buddhismus

Bereits früh in der Geschichte erreichte der Buddhismus China. Durch den Handel entlang der Karawanenstraßen durch die zentralasiatische Wüste kamen im ersten Jahrhundert nach Christus nicht nur Waren ins Land, sondern auch die ersten buddhistischen Pilger. Von Anfang an wurde der Buddhismus stark vom Daoismus beeinflußt – ja oft sogar für eine daoistische Schule gehalten und gar nicht als eigenständige Religion erkannt! Viele Übersetzer verwendeten daher daoistische Vokabeln, um die Texte des Buddhismus ins Chinesische zu übertragen. Das Dharma, die Lehre, wurde so beispielsweise zum Dao, dem zentralen Begriff der Daoisten. Moralische Begriffe hingegen wurden aus dem Konfuzianismus entlehnt. Obwohl er von Anfang an mit den heimischen Religionen konkurrieren mußte, wurde der Buddhismus gut aufgenommen. Endlich gab es eine echte Transzendenz, eine klare Vorstellung vom Leben nach dem Tode, wurde den Menschen eine Erklärung für die großen Unterschiede zwischen Reich und Arm, ihr persönliches Schicksal überhaupt geboten!

Der Grundgedanke des Buddhismus beschäftigt sich mit der Tatsache, daß Leben immer auch Leiden darstellt, dessen Ursprung im Verlangen und der daraus resultierenden ruhelosen Begierde liegt. Um dieses Leiden auszulöschen gilt es, den achtfachen Pfad zu beschreiten: vollkommene Erkenntnis, vollkommene Gedanken, vollkommene Rede, vollkommenes Handeln, vollkommener Lebensunterhalt, vollkommene Anstrengung, vollkommene Achtsamkeit, vollkommene Sammlung. Nur so läßt sich das Samsara, die Reise der Seelen durch eine unendliche Anzahl von Leben durchbrechen. Jede Handlung hinterläßt dabei Spuren in Form von negativen oder positiven Verdiensten (Karma), was die ›Qualität‹ des nächsten Lebens beeinflußt. Das Ziel eines Buddhisten ist das Nirwana, die Erlösung aus diesem Kreislauf und das Erlöschen der Seele.

Wie in vielen anderen Ländern Ostasiens, setzte sich in China der Mahayana-Buddhismus durch. Im Unterschied zur ursprünglichen Lehre des Hinayana-Buddhismus können nicht nur Mönche, sondern auch ›normale‹ Gläubige die Erleuchtung erlangen. Sie dürfen auf die Hilfe der Boddhisattvas hoffen. Diese sind Wesen, die zwar die Erleuchtung bereits in sich tragen und den ewigen Kreislauf des Lebens verlassen könnten, vorläufig aber darauf verzichten, um allen anderen Menschen auf dem Weg dorthin zu helfen. Besonders der barmherzige Boddhisattva ›Guanyin‹ ist in China extrem beliebt. Da er äußerlich an die Jungfrau Maria erinnert und meist in einem separaten Tempelraum untergebracht ist, ist er auch für Nicht-Buddhisten leicht zu erkennen.

Der Boddhisattva Guanyin wird in China sehr verehrt

Im fünften Jahrhundert gelangte schließlich die ›Schule des Reinen Landes‹ von Indien nach China, wo sie bis heute die vorherrschende Richtung bleiben sollte. Um im ›Paradies des Westens‹ des Buddhas Amitabha wiedergeboren zu werden, genügt es, reinen Herzens an Buddha zu glauben und seinen Namen ›namo amituofo‹ als Mantra zu rezitieren..

Auch der im Westen besonders bekannte Zen-Buddhismus stammt ursprünglich aus China, wo er als ›Chan-Buddhismus‹ im 6. Jahrhundert entstand. Wörtlich läßt sich der Begriff als ›Meditation‹ übersetzen, und genau hier liegt der Schwerpunkt dieser Schule, denn durch Versenkung und Überwindung des Verstandes soll der Schüler den Buddha in sich selbst suchen.

Schon relativ kurz nach dem ersten Kontakt mit buddhistischem Gedankengut entwickelte sich die neue Lehre zu einer Konkurrenz für Konfuzianismus und Daoismus. In der Tang-Dynastie (618–906) schließlich wurde der Buddhismus zur vorherrschenden Religion und erlebte eine regelrechte Blütezeit. Anfangs zumindest, denn der Reichtum und Einfluß des buddhistischen Klerus wurde dem Kaiserhof immer suspekter. Im Jahr 845 ließen die Tang fast alle buddhistischen Klöster enteignen. Die mehr als 200 000 Mönche und Nonnen wurden zwangsweise wieder in den Laienstand entlassen. Von diesem Schlag sollte sich der chinesische Buddhismus nie wieder erholen. Nichtsdestotrotz ist er eine wichtige Kraft geblieben, und gut zehn Prozent aller Chinesen bekennen sich zum Buddhismus, die Zahl der ›Gelegenheits-Buddhisten‹ dürfte aber erheblich höher sein.

Der Volksglaube: Geister und Wahrsager

Bei allem Interesse an den klassischen Religionen werden Geisterglaube und Ahnenverehrung oft übersehen. Obwohl besonders letztere bereits bei Konfuzius Erwähnung findet, ist sie nicht zwangsläufig an diese Strömung gebunden. Auch Buddhisten und Daoisten haben in der Regel einen kleinen Ahnenaltar zu Hause oder im Geschäft, der die verblichenen Familienmitglieder versorgt. Denn Tote sind zwar unbestreitbar physisch abwesend, aber trotzdem ein Teil der Realität. Als Geister können sie zwischen Jenseits und Diesseits wechseln, den lebenden Familienmitgliedern helfen und dürfen daher selbstverständlich an wichtigen Feiern teilnehmen. Sie lungern an Tempeleingängen herum, belästigen Autofahrer und vergeigen dem einen oder anderen unglücklichen Studenten die Prüfung. Geister sind im chinesischen Volksglauben allgegenwärtig – und mächtig!

Hongkong: Rolltreppe im Stadtteil Kowloon
Sonnenuntergang über Shanghai; Im Hyatt Hotel in Shanghai

STARBUCKS COFFEE

NEC
NEC
PILOTS

米奇妙世界
柴房子
MICKEY'S CORNER
VIGOR INT'L (H.K.) LTD
©DISNEY

Der Übergang zwischen Gut und Böse ist dabei fließend. Ein gewaltsames Ende zum Beispiel oder offene Fehden zum Todeszeitpunkt können einen freundlichen und charmanten Menschen in einen Dämon verwandeln, der mit dem Diesseits zwanghaft verbunden bleibt. Erst wenn er selbst ein lebendes Opfer auf dieselbe Art in den Tod getrieben hat, findet er Ruhe und kann sich endgültig ins Jenseits zurückziehen. In ländlichen Gegenden müssen Unfallopfer deshalb mitunter etwas länger auf Hilfe warten: Vielleicht ist hier ein Dämon im Spiel, der sich nun ein neues Opfer suchen muß? Aus demselben Grund sind auch Autogurte und Motorradhelme höchst unbeliebt. Durch diese Gegenstände werden die Geister erst recht auf den Plan gerufen, denn insgeheim rechnet der Träger mit einem Unfall.

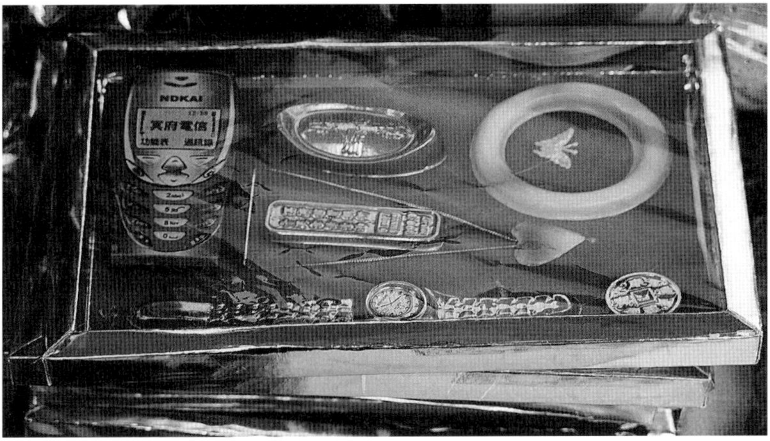

Auch im Jenseits wissen die Ahnen die Segnungen der Zivilisation zu schätzen

Ansonsten geht es auch in der Welt der Geister recht menschlich zu. Egal ob Kühlschrank, Auto, Mikrowelle oder Couchtisch, auch im Jenseits wissen die Ahnen einen gewissen Luxus zu schätzen. Doch wie sendet man die Präsente in die Geisterwelt? Per Feuer natürlich. Weil die meisten Gegenstände nur schwer brennen, beschränkt man sich in der Regel auf symbolische Papierimitate. Besonders im traditionellen Hongkong und Taiwan gibt es zahlreiche Spezialläden für Totenbedarf, die praktisch jeden noch so abwegigen Gegenstand aus Papier anbieten. Ansonsten tut es auch ein regelmäßiges Taschengeld – das sogenannte Toten-

Shanghai: Blick auf Pudong; Der Hafen von Sanya auf Hainan
Chinesische Mickey Mouse

Laden, in dem Glückssymbole verkauft werden

geld, ausgestellt auf die ›Hell Bank‹ und selbstverständlich in US-Dollars, denen man auch im Jenseits einen stabilen Kurs zutraut.

In fast jedem Haushalt ist den Ahnen eine kleine Altarecke reserviert, in der immer wieder Nahrungsmittel und Räucherstäbchen dargebracht werden und der Toten gedacht wird. Problematisch ist, besonders in Zeiten der Ein-Kind-Ehe, daß es eines männlichen Nachfahren bedarf, um diese Handlungen vorzunehmen. Fehlt der Sohn beziehungsweise Enkel oder kümmert er sich nicht angemessen um seine Vorfahren, versiegt auch der Nachschub ins Jenseits. Geister, die aus diesem Grunde hungrig bleiben, verwandeln sich schnell in übellaunige Gesellen, die fortan die Lebenden verfolgen.

Egal ob wohlgesonnen oder dämonisch, in China, Hongkong, Macau oder Taiwan wimmelt es auf den Straßen regelrecht von unsichtbaren Zeitgenossen. Besonders gern lauern sie in der Nähe von Tempeln, die deshalb sorgfältig gegen Geister geschützt werden müssen: eine ›Geistermauer‹ in Form einer zum Eingang parallelen Mauer verwehrt ihnen den Zugang. Um den Tempel zu betreten, muß der Besucher einmal um die Ecke laufen – und genau das können Geister nicht! Nach demselben Prinzip funktionieren auch die Zickzack-Brücken, deren verspieltes Design nicht auf Kreativität des Architekten schließen läßt, sondern auf einer ordentlichen Portion Respekt vor den Geistern. Aus diesem Grund möchte in China auch niemand am Ende einer Sackgasse wohnen – hier müssen die Besucher aus dem Jenseits ganz zwangsläufig einkehren. Extra hohe Türschwellen stellen eine weitere Hürde dar, denn Dämonen können prinzipiell ihre Füße nicht heben und müssen dort umkehren. Auf dem Dach erledigen allerhand glückverheißende Tiere den Job der Geisterabwehr: auf dem Dachfirst sitzend, schlagen Drachen, Phönix und andere Fabelwesen alle Besucher aus dem Jenseits in die Flucht.

Wer sich architektonisch nicht zu schützen vermag, dem bleibt der Besuch eines Glücksshops. Hier dominiert die Farbe rot, die Geister ganz besonders verabscheuen, und Türbilder mit diversen Göttern, glückverheißende Zeichen wie

›langes Leben‹, ›Glück‹, oder ›Reichtum‹ werden angeboten. Besonders in der Nähe der Tür angebracht, sorgen sie dafür, daß Geister wieder umkehren. Für Autofahrer bietet sich eher die kleinere Variante an, die aus kunstvollen Knoten aus roten Bändern mit machtvollen Bildnissen besteht: Götter, Helden, Drachen und andere Geisterfeinde. Selbst Mao Zedong muß hier und da herhalten. Daß er an manch einem Taxi-Rückspiegel baumelt, hat weniger mit echter Verehrung seiner politischen Person zutun, als der Gewißheit, daß ein derart mächtiger Mensch auch aus dem Jenseits heraus noch viel Einfluß haben muß.

Dies dürfte Mao auch posthum noch Bauchweh bereiten, waren doch gerade die Kommunisten der ersten Stunde ganz besonders bemüht, den Volkglauben abzuschaffen und ergo den Geisterglauben zu unterbinden. Lange Zeit waren die meisten Praktiken entweder verboten oder aber zumindest nicht gerne gesehen. Unter der atheistischen Oberfläche der Modell-Sozialisten jedoch blieb die Tradition bestehen. Mit den politischen Lockerungen der 80er und 90er Jahre kehrte auch der Geisterglaube wieder ganz offiziell zurück. Daß die renommierten Wahrsager heute wieder viel hochrangige Kundschaft haben, versteht sich von selbst. Sie gelten als Experten im Umgang mit dem Jenseits, sei es um mit Geistern in Kontakt zu treten, Dämonen abzuwehren, oder einfach nur einen generellen Blick in die Zukunft zu werfen.

An einem Tag im Jahr läßt sich Geisterkontakt übrigens auf keinen Fall verhindern. Zhongyuan, das Fest der Toten am ersten Tag des siebten chinesischen Monats wird mit einem gewissen Unbehagen begangen. Dann nämlich öffnen sich die Tore zum Jenseits, ihre Bewohner dürfen einen Tag lang ganz offiziell auf Erden wandeln. Auf den Straßen werden Snacks angeboten, ja teils sogar üppige Menüs, denn Amüsement und Völlerei für die jenseitigen Besucher gelten als Garant für einen reibungslosen Ablauf des gefürchteten Tages. Hier und da werden sogar kleine Opernstücke auf der Straße inszeniert, um die Geister bei Laune zu halten. Bei allen Vorkehrungen, ganz geheuer ist den Chinesen dieser Tag nicht. Wichtige Ereignisse wie Hochzeiten oder Umzüge werden deshalb vorsichtshalber auf einen anderen Termin gelegt.

Der Islam in China

Und noch eine große Religion wird in China oft übersehen, dabei bekennen sich mehr als zehn Prozent aller Chinesen zu ihr: der sunnitische Islam. Optisch besonders auffällig ist er nicht, sind doch die meisten chinesischen Moslems recht angepaßt und oft nicht einmal an der Kleidung zu erkennen. Dies gilt zumindest für die Nationalität der Hui, die sich nur durch den Glauben von der Mehrheit der Han-Chinesen unterscheidet. Im Westen des Landes sieht es schon anders aus, denn hier leben die Turkvölker Chinas, die kulturell und religiös viel mehr mit ihren Nachbarn in Mittelasien gemein haben als mit den Chinesen.

Der Islam kam bereits früh nach China. Kalif Uthman ibn Affan entsandte 650 nach Christus die erste Delegation unter Saad ibn Abi Waqqas an den Kaiserhof, um den chinesischen Kaiser zum Islam zu bewegen. Obwohl ihm dies nicht gelang, beeindruckte er den Kaiser, der der Delegation die Erlaubnis zum Bau einer Moschee in Guangzhou gab. Daß sie gerade hier errichtet wurde, war kein Zufall, siedelten doch die meisten Moslems, größtenteils Händler, in den Küstenstädten des Südens. Im Laufe der Jahrhunderte wanderten jedoch auch zahlreiche persische und arabische Kaufleute über die Seidenstraße zu und gründeten in China Familien.

In den ersten Jahrhunderten der islamischen Zuwanderung trafen die Moslems auf eine tolerante Haltung. Besonders die kulturell fortschrittliche Tang-Dynastie (618–907) und die Song-Dynastie (960–1279) glänzten durch religiöse Freiheit. Als besonders vorteilhaft erwies sich jedoch die Herrschaft der mongolischen Yuan-Dynastie (1271–1368). Leitende Positionen wollten die Mongolen als verhaßte Fremdherrscher nur ungern in chinesische Hände geben, und so verließen sie sich lieber auf ausländische Kräfte. Eine erhebliche Anzahl von Moslems stieg in hohe Ämter auf oder wanderte aus dem Orient zu, so daß sie bald den gesamten Ost-West-Handel beherrschten. Nach dem Sturz der Mongolen durch die fremdenfeindliche Ming-Dynastie sollte sich diese Tatsache bitter rächen. Als vermeintliche Kollaborateure hatten die Moslems nun mit allerhand Vorurteilen zu kämpfen. ›Nicht auffallen‹ lautete daher die Devise der meisten, die sich oft chinesische Namen zulegten und auch sonst in jeder Hinsicht allzu viel Aufsehen vermieden. Oft wurden in Anlehnung an den Propheten Mohammed die Nachnamen auf Ma, Mu oder Mo verkürzt. Andere übernahmen Kurzformen der Vornamen und wandelten beispielsweise Hassan in Ha oder Hussein in Hu um. Kurzum, die meisten Moslems waren kaum mehr von den Han zu unterscheiden, sprachen und schrieben sie doch mittlerweile auch Chinesisch.

Erst in der Qing-Dynastie – selbst eine Dynastie mit fremden Wurzeln – gerieten die Moslems wieder ins Visier des Staates. Durch die Eroberung großer islamischer Siedlungsgebiete im Westen Chinas gerieten die moslemischen Hui-Chinesen nun in Kontakt mit einer ganzen Heerschar von sehr viel fundamentalistischeren Brüdervölkern. Der Assimilierungsdruck aus Beijing führte schnell zu diversen Aufständen. Immerhin fünf Mal rückten die kaiserliche Truppen zwischen 1820 und 1861 gegen den Westen aus, um moslemische Erhebungen zu unterdrücken.

Seither blieb das Verhältnis zur Zentralmacht gespannt. Nach dem Sieg der Kommunisten kam es 1953 wiederholt zu erfolglosen Aufständen, die die Schaffung einer moslemischen Teilrepublik zum Ziel hatten. Ende der 1960er Jahre wurde es abermals gefährlich für die moslemische Bevölkerung, die während der Kulturrevolution immer wieder ins Visier der Roten Garden geriet. Teils wurden Moscheen in Schweineställe verwandelt oder Geistliche als Schweine-Metzger verpflichtet, viele verschwanden spurlos. Insgesamt sollen mehr als 300 000 Moslems in jener Zeit gestorben sein.

Heute gibt es wieder um die 30 000 Moscheen in China, aber ganz ohne Spannungen ist das Verhältnis dennoch nicht. Zwar herrscht mittlerweile theoretisch Glaubensfreiheit, auch die Pilgerreise nach Mekka ist seit den 1980ern wieder möglich, doch Ressentiments und Mißtrauen sind auf beiden Seiten geblieben. Problematisch bleibt auch, daß die Hauptsiedlungsgebiete der nicht-chinesischen Völker (Uighuren, Usbeken, Kasachen, Kirgisen und Tataren) in den Randprovinzen Xinjiang und Gansu liegen. Der Kontakt zu den Bewohnern anderer islamischer und teils recht fanatischer Gruppierungen aus Afghanistan oder Pakistan ist damit vorprogrammiert. Dazu kommt, daß Xinjiang unter dem Druck der Zuwanderung leidet – aufgrund der Siedlungspolitik der Zentralregierung, machen die Moslems nur noch 60 Prozent der Provinzbevölkerung aus! Genau diese Gebiete sind es auch, die die größten Energie-Reserven China beherbergen, separatistische Tendenzen werden deshalb rigoros bekämpft. Für die Angehörigen der Hui-Nationalität, die vor allem in Qinghai, Shaanxi und Ningxia leben, sieht die Situation etwas besser aus, zumal es von dieser Seite kaum separatistische Bestrebungen gibt.

Moschee in Xi'an

Magische Phonetik

Wer sein persönliches Glück im Auge behalten will, umgibt sich nicht nur mit allerhand Talismanen, sondern bedient sich auch der Zahlenmagie. Auch im Westen kennt man diesen Aberglauben – auch hier verzichten Hotels oft auf die 13. Etage – in China jedoch sind es ungleich mehr Zahlen, denen aufgrund ihrer Homophonie mit andern Begriffen eine positive oder negative Auswirkung

Chinesisches Horoskop

nachgesagt wird. Die 8 beispielsweise gehört zu den ›guten‹ Zahlen, denn sie wird in zahlreichen Dialekten gleichlautend mit ›Wohlstand‹ ausgesprochen. Die 9 wiederum ist homonym mit dem hochchinesischen Wort ›lang andauernd‹. Kein Wunder, daß ganz besonders viele chinesische Paare am 9.9.1999 heirateten, schließlich garantiert dieser Termin eine besonders haltbare Ehe.

Die Zahl 4 hingegen jagt allen abergläubischen Chinesen einen Schauer über den Rücken, denn sie kann auch ›sterben‹ bedeuten. In neueren Hotels sucht man daher vergeblich den vierten Stock. Ein Taxi-Unternehmen mit der Rufnummer 4444 würde niemals einen Kunden zu sehen bekommen.

Ähnlich wirksam sind auch andere phonetische Wortspielereien aus dem Tierreich: Wer seinen Freunden Reichtum wünscht, mag ihm ein Bild mit Fischen schenken, denn ›Fisch‹ und ›Überfluß‹ werden gleich ausgesprochen. Auch ›Chrysantheme‹ und ›verweilen‹ (also ein Symbol der Ewigkeit) sowie ›Fledermaus‹ und ›Glück‹ bilden derartige Paare.

Chinesische Politik

Lust auf ein Streitgespräch? Thematisieren Sie einfach mal die Politik der Volksrepublik China in einer großen Runde. Und falls Sie noch einen Vertreter der alten Linken, einen Wirtschaftswissenschaftler und einen Menschenrechtsaktivisten an den Tisch bitten können, umso besser! Vom Rechtssystem über die Außenpolitik, die Geburtenkontrolle oder Taiwanfrage bis zur Tibetpolitik gibt es genügend Bereiche, über die es sich tagelang debattieren ließe. Im Lande selbst bieten sich derartige Gespräche nur bedingt an. Hitzige politische Diskussionen mag es geben, doch sie finden in der Regel im engen Familien- oder Freundeskreis statt. Zu oft hat die politische Richtung in den letzten Jahrzehnten gewechselt, zu oft wurden die Intellektuellen des Landes zur Kritik aufgerufen, nur um kurze Zeit darauf bitter für ›ideologische Verfehlungen‹ zu zahlen. ›Wer den Kopf aus der Menge streckt, braucht sich nicht wundern, wenn er ihn verliert‹, lautet daher das heimliche Credo der meisten Chinesen.

Das Chaos verhindern

Ohnehin unterscheiden sich die chinesischen Vorstellungen von Politik und Regierung erheblich von den westlichen Ideen. Im Fernen Osten geht es weniger um individuelle Rechte oder das Glück des Einzelnen, sondern gut ist, was der Masse nützt. Der Staat und die Regierung, egal welcher politischen Richtung sie angehören, sollen vor allem für ein sicheres Umfeld und öffentliche Ordnung sorgen. Solange es der Mehrheit der Staatsbürger gut geht, werden nur wenige Gedanken an Minderheiten verschwendet. Eine kleine Schicht westlich orientierter Intellektueller und Dissidenten mag dies anders sehen, für den Großteil der Chinesen bleiben das physische Wohlergehen und die Chance auf ein geordnetes Leben allemal wichtiger als Meinungs- und Versammlungsfreiheit. Nichts fürchtet man in China mehr als das politische Chaos! Aus gutem Grund, war doch das moderne China viele Jahrzehnte lang von geradezu anarchischen und bürgerkriegsähnlichen Zuständen geschüttelt.

Auch die Methoden, wie denn nun dieser Zustand maximaler, gesellschaftlicher Sicherheit erreicht werden kann, sind eindeutig konfuzianischer Herkunft und deshalb für westliche Besucher nur schwer nachzuvollziehen. Nicht Gesetze, sondern positive Beispiele sollen das Volk leiten. Jeder Regent agiert daher quasi durch sein leuchtendes Vorbild als oberste moralische Instanz und setzt so allgemeine Maßstäbe. Kein Wunder, daß man in China nicht an ›faquan‹, die Macht der Gesetze, sondern ›renquan‹, die Macht einzelner Personen glaubt. Im modernen

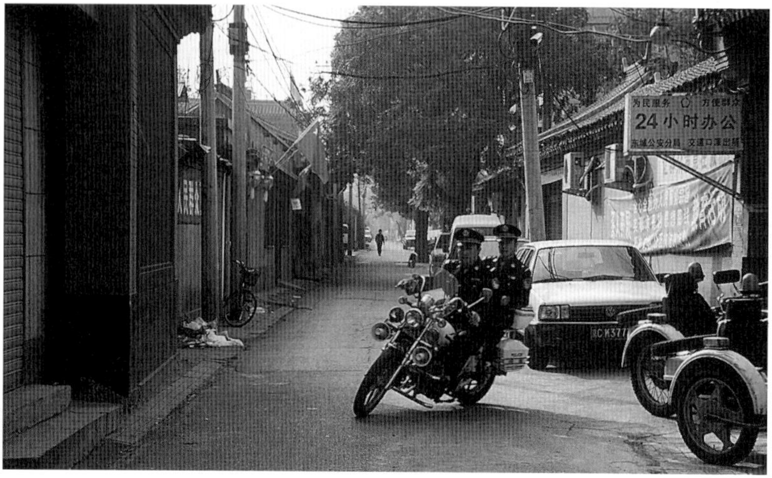

Motorisierte Polizei

China versucht die Kommunistische Partei (KPCh), diese Vorbild-Rolle einzunehmen. Schon aus diesem Grund sind Korruptions- und Machtmißbrauchs-Skandale für die Herrschaft der KPCh gefährlicher als der Vorwurf mangelnder demokratischer Strukturen. Ihren Führungsanspruch muß sie letztlich aus moralischer Integrität ableiten.

Staat und Partei

Obwohl die Kommunistische Partei und die Regierung Chinas in vielen westlichen Diskussionen geradezu als Synonyme verwendet werden, gibt es formal eine strikte Trennung zwischen staatlicher und der parteilicher Macht. Theoretisch ist erst einmal der Nationale Volkskongreß (NVK) das wichtigste Organ des Staates. Seine rund 3000 Mitglieder werden alle fünf Jahre von den Provinzen, regierungsunabhängigen Städten, Autonomen Regionen und den Streitkräften gewählt. Er tritt einmal im Jahr zusammen, beschließt Gesetze, bestätigt den Ministerpräsidenten, die Mitglieder des Staatsrates und die Mitglieder des Ständigen Ausschußes des NVK. Aufgrund seiner hohen Mitgliederzahl wären diese Arbeiten allerdings kaum im Plenum durchführbar. Es wird daher ein Ständiger Ausschuß von zirka 150 Abgeordneten gebildet, der die Regierungsgeschäfte übernimmt. Der vom NVK gewählte Ministerpräsident ist theoretisch der höchste Mann im Staat.

Und wo sind nun die Verbindungen zur Kommunistischen Partei? Nun, theoretisch erst einmal keine. Regiert wird, entgegen vieler Vorurteile, wirklich durch die Regierung. Sie ist sozusagen das Umsetzungsorgan der Partei, die im Hintergrund die generelle politische und wirtschaftliche Linie ausarbeitet. De facto gibt es natürlich viele mehr oder minder offensichtliche Verbindungen und Überschneidungen, die dafür sorgen, daß sich in der Regierung keine Gegenströmungen zur Parteilinie entwickeln.

Zuallererst werden natürlich nur Kandidaten für den NVK aufgestellt, die auch der Partei genehm sind. Selten findet sich ein hochrangiges Regierungsmitglied, das nicht gleichzeitig auf eine erfolgreiche Parteikarriere verweisen könnte. Der Weg zur Macht geht daher eindeutig nicht über die Laufbahn im Staatsapparat sondern über die Partei.

Club der Auserwählten

Gut 66 Millionen Mitglieder hat die KPCh, wobei es keinesfalls einfach ist, der Partei beizutreten. Neben solidem sozialistischen Wissen muß der Kandidat auch die Empfehlungen gestandener Mitglieder und eine möglichst reine Weste mitbringen. Ob und wie weit sich ein Parteimitglied dann politisch entwickeln kann, hängt nicht nur von seinen Fähigkeiten ab, sondern auch, ob es ihm gelingt, in eine der erfolgreichen Seilschaften aufgenommen zu werden. Diese ›Faktionen‹ bilden sich je nach Herkunft, Studienort, Stationen der Parteikarriere und anderen Gemeinsamkeiten. Besonders vielversprechend ist ein Abschluß der Elite-Universität Qinghua in Beijing, ein Amt in Shanghai oder die Herkunft aus dem Yangzi-Delta. Das ranghöchste Amt innerhalb der Partei ist das Generalsekretariat.

»Herumlungern verboten«

Generell tritt die Kommunistische Partei Chinas alle fünf Jahre zu einem großen Parteitag zusammen. Gut 2000 Mitglieder hat er und ist deshalb ebenso wenig wirklich arbeitsfähig wie der Nationale Volkskongreß. Das Plenum wählt daher ein Zentralkomitee (ZK), das einmal im Jahr zusammentritt.

Doch auch das ZK hat noch immer um die 350 Mitglieder. Diese wählen ihrerseits ein Politbüro, das aus 20 bis 25 Mitgliedern besteht und wiederum über einen Ständigen Ausschuß verfügt. Hier, im Ständigen Ausschuß des Politbüros, liegt die wahre Macht Chinas – und die Schnittstelle zwischen Staat und Partei. Es ist also kein Zufall, daß praktisch alle sieben Mitglieder des Ständigen Ausschusses auch innerhalb der staatlichen Hierarchie hohe Posten besetzen.

Etwas abseits dieser Struktur, aber deshalb nicht weniger wichtig, steht die Zentrale Militärkommission. Sie, und nicht das Verteidigungsministerium, hat die Kommandogewalt über die Volksbefreiungsarmee! Traditionell bietet dieser Posten abtretenden Politgrößen die Möglichkeit, aus dem Hintergrund die Zügel in der Hand zu behalten. Sowohl Deng Xiaoping als auch Jiang Zemin nutzten diese Möglichkeit, nachdem sie aus ihren anderen Ämtern ausschieden.

Letztlich gelten der Generalsekretär der Partei, der Ministerpräsident und der Vorsitzende der Zentralen Militärkommission als das Triumvirat der VR China.

Vom Klassenkampf zum kapitalistischen Sozialismus

Die theoretischen Strukturen der KPCh haben sich seit der Machtübernahme 1949 kaum geändert – wohl aber die Inhalte! Vier Führungsgenerationen hat die Volksrepublik mittlerweile erlebt, wobei die politischen Vorstellungen (natürlich unter dem offiziellen Deckmantel sozialistischer Einigkeit) weit auseinander lagen.

Olympiawerbung in Peking

Deng Xiaoping auf einem Propagandaplakat

Die erste Generation unter Mao Zedong und Zhou Enlai hatte selbst in erster revolutionärer Front gekämpft, den Langen Marsch überlebt und die Grundlagen des modernen China gelegt. Mit den Vertretern der zweiten Generation um Deng Xiaoping, Zhao Ziyang und Hu Yaobang lagen sie zeitweise geradezu bürgerkriegsartig im Clinch, ging es doch um die grundlegende Entscheidung zwischen Ideologie und Praxis.

Erst mit dem Tode Maos konnte sich die zweite Generation Ende der 1970er durchsetzen. Ihre Reformpolitik des ›Sozialismus mit chinesischen Charakteristika‹ öffnete das Land nach Jahrzehnten der selbst gewählten Isolation und brachte ein enormes Wirtschaftswachstum, aber auch eine neue Kluft zwischen Arm und Reich.

Die dritte Generation um Li Peng, Zhu Rongji und Jiang Zemin kam Mitte der 1990er kurz vor dem Tode Dengs an die Macht. Im allgemeinen werden sie als Technokraten bezeichnet: Nicht der revolutionäre Kampf fundamentierte ihren Führungsanspruch (dazu sind praktisch alle zu jung), sondern eine Mischung aus Ausbildung, Kontakten und Parteikarriere. Mit dem Abdanken Li Pengs kam die vierte Generation um den Präsidenten und Generalsekretär der KP, Hu Jintao und den Ministerpräsidenten Wen Jiabao an die Macht. Beide gelten in wirtschaftspolitischer Hinsicht als reformfreudig und bestrebt, China noch mehr in den Weltmarkt einzubinden, ohne allerdings den Führungsanspruch der KP in Frage zu stellen.

Die chinesische Gesellschaft

›Blaue Ameisen‹, ›undurchsichtige Gestalten‹ – das Klischee vom uniformen, ja geradezu gesichtslosen und daher austauschbaren Chinesen ist noch immer weit verbreitet. Schon den deutschen Kolonialherren des 19. Jahrhunderts schienen die Chinesen als gleichförmige Masse. Mit den Eindrücken der Kulturrevolution aus den 1960er und 1970er Jahren – Abertausende von Chinesen, die dem großen Vorsitzenden die Mao-Bibel entgegenstreckten – wurde dieses Bild noch verstärkt. Selbstverständlich haben die Menschen in China, genauso wie im Westen, persönliche Vorlieben und höchst unterschiedliche Charaktere. Wer länger im Reich der Mitte zu tun hat, kann nach einigen Wochen kaum mehr nachvollziehen, wie ihm die Menschen anfangs so gleichförmig erscheinen konnten.

Einer von vielen

Trotzdem ist es in der Tat kein Zufall, daß gerade in China die sozialistische Politik der Massenlinie zur Vervollkommnung getrieben wurde. Ähnlich wie in der Politik hat die Philosophie des Konfuzius auch im Sozialleben tiefe Spuren hinterlassen, und nicht der Einzelne, sondern die Gemeinschaft steht im Zentrum des chinesischen Weltbilds. Dazu kommt eine strenge Unterscheidung zwischen ›Innenwelt‹ nei (内) und ›Außenwelt‹ wai (外), die sich durch alle Lebensbereiche zieht. ›Innen‹, das ist die eigene Familie, das enge Umfeld, der Arbeitsplatz. Alles andere liegt ›außen‹ und somit weit weg. Im Innenbereich gilt bedingungslose gegenseitige Unterstützung, herrschen komplexe hierarchische Beziehungen – die jedoch keineswegs für Menschen außerhalb dieses klar umrissenen Bereichs anzuwenden sind! Kein Wunder, daß Chinesen bei einem Krankheitsfall in der Familie jeden Cent zur Unterstützung des Betroffenen zusammenkratzen würden (auch wenn sie ihn eigentlich nicht leiden können), auf der Straße aber scheinbar ungerührt an einem Unfallopfer vorbeischlendern.

Die Diskrepanz zwischen Innen- und Außenwelt haben auch die Sozialisten zu nutzen gewußt. Mit der Schaffung der ›Danweis‹, den administrativen Einheiten, gelang ihnen ein fast perfektes Mittel der sozialen wie politischen Kontrolle. Die Danwei umfaßt Wohn- und Arbeitsstätte, kümmert sich um alle bürokratischen Angelegenheiten und drückt sich auch optisch aus. Umgeben von einer hohen Mauer sind die Danweis von weitem als geschlossene Einheiten erkennbar. Fremde können das Terrain zwar betreten, werden aber meist am Tor überprüft. Bis vor etwa 20 Jahren war die Zugehörigkeit zu einer Danwei praktisch unausweichlich. Erst in den letzten Jahren haben immer mehr Menschen diesen Rahmen verlassen

Werbung für eine Versicherung

und sich in wirtschaftlicher wie sozialer Hinsicht unabhängig gemacht. Daß sie dabei ihre Ansprüche auf Sozialleistungen verlieren, nehmen die meisten in Kauf, denn wer als Selbständiger den Sprung in die Marktwirtschaft schafft, darf auf erheblich höhere Löhne hoffen als die Angestellten der Staatsbetriebe.

Die Macht der Beziehungen

Die Hürde zwischen Innen und Außen läßt sich, wenn überhaupt, nur durch ›Guanxi‹ überwinden. Dieser Begriff setzt sich aus Beziehungen, Kontakten und ein wenig Korruption (zumindest aus westlicher Sicht) zusammen und repräsentiert im Grunde genommen die Grundregeln des chinesischen Soziallebens: Nicht direkte Konfrontation oder klare Worte, sondern geschicktes Taktieren, Diplomatie und Anpassung prägen das Miteinander. Niemand käme in China auf die Idee, direkt auf einen potentiellen Geschäftspartner zuzugehen. Stattdessen wird vorsichtig über einen Dritten, meist einen gemeinsamen Bekannten, vorgefühlt, werden Erkundigungen eingezogen und erste Begegnungen auf neutralem Terrain eingefädelt. All dies dient dazu, Guanxi herzustellen, eine Verbindung, die für beide Seiten von Vorteil ist, aber auch verpflichtet. Einen Guanxi-Partner läßt man nicht hängen, schließlich gehört er nun gewissermaßen zum Innenbereich. Der Übergang zur Bestechung ist dabei oft fließend. Eine Genehmigung beantragen, eine Aufenthaltserlaubnis verlängern, einen Platz im ausgebuchten Flieger ergattern, all das geht natürlich mit Guanxi ein wenig schneller. Und daß man sich hinterher dafür erkenntlich zeigt, versteht sich von selbst. Ausländer scheitern oft an dieser Hürde, erfordert doch der Aufbau von Guanxi viel Geduld und Fingerspitzengefühl.

Die Regeln des sozialen Zusammenlebens mögen auf den ersten Blick dieselben wie im Westen sein, dahinter jedoch verbirgt sich ein konfuzianischer Kern, der sich erheblich von unseren Vorstellungen unterscheidet. Alles in allem sind Chinesen sehr pflichtbewußt. Dies mag vor allem daran liegen, daß sie viele Gelegenheiten haben, diese Tugend an den Tag zu legen, denn es sind Pflichten und nicht Rechte, die den Alltag bestimmen. So stehen Kinder beispielsweise, nach konfuzianischer Lehre, ein Leben lang in der Schuld ihrer Eltern. Die Wünsche und Rechte des Einzelnen geraten dabei in den Hintergrund.

Einer für alle

Dem Individualismus haftet schon immer etwas geradezu Unanständiges an, denn der ›Wert‹ eines Einzelnen ist nicht angeboren, sondern wird am Nutzen für die Gesellschaft gemessen. Jeder hat seinen festen Platz in der Hierarchie, den er optimal ausfüllen sollte. Tun die Menschen dies nicht, bricht dieses Gefüge auseinander und es droht luan (乱), das Chaos, die Unordnung. Menschen, deren gesellschaftlicher Beitrag auf den ersten Blick nicht unbedingt ersichtlich ist, haben es schwerer. Behinderte, Randgruppen, Andersartige wie beispielsweise Homosexuelle werden argwöhnisch beäugt. Lauert hier nicht das Chaos, das Recht anders zu sein, sich dem Druck zu entziehen? Sind dies nicht die ersten Risse im gesellschaftlichen Fundament? Meist ist es weniger der böse Wille als die Angst, die viele Chinesen so ablehnend auf Normverstöße reagieren läßt. Anders sein ist einfach nicht erstrebenswert! Während westliche Teenager keinen Aufwand scheuen, um sich in irgendeiner Form von ihren Altersgenossen zu unterscheiden, versuchen die meisten chinesischen Jugendlichen, keinesfalls aus dem Rahmen zu fallen.

Auch die juristischen Vorstellungen, die sich aus den gesellschaftlichen Grundlagen ableiten, lassen manch einem Europäer die Haare zu Berge stehen. Kriminelle? Die haben ihre Pflichten nicht erfüllt, aktiv die gesellschaftlichen Regeln verletzt und daher ihre wenigen Rechte ohnehin verwirkt. Gut, daß es die Todesstrafe gibt! Harte Strafen treffen oftmals auf Zustimmung. Solange sie ›gerecht‹ sind, also der Verurteilte wirklich der Täter war, gibt es wenig Protest.

Nicht alle Chinesen unterwerfen sich diesem strengen gesellschaftlichen Korsett. Wer sich bewußt dagegen entscheidet, nimmt jedoch viele Schwierigkeiten in Kauf. Das Recht, seinen eigenen Lebensstil zu bestimmen, muß immer hinter den andern Verpflichtungen stehen. Die Frage, ob der gehorsame Sohn überhaupt den originären Wunsch empfindet, heiraten zu wollen, wird beispielsweise dem elterlichen Wunsch nach Enkelkindern untergeordnet.

Wirkliche Freiheit genießen eigentlich nur die Alten, denen aufgrund der konfuzianischen Verehrung ein gewisses Recht auf Nonkonformität zugestanden wird. Bis zur Vergreisung hat ihr Wort Macht, schließlich verfügen sie über Lebenserfahrung. Kinder oder Enkel sind sowieso zu Dank und Respekt verpflichtet. Da mag die Oma noch so skurril geworden sein, es gehört sich einfach nicht, sie ins Altersheim abzuschieben.

Großmütter und Enkel

Hinter den Kulissen

Von außen betrachtet erweckt all dies leicht einen idyllischen Anschein. Hier sind die Familien noch intakt, werden die Alten noch zu Hause gepflegt, essen abends alle zusammen an einem Tisch. Doch hinter der Fassade herrscht enormer sozialer Druck, der so manch einen Chinesen heimlich zur Verzweiflung treibt. Von der Wahl des Ehepartners bis zur Geldanlage oder Erziehungsproblemen, immer sind Eltern und Großeltern involviert. Kein Wunder, daß vor allem die wohlhabenden Mittelschichtler der Küstenregionen oft nur zu gerne eine kleine, westliche Wohnung beziehen, denn hier ist kein Platz für viele Generationen. Diesen Luxus können sich natürlich nur wenige Menschen leisten. Für die meisten Chinesen ist es noch immer schwer genug, den Alltag zu meistern. Zwar wächst die Wirtschaft derzeit mit gut zehn Prozent jährlich, wovon der Westen bestenfalls träumen kann, doch sind es vor allem die städtischen Chinesen, die davon profitieren. Wer das Glück hat, in eine urbane Familie des prosperierenden Küstengürtels hineingeboren zu werden, darf mit ein wenig Glück auf einen relativ gut bezahlten Job hoffen. Alle anderen – das sind die knapp zwei Drittel Chinesen auf dem Lande – haben kaum eine Chance, mehr als das Lebensnotwendige zu verdienen.

Kinder vor dem Fernseher

Dank des ›Hukou‹-Systems ist ihnen der legale Zugang zu den städtischen Arbeitsplätzen verwehrt, denn nur wer eine legale Hukou (Meldeschein) für einen bestimmten Ort besitzt, darf dort auch arbeiten. Ursprünglich sollte damit die Bildung urbaner Slums verhindert werden, die damit einhergehende politische Kontrolle war sicher auch nicht unerwünscht. Das Ideal der völligen Freizügigkeit ist in China eher unbekannt. Diese Hürde läßt sich natürlich umgehen, doch es ergeben sich daraus eine Reihe schwerwiegender Nachteile: keine öffentliche Schule für die Kinder, keine sozialen Leistungen und immer die Gefahr, bei einer Kontrolle aufgegriffen und aufs Land zurückgeschickt zu werden. Gut ein Zehntel aller Chinesen, also zwischen 100 und 150 Millionen, sind ohne Meldebescheinigung unterwegs und verdingen sich illegal in den Küstenstädten als Bauarbeiter, Kindermädchen oder Fabrikarbeiter. Diese ›floating people‹ leisten einen erheblichen Beitrag zum Wirtschaftswachstum, schuften sie doch sieben Tage die Woche teils bis zu 16 Stunden für einen geradezu lächerlichen Lohn.

Die Hälfte des Himmels

Ein großer Teil dieser ausgebeuteten Arbeitskräfte sind junge Frauen – einst die Gewinner der sozialistischen Revolution. Denn erst mit der Machtübernahme der Kommunisten 1949 wurde überhaupt ein Gesetzeswerk geschaffen, das den

Frauen zumindest auf dem Papier gleiche Rechte zusicherte. Besonders gravierend machte sich das neue Ehegesetz bemerkbar, denn erstmals in der Geschichte des Reiches wurde den Frauen die Scheidung ermöglicht. Mao Zedong hatte den Frauen die ›Hälfte des Himmels‹ versprochen und hielt Wort. Dank der generell schwierigen wirtschaftlichen Lage (immerhin hatte China Jahrzehnte des Bürgerkrieges hinter sich) wurde zudem jede mögliche Arbeitskraft gebraucht, auch die der Frauen. Und so fanden sich Mädchen, deren Mütter noch mit gebunden Füßen durchs Leben humpelten, mit einem Male als Bauarbeiterinnen und Busfahrerinnen wieder, erstmals mit einem eigenen Einkommen und neuem Selbstbewußtsein ausgestattet. Alles in allem sind die städtischen Frauen Chinas heute durchaus emanzipiert und streitbar, und Ausländer, die in der Hoffnung auf eine fügsame und devote Partnerin eine Chinesin heiraten, erleben meist ihr blaues Wunder. Auf dem Lande hingegen kämpfen die Frauen noch immer (und teils auch wieder) mit den jahrhundertealten Traditionen, die ihnen bestenfalls eine marginale gesellschaftliche Rolle zugestehen.

Auch hier ist es der Volks-Konfuzianismus, der den Frauen allerhand Hürden in den Weg legt. Schon um den Ahnen opfern zu können, braucht jede Familie einen Sohn, denn nur er kann die Gaben ins Jenseits senden. Gar nicht so einfach, wenn die Ein-Kind-Politik strikt eingehalten wird und schon eine Tochter im Hause ist! Kein Wunder, daß mittlerweile eine längst vergessen geglaubte ›Sitte‹ wieder auf dem Vormarsch ist: der Säuglingsmord. Immer öfter verschwinden weibliche Säuglinge direkt nach der Geburt. Die Eltern erhalten so nicht nur die

Dai-Mädchen in der Provinz Yunnan

Werbung für die Ein-Kind-Politik der chinesischen Regierung

Chance auf eine weitere Schwangerschaft, sondern sparen sich auch die teure Versorgung einer Tochter, die doch später sowieso in eine andere Familie wechseln wird. Andere versuchen, durch selektive Abtreibung für einen Stammhalter zu sorgen. Die gesellschaftlichen Folgen dieses Verhaltens sind kaum absehbar, doch bereits heute ist das Verhältnis von Jungen und Mädchen so ungleich verteilt, daß vor allem viele junge Bauern, die einen traditionell schlecht angesehenen Beruf ausüben, keine Frau mehr finden. Kriminelle bedienen diese Klientel nun, indem sie in weit entfernen Landesteilen Mädchen kidnappen und verkaufen. So gravierend ist dieses Problem mittlerweile, daß auch der chinesische Staat – sonst nach außen hin eher um ein harmonisches Bild bemüht – diesen Umstand laut beklagt.

Welche Wendung dieses und andere gesellschaftliche Probleme in der nächsten Zukunft nehmen werden, ist kaum vorherzusehen. Mit der Flut der neuen Eindrücke, den nunmehr vielfältigen Möglichkeiten der persönlichen Entwicklung und nicht zuletzt dem gigantischen Unterschied zwischen Stadt und Land, bietet das soziale Umfeld in China jedenfalls viel Stoff für spannende Entwicklungen.

Für das moderne China scheint es nur eine Regel zu geben: Nichts bleibt wie es ist und wird letztlich doch nach jahrhundertealten Regeln erledigt.

Die chinesische Küche

»Ist das jetzt Hundefleisch?« Spätestens nach der Ankunft in China rückt diese Frage in den Mittelpunkt aller Tischgespräche. Mit dem heimlichen Gruselgefühl etwas Verbotenes zu kosten, fiebern die Novizen der chinesischen Küche der Enthüllung entgegen: Im zweiten Gang war es versteckt!

Meist jedoch winken Übersetzer und Serviererin gelangweilt ab. Ja, es stimmt schon, Hunde, Katzen und Meerschweinchen gehören in China auf die Speisekarte und nicht auf den Schoß. Doch auch im Reich der Mitte sind die Meinungen durchaus geteilt. Traditionell ist der Süden erheblich flexibler, wenn es um die Integration neuer Zutaten geht. Manch ein Pekinger oder Shanghaier schüttelt sich innerlich bei dem Gedanken, Katzenspieße oder Bärentatzen zu essen.

Zum großen Unverständnis der Chinesen bevorzugen Westeuropäer ohnehin eher die ›bürgerliche‹ Küche des Landes, denn Schweinefleisch süß-sauer oder Gebratener Reis mit Gemüse munden dem Mitteleuropäer allemal besser als Schildkrötensuppe oder Froschschenkelragout. Wer absolut sicher gehen will, daß er keine zweifelhaften Zutaten serviert bekommt, kann sich am Preis orientieren. Schildkrötenfleisch, Bärentatzen und all die anderen schaurigen Gerichte sind ausnehmend teuer. Aus diesem Grund wird man sie einem Touristen auch nicht ›zum Spaß‹ vorsetzen.

In den deutschen China-Restaurants sind die regionalen Ausprägungen zugunsten einer germanisierten Speisekarte längst verschwunden. Überrascht

Gemüsestand auf dem Markt

stellt manch ein Reisender daher fest, daß es durchaus einen Unterschied macht, ob man einen Straßenstand in Beijing oder ein südchinesisches Spezialitätenrestaurant in Xiamen besucht. Wie viele regionale Kochschulen es letztlich gibt, darüber ist man sich nicht einmal in China einig. Im Grunde genommen lassen sich aber vier Grundströmungen unterschieden.

Die südliche Kanton-Küche

Im Rest des Landes sind die Kantonesen und Fujianer geradezu als verfressene Schleckermäuler verschrien. Ein bißchen Neid ist garantiert dabei, wenn man ihnen eine totale Fixierung aufs Essen nachsagt, denn die kantonesische Küche gilt nicht nur in China selbst als die raffinierteste. Besonders typisch sind die ›Dim Sum‹, kleine Appetithäppchen, die bis zum späten Nachmittag zum Tee gereicht werden und nirgendwo sonst in derart phantasievoller Vielfalt zu finden sind. Bei den Hauptspeisen sind vor allem fruchtige und reichhaltige Soßen vertreten, dazu kommt die unglaubliche Fülle an verschiedenen Zutaten – darunter übrigens auch die Ingredienzien, die selbst kulinarisch gestählte Westler erschaudern lassen. Viele Jahrhunderte lang war die Küstenprovinz nicht nur arm, sondern auch überbevölkert. Was immer sich essen ließ, wanderte in den Kochtopf der Menschen. Frösche, Insekten, Schlangen und allerhand anderes Getier gehören deshalb genauso auf den Speisezettel wie tropisches Obst und Blattgemüse. Fisch und Meeresfrüchte sind ohnehin nicht aus der kantonesischen Küche wegzudenken.

Anstelle starker Gewürze vertrauen kantonesische Köche übrigens vor allem auf den Eigengeschmack von Fleisch und Gemüse. Sie gelten daher als ganz besonders kritische Einkäufer, die mitunter auch mehrmals am Tag den Markt besuchen, um ganz besonders frische Zutaten zu ergattern.

Die südwestliche Küche

Einst verächtlich als Bauernküche aus den Lokalen der Hauptstadt verbannt, sind die Gerichte der Provinzen Sichuan und Yunnan heute fast überall in China zu finden. Hinter den illustren Namen wie ›Tofu der pockennarbigen Alten‹ oder ›Die Ameisen krabbeln auf den Baum‹ verbergen sich fast immer Speisen, die vor allem gemeinsam haben, daß sie scharf sind. Und wie! Selbst an Chili gewöhnte Chinesen begegnen der südwestlichen Küche mit Ehrfurcht. Hin und wieder sorgt auch Sichuan-Pfeffer für die angemessene ›Hitze‹, die jeden Erkältungsvirus in die Flucht schlägt. Neben den feurigen Zutaten werden aber auch Essig, Knoblauch, Sesamöl und Bambussprossen bevorzugt verwendet. Besonders im Süden der

Region sind Waldpilze eine willkommene Bereicherung des Speisezettels, der im übrigen eher wenig Fisch oder Meeresfrüchte enthält: Kein Wunder, liegt doch das nächste Salzgewässer viele hundert Kilometer entfernt.

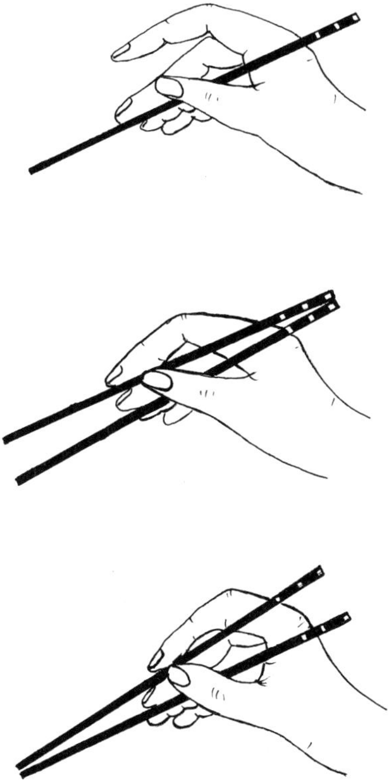

Stäbchenhaltung

Die östliche Küche

Welch Kontrast dagegen die östliche Küche der Provinzen Jiangsu, Zhejiang und Shanghai! Natürlich gibt es auch hier das eine oder andere scharfe Gericht, im Grunde genommen jedoch haben sich die östlichen Köche der milden Küche verschrieben. Meeresfrüchte und Süß- bzw. Salzwasserfische sind im ›Wasserland‹ immer auf der Speisekarte zu finden, genauso wie Enten, die zwar als Luxusgericht gelten, aber trotzdem sehr beliebt sind. Landesweit bekannt sind die ›Hongshao‹-Gerichte, deren Fleisch in einem Sud aus Sojasoße, Reiswein und Zucker gekocht wird. Generell greifen Shanghaier Köche öfter zu süßen Zutaten als ihre Kollegen im Rest des Landes. Ausländern bietet die östliche Küche sicher den bekömmlichsten Einstieg in die neue kulinarische Umgebung. Hier werden die Gerichte übrigens auch optisch mit viel Liebe zubereitet, und üppige Dekorationen, meist Gemüse-Schnitzereien, gehören zu einem guten Menü immer dazu.

Die nördliche Küche

Die Küche des Nordens ist vom Gegensatz zwischen Bauerngerichten und Palastküche geprägt. Eisig kalt wird es hier im Winter, kein Wunder, daß deftige Speisen ganz besonders beliebt sind. Knoblauch, Zwiebeln, Kohl und Sojabohnen geben den typischen Geschmack der nördlichen Küche, die vor allem Weizenprodukte favorisiert. Anstelle des gekochten Reis werden Nudeln, gedämpfte Teigwaren,

Maultaschen oder Getreidefladen serviert. Dank des Einflusses der nomadischen Nachbarvölker gehören im Norden Hammel- Lamm- und Rindfleisch, die sonst eher wenig verwendet werden, auf jede Speisekarte. Gleiches gilt auch für Milchprodukte, die man, von Joghurt abgesehen, in Südchina meist vergeblich sucht. Trotz dieser eher bäuerlichen Ausrichtung, ist der Norden auch Heimat zahlreicher Gourmet-Spezialitäten. Dies ist sicher der kaiserlichen Palastküche zu verdanken. Einige der nördlichen Gerichte haben es sogar zu internationalem Ruhm gebracht: die Peking-Ente zum Beispiel oder der mongolische Feuertopf.

Gesund und knackig

Es gibt sie also, die regionalen Unterschiede – und trotzdem sind die gemeinsamen Wurzeln aller Regionalküchen nicht zu übersehen. Schon optisch gleichen sich die Gerichte landesweit, denn überall im Land werden die Zutaten generell mundgerecht klein geschnitten. In punkto Gesundheit ein ganz klarer Vorteil, denn die Garzeiten sind kurz, Vitamine und andere willkommene Inhaltstoffe bleiben so erhalten.

Gesundheitsapostel verweisen deshalb gerne auf die chinesische Küche, wenn es um gesunde Ernährung geht. Der ursprüngliche Grund ist allerdings profaner Natur und liegt darin, daß seit Beginn der chinesischen Zivilisation Feuerholz Mangelware war. Für den sparsamen Koch war es daher von Vorteil, die Garzeiten besonders kurz zu halten. Auch für die Handhabung bei Tisch erwies sich diese Methode als praktisch, schließlich erübrigte sich der Gebrauch von Messern an der Tafel.

Ein Fest der Sinne

Ganz abgesehen von den Zutaten – zwischen einer chinesischen Mahlzeit und einem deutschen Abendbrot liegen wirklich Welten! Essen war und ist in China ein Genuß, der alle Sinne bedient und möglichst viele Teilnehmer haben sollte. Eine klassische Mahlzeit in größerer Gesellschaft findet immer am runden Tisch statt, denn nur so können sich alle gleichzeitig vom ›Zhuanpan‹, der traditionellen Drehplatte, bedienen. Zu Beginn der Mahlzeit wird meist eine Runde kalter Vorspeisen serviert, deren Anzahl ungefähr der Teilnehmerzahl entspricht. Danach folgen (für europäische Geister recht zügig) die warmen Speisen. Auch hier sollten mindestens so viele Speisen wie Teilnehmer aufgetragen werden, denn alles andere sähe geizig aus. Mit dem Fischgericht signalisiert der Koch indirekt das Ende der warmen Hauptspeisen.

Generell gilt, daß man gemeinsam bestellt und ißt. ›Mein Gericht‹ und ›dein Gericht‹ gibt es in China nicht. Alles bleibt auf der Drehplatte, von dort bedient man sich direkt mit den eigenen Stäbchen. Nur bei gehobenen Anlässen werden eventuell Servierstäbchen gereicht. Auf den Reis zu warten lohnt sich in China übrigens meist nicht. Er wird oft erst am Ende des Mahls serviert, denn er dient nur zur Sättigung. Gerade reichen Gastgebern ist es eine Frage des Prestiges, so viele Hauptspeisen auftragen zu lassen, daß der Reis nur noch symbolisch gereicht wird. Ganz zum Schluß folgt die Suppe. Sie soll vor allem den Durst löschen und erinnert daher kaum an die Suppen, die wir aus den China-Restaurants in Europa kennen. In der klaren und dezent gewürzten Brühe trudeln einige einsame Gemüse- und Fleischstückchen herum. Nur die Köche aus Kanton kreieren die uns bekannten Dick-Suppen, die dann auch mal nach westlicher Manier am Anfang eines Menus stehen dürfen.

Das weitere Vorgehen ist einfach: man klemmt die Schüssel unter die Unterlippe und dann geht es los. Schmatzen, Schlürfen und hier und da ein kleiner Rülpser bekunden einen gesunden Appetit und sind auch in gehobener Gesellschaft völlig in Ordnung. Angst vor Flecken auf der Tischdecke müssen auch Stäbchen-Anfänger nicht haben. Am Ende eines chinesischen Banketts hinterlassen die Teilnehmer einen derart verwüsteten Tisch, daß ein europäischer Gastronom weinend zusammenbrechen würde. In den meisten Restaurants sind Teppiche oder Tischdecken daher unbekannt. Hauptsache abwaschbar, dann macht es nichts, wenn die Knochen der Hühnergerichte über den gesamten Tisch verteilt liegen.

Sesammühle

Für westliche Vorstellungen mag dies alles eher unattraktiv klingen. Wer in China ein ganz normales Restaurant besucht hat, wird aber zugeben müssen, daß die Chinesen offensichtlich viel mehr Spaß am Essen haben und ihre Mahlzeiten unbestreitbar genießen!

Umso überraschender kommt das jähe Ende der Veranstaltung. Sobald der letzte seine Stäbchen neben den Teller gelegt hat, springen die Gäste auf und verabschieden sich. Jetzt sitzen zu bleiben würde den Gastgeber beschämen, denn ihm bliebe nur eine mögliche Interpretation: die Gäste sind offensichtlich nicht satt geworden.

Kein Wein zum Reis

Das chinesische Getränk schlechthin? Tee natürlich. Glaubt der Westen und liegt daneben, denn de facto ist und bleibt Wasser das wichtigste Getränk. Zum einen ist es günstig und (im Gegensatz zu Tee) für jeden erschwinglich. Zum anderen werden dem Wasser nach traditioneller chinesischer Heillehre allerhand wohltuende Eigenschaften nachgesagt. Egal an welcher (schweren) Krankheit man leidet, praktisch jeder Arzt wird die Konsultation mit den Worten beenden »immer schön viel abgekochtes Wasser trinken!« Europäische Getränke gibt es mittlerweile allerdings auch in allen touristisch relevanten Regionen – nur sprudelndes Mineralwasser hat sich außerhalb der internationalen Hotels kaum durchsetzen können.

Besonders für deutsche Reisende sei auch beruhigend hinzugefügt, daß das in China gebraute Bier auch bei Kennern als durchweg trinkbar gilt. Neben der wohl bekanntesten Marke ›Qingdao‹, die auch heute noch nach deutschem Reinheitsgebot hergestellt wird, gibt es zahllose lokale Marken, die allesamt erheblich billiger sind als die importierten oder unter Lizenzvertrag hergestellten Biere. Wein eignet sich nur bedingt als Begleiter eines asiatischen Mahls, obwohl es mittlerweile auch hier einige gute Sorten gibt. Dies liegt hauptsächlich an der starken Essig-Komponente des chinesischen Essens. Spätestens nach dem ersten süß-sauren oder sauer-scharfen Gericht

Teeladen

kann der Gaumen kaum mehr zwischen Billigwein und einem echten Chateau-Lafite-Rothschild unterscheiden.

Rauhe Sitten

In punkto Ambiente und Gemütlichkeit müssen Europäer in China ganz klar Abstriche machen. Nach einem anstrengenden Tag voller Besichtigungen, Marktbummel, Shopping-Trips und vielen, vielen neuen Eindrücken, wird sich manch einer insgeheim auf das gemütliche Abendessen freuen – und mag in den internationalen Luxushotels durchaus die dezent-heimelige Kuschelatmosphäre eines westlichen Restaurants finden. Außerhalb dieser ›exterritorialen‹ Gebiete jedoch ist original chinesisches Programm angesagt. Und das – nun, es sieht milde gesagt anders aus…

Essen ist eine überaus wichtige Angelegenheit und in jeder Hinsicht das Highlight des Tages. Niemand geht freiwillig alleine essen. Und so kommt es, daß man in jedem Restaurant eigentlich immer einer Handvoll fröhlicher Runden begegnet.

Lautstarke Trinkspiele, Unterhaltungen quer durchs Restaurant und kernige Trinksprüche liegen im akustischen Wettstreit mit den neuesten Schlagern aus mindestens zwei unabhängigen Quellen. Essen macht primär Spaß, und niemand stört sich daran, wenn durcheinander getrunken, gegessen und geraucht wird. Das alles zeugt von einer sehr unverkrampften Haltung in Sachen Tischsitten, die Europäern hin und wieder sauer aufstößt. Selbst die Beleuchtung – immer aus dem Hause ›Neon‹ – strapaziert die Gemüter. Kuschelig gedämpft käme in China überhaupt nicht an, schließlich will man sehen, was man ißt.

Nahrung im Gleichgewicht

Bei all dem Tohuwabohu rund um den Teller ist es allerdings keinesfalls egal, was darauf liegt! Auch in der Küche gelten die Prinzipien Yin und Yang, die ausgeglichen sein müssen, will man dem Körper keinen Schaden zufügen. Yang-Nahrungsmittel wie Fleisch, Gebratenes oder fette Lebensmittel müssen mit Yin-Komponenten wie Meeresfrüchten oder gekochten und gedämpften Gerichten kombiniert werden. Regelmäßige Mahlzeiten verstehen sich dabei von selbst, gilt es doch, den Körper rechtzeitig mit der nötigen Lebensenergie zu versorgen. Wenn praktisch ganz China um zwölf Uhr mittags die Arbeitsgeräte aus der Hand legt und kollektiv zum Mittagessen schreitet, hat dies weniger organisatorische als vermeintlich gesundheitliche Gründe.

Der Restaurant-Knigge

Nur Mut, eine fröhliche Runde darf durchaus laut sein. Das protestantisch-schweigsame Mahl der Mitteleuropäer existiert in China nicht. Rauchen bei Tisch? Natürlich! Gerne auch, wenn alle anderen noch essen. Die Frage »Kann ich rauchen?« ruft in China meist Befremden hervor. Wieso denn nicht, fehlt vielleicht der Tabak, Feuer oder ein anderes Utensil?

Wenn Sie eingeladen sind, kann es passieren, daß der Gastgeber Ihnen das beste Stück auf die Schüssel legt. Jetzt heißt es Contenance bewahren und runter damit. Denn nicht immer stimmen die Einschätzungen, was denn das ›beste‹ Stück ist, mit Ihren Vorstellungen überein.

Schnäuzen bei Tisch – aus chinesischer Sicht eine zutiefst ekelige Angewohnheit, die sich nur noch von der europäischen Angewohnheit übertreffen läßt, den Lappen hinterher auch noch in die Tasche stecken.

Essen ist eine gesellige Angelegenheit. Schenken Sie sich deshalb nie alleine ein und bieten Sie ihre Zigaretten auch anderen an.

Sonderwünsche an den Koch sind erlaubt. Trotzdem sollten Sie bedenken, daß man ohne Gesichtsverlust kaum nein sagen kann. Die unverfängliche Frage (aus deutscher Sicht), ob denn diese oder jene Variante möglich sei, ist nach chinesischer Gastgeberehre kaum zu verneinen und kann in der Küche für viel Trubel sorgen.

Nudeln im Wok-Topf

Die Traditionelle Chinesische Medizin

Weit über die Grenzen Chinas hinaus hat sich die Traditionelle chinesische Medizin (TCM) zu einem kulturellen Grundpfeiler Ostasiens entwickelt. Im Westen trifft sie auf gespaltene Reaktionen. Sicher ist, daß sie teils auf beeindruckende, empirisch nachgewiesene Heilerfolge verweisen kann. Genauso sicher ist aber auch, daß die zugrunde liegende Vorstellungswelt für Europäer nur sehr schwer nachzuvollziehen ist. Nach westlich-naturwissenschaftlichen Kriterien läßt sich die TCM oft nicht schlüssig erklären, zumal die europäische Forschung auf diesem Gebiet noch recht jung ist.

In China selbst blickt man auf mehr als 2500 Jahre Medizingeschichte zurück. Das Grundlagenwerk, das ›Buch des Gelben Kaisers zur Inneren Medizin‹ entstand wahrscheinlich im 3. Jahrhundert vor Christus. Die dort beschriebenen Methoden der TCM gehören größtenteils auch heute noch in das Standardrepertoire jedes traditionellen Arztes.

Die große Harmonie

Im Grunde genommen dreht sich alles um die Lebensenergie Qi 气: Vereinfacht gesprochen entsteht das Qi aus dem Spannungsverhältnis von Yin 阴 und Yang 阳, den beiden Grundprinzipien des Universums. Spätestens hier beginnt für viele Westler das Verständnisproblem. Jedes Ding, jedes Phänomen, jeder noch so kleine Teil des Kosmos läßt sich dem Yin-Prinzip, (also dem dunklen, weiblichen, feuchten, kalten) oder dem Yang-Prinzip (dem hellen, männlichen, trockenen, heißen) zuordnen. So wäre die Sonne beispielsweise Yang, der Mond hingegen Yin. Solange Yin und Yang im menschlichen Körper ausgeglichen sind, fließt das Qi ungestört entlang der Meridiane (quasi einer Art Energiestraße) durch den Körper und versorgt alle Organe mit der lebensnotwendigen Kraft.

Dieses Gleichgewicht gilt es unbedingt zu bewahren, denn anderenfalls drohen dem Menschen Unwohlsein und Krankheiten. Kein Symptom und keine Krankheit kann dabei isoliert betrachtet werden. Alle Vorgänge im Körper hängen zusammen, wobei sich die Organe und Körperregionen nicht nur dem Yin-Yang-Prinzip zuordnen lassen, sondern auch einem der fünf Elemente entsprechen, die sich gegenseitig bedingen: Holz nährt Feuer, wird so zu Erde (Asche), in der wiederum Metall entsteht. Dieses zieht das Wasser an, das wiederum Holz entstehen läßt – und der Kreislauf wird ewig fortgeführt.

Element	Organ	Gewebe	Sinnes-organ	Geschmack
Wasser 水	Blase, Niere	Knochen	Ohr	salzig
Holz 木	Leber, Galle	Sehnen, Muskulatur	Auge	sauer
Feuer 火	Herz, Dünndarm	Blut, Blutgefässe	Zunge	bitter
Erde 土	Milz, Magen, Bauchspeicheldrüse	Muskeln, Bindegewebe	Mund	süß
Metall 金	Lunge, Dickdarm	Haut	Nase	scharf

Vorbeugung und Gesundheitspflege sind in der TCM daher besonders wichtig. Im Alltag der Chinesen geschieht dies vor allem erst einmal über die Ernährung – keine Zutat findet ihren Weg in den Kochtopf ohne Abwägung aller Vor- oder Nachteile. Tiefgekühlte Speisen? Mikrowellen-Menüs? Weg damit! Die klassische Single-Kost enthält keine Lebensenergie mehr, ergo kann sie das Qi nicht nähren. Langes Kochen hingegen führt der Nahrung Energie hinzu, macht es yang. Doch auch hier gilt es vorsichtig zu sein, denn zuviel schadet genauso wie zuwenig. Die westliche, rigide Einteilung in gute und schlechte Lebensmittel kennt die TCM allerdings nicht, es kommt auf die Dosierung und die Kombination an. Nichts spricht gegen eine fette Schweinefleisch-Speise (sehr yang) wenn auch die Yin-Komponente (vielleicht etwas Gurke oder Tomate?) berücksichtigt wird.

Chinesische Apotheke

Auch über die Geschmacksrichtungen läßt sich die Balance ausgleichen. Einseitige Kost ist auf chinesischen Speiseplänen eigentlich nie zu finden, genauso wenig wie die ideologische Kargheit, die manch eine europäische Spezialdiät ausmacht. Essen nährt nicht nur das Qi, sondern macht Spaß, ist ein Quell von Genuß und Vergnügen – und auch das hält den Menschen letztlich gesund!

Yin	Yang
kalte Speisen	trockene Speisen
Kiwi, Orange, Wassermelone,	Süßkirschen, Aprikosen
Ananas	Nüsse
Gurke	Kürbis, Fenchel
Tomate	Knoblauch, Lauch
Zucker	Salz
Milchspeisen	Fleisch, Fisch
Schwarzer Tee	Kaffee

Eine weitere wichtige Qi-Quelle ist die Atmung, und so versucht man mittels Qigong-Atemübungen dem Körper Lebensenergie zuzuführen. Taiji (Schattenboxen) hingegen hilft, den freien Fluß des Qi zu erhalten. Wie bei allen fernöstlichen Bewegungstherapien zählen hier weniger sportliche Höchstleistungen oder schweißtreibende Belastungen, als das bewußte Erleben des Körperlichen.

Strecken Sie Ihrem Arzt die Zunge raus!

Bei aller Vorsorge kommt es hin und wieder trotzdem vor, daß der Mensch das innere Gleichgewicht verliert. Seelische Belastungen und starke Emotionen werden dafür genauso verantwortlich gemacht wie Fehler in der Lebensführung oder mangelnder Schlaf. Freude oder Wut vermehren beispielsweise das Yang, während Angst und Trauer das Yin verstärken. Auch das Lebensalter spielt eine Rolle: je älter der Mensch, desto schwächer das Qi. Erlischt es ganz, stirbt der Mensch.

Die Anamnese eines TCM-Arztes unterscheidet sich erheblich von der eines westlichen Mediziners. Zuerst wird er den allgemeinen Zustand begutachten. Hautfarbe, Ausstrahlung, ja sogar der Körpergeruch geben einen ersten Eindruck. Anhand der Puls-Rhythmik, durch Abtasten der Meridiane sowie einen gründlichen Blick auf die Zunge und in die Augen läßt sich die Störung meist lokalisieren. Genaue Zahlenwerte, wie in der westlichen Medizin, sind dabei nebensächlich – es kommt auf die Kombination der Ergebnisse an. Bereits vorliegende Befunde westlicher Ärzte werden trotzdem auch in der TCM verarbeitet; meist genügt es, die Symptome und Krankheitsbilder nach traditioneller Methodik zu sortieren. Die eifersüchtige Konkurrenz zwischen Schulmedizin und TCM ist im Osten übrigens unbekannt. Im Krankenhaus kann es deshalb durchaus vorkommen, daß ein TCM-Patient an die Innere Medizin überwiesen wird und umgekehrt.

Die Diagnose selbst wirkt auf westliche Patienten eher nebulös, denn eine Schwäche der Lunge beispielsweise muß nicht unbedingt eine echte Lungenkrankheit bedeuten, sondern kann auch Allergien, Magen-Darm-Probleme oder Hautkrankheiten beinhalten. Sicher ist aber, daß der Arzt in diesem Bereich regulierend eingreifen muß, sei es um diesem Bereich neue Energie zuzuführen oder eine Blockade zu lösen.

Unter der Nadel

Die klassische Methode der Regulierung ist die Akupunktur. Entlang der Meridiane des Körpers (die je einem Organ zugeordnet sind) kennt der TCM-Mediziner zahlreiche Punkte, über die er den Qi-Fluß drosseln oder vermehren kann. Schmerzen sind dabei nicht zu befürchten, denn die Nadeln werden nur leicht unter die Oberfläche gestochen. Dort verbleiben sie bis zu 30 Minuten. Nach demselben Prinzip funktioniert auch die Moxibustion. Anstelle der Nadeln werden hier allerdings kleine Kegel aus gepreßtem Beifuß verwendet, die der Arzt entzündet und an den zu beinflussenden Punkten plaziert. Kinder oder Menschen mit ›feuchtem‹ Leiden werden besonders oft mit dieser schonenden Methode behandelt. Am herben Geruch der Moxa-Kegel ist jede TCM-Praxis auch mit verbunden Augen zu erkennen. Begleitend zu diesen beiden Methoden greift der traditionelle Arzt hin und wieder auch zur Schröpfkugel, um die negative Energie zu entziehen. Kleine Glasgefäße werden erhitzt und auf den gewünschten Akupunkturpunkt gesetzt. Während sie erkalten bildet sich ein leichter Unterdruck, der nun therapeutisch wirkt. Auch hier gilt: Es darf ein wenig ziehen, wirklich

Zahnarzt auf dem Markt

schmerzvoll ist es jedoch nicht. Nur die Tuina-Massage kann als vierte klassische Methode hin und wieder recht unangenehm werden. Hier geht es nicht darum, Muskeln zu lockern oder Wohlgefühle auszulösen, sondern die Meridiane durch Massage zu stimulieren. Je nach Krankheitsbild ist dies durchaus angenehm – oder erfordert wie zum Beispiel die Fußmassage einen echten Hang zum Märtyrertum.

Auch Nahrung gilt als Medizin

Selbst ausprobieren?

Unterwegs in China und damit sozusagen direkt an der Quelle der TCM, steht der Besuch einer traditionellen Praxis oft auf der Wunschliste der Reisenden. Eine TCM-Behandlung auf die Schnelle ist allerdings nur in speziellen Fällen sinnvoll. Bei akutem Unwohlsein oder funktionalen Störungen wie Verstopfung oder ähnlichem kann bereits eine Sitzung erfolgreich wirken. In der Regel sind aber zwischen sechs und zehn Termine im Abstand von mehreren Tagen nötig, um dauerhafte Veränderungen zu bewirken. Wer sich in China in die Hände eines traditionellen Arztes begeben möchte, ist in einer staatlichen Klinik meist gut aufgehoben. Hier haben die Ärzte garantiert ein ordentliches TCM-Studium an einer staatlichen Universität abgeschlossen und arbeiten hygienisch einwandfrei mit Einwegnadeln oder sterilisiertem Material. Eventuelle Untersuchungen durch westliche Mediziner lassen sich so in einem Aufwasch miterledigen. Beim Besuch privater Praxen variiert der Standard erheblich. Vor allem auf dem Lande sollten Sie auf einem Satz frischer Akupunkturnadeln bestehen.

In dieser Hinsicht ungefährlicher ist die traditionelle Kräutermedizin. Gerade bei Magen-Darm-Problemen oder grippalen Infekten (sprich den klassischen Geiseln des Reisenden) lohnt es sich, in der Apotheke auch nach traditionellen Mitteln zu fragen. Preislich sind sie fast immer günstiger als die chemische Variante und oft genauso effizient. Die angegebene Dosierung sollte man übrigens immer einhalten, denn die traditionelle Kräutermedizin bedient sich allerhand Giftpflanzen, die in der Überdosierung durchaus gefährlich werden können.

Kulturszene China

Die traditionelle chinesische Kunst ist exotisch und interessant, aber für westliche Betrachter nicht immer einfach zu verstehen, denn schließlich reflektiert die chinesische Kunst ein mehr als viertausendjähriges Kontinuum, dessen religiöse, philosophische und politische Basis sich grundlegend von der westlichen unterscheidet. Hereinschnuppern sollte man trotzdem, um vielleicht ein wenig zu verstehen, warum das Verstehen so schwierig ist.

Literatur

Den einfachsten Einstieg bietet wahrscheinlich die Literatur. Kenntnisse dieser Disziplin gehörten in China schon früh zum Wissenskanon eines gebildeten Menschen. Wer die staatliche Beamtenprüfung bestehen wollte, die seit der Han-Dynastie (207 v. Chr.–220 n. Chr.) den Zugang zum Staatsdienst regelte, mußte sich mit Literatur befassen. Was sich wie intensive Liebe zur Kunst anhört, erweist sich bei näherem Hinsehen aber eher als geschickte Indoktrination und politische Stabilisierung durch den Kaiserhof. In der Regel war ›Literatur‹ gleichbedeutend mit den konfuzianischen Klassikern, einer ganzen Reihe von philosophischen Werken also. Sie galt es auswendig zu lernen und als allgemeingültiges Regelwerk für alle Lebenssituationen zu verinnerlichen. Bewunderns- und erstrebenswert waren nicht persönliche Kreativität und eigenes Schaffen, sondern eben die Rezitation dieser ›erzieherischen‹ Werke. Erst im Alter begannen viele hohe Beamte selbst zu schreiben.

Daneben gab es natürlich immer auch ein ›echtes‹ literarisches Schaffen. Bis zur Song-Dynastie (960–1279) waren vor allem lyrische Werke, also Gedichte, weit verbreitet. Die Zeit der Tang-Dynastie (618–906) gilt heute als Hochzeit dieser Kunstform. Dichter wie Li Bo oder Du Fu sind mittlerweile auch außerhalb Chinas bekannt. Ab dem 13. Jahrhundert entstanden vermehrt Erzählungen und Romane, die nun einem erheblich breiteren Publikum zugänglich gemacht werden konnten, denn der Buchdruck mit beweglichen Lettern erlaubte mittlerweile eine hohe Auflage. Mit der Ming-Dynastie (1328–1644) kam dann die Blütezeit des klassischen Romans. Werke wie die ›Geschichte der Drei Reiche‹, ›Die Räuber vom Liangshan-Moor‹, der erotische Roman ›Jinpingmei‹ oder die ›Reise nach Westen‹ sind auch in deutscher Übersetzung erhältlich und zählen zur Weltliteratur.

Alles in allem waren derartige literarische Genüsse jedoch einer absoluten Minderheit vorbehalten, denn selbst relativ gebildete ›Normalbürger‹ waren nicht in der Lage, komplexe Texte zu entziffern. Bis ins zwanzigste Jahrhundert hinein wurde in ›Wenyan‹ geschrieben, einer Kunstsprache, die sich nur schwer lernen ließ und dem Uneingeweihten völlig unverständlich blieb. Die Gruppe der potentiellen Kunstschaffenden blieb damit auf eine kleine gebildete Schicht, meist Beamte, beschränkt. Noch bis zur Gründung der Volksrepublik im Jahre 1949 galten mehr als 90 Prozent der Chinesen als Analphabeten!

Mit dem Zusammenbruch des Kaiserreiches 1911 und unter dem Einfluß westlichen Gedankenguts, entstand bald die Vierte-Mai-Bewegung, die, obwohl eigentlich politischen Ursprungs, vor allem im künstlerischen Bereich tiefe Spuren hinterlassen sollte. Ihr ist es zu verdanken, daß sich die gesprochene Sprache als Schriftsprache durchsetzen konnte. Als Baihua-Bewegung (von ›baihua‹, die Umgangssprache) brachte sie viele moderne Autoren hervor, die sich nicht nur der gesprochenen Sprache bedienten, sondern auch heute noch lesenswert sind. Lu Xun (›Tagebuch eines Verrückten‹, ›Die wahre Geschichte des Ah Q‹), Mao Dun (›Shanghai im Zwielicht‹), Ding Ling (›Tagebuch der Sophie‹), Lao She (›Rikscha-Kuli‹, ›Die Gebrüder Ma‹) oder Ba Jin (›Die Familie‹) sind nur einige Beispiele.

Stilisiertes Zeichen für Glück (Fu)

Mit dem Beginn der Volksrepublik 1949 wurde es erst einmal still in den Schreibstuben. Zwar brachte vor allem die frühe Volksrepublik noch einige fruchtbare Versuche hervor, die chinesische Volkskunst in die Literatur zu integrieren, vor allem Lao She und sein Stück ›Teehaus‹ (Chaguan) ist hier zu nennen. Die neue Literatur hatte nun jedoch den von der Politik bestimmten sozialistischen Kriterien zu genügen. Nicht anhand der künstlerischen Qualität, sondern anhand der politischeAussage, so Mao Zedong in seiner Rede über Kunst und Literatur‹, sei ein Werk zu bewerten. In der Hundert-Blumen-Bewegung des Jahres 1957 wurden die Künstler Chinas noch einmal ausdrücklich zur Kritik an Gesellschaft und Politik aufgerufen – und nur ein Jahr später dafür abgeurteilt. Viele sozialkritische Autoren, oft Veteranen der Linken, wurden für ihre Werke nun verfolgt oder mit Schreibverbot belegt. Andere, wie Mao Dun, verzichteten angesichts der politischen Lage freiwillig auf weitere Veröffentlichungen. Sofern dies möglich war, steigerte sich diese radikale Haltung noch in der Kulturrevolution, die außer den Werken Maos und den von seiner Frau Jiang Qing lancierten Modellopern praktisch kein künstlerisches Werk duldete. Erst mit dem Sturz der Viererbande 1976 begann sich zögerlich wieder eine Literaturszene zu entwickeln. Unter dem Sammelbegriff ›Narbenliteratur‹ entstanden viele persönliche Lebensgeschichten, die vorsichtig die Leiden der Kulturrevolution thematisierten. Auch die Frauenliteratur entwickelte sich und fand mit Zhang Jie eine international anerkannte Vertreterin.

Malerei

Auch in der Malerei kann China auf eine lange Geschichte zurückblicken. Die ersten überlieferten Werke stammen etwa aus der Zeit 1500 vor Christus. Anfangs handelte es sich vor allem um Grabmalereien und Darstellungen des höfischen Lebens, großflächige Landschaftsmalereien hingegen kamen erst in der Tang-Dynastie in Mode. In der Song-Dynastie wurde die Malerei ganz besonders gefördert und sogar eine kaiserliche Malakademie ins Leben gerufen. In dieser Zeit entstanden zahlreiche berühmte Vogel- und Blumenbilder, die auch heute noch kopiert werden, sowie dramatische Landschaften. Die Motive blieben durch die Geschichte hinweg recht ähnlich: schroffe Felsen und Bergwelten, wie sie rund um Guilin, Wuyishan oder Huangshan zu finden sind, gehören seit Jahrhunderten zu den beliebtesten Motiven.

Von Anfang an gab es zahlreiche Punkte, die die chinesische Malerei grundsätzlich von der westlichen unterschieden. Der individuellen Komponete, dem eigenen Stil kam ein viel geringerer Wert zu. Ähnlich wie auch in der Literatur übte sich der Schüler erst in der Kopie bekannter Meisterwerke, bevor er einen eigenen Stil ausprägte. Originalität war dabei von recht geringer Bedeutung, genauso wie die naturgetreue Darstellung. Der spätere Betrachter sollte vor allem die Stimmung des Bildes aufnehmen und die Gefühle des Malers zum Beispiel bei der Betrachtung der Landschaft nachempfinden. Hin und wieder wurden Bilder auch als Meditationsvorlage genutzt. Das fertige Bild wurde deshalb nicht als profane Dekoration ausgestellt, sondern auf einer Seidenbahn verleimt und zusammengerollt. Wann immer der Besitzer später das Bild betrachten wollte, wurde es dazu wieder geöffnet – ein aktiver Vorgang also.

Vordergründig scheint die traditionelle chinesische Malerei eine ›schnelle‹ Kunst. Aufgrund der saugfähigen Unterlage – meist wurde und wird auf Papier oder Seide gemalt – waren Korrekturen nicht möglich. Jeder Pinselstrich mußte sofort vollkommen ausgeführt werden. Ganz besonders wichtig war und ist daher die geistige Vorarbeit. Meditativ verinnerlichte der Künstler die kosmische Har-

Der ›Mustersoldat‹ Lei Feng

monie und die Stimmung des Werkes, ließ das Bild erst im Kopf entstehen, um es dann innerhalb weniger Minuten und mit wenigen Pinselstrichen quasi als Kopie seiner Gedanken auf Papier zu bannen. Eine passende Gedichtzeile oder ein klassisches Zitat am Rande des Bildes und der rote Siegelstempel des Malers rundeten ein Bild ab, ohne sie ist das Bild nicht vollständig.

Ein weiteres wichtiges Charakteristikum der traditionellen Malerei ist die Verwendung von Leere als gestalterisches Element. Ein wenig verloren, melancholisch wirken die Bilder, die meist eine kleine Einstiegshilfe in Form eines Weges bieten. Hier entlang kann das Auge des Betrachters das Werk entdecken.

All diese recht philosophischen Überlegungen und Ansätze fanden Ende der Vierziger mit der Machtübernahme der Sozialisten ein jähes Ende. Kunst sollte fortan als Propagandamittel dienen und eine eindeutige Botschaft tragen. Vor allem volkstümliche Motive und Methoden waren gefragt. Aus den traditionellen Holzschnitten wurden schnell Propagandabilder, die heute fast skurril anmuten. Vom Mustersoldaten Lei Feng bis zu endlosen Mao-Zedong-Darstellungen, fröhlichen Arbeitern und fleißigen Bauern, haben sie eines gemeinsam: Sie alle feiern die zum Zeitpunkt der Entstehung aktuellen sozialistischen Kampagnen. Erst Ende der 1970er Jahre öffnete sich die Kunstszene vorsichtig und begann, wieder traditionelle Motive abzubilden oder westliche Motive und Methoden zu verwenden.

Kalligraphie

Irgendwo zwischen Malerei und Literatur liegt die Kalligraphie ›Shufa‹, sozusagen als Brücke zwischen beiden Künsten. Auch sie gehörte zu den Disziplinen, die ein kaiserlicher Beamter beherrschen mußte, wollte er Karriere im Staatsdienst machen. Auch heute noch gilt die Handschrift als Visitenkarte der Seele und wird mit größter Beachtung bedacht.

Kaum ein Kaiser oder Politiker, der sich nicht durch handgeschriebene Sinnsätze zu profilieren suchte. Auch Mao Zedong kalligraphierte seine Aufsätze und Gedichte selbst. Mehr noch als die westliche ›Schönschrift‹ bietet sie Möglichkeiten der Textinterpretation, denn der Schreiber kann unter hunderten von Schriften aussuchen und individuelle Verschleifungen setzen. Wichtig ist jedoch, daß er dies schnell tut, denn die Papierunterlage ist höchst saugfähig und verzeiht keine Fehler. So wird auch der Kalligraph, ähnlich dem Maler, stundenlang über dem leeren Papier meditieren, um dann in Sekundenschnelle einen volkommenen Pinselstrich auszuführen. Vor der Erfindung der flüssigen Tusche (die ein wahrer Kalligraph ohnehin links liegen läßt!) mußte die Farbe mühsam auf dem Tuschestein gerieben werden, um sie dann mit Wasser zu verdünnen. Ein höchst langwieriger Prozess, der ungeduldige Westler schier in den Wahnsinn treibt, eigentlich aber als mentale Vorbereitung gilt. Die Wahl des Pinsels, des Papiers und nicht zuletzt des darzustellenden Textes ist ebenfalls eine bedeutsame Angelegenheit. Die Vollendung dieser meditativen Schreibkunst jedoch ist die Wasserkalligraphie, die im Sommer oft auf den Gehwegen von Parks zu beobachten ist: Nicht das Ergebnis

Kalligraphie an einer Hauswand

Aufführung einer Pekingoper

zählt, wenn Senioren mit dem kühlen Naß formvollendete Zeichen auf das Pflaster zaubern, sondern der Prozeß, das Malen, der geistige Vorgang. Die daraus resultierende Kunst selbst ist nach wenigen Sekunden spurlos verschwunden. Erfahrungsgemäß fällt es westlichen Betrachtern besonders schwer, die Qualität einer Kalligraphie zu beurteilen. Meist sind es die besonders klar gezeichneten und deutlichen Schriftzeichen, die den Europäer ansprechen, während die aus chinesischer Sicht wahren Meisterwerke mit energischem und schwungvollem Charakter als vermeintliche ›Kleckse‹ auf wenig Gegenliebe stoßen.

Die Pekingoper

Ähnlich schwierig gestaltet sich der Umgang mit der chinesischen Musik, vor allem der Pekingoper, die als typische chinesische Kunst oft auf dem Programm der Gruppenreisen steht. Sie gilt insgeheim als Initiationsritus aller Chinareisenden; jene, die dieses aus westlicher Sicht fragwürdiges Erlebnis bereits hinter sich haben, sind hin und wieder an ihren ›I survived Beijing-Opera‹ T-Shirts zu erkennen, die nicht umsonst an vielen Souvenirständen zu haben sind. Alles in allem ist die Beijing-Oper ein höchst farbenfreudiges, aber für westliche Besucher schwer verständliches Spektakel. Entstanden ist sie nicht, wie der Name vermuten ließe, in Beijing, sondern in den weiter südlich gelegenen zentralchinesischen Provinzen Anhui, Hubei und Shaanxi. Ende des 18. Jahrhunderts gelangte sie an den Kaiserhof, wo sie sich, Elemente des Yuan-Dramas der Mongolen mit einbeziehend, fortan großer Beliebtheit erfreute. Die Mischung aus Gesang, Akrobatik, Kampfkunst und Pantomime war schwer zu erlernen, gut 10 Jahre dauerte es, bis ein Beijing-Opern-Schauspieler das komplette Repertoire beherrschte.

Alle Rollen werden in vier Grundcharaktere unterteilt: Sheng, die männliche Rolle, die weibliche Dan-Rolle, die geschminkte männliche Jing-Rolle und der Clown (Chou). Diese Rollen wiederum können in viele verschiedene Kategorien fallen und beispielsweise eine alte, junge, zivile oder kriegerische Note erhalten. Die typische, aufgemalte Maske trägt im übrigen nur die Jing-Rolle. Wie es um den Charakter der Darsteller bestellt ist, kann der Zuschauer der farblichen Gestaltung entnehmen. Ein rotes Gesicht deutet auf Loyalität und Aufrichtigkeit, schwarze Schminke läßt einen ungehobelten, aber ehrlichen Charakter erkennen, Weiß verweist auf Intrigen und Intelligenz, während Götter in Gold auftreten und Dämonen an der silbernen Farbe zu erkennen sind. Auch die Farben der Kostüme trägt eine Bedeutung: Gelb wird nur für den Kaiser verwendet, Adlige tragen Rot, während Blau nur aufrichtige Menschen kleidet und Weiß für ältere Beamte steht. Die prachtvoll bestickten Fahnen am Rücken eines Darstellers weisen ihn als General aus, jede Fahne steht für ein Battallion.

Sprachlich stellt die Beijing Oper selbst Einheimische vor unüberwindbare Hürden, denn der übertrieben artikulierte Gesang ist schlichtweg nicht zu verstehen. Die Texte werden deshalb an Tafeln am Publikum vorbeigetragen oder im Programm vermerkt. Umso wichtiger ist somit die symbolhafte Reduzierung der Handlung: jede Geste, jede Mimik, jede Requisite steht für eine Aktion, die nur dem Eingeweihten erkennbar ist. Taucht ein Tuschestein auf, befindet man sich in einer Schreibstube, wandert der Schauspieler mit einer rudernden Bewegung über die Bühne, befindet er sich im Boot. Kennt man diese künstlerischen Kürzel nicht, bleiben die schrillen Gesänge und Arrangements ein exotisches Spektakel, das nach einigen Minuten das europäische Nervenkostüm ordentlich strapazieren kann.

Die chinesische klassische Musik

Erheblich angenehmer für das westliche Ohr ist chinesische klassische Musik. Ihre typische ›orientalische Note‹ erhält sie durch die Pentatonik: die chinesische Tonleiter umfaßt nur die Ganztonschritte, fünf Töne im Abstand einer reinen Quinte. Auf einer C-Dur-Tonleiter zum Beispiel fehlen die Töne F und H. Nah genug

Mundorgelspieler bei Sanjiang in der Provinz Guanxi

an unserem Hörgewohnheiten also, um sie zu genießen und ohne die sägende Wirkung arabischer Musik. Unter den hunderten von chinesischen Musikinstrumenten gibt es eine Handvoll, die praktisch in jedem Ensemble vertreten sind: die Pipa, die einer europäischen Laute ähnelt und im Sitzen gespielt wird, die Guqin, eine siebensaitige Zither, die Guzheng, eine 21-saitige Zither, die Bambusflöte, Glocken, Trommeln, der Gong und die Erhu. Dieses zweisaitige Instrument ist als einziges mit Vorsicht zu genießen. Virtuos gespielt steht sie der europäischen Geige in nichts nach, in den Händen eines ungeübten Musikers kann sie jedoch regelrecht zu einer Waffe werden. Wenn im Sommer Erhu-Studenten im Park üben, machen sich wissende Chinesen schleunigst auf den Weg nach Hause.

Experimentierfreudige Reisende oder Musiksammler sollten im Musikladen nach den Zeichen 古代音乐 Ausschau halten. Live ist dieses Vergnügen oft am späten Nachmittag in den öffentlichen Parks gratis zu haben, denn viele Freizeitmusiker treffen sich hier zum gemeinsamen Musizieren.

Die Avantgarde im heutigen China

Avantgardekunst in China. Langhaarige Chinesen, die sich bei einem Joint über Beuys unterhalten und dazu chinesische Rockmusik hören. Gibt es nicht? Weit gefehlt. Mit der wirtschaftlichen Reform und Öffnung seit 1978 sind, wie Deng Xiaoping sich auszudrücken pflegte, auch ›die Fliegen durch das Fenster gekommen‹.

Moderne chinesische Künstler befinden sich in einem seltsamen Dilemma. Einerseits können sie aus einem weiten Schatz an Maltechniken, Liedgut, Romanen schöpfen, aus einer Kultur, die, je nach Zählung, auf 3000 bis 5000 Jahre Kontinuität zurückblicken kann. Zusätzlich ist politisch motivierte Kunst kein Fremdwort in China, im gesamten 20. Jahrhundert drehte sich die chinesische Kunst und die sie begleitende Diskussion um so gut wie nichts anderes. Andererseits nahm dies den chinesischen Künstlern der 1980er und frühen 1990er Jahre lange Zeit jede Möglichkeit der Entfaltung. Die althergebrachten Techniken waren als angestaubt verpönt, offene politische Aussagen in den Formen der Volksrepublik war vom Selbstverständnis, explizite Kritik an den bestehenden Verhältnissen von der Zensur her unmöglich. Der Aufbruchstimmung Ende der 1970er Jahre, begleitet von der Gründung diverser Kunstgruppen, die sich an der westlichen Avantgarde orientierten, folgte Ratlosigkeit und Depression. Zumindest, was die Malerei angeht. In einem Land, das entweder klassische Landschaftsmalerei oder politische Aussage als Maßstab der künstlerischen Qualität ansah, taten sich die selbsternannten Avantgardemaler schwer, sich mit neuen Ideen durchzusetzen, die gleichzeitig vom Ästhetizismus und Zynismus geprägt waren.

›Zynischer Realismus‹ ist die Kunstform, die sich in der chinesischen Kunstszene um 1990 durchsetzte und in der Künstlerkommune ›Yuanming Yuan‹, unweit des während des Boxeraufstandes im Jahre 1900 zerstörten alten Sommerpalastes in Beijing, ihre deutlichste Ausprägung fand. Die feisten Glatzköpfe Feng Lijuns gingen um die Welt und erzielen auf dem internationalen Kunstmarkt inzwischen Traumpreise. Die zynische Darstellung chinesischer Realität wurde zum Warenzeichen einer Malergeneration, technisch perfekt gemalt und dennoch seltsam leer und orientierungslos. Von der chinesischen Bevölkerung ignoriert, der Regierung bekämpft (die Künstlerkolonie wurde Ende 1995 mit Gewalt geräumt) und vom Westen hofiert, wurden viele der chinesischen Künstler reich und berühmt, führen in China aber weiterhin eine künstlerische Schattenexistenz.

Ganz anders die Musiker und die Literaten, die zwar mit ähnlichen Problemen zu kämpfen hatten, mit ihren Werken aber einen weitaus größeren Teil der chinesischen Bevölkerung erreichen. Die Lieder Cui Jians, dem Vater der chinesischen Rockmusik, haben es inzwischen bis in die Karaoke-Bars gebracht, und das, obwohl sein bekanntestes Lied, ›Yi kuai hongbu‹ (Das rote Tuch) allegorisch die Partei kritisiert und ›Yiwusuoyou‹ (Ich habe nichts)‹ die Hymne der 1989er Bewegung war und Cui mit diesem Lied auf dem besetzten ›Platz des Himmlischen Friedens‹ auftrat.

Rockmusik ist in den chinesischen Großstädten inzwischen eine alltägliche Angelegenheit, von der politischen Führung nicht gerade geliebt, aber toleriert, und drückt das Lebensgefühl einer Generation aus, die jenseits von politischer

Moderne Theateraufführung

Indoktrinierung und wirtschaftlichen Sorgen aufwächst und sich dem musikgewordenen Weltschmerz hingibt. Seit ein paar Jahren schwappt eine Punkwelle durch die chinesischen Metropolen, und scheint genau den Nerv der Großstadtjugend zu treffen.

Was die Rockmusik langsam erreicht, ist der Literatur schon lange gelungen. Es war Wang Shuo, Wortführer einer literarischen Strömung, die man (ungewollt von deren Exponenten) ›Herumtreiberliteratur‹ nannte, der Mitte der 1980er Jahre mit seinen Figuren – betrunkene Antihelden mit loser Zunge und ungezügeltem Hauptstadtidiom – einen Stil der Literatur prägte, der sich bis heute fortsetzt. Nicht die Helden des sozialistischen Aufbaus standen im Mittelpunkt seiner Geschichten, sondern die zerrissenen Charaktere der Reformzeit, jenseits jeder Orientierung und politischer Einstellung. Seine Romane waren stilbildend, selbst die vor allem im Westen gefeierten Romane von Mian Mian und Wang Hui, beide Chronistinnen des Shanghaier Nachtlebens, zwischenzeitlich verboten und nun wieder frei in China erhältlich, sind in dieser Tradition zu sehen.

Die perfekteste Synthese zwischen Avantgarde, sozialer und politischer Akzeptanz sowie kommerziellem Erfolg ist sicherlich den Filmemachern gelungen. Zhang Yimou, Regisseur gefeierter Filme wie ›Rotes Kornfeld‹ und ›Judou‹, einst in seinem Heimatland im selben Maße verpönt, wie er auf den Filmfestivals zwischen Cannes und Berlin gefeiert wurde, hat mit seinem letzten Werk ›Hero‹ in China große Erfolge gefeiert und ist längst Teil des chinesischen Mainstreams. Dies geht so weit, daß er die Turandot-Aufführung in der Verbotenen Stadt inszenieren durfte.

Das moderne China schließt langsam Frieden mit seiner Avantgardekunst, auch wenn es noch lange dauern wird, bis ein chinesischer Politiker wie einst Bill Clinton an einer Rocksession teilnehmen wird. Jiang Zemin war als begeisterter Karaoke-Sänger in ganz China berühmt und berüchtigt. Immerhin, ein Anfang.

Akrobat

Das Land im Überblick

Offizieller Name: Volksrepublik China (Zhonghua Renmin Gongheguo 中华人民共和国)
Staatsform: Volksrepublik, »sozialistischer Staat unter der demokratischen Diktatur des Volkes, der von der Arbeiterklasse geführt wird und auf dem Bündnis der Arbeiter und Bauern beruht« (Verfassung von 1982).
23 Provinzen (Anhui, Fujian, Gansu, Guangdong, Guizhou, Hainan, Hebei, Heilongjiang, Henan, Hubei, Hunan, Jiangsu, Jiangxi, Jilin, Liaoning, Qing-hai, Shaanxi, Shandong, Shanxi, Sichuan, Yunnan, Zhejiang), 5 Autonome Regionen (Guangxi, Innere Mongolei, Ningxia, Xinjiang, Tibet), 4 Regierungsunmittelbare Städte (Beijing, Shanghai, Tianjin, Chongqing). Taiwan wird von der VR China als Provinz betrachtet.
Fläche: 9 596 960 qkm, Landesgrenze gesamt 22 117 km
Hauptstadt: Beijing (Peking), weitere große Städte: Shanghai, Guangzhou (Kanton), Shenyang, Nanjing, Wuhan, Chongqing, Chengdu, Kunming
höchste Erhebung: Mt. Everest (Qomolangma), 8850 m
längster Fluß: Yangzi (Changjiang), 6300 km
Küstenlänge: 14 500 Kilometer
Gebirge: Himalaya, Qingling-Gebirge, Pamir
Wüsten: Gobi, Taklamakan
Steppen: Innere Mongolei
Einwohner: 1,3 Milliarden (141/qkm), Han-Chinesen (91,9 %), 55 anerkannte sogenannte Nationale Minderheiten, die größte sind die Zhuang (Provinz Guangxi, 15 Millionen). 38 % der Bevölkerung leben in den Städten, 62 % auf dem Land.
Altersstruktur: 0–14 Jahre: 22,3 %, 15–64 Jahre: 70,3 %, 65 Jahre und mehr: 7,5 % (2004)
Analphabetenrate: 9,1 % (2002)
Säuglingssterblichkeit: 25,28 auf 1000 (2004)
Beschäftigungsstruktur: Landwirtschaft 50,0%, Industrie 22,3%, Dienstleistungen 27,7%
Hauptexportgüter: Textilien, Gebrauchselektronik, Nachrichtentechnik, Maschinenbauerzeugnisse, Chemie-Produkte, Schuhe, Spielwaren
Wirtschaftswachstum: in den letzten 5 Jahren jeweils 8–10%
Inflationsrate: 1,2 % (2003)
Pro-Kopf-Einkommen: 1090 US-Dollar (2003), starke Unterschiede zwischen Stadt und Land
Zeit: MEZ + 7 Stunden, im Sommer + 6 Stunden (keine Sommerzeit, offiziell nur 1 Zeitzone)
Nationalfeiertag: 1. Oktober (Gründung der VR China)
Weitere wichtige Feiertage: 1. Mai (Tag der Arbeit) und das Frühlingsfest (variabel, Mitte Januar bis Mitte Februar)
Zu allen drei Feiertagen hat ein Großteil der Bevölkerung jeweils eine Woche Ferien, Hotels und Fahrkarten können dann äußerst knapp werden, Sehenswürdigkeiten sind überlaufen.

Die Sprache

Ganz ehrlich – haben Sie je daran gedacht, Chinesisch zu lernen? Wahrscheinlich nicht. So normal es ist, in Italien per Sprachführer, Zeigefinger und etwas verbaler Improvisation durch die Restaurant-Bestellung zu holpern, so wenig käme es dem normalen Reisenden in den Sinn, vor der Abfahrt noch schnell die Grundlagen des Chinesischen zu erwerben.

Statistisch spräche übrigens einiges dafür, denn es ist mit Abstand die meistgesprochenste Sprache der Welt. Gut 1,5 Milliarden Menschen in China, Taiwan, Malaysia, Singapur, Thailand, Indonesien, Philippinen, den USA, Kanada und vielen anderen Ländern der Welt wachsen mit einem chinesischen Dialekt als Muttersprache auf.

Daß Chinesisch auf das westliche Auge trotzdem so furchterregend wirkt, liegt vor allem an der Zeichenschrift. Jedes dieser Zeichen ist einzigartig, hat eine eigene Bedeutung und muß deshalb auswendig gelernt werden – was das Erlernen der Sprache natürlich erheblich erschwert. Doch warum tun sich die Chinesen das an? Wäre es nicht viel einfacher ein Alphabet zu verwenden?

Jede Silbe ein Wort

Chinesisch ist eine monosyllabe und isolierende Sprache. Zu Deutsch bedeutet dies, daß alle Worte im Grunde genommen einsilbig sind, oder andersrum, jede Silbe eine Bedeutung hat. Im modernen Chinesisch trifft dies zwar nur noch begrenzt zu, doch die Haupteigenschaft ist geblieben: Jede Silbe kann einzeln übersetzt werden. Als ›isolierend‹ wird das Chinesische bezeichnet, weil es keine Änderungen der Wortendungen zuläßt. Keine Konjugationen also, Deklinationen oder Pluralendungen! Stellen Sie sich vor, Sie müssten alle Wörter auf den Wortstamm reduzieren, das käme dem Chinesischen dann schon recht nahe. Ein Beispiel zur Erläuterung: Das Wort ›qu‹ wird mit gehen übersetzt. Je nach Satzkontext kann es aber auch gehend, geh!, ging oder gegangen heißen. Kann man mit so wenig Grammatik noch vernünftige Satzaussagen machen? Man kann – und das, obwohl selbst die Zeiten auf ein Minimum reduziert wurden: Anstelle komplexer Konstrukte zeigen Partikel am Verb- oder Satzende die Vergangenheit an. Für alle Zukunfts-Zeiten muß sogar die logische Schlußfolgerung ausreichen.

Ein Beispiel:
明天我给你打电话
Ming-tian wo gei ni da dian-hua.
Morgen-Tag ich geben Du betätigen Telefon.
Morgen werde ich Dich anrufen.

oder
我去过北京
Wo qu guo Beijing.
Ich gehen (Vergangenheits-Part.) Beijing.
Ich bin nach Beijing gefahren.

Den Ton treffen!

Problematisch ist, daß Chinesisch eine sehr lautarme Sprache ist. Nicht einmal 400 phonetische Silben kennt das Chinesische – ziemlich wenig im Vergleich zum Deutschen, das immerhin über gut 10 000 Silben verfügt. Dazu kommt, daß in der deutschen Sprache Wörter meist aus mehreren Silben zusammengesetzt werden, bevor sie überhaupt eine Bedeutung bekommen. Daraus ergibt sich im Deutschen eine geradezu unendliche Zahl potententieller Wortschöpfungen – zumindest in lautlicher Hinsicht.

Gut also, daß Chinesisch eine tonale Sprache ist. Je nachdem, mit welcher ›Melodie‹ eine Silbe ausgesprochen wird, verändert sich ihre Bedeutung. Insgesamt vier verschiedene Tonhöhen gibt es im Chinesischen – genug um ausländische Lernende in den Wahnsinn zu treiben.

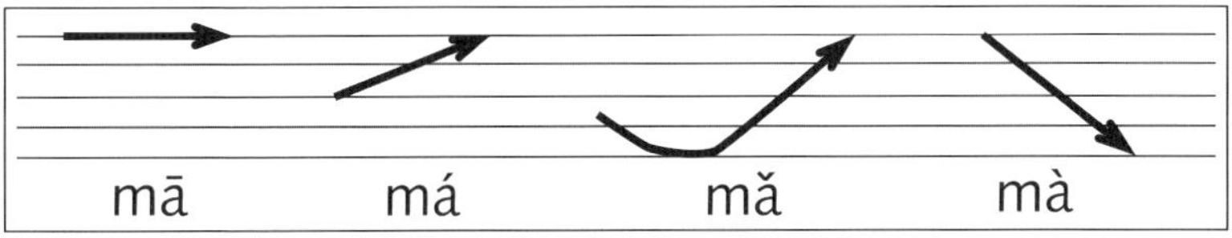

Mutter *Hanf* *Pferd* *ärgern*

Für Europäer ist dies eine der größten Hürden beim Chinesisch-Studium. Eine Suppe (tāng) bestellen? Kaum legt man einen fragenden Unterton in das Wort (táng), wird Zucker daraus, läßt der Sprecher den Vokal leicht fallen und zieht ihn dann nach oben (tǎng) ordert er einen Liegestuhl, was die Bedienung im Restaurant definitiv in die Ratlosigkeit stürzen dürfte.

Um die 1300 verschiedene Silben ergeben sich durch diese melodische Differenzierung – was immer noch recht wenig ist. Auch wenn die tonale Aussprache exakt sitzt, bleiben also ganz zwangsläufig unglaublich viele gleichlautende Wörter und ergo Gelegenheiten für interessante Mißverständnisse.

Moderne Zeiten – antikes Vokabular

Wie also verständigen sich die Chinesen? Sie kombinieren – und zwar nicht nur Inhalte, sondern auch Wörter. Die Silbe he 和 zum Beispiel hat mindestens zwanzig grundverschiedene Haupt-Bedeutungen, darunter auch ›Frieden‹. Das Wort ping 平 kann ebenfalls mit vielen möglichen Übersetzungen aufwarten, wobei auch hier ›Frieden‹ eine mögliche wäre. Zusammen jedoch, als Wortkreation he-ping 和平 (wörtlich Frieden-Frieden) sind beide eindeutig. Aus diesem Grund sind einsilbige Substantive oder Verben mittlerweile eher die Ausnahme.

Ein weiterer Quell für mehrsilbige Wortschöpfungen ist der technische Fortschritt. Im Alten China war es nicht nötig oder möglich, über Themen wie Telefon-Technik oder Internet zu reden. Um diese neue wissenschaftliche oder technische Welt zu erfassen, hat man in China viele mehrsilbige Wörter gebildet. Telefon (dian-hua) beispielsweise ließe sich wörtlich mit Blitz-Sprache übersetzen.

Wirklich eindeutig ist das Chinesische letztlich aber nur in geschriebener Form. Praktisch wie ein Bild ist jedes Zeichen einzigartig, unverwechselbar und damit eindeutig in seiner Bedeutung. Doch es verrät fast nichts über seine Aussprache. Für ausländische Lernende ist dies ein enormes Manko, schließlich muß man die Aussprache tausender von Zeichen mühsam auswendig lernen, doch für den Zusammenhalt des chinesischen Reiches war dies ein ungeheuer wichtiger Aspekt: Egal welchen Dialekt die Menschen als Muttersprache sprachen, theoretisch waren sie alle fähig, sich per Zeichensprache zu verständigen.

Heute ist die Situation gar nicht so anders, denn Sprecher des Hochchinesischen, des Kantonesischen oder Taiwanesischen würden sich in einer Konversation kaum verstehen, können aber schriftlich problemlos kommunizieren.

Geschriebene Bilder

Generell gilt, daß pro Silbe beziehungsweise Wort ein Schriftzeichen verwendet wird. Da es sich um fertige Einheiten handelt, können chinesische Zeitungs- und Buch-Setzer mit einem weiteren kleinen Verwirr-Detail aufwarten: Es ist fast egal, in welche Richtung Chinesisch geschrieben wird. Zwar hat sich in der Volksrepublik die europäische Variante horizontal von links nach rechts durchgesetzt,

Frohe Weihnachten

in Zeitungen darf es aber durchaus auch mal vertikal in – je nach Satz – beide Richtungen sein. Auf Taiwan oder in Hongkong ist die traditionelle Schreibweise von oben nach unten und/oder von rechts nach links noch oft anzutreffen. In diesem Fall findet man die Titelseite (nach unserem Empfinden) auf der Rückseite des Buches.

Egal in welche Richtung letztlich gelesen wird, wer sich die chinesischen Zeichen genauer ansieht, wird feststellen, daß bestimmte Elemente immer wieder auftauchen. Es sind die 214 Radikale, also wörtlich ›Wurzeln‹, die meist auf die Urform der ersten Zeichen zurückgehen. Der Baum (Holz) 木, die Frau 女, die Sprache 言, die Sonne 日 zum Beispiel existieren als eigene Zeichen, aber auch als Komponenten. Oft läßt sich heute noch nachvollziehen, wie es zu den Radikal-Zusammensetzungen der Piktogramme kam: 好 (gut) besteht aus den beiden Teilen 女 (Frau) und 子 (Kind). Es ist eben gut, wenn beide zusammen sind. Auch das Wort 看 (sehen) besteht aus einem Auge 目 unter einer Hand 手, der international verständlichen Geste für ›Ausschau halten‹. Andere Bilder leben von der Verallgemeinerung: Drei Menschen 人 werden zur Menge 众.

Ganz besonders häufig sind allerdings Kombinationen aus inhaltlichem Radikal und einer phonetischen Komponente: 蚂蚁 ma-yi die Ameise setzt sich jeweils aus dem Element ›Insekt‹ 虫 und einem lautlichen Teil für ma 马 und yi 义 zusammen, zwei Zeichen, die zwar andere Bedeutungen haben, aber zufällig so ausgesprochen werden wie die Ameise. Verläßlich sind diese phonetischen Informationen allerdings nicht mehr, schließlich ist es mehr als dreitausend Jahre her, daß die Zeichen entstanden.

Alle existierenden Zeichen beherrscht übrigens garantiert niemand, es ist nicht einmal sicher, wieviele es wirklich gibt. Um die 50 000 dürften es sein, doch nur wenige tausende sind noch im Gebrauch. Wer um die 2000 Zeichen beherrscht,

Straßenkalligraph

gilt offiziell als lese- und schreibkundig, mit einem Wortschatz von etwa 3000 Zeichen können fast alle Texte verstanden werden.

Viel Zeit braucht der Schüler, um alle diese Zeichen zu erlernen – zu lange befand die kommunistische Regierung in den fünfziger Jahren und machte sich im Rahmen einer großen Alphabetisierungskampagne daran, einen großen Teil der Zeichen zu vereinfachen. Besonders komplexe Radikale wurden ersetzt, Striche gelöscht, oder völlig neue Zeichen erfunden. Das Ergebnis, die ›Kurzzeichen‹ jiantizi werden in der Volksrepublik, Singapur und Malaysia offiziell benutzt, während Taiwan und Hongkong noch die traditionellen ›Langzeichen‹ fantizi verwenden.

Beispiel

	Langzeichen	Kurzzeichen
sprechen	說	说
Land	國	国
Liebe	愛	爱

Die große Mauer bei Huanghua
Landschaft am Li-Fluß bei Guilin; Ruinen bei Gaochang

Doch ein Alphabet?

Parken für Fahrräder verboten

Lesen und schreiben zu können, das war übrigens bis zu Beginn des zwanzigsten Jahrhunderts die absolute Ausnahme. Jahrhundertelang benutzte man für die schriftliche Kommunikation die Kunstsprache Wenyan, die, ganz im Gegensatz zum modernen Chinesisch, äußerst verkürzt und grammatikbeladen war. Um dieses ›klassische Chinesisch‹ zu erlernen, waren Jahre, wenn nicht Jahrzehnte des Studiums erforderlich. Erst die gesellschaftlichen Umbrüche nach dem Untergang der Kaisermonarchie gaben dem gesprochenen Chinesisch eine Chance in der Welt der Bücher und Akten. Aus dieser Epoche stammen auch die ersten ernstzunehmenden Versuche, eine allgemeingültige Alphabet-Umschrift zu erschaffen.

Sehr zur Verwirrung aller Ausländer gibt es heute gleich eine ganze Handvoll von Transkriptionen, die um den Chinesisch-Lernenden buhlen. Bereits 1859 entwickelte der britische Diplomat Thomas Wade die nach ihm benannte Wade-Umschrift. Zusammen mit diversen Modifikationen durch den Linguisten Herbert Allen Giles wurde es zu Beginn des zwanzigsten Jahrhunderts als Wade-Giles-Umschrift zum ersten internationalen Erfolg und fortan in praktisch allen westlichen Lehrwerken verwendet. Dies allerdings eher mangels besserer Alternativen, denn nicht alle phonetischen Feinheiten konnte das System korrekt wiedergeben. Zudem kam der exzessive Gebrauch von Apostrophen und anderen diakritischen Zeichen. Auf chinesischer Seite war man sich dessen durchaus bewußt, und so entwickelte der Linguist Zhao Yuanren im Auftrag der Nationalregierung eine neue, allgemeinverbindliche Transkription. Schon der Name der im übrigen sehr korrekten und augeklügelten Umschrift wirkte so furchterregend auf das ungeübte Auge, daß ›Gwoyeu Romatzyh Pinin Faashyh‹ eigentlich nie eine Chance hatte. Die Tonhöhen wurden hier als Buchstabenkombinationen wiedergegeben, so daß Schrift und tatsächliche Aussprache weit voneinander abwichen.

Am Jizu Shan bei Dali; Steinwald bei Kunming
Die Tigersprungschlucht am Oberlauf des Yangzi

Neue Impulse erhielt die Transkriptionsdebatte erst nach der Machtübernahme der Kommunisten im Jahre 1949. Jeder Chinese sollte nun möglichst schnell lesen und schreiben lernen. Für dieses Anliegen wurde 1958 die Umschrift ›Pinyin‹ entwickelt, die als einfache Alternative recht schnell Verbreitung fand und 1982 von der ISO, der Internationalen Organisation für Standardisierung, als alleinige Variante akzeptiert wurde. In den sechziger Jahren gab es sogar Bestrebungen, die Zeichenschrift ganz zugunsten einer Lautschrift abzuschaffen – was sich als völlig aussichtslos erwies, denn schon nach wenigen Zeilen wurden die Texte unverständlich. Zur Illustration dieser Tatsache eignet sich das klassische Nonsense-Gedicht ›Der löwenessende Dichter in der Steinhöhle‹ des bereits oben erwähnten Linguisten Zhao Yuanren, der auf humoreske Weise auf die Unersetzbarkeit der Zeichen hinweisen wollte. Hier die ersten vier Zeilen:

shishi shi shi shi shi, shi shi, shi shi shi shi .	石室詩士施氏, 嗜獅, 誓食十獅。
shi shishi shi shi shi shi.	氏時時適市視獅。
shi shi, shi shi shi shi shi.	十時, 適十獅適市。
shi shi, shi shi shi shi shi…	是時, 適施氏適市…

In einer Steinhöhle saß der Dichter Shishi, der gerne Löwen aß und sich entschloß, zehn davon zu essen.
Er ging oft zum Markt, um nach Löwen Ausschau zu halten
Eines Tages, um zehn Uhr, kamen zehn Löwen auf den Markt.
Genau zu dieser Zeit kam auch Shishi…

Heute wird Pinyin praktisch weltweit verwendet, nur in Taiwan legte die Regierung Wert auf einen phonetischen Sonderweg. Schon aus politischen Gründen entwickelte man hier die ›Bo Po Mo Fo‹-Schrift und arbeitet heute an einer Pinyin-Variante, die sich gebührlich von der volksrepublikanischen Lautschrift unterscheidet. In Singapur, Malaysia und anderen Ländern mit bedeutenden chinesischen Bevölkerungsanteilen ist Pinyin jedoch mittlerweile Schulstandard.

Geographische Namen in China

Beijing, Shanghai, Yongle Lu – wie exotisch klingen die chinesischen Orts- und Straßennamen für europäische Ohren! Erst die Übersetzung zeigt, daß auch hier der ostasiatische Sinn fürs Pragmatische gewinnt, denn meist handelt es sich um simple ›Ortsangaben‹. Shanghai beispielsweise läßt sich lapidar mit *am* (shang) *Meer* (hai) übersetzen, Beijing ist schlicht die *Nord-* (bei) *Hauptstadt* (jing). Besonders oft werden die folgenden Silben verwendet:

jing	京	Hauptstadt
gang	港	Hafen
du	都	Großstadt/Hauptstadt
shi	市	Stadt

Auch die Benennung der Provinzen erfolgt in vielen Fällen nach erstaunlich einfachen Mustern. Oft beinhalten sie eine Ortsbestimmung in Relation zu einem wichtigen geographischen Landschaftsmerkmal. Das klingt kompliziert, ist aber höchst einfach:

Aus den Himmelsrichtungen

bei	北	Norden
nan	南	Süden
dong	东	Osten
xi	西	Westen

und den geographischen Grundbegriffen

hu	湖	See
jiang	江	Strom, Fluß
he	河	Fluß
shan	山	Berg
hai	海	Meer (wobei auch große Seen manchmal als ›Meer‹ bezeichnet werden)

ergeben sich zum Beispiel:

Shandong	山东	östlich der Berge
Shanxi	山西	westlich der Berge
Henan	河南	südlich des Flusses (hier ist der Gelbe Fluß gemeint)
Hebei	河北	nördlich des Flusses (dito)
Hunan	湖南	südlich des Sees (gemeint ist der Dongting See)
Hubei	湖北	nördlich des Sees (dito)
Jiangxi	江西	westlich des Flusses (gemeint ist der Yangzi-Fluß)
Hainan	海南	im Süden des Meeres

Gut die Hälfte der Provinzen Chinas entsprechen nicht diesem Muster, tragen aber trotzdem recht einfache Namen. Xinjiang 新疆 beispielsweise ist die ›neue Grenze‹ – ein Begriff, der auf die recht späte Eroberung dieses westlichen Landstrichs schließen läßt und zudem noch beinhaltet, daß es sich hier in der Tat auch um eine kulturelle Grenze handelt, denn hier beginnt moslemisches Gebiet. Sichuan 四川, wörtlich ›vier Flüsse‹, bezieht sich auf die vier großen Ströme, die die Provinz durchqueren. Yunnan 云南, ›südlich der Wolken‹, trägt seinen Namen ebenfalls zu Recht, denn hier herrschen meist klarer Himmel und angenehme Temperaturen.

Praktisch jede Stadt in China hat eine Zhongshan Lu 中山路 (Sun-Yatsen-Straße): Dem politischen Gewicht des Demokraten und Begründers des modernen China angemessen, handelt es sich in der Regel um die Hauptstraße oder, falls es derer mehrere geben sollte, zumindest eine davon. Straßennamen enden fast immer mit den Silben lu 路 (große Straße), dajie 大街 (Hauptstraße), jie 街 (kleinere Straße) oder Gasse xiang 巷.

Der ›Namensteil‹ besteht in vielen Fällen aus Städten, Provinzen und glücksbringenden oder politischen Begriffen. Guangzhou Lu 广州路, Nanjing Lu 南京路 oder Dongfeng Lu 东风路 (Ostwindstraße) wären Beispiele hierfür. Eine ›Befreiungsstraße‹ Jiefang Lu 解放路 oder Volksstraße Renmin Lu 人民路 gibt es deshalb garantiert ebenfalls in jeder Stadt. Bekannte Personen müssen hin und wieder auch herhalten, dies ist aber erheblich seltener als in Europa. Manchmal sind es auch die umliegenden Gebäude, die den Straßennamen bedingen. Beizhan Lu 北站路 zum Beispiel, die Nordbahnhofstrasse oder Jimingsi Lu 鸡鸣寺路 die Jiming-Tempel-Straße.

Himmelsrichtungen findet man übrigens auch auf dem Stadtplan wieder, denn besonders lange Straßen werden gerne in verschiedene Abschnitte unterteilt. Aus der Dongfeng Lu 东风路 wird dann zum Beispiel eine Dongfeng Beilu 东风北路 (also Dongfeng Nordstraße) und Dongfeng Nanlu 东风南路 (Dongfeng Südstraße). Ganz ohne Schnörkel ist die besonders auf Taiwan beliebte Unterteilung in Sektionen duan 段, die dann durchgezählt werden. All dies zusammen genommen könnte zum Beispiel eine Hainan Donglu Yiduan 海南东路一段 ergeben: also Hainan-Ost-Straße, erste Sektion. Bei derartigen Straßennamen, die auf viele Teilabschnitte schließen lassen, ist es ganz besonders wichtig, die richtige Hausnummer zu kennen. Zwischen dem ersten und letzten Haus kann im ungünstigen Falle ein zweistündiger Fußmarsch liegen!

Eine weitere Möglichkeit der Unterteilung bieten Tore und Mauern. Die Jianguomenwai Dajie 建国门外大街 in Beijing liegt offensichtlich außerhalb 外 (wai) des Jianguo-Tores 建国门 (men). Eine dazu passendes Pendant innerhalb 内 (nei) gibt es natürlich auch.

Große Städte leisten sich oft auch verschiedene Umgehungsstraßen, die dann von innen heraus durchgezählt werden. Die erste ist der Yihuan Lu 一环路 gefolgt von der Erhuan Lu 二环路 und Sanhuan Lu 三环路.

Bei aller Logik der Orts- und Straßennamen bleibt eine Grundregel übrigens immer bestehen: Wer sich die Hoteladresse auf Chinesisch geben läßt, kann im Notfall und ganz ohne Worte per Taxi in bekannte Gefilde zurückkehren.

Kleiner Sprachführer

Fremde Phonetik und verzwickte Tonhöhen – kein Wunder, daß der Versuch, sich auf Chinesisch zu unterhalten, hin und wieder trotz sprachlicher Anleitung nicht immer klappen will. Wenn Sie allzu ungläubiges Staunen ernten oder verhaltenes Gelächter, deuten Sie einfach auf die geschriebenen Sätze. Einen verbalen Versuch ist es aber allemal wert, denn die meisten Chinesen freuen sich über einen ehrlichen Ansatz, sich mit der Landessprache auseinanderzusetzen.
Im nachfolgenden Sprachteil wird die Pinyin-Umschrift verwendet, die auch in den meisten deutsch-chinesischen Wörterbüchern zu finden ist.

Umschrift

Pinyin	Aussprache
a	lang, wie in ›Krater‹
ai	wie in ›Mainz‹
an	wie in ›Kanne‹, nach i, u, y als ›än‹ wie in ›Länder‹
ang	wie in ›Klang‹
ao	wie in ›Traum‹
b	wie in ›Baum‹
c	wie in ›stets‹
ch	wie in ›deutsch‹
d	wie in ›Donner‹
e	wie das ›e‹ in‹ Ende‹, jedoch breiter als ä nach i, u, y wie in ›hätte‹
ei	als ›äi‹ wie in ›Layout‹
en	sehr kurz, wie in ›leben‹
eng	sehr kurz, also wie eine Mischung aus e und ö + ng
er	wie im engl. Wort ›mirror‹
f	wie in ›Freund‹
g	wie in ›Regen‹
h	wie in ›wach‹
i	am Wortende wie in ›Bieber‹, in der Wortmitte flüchtiger wie in ›wirken‹, nach c, ch, r, s, sh, z, zh sehr kurz wie eine Mischung aus einem kurzen e und einem ö
j	wie ›dj‹, wie in ›Rundjahr‹
k	wie in ›kalt‹ (aspiriert)
l	wie in ›links‹
m	wie in ›Mann‹
n	wie in ›Name‹
o	wie in ›konnte‹
ong	wie in ›Wirkung‹
ou	wie im engl. Wort ›go‹
p	wie in ›Pilz‹ (aspiriert)
q	wie ›tj‹ in ›tja!‹ (aspiriert)
r	wie im engl. Wort ›right‹
s	stimmlos wie in ›Nuss‹
sh	stimmlos wie in ›Schirm‹
t	wie in ›Tier‹ (aspiriert)
u	wie in ›im Nu‹, nach y wie ›ü‹ in ›Hürde‹
w	wie im engl. Wort ›water‹
x	wie in ›Kichern‹
y	wie ›i‹ in ›Maya‹
z	›ds‹ wie der Fluß ›Hudson‹
zh	wie in ›Dschungel‹

Begrüßungen und allgemeine Floskeln

Guten Tag, Hallo!
nǐ hǎo
你好

Guten Abend/Gute Nacht!
wǎn'ān
晚安

Guten Morgen!
zāo'ān
早安

Auf Wiedersehen
zàijiàn
再见

Hallo!
wèi !
喂

Bis morgen!
mīngtiān jiàn
明天见

Willkommen!
huānyíng huānyíng
欢迎欢迎

Bitte!
qǐng
请

Danke!
xièxiè
谢谢

Nichts zu danken.
bú yòng xiè
不用谢

Keine Ursache, macht nichts.
méi guānxī
没关系

Entschuldigung!
duìbùqǐ
对不起

Ja (so ist es).
shì
是

Nein, nicht.
bù
不

Richtig!
duì
对

Konversation

Woher kommen Sie?
nǐ shì cóng nǎli láide?
你是从哪里来的?

Wie heißen Sie?
nǐ jiào shénme míngzi?
你叫什么名字?

Erfreut Sie kennenzulernen.
gāoxīng rènshi nǐ
高兴认识你

Das ist meine Ehefrau (Ehemann).
zhè shì wŏde tàitài (zhàngfu)
这是我的太太（丈夫）

Herr Wang
Wang xiānshēng
王先生

Frau Wang
Wang nüshí
王女士

Fräulein (auch im Service)
xĭaojie
小姐

Ich heiße…
wŏ jiào …
我叫 …

Ich komme aus …
wŏ shì cóng … lái de
我是从… 来的

Ich bin Deutsche/r (Österreicher, Schweizer).
wŏ shì déguórén (àodìlìrén, ruìshìrén)
我是德国人（奥地利人，瑞士人）

Wo ist…?
… zài năli
… 在那里?

Ich verstehe nicht.
wŏ tīng bù dŏng
我听不懂

Ich spreche kein Chinesisch.
wŏ bú huì jiăng zhōngwén
我不会将中文

Sprechen Sie Englisch (Deutsch)?
nĭ huì bú huì jiăng yīngwén (déwén)?
你会不会将英文（德文）?

Könnten Sie das bitte wiederholen?
qĭng nĭ zài shuō yī xià
请你再说一下

Ich habe mich verlaufen.
wŏ mílù le
我迷路了

Einen Moment bitte!
qĭng dĕng yī xia
请你等一下

Länder

China
zhōngguó
中国

Deutschland
déguó
德国

Österreich
aòdìlì
奥地利

Schweiz
ruìshì
瑞士

Luxemburg
lúsēnbào
卢森堡

Einkaufen

Wo bitte gibt es ein Kaufhaus?
zài năli yǒu yī gè băihuò shāngdiàn
在哪里有一个百货商店

Supermarkt
chāojí shìchăng
超级市场

Kiosk
xiăomăibu
小卖部

Was kostet das?
zhèigè duō shăo qián
这个多少钱

Ich möchte das da kaufen.
wŏ yào măi zhèigè
我要买这个

Kann ich das da mal sehen?
kěyĭ kàn yī xià zhèigè
可以看一下这个

Das ist zu teuer.
Zhèigè tài guì
这个太贵

Gehen Sie mit dem Preis ein wenig runter!
nĭ yào bu yào dì yī diàn
你要不要底一点

Ich möchte das nicht kaufen.
wŏ bú yào măi zhèigè
我不要买这个

Ich möchte mich nur umschauen.
wŏ zhĭ yào kàn yi kàn
我只要看一看

Wo gibt es...?
zài năli yǒu
在哪里有 …

etwas, ein wenig
yīdiàn
一点

etwas mehr
duō yī diàn
多一点

etwas weniger
shăo yī diàn
少一点

zuviel
tài duō
太多

zu wenig
tài shăo
太少

Kleidung
yīfu
衣服

Schuhe
xiézi
鞋子

Kosmetika
huàzhuāng
化妆

Lebensmittel
shíwù
食物

Papier
zhī
纸

Briefmarken
yóupiào
邮片

ausländische Zeitschriften
wàiwén zázhì
外文杂志

ausländische Bücher
wàiwén shū
外文书

Getränke
yǐnliào
饮料

Post/Bank/Telefon
Ich möchte diesen Brief nach Deutschland schicken.
wǒ yào fā zhèigè xìn dào déguó
我要发这个信到德国

Ich möchte dieses Päckchen nach Deutschland schicken.
wǒ yào fā zhèigè bāoguǒ dào déguó
我要发这个包裹到德国

Briefmarken
yóupiào
邮票

Luftpost
hángkōng
航空

Seeweg
háiyùn
海运

Landweg
lùyùn
陆运

Wo ist das internationale Postamt?
guōjí yóujú zài nǎli?
国际邮局在那里?

Bank
yínháng
银行

Ich möchte Geld wechseln.
wǒ yào huàn qián
我要换钱

Telefon
diànhuà
电话

Fax
chuánzhēn
传真

Ich möchte telefonieren.
wǒ yào dǎ diànhuà
哦要打电话

Verkehr/im Taxi

Auto
qìchē
汽车

Taxi
chūzūqìchē
出租汽车

Fahrrad
zìxíngchē
自行车

Ich möchte ein Fahrrad mieten.
wŏ xĭang zū yī liàng zìxíngchē
我想租一辆自行车

Bus
gōnggòng qìchē
公共汽车

Zug
huŏchē
火车

Bahnhof
huŏchēzhàn
火车站

Ich möchte ein Zugticket kaufen nach …
wŏ yào măi yī zhang dào … de huŏchēpiao
我要买一张到 … 的火车票

Softsleeper-Ticket
rŭanwò-piao
软卧票

Softseater-Ticket
ruănzuò piao
软座票

Hardsleeper-Ticket
yìngwò piao
硬卧票

Hardseater-Ticket
yìngzuò piao
硬座票

Flughafen
jīcháng
机场

Hafen
mătou
码头

Ich möchte hierhin (wenn Sie die Adresse zeigen).
wŏ yào qù zhèigè dìfang
我要去这个地方

Bitte benutzen Sie das Taxometer.
qĭng nĭ dă biăo
请你打表

Ich möchte nach …
wŏ yào qù …
我要去…

Bitte halten Sie hier.
qĭng nĭ zài zhèli tíng
请你在这里停

Gesundheitliches

Ich fühle mich nicht wohl.
wǒ bù shūfu
我不舒服

Ich brauche einen Arzt.
wǒ xūyào yīgè yīshēng
我需要一个医生

Apotheke
yàodiàn
药店

Krankenhaus
yīyuan
医院

Chinesische Medizin
zhōng yào
中药

Im Restaurant/Hotel

Restaurant
fàndiàn
饭店

Speisesaal
cāntīng
餐厅

Wo ist die Toilette?
cèsuǒ zài nǎli?
厕所在那里?

Männer
nán cèsuǒ
男厕所

Frauen
nü cèsuǒ
女厕所

Rindfleisch
niúròu
牛肉

Schweinefleisch
zhūròu
猪肉

Hühnerfleisch
jīròu
鸡肉

Fisch
yú
鱼

Meeresfrüchte
hǎixiān
海鲜

Gemüse
sùcài
素菜

Reis
báifàn
白饭

gebratener Reis
chǎofàn
炒饭

Nudeln
miàn
面条

gebratene Nudeln
chǎomiàn
炒面

Brot
miànbāo
面包

Salz
yán
盐

Zucker
táng
糖

zu scharf!
tài làde
太辣的

Obst
shuǐguǒ
水果

Bitte bringen Sie die Speisekarte.
qǐng nǐ gěi wǒ kàn yī xià càidān
请你给我看一下菜单

Haben Sie eine englische Speisekarte?
yǒu méi yǒu yīngwén càidān?
你有没有英文菜单?

Zahlen bitte!
jiézhàng
结账

Bitte bringen Sie eine Gabel.
qǐng nǐ lái yī gè chāzi
请你来一个叉子

Haben Sie Einweg-Stäbchen?
yǒu méi yǒu wèishēng kuàizi?
有没有卫生筷子?

Sehr lecker!
fēichāng hǎochī!
非常好吃!

Hotel
lüguǎn, bīnguǎn
旅馆，宾馆

Schlüssel
yàoshi
钥匙

Bitte bringen Sie abgekochtes Wasser.
qǐng nǐ lái kāishuǐ
请你来开水

Bitte machen Sie das Zimmer sauber.
qǐng nǐ dǎcǎo yīxià fángjiān
请你打扫一下房间

Diese Gerichte finden Sie im ganzen Land auf (fast) jeder Speisekarte

Gebratenes Gemüse
chǎo sūcài
炒蔬菜

Gebratene Nudeln mit etwas Gemüse und Schwein
chǎo mian
炒面

Huhn mit Erdnüssen und Chili
gōngbǎo jīdīng
宫保鸡丁

süß-saures Schweinefleisch
gŭlǎoròu
古老肉

Fisch im Sud aus Sojasoße und Reiswein
hóngshāo yu
红烧鱼

Tofu in sehr scharfer Chilisoße
málà dòufu
麻辣豆腐

Tofu mit Hackfleischsoße
mápó dòufu
麻婆豆腐

Rindfleisch mit grünem Paprika
qīngjiāo niúròu
青椒牛肉

Knusprig fritiertes Hühnerfleisch
xīangsū jī
香酥鸡

Gebratene Tomaten mit Ei
xīhóngshì chǎodàn
西红柿炒蛋

Kantonesischer Reis mit Erbsen, Ei und Schinken
guāngdōng chǎofàn
广东炒饭

›Die Ameisen krabbeln auf den Baum‹
Glasnudeln mit scharfer Hackfleischsoße
máyǐ shàng shù
蚂蚁上书

Zweimal gebratenes Schweinefleisch
huíguōròu
回锅肉

Feuertopf (Brühe-Fondue)
huǒguō
火锅

Die wichtigsten Getränke

Wasser
shuǐ
水

Mineralwasser
kuàngquán shuǐ
矿泉水

Kaffee
kāfēi
咖啡

Milchkaffee
niúnǎi kāfēi
牛奶咖啡

grüner Tee
lüchá
绿茶

schwarzer Tee
hóngchá
红茶

Coca-Cola
kěkǒu kělè
可口可乐

Pepsi-Cola
bǎishì kělè
百事可乐

Fanta
fēndá
芬达

Orangensaft
júzizhī
橘子汁

Bier
píjiǔ
啤酒

Rotwein
hóng pútáojiǔ
红葡萄酒

Weißwein
bái pútáojiǔ
白葡萄酒

Getreide-Schnaps (meist billig)
báijiǔ
白酒

Maotai Getreide-Schnaps
(teure Variante)
máotáijiǔ
茅台酒

ein Glas
yī bēi
一杯

eine Flasche
yī píng
一瓶

noch ein Glas
zài lái yī bēi
再来一杯

Notfälle

Hilfe!
jiùmìng a!
救命啊！

Polizei
jǐngchá
警察

Botschaft
dàshǐguǎn
大使馆

Ich muß mit der deutschen Botschaft telefonieren
wǒ xuyào gěi déguó dàshǐguǎn dǎ diànhuà
我需要给德国大使馆打电话

Personalpronomen

ich
wǒ
我

du
nǐ
你

er/sie/es
tā
他，她，它

wir
wŏ-men
我们

ihr
nĭ-men
你们

sie
tā-men
他们

Zahlen

1
yī
一

2
èr
二

3
sān
三

4
si
四

5
wŭ
五

6
liù
六

7
qī
七

8
bā
八

9
jiŭ
九

10
shí
十

15
shíwŭ
十五

20
èrshí
二十

21
èrshíyī
二十一

50
wŭshí
五十

100
yībăi
一百

Die Handzeichen für Zahlen unterscheiden sich erheblich von den in der westlichen Welt üblichen, deswegen hier eine kleine Übersicht, damit Sie nicht plötzlich acht Gläser Bier auf dem Tisch stehen haben…

1

2

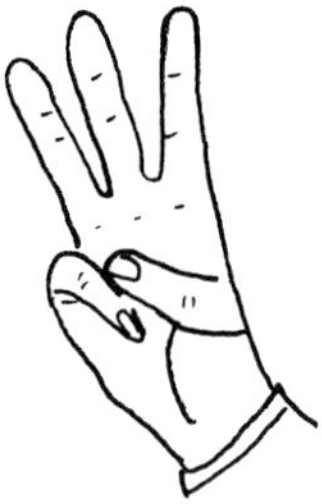

3

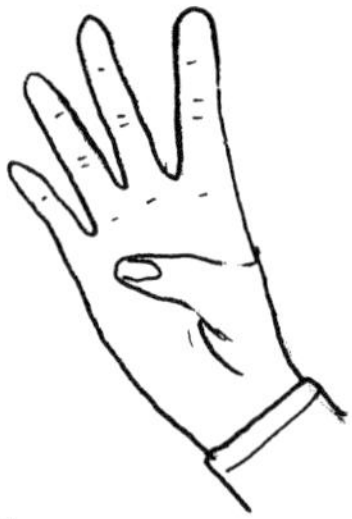

4

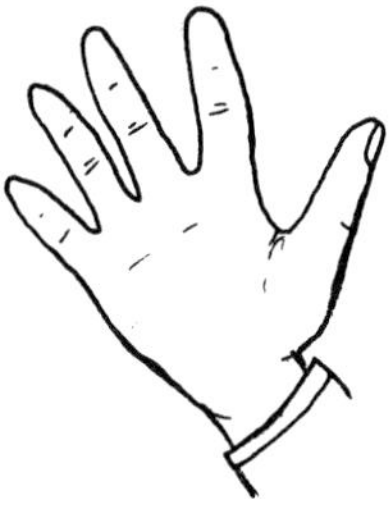

5

6

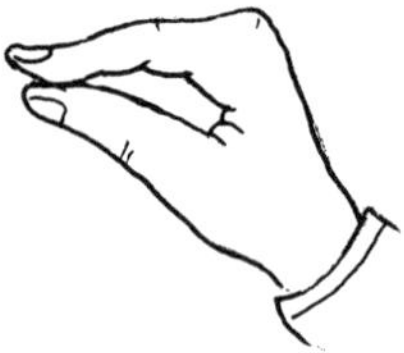

7

8

9

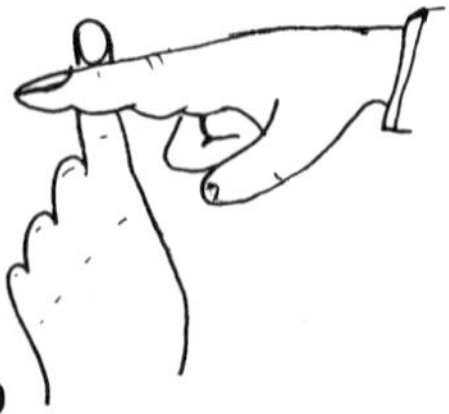

10

10

Langes Leben

Unterwegs im Reich der Mitte

Die gute Nachricht zuerst: reisen im Reich der Mitte wird immer einfacher. Globetrotter, die das China der 1980er Jahre kennen, staunen heute nicht schlecht über Luxushotels, klimatisierte Reisebusse und Hochgeschwindigkeitszüge. Ähnlich ungläubig reagieren moderne Touristen, wenn sie die mit einer Mischung aus Veteranenstolz und Neid vorgetragenen Geschichten aus vergangenen Zeiten hören. Keine zehn Jahre ist es her, da mußte man für ein paar simple Zugtickets noch stundenlang Schlange stehen und nahkampfartige Szenen überdauern, schließlich übertraf die Zahl der potentiellen Reisenden nahezu immer die der verfügbaren Tickets. Fachkundige Beratung am Schalter scheiterte nicht nur an den sprachlichen Barrieren, sondern auch an der sozialistischen Auslegung des Servicegedankens. Heute rattert das gewünschte Ticket (Fensterplatz? Express oder lieber mit dem Bummelzug?) in nur wenigen Minuten aus dem Drucker, während eine anglophone Bahnangestellte dazu freundliche Konversation pflegt. So zumindest in den prosperierenden Küstenstädten. Wer sich jedoch nur wenige Stunden oder Kilometer von den üblichen Touristenrouten entfernt, kommt schnell in den Genuß einer klassischen Behandlung, die zwar für interessante Anekdoten sorgt, aber nicht immer in den Erwerb des gewünschten Fahrscheins mündet. Willkürliche Ticketzuteilung, unerklärliche Engpässe und viel Unsicherheit im Umgang mit dem ausländischen Reisenden prägen das Geschäft in den Provinzstädten. Böse gemeint ist es zwar nicht, aber im Zweifelsfalle nimmt

Chinesischer Überlandbus

man vielleicht doch keine Ausländer auf, überläßt es dem Kollegen, sich mit dem unverständigen Westler herumzuschlagen. Dazu kommt die unverhohlene Neugier aller Mitreisenden und Passanten, denn eigentlich jeder findet es höchst spannend, einem leibhaftigen Ausländer zu begegnen.

Zum Ausgleich für diese Unbill (denn nach einigen Tagen mag einem die permanente Aufmerksamkeit gehörig auf die Nerven gehen) dürfen Sie sich in China noch immer recht sicher fühlen. Wer sich auf sein europäisches Sicherheitsempfinden verläßt, der muß sich auch in China vor nichts fürchten. Lediglich in der Disziplin Taschendiebstahl sind chinesische Langfinger ihrer deutschen Konkurrenz eindeutig überlegen.

Selbst die Chance, völlig verlorenzugehen liegt nahe null. Im Zweifelsfall wissen die Einheimischen recht gut, wo die meisten Ausländer hinwollen und schubsen die Langnasen freundlich aber bestimmt in den richtigen Bus.

Ein wahrhaft gigantisches Transportwesen

Im Grunde kann man gar nicht genug betonen, daß die Unterschiede im Lande enorm sind. Während rund um die Metropolen der Küstenregion in Sachen Transport oft geradezu westliches Niveau herrscht, leben keine fünfhundert Kilometer entfernt vielleicht noch immer Bauern, deren Heimatdörfer nicht einmal an das Straßennetz angeschlossen sind.

Schon 1949 erkannten die Sozialisten, nunmehr offizielle Machthaber, daß der kaum existente Transportsektor dringender Aufmerksamkeit bedurfte. Innerhalb weniger Jahre wurden fast 50 000 Kilometer Schienenstrecke gebaut. Bis heute ist dies einer der wichtigsten Aspekte staatlicher Planung geblieben – sogar der deutsche Transrapid wurde schließlich in Shanghai und nicht in Norddeutschland eingesetzt. Trotzdem leben unglaublich viele Menschen mehr als einen Tagesmarsch von der nächsten Bushaltestelle entfernt. Selbst erleben werden Sie dies allerdings nicht, denn es handelt sich dabei durchweg um Regionen, die auf keiner touristischen Route auftauchen.

Nach der Ankunft in China sind europäische Reisende erst einmal damit beschäftigt, ihren Sinn für Distanzen auf chinesisches Niveau zu bringen, denn erst vor Ort wird manch einem Touristen klar, welch unglaubliche Aufgabe er sich vorgenommen hat. Von Shanghai nach Guilin? Auf der Karte ein Katzensprung, in der Realität eine zweieinhalbtägige Fahrt über mehr als 1500 Kilometer und zwei Klimazonen. Teilnehmer einer Gruppenreise müssen sich darüber kaum Gedanken machen, schließlich bewegen sie sich auf erprobten Pfaden. Individuell Reisende jedoch tun gut daran, bei der Planung ein wenig ›Luft‹ und viel Flexibilität vorzusehen.

Reisen mit dem Flugzeug

Anbetracht der enormen Distanzen ist Fliegen sicher die beliebteste, wenn auch teuerste Art, sich in China fortzubewegen. Im Zuge des gewaltigen Wirtschaftswachstums entstanden überall im Lande neue Flughäfen, die auch abgelegene Regionen mittlerweile recht gut anbinden. Diese Tempel der Modernität übertreffen manch einen europäischen Flughafen und verblüffen selbst asienerfahrene Reisende. Auch wenn Sie noch nie von Xiamen oder Chengdu gehört haben, können Sie sicher sein, daß der dortige Flughafen vor Sauberkeit strotzt und Frankfurt am Main (oder sonst einen anderen westlichen Airport) wirklich schmuddelig aussehen läßt. Auch die Maschinen, die diese Chrom-Paläste ansteuern, sind mittlerweile erheblich besser in Schuß als je zuvor. Nachdem Anfang der 1990er eine ganze Serie von spektakulären Abstürzen bei Inlandsflügen für Schlagzeilen gesorgt hatte, wurde der Standard merklich angehoben. Air China beispielsweise wird nunmehr von einem Air China/Lufthansa-Gemeinschaftsunternehmen gewartet. Auch die regionalen Konkurrenten wie China Southern, China Eastern, Yunnan Airlines oder China Northern verfügen über relativ neue Flotten und gute Sicherheitsbedingungen. Es sind die ganz kleinen Gesellschaften auf unprofitablen Routen, die mit Vorsicht zu genießen sind. Problematisch bleibt auch, daß es aufgrund der vielen extremen Wetterlagen immer wieder unverschuldet und tagelang zu Flugausfällen kommen kann.

Wie auch in Europa beginnt der Check-in zwei Stunden vor dem Start der Maschine und endet eine halbe Stunde vorher. 20 Kilo Freigepäck stehen jedem Economy-Reisenden zu. Bei Reisen zur Hochsaison, also im Mai, Juni, September und Oktober sollten Flüge bereits ab Deutschland reserviert werden, da die Kapazitäten eigentlich nie ausreichen.

Unterwegs im Zug

Vielleicht wünschen Sie sich unterwegs ein wenig mehr Publikumskontakt. Dann ist der Zug das richtige Transportmittel. In Punkto Sicherheit sind die chinesischen Züge ohnehin empfehlenswert, und auch auf die Pünktlichkeit kann man sich gut verlassen. Der Hygienestandard jedoch schwankt, und der Anblick einer Zugtoilette nach einer dreitägigen Fahrt in den Süden kann auch bei harten Charakteren psychosomatische Verstopfung verursachen.

Trotzdem, freuen Sie sich, wenn eine Zugfahrt auf dem Reiseprogramm steht. Viel näher kommen Sie kaum an den chinesischen Alltag heran. Das Abenteuer beginnt bereits am Bahnhof, wo permanent Volksfeststimmung, inklusive Lärm- und Geruchskulisse herrscht. In den Großstädten kommen die Langstreckenzüge im Minutentakt an, so daß sich immer tausende Menschen gleichzeitig in und aus dem Bahnhof drängeln, während zwei Meter weiter andere Tausender-Legionen in einer Art permanentem Picknick der Abfahrt ihres Zuges harren. Daß bis dahin vielleicht noch zwei Tage vergehen, tut der Atmosphäre keinen Abbruch. Dazwischen die Marketender, die vom Teddybären bis zur Familienpackung Erdnüsse alles erdenkliche an den Mann und die Frau bringen. Das ist die letzte Gelegenheit, eventuelle Proviant-Lücken zu schließen. Getränke gehören auf alle Fälle immer ins Handgepäck, genauso wie Snacks und Tee. Falls Sie der Küche des Zugrestaurants nicht trauen möchten, sind Fertignudeln und eine große Plastiktasse, die es an jedem Kiosk gibt, eine gute Alternative. Heißes Wasser wird im Zug immer gereicht, so daß man damit durchaus einige Tage überbrücken kann.

Hardsleeper

Bevor Sie überhaupt den Bahnhof betreten, wird wahrscheinlich Ihr Gepäck durchleuchtet. Fotografen sollten die Filme vorher aus dem Gepäck nehmen, denn nicht immer entsprechen die Geräte dem neuesten Standard.

Je nachdem, welche Zugklasse man gebucht hat, geht es dann weiter in den entsprechenden Wartesaal. Hier werden die Reisenden für den jeweiligen Zug per Lautsprecher oder Schautafel aufgerufen. Auf den Bahnsteig gelangen Sie erst nach Einfahrt des Zuges. Wer je das chaotische Gedränge eines chinesischen Bahnhofs erlebt hat, wird dies als weise Entscheidung begrüßen.

Im Zug selbst ist die Orientierung einfach, denn alle Plätze sind numeriert und pro Waggon je ein Schaffner zuständig, der auch die Reservierungen überprüft.

In älteren Zügen auf abgelegenen Routen ist hin und wieder auch noch ein DJ zu finden, der aus einem kleinen Kabuff heraus den gesamten Zug mit aktuellen Hits beschallt. Gegen einen kleinen Obulus können sich die Reisenden an der Programmgestaltung beteiligen, inklusive Anmoderation durch den Musik-Chef: ›Von Herrn Wang aus Waggon 18, der seinem Vorgesetzten eine angenehme Reise wünscht‹.

Generell gibt es vier verschiedene Klassen, wobei nicht alle Züge beziehungsweise Strecken immer jede Klasse führen.

Auf der harten Bank

Am günstigsten ist die Hard-Seater-Klasse yingzuo 硬座. Aus gutem Grund, denn hier erlebt man China live, 24 Stunden, jeden Tag. In den Großraumwaggons befinden sich ungepolsterte Holzbänke, die ganz offensichtlich von glühenden Gegnern der Ergonomie entworfen wurden und für je drei Personen Platz bieten. Langweilig wird Ihnen hier bestimmt nicht, denn permanente Musikuntermalung gehört genauso dazu wie lautstarke Unterhaltungen und lebhafte Kartenspiele. Mit ein wenig Glück geraten Sie an einen Zug-DJ mit einem Faible für moderne Popmusik. Genauso gut kann sich die Fahrt aber auch in eine stundenlange Peking-Opern-Hölle verwandeln. Preislich liegen die Hard-Seater-Tickets immer im absoluten Niedrigbereich. Für einige Stunden sicher eine spannende Erfahrung, bei längeren Fahrten jedoch sehr nervenstrapazierend. Echte Langstrecken sollten Sie, bei allen Preisvorteilen, so nicht bestreiten.

Turbulent aber günstig: hart liegen

Genauso lebhaft, aber komfortabler ist die Hard-Sleeper-Klasse yingwo 硬卧. Die halboffenen Abteile mit je drei Pritschen rechts und links werden auf praktisch allen Langstrecken eingesetzt. Entgegen des Namens sind die Klappbetten ein wenig gepolstert, die passende Bettwäsche ist meist vorhanden. Als komfortabelste gilt die mittlere Liege. Ganz oben sollte man schon schwindelfrei sein. Die

Am Bahnhof

untere wird tagsüber abgeräumt und dient als Sitzgelegenheit für die Mitreisenden. Richtig ausschlafen können Sie hier also bestimmt nicht.

Die erste Klasse der Kurzstrecken: Soft-Seater

Auf besonders kurzen Tagesstrecken (das ist in China eigentlich alles unter zehn Stunden) werden so genannte Soft-Seater ruanwo 软座 eingesetzt, die der europäischen ersten Klasse entsprechen. Hier treffen Sie die neue Mittel- und Oberschicht, denn preislich ist sie für die meisten Chinesen nicht erschwinglich. Dank Klimaanlage und dezentem Musikpegel fallen Soft-Seater-Fahrten fast immer in die Kategorie ›erholsam‹.

Schlafen im sozialistischen Chic: Soft Sleeper

Wahrscheinlich jedoch werden Sie im Laufe der Reise irgendwann Bekanntschaft mit dem Soft Sleeper ruanwo 软卧 machen. In punkto Design läßt sich die Herkunft dieser Schlafwagen-Variante erster Klasse nicht verleugnen. Im echten Kader-Stil der besten 1970er dürfte der Soft Sleeper manch einem Bürger ehemaligen DDR-Bürger nostalgische Seufzer entlocken. Je vier komfortable, weich gepolsterte Schlafkabinen, eine abschließbare Tür, gehäkelte Tischdeckchen, dazu eine kleine Vase mit Plastikrose, biedere Scheibengardinen und eine traditionelle Metall-Thermoskanne gehören zu jedem Abteil. Der wirkliche Clou dieser Klasse und für sich alleine schon ein Grund, Soft Sleeper zu buchen, ist der kleine Lautstärkeregler über der oberen Koje. Nur hier läßt sich die Hintergrundmusik des Zuges völlig ausschalten.

Und noch eine Herausforderung

Eine ganz besondere Herausforderung an Zugreisende ist die Abkürzungs-Manie der Eisenbahner. In abgelegenen Regionen sind die Verkaufsschalter oft noch nach Reiserichtung geordnet – und die Schilder ausschließlich auf Chinesisch! Wer glaubt, diese Hürde mit Geduld und Sprachführer zu nehmen, wird schnell eines besseren belehrt, denn als ganz besondere ›Bonus‹-Herausforderung erscheinen die Städtenamen meist auch noch in abgekürzter Version. Oft handelt es sich dann um ein einzelnes Zeichen des vollständigen Namens. Oder aber es vollziehen sich wundersame Wandlungen: Aus Shanghai wird dann beispielsweise Hu. Man muß schon Chinese sein, um zu wissen, daß es sich hier um eine Anspielung an das einstige Fischerdorf Hu Du, den Vorgänger Shanghais handelt. Daß die speziellen Namenszeichen so selten sind, daß sie nur in großen Lexika erscheinen, versteht sich von selbst. Hier deshalb die wichtigsten:

Beijing	Jing	京
Shanghai	Hu	沪
Nanjing	Ning	宁
Kanton	Yue	粤
Hunan	Xiang	湘
Hubei	E	鄂
Fujian	Min	闽
Jiangsu	Su	苏
Sichuan	Chuan	川

Straßenverkehr

Bei allen staatlichen Bemühungen sind natürlich nicht alle Städte oder gar Dörfer per Zug erreichbar. Ein großer Teil des Fernverkehrs wird deshalb per Bus abgewickelt. Preislich kommen selbst traditionell übervorteilte Ausländer auf diesem Wege sehr günstig durchs Land. Für das Nervenkostüm sind längere Fahrten garantiert immer eine anstrengende Angelegenheit, denn eines haben Busse, Taxi und Privatfahrer auf alle Fälle gemein. Verkehrsregeln werden bestenfalls als Vorschlag aufgefaßt, ansonsten gilt der Straßen-Darwinismus: Der größere hat Recht und gewinnt. Naturgemäß stehen Fußgänger und Radfahrer deshalb am unteren Ende der Hierarchie und sollten im Zweifelsfalle nachgeben – auch wenn sie eindeutig das Verkehrsrecht auf ihrer Seite haben. Was denn nun Recht und Ordnung sind, da gehen die westlichen und östlichen Vorstellungen ohnehin weit auseinander. Mehr noch als die ›Rechts-hat-Vorfahrt-Regel‹ kommt der daoistische Grundsatz ›Alles fließt‹ zum Tragen. Bremsen gilt als letztes Mittel der Wahl. Ansonsten geben sich chinesische Fahrer komplizierten Schlinger-Manövern hin, um beim Überholen dem Gegenverkehr in letzter Sekunde auszuweichen, unbeleuchtete Radfahrer zu umkurven oder abgrundtiefen Schlaglöchern auszuweichen. Bei Überlandfahrten per Taxi ist die (hoffentlich mit Gurten ausgestattete) Rückbank daher ganz bestimmt der sicherste Platz. Und auch im Bus sind die Frontplätze nur Reisenden mit stählernen Nerven zu empfehlen, denn die Aussicht auf den entgegenkommenden Verkehr ist geradezu überwältigend.

Fußgänger tun übrigens auch gut daran, die Alles-fließt-Regel zu verinnerlichen. Die deutsche Angewohnheit, beim Überqueren der Straße auf dem Mittelstreifen stehen zu bleiben, bis auch die zweite Spur frei ist, stürzt chinesische Fahrer in tiefe Verwirrung, denn diese antizipieren eine Bewegung des Fußgängers und halten geradewegs darauf zu – in dem Wissen, daß er in den nächsten Sekunden bereits einen Schritt weiter sein wird. Entsprechen Sie diesem Muster nicht, kann es zu haarscharfen Begegnungen kommen.

Auch eine Reisemöglichkeit

Alternative Fahrrad

Einfach nach Lust und Laune durch Beijing streifen oder die Welt der Dörfer entdecken – das geht natürlich am besten per Rad. Statistisch sind Sie in guter Gesellschaft, denn kein Land der Welt hat mehr Fahrräder als China. Noch immer gibt es auf den großen Straßen separate Spuren, die die verletzlichen Radler vom mittlerweile dichten Straßenverkehr trennen. Trotzdem ist China schon lange nicht mehr das Land der Radfahrer: Wer immer es sich leisten kann, tauscht den Lenker gegen das Lenkrad. Die Angestellten der Hotelrezeption kennen in der Regel einen Radverleih in der Nähe. Alles weitere müssen Sie dann mit einem Stadtplan und Spaß an Entdeckertouren selbst erledigen. Bei eventuellen Zwischenstops sollten Sie das Rad übrigens an einem der vielen kostenpflichtigen Radparkplätze abstellen. Sie werden bewacht und sind leicht erkennbar, denn hier drängen sich hunderte von Rädern.

Allein unterwegs – geht das?

Ganz ehrlich: Spaß an Improvisationen sollten Sie schon haben, falls Sie sich ganz ohne Organisator nach China wagen. Möglich ist es auf alle Fälle, wenn auch ungleich anstrengender als eine Reise zu anderen klassischen Reisezielen. Immerhin ist man nicht nur, mangels Sprachkenntnisse, taubstumm unterwegs, sondern auch als Analphabet, der in der Regel kein einziges Zeichen im Wörterbuch nachschlagen kann. Für Rucksackreisende gilt: Asien-Erfahrung schadet ganz bestimmt nicht. Auch solide Englischkenntnisse gehören zu einer Solo-Partie unbedingt dazu! Soll der Erholungsaspekt nicht völlig verlorengehen, bietet es sich an, ab Deutschland die Flüge, Zugtickets und Hotels vorzubuchen, alles andere läßt sich mit etwas Geduld auch ohne Reiseleitung bewältigen.

Zwischen der mongolischen Steppe, den Weiten der Wüste Gobi und dem ›Barbaren land‹ liegt die Wiege der chinesischen Zivilisation. Während sich die historische Hauptstadt Xi'an noch den Lößstaub aus den Augen reibt, sonnt sich Beijing im vorolympischen Glanz. In die Mandschurei, die Heimat der letzten Kaiser von China, verirren sich hingegen nur wenige Touristen.

Beijing, Xi'an und die Mandschurei

Beijing – Hauptstadt im Umbruch

Für die Hauptstädter ist es klar, daß ihre Stadt die schönste Chinas ist. Nur wenn es ums Wetter geht, sind sie bereit zuzugeben, daß es bessere Plätze im Reich der Mitte gibt. Im Winter pfeift sibirischer Wind durch die breiten Boulevards, im Frühjahr dreht die Windrichtung, und der gelbe Sand der Wüste Gobi verringert die Sichtweite in der Hauptstadt teilweise auf unter zehn Meter. Der Sommer schließlich ist heiß und schwül, bei Temperaturen von bis zu 40 Grad. So ist es kein Wunder, daß sich die Hauptsaison auf den September und Oktober beschränkt, den goldenen Herbst in Beijing.

Beim Anflug auf die chinesische Hauptstadt wirkt Beijing (Peking 北京) wie eine Fata Morgana in der zerklüfteten Landschaft der Mongolei. »Nur die Chinesen könnten auf die Idee kommen, ihre Hauptstadt in die Wüste zu stellen«, schreibt der amerikanische Reiseschriftsteller Paul Theroux. Wer mit dem Flugzeug nach Beijing fliegt, wird ihm Recht geben. Bis kurz vor der Landung weist wenig darauf hin, daß sich hinter den weiten Steppen und schroffen Bergen des Nomadenlandes die Hauptstadt einer der größten und ältesten Kulturnationen der Welt befindet. Erst kurz vor der Landung entdeckt man beim Überflug der Großen Mauer einen ersten Hinweis auf das Reich der Mitte. Einem Drachen gleich windet sich die Mauer über schroffe Bergkämme, kurz danach tauchen die ersten Hochhäuser der Hauptstadt aus dem Dunst des Beijinger Talkessels auf. Es empfiehlt sich folglich, beim Check-In auf einen Fensterplatz zu bestehen. Zumeist dreht das Flugzeug noch eine Runde über die Außenbezirke und landet schließlich zwischen Reisfeldern und kleinen Dörfern auf dem Shoudu Jichang 首都机场 – dem Hauptstadt-Flughafen, der nach seiner 1999 zum 50jährigen Bestehen der Volksrepublik China abgeschlossenen Erweiterung den Vergleich mit dem Hongkonger Flughafen nicht mehr scheuen muß.

Auf dem Weg vom Flughafen in die Innenstadt beschleicht den Besucher der Verdacht, er sei auf dem falschen Kontinent gelandet. An der Kreuzung der Flughafenautobahn mit dem vierten Stadtautobahnring strecken sich Betonviadukte auf vier Ebenen in die Höhe. Am Horizont ragt die Beijinger Skyline in den Himmel. Auch wenn wenige Chinesen dies zugeben würden, das Vorbild USA ist nicht zu übersehen. Mit einem Hauch Amerika gehen die meisten Chinabesucher in die erste Nacht, denn viele der großen Hotels liegen außerhalb des sogenannten Zweiten Rings, einer Stadtautobahn, welche die Beijinger Innenstadt offiziell von den Außenbezirken trennt. Innerhalb des Zweiten Rings dürfen, zumindest offiziell, keine Hochhäuser gebaut werden. Ein Blick auf die Innenstadt zeigt, daß in der chinesischen Definition ein Hochhaus wohl erst bei zwanzig Stockwerken beginnt.

Offiziell wohnen 14 Millionen Menschen in Beijing, etwa 9 Millionen davon im eigentlichen Stadtgebiet. Für eine Metropole dieser Größe ist Beijing jedoch relativ übersichtlich. Das Schachbrettmuster der Beijinger Stadtarchitektur erleichtert die Orientierung. Insgesamt sechs Ringe, fünf davon Autobahnen, ziehen sich in konzentrischen Kreisen um die Verbotene Stadt, die immer noch das geographische Zentrum Beijings bildet. Der sechste, äußere Ring verläuft gut 30 Kilometer von der Innenstadt entfernt. Bis auf den Zweiten Ring, für den in den 60er Jahren die Stadtmauer weichen mußte, sind alle Stadtautobahnen sowie die meist achtspurigen Zubringerstraßen ein Produkt der letzten fünfzehn Jahre.

Die chinesische Hauptstadt entwickelt sich so schnell, daß viele ihrer Bewohner unken, Beijing sei die einzige Stadt, in der man morgens aufwachen und sich in einer vollkommen anderen Umgebung wiederfinden könne. Auch wenn immer noch jeden Monat alte Stadtviertel straßenweise der Abrißbirne zum Opfer fallen, würde so manch ein Beijinger Stadtplaner das Rad der Geschichte gerne zurückdrehen und trauert der Stadtmauer nach – nicht zuletzt angesichts der Tatsache, daß sich die gut erhaltenen Stadtmauern von Xi'an und Nanjing als Touristenmagnete entpuppt haben.

Doch auch ohne Stadtmauer besuchen jährlich acht Millionen Touristen die Hauptstadt, fünf Millionen davon Chinesen. Die ›großen Wochen‹, das heißt die Wochen um den Tag der Arbeit (1. Mai) und den Nationalfeiertag (1. Oktober) sind folglich bei einem Beijingbesuch zu meiden, es sei denn, man möchte sich

In der Chang'an Jie

die Verbotene Stadt mit einer Million Chinesen teilen und schon auf dem Weg zur Großen Mauer den größten chinesischen ›Stau‹damm erleben. Viele Chinesen nutzen die einzigen beiden offiziellen Urlaubswochen, um das eigene Land zu entdecken. Beijing steht hier ganz oben auf der Besuchsliste.

Geschichte

Beijing war in seiner über 3000jährigen Geschichte zumeist Garnisonsstadt am nordöstlichen Rand des Reiches und erlangte erst mit dem Vordringen der Nomaden, zuerst der Dschurdschen, dann der Mongolen, den Status der Hauptstadt. Auch wenn es die Mongolen waren, die dem damaligen Khanbelik seinen schachbrettartigen Grundriß gaben, geht die heutige Struktur Beijings vor allem auf die Ming- und Qing-Kaiser zurück. Vielleicht wäre Beijing heute nur ein verstaubter Außenposten der Volksrepublik, hätte nicht der dritte Kaiser der Ming-Dynastie, Yongle, im Jahre 1420 die Hauptstadt von Nanjing hierher verlegt. Seitdem heißt die Stadt Beijing, Nördliche Hauptstadt, als Unterscheidung zu Nanjing, was übersetzt Südliche Hauptstadt bedeutet. Für die Verlegung der Hauptstadt hatte Yongle gute Gründe. Im festen Glauben, ein würdigerer Nachfolger des ersten Ming-Kaisers zu sein, hatte er in einem Staatsstreich den rechtmäßigen Thronfolger, seinen Neffen, verjagt und sich eigenmächtig als Nachfolger eingesetzt. Um allzu großen Widerstand der Beamtenschaft zu vermeiden, ließ er die Hauptstadt nach Beijing verlegen, in die Stadt, der er als Lokalbefehlshaber vorstand, und auf deren Beamte und Eliten er sich stützen konnte.

Mit Ausnahme eines kleinen Intermezzos während der Republikzeit, als Nanjing, und später dann Chongqing Regierungssitz waren, ist Beijing seit dieser Zeit Hauptstadt des Reichs der Mitte. Insgesamt 24 Kaiser regierten seit dem 15. Jahrhundert China von hier aus, der letzte, Pu Yi, dankte 1911 unter dem Druck der republikanischen Truppen ab und mußte die Verbotene Stadt 1924 verlassen.

Mit Mao Zedong kehrte die Regierung 1949 wieder in die kaiserliche Hauptstadt zurück. Glaubt man seinem Leibarzt Li Zhisui und dessen Autobiographie ›The Private Life of Chairman Mao‹, so lebten mit dem Umzug auch die kaiserlichen Bräuche wieder auf. In einem stand der ›Große Vorsitzende‹ sicherlich seinen kaiserlichen Vorgängern um nichts nach, denn auch er drückte dem Beijinger Stadtbild seinen Stempel auf. Von 1957 bis 1959 ließ er den Stadtkern um den Tian'anmen Platz vollständig umgestalten, in den 60er Jahren wurde die Stadtmauer geschliffen und mußte der U-Bahn-Ringlinie und dem Zweiten Ring weichen.

Geradezu klein wirken diese Umgestaltungsmaßnahmen jedoch im Vergleich zu den Schneisen, die der Reform- und Öffnungsprozeß in das Stadtbild geschla-

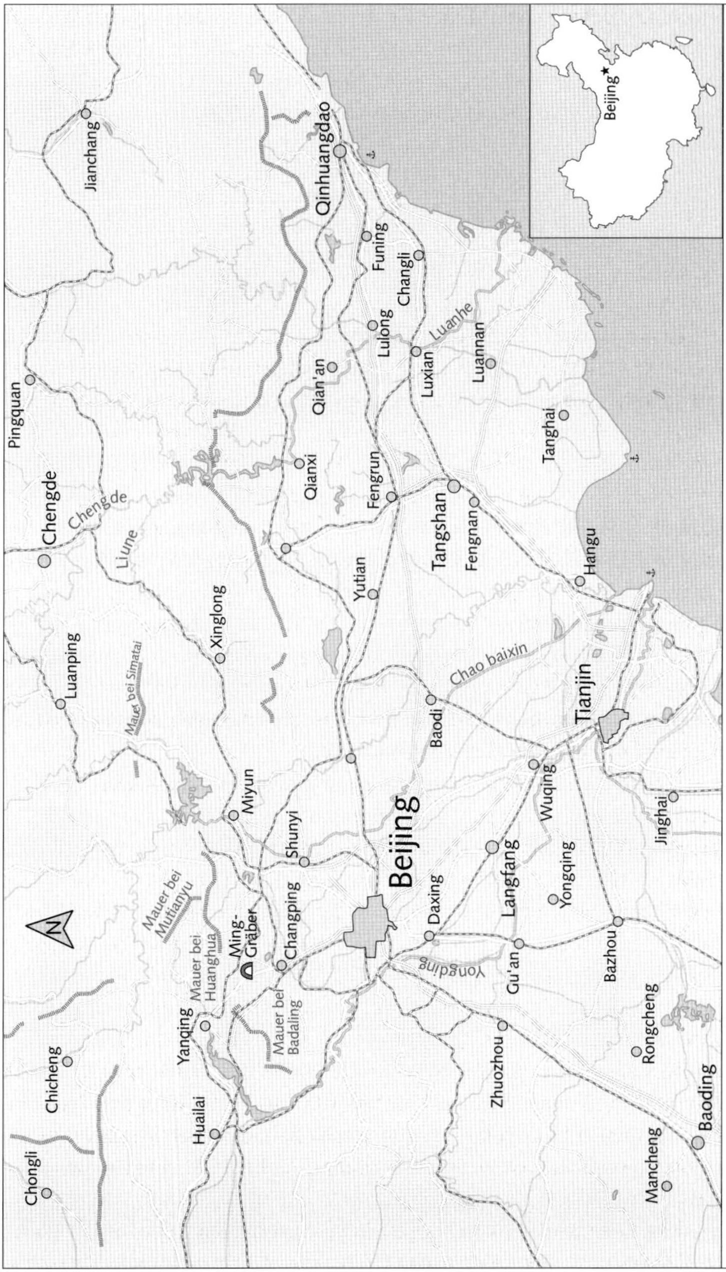

Rund um Beijing 北京

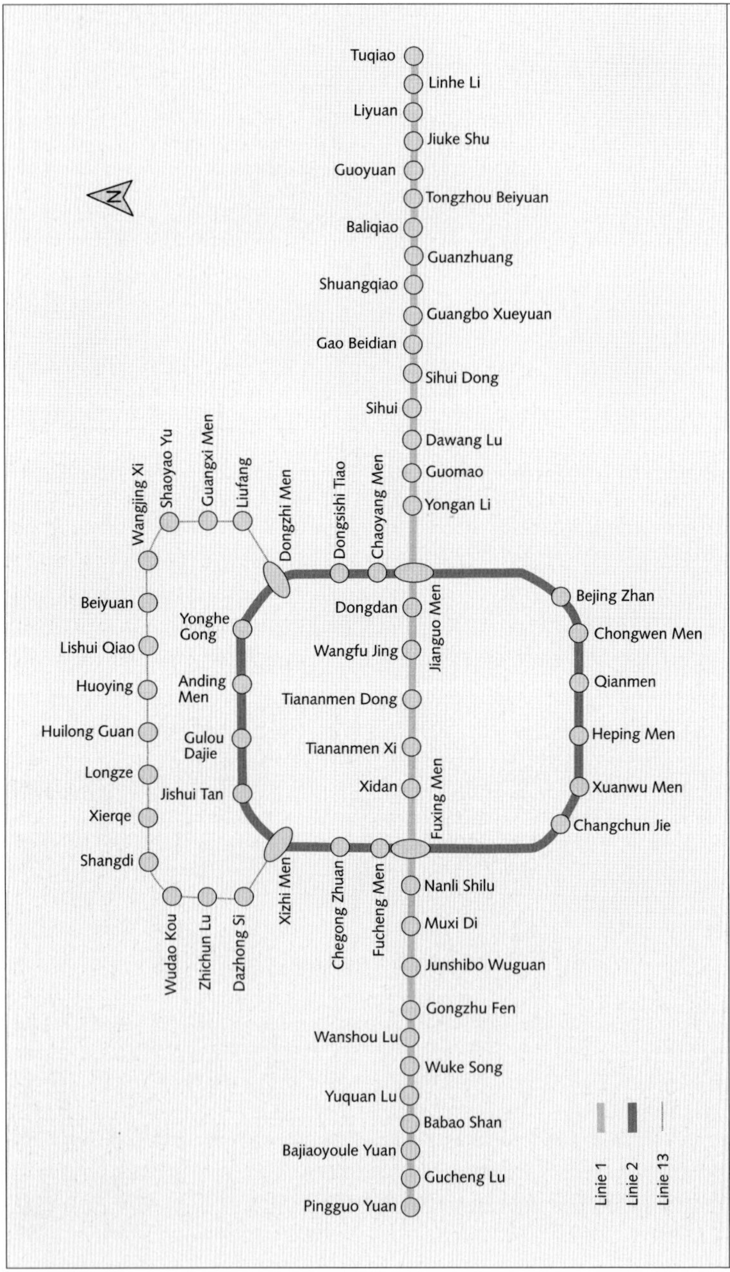

Metroplan Beijing

gen hat. Seit Anfang der 1990er Jahre fiel fast die gesamte Beijinger Altstadt mit ihren ein- bis zweistöckigen Hofhäusern der Abrißbirne zum Opfer. Der Name des ehemaligen, heute unter Arrest stehenden Bürgermeisters der Hauptstadt, Chen Xitong, steht für die maß- und zumeist auch planlose Bauwut, in der stadtplanerische Logik (oft nicht ganz gesetzeskonformen) finanziellen Interessen weichen mußte.

Mit der Vergabe der Olympischen Spiele 2008 nach Beijing setzte ein Umdenken in der Stadtplanung ein. Der lange vernachlässigte öffentliche Nahverkehr genießt nun eine gewisse Priorität, neue Grünanlagen und großzügig gestaltete Appartementanlagen sind ein Signal, daß das Versprechen ›Grüne Olympische Spiele in einer grünen Stadt‹ kein leeres ist.

Die chinesische Hauptstadt gibt sich heute als moderne, weltoffene Stadt, unter deren Fassade das Grau der Bürokratie nur bei genauem Hinsehen zu Tage kommt. Dennoch prallen in kaum einer Stadt der Welt Tradition und Moderne so massiv aufeinander. Die Beijinger nehmen den Wandel ihrer Stadt gelassen, mit einem Schuß Selbstironie und lockerer Zunge, mit der die Hauptstädter auch bei politisch brisanten Themen kein Blatt vor den Mund nehmen. Die Shanghaier reden über Geschäfte, die Kantonesen über das Essen und die Beijinger über Politik, sagt man in China. Und das mit einem dialektbedingtem End-›R‹, das, einmal gehört, das Vorurteil, Chinesen könnten kein ›R‹ aussprechen, ein für alle Mal ausräumen sollte. Auf jeden Fall sind es auch die Bewohner Beijings, die den Reiz der Stadt ausmachen.

Fahrradparkplatz, im Hintergrund das ›neue Beijing‹

Die chinesische Hauptstadt läßt sich auf viele Arten erkunden, am bequemsten mit einer organisierten Tour, am intensivsten mit dem Fahrrad oder zu Fuß, am bevölkerungsnähesten (im Wortsinne!) mit öffentlichen Verkehrsmitteln. Auf jeden Fall sollte man sich Zeit nehmen, drei Tage sind das Minimum für einen Beijingbesuch; aber auch in zwei Wochen wird Beijing nicht langweilig. Idealerweise beginnt eine Stadtbesichtigung im Zentrum der Stadt, am Platz des Himmlischen Friedens.

Platz des Himmlischen Friedens

Der Platz des Himmlischen Friedens (Tian'anmen Guangchang 天安门广场) war und ist das symbolische Zentrum Chinas. 1919 versammelten sich hier die Studenten der Vierten-Mai-Bewegung, um gegen die Vergabe der deutschen Kolonie Qingdao an die Japaner im Zuge des Versailler Vertrages und für weitreichende Reformen zu demonstrieren. 1949 rief Mao Zedong die Volksrepublik China von der Empore des namensgebenden Tian'anmen (Tor des Himmlischen Friedens 天安门) am Nordende des Platzes aus. 1976 läuteten Großdemonstrationen anläßlich des Todes des beim Volke außerordentlich beliebten Premierministers Zhou Enlai das Ende der Viererbande ein. Und 1989 fand die studentische Protestbewegung, deren Protagonisten den Platz wochenlang besetzt hielten, hier ein blutiges Ende.

Der Platz des Himmlischen Friedens gilt als größter Platz der Welt‹

Seit der Erweiterung Ende der 1950er Jahre ist er der größte Platz der Welt und kann angeblich eine Million Menschen aufnehmen. Als Aufmarschplatz dient der Tian'anmen heute selten, nur am Nationalfeiertag drängen sich hier die geladenen Gäste, um die Jubelparade auf der angrenzenden Chang'an Jie (Straße des Ewigen Friedens 长安街) an sich vorbeiziehen zu lassen. An normalen Tagen treffen sich auf dem Platz die Flaneure, alte Herren, die kunstvoll gestaltete Drachen in den Himmel steigen lassen, und Tausende chinesischer Touristen, die sich vor dem Bildnis des großen Vorsitzenden ablichten lassen. Am Südende begrenzt der innere Zweite Ring den Platz, das Vordertor (Qianmen 前门), bestehend aus dem Jianlou 箭楼 und dem Zhengyang Men 正阳门, einst mit einer Mauer verbundene Stadttore, markiert die alte Grenze zwischen Nord- und Südstadt. Inmitten des Platzes thront das Mao-Mausoleum, in dem der Große Vorsitzende seit 1977 aufgebahrt liegt. Die Öffnungszeiten sind unregelmäßig; sieht man eine lange Schlange, die sich fast einmal um den Bau windet, so ist der massive Körper Mao Zedongs zur Besichtigung freigegeben. Kameras und Taschen dürfen nicht mit in das Mausoleum genommen werden, können aber am Eingang eingeschlossen werden. Stehenbleiben vor dem einbalsamierten Leichnam ist ebenso verboten wie laute Gespräche. Eine Stange Mao-Zedong-Zigaretten aus dem Souvenirshop am Ausgang sind das ideale Mitbringsel.

Die großen Gebäude an den Flanken des Platzes sind das Geschichts- und das Revolutionsmuseum im Osten und das Parlamentsgebäude im Westen, in dem der Nationale Volkskongreß, das knapp 3000 Mitglieder umfassende chinesische Parlament, jedes Jahr im März für knapp zwei Wochen tagt. Im Zentrum des Platzes erhebt sich das Denkmal der Helden des Volkes. Die Sockelreliefs des 38 Meter hohen Obelisken zeigen die wichtigsten Stationen der modernen chinesischen Geschichte, von der Opiumverbrennung 1840 bis zur ›Siegreichen Überquerung des Yangzi‹ im Bürgerkrieg. Die achtspurige Chang'an Jie begrenzt den Platz im Norden, durch eine Unterführung erreicht man das Tor des Himmlischen Friedens (Tian'anmen 天安门), unverkennbar durch das Bildnis Mao Zedongs, das dort seit 1949 hängt.

Palastmuseum und Verbotene Stadt

Um einem gängigen Irrtum vorzubeugen: mit dem Gang durch das Tor des Himmlischen Friedens betritt der Besucher zwar die Palastanlage (Palastmuseum 故宫), nicht aber die Verbotene Stadt 紫禁城. Entlang der etwa 400 Meter langen Passage vom Tian'anmen bis zum Mittagstor waren zu Kaiserzeiten das Militär und Teile der Dienerschaft untergebracht. Erst am 38 Meter hohen Mittagstor ist der südliche Haupteingang der Anlage erreicht, die früher offiziell ›Zijin Cheng‹, wörtlich die ›violette verbotene Stadt‹ hieß. Während die Bezeichnung ›Verboten‹ darauf hinweist, daß nur der Kaiser, seine Familie, der Hofstaat sowie geladene Gäste Zugang zu der Anlage hatten, führt die Bezeichnung ›Violett‹ angesichts der purpurnen Mauern des Palastes doch zu einiger Verwirrung. Das chinesische Schriftzeichen ›Zi‹ 紫, das auch die Farbe ›Violett‹ bezeichnet, steht für den Nordstern und weist auf die Position hin, die dem Kaiser nach chinesischer Vorstellung zukam: unverrückbares Zentrum des Reiches und damit der Welt. Nicht

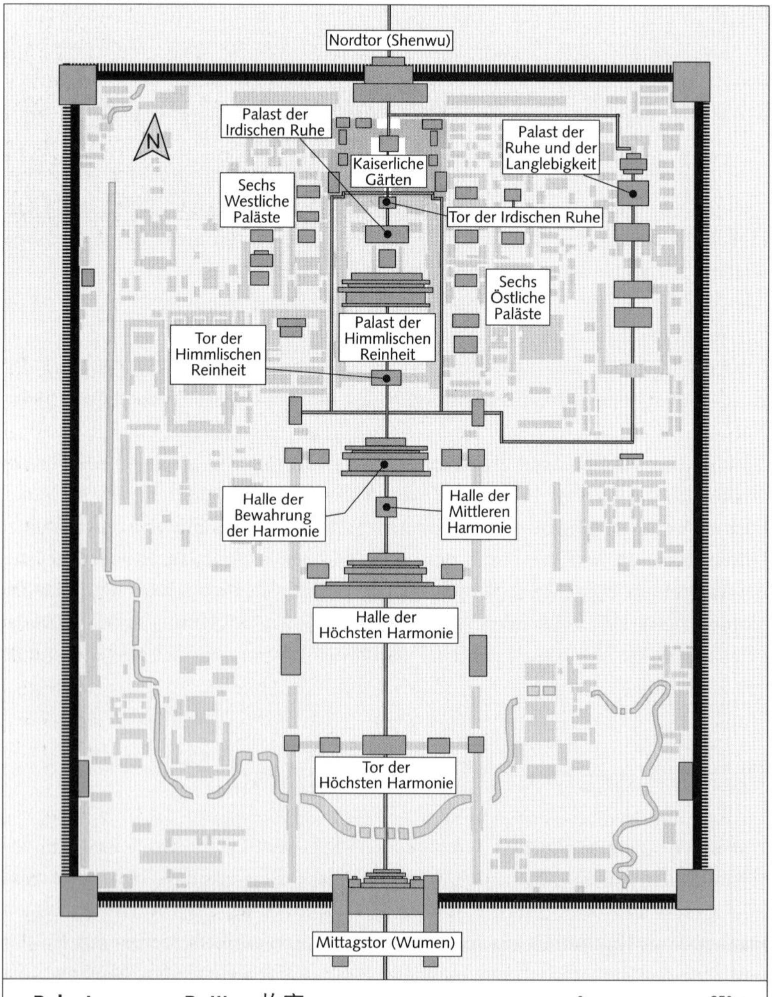

Palastmuseum Beijing 故宫

Warteschlange vor dem Mao-Mausoleum

nur den Chinesen galt die Verbotene Stadt als Zentrum des Universums, auch die umliegenden, meist tributpflichtigen Länder schickten ihre Abgesandten hierher. Die riesigen, nach außen gewandten Mauern des Eingangstores waren Symbol der chinesischen Allmacht und Abschreckung von Feinden gleichermaßen. Hier wurden siegreiche Feldherren empfangen und Kriegsgefangene vorgeführt.
Geht man durch das Eingangstor, so betritt man die eigentliche ›Verbotene Stadt‹. Männliche Besucher hätte der Schritt in die kaiserliche Anlage noch vor 100 Jahren das Leben gekostet, denn ihnen war das unbefugte Betreten des Palastes bei Todesstrafe verboten. Die einzigen Männer, wenn auch eines wesentlichen Teiles beraubt, die neben hohen Beamten und Militärs Zugang zur Verbotenen Stadt hatten, waren die Eunuchen. Das Opfern ihrer Männlichkeit sollte sich für die Eunuchen auszahlen. Vor allem in den letzten Jahren der Qing-Dynastie übten sie großen Einfluß auf die Staatsgeschäfte aus. Nicht wenige nutzten diesen Einfluß, um sich zu bereichern.

Heute kostet es weder den Kopf noch andere Körperteile, sondern gerade einmal 60 Yuan (im Winter 40 Yuan), die Verbotene Stadt zu betreten. Für weitere 40 Yuan kommt der Besucher in den Genuß einer ausgezeichneten Audioführung, deren englische Version von Roger Moore und die deutsche Version von Till Hagen gesprochen werden. Für den Besuch der Verbotenen Stadt sollte man mindestens einen halben Tag veranschlagen, schließlich besteht die Anlage angeblich aus 9999 Räumen. Aber keine Angst, der ›jian‹ 间 genannte Zwischenraum vierer Säulen zählt als ein Raum, und eine sorgfältige Zählung ergab nur eine Anzahl von knapp 9000 Zimmern. Trotzdem sind die Ausmaße des Bauwerkes erfurchtgebietend. Die 8 Meter hohen und 6 Meter breiten, insgesamt knapp 3,5 Kilometer langen Mauern umfassen 720 000 Quadratmeter. Glaubt man den chinesischen Quellen, so waren während der 15jährigen Bauzeit des Palastes (1406–1420) 200 000 Arbeiter beschäftigt. Im 18. Jahrhundert lebten mehr als 30 000 Menschen innerhalb der Palastmauern.

Die Halle der Höchsten Harmonie

Mit dem ersten Hof betritt der Besucher den Audienzbereich des Palastes. Ein Wassergraben in der Form eines mandschurischen Bogens, über den fünf Marmorbrücken führen, die die fünf fundamentalen konfuzianischen Tugenden symbolisieren, durchzieht den Hof. Im ›Tor der Höchsten Harmonie‹ hielt der Kaiser täglich bei Morgengrauen Audienz.

Durchquert man das Tor, erblickt man die Halle der Höchsten Harmonie. Mit einer Höhe von 34 Metern, den Sockel mitgerechnet, einer Breite von 64 und einer Tiefe von 37 Metern ist sie das größte Gebäude des Palastes und beherbergt den Kaiserthron, auf dem der Kaiser zu wichtigen Anlässen und Ritualen Platz nahm. Kein Normalsterblicher durfte über dem Kaiser sitzen, und so war es in der Hauptstadt verboten, höhere Gebäude als die ›Halle der Höchsten Harmonie‹ zu bauen. Über dem Thron hängt eine große Kugel, von der es heißt, sie fiele einem jeden auf den Kopf, der sich unrechtmäßig den Kaiserthron unter den Nagel gerissen hätte.

Die Wichtigkeit der Halle wird auch durch die Anzahl von elf Dachreitern, neun davon die mythischen Drachensöhne, symbolisiert. Je nach Bedeutung hatten chinesische Hallen eine unterschiedlich hohe ungerade Zahl von Dachreitern auf dem Dachsims. Während die Dächer des Kaiserpalastes zumeist von fünf oder sieben Figuren geschmückt werden, hatten Residenzen und Tempel zumeist nur drei Drachensöhne. Neben der Halle der Höchsten Harmonie hat in China nur die Haupthalle des Chang-Grabes (siehe Seite 187) elf Dachreiter. Die Prozession der Dachreiter führt Prinz Min von Qi auf einer Henne reitend an. Er gilt als Symbol für Feigheit und Maßlosigkeit und gemahnt den Kaiser an die Verantwortung seines vom Himmel verliehenen Amtes.

Auf der Terrasse der Halle, die im Winter durch ein ausgeklügeltes Röhrensystem eine Art Fußbodenheizung hatte, findet man neben 18 Weihrauchgefäßen, die die 18 Provinzen der Qing-Dynastie symbolisieren, jeweils zwei Kranich- und Schildkrötenfiguren, die für Weisheit und langes Leben stehen, sowie eine Sonnenuhr und ein geeichtes Längenmaß, die auf die kaiserliche Verantwortung für

Decke in der Halle der Höchsten Harmonie

die Ernte sowie auf kaiserlichen Gerechtigkeitssinn hinweisen. Die mit Löwenköpfen verzierten Kupferkessel zu beiden Seiten der Halle dienten als Löschgefäße und waren einst vergoldet, bis die Soldaten der ›Acht Armeen‹ während des Boxeraufstandes 1900 in die Verbotene Stadt eindrangen und das Gold abkratzten, in der Meinung, massive Goldgefäße vor sich zu haben.

Blitzschlag und Feuer waren konstante Gefahren für die Gebäude des Palastes. Wasserdrachen schmücken die Dachfirste auf beiden Seiten, historische Blitzableiter, die leider oft ihre Wirkung verfehlten. Viele Hallen brannten in den vergangenen Jahrhunderten mehrmals ab und wurden, dem Stil der Zeit entsprechend, wieder aufgebaut. So auch die hinter der ›Halle der Höchsten Harmonie‹ gelegene, ungleich kleinere ›Halle der Mittleren Harmonie‹, die Züge mandschurischer Architektur zeigt. Einst Umkleideraum des Kaisers zwischen Ritualen, inspizierte der Herrscher hier in späteren Jahren das für die erste rituelle Aussaat bestimmte Getreide. Die für die Seidenzucht zuständige Kaiserin begutachtete im gleichen Gebäude die ersten Seidenkokons.

In der nächsten Halle, der Halle der Bewahrung der Harmonie, fanden Staats- und Hochzeitsbankette statt. In späteren Jahren wurde hier auch die kaiserliche Beamtenprüfung abgehalten. Wer zu dieser eingeladen wurde, hatte eine rigide Auswahl auf Kreis- und Provinzebene hinter sich und durfte auf eine Karriere bei Hofe hoffen. Der Beste der Beamtenprüfung durfte die Verbotene Stadt durch das eigentlich dem Kaiser vorbehaltene mittlere Tor verlassen.

Mit dem großen Hof auf der Rückseite der Halle der Bewahrung der Harmonie endete zu kaiserlichen Zeiten der repräsentative Teil des Palastes. Zwei vergoldete Löwen, ein männliches Exemplar (mit einer Erdkugel unter der Pfote) auf der rechten, ein weibliches (ein Löwenjunges durch die Tatze säugend) auf der linken Seite, markieren den Durchgang zu den kaiserlichen Privatgemächern. Stehen Sie vor den vergoldeten Löwen, so müssen Sie sich entscheiden, wie Sie ihre Besichtigung fortführen. Bevor Sie allerdings in die Privatgemächer der Herrscher gehen, drehen Sie sich noch einmal um: Eine 16,5 Meter lange, 3 Meter breite, mit 9 Drachen verzierte Marmorplatte, schmückt die kaiserlichen Zentralachse auf der Rückseite der Halle der Bewahrung der Harmonie. Sie wiegt 200 Tonnen und wurde aus einem einzigen Marmorblock gehauen. Zum Transport des Steines wartete man auf den Winter und ließ dann entlang der Route Brunnen graben, deren Wasser dann auf die Straße gekippt wurde. Auf dem alsbald gefrorenen Wasser wurde der Marmorblock von 20 000 Arbeitern nach Beijing gezogen.

Die Privatgemächer

Die Audioführung folgt der Zentralachse zu den ursprünglich als Schlafgemächer des Kaisers und der Kaiserin vorgesehenen Palästen der Himmlischen Reinheit und der Irdischen Ruhe. Bereits zu Zeiten der Ming zogen die meisten Herrscher die intime Ruhe der Nebenhöfe der herrschaftlichen Atmosphäre der Paläste vor und ließen ihre Wohn- und Schlafgemächer in den Seitenflügeln im Osten und Westen einrichten. Besonders interessant ist der Palast des Ruhevollen Alters im Ostflügel der Verbotenen Stadt. Nach seiner Abdankung im Jahre 1796 zog sich der Kaiser Qianlong hier auf sein Altenteil zurück und genoß seine letzten Jahre in ›bescheidenem‹ Luxus. Der Alterruhesitz Qianlongs befindet sich im nördlichen Teil der sogenannten Sechs Östlichen Paläste. Auf dem Weg dorthin kommen Sie an der berühmten Neun-Drachen-Mauer vorbei. Das Wandrelief aus glasierten Ziegeln hat einen kleinen Schönheitsfehler, denn eine der Kacheln ist aus Holz. Angeblich ging den Arbeitern kurz vor Fertigstellung einer der Ziegel zu Bruch. Da sie auf die Schnelle keinen Ersatz herbeischaffen konnten, schnitzten sie das fehlende Stück aus Angst vor dem Zorn des Kaisers aus Holz und integrierten es in das Wandrelief.

Während Sie sich die Überschuhe anziehen, die Sie für diesen Teil des Palasts zum Schutz des empfindlichen Bodens tragen müssen, können Sie nach dem Holzstück Ausschau halten.

Wählen Sie diese Route, so müssen Sie noch einmal 20 Yuan Eintritt zahlen. Dafür bekommen Sie Zutritt zu den eigentlichen Museumshallen, der Halle der Uhren und der Halle der Schätze. Auch wenn die Truppen Chiang Kai-sheks bei ihrer Flucht am Ende des Bürgerkrieges den Großteil der kaiserlichen Kostbarkeiten nach Taiwan mitnahmen und diese nun in dem exquisiten Palastmuseum von Taipeh zu sehen sind, lohnt sich der Weg in den Ostflügel des Palastes.

Zwischen den Palästen in der Verbotenen Stadt

Kurz bevor Sie die nördliche Palastmauer erreichen, erinnert ein kleiner Brunnen an das Schicksal der Lieblingskonkubine des Kaisers Guanxu. Weil der junge Kaiser die letztlich am Widerstand der konservativen Kräfte unter der Kaiserwitwe Cixi gescheiterten Reformbewegung von 1898 unterstützte, ließ Cixi dessen Lieblingskonkubine in diesen Brunnen einsperren. Zwei Jahre vegetierte sie in dem Brunnen, bevor Cixi sie während des Boxeraufstandes von einem Eunuchen ertränken ließ.

Im Westflügel kann der Besucher sich einen Eindruck verschaffen, wie prunkvoll hingegen die Kaiserwitwe Cixi ihre Tage verbracht hat. Die Möbel in den leider nicht zugänglichen und kaum beleuchteten Wohnräumen sind die Originale aus der Qing-Zeit.

Kurz vor Erreichen des den Frauen des Palastes vorbehaltenen Nordausganges betritt man die kaiserlichen Gärten. Die meisten Herrscher verbrachten den Großteil ihres Lebens in den Mauern des Palastes. Verständlich daher der Wunsch, ein Stück der äußeren Welt als Mikrokosmos im Palast zu gestalten. Ein kleiner Berg, höchste natürliche Erhebung des Palastes, ermöglichte dem Kaiser einen gelegentlichen Blick über die Palastmauern.

Kohlehügel

Der Kohlehügel (Meishan 煤山), auch Aussichtsberg (Jingshan 景山) genannt, grenzt den Kaiserpalast gegen Norden ab. Der Name des aus dem Aushub des Palastgrabens und den Trümmern des Mongolenpalastes aufgeschütteten künstlichen Berges erinnert daran, daß hier einst die Kohlenvorräte der Verbotenen Stadt lagerten. Zu Kaisers Zeiten war der Kohlehügel idealer Witterungsschutz für

Der Trommelturm vom Qian-See (Qianhai) aus gesehen

den Palast, der die Bewohner vor den kalten Nordwinden schützte, heute macht er seinem umgangssprachlichen Namen alle Ehre und bietet die beste Aussicht auf den Palast und die Beijinger Innerstadt. Vor allem zu Sonnenaufgang, wenn viele Beijinger sich hier zum Frühsport treffen, und zum Sonnenuntergang lohnt sich der Aufstieg. Öffnungszeiten sind im Sommer von 6 bis 18 Uhr 30, im Winter von 7 bis 17 Uhr.

Trommelturm und Glockenturm

Auf der kaiserlichen Zentralachse, etwa zwei Kilometer nördlich des Kohlehügels, stehen der Trommelturm 鼓楼 und der Glockenturm 钟楼. Hier wurden zur Kaiserzeit die Stunden geschlagen, genauer gesagt schlug man am Tage vom Glockenturm jede Doppelstunde, während der Paukenschlag vom Trommelturm die Doppelstunden der Nacht signalisierte. Der erste Glockenschlag bei Sonnenaufgang signalisierte das Öffnen der Stadttore, der erste Trommelschlag bei Sonnenuntergang deren Schließen.

Trommel- wie Glockenturm sind täglich von 9 bis 16.30 Uhr geöffnet. Vor allem vom Trommelturm hat man bei gutem Wetter eine ausgezeichnete Aussicht auf die Beijinger Innenstadt.

Ausflug in das Herz von Beijing

»Pijiuuuu-Ergoutouuuuuuu! Pijiuuuu-Ergoutouuuuuuu!« Wenn Sie die fliegenden Straßenhändler hören, die mit ihren Lastenfahrrädern durch die engen Gassen fahren und Bier und Schnaps anpreisen, befinden Sie sich in Beijings Altstadt. Hier hat sich das Alltagsleben in den letzten 50 Jahren wenig verändert. Sicher, einige der Häuser haben inzwischen Anschluß an die Kanalisation; Klimaanlagen hängen, meist vergittert zum Schutz vor Diebstahl, an den niedrigen Außenwänden, und so manch ein reicher Hauptstädter findet es schick, in eine selbstverständlich renovierte Hofanlage in der Altstadt zu ziehen. Das Leben findet jedoch unverändert, Sommer wie Winter, auf der Straße statt, was sicherlich auch daran liegt, daß die meisten Häuser klein und die sanitären Einrichtungen weiterhin meist öffentlich sind. Man kennt sich in der Nachbarschaft, was soziale Kontrolle und nachbarschaftliche Hilfe zugleich bedeutet.

Noch Anfang der 1990er Jahre bestand ein Großteil des Beijinger Stadtgebietes aus Altstadtgebieten, deren von West nach Ost verlaufende Gassen, Hutongs genannt, als Synonym für die sukzessive ver-schwindende alte Beijinger Stadtkultur stehen. Heute sind nur noch wenige Gebiete innerhalb des

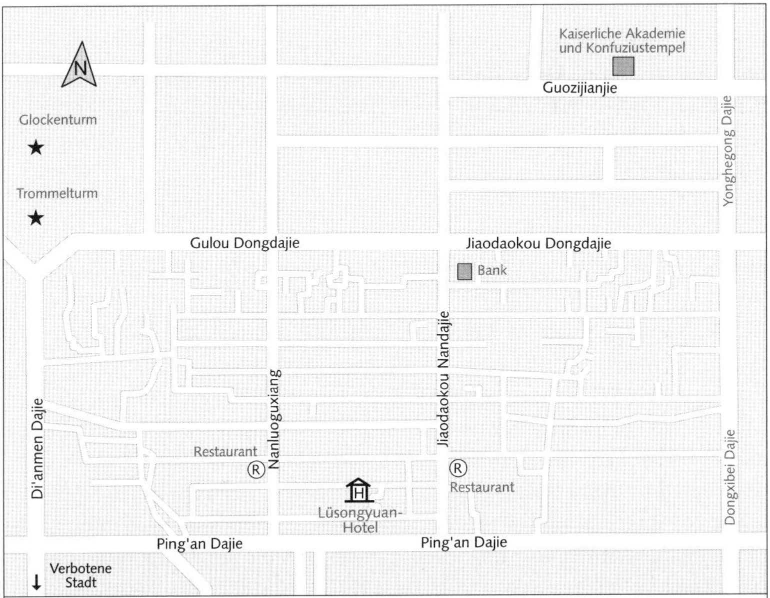

Hutong-Viertel östlich des Trommelturmes

Hutong-Dächer in Beijing

Zweiten Rings erhalten, doch auch diese sind, obwohl unter Denkmalschutz, stark vom Abriß gefährdet. Einzig das Gebiet entlang des Vorder- und des Hintersees (Qianhai 前海 bzw. Houhai 后海), das sich seit einigen Jahren zunehmend zum beliebten Ausgehviertel entwickelt hat, wird wohl sicher der Zerstörung entgehen. Auf den durch eine kleine Brücke verbundenen künstlichen Seen fahren kleine Ruderboote, für 200 Yuan kann man sich eine Holzbarkasse inklusive Ruderer und Pipa (chinesische Laute) spielender Chinesin für eine Stunde mieten. Während das Gebiet zwischen den Seen und dem Trommelturm zunehmend auf Schick restauriert wird und die verbliebenen ursprünglichen Einwohner mit kleinen Kunst- und Souvenirständen versuchen, an dem Besucher- und Vergnügungsboom teilzuhaben, bekommt das Viertel östlich davon, zwischen der Di'anmenwai Dajie (地安门外大街, südlich des Trommelturmes) und der Jiaodaokou Nandajie (交道口南大街, der nördlichen Verlängerung der Einkaufsmeile Wangfujing 王府井) relativ wenig stadtfremde Besucher. In einem dieser Hutongs liegt auch das Lüsongyuan-Hotel 侣松园宾馆, eines der wenigen Hotels im Altstadtbereich. Die verbliebenen Hutongviertel sind klein genug, so daß man sie gut zu Fuß oder mit einem geliehenen Rad erkunden kann. Man kann eine Fahrradrikschatour durch die Altstadt buchen. Rikschas stehen vor dem Trommelturm, Touren können auch bei Beijing Hutong Tours, Tel. 66159097 bzw. 64002787, gebucht werden.

Der Lamatempel

Der Lamatempel 雍和宫 ist einer der wenigen Tempel Beijings, der während der Kulturrevolution nicht zerstört wurde. Wie auch die Verbotene Stadt stand er unter dem direkten Schutz des damaligen Premierministers Zhou Enlai. Zwar war der Tempel während dieser Zeit versiegelt, und es fand kein religiöses Leben mehr in den Klostermauern statt, die Gebäude sowie die reich verzierten Innenräume blieben jedoch unbeschädigt. Heute ragen seine gelben Dächer zwischen den Viadukten des Zweiten Rings hervor und scheinen wie ein Anachronismus. Den Tempel erreicht man bequem mit der Metro, Station Lamatempel (Yonghegong 雍和宫, wörtlich der Palast der Harmonie und des Friedens).

Der chinesische Name der Anlage ist ein Hinweis auf ihre ursprüngliche Bestimmung: Eigentlich wurde die Anlage 1694 als Residenz des Prinzen Yinzheng gebaut. Als dieser im Jahre 1722 unerwartet, wenn auch nicht unabsichtlich (man munkelte, er hätte den Thron an sich gerissen) Kaiser wurde, stand die Anlage zuerst leer und wurde dann nach dem Tod des Kaisers auf Betreiben seiner Witwe, angeblich auf Wunsch ihres verstorbenen Mannes, in ein buddhistisches Kloster umgewandelt. An guten Beziehungen zur Mongolei und zu Tibet interessiert, die Anfang des 18. Jahrhunderts dem Reich der Mitte einverleibt wurden, förderte die Qing-Dynastie den vor allem in diesen Gebieten vorherrschenden Lamaismus. Daß diese Religion ein männliches Mitglied der Familie verpflichtete, Mönch zu werden, bedeutete allerdings eine nicht unwesentliche Schwächung für Landwirtschaft und Militär. Es war eher das Bestreben, die Außenprovinzen Tibet und die Mongolei zu kontrollieren, als Spiritualität, den Tempel 1644 dieser Spielart des Mahayana-Buddhismus zu widmen. Nach der Gründung der Volksrepublik China war der Tempel Sitz des Panchen Lamas während seiner ausgedehnten Aufenthalte in der Hauptstadt.

Auch wenn die ursprüngliche Palastanlage 1725 zum größten Teil einem Großbrand zum Opfer fiel, erinnert der heutige Grundriß immer noch an die ursprüngliche Bestimmung. Vor allem die ausgedehnte, von Ginkgobäumen gesäumte Parkanlage hinter dem Ehrenbogen am Eingang des Lamatempels läßt eher einen Palast als ein Kloster vermuten. So betritt man die eigentliche Tempelanlage auch erst nach einigen hundert Metern. Löwen flankieren das Eingangstor mit den Himmelskönigen und dem Dickbauchbuddha. Die den vier Himmelsrichtungen und Jahreszeiten zugeordneten Himmelskönige an den Seiten sollen den Tempel vor bösen Geistern beschützen. Ebenso Weituo, General des Himmelskönigs des Südens, der an der Rückseite des Dickbachbuddhas mit grimmiger Miene die Feinde des Buddhismus abschreckt.

Der Dickbauchbuddha, gestaltet nach einem ›Hanfsack‹ genannten Mönch aus dem Hangzhou der Song-Dynastie, einer Reinkarnation des Buddhas des zukünftigen Weltenzyklus, und Weituo bilden ein unzertrennliches Doppel, das man in allen buddhistischen Tempeln Chinas findet. Eine Legende erzählt, daß beide in Hangzhou einen Tempel gehabt hätten. Der Hanfsack saß gemütlich am Eingang des Tempels und grinste jeden Besucher freundlich an. Deshalb war der Tempel bei den Gläubigen sehr beliebt; nur leider wurden regelmäßig Kostbarkeiten aus dem Tempel gestohlen. Weituo hingegen marschierte mißtrauisch zwischen den Tempelgebäuden hin und her. Zwar wurde in seinem Tempel nicht gestohlen, es kam aber auch kaum ein Gläubiger, zu unangenehm war die Atmosphäre. Schließlich kam jemand auf die Idee, die beiden sollten gemeinsam ein Kloster eröffnen. Es wurde ein großer Erfolg: Am Eingang begrüßte der Dickbauchbuddha freundlich grinsend die Besucher, und im Inneren des Tempels paßte Weituo auf, daß nichts abhanden kaum, ein Beispiel, das seinen Eingang in die chinesische Tempelarchitektur gefunden hat.

Halle der Harmonie und des Friedens

Durch einen kleinen Innenhof erreicht man die Halle der Harmonie und des Friedens, in der das für buddhistische Tempel typische Dreigestirn des historischen Buddhas in der Mitte, sowie jeweils des Buddhas des zukünftigen und des vergangenen Weltenzyklus an beiden Seiten thront. Auf dem Weg dorthin passiert man eine große überdachte Stele mit einer Inschrift des Kaisers Qianlong, die in vier Sprachen (Chinesisch, Mandschurisch, Mongolisch und Tibetisch) die Bedeutung des Lamaismus für das Reich der Mitte herausstellt und seinen Vater, den Kaiser Yongzheng, ehemals Prinz Yinzheng, als Hausherren der Anlage preist. Auch die blauen Tafeln über dem Eingang der Hallen mit deren jeweiligen in Gold geprägten Namen sind viersprachig gestaltet.

Halle des ewigen Schutzes und Halle des Buddhistischen Rades

In der nächsten Halle, der Halle des ewigen Schutzes, findet sich wieder ein Dreigestirn, diesmal der transzendente Buddha des westlichen Paradieses, Amitabha, flankiert von den Buddhas der Medizin (links) und des Löwengebrülls (Simhanada, rechts). Von letzterem erzählt die Legende, daß seine Predigt von solcher Kraft sei, daß alle anderen Stimmen und Geräusche dagegen verstummten. Die darauf folgende Halle des Buddhistischen Rades ist der eigentliche Versammlungsraum der Mönche. Im Zentrum der Halle steht die sechs Meter hohe vergoldete Figur des Gründers der heute den tibetischen Buddhismus beherrschenden Gelbkappensekte, Tsongkhapa. Hinter den Sitzbänken für die Mönche an beiden

Seiten steht jeweils ein kleiner Thron. Der Thron zur rechten Seite zeigt das Bild des vor einigen Jahren verstorbenen Panchen Lamas, der Thron zur linken ist leer. Hier sollte eigentlich das Bildnis des Dalai Lamas stehen, da dies allerdings in der VR China verboten ist, kann es nicht als Platzhalter für den abwesenden Dalai Lama dienen. Sollten der Dalai Lama oder der Panchen Lama, dessen Nachfolge immer noch umstritten ist, im Lamatempel weilen, würden sie hier Platz nehmen. Auf der Rückseite der Tsongkhapa-Figur verbirgt sich, leider nur spärlich beleuchtet, ein Meisterwerk der Schnitzkunst. 500 Luohan-Figuren, buddhistische Heilige, wurden hier aus einem Stück Sandelholz gestaltet, teils aufgesetzt, teils geschnitzt. Bis vor eigenen Jahren waren die teilweise sehr freizügigen Darstellungen tantrischer Sexualtechniken mit Tüchern abgehängt, inzwischen verdeckt keine Prüderie mehr den Blick auf die reichlich verzierte Schnitzerei. Um wirklich Details zu erkennen, sollte man jedoch eine Taschenlampe mitbringen.

Pavillon des Zehntausendfachen Glücks

Ebenfalls aus Sandelholz geschnitzt, wenn auch ungleich größer, ist die Figur des Maitraya-Buddhas (Buddha des zukünftigen Weltenzyklus) in der letzten der Öffentlichkeit zugänglichen Halle, dem Pavillon des Zehntausendfachen Glücks. Angeblich aus einem einzigen Stamm geschnitzt, war die 26 Meter hohe Bud-

Der Lamatempel

dhafigur (8 Meter davon unter der Erde als Fundament) ein Geschenk des 7. Dalai Lamas an den Kaiser Qianlong. Der Baumstamm wurde aus Tibet nach Beijing gebracht, aufgestellt und die Halle um ihn herum gebaut. Erst dann begannen die Schnitzarbeiten.

Nehmen Sie sich auf dem Rückweg zum Ausgang ein wenig Zeit und besichtigen Sie die Nebenhallen an den Seiten des Klosters, die unzählige Darstellungen tibetischer Gottheiten sowie Sammlungen buddhistischer Schriften enthalten.

Konfuziustempel und Kaiserliche Akademie

Schräg über die Straße vom Eingang des Lamatempels in Richtung Nordwesten liegt die Straße der Kaiserlichen Akademie (Guozijian Jie), die seit Mitte des letzten Jahrhunderts unter Denkmalschutz steht und mit ihrem reich verzierten Schmucktor nicht zu verfehlen ist. Geht man durch das Tor, so erreicht man nach etwa 200 Metern die Kaiserliche Akademie (Guozijian 国子监) mit dem angeschlossenen Konfuziustempel 孔庙. Eine Figur des großen Weisen begrüßt den Besucher und an beiden Seiten des Weges sind auf knapp 200 Steinstelen die Namen, der Rang und die Heimatprovinz aller Absolventen der staatlichen Beamtenprüfung seit der Yuan-Dynastie verewigt, immerhin über 50 000 Namen. In der Kaiserlichen Akademie im linken Flügel des Tempels befinden sich 400 Stelen mit den eingravierten Niederschriften der 13 konfuzianischen Klassiker sowie anderer wichtiger philosophischer Schriften. Deutlich hat der Zahn der Zeit an der Tempelanlage gefressen, was ihr, auch weil sich nicht viele Besucher in den Konfuziustempel verirren, einen Hauch mehr Authentizität gibt als vielen der anderen auf Hochglanz polierten Sehenswürdigkeiten Chinas.

Der Himmelstempel

Mit einer Fläche von 2,7 Quadratkilometern ist der Himmelstempel (wörtlich eigentlich Himmelsaltar, Tiantan 天坛公园) der größte Tempel der Stadt. Die eigentlichen Gebäude machen nur einen Bruchteil der Fläche aus, ein Großteil der Anlage dient heute als öffentlicher Park, in dem sich Alt wie Jung zu Laientheateraufführungen, zum Musizieren, Taiji oder zur Morgengymnastik treffen. Seit 1912 der Öffentlichkeit zugänglich, ist der Himmelstempel heute eine der belieb-

Stelzenläufer auf dem Frühlingsfest in Dali
Farbenfroher Umzug auf dem Frühlingsfest in Dali

古城
友榆旅社
内设
友榆旅社

testen Parkanlagen der Hauptstadt. Während der Kaiserzeit hatte hingegen nur der Kaiser und sein engstes Gefolge Zutritt zu der Anlage, deren erste Gebäude Kaiser Yongle 1420 errichten ließ. Den Himmel gnädig zu stimmen war für die chinesischen Kaiser eine vordringliche Aufgabe. Ihren Herrschaftsanspruch leiteten Sie vom Mandat des Himmels ab, das ihnen im Falle einer schlechten Regentschaft auch entzogen werden konnte. Der chinesische Ausdruck für Revolution (Geming 革命) heißt so auch ›das Mandat des Himmels verändern.‹ Mißernten und Katastrophen sah man als Omen für eine schlechte Regentschaft, und so versuchten

Der Himmelsaltar gilt den Chinesen als Mittelpunkt der Welt

die Kaiser in Zwiesprache mit dem Himmel, die Naturkräfte gütig zu stimmen. Jedes Jahr zur Wintersonnenwende verließ der Kaiser die Verbotene Stadt durch das Mittagstor und fastete drei Tage im Fastenpalast des Himmelstempels, eher er dann, an Körper und Geist gereinigt, auf dem Himmelsaltar dem Himmel Brandopfer darbrachte.

Den Himmelstempel betritt man am besten durch den Südeingang am äußeren Zweiten Ring. Es empfiehlt sich, eine Eintrittskarte für die ganze Anlage zu kaufen (Lianpiao 联票), die günstigere ›Türkarte‹ (Menpiao 门票) gilt nur für

Drache auf dem Frühlingsfest in Dali
Stelzenläufer in Dali

den Parkbereich. Heben Sie die Karte gut auf, Sie müssen Sie noch mehrmals im Tempel vorzeigen. Folgt man der Zentralachse, so erreicht man den Himmelsaltar, der aus drei pyramidenförmig angeordneten runden Marmorterrassen besteht, die mit Treppen miteinander verbunden sind. Falls Sie sich wundern, warum sich große Menschenmassen um den zentralen Marmorstein der obersten Terrasse drängen: Der Stein gilt den Chinesen als Mittelpunkt der Welt, und wer würde sich nicht einmal gern im Mittelpunkt stehend fotografieren lassen!? Um diesen zentralen Stein ziehen sich konzentrische Kreise, deren Anzahl der Bodenplatten jeweils ein Vielfaches von neun ist, neun Platten im ersten, 18 im zweiten und schließlich 243 Platten im letzen Ring am Fundament des Altars. Die Zahl Neun als höchste ungerade und damit höchste männliche Zahl galt als Zahl des Kaisers und man sprach ihr als Trägerin der höchsten Yang-Energie besondere positive Kraft zu. Symbolisch ist auch die Architektur des Himmelsaltars. Den runden Formen des Altars, Symbol des Himmels, stehen die eckigen Umfassungsmauern gegenüber, Symbol der Erde – eine Gegenüberstellung, die sich durch die Architektur der gesamten Tempelanlage zieht, bis hin zu den Außenmauern, die im Süden eckig und im Norden rund sind.

Chinesen mit dem Ohr an der Echomauer im Himmelstempel

Vom Himmelsaltar sieht man bereits die Halle des Himmelsgewölbes. Diese ist vor allem aufgrund zweier akustischer Phänomene berühmt. Die sogenannte ›Echomauer‹ ist so gebaut, daß eine Person, die an der einen Seite gegen die Mauer flüstert von einer anderen auf der gegenüberliegenden Seite verstanden werden kann. Selbstverständlich müßte es dazu in der Anlage absolut still sein, was eher selten vorkommt. Das gleiche gilt für die andere akustische Besonderheit: Klatscht man auf dem ersten der Steine vor der Hallenempore, ertönt ein Echo, auf dem zweiten zwei und auf dem dritten Stein drei Echos. In der Halle des Himmelsgewölbes, deren Dach die Form eines halb geöffneten Schirmes hat, Symbol für die angemessene Menge Regen während des Erntejahres, stellte der Kaiser die einst in den Nebenhallen aufbewahrten Tafeln des Mondes, der Sonne und der Gestirne auf und erwies ihnen seine Referenz.

Durch das Tor der Vollendeten Tugend erreicht man die Mondstufenbrücke, eine etwas erhöhte Passage aus Marmor, der einzige Ort, an dem der Kaiser aus Respekt vor dem Himmel zu Fuß ging. Mit der Halle der Ernteopfer erblickt man hier bereits das wohl eindrucksvollste Gebäude des Himmelstempels. Ursprünglich im Jahre 1420 mit einem zweistöckigen Dach gebaut, stammt das Design des heutigen Baus aus dem Jahre 1530. Die filigrane Dachkonstruktion, im Original ohne einen einzigen Nagel gebaut, ruht auf insgesamt 28 Säulen. Die inneren vier Säulen symbolisieren die vier Jahreszeiten, die mittleren zwölf Säulen die zwölf Monate und die äußeren zwölf Säulen die Doppelstunden des Tages. Die technisch äußerst versierte Bauweise der Halle stellte die Baumeister im Jahre 1890 vor große Probleme, als der Kaiserhof nach einer durch Blitzschlag verursachten Feuersbrunst, die die ursprüngliche Halle komplett zerstörte, anordnete, das Bauwerk möglichst schnell wieder aufzubauen. Man kann sich vorstellen, welch schlechtes Omen die Zerstörung des Symbols der Harmonie des Kaiserreiches mit dem Himmel bedeutete. In der Eile griffen die Handwerker dann doch auf Eisenverstrebungen zurück.

Verläßt man die Halle der Ernteopfer in Richtung Osten, kommt man an einen Wandelgang, der Richtung Osteingang führt. Viele der Amateurkünstler, die Pekingoper üben oder revolutionäre Volkslieder zum Besten geben, treffen sich hier und freuen sich über jeden Zuhörer.

Der Tempel der Weißen Wolke

Zwischen Neubaugebieten versteckt, etwas außerhalb des Westlichen Zweiten Rings liegt der wichtigste daoistische Tempel Nordchinas, der Tempel der Weißen Wolke 白云观. Bereits im achten Jahrhundert stand hier ein daoistischer Tempel, die Bezeichnung ›Tempel der Weißen Wolke‹ geht auf die frühe Ming-Dynastie zurück. Seit mit Qiu Chuji ein führender Vertreter der Quanzhen-Sekte von Kublai Khan nach Beijing bestellt wurde, ist der Tempel Sitz der Quanzhen-Sekte des Daoismus. Die heute noch sichtbaren Gebäude stammen aus der Qing-Dynastie, als der siebte Abt des Klosters, Wang Changtong, die Anlage von Grund auf neu gestalten ließ. Am Eingang können Sie Ihr Glück versuchen, indem Sie zehn Münzstücke auf eine unter der Eingangsbrücke aufgehängte Glocke werfen. Treffen Sie, so ist Ihnen Glück beschieden. Die Hallen des Tempels sind verschiedenen daoistischen Gottheiten gewidmet, entlang der Hauptachse des an die Palastarchitektur angelehnten Tempels findet man den Jadekaiser als höchste Gottheit im daoistischen Pantheon, Laozi als Gründer des Daoismus und vier Hallen, die den Himmelskönigen gewidmet sind. In den Seitengebäuden liegen die Wohngebäude der Mönche des seit Anfang der 1980er Jahre wieder äußerst aktiven Tempels, der Sitz der Daoistischen Vereinigung Nordchinas sowie weitere Hallen, die den in der daoistischen Nomenklatur niedriger stehenden Gottheiten und Heiligen gewidmet sind.

Den in der Binhe Lu 滨河路, einer Nebenstraße der Guananmenwai Dajie 广安门外大街 gelegenen Tempel der Weißen Wolke erreicht man mit den Bussen 19, 40, 42 oder 46.

Der Sommerpalast

Die Geschichte des Sommerpalastes (Garten der harmonischen Einheit 颐和园) reicht zurück bis zur Herrschaft der nomadischen Dschurdschen in der Jin-Dynastie, die hier einen ersten Sommerpalast errichteten. Die heutige Anlage geht auf Qianlong zurück, der den damals ›Garten des Reinen Wassers‹ genannten Palast Mitte des 18. Jahrhunderts seiner Mutter schenkte. In der zweiten Hälfte des 19. Jahrhunderts wurde die Anlage zur heutigen Gestalt ausgebaut. Mit zunehmendem Machtgewinn der Kaiserwitwe Cixi wurde der Palast anstatt der kaiserlichen Sommerfrische in Chengde als Sommerpalast genutzt. In den letzten Jahren ihres Lebens soll Cixi die meiste Zeit im Sommerpalast verbracht und nur noch selten in der Verbotenen Stadt residiert haben. Dementsprechend ließ sie den Palast mit allen Annehmlichkeiten ausstatten, die das Leben am Hofe zu bieten hatte. Dabei bediente sie sich nicht immer legaler Mittel. Das berühmte Marmorboot am Nordwestufer des den Palast gegen Süden begrenzenden Kunming-Sees wurde von Geldern der Marine gebaut. Dies erklärt auch, warum das gänzlich immobile, nur als Essensterrasse genutzte Schiff ein Schaufelrad nach Vorbild der Mississippi-Dampfer hat. Offiziell stand hier ein Dampfschiff, und der Hofstaat drückte alle Augen zu, um die Kaiserwitwe nicht zu entblößen.

Der Sommerpalast ist wie die Verbotene Stadt in einen offiziellen und einen privaten Teil unterteilt. In der Halle des Wohlwollens und der Harmonie hielt Cixi hinter einem Wandschirm Audienz, die jeweiligen Kindkaiser davor, um den Schein zu wahren, der Kaiser treffe die Entscheidungen. Die Halle wird von jeweils einem Drachen-und-Phönix-Paar flankiert, so daß auf der traditionell dem Kaiser vorbehaltenen rechten Seite auch ein Symbol der Kaiserin, der Phönix steht, Zeichen des Machtanspruches der Kaiserwitwe.

Etwas nördlich der Audienzhalle befindet sich das ›Vergnügungsviertel‹ des Sommerpalastes mit einer großen Freilufttheaterbühne. Im Garten der Tugend und der Harmonie gab sich Cixi zusammen mit geladenen Gästen ihrer Theaterleidenschaft hin. Gegenüber der Theaterbühne liegen die Gemächer, die Cixi während der teilweise Tage dauernden Aufführungen bewohnte. In den Seitenflügeln sind neben kaiserlichen Gewändern auch Geschenke westlicher Delegationen zu

Marmorboot im Park des Sommerpalastes

bewundern, unter anderem eine kleine Kollektion Meißner Porzellans und, in der der Theaterbühne vorgelagerten Halle, ein Oldtimer der Marke Mercedes. Dem Theatergebäude schließen sich in westlicher Richtung die Privatgemächer Cixis an. In der Halle der Freude und der Langlebigkeit verbrachte die Kaiserwitwe große Teile ihrer letzten Lebensjahre.

Mit dem westlichen Ausgang ihrer Privatgemächer beginnt der Lange Korridor, ein 728 Meter langer überdachter Wandelgang entlang des Kunming-Sees. Szenen aus der chinesischen Geschichte und Mythologie zieren die Dachbalken der Überdachung. Der Wandelgang folgt der Form des angrenzenden Berges der Langlebigkeit und beschreibt die Flügel einer Fledermaus (bianfu 蝙蝠 im Chinesischen dank der gleichlautenden Aussprache Symbol für Glück fu 福). Zur Hälfte wird der Lange Korridor durch den Aufgang zum Pavillon des Wohlgeruchs des Buddhas unterbrochen. Folgt man den steilen Treppen, hat man von dem historisch nicht ganz stimmig restaurierten Pavillon einen fantastischen Blick auf die Hochhaussilhouette Beijings.

Am Ende des Wandelganges erreicht man das Marmorboot. Schaut man genau hin, so entdeckt man, daß nur das Fundament aus Marmor, der Aufbau jedoch aus marmoriertem Holz ist. Von hier kann man mit dem Boot über den Kunming-See zurück zum Eingangstor fahren. Meist weht auch im Hochsommer ein frischer Wind und läßt erahnen, warum Cixi diesen Platz einst als Sommerfrische wählte. Die Busse 808 (vom Qianmen), 801, 330 und 375 (ab U-Bahn-Station Xizhimen 西直门) halten beim Sommerpalast.

Einkaufen in Beijing

Lange Zeit war Beijing Chinas Schaufenster zum Westen. Das Kaufhaus Nr. 1 in der Wangfujing war in ganz China bekannt und hatte ein Sortiment, das im ganzen Land seinesgleichen suchte. Ausländische Studenten und die wenigen Geschäftsreisenden trafen sich dagegen im Freundschaftsladen an der Jiangguomenwai Dajie wie in einer Kathedrale, weil es dort den einzigen Käse und das einzige Baguette in ganz China gab.

Das war in den 1980er Jahren, und seitdem hat sich einiges verändert. Die chinesische Hauptstadt ist ein Shoppingparadies. An der Haupteinkaufsstraße, der Wangfujing etwa ein Kilometer östlich der Verbotenen Stadt, stehen zwei der größten Einkaufszentren Asiens. Seit 1999 eine Fußgängerzone, lädt die großzügig gestaltete Einkaufsmeile zum Flanieren ein. Vor allem der ausgezeichnet sortierte Foreign Language Bookstore 外文书店 am Nordende der Fußgängerzone lohnt einen Besuch. Im Erdgeschoß auf der rechten Seite gibt es eine gute Auswahl deutscher, französischer und englischer Bücher sowie Bildbände über China. Die Abteilung führt auch eine reichhaltige Auswahl von Postkarten. Im ersten Obergeschoß bietet die Musikabteilung einen guten Querschnitt durch die chinesische Musik, von Pekingoper über traditionelle chinesische Instrumentalmusik bis hin zu den neuesten Platten der chinesischen Rock- und Popszene.

Sollten Sie in der Wangfujing nicht fündig geworden sein, empfiehlt sich ein Spaziergang zwischen Dazhalan 大栅栏 und Liulichang 琉璃厂, einige Meter südlich des Vordertores (Qianmen 前门). Vor allem die Teeläden (am bekanntesten das Traditionshaus Zhangyiyuan 张一元) und die Kunsthandwerksläden bieten eine gute Auswahl zu angemessenen Preisen. Um einen Langnasenaufschlag zu vermeiden, ist aber vor allem an den Straßenständen handeln angesagt. Staatliche Läden wie das Zhangyiyuan allerdings haben Fixpreise. Sie suchen nach einer Buddhafigur, einer schönen Kalligraphie, nach einem besonderen Mitbringsel? Dann sind Sie in der Liulichang richtig, der Antiquitätenstraße. Auch hier ist Handeln ein absolutes Muß, tatsächlich oder vermeintlich wertvolle Stücke sollten Sie nur mit fachkundiger Hilfe erstehen, Fälschungen sind nicht gerade selten. Selbst wenn man nichts kaufen möchte, lohnt der Spaziergang durch die gut erhaltenen, teilweise restaurierten Hutongs der Beijinger Südstadt allemal.

Ein original Beijinger Mitbringsel ist die Cloissoinné, eine chinesische Emailletechnik, die leider langsam ausstirbt. Cloissoinné findet man in allen Souvenirgeschäften, Fabrikbesuche können über jedes Reisebüro organisiert werden. Der berühmte Seidenmarkt (Xiushui Jie 秀水街), auf dem man echte und nicht ganz so echte Markenware zu einem Bruchteil des deutschen Preises kaufen konnte, schloß 2004 seine Tore, eine Wiedereröffnung ist allerdings im Gespräch. Allerdings gibt es inzwischen auch auf dem Dazhalan das eine oder andere Kleidungsstück zu erstehen, das auf dem Weg in den Export ›vom Laster gefallen wurde‹.

Ein lohnenswerter Markt ist der Panjiayuan-Markt 潘家园旧货市场, der am östlichen Dritten Ring liegt, etwas südlich der Panjiayuan-Brücke. Auf dem nur am Wochenende geöffneten Markt gibt es von echten Antiquitäten bis hin zu Touristennippes alles zu erstehen, Handeln ist absolut notwendig, und mit etwas Glück kann man hier außergewöhnliche Stücke finden. Der Markt ist vor allem bei einheimischen Antiquitätenliebhabern beliebt und folglich eher eine chinesische als eine touristische Angelegenheit. Um ihn zu erreichen, nimmt man am besten ein Taxi, jeder Taxifahrer kennt den Markt.

Kind mit kunstvoll gestaltetem Karamell

Eine weitere lohnenswerte Adresse ist der Hongqiao-Markt 虹桥市场 am östlichen Ausgang des Himmelstempels in der Tiantan Donglu 天坛东路. Nach dem Prinzip eines Kaufhauses ist er in einem viergeschossigen Gebäude untergebracht und verleitet zum absoluten Kaufrausch. Von der Marken-Jeans für wenige Euro bis zur (vielleicht) echten Prada-Handtasche oder klassischen Kalligraphie gibt es hier all die Waren, deren Herkunft Sie nicht genauer wissen möchten.

Vorwahl: +86/10.
Post: Das Internationale Postamt liegt an der Jianguomen Beidajie 建国门北大街, Tel. 65 12 81 20, www.bibto.com. DHL hat Filialen im ›Kempinski Hotel‹ und im World Trade Center.
Bank: Alle größeren Hotels tauschen Bargeld und Reisechecks. Bank of China hat eine Filiale im Oriental Plaza 东方广场, dem großen Einkaufszentrum am Nordende der Wangfujing-Fußgängerzone.
Reisebüro: Die meisten Hotels bieten Ausflüge nach Chengde, zu den Ming-Gräbern und zu verschiedenen Teilstücken der Großen Mauer an und besorgen Tickets.

Beijing ist mit allen größeren chinesischen und asiatischen Städten per Direktflug verbunden. Von Deutschland aus fliegen Lufthansa und Air China mehrmals täglich von Frankfurt und München. Das zentrale Buchungsbüro für Flugtickets befindet sich im Aviation Building 民航大厦 in der Xi Chang'an Jie 西长安街 15, Tel: 66 01 33 36 (Inland) und 66 01 66 77 (International). Viele chinesische Fluglinien haben kleine Reisebüros in der Innenstadt, in denen man auch Tickets anderer Fluglinien kaufen kann. Die Lufthansa hat ihr Büro im an das ›Kempinski Hotel‹ angeschlossenen Lufthansa Center, Dong Sanhuang Beilu, Tel. 64 65 44 88.

Beijing hat Direktverbindungen mit allen chinesischen Provinzhauptstädten. Shanghai erreicht man in 14 Stunden, Guangzhou in 24 und Hongkong in 28 Stunden, Vor allem die Nachtzüge nach Xi'an (12 h) und Qingdao (10 h) sind zu empfehlen. Achtung: Beijing hat zwei Hauptbahnhöfe, den alten Bahnhof 北京站 etwas südöstlich der Wangfujing und den neuen Westbahnhof 北京西站 in der Nähe des Lianhuachi-Parks 莲花池公园. Die Transsibirische Eisenbahn kommt am alten Bahnhof an, die meisten innerchinesischen Züge fahren vom Westbahnhof ab. Beide Bahnhöfe haben Fahrkartenschalter für Ausländer, an denen Englisch gesprochen wird. Im alten Bahnhof befindet sich der Schalter im Wartesaal der ›Weichen Klasse‹ (Soft Seat 软座候车厅), im Westbahnhof im zweiten Stock.

Angesichts der ausgezeichneten Eisenbahnanbindung Beijings empfiehlt sich der Bus nur für kürzere Strecken. Interessant sind die Verbindungen nach Tianjin 天津, Chengde 承德 sowie die Ausflugsbusse zur Großen Mauer. Die meisten der Ausflugslinien (游 1 bis 10), die unter anderem zum Sommerpalast, zu den Ming-Gräbern und zur Großen Mauer fahren, haben ihre Haltestellen am Qianmen 前门. Die zwei wichtigsten Busbahnhöfe befinden sich am Dongzhimen 东直门长途汽车站 und am Xizhimen 西直门长途汽车站. Als Faustregel gilt: Busse zu Destinationen im Osten fahren ab Dongzhimen, unter anderen nach Chengde, Busse in Richtung Westen ab Xizhimen. Vom alten Bahnhof fährt ein Expressbus nach Tianjin.

›Beijing Hotel‹ 北京饭店, 5 Sterne, Dong Chang'an Jie 东长安街 33, Tel. 65 13 77 66, www.chinabeijinghotel.com. Das ›Beijing Hotel‹ war bis Ende der 1980er Jahre der Treffpunkt der Ausländergemeinde. Kürzlich renoviert bietet es nun gut ausgestattete Zimmer in historischem Ambiente mit einer unschlagbaren Lage nur einen Kilometer von der Verbotenen Stadt entfernt.

›Haoyuan Hotel‹ 好园宾馆, 3 Sterne, Shijia Hutong 史家胡同 53, Tel. 65 12 55 57, Fax 65 25 31 79. Stilvolles Mittelklassehotel, einem alten Beijinger Hofhaus nachemp-

funden. Klassisch chinesische Inneneinrichtung. Gute Lage etwas nordöstlich der Wangfujing.
›Lüsongyuan Hotel‹ 侣松园宾馆, 3 Sterne, Banchang Hutong 板厂胡同 22, Tel. 64 04 04 36, Fax 64 03 04 18, www.the-silk-road.com. Als ruhige Oase mitten in den Hutong unweit des Trommelturms gelegen, bietet dieses einer alten Familienresidenz nachempfundene Hotel schlichte, aber stilvolle Zimmer. Im Untergeschoß bietet das an den internationalen Jugendherbergsverein angeschlossene Hotel einfache Schlafsäle.

In Beijing hat man die Qual der Wahl. Viele der kleinen Straßenrestaurants bieten ausgezeichnetes Essen zu sehr moderaten Preisen, meist eine Mischung verschiedener Lokalküchen. Die Beijinger Küche ist eine Mischung aus der imperialen Küche und der einfachen Bauernkost Nordchinas. Zumindest traditionell wurden in der Hauptstadt eher Nudeln, Maultaschen und Brotfladen als Reis zum Essen serviert. Am bekanntesten ist sicher die Peking-Ente, die man inzwischen auch in kleineren Restaurants frisch zubereitet bekommt (Vorbestellung ist jedoch angeraten!). Eine andere Spezialität der Hauptstadt sind Maultaschen (gedämpft: jiaozi 饺子, gebraten: 锅贴 guotie) in unzähligen Variationen. Auch diese finden sich in vielen der kleinen Straßenrestaurants.
Um die Peking-Ente in der entsprechenden, wenn auch etwas touristischen Atmosphäre zu essen, empfiehlt sich das ›Quanjude-Restaurant‹ 全聚德 in der Qianmen Dajie 前门大街 32, wenige hundert Meter südlich des Qianmen, Tel. 65 11 24 18. Über dem mit Obsthölzern befeuerten Ofen weist ein Schild auf die jahrhundertelange Erfahrung des Etablissements hin: Man feiert die zehnmillionste Ente.
Für etwas gehobene Ansprüche bietet die ›Golden Cat Dumpling City‹ 金猫饺子城, Tel. 85 98 50 11, nahe dem Ostausgang des Tuanjie-Hu-Parks 团体湖公园 eine Auswahl von über 20 verschiedenen Maultaschen in stilvoller Innenhofatmosphäre.
Im Winter empfiehlt sich ein Mongolischer Feuertopf, eine auf heißem Wasser und frischen Zutaten basierende Fonduevariante, die man am besten im ›Nengrenju‹ 能仁局, Tel. 66 01 25 60, in der Taipingqiao 太平桥 Nr. 5 gegenüber dem Tempel der Weißen Dagoba 白塔寺 bekommt. Das Restaurant ist bei den Hauptstädtern sehr beliebt, vor allem im Winter ist eine Reservierung angeraten.
Eine fantastische Alternative zu Restaurants sind auch die vielen Märkte Beijings. Vor allem der Dong'anmen-Nachtmarkt 东安门夜场 am nördlichen Ende der Wangfujing-Fußgängerzone 王府井步行街 bietet eine reichhaltige Auswahl Gegrilltes und Gekochtes, vom Lamm-Kebab über gegrillte Shrimps

bis zu Rote-Bohnen-Pudding. Der Markt öffnet täglich von 17.30 bis 22 Uhr.
Neben den lokalen Spezialitäten nennt die chinesische Hauptstadt inzwischen auch einige ausgezeichnete westliche Restaurants ihr eigen. Vor allem einige der großen Fünf-Sterne-Hotels bewegen sich mit ihren Restaurants auf hohem Niveau. Sollte Sie das Heimweh packen, können Sie im Paulaner Brauhaus unweit des ›Kempinski Hotels‹ gutbürgerliches deutsches Essen mit vor Ort gebrautem Bier zu bayrischer Stimmungsmusik genießen.
Aber auch viele der kleinen Restaurants im Botschaftsviertel Sanlitun 三里屯 bieten solide bis gute westliche Küche.

Im Botschaftsviertel Sanlitun spielen sich auch große Teile des Beijinger Nachtlebens ab. Vorbei sind die Zeiten, als die Hotellobby des Beijing Hotels die einzige Abendattraktion war. Ein anderes beliebtes Barviertel ist die Gegend um den Houhai-See 后海. Während in Sanlitun viele der angesagten Clubs und Diskos anzufinden sind, trifft man sich hier eher auf ein gepflegtes Bier. Und es wird viel getrunken in Beijing. Das Lieblingsbier der Hauptstädter und der beständig wachsenden Ausländergemeinde gleichermaßen ist das Yanjing-Bier 燕京啤酒, es ist seit 2003 auch alkoholfrei erhältlich im nachempfundenen Claustaler Design. Aber auch der lokale Wein, Great Wall oder Dynastie wird gerne getrunken. Vom Lieblingsschnaps der Beijinger Taxifahrer, dem Erguotou 二锅头, ganz zu schweigen.

Eine durchschnittliche Pekingoper 京剧 dauert mindestens drei Stunden und ist für das ungeübte Langnasenohr alles andere als ein Vergnügen. Ausschnitte aus bekannten Opern wie ›Lebe wohl meine Konkubine‹ oder ›Die Reise in den Westen‹ werden allabendlich in einigen Theatern dargeboten, unter anderen im Liyuan-Theater im ›Qianmen Hotel‹ 前门饭店, Tel. 63 01 66 88, Apparat 8860, und in der Residenz des Prinzen Gong 恭王府, Tel. 66 16 81 49, letzteres sicherlich die authenti-schere Variante.
Sollten Sie auf den Geschmack gekommen sein, so können Sie im Chang'an Grand Theater 长安大戏院 in der Jianguomen Nei Dajie 建国门内大街 oder in der Huguang Huiguan 湖广会馆 in der Hufangqiao Lu 湖坊桥路 Nr. 3 in den Genuß einer vollständigen Pekingoper kommen. Wohin Sie auch immer gehen, Abendgarderobe ist nicht angesagt, eine Pekingoper ist eher Volksfest als Stelldichein der High Society.
Das Goethe-Institut Peking befindet sich im Cyber Tower, Building B, 17. Stock, Zhongguancun Nanjie 中关村南街 Nr. 2, Tel. 82 51 29 09, Fax 82 51 29 03.

Ausflüge zur Großen Mauer

Nein, sie ist nicht vom Mond aus zu sehen. Es gelang, sehr zum Leidwesen der chinesischen Öffentlichkeit, im Jahre 2003 noch nicht einmal Herrn Yang, dem ersten chinesischen Raumfahrer, sie von der Umlaufbahn seines Raumschiffes auszumachen. Auch wenn die ›Lange Mauer‹ (Changcheng 长城), wie sie auf Chinesisch heißt, fast 6300 Kilometer lang ist, hat sie nur eine durchschnittliche Breite von wenigen Metern, besteht zuweilen nur aus Erdwällen und ist, vor allem im westlichen Teil des Reiches, teilweise nur noch als ein Haufen Steine zu sehen.

Qin Shi Huangdi ließ im 3. Jahrhundert vor unserer Zeitrechnung bestehende Teilmauern verbinden, zum Schutz vor den Nomaden des Nordens und zum Zeichen der Reichseinigung. Diese historische Mauer, meist nur ein Erdwall, hat mit der heute noch sichtbaren Mauer weder architektonisch noch von ihrem Verlauf her etwas zu tun. Es war die Ming-Dynastie, die nach Verlegung der Hauptstadt nach Beijing ab dem 15. Jahrhundert versuchte, die am Rande des Nomadengebietes gelegene Hauptstadt durch den Bau einer neuen Mauer zu schützen. Sehr erfolgreich war dieses Ansinnen nicht. Auch wenn enorme Gelder und Arbeitskraft in das Projekt flossen, gelang es den Mandschus im 17. Jahrhundert, Beijing und später das ganze Reich der Mitte zu erobern. Nachdem eine Bauernarmee unter Li Zicheng die Ming gestürzt hatte, ließ ein loyaler General, in der Hoffnung mit Hilfe der Mandschus die Ming-Dynastie zu restaurieren, die Tore der Festung

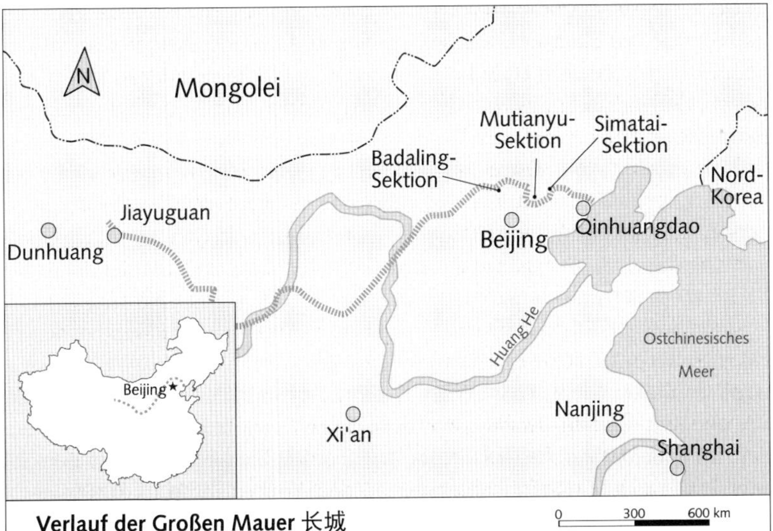

Verlauf der Großen Mauer 长城

Shanghaiguan am Ostende der Mauer öffnen und ebnete den mandschurischen Truppen hiermit den Weg nach Beijing. Diese setzten sich in der Stadt fest und gründeten die Qing-Dynastie. Ihren Zweck erfüllt hat die Chinesische Mauer jedoch als Kommunikationslinie. Durch den engen Abstand der Wach- und Signaltürme konnten einfache Nachrichten innerhalb kürzester Zeit via Rauch- und Lichtsignal von den entlegensten Landesteilen bis in die Hauptstadt transportiert werden.

Trotz ihrer Länge und ungeachtet der Tatsache, daß allein im Hundert-Kilometer-Umkreis von Beijing fast ein Dutzend Mauerstücke für den Tourismus freigegeben sind, drängen sich die meisten Besucher auf dem etwa drei Kilometer langen, 1979 restaurierten Stück bei Badaling 八达岭. Dies liegt auch daran, daß Badaling verkehrtechnisch am besten angebunden ist und ein Ausflug dorthin gut mit einem Besuch der Ming-Gräber verbunden werden kann.

Badaling

Seit 1999 führt eine Autobahn von Beijing in das 60 Kilometer entfernte Badaling 八达岭, so daß dieser Abschnitt von der Hauptstadt aus in einer guten Stunde erreichbar ist, Nationalfeiertag und 1. Mai ausgenommen, denn dann ist halb China unterwegs. Die Busse halten etwas unterhalb der Mauer, den letzten Kilometer muß man zu Fuß zurücklegen. Auf der Mauer hat man, vom Eingang aus gesehen, die Wahl zwischen einem weniger steilen Stück auf der rechten, und einem sehr steilen Stück auf der linken Seite. Auf der rechten Seite befinden Sie sich auf den Spuren von Helmut Kohl und Ronald Reagan, auf der linken Seite erreichen Sie nach etwa 45 Minuten das Ende der restaurierten Mauer und bekommen einen guten Eindruck, wie die Mauer vor ihrer Restaurierung ausgesehen hat.

Eine interessante Variante ist die Besichtigung dieses Mauerabschnittes bei Nacht, wenn die Mauer spektakulär, wenn auch für westlichen Geschmack allzu bonbonfarben erleuchtet ist und sich die Touristenströme in Grenzen halten. Übernachtungsmöglichkeiten gibt es direkt am Fuße der Mauer im Badaling Hotel, das Standardzimmer mit Dusche/WC bietet.

Badaling erreicht man mit einer organisierten Tour (meist in Verbindung mit einem Besuch der Ming-Gräber) oder mit dem Ausflugsbus Nr. 1 (游 1 vom Qianmen, Haltestelle Bus Nr. 17) bzw. Nr. 2 (游 2 vom alten Bahnhof, Haltestelle Bus Nr. 103). Den Bus Nr. 919 vom Deshengmen sollte man allerdings meiden, da er auf dem Weg nach Badaling an fast jeder Straßenecke hält. Andererseits wäre dies eine gute Möglichkeit, einmal die touristischen Vorlieben der Chinesen kennenzulernen.

Mutianyu

Neben Badaling ist dies der am besten restaurierte Abschnitt der Mauer. Architektonisch ist Mutianyu 幕田峪 aufgrund seiner aufwendig restaurierten, von der Standardform abweichenden Wachtürme interessant. Wem die über 1000 Stufen bis zur Mauerkrone zu anstrengend sind, der kann zwischen einem Sessellift und einer Kabinenbahn wählen, um die Mauer zu erreichen. Von der Mauerkrone führt eine Sommerrodelbahn ins Tal. Nach Mutianyu besteht keine offizielle Busverbindung, es empfiehlt sich, ein Taxi für den ganzen Tag zu mieten (etwa 400 Yuan) oder an einem organisierten Ausflug teilzunehmen.

Simatai

Simatai 司马台 ist sicherlich eines der spektakulärsten Teilstücke der Mauer. An den besonders exponierten Stellen fällt der Bergkamm an beiden Seiten fast 800 Meter senkrecht ab. Bis vor einigen Jahren noch ein Geheimtip, ist Simatai inzwischen ebenfalls touristisch erschlossen und in Teilen restauriert. Dennoch ist Simatai, sieht man von den chinesischen Verkäufern ab, die jeden Besucher begleiten und »Water, Coca, Beer, Postcard!« anbieten, selbst in der Hochsaison wenig überlaufen. Bis 1999 konnte man noch bis zum 16. Wachturm auf knapp 1200 Meter Meereshöhe laufen, heute ist die Mauer ab dem zwölften Wachturm aus Sicherheitsgründen gesperrt. Nur die ersten Meter sind restauriert, deshalb

Die Große Mauer bei Simatai

sollte man unbedingt festes Schuhwerk mitnehmen. Eine interessante Variante ist eine Wanderung von Simatai in das etwa zwölf Kilometer entfernte Jinshanling 金山岭. Da es von hier keinen öffentlichen Transport gibt, sollten Sie den Rückweg jedoch im voraus organisieren.

Der Ausflugbus Nr. 12 (游 vom Xuanwumen 宣武门 und Dongsishitiao 东四十条) fährt zweimal täglich nach Simatai und zurück. Tagesausflüge werden von vielen Hotels für etwa 200 Yuan pro Person organisiert. Übernachtungs- und Verpflegungsmöglichkeiten gibt es sowohl in Simatai als auch in Jinshanling, allerdings sind die Unterkünfte einfach, Zimmer mit Bad sind jedoch erhältlich.

Huanghua

Lange Zeit als die ›Wilde Mauer‹ bezeichnet, wurde dieser Abschnitt in den Jahren 2003 bis 2004 teilweise restauriert und ist nach kurzfristiger Schließung heute wieder für Besucher freigegeben. Die Mauer bei Huanghua 黄花城 galt zu Bauzeiten als der perfekteste Abschnitt der Chinesischen Mauer. Ein etwa einen Kilometer langer Abschnitt ist restauriert, der Rest ist offiziell gesperrt, wenn auch begehbar. An den nichtrestaurierten Stellen wachsen Pfirsich- und Kakibäume auf der Mauerkrone, und man bekommt einen guten Eindruck von der Bauweise der Mauer. Aus konservatorischen und Sicherheitsgründen sollte man jedoch auf unnötige Kletterpartien verzichten.

Huanghua liegt gerade einmal 60 Kilometer nördlich von Beijing. Bus Nr. 961 (vom Busbahnhof Dongzhimen 东直门) fährt zweimal täglich nach Huanghuacheng 黄花城. Vorsicht: Steigen Sie nicht in Huanghuazhen 黄花镇 aus, von hier sind es noch vier Kilometer zur Mauer. Da der letzte Bus von Huanghua bereits um 14 Uhr 50 nach Beijing zurückfährt, empfiehlt es sich, ein Taxi für den Tag zu mieten oder eine Übernachtung einzuplanen. Ein Spaziergang durch das Dorf gibt dem Besucher einen ausgezeichneten Einblick in das chinesische Landleben. Viele der kleinen Restaurants am Eingang der Mauer haben auch einfache Gästebetten, etwa 500 Meter nördlich der Mauer gibt es mit dem Jintang Resort (金堂山庄, Tel. 64 99 48 12) auch ein Mittelklassehotel, das Doppelzimmer mit Dusche/WC anbietet.

Die Ming-Gräber

Besucht man die Chinesische Mauer bei Badaling, Mutianyu oder Huanghua, so läßt sich ein Abstecher zu den Ming-Gräbern (Shisan Ling 十三陵) gut organisieren. In dem etwa 40 Kilometer nördlich von Beijing gelegenen Tal, das wegen seines guten Fengshuis als Grabstelle der Ming-Kaiser ausgesucht wurde, sind 13 der 16 Ming-Kaiser begraben. Nur die ersten beiden Kaiser, von denen der Dynastiegründer in der alten Hauptstadt Nanjing begraben ist und der zweite Kaiser nach seiner Absetzung durch Yongle verschollen blieb, sowie der siebte Ming-Kaiser, bei seiner Familie aufgrund der Unfähigkeit, mit aufständischen Bauern fertig zu werden, in Ungnade gefallen, fanden hier nicht ihre letzte Ruhe. Drei der Gräber sind inzwischen für den Tourismus geöffnet, wobei nur das Ding-Grab 定陵 ausgegraben wurde. Die Grabkammern des Ding-Grabes kann man besichtigen, da diese allerdings bis auf die Nachbildungen der Särge des Kaisers und seiner Gemahlinnen leer sind, empfiehlt sich eher der Besuch des Chang-Grabes 长陵, dessen architektonisch beeindruckende Haupthalle nun als Ausstellungshalle der im Ding-Grab gefundenen Grabbeigaben dient. Ausgestellt werden goldenes und silbernes Eßgeschirr, alte Münzen, Jadeschmuck sowie Nachbildungen der Gewänder und Kronen des Kaisers und der Kaiserin. In der Mitte der Halle steht eine Bronzestatue des Yongle-Kaisers, dessen Grab das Changling ist, diese allerdings neueren Datums. Die architektonisch an die Halle der höchsten Harmonie angelehnte Ausstellungshalle (Halle der Himmlischen Gnade) mit ihren 32 aus Edelholz (Nanmu) gefertigten, jeweils über zehn Meter hohen Säulen und der filigranen Kassettendecke ist allein den Besuch wert. Vom Seelenturm im hinteren Teil der Anlage, unter dem der Eingang zum noch ungeöffneten Grab vermutet wird, hat man einen ausgezeichneten Blick auf die anderen Gräber, die auf beiden Seiten an die Hänge des Tales gebaut sind. Im Süden des Tales befindet sich der eigentliche Eingang der Grabanlagen, eine 700 Meter lange ›Seelenstraße‹ 神道,

Pavillon im Ming-Gräber-Stausee

deren steinerne Menschen- und Tierfiguren sowohl Schutz- als auch Ehrenwache sind. Damit sie einerseits ihren Wachaufgaben genügen können, andererseits den Kaisern postum ihre Erfurcht erweisen, hat man die Tierfiguren jeweils paarweise kniend und aufrecht stehend dargestellt. Neben Elefanten, Kamelen, Löwen und Pferden finden sich auch Darstellungen zweier Fabelwesen, des Xiezhi und des Qilin, die als Seelenwächter dienen. Auf einem kleinen Platz nach zwei Dritteln der Seelenstraße stellt eine kleine Freiluftausstellung die 13 hier begrabenen Ming-Kaiser vor. Von historischem Interesse sind auch die Bilder eines französischen Fotografen, der die Ming-Gräber Anfang des 20. Jahrhunderts besuchte. Im letzten Drittel der Seelenstraße wachen sechs paarweise aufgestellte Menschen, Militärs und Würdenträger, über die letzte Ruhe der Kaiser.

Zwischen Seelenstraße und den Grabanlagen fährt man am Ming-Gräber-Stausee vorbei. Seit den 1950er Jahren, als neben Mao Zedong und dem Politbüro auch ausländische Diplomaten Schaufel und Spaten beim Bau des Staudamms anlegten, ist dies eine der wichtigsten Wasserreservate der Hauptstadt. Auffallend sind auch die vielen kleinen Obststände am Wegesrand. Die Gegend um die Ming-Gräber ist eines der größten Obstanbaugebiete Beijings. Die feilgebotenen Pfirsiche und Birnen sind in ganz China bekannt und köstlich!

Ein Ausflug zu den Ming-Gräbern (13 Gräber, auf Chinesisch: 十三陵) lohnt sich auch unabhängig von einem Besuch der Großen Mauer. Die Ausflugsbusse Nr. 1 und Nr. 5 (游 1, 5 vom Qianmen, Haltestelle Bus Nr. 17) bzw. Nr. 3 (游 3 vom Beijinger Zoo) fahren an den Ming-Gräbern vorbei.

Ein Ausflug nach Chengde

Als die Mandschus Mitte des 17. Jahrhunderts China eroberten und die Qing-Dynastie gründeten, verlegten sie dadurch ihren Lebensmittelpunkt um einige hundert Kilometer nach Süden und verließen das gemäßigte Klima des chinesischen Nordostens. Wer einmal einen Sommer in der Hauptstadt verbracht hat, der weiß, wie unerträglich das Klima dort sein kann. Die einfachen Leute verlagern bis heute das Leben auf die Straße, die Herrschenden fliehen in die Sommerfrische. Das Politbüro verbringt die Sommer in Beidaihe, die Qing-Kaiser zogen sich in der heißen Jahreszeit nach Chengde 承德 zurück, wo sie sich einen Kaiserpalast en Miniature errichteten.

Obwohl nur 250 Kilometer nördlich von Beijing gelegen, hat Chengde selbst in den heißen Monaten Juli und August ein angenehmeres Klima als die chinesi-

Figur an der Seelenstraße, die zu den Ming-Gräbern führt

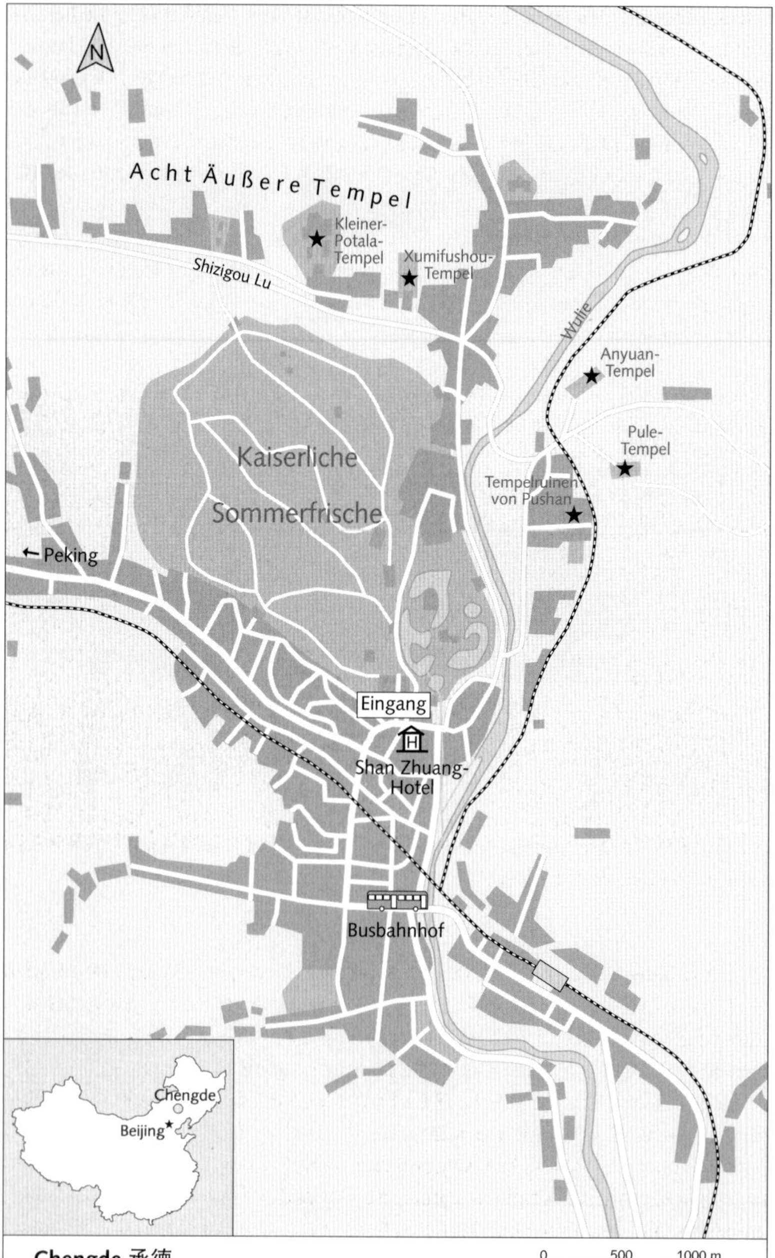
Acht Äußere Tempel
Kleiner-Potala-Tempel
Xumifushou-Tempel
Shizigou Lu
Wulie
Anyuan-Tempel
Pule-Tempel
Tempelruinen von Pushan
Kaiserliche Sommerfrische
← Peking
Eingang
H
Shan Zhuang-Hotel
Busbahnhof
Chengde
Beijing
0
500
1000 m

Chengde 承德

sche Hauptstadt. Mit Expreßbussen in weniger als vier Stunden zu erreichen, ist Chengde auch ein beliebter Ausflugsort der ausländischen Gemeinde Beijings.

Die Hauptattraktion Chengdes ist die ›Villa der Sommerfrische‹ (Bishushanzhuang 避暑山庄). Nach der Erweiterung unter den Qing-Kaisern Kangxi und Qianlong im 18. Jahrhundert war die Anlage größer als die Verbotene Stadt. Mit Beginn der heißen Jahreszeit zog der gesamte Hofstaat nach Chengde, und die Kaiser verrichteten die Regierungsgeschäfte von hier aus. 1793 sprach der britische Gesandte Lord McCartney in Chengde vor und bat um die Aufnahme von gleichberechtigten Handelsbeziehungen. Qianlong, der die seltsame Langnase als Bittsteller eines tributpflichtigen Landes ansah, lehnte mit dem Verweis, China besäße bereits alle Güter dieser Welt, ab.

In einem Tempel in Chengde

Die offiziellen Teile der Sommerfrische wirken vergleichsweise bescheiden zum Prunk der Verbotenen Stadt. Die großzügig angelegte Park- und Seenanlage hinter dem Audienzbereich weist jedoch auf den eigentlichen Zweck der Sommerfrische hin: die Erholung, die Jagd und das Lustwandeln.

Leider wurde die kaiserliche Sommerfrische während der Kulturrevolution fast bis auf die Grundfesten zerstört, so daß viele der Hallen und Pavillons nur notdürftig restauriert sind. Die Acht Äußeren Tempel jedoch sind in ihrer architektonischen Eigenheit einmalig in China. Die Mandschus förderten den Lamaismus, um sich so die Unterstützung der herrschenden Eliten in Tibet und der Mongolei zu sichern. Als Referenz an die Gesandten aus den Außenprovinzen ließen sie in

Sichtweite der kaiserlichen Sommerresidenz acht über das nördliche Tal verteilte buddhistische Tempel errichten, drei davon dem Lamaismus gewidmet. Vor allem der zumindest äußerlich dem Potala in Lhasa nachempfundene Kleine Potala-Tempel‹ 普陀宗圣之庙 ist ein Beispiel für den architektonischen Eklektizismus der Qing und erinnert ein wenig an ein Potemkinsches Dorf, da nur die Fassade einem tibetischen Tempel gleicht, das Innere aber unverkennbar han-chinesischen Stils ist. Auch der dem Stammsitz des Panchen Lamas in Shigatse nachempfundene Xumi-Fushou-Tempel 须弭福寿之庙 und der Pule-Tempel 普乐寺 mit seiner dem Himmelstempel nachempfundenen zentralen Kuppel ist einen Besuch wert.

Abgesehen von den aufgeführten Sehenswürdigkeiten bietet Chengde mit seinen 200 000 Einwohnern auch die Möglichkeit, einen Blick in das chinesische Alltagsleben jenseits der Hauptstadt zu werfen. Abseits der Sehenswürdigkeiten werden Sie kaum Touristen treffen, da Chengde meist nur als Tagesausflug angesteuert wird. Busse nach Chengde fahren alle 20 Minuten von der Überlandbusstation am Dongzhimen 东直门长途车站, die Fahrzeit beträgt knapp vier Stunden. Das in einer Mischung aus sozialistischen Zuckerbäckerstil und chinesischen Stilelementen gebaute ›Shanzhuang Hotel‹ (山庄宾馆, Tel. 0314/202 35 01, Fax 202 24 57) ist ein gehobenes Mittelklassehotel mit einer originellen Mischung aus sozialistischen Charme und westlichem Service. Es befindet sich direkt gegenüber dem Haupteingang der Villa der Sommerfrische.

Musikanten in einem Tempel in Chengde

Rund um den Gelben Fluß

Kaum eine Region Chinas ist emotional so beladen wie die Provinzen Henan, Shanxi und Shaanxi an den Ufern des Gelben Flusses (Huanghe). Bis vor wenigen Jahren noch galt sie als die ›Wiege der chinesischen Zivilisation‹, praktisch die Heimat schlechthin der Han-Zivilisation. Obwohl sich die Theorie eines singulären Ursprungs der chinesischen Kultur dank neuester archäologischer Erkenntnisse so nicht mehr halten läßt, war der Unterlauf des Gelben Flusses unbestreitbar eine Schlüsselregion für die Entwicklung des heutigen China. Dort wo der zweitlängste Fluß Chinas in die chinesische Tiefebene einschwenkt, liegen alle Hauptstädte des frühen chinesischen Kaiserreiches, befinden sich die ältesten Relikte der chinesischen Kultur.

Der Keim der chinesischen Zivilisation

Der Urkeim der chinesischen Zivilisation ist eigentlich ganz unscheinbar. Nur 0,02 Millimeter mißt ein Korn durchschnittlich, ist gelb-braun und äußerst nährstoffreich: der Löß, verfestigter Flugstaub aus den innerasiatischen Steppen. Bis zu 300 Meter tief sind die Lößvorkommen im Bergland der Provinzen Henan, Shaanxi, Shanxi und Gansu. Für die Landwirtschaft ist dies im Grunde genommen eine feine Sache, denn Löß ist nicht nur höchst fruchtbar, sondern auch mit einfachen Werkzeugen umzugraben. Doch genau diese Tatsache bereitet den Bauern seit Jahrtausenden Kopfzerbrechen. Es regnet nicht oft im trockenen Nordchina, doch wenn es regnet, dann ausnehmend heftig. Blitzschnell waschen die Fluten dann den Löß von den Hängen und reißen tiefe Gullies in das ohnehin schon zerfurchte Bergland. Schon vor Jahrhunderten ist die ursprüngliche Bewaldung dem menschlichen Feuerholzbedarf zum Opfer gefallen, und so tritt hier und da der blanke Fels zutage. Was der Regen von den Hängen reißt, landet letztlich im Gelben Fluß, der sich so seinen Namen verdient. Sobald er sich auf seinem Weg rund um die Ordos-Wüste wieder nach Süden wendet, beginnt sein offizieller Mittellauf, und das blaue Gewässer verwandelt sich in einen schlammig-braunen Strom. Kein Fluß der Erde trägt mehr Sedimente mit sich – gut 37 Kilo sind es zur Zeit pro Kubikmeter Wasser, und damit bis zu sechzigmal mehr als der für seine trüben Fluten bekannte Mississippi. Solange der Schlamm dank des Gefälles zügig abtransportiert wird, stellt der Löß kein Problem dar. Beim Eintritt in die nordchinesische Ebene verlangsamt sich jedoch die Fließgeschwindigkeit erheblich, so daß der mitgeführte Schlamm zu Boden sinkt. Die Folge mutet mitunter recht skurril an, denn aufgrund der Sedimentation erhöht der Gelbe Fluß sein eigenes Flußbett und liegt an einigen Stellen, so zum Beispiel nahe Kaifeng und Zhengzhou, mittlerweile in einem selbst geschaffenen Damm fast zwölf Meter über dem Umland.

Solange der Fluß ungehindert fließen kann, ist dies erstmal kein Problem. Heftige Regenfälle am Ober- oder Mittellauf jedoch sorgen hin und wieder für regelrechte Flutwellen, die die zerbrechlichen Seitenwände einreißen und damit verheerende Überschwemmungen verursachen. Ist der Fluß erst aus dem ursprünglichen Flußbett entwichen, gibt es keinen Weg zurück und er muß sich einen neuen Verlauf in der Ebene suchen. Mehr als 26 Mal ist dies in den letzten zweitausend Jahren geschehen.

Die Auswirkungen einer solchen Katastrophe sind kaum vorstellbar; 1931 wurde so zwischen Juli und November eine Fläche von etwa 100 000 Quadratkilometern Land überschwemmt – also ungefähr die Fläche Ungarns! Mehr als achtzig Millionen Menschen verloren Heim und Herd, weitere zwei Millionen ertranken oder starben in der folgenden Hungersnot. Nur acht Jahre später, im Juni 1938, kam es erneut zur Katastrophe, als Chiang Kai-shek die Dämme des Huanghe nahe Zhengzhou sprengen ließ, um die vorrückenden japanischen Truppen zu vernichten. Militärisch erwies sich das Manöver als Flop, denn die Japaner ließen sich dadurch nur kurz aufhalten. Auf chinesischer Seite hingegen waren über eine Million Tote zu beklagen. Erst 1947 ließ sich der Huanghe wieder in das alte Flußbett drängen.

Den Fluß zu bändigen und der ständig wiederkehrenden Überschwemmungen Herr zu werden, das war daher von Anbeginn der menschlichen Besiedlung an ein überlebenswichtiges Anliegen. Schon die neolithischen Dörfer der Ebene mußten sich mit diesem Problem auseinandersetzen, und was mit primitiven Erdwällen begann, entwickelte sich bald zur ›hydraulischen Gesellschaft‹, deren Wohlbefinden vor allem auf der Beherrschung des Flusses basierte. Nur mit einem hohen Maß an Organisation und Planung konnten die Bewohner Nordchinas der Herausforderung ständiger Überflutungen durch den Gelben Fluß begegnen und die Bedrohung schließlich, wenn auch nur temporär, meistern.

Flutkatastrophen, beziehungsweise Katastrophen generell, entwickelten sich im Laufe der Jahrhunderte daher auch zu Vorboten eines dynastischen Wechsels. Besonders für die großflächigen und akribischen Deicharbeiten war eine starke und unkorrupte Zentralmacht unerläßlich. Kümmerte sich der Kaiser nicht mehr um die Flußregulierung, war er meist auch nicht mehr in der Lage, das Reich zu kontrollieren. Gelang es jedoch, den Fluß zu beherrschen und die im Grunde genommen positive Kombination von fruchtbarer Erde und Wasser zu nutzen, verwandelte sich die Ebene in ein landwirtschaftlich höchst ertragreiches Gebiet. Schon der Kaiser Qin Shihuangdi hatte so im dritten Jahrhundert vor Christus die finanzielle Grundlage seiner größenwahnsinnigen Projekte erwirtschaftet.

Laufverlagerungen des Gelben Flusses 黄河

Bis zum Ende der Song-Dynastie im Jahre 1271 gehörten die Städte Xi'an, Luoyang und Kaifeng zu den größten Städten der Welt. Während die europäischen, adligen Zeitgenossen noch in zugigen Burgen hausten, herrschte am chinesischen Kaiserhof raffinierter Luxus und Überfluß. Dank des regen Handels auf der Seidenstraße waren nicht nur ausländische Waren im Überfluß vorhanden, auch in philosophischer wie künstlerischer Hinsicht machte sich der Austausch mit fremden Kulturen bemerkbar. Egal ob auf dem Gebiet der Astronomie, Technik, Rüstung oder des Tiefbaus, bis zur Mitte des 13. Jahrhunderts war die Region um den Gelben Fluß in vielen wissenschaftlichen Disziplinen weltweit führend. Erst mit der Invasion der mongolischen Reiterhorden wurde die intellektuelle Vorherrschaft gebrochen (fast ein Drittel der chinesischen Gelehrten, also mehr als 40 Millionen, kamen während der chinesisch-mongolischen Kämpfe ums Leben) und die Region schlagartig zum Hinterland: Unter den mongolischen Yuan wurde die Hauptstadt erstmals nach Beijing verlegt, wo sie von wenigen Ausnahmen abgesehen bis heute bleiben sollte. Wirtschaftlich rückte die Region am Gelben Fluß somit immer mehr an den Rand des Geschehens, während die Küste an

Der Gelbe Fluß – Lebensader und Bedrohung für eine ganze Region

Bedeutung gewann. Trotzdem wohnen auch heute noch 400 Millionen Menschen (meist Bauern), also gut ein Drittel aller Chinesen, im Einflußgebiet des Gelben Flusses.

Nach 1949 gab es übrigens keine größeren Überschwemmungen aufgrund von Deichbrüchen mehr. Auch die kommunistischen Machthaber in Beijing hatten erkannt, daß die Regulierung des Huanghe eine zentrale Stellung im politischen Machterhalt einnahm. Mao Zedong war daher zeitlebens bemüht, sich als Herrscher der Flüsse darzustellen. So gibt es diverse Fotografien, die ihn vor dem Hintergrund des Gelben Flusses zeigen, außerdem begegnete er Machtkrisen gerne mit für westliche Augen unkonventionellen Methoden. So legte er 1966, als sich in der Führungsspitze der Partei Widerstand gegen seine Politik regte, schwimmend einige Kilometer im Yangzi zurück – selbstverständlich unter größter Medien-Beachtung. Die Botschaft war klar: Mao war nicht nur körperlich fit, sondern auch immer noch in der Lage, die Flüsse Chinas zu bändigen.

Das Problem des Gelben Flusses mag sich in den nächsten Jahrzehnten von selbst erledigen – wenn auch unter Schaffung neuer, ökologischer Probleme, denn dem Fluß wird soviel Trink- und Industriewasser entnommen, soviel Strom durch Staudämme und andere Anlagen gewonnen, daß er in manchen Sommermonaten praktisch zum Erliegen kommt und noch vor dem Erreichen des Meeres versickert. Dazu kommt eine leichte Klimaerwärmung, die mit erhöhter Verdunstung zum Versiegen des Flusses beiträgt.

Der Löß als Wohnstätte

Die meisten Reisenden durchqueren das Lößgebiet von Beijing aus kommend in Richtung Xi'an. Leider mit dem Nachtzug, so daß sich wenig Möglichkeiten der Betrachtung ergeben. Wer sich tagsüber auf die Reise macht, wird vom Zugfenster aus immer wieder kleine Höhlensiedlungen bemerken, die auch heute noch bewohnt werden. Was vom Zugfenster aus recht primitiv wirkt, entpuppt sich bei genauerem Hinsehen hin und wieder als recht komfortable Unterkunft. Die Wohnungen werden ein oder zwei Zimmer tief in die Lößberge getrieben, wobei natürlich nur die erste Reihe mit Fenstern ausgestattet sein kann. Dank seiner festen aber spröden Konsistenz läßt sich der Löß relativ leicht graben, hält aber allen Belastungen solide stand. Lediglich die erodierende Kraft des Wassers vermag Lößwände in kürzester Zeit zu zerstören. Die Fassaden der Höhlenwohnungen müssen deshalb entweder glatt poliert oder mit Ziegelsteinen befestigt werden. Daß auch heute noch viele Chinesen am Gelben Fluß die Höhlen den ›normalen‹ Ziegel- oder Holzbauten vorziehen, hat nicht nur finanzielle Gründe, sondern liegt auch daran, daß die Löß-Wohnungen im Sommer angenehm kühl bleiben. Sie im Winter als warm zu bezeichnen, wäre wohl übertrieben, aber immerhin fällt die Temperatur dort nicht unter den Gefrierpunkt. In einer Region, in der Feuerholz rar und teuer ist, ist dies ein wichtiges Argument. Mehr als 80 Millionen Chinesen leben zurzeit in Lößhöhlen.

Mao-Andenken in Xi'an

Xi'an

»Willkommen im Tal des Todes«, begrüßen chinesische Reiseleiter zuweilen mit einem schelmischen Grinsen ihre Gruppen, wenn sie in Xi'an 西安 ankommen. ›Tal der Kaiser‹ wäre die treffendere Begrüßung. Während fünf Dynastien – denen der Zhou, der Qin, der Han, der Sui und der Tang – war Xi'an Hauptstadt des chinesischen Reiches. 27 Kaiser und Kaiserinnen sowie ihr Hofstaat liegen hier begraben, wie die unzähligen Grabhügel vor allem im Norden der Stadt bezeugen. Auf der Fahrt vom Flughafen, der etwa 40 Kilometer nordöstlich des Stadtzentrums liegt, in die Innenstadt sieht man die Grabhügel mehrerer Kaiser und Kaiserinnen der Tang und Han-Dynastie. Seit 2001 kann man in einem Museum auf halbem Weg in die Stadt die kleine Terrakotta-Armee des Han-Kaisers Liu Qi besichtigen, ein Zwischenstop, der sich unbedingt empfiehlt.

Ungeachtet seiner glorreichen Vergangenheit wäre Xi'an heute trotz seiner sechs Millionen Einwohner ein verschlafenes Städtchen, hätten nicht im Jahre 1974 drei Bauern während einer Brunnenbohrung die Überreste der Terrakotta-Armee des Qin Shiunghangdi entdeckt. Heute besuchen zehn Millionen Touristen jährlich die Hauptstadt der Provinz Shaanxi, eine Million davon aus dem Ausland.

Geschichte

1120 Jahre lang war Xi'an chinesische Hauptstadt, länger als jede andere chinesische Stadt. Chang'an, wie die Stadt damals hieß, konnte sich in seiner Blütezeit im 8. Jahrhundert rühmen, mit zwei Millionen Einwohnern die größte Stadt der Welt zu sein. ›Ewiger Friede‹ heißt Chang'an übersetzt, ein frommer Wunsch angesichts der geographischen Lage der Stadt. Chang'an war nicht nur Nabel der chinesischen Welt, sondern lange Zeit auch westlicher Außenposten des Reiches. Wenige 100 Kilometer westlich von Xi'an begann das Barbarenland. Jiayuguan, das Fort am westlichen Ende der Großen Mauer, und damals für viele Chinesen das Ende der Zivilisation, liegt gerade einmal 1000 Kilometer von Xi'an entfernt.

Die Position, Hauptstadt eines vereinten chinesischen Reiches zu sein, mußte sich die Stadt erst einmal erkämpfen. Über 300 Jahre lang kämpften die Armeen der Qin gegen ihre streitbaren Nachbarn, ehe es einem ehrgeizigen jungen Fürsten, der sich nach Reichseinigung Qin Shihuangdi, ›erster Kaiser der Qin‹, nennen sollte, im Jahre 221 vor Christus gelang, die mit den Qin rivalisierenden Staaten zu besiegen und zu unterjochen. Chang'an regierte von diesem Zeitpunkt an die Welt, zumindest in der chinesischen Vorstellung. Doch erst als Hauptstadt der

Tang-Dynastie erlangte Xi'an den Ruf, die erstaunlichste Stadt des Universums zu sein. Von hier brachen die mit Seide und Tee beladenen Karawanen entlang der Seidenstraße in Richtung Westen auf. In umgekehrter Richtung kamen der Islam und das Christentum nach China. Chang'an wurde zum Symbol einer kosmopoliten Stadt, und die Tang-Kaiser gefielen sich zumeist in der Rolle der ausländischem Einfluß offenen Monarchen. Der Stadt tat dies gut. Auch wenn der Tang-Hofstaat zwischenzeitlich nach Luoyang umzog, blieb Chang'an dennoch wichtiger Warenumschlagsplatz und Weltmetropole.

Als die Seidenstraße Ende des ersten Jahrtausends zunehmend an Bedeutung verlor und sich das chinesische Machtzentrum unter dem Druck der Nomaden aus dem Norden und der merkantilen Eliten des Südens erst nach Kaifeng und dann Richtung Küste verlagerte, verfiel Xi'an in einen Dornröschenschlaf, aus dem es erst mit dem Fund der Terrakotta-Armee erwachte. Das Bild des nach innen gewandten Lößlandes prägt seitdem das Image der einst so weltoffenen Stadt.
Bis heute währt die Kontroverse zwischen der ›gelben‹, konservativen ›Löß‹-Kultur und der ›blauen‹, maritimen und offenen Handelskultur der Küstenprovinzen. Als sich Ende der 1980er Jahre das staatliche Fernsehen mit der Serie ›Abgesang an den Gelben Fluß‹ (Heshang) dieser Thematik annahm, starrte eine Nation gebannt auf den Bildschirm, bis die chinesische Regierung Sektierertum witterte und die staatlichen Medien scharf für die Ausstrahlung der Serie kritisierte. Immer

Xi'an 西安 und Umgebung

noch lebt die einst von Qin Shihuangdi geprägte Idee von einem vereinigten China fort. Xi'an, der ›westliche Friede‹, wie die Stadt seit 1370 heißt, ist bis heute Symbol der chinesischen Idee.

Stadtmauer und Stelenwald

Xi'an, wie es der Besucher heutzutage sieht, ist das Xi'an der Ming-Dynastie. Vor allem die gut erhaltene, knapp 14 Kilometer lange Stadtmauer 城墙 aus dem 14. Jahrhundert dominiert das Stadtbild der Innenstadt. Die zwölf Meter hohe und bis zu 18 Meter breite Mauer erklimmt man am besten auf Höhe des Südtores Nanmen 南门. Theoretisch könnte man, sollten die Stadtplaner den angekündigten Lückenschluß im Norden nahe dem Hauptbahnhof realisieren, Xi'an auf der Mauer umrunden. Neuerdings bieten einige kleine Stände sogar die Möglichkeit an, ein Rad für eine kleine Mauertour zu leihen. Der etwa ein Kilometer lange Mauerspaziergang vom Südtor in Richtung Osten zum Stelenmuseum reicht jedoch vollständig aus, um einen guten Eindruck von der Stadtmauer zu bekommen.

Wenn man linker Hand unterhalb der Mauer kleine Stände mit Kalligraphien und Malutensilien sieht, ist es Zeit, der nächsten Treppe nach unten zu folgen, die direkt bis zum schräg gegenüber gelegenen Eingang des Stelenwaldes 石林 führt. Einst ein konfuzianischer Tempel, wurde die großzügige Anlage im 11. Jahrhundert in eine Bibliothek umgewandelt. Die vier Pavillons im Gartenbereich erinnern an die Studenten, die einst aus dem ganzen Land nach Xi'an kamen, um die chinesischen Klassiker zu studieren. Bei den Steinfiguren im Vorgarten handelt es sich übrigens nicht um eine Seelenstraße wie in Beijing, sondern um simple Säulen zum Anbinden der Pferde. In der Bibliothek wurden allerdings keine Bücher gesammelt, sondern insgesamt 2300 Steinstelen. In einem Land, in der jede Dynastie dazu tendierte, die Geschichte in ihrem Sinne umzuschreiben, stellten die Stelen eine unschätz-

Festlicher Schmuck auf der Stadtmauer von Xi'an

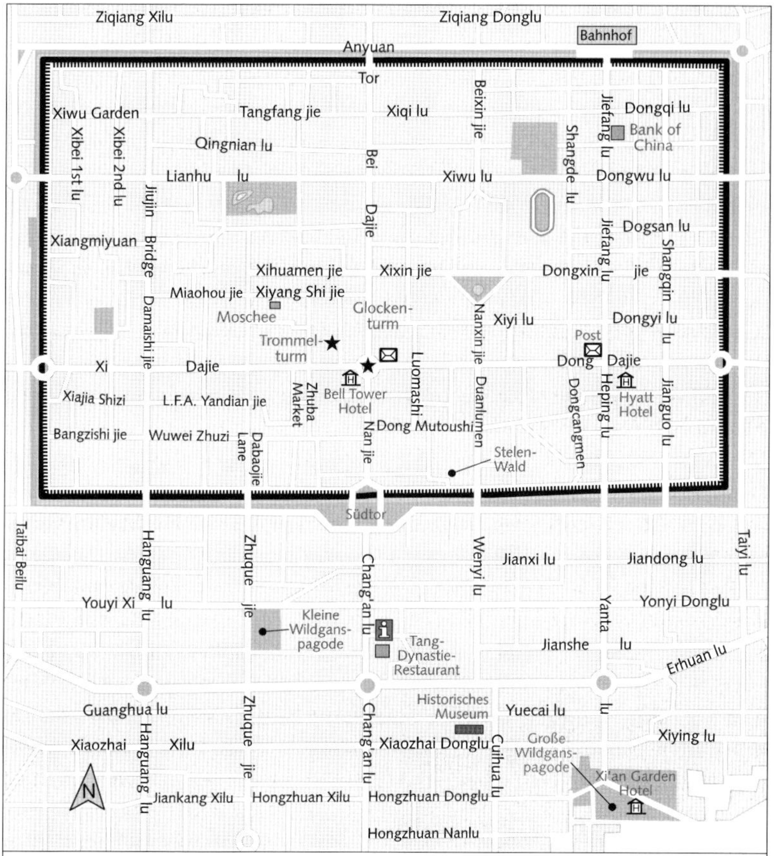

Xi'an 西安, Zentrum

bare und vor allen Dingen eine unfälschbare Quelle dar. Gleichzeitig dienten die Stelen auch als ein archivarisches Medium. Vor allem die Stelen in der zweiten und der dritten Halle beherbergen Zeugnisse der Vielfalt chinesischer Kultur, allen voran die Nestorianer-Stele in der zweiten, erkennbar an dem Kreuz im oberen Bereich, und die kalligrafischen Stelen in der dritten Halle. Man sollte sich die Zeit nehmen und die Mitarbeiter des Museums dabei beobachten, wie sie in Anlehnung an die jahrhundertealte Steinabreibetechnik Kopien der Stelen ziehen, Tinte und das Kissen zum Auftragen derselben im Anschlag. Die auf diese Weise entstandenen Reispapierkopien werden in der dritten Halle zum Verkauf angeboten.

Das Moslemviertel

Unweit des gewaltigen, 36 Meter hohen Glockenturms, der inmitten eines dreispurigen Kreisverkehrs thront und das Stadtzentrum beherrscht, liegen die Reste der Xi'aner Altstadt, das Moslemviertel. Durch die große Durchfahrt des Trommelturmes (Gulou 鼓楼), etwa 300 Meter westlich des Glockenturmes (Zhonglou 钟楼), erreicht man den Beiyuan Men 北院门. Zur Straße offene Restaurants, Garküchen, Souvenirstände und Kunstgalerien säumen auf einen knappen Kilometer die Straße. Nicht alles, was hier verkauft wird, ist echt, und ohne fachkundige Begleitung sollte man keine größere Summe in chinesischer Malerei oder in Antiquitäten anlegen. Einige der Galerien, allen voran die staatliche Kunstschule, etwa 500 Meter von Trommelturm entfernt auf der linken Seite, geben dem Besucher jedoch die Möglichkeit, einen Blick auf die weit verzweigte Innenhofarchitektur der Altstadt zu werfen.

Gleich hinter dem Trommelturm geht linker Hand eine kleine Gasse zur Großen Moschee ab (Da Qingzhensi 大清真寺). Flankiert von Souvenirständen, die aus nicht viel mehr als zwei Holzböcken und einer Tischplatte bestehen, dafür aber bis zum Biegen mit Postkarten, nachgemachten Antikgegenständen und Mao-Bibeln (auch in Deutsch, allerdings selten älter als ein Jahr) beladen sind, ist die Gasse nicht zu verfehlen. Zwischen die Hauswände gespannte farbige Planen tauchen sie in ein gedämpftes Licht. Sollten Sie die Möglichkeit nutzen wollen, ein kleines Souvenir zu erstehen, ist wie auf allen Straßenmärkten in China Handeln angesagt. Nachdem die Gasse eine Rechtskurve beschrieben hat, erreicht man nach weiteren 500 Metern ›Hallo-Markt‹ eine kleine Straßenkreuzung. Sie fragen sich, was ein ›Hallo-Markt‹ ist? Gehen Sie über einen solchen Markt, und Sie werden es schon auf den ersten Metern erfahren. Geht man geradeaus, gelangt man nach kurzer Zeit wieder auf die Beiyuan Men. Schaut man nach links, steht man vor der Großen Moschee.

Angesichts der Tatsache, daß Chang'an östliche Endstation der Seidenstraße war und viele der aus dem Westen kommenden Händler, die hier seßhaft wurden, Moslems waren, verwundert es kaum, daß bereits Mitte des 8. Jahrhunderts eine Moschee gebaut wurde, die seinerzeit das größte moslemische Gotteshaus außerhalb des islamischen Kerngebietes war. Die heute sichtbaren Gebäude stammen aus dem 18. Jahrhundert und sind eine interessante Mischung aus der architektonischen Schlichtheit moslemischer Sakralbauten und chinesischen Stilelementen. Das zentrale Minarett gleicht deshalb eher einem chinesischen Pavillon. Während die Große Moschee jahrelang von Touristen eher stiefmütterlich behandelt wurde, wurde sie in den letzten Jahren restauriert und erfreut sich inzwischen großer Beliebtheit vor allem bei westlichen Touristengruppen. Zu Recht, ist sie doch eine ruhige Oase in der ansonsten eher lebhaften, wenn nicht hektischen, Atmosphäre

Handpuppen auf dem Markt am Beiyuan Men

der Stadt. Eine kleine englische Broschüre mit der Geschichte der Moschee kann man am Eingang für zehn Yuan erstehen.

Vor allem am Abend empfiehlt sich ein Abstecher in die Altstadt. Der Beiyuan Men hat dann die Atmosphäre eines orientalischen Bazars: Lamm-Kebab-Spießchen, Fladenbrot, Maultaschen und vielerlei Sorten Nudeln werden feilgeboten. Das angebotene Essen ist einfach, aber ausgezeichnet. Einzig beim Sitzkomfort und bei der Getränkeauswahl muß man zuweilen Abstriche machen. Viele der Garküchen haben nur niedrige Tische und Hocker und schenken aus religiösen Gründen keinen Alkohol aus. Das Mitbringen von Bier oder Schnaps wird zwar geduldet, jedoch nicht immer gerne gesehen.

Das Historische Museum

Für jeden, der mehr als einen flüchtigen Blick auf die Geschichte Xi'ans und seiner Umgebung werfen will, ist der Besuch des 1992 eröffneten Historischen Museums (Shaanxi Lishibowuguan 陕西历史博物馆) ein Muß. Die chronologisch angelegte, museumstechnisch gut aufgearbeitete Ausstellung enthält knapp 3000 Objekte vom Neolithikum (Erdgeschoß) über die Han-, Wei- und Zhou-Dynastie (erster Stock) bis hin zur Sui-, Tang-, Ming- und Qing-Dynastie (zweiter Stock). Aus dem reichen Fundus des Museums, der mehr als 370 000 Exponate beinhaltet, werden vor allem Bronze-Artefakte, Porzellan, Terrakottafiguren und

buddhistische Skulpturen ausgestellt. Die gut gestaltete Homepage des Museums (www.sxhm.com) gibt einen ausgezeichneten Überblick sowohl über die ständigen als auch über gelegentliche Sonderausstellungen. Das Museum, unverwechselbar in seiner an die traditionelle chinesische Architektur angelehnten Bauweise, befindet sich etwa einen Kilometer nordwestlich der Großen Wildganspagode an der Xiaozhai Donglu Nr. 91.

Große und Kleine Wildganspagode

Viele Geschichten ranken sich um die Namensgebung der Großen Wildganspagode (Da Yanta 大雁塔). Eine Version erzählt von hungerleidenden Mönchen, denen Buddha ein herzhaftes Mahl in Form einer Wildgans schickte. Eine andere sieht die vor die Füße der hungrigen Mönche gefallene Gans als Prüfung und weist die damaligen Mönche, trotz ihres Hungers, als standhafte Vegetarier aus. Die Analen jedenfalls weisen auf das Jahr 672 hin, als die Tempelanlage gegründet und später um eine Pagode ergänzt wurde, die die aus Indien mitgebrachten Schriften des legendären Mönchs Xuanzhang beherbergen sollte. Die ursprüngliche, aus Lehm gebaute Pagode fiel bald ein und wurde im 8. Jahrhundert durch die Pagode ersetzt, deren Form Vorbild für spätere Renovierungen wurde. Wer den engen Treppen im Inneren der Pagode folgt, hat einen ausgezeichneten Blick auf Xi'an. Die Tempelanlage, die die Pagode umgibt, ist neueren Datums. In dem Durchgangsgebäude vor der Pagode befindet sich ein Portrait des Xuanzhang, der im 7. Jahrhundert auf seiner berühmten ›Reise in den Westen‹ in China zuvor unbekannte Sutren nach Xi'an brachte.

Auch wenn von der Tempelanlage der Kleinen Wildganspagode (Xiao Yanta 小雁塔) nichts mehr zu sehen ist, sind die Pagode und der dazugehörige Park einen Besuch wert. Vor allen an traditionell günstigen Tagen wie dem 9. 9. (die Zahl neun steht für die Ewigkeit) finden sich hier unzählige Hochzeitspaare zum Fototermin ein. Die Nebengebäude auf der rechten Seite beherbergen eine kleine Ausstellung bäuerlicher Kultur, und ein kleines Teehaus.

Das Vermächtnis des Qin Shihuangdi

Mao Zedong war ein großer Fan Qin Shihuangdis, dem ›ersten Kaiser der Qin-Dynastie‹, und merkte an, auch er hätte gerne eintausend konfuzianische Gelehrte

Das Minarett der Moschee von Xi'an

verbrannt. Die Geschichtsschreibung sieht ihn mal als Despoten, mal als Visionär, auch das Wort ›Größenwahn‹ wird nicht selten gebraucht. Tatsache ist, daß er es als erster, nach Jahrhunderten der Uneinigkeit und des Krieges, schaffte, die versprengten chinesischen Fürstentümer zu vereinen und die chinesische Idee für die nächsten zwei Jahrtausende zu prägen. Was davon spätere Hinzudichtung und was Realität ist, läßt sich nur schwer definieren. Sein Vermächtnis jedoch, die Terrakotta-Armee und das immer noch ungeöffnete Grab, lassen jedoch wenig Zweifel daran, daß Qin Shihuangdi zumindest eines war: unangefochtener Herrscher seiner Zeit. Bis heute blieb er Mythos und Vorbild nachfolgender Herrscher

Das Grab des Qin Shihuangdi liegt etwa 25 Kilometer östlich von Xi'an im Kreis Lintong. Die Terrakotta-Armee befindet sich noch einmal zwei Kilometer östlich davon. Dazwischen liegen einige Brennereien, die die Souvenirläden mit Terrakottakopien versorgen und ein chinesischer Vergnügungspark mit den ›anderen sieben Weltwundern‹. Wundern Sie sich also nicht, wenn Sie eine Pyramide und eine Sphinx aus dem Busfenster sehen.

Das Kaisergrab selbst ist nicht unbedingt einen Besuch wert, da es aus nicht viel mehr als dem Grabhügel und einer ihn umgebenden Mauer besteht. Eine Öffnung des Grabes wird von chinesischer Seite immer noch nach augenblicklichem technischem Stand für unmöglich gehalten. Nach den Analen des Sima Qian soll die Grabkammer einen See aus Quecksilber beherbergen, auf dem der Sarg des Kaisers in einem Schiff schwimmt. Das Gewölbe besteht danach aus einem künstlichen Himmel, auf dem Edelsteine die Sterne symbolisieren.

Die Terrakotta-Armee

Für die Terrakotta-Armee sollte man auf jeden Fall einen halben Tag einplanen. Das Ausgrabungsgelände mit seinen drei Haupthallen erreicht man über einen ausgedehnten ›Hallo-Markt‹. Man sollte vorsichtig sein, denn viele der in den kleinen roten Netzen für einen Spottpreis angeboten Figuren sind nicht gebrannt, nur getrocknet und zerbröseln spätestens im Koffer.

Eine ideale Einstimmung für den Besuch ist das Kuppelkino linker Hand des Eingangs. Auf der 360-Grad-Leinwand wird Bau und Geschichte der Terrakotta-Armee bildlich dargestellt. Auch wenn vor allem die Darstellung der Schlachten etwas sehr plastisch ausgefallen ist – die Ästhetik des Hongkong-Kinos stand Pate – gibt der zwanzigminütige Film eine recht gute Vorstellung über Bautechnik und Dimension des Mammutprojektes. Der Eintritt ist frei, die Vorstellungen finden halbstündlich statt.

In der Vorhalle der ersten Ausgrabung kann man sich noch einmal anhand eines Landschaftsmodells orientieren, das die Lage der verschiedenen Ausgrabungen zeigt. Hier wird deutlich, daß die tönerne Armee lediglich die östliche Flanke des Kaisergrabes beschützte. Ursprünglich hatten Archäologen vermutet, auch in den anderen Himmelsrichtungen weitere Armeen zu finden. Tatsächlich scheint die östliche Armee jedoch die einzige zu sein, sei es, daß das Projekt aus Zeit- oder Geldmangel nicht fertiggestellt wurde, sei es, daß der Kaiser seinen Hauptfeind im Osten vermutete.

Durch eine Flügeltür betritt man die Haupthalle. Das Dach der 1977 gebauten Halle, eine 500 Meter lange und 400 Meter breite Stahlkonstruktion, war damals in China eine Sensation und unterstreicht den Stellenwert, den selbst das damalige China dem Fund beimaß. 4000 der insgesamt 7000 Figuren hat man hier gefunden. Neben den restaurierten ersten Reihen, die einen ausgezeichneten Einblick in den Aufbau und die Aufstellung der Armee geben, setzen im hinteren Teil der Halle die Archäologen ihre Arbeit fort. Im Hintergrund kann man beobachten, wie die kürzlich ausgegrabenen Figuren zusammengesetzt werden. Kurz hinter dem Eingang, an der linken Flanke, ist die Stelle markiert, an der die ersten Figuren gefunden wurden.

Sie sollten den Kaiser im Jenseits schützen: Figuren der Terrakotta-Armee

Hat man in der ersten Halle einen guten Gesamteindruck bekommen, kann man sich in der zweiten Halle ein genaueres Bild von den Details und dem Stand der Ausgrabung machen. In großen Teilen der Halle sind die Tranchen noch ungeöffnet, zuweilen wurde das Dach bereits entfernt und man sieht die zertrümmerten Tonscherben, die vorsichtig zu Figuren zusammengesetzt werden. An den ungeöffneten Stellen kann man die hölzerne, zumeist versteinerte Dachkonstruktion bewundern, sogar die Abdrücke der Reismatten, die als Abdeckung dienten, sind zu sehen. Selbst einige Farbreste – die Figuren waren bei Fertigstellung bunt bemalt – sind auf den neu ausgegrabenen Figuren erhalten und können über einen Videomonitor begutachtet werden.

Auf der rechten Seite des Rundgangs sind einige repräsentative Figuren in Glaskästen ausgestellt. Die größte, die des Generals, mißt 1,94 Meter und ist die größte bisher gefundene Figur. Die Durchschnittsgröße der Figuren liegt bei rund 1,80 Metern, der Rang der Soldaten wird durch die Kopfbedeckung bestimmt. Sehen Sie einen Soldaten mit Haarknoten, so haben sie einfaches Fußvolk vor sich. Mützen in verschiedenen Variationen bestimmen die Offiziersränge. Nur die Körper, Hände und Füße sind Massenanfertigung, die Gesichter wurden individuell gestaltet. Angeblich wurden die Gesichter aller Figuren nach ihren realen Vorbildern, der Leibgarde des Kaisers geformt.

Hinter der zweiten Halle befindet sich der Kommandostand der Terrakotta-Armee. Die in der dritten Halle ausgestellte Ausgrabung ist die kleinste und enthielt nur 68 Figuren, zum Teil stark zerstört. Als aufgebrachte Bauern die Terrakotta-Armee kurz nach ihrer Fertigstellung stürmten, zog anscheinend der Kommandostand die größte Wut auf sich. Heute sind wieder einige Figuren aufgestellt, um die ursprüngliche Struktur anzudeuten.

Idealer Abschluß der Besichtigung ist der Besuch des 1999 neu errichteten Museums. In den Ausstellungsräumen im Untergeschoß sind die zwei Bronzewagen ausgestellt, die 1977 in der Nähe des Grabes Qin Shihuangdis gefunden wurden. Nach einer Theorie handelt es sich hierbei um die Inspektionswagen des Kaisers, nach einer anderen um den Totenwagen Qin Shihuangdis. Für die erste Version sprechen die winzigen Löcher, die die Fensterverkleidungen des zweiten Wagens haben: Wer auch immer dahinter saß, konnte sehen, ohne gesehen zu werden. Die Bronzearbeiten, vor allem das Zaumzeug und die Mähne der Pferde sind Zeugnisse einer hoch entwickelten Bronzegußtechnik.

Man sollte sich nicht über die enormen Ausmaße des Museumsgebäudes wundern. Das Museum ist auf Zuwachs gebaut, es lohnt sich, nach temporären Ausstellungen zu fragen.

Sollten Sie von den Eindrücken der Terrakotta-Armee überwältigt sein, können Sie sich auf dem Rückweg bei einem heißen Bad in den Huaqing-Thermalquellen am Stadtrand von Lintong erholen. Passen Sie jedoch auf, daß es Ihnen nicht so ergeht wie einst Chiang Kai-shek. Der chinesische Generalissimo erholte sich 1937 in den Quellen, als ein abtrünnig gewordener Warlord ihn gefangennahm, um ihn zu zwingen, sich mit den Kommunisten gegen die Japaner zu verbünden. Über einen Tag soll er standhaft geblieben sein, berichten taiwanesische Quellen, bis er einer Zusammenarbeit mit Mao Zedong zustimmte. Alles Lüge, behauptet die volkschinesische Legende, bei der Festnahme sei ihm das Gebiß abhanden gekommen, und er wollte sich keine Blöße geben. Erst als ihm der Sekretär ›seine Dritten‹ brachte, fühlte er sich den Verhandlungen gewachsen.

In der Umgebung der Thermalquellen kann man auch gut zu Mittag essen. Alternativ bieten sich die vielen kleinen Nudelstände vor dem Eingang der Terrakotta-Armee an, die ausgezeichnete Nudelsuppen aus handgezogenen Nudeln (Lamian 拉面) anbieten, die vor Ort kunstvoll hergestellt werden.

Der geliebte Despot

Chinesische Geschichtsschreibung ist regelmäßig auch Mythenbildung. Was auch immer real an der Figur Qin Shihuangdi sein sollte, sie ist und war Symbol der chinesischen Einheit, der Größe des chinesischen Staates und der nationalen Idee. Seine Feinde fürchteten ihn, Mao verehrte ihn, und der chinesische Starregisseur Zhang Yimou verewigte ihn in seinem Heldenepos ›Hero‹ als eine Art chinesischen Machiavelli, als Schöngeist, der die Muse den Zwängen der Macht opferte. Der erste Kaiser der Qin-Dynastie vereinheitlichte die Maße und Gewichte des Reiches, standardisierte die chinesischen Zeichen und die Spurbreite der Wagen. Als erster chinesischer Kaiser reklamierte er weite Gebiete südlich des Yangzi für sich und definierte damit die ideellen Grenzen des heutigen Chinas. In Zeiten der Zwietracht und der Zersplitterung – und davon gab es in den 2200 Jahren nach Qin Shihuangdi mehr als genug – erinnerte man sich seiner Vision des geeinten Chinas. Sicher war er ein Despot, und sein Größenwahn richtete die Qin-Dynastie schon 14 Jahre nach ihrer Gründung, zwei Jahre nach seinem Tod, zugrunde.

Die Terrakotta-Armee sollte seine Unsterblichkeit sichern. Der Plan ging auf – auch wenn Qin Shihuangdi sicher keine Touristen im Sinne hatte, die seinen Ruf in die Welt tragen. Sollten Archäologen in einigen Jahren sein Grab öffnen und das Skelett eines eher mickrig gewachsenen Herrschers finden, seinem Mythos würde dies keinen Abbruch tun.

Streitwagen aus der Ausgrabungstätte

Vorwahl: +86/29.
Post: Hauptpostamt in der Bei Dajie 北大街 1, sowie gegenüber dem ›Hyatt Hotel‹, Dong Dajie 东大街 161.
Bank: Bank of China, Jiefang Lu 解放路 157.
Reisebüro: Golden Brigde Travel befindet sich im zweiten Stock des ›Bell Tower Hotels‹, direkt am Glockenturm. CITS Xi'an hat ihr Hauptbüro auf der Bei Duan Chang'an Lu 北段长安路 32, Tel. 5262066.

Xi'an ist per Direktflug von Osaka, Tokio, Hongkong, Shanghai, Chengdu, Beijing und annähernd jeder chinesischen Großstadt zu erreichen.

Xi'an hat Direktverbindungen mit Beijing (16 h), Shanghai (22 h), Chengdu (16 h) und Urumqi (48 h). Vor allem die Fahrt Richtung Westen entlang der Seidenstraße nach Dunhuang, Turfan und Urumqi ist ein Muß für Eisenbahnfans, die etwas Zeit mitbringen. Die Fahrt durch den Gansu-Korridor und die Taklamakan-Wüste führt über eine der faszinierendsten Eisenbahnstrecken der Welt.

Für Langstreckenverbindungen ist auf jeden Fall der Zug vorzuziehen, da die Straßen in Shaanxi nicht zu den besten in China gehören. Interessant ist die Busverbindung nach Yan'an, dem historischen Rückzugsgebiet der kommunistischen Truppen Mao Zedongs während des Bürgerkrieges. Die zentrale Busstation befindet sich gegenüber dem Hauptbahnhof.

›Bell Tower Hotel‹ (Zhonglou Binguan 钟楼宾馆), 4 Sterne, Nan Dajie 南大街 110, Tel. 87600000 Fax 87271217. Nach der kürzlich abgeschlossenen Renovierung erste Wahl, vor allem aufgrund der zentralen Lage gegenüber dem Glockenturm. Im zweiten Stock befinden sich mehrere Reisebüros.

›Xi'an Garden Hotel‹ (Tanghua Fandian 唐华饭店), 4 Sterne, Yanyin Lu 燕引路 40, Tel. 5261111 Fax 5261998. Unweit der Großen Wildganspagode gelegen, ist dieses einer chinesischen Gartenanlage nachempfundene Hotel eine Alternative für Gäste, die einen Sinn für architektonische Feinheiten haben.

›Hyatt Hotel Xi'an‹ (Xi'an Kaiyue Jiudian 西安凯悦酒店 (阿房宫), 5 Sterne, Dong Dajie 东大街 158, Tel. 87691234 Fax 87696799, www.xian.regency.hyatt.com. Der amerikanische Präsident Clinton übernachtete hier, und der ist bekanntermaßen kein Kostverächter. Eines der wenigen Hotels in China, die dem Fünf-Sterne-Standard auch nach internationalen Maßstäben gerecht werden. Die Lage unweit des Glockenturms macht dieses Hotel zur idealen Wahl für alle, die westlichen Luxus und Service auf ebensolchem Preisniveau bevorzugen.

Xi'an ist eher bekannt für seine bäuerliche als seine exklusive Küche. Vor allen Nudeln und Teigtaschen bestimmen den Speisezettel, allerdings, wie die berühmten Jiaozi 饺子 Xi'ans, in unzähligen Variationen. Der Besuchauf einem der vielen Nachtmärkte der Stadt bietet die Möglichkeit, die ganze Vielfalt der lokalen Küche zu genießen. Der Nachtmarkt auf der Beiyuan Men 北院门 sowie in der Parallelstraße Damaishi Jie 大卖市街 im Moslemviertel bietet außerdem exzellente moslemische Küche wie Kebab-Spießchen und Lamian 拉面, frisch zubereitete Nudeln aus Weizenteig, die als Suppe oder gebraten verzehrt werden.

Ein original Jiaozi-Bankett mit einer Abfolge von mehr als zwanzig verschiedenen salzig und süß gefüllten Teigtaschen kann man vielerorts genießen, unter anderem im ›Xian Jiaozi Feast Restaurant‹ in der Jiefang Lu 解放路 Nr. 229 und im De Fa Chang, Xi Dajie Nr. 3, in dem großen traditionellen Gebäude auf dem großen Platz zwischen Glocken- und Trommelturm.

Wenn man ein den Kaiserbuffets nachempfundenes Abendessen mit Musik und Tänzen der Tang-Dynastie erleben will, so ist der ›Vergnügungspalast der Tang‹ (Tang Le Gong 唐乐宫) in der Chang'an Beilu 长安北路 Nr. 75 ein guter Tip. Für das fünfgängige Menu mit Reiswein und die knapp einstündige Vorstellung muß man 380 Yuan einplanen. Reservierung empfohlen: Tel. 5261633, www.xiantangdynasty.com.

Die Dong Dajie 东大街 östlich des Glockenturmes ist die Haupteinkaufsstraße Xi'ans. Hier befinden sich mehrere große Kaufhäuser, Supermärkte, Fotogeschäfte, der Fremdsprachenbuchladen und die Post. Auf halbem Weg zwischen dem Glockenturm und dem ›Hyatt Hotel‹ liegt nördlich der Straße ein interessanter Gemüse- und Heilkräutermarkt.

Wer gerne handelt, ist im Moslemviertel um den Beiyuan Men und die Moschee gut aufgehoben. Mit ein wenig Geduld kann man hier günstig Souvenirs, Kunsthandwerk und auch die eine oder andere Antiquität finden. Die kleinen Geschäfte um die Kleine Wildganspagode sind ebenfalls eine gute Adresse, um kunsthandwerkliche Gegenstände zu erstehen.

Yan'an

Yan'an 延安 liegt fernab der Großstädte und inmitten der unwirtlichen Lößberge Shaanxis, deren gelber Staub im Herbst bis vor die Haustür der Beijinger weht. Genau diese abgelegene geographische Lage führte jedoch dazu, daß der Ort Yan'an in den späten 1930ern zum Refugium der Kommunisten wurde. 1934 hatten die republikanischen Truppen das Rückzugsgebiet der KP-Mitglieder und ihrer Anhänger in der südchinesischen Provinz Jiangxi umzingelt und erobert. Praktisch in letzter Sekunde gelang es mehr als 100 000 von ihnen, zu fliehen und den Nationaltruppen zu entkommen. In den folgenden Monaten irrten sie 12 000 Kilometer durch China, getrieben von den Truppen Chiang Kai-sheks. Erst in den Lößbergen Shaanxis fanden sie Zuflucht. In Yan'an angelangt, waren gerade einmal 8000 Teilnehmer des Langen Marsches übrig – und Mao Zedong mittlerweile ihr absoluter Führer. Hier sammelten sie sich während der nächsten zehn Jahre und von hier aus eroberten sie letztlich im Bürgerkrieg 1945 bis 1949 ganz China.

Kein Wunder, daß Yan'an während der Kulturrevolution regelrecht zur Wallfahrtsstätte wurde. Auch wenn die Zeit in Yan'an heute von viel Revolutionsromantik verbrämt wird, ein Blick auf die einfachen Höhlenwohnungen und schwierigen landwirtschaftlichen Bedingungen läßt erahnen, daß das Leben der Kommunisten ganz sicher nicht einfach war. Kein Wunder, daß der ›Große Vorsitzende‹ nach 1947 keinen Fuß mehr nach Yan'an setzte.

Ohne politisches Interesse ist die Stadt wirklich kein Muß auf dem Reiseverlauf. Wer jedoch Spaß an geschichtlichen Hintergründen findet, mag sich nach einem Besuch von Yan'an ein wenig besser in die Lage und Motivation der KPCh-Mitglieder Chinas vor der Zeit der kommunistischen Machtübernahme einfühlen.

Das Wahrzeichen Yan'ans und ergo auch das Symbol für den Kampf der Kommunisten in den späten 1930ern ist die Pagode auf dem Dialing-Hügel. Von hier aus läßt sich die gesamte Stadt überblicken. Wahre Sozialisten begeben sich danach nach Yanjialing, zu den ehemaligen Gebäuden des Zentralkomittees der KPCh 中共中央住地 etwa drei Kilometer nordwestlich der Stadt. In den umliegenden Dörfern lassen sich auch noch die Höhlenwohnungen der einstigen Rebellen und späteren Machtinhaber besichtigen.

Yan'an ist per Flug, Zug oder Bus ab Xi'an zu erreichen. Für die fast 300 Kilometer lange Anreise über Land sollten Sie allerdings einen vollen Tag einplanen.

Die Auswahl an Ausländer-Hotels ist eher mager. Das

Yan'an Binguan 延安宾馆 in der Zhongxin Jie 中心街 56 bietet aber sauberen Service. Tel. 2113122

Revolutions-Paraphernalia bis zum Abwinken. Sammler von Mao-Buttons und jene, die ihre Kollektion roter Mao-Bibeln aufstocken möchten, sind hier richtig.

Datong

Die Kohle-Stadt Datong 大同 liegt fernab der alten Königsstädte und beherbergt doch einen der wichtigsten Kunstschätze Chinas. Heute ist Datong ein rechter Moloch mit viel Luftverschmutzung und zahlreichen Industriebetrieben. Die Ursprünge der Stadt gehen jedoch auf die Han-Dynastie zurück, im zweiten Jahrhundert vor Christus diente der Ort als Garnisonsstadt an der Großen Mauer.

Die Blütezeit Datongs jedoch begann im Jahre 386, als das buddhistische Volk der Toba die Wei-Dynastie gründete und Datong, damals noch unter dem Namen Pingcheng, zur Hauptstadt erhob. Im Jahr 453 wurden auf Wunsch des Wei-Herrschers Toba Jun die Arbeiten an einer buddhistische Stätte wenige Kilometer westlich der Stadt begonnen: den Yungang-Grotten 云冈石窟. Mehr als 40000 Arbeiter waren die nächsten hundert Jahre damit beschäftigt, 53 Höhlen aus dem Fels des Wuzhoushan zu schlagen und mit Buddhamotiven beziehungsweise Statuen zu versehen. Der Einfluß indischer und griechischer Kunst war dabei nicht zu übersehen: Immerhin waren die Toba ein zentralasiatisches Turkvolk, das traditionell viele Kontakte nach Westen pflegte. Als die Toba 494 ihre Hauptstadt nach Luoyang verlegten, ging auch der Buddhismus auf Reise: Die Idee einer Höhlen-Andachtstätte wurde auch dort verwirklicht und steht heute als ›Longmen-Grotten‹ auf den Tourverläufen.

Die Yungang-Höhlen sind heute simpel durchnumeriert und werden in eine mittlere, östliche, und westliche Höhlengruppe unterteilt. Ganz im Osten liegen die Höhlen 1 bis 4: Sie sind etwas schlichter und nicht ganz so gut erhalten wie die folgenden. Höhle 3 ist dabei mit 25 Metern Höhe die größte von Yungang. Opulent und besonders sehenswert sind die mittleren Höhlen 5 bis 13. In der Höhle 5 steht die größte Buddhastatue von Yungang, sie ist 17 Meter hoch und stellt Buddha zum Zeitpunkt seiner Erleuchtung unter dem Bodhi-Baum dar. Die Höhle Nr. 7 und 8 beweisen den Einfluß der indischen Kunst, wurden hier doch auch Shiva und Vishnu als Reliefs verewigt. Die westlichen Höhlen 16 bis 20 stellen jeweils einen Wei-Herrscher dar. Sie wurden in den Jahren nach 460 erschaffen. Über all dem belächelt ein fast 14 Meter hoher Sakyamuni-Buddha die Szenerie. Sein amüsierter und gutmütiger Gesichtsausdruck ist typisch für die Buddha-Statuen der Wei-Dynastie. Für die meisten Reisenden endet die Höhlen-Tour hier, denn die folgenden Grotten sind im Vergleich eher unbedeutend.

Ihren heutigen Namen erhielt die Stadt Datong übrigens erst unter den Liao, die die Stadt 960 einnahmen und eine zweite Blütezeit einleiteten. Aus dieser Periode stammen die Hängenden Klöster 悬空寺 am Berg Hengshan, siebzig Kilometer südlich von Datong, deren wagemutigen Holzkonstruktionen am Fels wahrhaft den Eindruck erwecken, man habe das Kloster freischwebend an den Fels geklebt.

Heute ist Datong vor allem eingefleischten Eisenbahn-Fans ein Begriff, denn hier befindet sich die weltweit letzte Dampflokomotiven-Fabrik 大同机车厂. Auch sie stellte zwar 1989 die Produktion um und beschränkt sich heute auf Dieselzüge, die früheren Modelle sind aber noch in einer permanenten Ausstellung zu besichtigen.

Vorwahl: +86/352.
Post: An der Kreuzung Xinjian Nanlu und Da Xijie befindet sich die Hauptpost.

Per Zug ist Datong ab Beijing in ca. 7 Std. zu erreichen. Von hier nach Taiyuan sind es ca. 8 Std.

›Yungang Binguan‹ 云冈宾馆, 3 Sterne, Yinbin Donglu 阴斌东路 21, Tel. 521601.

Zahlreiche Restaurants befinden sich auf der Da Xijie 大西街 im Stadtzentrum.

Pingyao

Geschwungene Dächer, bunt verzierte Dachstreben und selbstverständlich kein einziges modernes Gebäude, das die Harmonie stören könnte: Pingyao 平遥 scheint typisch für das alte China, es ist ausnehmend gut erhalten und bietet sich zudem noch für einen Zwischenstop auf der Strecke Xi'an–Beijing an. Einst ein wichtiges Handels- und Finanzzentrum, geriet die Stadt 100 Kilometer südlich von Taiyuan zum Ende der letzten Dynastie in Vergessenheit. Heute besticht Pingyao vor allem durch seine vollständig erhaltene Ming- und Qing-zeitliche Architektur und (noch) wenig Tourismus. Das allerdings dürfte sich bald ändern, denn seit der Ort von der UNESCO zum Weltkulturerbe erklärt wurde, rühren die Einwohner kräftig die Werbetrommel. Fans des chinesischen Filmemachers Zhang Yimou kennen Pingyao wahrscheinlich schon, ohne es zu wissen: Hier wurde das international erfolgreiche Drama ›Die rote Laterne‹ gedreht.

Vorwahl: +86/354.

An der Zugstrecke Xi'an–Beijing gelegen, läßt sich Pingyao gut als Tages-Zwischenstop einplanen.

Allzu groß ist die Auswahl noch nicht, denn bisher hat der internationale Tourismus Pingyao nicht entdeckt. Das ›Yuncheng Minfeng Binguan‹ 云锦程民丰宾馆, liegt malerisch und zentral in der Nähe des Glockenturms an der Nan Dajie 62, 南大街, 1 Stern, Tel. 5625318.

Luoyang

Auch wenn es niemand tut – sinnvoll wäre es, von Datong direkt nach Luoyang 洛阳 zu reisen und damit denselben Weg zu nehmen wie die buddhistische Kunst: Als einst die Wei-Herrscher ihre Hauptstadt von Datong nach Luoyang verlegten, wanderte die Idee der buddhistischen Grotten ebenfalls nach Süden. Auch vorher hatte Luoyang verschiedenen Dynastien als kulturelles und politisches Zentrum gedient: so zum Beispiel den östlichen Zhou (770–221 v. Chr.), den östlichen Han (25–220) und den westlichen Jin (265–316). Unter den Wei jedoch begann eine buddhistische Blütezeit. Ähnlich wie in Yungang begannen die Toba auch in Luoyang um das Jahr 493 mit dem Bau einer buddhistischen Andachtsstätte. In den folgenden 400 Jahren wurden 14 Kilometer südlich der Stadt mehr als 100000 buddhistische Statuen aus dem Fels entlang des Yi-Flusses gemeißelt. Besonders wohlhabende Bürger oder Mitglieder der kaiserlichen Familien gaben in den Longmen-Grotten Statuen in Arbeit, um sich Glück und Wohlstand zu sichern. Auch unter den folgenden Dynastien wurden die Arbeiten fortgeführt. Insgesamt entstanden so mehr als 1300 Höhlen und gut 700 Nischen mit mehr als 100000 Statuen. Nicht einmal ein Zehntel der Originalstatuen ist heute noch verblieben: Teils wurden sie im 19. und 20. Jahrhundert geraubt oder im Verlauf der Kulturrevolution zerschlagen. Heute versucht man, die Grotten, deren künstlerische Bedeutung noch immer von Weltniveau ist, zu erhalten. Im Jahr 2000 wurden sie auf die Liste des UNESCO Weltkulturerbes gesetzt.

Alle Höhlen zu besichtigen würde sicher den Zeitrahmen der meisten Touristen sprengen. Die größte Höhle (35 Meter x 39 Meter), der Fengxian-Tempel an der Südseite des Westhügels, sollte aber auf dem Programm stehen. Sie stammt aus der Tang-Dynastie und war einst durch ein Dach vor den Elementen geschützt. Hier steht der 17 Meter hohe Vairocana-Buddha zusammen mit seinen Schülern Kasyapa und Ananda. Etwas weiter liegt die älteste der Höhlen, die Guyang-Grotte. Sie entstand zwischen 495 und 575 und gilt als typisch für den künstlerischen

Stil der nördlichen Wei-Dynastie. Dazu kommen zahlreiche Kalligraphien, die sonst in der Anlage sehr selten sind. Die Lianhua-Höhle wiederum wurde nach dem großen Lotus an der Decke benannt. Sie wurde zirka im Jahr 527 der nördlichen Wei erschaffen und beherbergt den Sakyamuni-Buddha. In der Wanfo-Grotte, (übersetzt 10 000-Buddha-Höhle) verzieren mehr als 15 000 kleine Buddhastatuen die nördliche und südliche Wand. Sie stammt aus der Tang-Dynastie und wurden auf Geheiß des Kaisers Gaozong und seiner Frau Wu Zetian erschaffen.

Ein weiteres wichtiges Monument des Buddhismus ist 13 Kilometer östlich von Luoyang zu finden: Der Tempel des Weißen Pferdes 白马寺 gilt als erster buddhistischer Tempel Chinas und wurde im ersten Jahrhundert nach Christus gegründet. Der Legende nach entsandte der Han-Kaiserhof zwei Boten nach Westen, um nach buddhistischen Schriften zu suchen. Ihre spirituelle Ernte – die Sutren und Statuen – wurde angeblich auf zwei weißen Pferden nach Luoyang gebracht und standen deshalb Pate bei der Namensgebung.

Das Shaolin-Kloster

Einige Kilometer vor den Toren der Stadt liegt eine weitere buddhistische Sehenswürdigkeit aus dem sechsten Jahrhundert, die dank der Hongkonger Filmindustrie auch in Europa zu Ruhm gekommen ist: das Shaolin Kloster 少林寺.

Im Jahr 527 kam der Mönch Bodhidarma aus Indien nach China und ließ sich am Songshan nieder. Fast zehn Jahre meditierte er vor einer Felsenwand und begründete damit die Schule des Chan-Buddhismus – im Westen bekannt unter der japanischen Übersetzung ›Zen‹. Nicht die Texte, Sutren oder Lehren sind es im Zen, die den Menschen voranbringen, sondern die innere Einkehr und das Loslassen. Keine Logik, keine Rückschlüsse, jeder kann die Erleuchtung erfahren und den Buddha in sich entdecken, wenn er von diesen geistigen Zwängen läßt. Daß das Shaolin-Kloster auch im Westen so bekannt ist, hat aber weniger mit der philosophischen Qualität des Zen, als mit der Kampftradition der Mönche zu tun. Disziplinen wie Kungfu oder auch das eher meditative Taiji gehören zum Repertoire des Shaolin-Klosters und wurden angeblich hier erfunden. Einst waren sie zur körperlichen Ertüchtigung zwischen den anstrengenden Meditationssitzungen gedacht, wurden aber schnell zur Kampfkunst weiterentwickelt.

In der Welt der ›Eastern‹-Actionfilme gehört Shaolin zu den unerläßlichen Themen – bedauerlicherweise, denn der eigentliche Klosterbetrieb gerät vor lauter Tourismus und Medienrummel immer mehr in den Hintergrund. Seit Bruce Lee mit der ›Todeskralle von Shaolin‹ seinen Siegeszug durch die westlichen Kinos antrat, ist es vorbei mit der Beschaulichkeit des Shaolin-Klosters. Zur Touristen-Saison reichen die Busparkplätze kaum aus. Allem Rummel zum Trotz ist die Anlage aber sehenswert geblieben. Besonders die Qianfo Dian (Tausend-Buddha-Halle) mit den gemalten Kampf-Szenen aus der Ming-Dynastie und den Pagodenwald neben dem Kloster sollte man sich ansehen. Hier wurden über 200 Äbte und Shaolin-Mönche begraben. Die zu ihrer Erinnerung errichteten Pagoden stammen teils noch aus der Tang-Dynastie.

Ab Luoyang oder Zhengzhou per Bus/Minibus ab Bahnhof zu erreichen.

Nur das überteuerte und meist überfüllte ›Songshan Binguan‹, 1 Stern, liegt direkt am Tempel. Eine Unterkunft in Luoyang ist sicher die einfachere Alternative für Tagesbesucher.

Kaifeng

Einst eine der größten und fortschrittlichsten Städte der Welt, liegt Kaifeng 开封 heute ein wenig vergessen im Hinterland und im Schatten der Provinzhauptstadt Zhengzhou. Kaifeng wurde zur Zeit der Streitenden Reiche (770–476 v. Chr.) in der Zhou-Dynastie gegründet und diente insgesamt sieben Dynastien als Hauptstadt, darunter allerdings auch einige historisch weniger bedeutende wie die späteren Liang, Han und Zhou aus der Zeit der ›Fünf Dynastien‹ (907–960).

Ihre Blütezeit erlebte die Stadt jedoch als Hauptstadt der nördlichen Song. Mehr als eine Millionen Einwohner hatte Kaifeng (heute ist es kaum mehr als die Hälfte!) unter der Regentschaft der kulturverliebten Dynastie. Im Jahre 1127 nahmen jedoch die nomadischen Jin die Stadt ein, das Kaiserhaus flüchtete nach Südchina und verlagerte die Hauptstadt nach Hangzhou. Zurück blieb Kaifeng als Ruinenstadt. Recht schnell wurde sie wieder aufgebaut und blieb trotz des Abstiegs in die Liga der Provinzstädte ein wichtiges Handelszentrum. Mitte des 17. Jahrhunderts wurde Kaifeng abermals dem Erdboden gleichgemacht, als die schwindende Ming-Dynastie im Kampf gegen die Mandschuren die Dämme des Gelben Flusses sprengen ließ. Mehr als 300 000 Bürger der Stadt wurden jedoch vergeblich geopfert, denn 1644 eroberten die mandschurischen Qing China und lösten die Ming-Herrscher ab.

Auch in den folgenden Jahrhunderten wurde die Stadt immer wieder von Überschwemmungen zerstört, so daß trotz der langen und ruhmreichen Geschichte Kaifengs nur wenige Sehenswürdigkeiten überdauerten. Lediglich die Eiserne Pagode 铁塔 am nördliche Ende der Beimen Dajie 北门街 blieb erhalten: Sie wurde im Jahr 982 erbaut und 1049 mit glasierten Ziegeln versehen, die von weitem einen ›eisernen‹ Eindruck erwecken. Bei näherem Hinsehen erst fällt auf, daß sie alle mit kleinen Detailreliefs versehen sind. Der dazugehörige Tempel wurde in der Qing-Dynastie abgerissen.

Auch ohne die sonst übliche Fülle an Sehenswürdigkeiten, ist Kaifeng eine sehenswerte Stadt geblieben: Die heimelige Altstadt ist noch immer von einer Stadtmauer umgeben und besticht mit Bilderbuch-Atmosphäre. Ein wenig vergessen wirkt die Stadt heute – und das ist gut so!

Vorwahl: +86/378.
Bank: Die Bank of China befindet sich in der Gulou Jie 鼓楼街.

Per Zug ist Kaifeng in gut neun Stunden ab Xi'an oder 13 Stunden ab Shanghai zu erreichen. Busse und Züge zur benachbarten Provinzhauptstadt Zhengzhou sind mindestens zwei Stunden unterwegs.

›Kaifeng Binguan‹ 开封宾馆, 2 Sterne, Ziyou Lu 自由路 64, Tel. 5955589. Dieses russisch-chinesische Gemeinschaftsunternehmen liegt mitten im Zentrum der Stadt.

Der Nachtmarkt liegt an der Ecke Sihou Jie und Madao Jie und ist ab Sonnenuntergang geöffnet.

Fahrradrikscha

Die Juden von Kaifeng

Lange waren sie von der Welt vergessen – erst die Öffnung der Volksrepublik in den achtziger Jahren brachte den Juden von Kaifeng wieder öffentliche Beachtung. Nicht ohne Grund, denn jüdische Diaspora gibt es überall auf der Welt, doch im Gegensatz zu den jüdischen Gemeinden von Shanghai oder Harbin, handelt es sich in Kaifeng um ›chinesische‹ Juden, äußerlich nicht von ihren konfuzianischen Nachbarn unterscheidbar. Woher sie kommen, weiß niemand genau. Ob es gestrandete jüdische Händler oder orientalische Juden waren, die hier Schutz vor Pogromen fanden, bleibt unklar. Sicher ist nur, daß die erste Synagoge bereits im Jahre 1163 erbaut wurde und in der Song-Dynastie bis zu 10000 Juden in Kaifeng lebten. Christliche Missionare berichteten immer wieder ein wenig ratlos von der Sekte der ›blauhütigen‹ Moslems. Erst im 17. Jahrhundert wurde das Rätsel gelöst. In der Zwischenzeit hatten die Juden von Kaifeng eine wahre Blütezeit erlebt, denn unter den Ming (1368–1644) wurden sie vollständig in die Gesellschaft integriert. Viele von ihnen hatten als kaiserliche Beamte Karriere gemacht, und alles in allem war die Gemeinschaft wohlhabend.

Zwei Ereignisse jedoch sollten im 17. Jahrhundert den Aufstieg der Juden bremsen. Das eine war die Flutkatastrophe von 1642, die mehr als die Hälfte der jüdischen Bevölkerung das Leben kostete. Nur zwei Jahre später löste die xenophobe Qing-Dynastie die Ming ab. Im Verlauf des sogenannten Ritenstreits – Papst Clement XI. hatte chinesischen Christen verboten, ihre traditionellen Riten zu vollziehen und damit den Zorn des Kaisers Kangxi auf sich geladen – wurden fast alle Ausländer des Landes verwiesen. Die Juden von Kaifeng verloren so jeglichen Auslandskontakt. Der wirtschaftliche Mittelpunkt Chinas lag nun ohnehin nicht mehr an der Seidenstraße, sondern an der Küste, wodurch die jüdische Gemeinschaft um einen Großteil ihrer Einkünfte gebracht wurde. Im 19. Jahrhundert wurde es endgültig still um die Juden von Kaifeng, die heute eher aus touristischen Gründen (und den daraus resultierenden Folgen) denn aus religiösen Gründen eine Renaissance erfahren.

Die Mandschurei

Mit dem nüchternen geographischen Begriff Dongbei 东北, zu Deutsch ›Nordost‹ wird die Region zwischen Rußland, der Mongolei und Nordkorea bezeichnet. Einst waren die Provinzen Heilongjiang, Liaoning und Jilin die Heimat des Mandschu-Volkes und sind deshalb in Deutschland als Mandschurei bekannt. In China selbst hat Begriff ›Manzhou‹ allerdings einen bitteren Beigeschmack, erinnert er doch an die japanische Besatzung und den daraus resultierenden Marionettenstaat Mandschukuo. Dazu kommt, daß der Begriff gerne auch separatistisch interpretiert wird – und wer möchte schon mit so einem Verbrechen assoziiert werden? Nordost also.

Die Mandschurei

Trommelturm bei Sanjiang
In der Verbotenen Stadt in Beijing

Egal unter welcher Bezeichnung: dieser Landstrich war viele Jahrhunderte von China, Rußland und Japan gleichermaßen heiß begehrt. Schließlich ist der Nordosten voller Rohstoffe und birgt die wichtigsten Eisenerz-, Öl- und Kohlevorkommen Chinas. Bergbau und Schwerindustrie prägen daher große Teile der Mandschurei – zumindest dort, wo Menschen wohnen. Dazwischen lockt die Region mit viel unberührter Natur und dichten Wäldern. Sie gilt dank fruchtbarer Böden und viel sommerlichen Regens als Kornkammer des Landes, aber auch als Ruhrgebiet Chinas. Klimatisch ist der Nordwesten ein äußerst rauhes Pflaster: Bis unter minus 30 Grad fällt das Thermometer im Winter – und die kalte Jahreszeit ist lang. In manchen Gegenden gibt es gerade einmal 120 Tage ohne Frost. Trotzdem leben hier gut 100 Millionen Menschen auf einer Fläche von 780 000 Quadratkilometern, etwas mehr als die doppelte Größe Deutschlands.

Auch wenn so gut wie keine europäischen Touristen den Nordosten besuchen, ist die Mandschurei ›Trainspottern‹ und Eisenbahn-Freaks schon lange ein Begriff, denn hier sind besonders viele alte Dampflokomotiven unterwegs. Wirtschaftlich ist der Nordosten sicher eines der Schlüsselgebiete Chinas. Auch in sozialer Hinsicht ist dies eine wichtige Region. Vor allem jetzt, da die maroden Staatsbetriebe nur noch mit massiver Unterstützung der Zentralregierung am Leben erhalten werden können. Ganz richtig vermutet Beijing hier einen potentiellen sozialen Unruheherd, denn mit jeder Betriebsschließung erhöht sich das Heer der Arbeitslosen.

Geschichte

Obwohl die Mandschurei die Heimat vieler nomadischer Völker ist, darunter auch der Dschurdschen, Kitan und Mandschus, stand sie bis Anfang der Song-Dynastie (960–1127) mehr oder weniger unter der Kontrolle der Han-Chinesen. Dann jedoch erstarkten die Kitan (907–1125, in der chinesischen Geschichtsschreibung als Liao-Dynastie bekannt) und ergriffen die Macht in der Mandschurei. Im zwölften Jahrhundert wurden sie von den Dschurdschen gestürzt, die als Jin-Dynastie große Teile Nordchinas beherrschten und die Song zum Rückzug nach Südchina zwangen. Aber auch diese Dynastie fand ein Ende, als die Mongolen Mitte des 13. Jahrhunderts China überrannten.

Zur Zeit der darauffolgenden chinesischen Ming-Dynastie (1368–1644) begann die wahre Blütezeit der Mandschus. Dem Stammesfürsten Nurhaci gelang

Garten innerhalb der Verbotenen Stadt; Thronsaal in der Verbotenen Stadt
Im Ahnentempel der Familie Chen in Guangzhou

es im 16. Jahrhundert, die diversen Stämme zu vereinen und eine ›einheitliche‹ Mandschu-Kultur zu erschaffen. Mit der Einführung einer eigenen Schrift und diverser Gesetzestexte förderte er die gemeinsame Identität und wurde schnell zum Herrscher über die gesamte Mandschurei, die damals nicht nur die heutigen drei Provinzen umfaßte, sondern von der östlichen Inneren Mongolei im Westen bis zum Stanovoi-Gebirge im Norden und der Insel Sachalin im Osten reichte.

Unter Nurhacis Enkel Shunzi schließlich eroberten die Mandschu-Truppen Beijing und usurpierten 1644 den Thron. Als Qing-Dynastie herrschten die Mandschus über das gesamte chinesische Reich. Chinesen war es übrigens zu dieser Zeit verboten, in der Heimat der Mandschuren zu siedeln. Erst mit dem wachsenden Bevölkerungsdruck Mitte des 19. Jahrhunderts sahen sich die Qing-Herrscher gezwungen, dieses Verbot aufzuheben. Ohnehin hatten sich die Mandschus bereits assimiliert und fast alle chinesischen Gesellschaftsregeln übernommen. Als letzte Dynastie Chinas gingen sie mit dem Ende des Kaiserreiches 1911 in die Geschichte ein.

Doch schon vorher war die Lage in der Mandschurei angespannt. Der Japanisch-Chinesische Krieg 1894 endete mit einer bitteren Niederlage für China, das die Liaoning-Halbinsel abtreten mußte. Um weitere japanische Expansionen abzuwenden, wandte sich der Mandschu-Kaiserhof an Rußland. Schon lange war man am Zarenhof erpicht darauf, die Präsenz in dieser Region zu vergrößern. Die chinesische Erlaubnis, eine Eisenbahnlinie von Vladivostok nach Dalian zu bauen, war nur der Anfang. Schnell besetzte die russische Armee große Landstriche, die Rußland allerdings nicht lange behalten sollte, denn bereits 1905 verlor es seine Einflußgebiete im Russisch-Japanischen Krieg an Japan. Mit ihren Bodenschätzen und weiten, relativ dünn besiedelten Landschaften schien die Mandschurei ideal für weitere japanische Pläne, denn längst war der Bevölkerungsdruck in Japan so groß und die wirtschaftliche Lage so prekär, daß die Pläne einer finalen Eroberung der Mandschurei entstanden.

Mit dem Zwischenfall von Mukden schuf Japan im September 1931 einen geeigneten Vorwand, um die gesamte Mandschurei zu besetzen. Ein vorgetäuschter Bombenanschlag auf die südmandschurische Eisenbahn, ein japanisches Unternehmen, wurde als Vorwand inszeniert, um dem lokalen Machthaber, dem ›Warlord‹ Zhang Xueliang, die drei Provinzen Jilin, Liaoning und Heilongjiang zu entreißen. Mit der einheimischen Bevölkerung verfuhren die Invasoren auf grausamste Weise und versuchten so, jeden Widerstand im Keim zu ersticken. Um sich aber zumindest auf dem internationalen Parkett einen legalen Anschein zu verschaffen wurde bereits am 1. März der ehemalige (und letzte) Kaiser von China, der Mandschure Pu Yi, als Präsident eingesetzt und zwei Jahre später zum Kaiser von Mandschukuo (chinesisch Manzhouguo) gekrönt. Konkrete Machtbefugnisse waren mit diesem Marionetten-Posten aber nicht verbunden. Ganz im Gegenteil war Pu Yi nicht einmal befugt, sich im eigenen ›Kaiserreich‹ frei zu bewegen.

Gut ein Zehntel des chinesischen Territoriums und die wichtigsten Rohstoffvorkommen standen nun unter japanischer Herrschaft – ein enormer Rückschlag für die junge chinesische Republik. In den folgenden Jahren bauten die japanischen Besatzer systematisch Industrie und Infrastruktur aus, sogar japanische Bauern wurden angesiedelt. Der mandschurischen Bevölkerung kamen diese Verbesserungen aber kaum zugute, schließlich war Mandschukuo als japanische Kolonie gedacht. Erst mit dem Einmarsch der sowjetischen Truppen 1945, die das Terrain alsbald den verbündeten chinesischen Kommunisten übergaben, endete das japanische Kapitel in Nordchina.

Der russische Einfluß freilich blieb erst einmal bestehen, wenn auch auf freundschaftlicherer Basis als zuvor. Unter der Anleitung russischer Experten wurden zahlreiche schwerindustrielle Anlagen gebaut, während viele Agrarprodukte in die Sowjetunion verkauft wurden.

Mit dem Bruch zwischen China und der Sowjetunion 1960 verschwanden auch die Russen aus der Mandschurei, nicht aber aus dem Sichtfeld. Bis Ende der 1960er Jahre kam es sogar zu Schießereien an der gemeinsamen Grenze, als beide Seiten eine völlig unbedeutende Sandbank im Ussuri-Fluß beanspruchten. Die Konfrontationen – teils fanden sie auch auf Komintern-Treffen statt – gipfelten

Fahrrad-Reparaturwerkstatt

Jiaozi-Küche in Shenyang

in der Aussage Maos, auch die Atombombe könne ihn nicht schrecken. Nur die Kakerlaken und Chinesen würden eine derartige Attacke überleben. Die Atombombe sein nur ›ein Papiertiger‹.

Heute begegnen sich Chinesen und Russen wieder recht gelassen. Der kleine Grenzverkehr und die zahlreichen russischen Händler spielen bei der Versorgung der sibirischen Grenzregionen eine große Rolle. Sowohl von nordkoreanischer als auch russischer Seite schaut man ein wenig neidisch über die Grenze. Längst ist es unter den Händlern Chabarovsks und Birobidšans wichtiger, passabel Chinesisch zu sprechen als Englisch. Wer als ›Langnase‹ durch den Nordosten reist, wird daher wahrscheinlich meist auf Russisch angesprochen.

Shenyang

In alten Werken ist Shenyang 沈阳, noch mit dem mandschurischen Namen Mukden verzeichnet. Die Hauptstadt der Provinz Liaoning war bis zur Song-Dynastie ein verschlafenes Städtchen, bevor sie eine lange Karriere als Handelsstadt begann. Hier wurden die Produkte der nomadischen Viehhirten, also Felle und Wolle umgeschlagen. Der Stammesfürst und Reichseiniger Nurhaci machte Shenyang zur Hauptstadt des Mandschureiches. Während er sich, um den Rücken gegen interne Gegner frei zu haben, zuerst um ein gutes Verhältnis mit dem Reich der Mitte sorgte, wandte er sich 1616 mit der Gründung einer eigenen Dynastie gegen die übermächtig scheinenden Gegner im Süden und schlug im Jahre 1619 ein 200 000-Mann-Heer unter dem chinesischen General Yang Hao vernichtend. Während Nurhaci bereits ein Jahr später die ersten chinesischen Städte eroberte, waren es seine Nachfolger, die 1644 Beijing überrannten und die Qing-Dynastie gründeten. Shenyang hatte von diesem Zeitpunkt bis 1911 den Status einer zweiten Reichshauptstadt.

Von der einstigen historischen Größe sieht man der Stadt so gut wie nichts mehr an. Kaum eine chinesische Provinzhauptstadt hat heute noch so einen starken sozialistischen Einschlag wie Shenyang. Kaum eine Besucher würde hier freiwillig mehr als die Umsteigepause zwischen zwei Zügen verbringen, wäre da nicht der Kaiserpalast der Mandschu, eine Verbotene Stadt en miniature.

Der Kaiserpalast der Mandschu

Die Arbeiten an dem Kaiserpalast der Mandschu (Gugong 故宫) begannen 1625 unter Nurhaci, der die Fertigstellung des Palastes im Jahre 1636 jedoch nicht mehr erleben sollte. Nach der Eroberung Chinas wurde der Palast weiter ausgebaut und diente den ersten Qing-Kaisern als Sommerresidenz. Die Krönung des ersten Kaisers der Qing, dem Enkel Nurhaci, Shunzi, erfolgte bereits 1643 in Shenyang, bevor die Armeen der Mandschu zum finalen Schlag nach Beijing ausholten. Die Gebäude entlang der Zentralachse und im Osten des Palastes zeigen deutlich mandschurische und tibetische Einflüsse in ihrer Architektur, während die nachträglich hinzugefügten Hallen im Westteil der Anlage, im 18. Jahrhundert auf Veranlassung Qianlongs umgestaltet, sich an der Struktur und am Stil der Verbotenen Stadt in Beijing orientierten. Gleich hinter dem Eingangstor, am nördlichen Ende des ersten Hofes, liegt das Hauptgebäude des Palastes, die achteckige Dazheng-Halle (Dazheng Dian 大正殿), die als Thronhalle diente. Die Pavillons vor der Halle waren den acht Bannern, das heißt den einzelnen Lehensabteilungen des Heeres vorbehalten, die die Grundstruktur des Heeres und der Gesellschaft bildeten. Die Gebäude im Westen der Dazheng-Halle beinhalteten die Versammlungshalle, die Privatquartiere und die Ritualgebäude. Heute fungiert der Kaiserpalast vor allem als Museum. Ausgestellt werden Jadeschmuckstücke, Möbel der Ming- und der Qing-Dynastie sowie Musikinstrumente und Chinesische Malerei. Der Kaiserpalast befindet sich im Osten der Stadt an der Shenyang Lu 沈阳路. Einen weiteren interessanten Ausflug in den Norden der Stadt verspricht das Nordgrab (Beiling 北陵), in dem Huang Taiji, der Sohn von Nurhaci, begraben ist. Auf dem Weg zu dem im gleichnamigen Park (Beiling Gongyuan 北陵公园) gelegenen Grab passiert man eine Seelenallee mit Tierfiguren, deren Vorbild die Seelenallee der Ming-Gräber bei Beijing war.

Vorwahl: +86/24.
Post: Hauptpost in der Zhongshan Lu 中山路 32.
Bank: Bank of China, Heping Bei Dajie 和平北大街 75.
Reisebüro: CITS liegt in der Nan Huanghe Lu 南黄河路 113, Tel. 86 80 93 83, Fax 86 80 87 72.

Der Flughafen Shenyang bietet Direktflüge nach Irkutsk, Osaka, Seoul sowie in alle größeren Städte Chinas. Ein IATA-Büro (Guoji Hangxie Hangkong Shoupiaochu 国际航协航空售票处) befindet sich in der Zhonghua Lu 中华路 229.

Die meisten Züge halten an beiden Bahnhöfen der Stadt, dem Nordbahnhof (Bei Huochezhan 北火车站, Beizhan Lu 北站路) und dem Südbahnhof (Huoche Nanzhan 火车南站, Zhongshan Lu 中山路). Leider gibt es Ausnahmen, deshalb die Faustregel: Züge nach Beijing (10 h) oder in andere südliche Städte fahren vom Südbahnhof, Züge in den Norden und Osten vom Nordbahnhof ab. Direktverbindungen gibt es unter anderem nach Harbin (8 h), Dalian (6 h) und Changchun (5 h).

›New World Courtyard‹ (Xinshijie Jiudian 新世界九点), 4 Sterne, Nanjing Nanjie 南京南街 2, Tel. 23 86 98 88 Fax 23 86 00 18. Zur Marriot-Kette gehörendes Luxushotel im Stadtzentrum.
›Liaoning Mansion‹ (Liaoning Dasha 辽宁大厦), 3 Sterne, Huanghe Dajie 黄河大街 105, Tel. 86 80 79 22, Fax 86 80 93 55. Imposantes Mittelklassehotel im sowjetischen Stil, nicht ohne historischen Charme.
›Meishan Hotel‹ (Meishan Binguan 梅杉宾馆), 2 Sterne, Xiaoxi Lu 小西路 48, Tel. 22 73 55 38, Fax 22 72 80 48. Stilvolles und günstiges Mittelklassehotel in zentraler Lage.

Entlang der Nanjing Beijie 南京北街 gibt es eine gute Auswahl von Restaurants. Kleine Nachtmärkte gibt es in der Zhengyang Jie 正阳街 und der Zhongjie Lu 中街路. In letzterer Straße, Hausnummer 206, liegt auch das ›Laobian Jiaoziguan‹ 老边饺子馆, ein alteingesessenes Familienunternehmen, das seit 1829 für seine ausgezeichneten Maultaschen bekannt ist.

Dalian

Wie alle Kolonialstädte in China hat auch Dalian 大连 eine relativ kurze Geschichte. Die Halbinsel Liaodong, an deren Spitze Dalian liegt, war lange Zeit Zankapfel zwischen Rußland und Japan. Nachdem China Liaodong 1895 als Folge des verlorenen Japanisch-Chinesischen Krieges an Japan abtreten mußte, gelang es

Rußland, mit Unterstützung der Deutschen und der Franzosen, die Japaner zur Aufgabe ihrer Position zu zwingen und die Halbinsel als Konzession zu beanspruchen. Noch heute dominiert die russische Architektur der Jahrhundertwende das Stadtbild von Dalian. Die Russen begannen sogleich, an der Spitze der Halbinsel Hafenanlagen zu errichten, in dem Bestreben, neben Vladivostok einen zweiten, eisfreien Hafen für die russische Flotte zu schaffen. Bereits 1904 kam es jedoch wieder zu Zusammenstößen mit Japan, die im Mai 1905, nach einer verheerenden Niederlage der russischen Flotte gegen ihren japanischen Gegner, zur Rückgabe Dalians an die Japaner führten. Diese bauten den Hafen weiter aus und machten ihn bis Anfang der 1930er Jahre zu einem ihrer wichtigsten Versorgungsposten. Mit der Niederlage Japans im Zweiten Weltkrieg kamen 1945 die Russen wieder zurück nach Dalian und blieben bis Mitte der 1950er Jahre. Seitdem ist Dalian wieder in chinesischer Hand und ist heute der bedeutendste Hafen Nordchinas.

Trotz seiner nördlichen Lage ist Dalian ein bekannter Badeort. Die Hotelpreise sind daher in der Saison von Ende Mai bis September um einiges höher als in der Nebensaison.

Es sind keine Tempel oder Paläste, die Dalian attraktiv machen, es sind die Architektur, eine Mischung aus chinesischer, russischer und kolonialer Bauweise, teilweise erstaunlich gut erhalten oder kürzlich restauriert, und die Strände, die einen mehrtägigen Aufenthalt in der Stadt rechtfertigen. Im Sommer ist Dalian zudem einer der wenigen Orte in China, an denen man nicht mehrmals am Tag die durchgeschwitzte Kleidung wechseln muß. Die höchste je gemessene Temperatur liegt bei 35 Grad, normalerweise wird es aber kaum wärmer als 30 Grad, und vom Meer weht beständig eine frische Brise.

Eine Stadtbesichtigung beginnt man am besten am Zhongshan-Platz (Zhongshan Guangchang 中山广场). Der 1899 von russischen Architekten entworfene runde Platz im Zentrum der Stadt ist umgeben von Gebäuden aus der Kolonialzeit, wobei das Dalian Hotel (Dalian Binguan 大连宾馆) im Süden, die Kulturhalle des Volkes (Renmin Wenhuagong 人民文化宫) und die 1909 gebaute Bank of China direkt gegenüber die interessantesten sind. Damals wie heute ist der zu Zeiten der russischen Konzession ›Nicholas-Prospekt‹ genannte Platz unbestrittenes Zentrum der Stadt. Jeden Abend trifft man sich hier zum Tanz, zum Badminton und zu Konzerten. Vom Zhongshan-Platz gehen zehn Straßen sternförmig in alle Himmelsrichtun gen ab. Angeblich hatten die russischen Stadtplaner den Grundriß von Paris im Kopf, als sie den Zhongshan Platz entwarfen. Als direkter Kontrast dazu empfiehlt sich der Besuch des Volksplatzes (Renmin Guangchang 人民广场), etwa drei Kilometer in Richtung Westen, dessen Architektur eher dem Namen treu bleibt, den er bis 1994 trug: Stalin-Platz. Auf dem Weg dorthin kommt man über den Platz der Freundschaft (Youhao Guangchang 友好广场), bekannt für seine Life-Übertragung der Spiele des lokalen Fußballteams, Dalian Wanda, auf Großleinwand, das leider, in den 1990er Jahren Serienmeister, seine beste Zeit hinter sich hat. Der Bus Nr. 15 verbindet alle drei Plätze.

Der Hauptgrund jedoch, warum die meisten chinesischen Touristen Dalian besuchen, sind seine Strände. Erwarten Sie kein Hainan und erst recht kein Hawaii, einige der Strände eignen sich jedoch ausgezeichnet zum Schwimmen und Sonnenbaden, wobei man Wochenenden und nationale Feiertage möglichst meiden sollte. China ist nicht gerade mit Stränden und Bademöglichkeiten gesegnet, und so drängen sich in der Hochsaison zuweilen einige Tausend Besucher auch auf den kleineren Stränden. Nur fünf Kilometer vom Stadtzentrum entfernt liegt der Bangchuidao-Strand 棒棰岛滩, der sich allerdings eher für Spaziergänge als zum Sonnenbaden eignet. Der einzige reine Sandstrand, der Fujiazhuang Haitan 福家庄海滩, liegt etwa zehn Kilometer südlich der Stadt. Der ›Strand der Goldenen Steine‹ (Jinshitan 金石滩) ist eine gute Alternative, liegt allerdings etwa 60 Kilometer nördlich von Dalian. Busse zwischen dem Hauptbahnhof und dem Strand verkehren alle 40 Minuten.

Sollten Sie vorhaben, die Westspitze der Halbinsel Dalians zu besuchen, seien Sie vorsichtig: Lüshun 旅顺 ist immer noch militärisches Sperrgebiet und die Nähe zu Nordkorea läßt die chinesischen Militärs keinen Spaß verstehen.

Vorwahl: +86/411.
Post: Hauptpost in der Changjiang Lu 长江路/Ecke Shanghai Lu 上海路.
Bank: Bank of China, Zhongshan Guangchang 中山广场 9.
Reisebüro: CITS, Changtong Jie 畅通街 1.

Internationale Flüge gibt es nach Osaka, Fukuoka, Tokio und Seoul. Dalian bietet außerdem Direktverbindungen mit fast allen chinesischen Großstädten.

Die meisten Züge fahren vom Hauptbahnhof (Huochezhan 火车站) am nördlichen Ende des Siegesplatzes (Shengli Guangchang 胜利广场). Durchgehende Züge gibt es unter anderem nach Beijing (19 h), Harbin (16 h), Shenyang (5 h) und Dandong (11 h) an der nordkoreanischen Grenze.

Der Busbahnhof befindet sich wenige Meter nordwestlich des Bahnhofs. Die Straßen in diesem Teil Chinas sind meist ausgezeichnet, der Bus ist hier eine gute Alternative zum Zug. Die Expressbusse nach Shenyang (5 h) und Dandong (6 h) sind zu empfehlen.

Die Schiffsverbindung nach Qingdao wurde leider 2003 eingestellt. Vier Expreßschiffe verkehren täglich zwischen Dalian und Yantai und benötigen 3,5 Stunden. Schiffe nach Shanghai, die alle vier Tage fahren, brauchen zirka 37 Stunden.

Einmal wöchentlich gibt es eine Verbindung nach Incheon in Südkorea (18 h). Die Schiffe fahren ab dem Passagierhafen in der Yimin Jie 移民街 im Nordosten der Stadt.

›Dalian Hotel‹ (Dalian Binguan 大连宾馆), 4 Sterne, Zhongshan Guangchang 中山广场 4, Tel. 263 31 11, Fax 263 43 63. Ausgezeichnetes Hotel im kolonialen Stil direkt am Zhongshan-Platz.

›Foreign Expert Hotel‹ (Zhuanjia Gongyu Binguan 专家公寓宾馆), 2 Sterne, Nanshan Lu 南山路 110, Tel. 280 11 99, Fax 263 99 58. Einfaches Mittelklassehotel auf dem Campus des Fremdspracheninstituts.

›Dalian Victory Hotel‹ (Dalian Shengli Dajiudian 大连胜利大酒店), 1 Stern, Shanghai Lu 上海路 61, Tel. 283 32 89. Relikt aus der russischen Ära, einfach, aber mit Ambiente.

Besonders rund um die Tianjin Jie 天津街 liegen viele Restaurants in allen Preislagen. Eine gute Region, ansprechende Restaurants zu finden, sind auch die zum Zhongshan-Platz führenden Straßen. Dalian ist bekannt für seine reichhaltige Auswahl an frischem Fisch und Meeresfrüchten. Das ›Qunying Lou‹ 群英楼 ist das älteste und etablierteste Fischrestaurant der Stadt und liegt in der Gangwan Lu 港湾路 1–8.

Harbin

Noch Ende des 19. Jahrhunderts war Harbin 哈尔滨 ein regelrechtes Kaff, kaum wert, auf der Landkarte zu erscheinen. Erst der Bau der Eisenbahnlinie Vladivostok–Dalian im Jahre 1896 machte aus dem Dorf eine Stadt, die so schnell wuchs, daß sie bereits 1917 über mehr als 200 000 Einwohner verfügte. Das ›chinesische Moskau‹ stand, architektonisch unübersehbar, immer stark unter russischem Einfluß. Und so verwundert es kaum, daß auch heute noch die wuchtigen russischen Bauten den Innenstadtbereich dominieren. Zahlreiche christliche Kirchen unterstreichen die westliche Note des Stadtbilds. Immer wieder spülten die politischen Wirren des nahen Rußland und später der Sowjetunion große Flüchtlingswellen nach Harbin. Erst in der Revolution von 1917, dann während wiederholter Pogrome gegen die jüdische Bevölkerung und nicht zuletzt in der Zeit des Stalinismus. Viele der Flüchtlinge kehrten nie zurück und so entstand ein echtes Mischprodukt aus russischen und chinesischen Einflüssen. Aus rein touristischer Sicht ist Harbin trotzdem kein absolutes Muß für China-Reisende, denn die Kombination aus Schwerindustrie, klobiger Architektur und hartem Klima wirkt auf den ersten Blick wenig attraktiv. Heute hat Harbin mehr als 3 Millionen

Neubauten vor der Sophienkirche in Harbin

Einwohner und eignet sich vor allem als Basis für Ausflüge in die wilde Natur des Nordostens.

Es gehört ein gutes Stück Masochismus dazu, Harbin, das Tiefsttemperaturen bis minus 40 Grad verzeichnet, im Winter zu besuchen. Trotzdem strömen im tiefsten Winter, zwischen dem 5. Januar und dem 15. Februar Zehntausende chinesische Touristen in die Stadt, und das hat einen einzigen Grund: das Eisskulpturenfest (Bingdeng Jie 冰灯节). Auf einer riesigen Fläche im Zhaolin-Park (Zhaolin Gongyuan 兆麟公园), teilweise auch entlang des Amur-Ufers (Songhua Jiang 松花江), entsteht eine Phantasiewelt aus Eis. Szenen aus der chinesischen Mythologie werden in einmonatiger Arbeit ab Mitte Dezember von Künstlern der Stadt ebenso aus Eis geformt, gemeißelt und geschnitten wie Tierfiguren, Modelle der Chinesischen Mauer und der Verbotenen Stadt sowie berühmte Bauwerke aus aller Welt. Vor allem nachts lohnt sich ein Spaziergang durch das Festivalgelände. Dann leuchten die Skulpturen in allen Farben des Regenbogens und lassen erahnen, wie die Welt wohl durch die Brille psychedelischer Drogen aussehen würde. Wenn Sie wollen, können Sie sich auch mit einem Schlitten durch die Ausstellung fahren lassen, und für die ganz Abgebrühten sind kleine Badelöcher in das Eis geschlagen.

Auch wenn das Eisfestival die Hauptattraktion der Stadt ist, lohnt sich ein kleiner Spaziergang durch die Straßen Harbins. Leider hat man über die Jahre die Reste der russischen Kolonialarchitektur nicht besonders pfleglich behandelt, viele der Häuser sind abgerissen worden oder befinden sich in einem traurigen Zustand. Ein empfehlenswerter Spaziergang führt jedoch durch das Daoli-Viertel 道里区 südlich des Zhaolin-Parks. Hier ist der russische Einfluß auf Harbins Stadtstruktur noch am deutlichsten, viele der Gebäude aus dem frühen 20. Jahrhundert stehen inzwischen unter Denkmalschutz. Inmitten des Viertels liegt die St.-Sophia-Kirche (Shengsufeiya Jiaotang 圣素菲亚教堂), eine russisch-orthodoxe Kirche, die in der Kulturrevolution stark beschädigt und in den letzten Jahren aufwendig restauriert wurde. In der Kirche ist eine Ausstellung von Schwarzweißfotografien untergebracht, die das Harbin vor 1949 zeigen.

Vorwahl: +86/451.
Post: Hauptpost in der Jianshe Jie 建设街 51.
Bank: Bank of China, Hongjun Jie 红军街.
Reisebüro: CITS, Zhongshan Lu 中山路 73.

Der Flughafen liegt 50 km außerhalb der Stadt. Direktverbindungen gibt es unter anderem nach Beijing, Shanghai und Guangzhou. Harbin bietet internationale Flüge nach Chabarovsk, Vladivostok und Seoul. Das Air-China-Büro liegt in der Zhongshan Lu 中山路 101, Tel. 2627070.

Durchgehende Züge gibt es unter anderem nach Beijing (13 h), Dalian (12 h) und Shanghai (30 h). Die Transsibirische Eisenbahn fährt durch Harbin, Tickets gibt es in der ›Harbin Railway International Tourist Cooperation‹ im 7. Stock des Kunlun Hotels (Kunlun Fandian 昆仑饭店) in der Tielu Jie 铁路街 8.

Der Busfernbahnhof befindet sich in der Songhuajiang Jie 松花江街 in der Nähe des Bahnhofs.

›Madie'er Hotel‹ (Madie'er Binguan 马迭尔宾馆), 3 Sterne, Zhongyang Dajie 中央大街 89, Tel. 4615846, Fax 4614997. Gutes Hotel mitten in der Altstadt.
›Hotel Freundschaftspalast‹ (Youyi Gong 友谊宫), 3 Sterne, Youyi Lu 友谊路 263, Tel. 4618001, Fax 4617132. Am Flußufer gelegenes Mittelklassehotel, das Hotel-Restaurant hat einen ausgezeichneten Ruf.

Eine große Auswahl an Restaurants und Bars gibt es entlang der Zhongyang Dajie 中央大街, einer Kopfsteinpflasterstraße, die seit 1998 auch Fußgängerzone ist.

Nirgendwo sonst im Land liegen futuristische Moderne und jahrhundertealte Tradtionen so nah beieinander wie hier. Chinas Ostprovinzen rund um den Wirtschaftsmotor Shanghai bieten deshalb gepflegten Wohlstand genauso wie traditionelles Dorfleben und wilde Landschaften.

Entlang der Ostküste

Halbinsel Shandong

Zwei Dinge haben Chinas Ostprovinz Shandong 山东 berühmt gemacht: Konfuzius und das Tsingtao-Bier. Während der große Weise aus dem im Westen der Provinz gelegenen Qufu mit seinen Ideen bis heute die Gedankenwelt Chinas und ganz Ostasiens maßgeblich beeinflußt, hat es das in der Küstenstadt Qingdao gebraute Tsingtao-Bier immerhin zu dem Ruf gebracht, Chinas bestes Bier zu sein. Einst von den deutschen Besatzern eingeführt, ist es heute weltweit erhältlich, immer noch gebraut nach dem deutschen Reinheitsgebot.

Es verwundert nicht, daß sich die Deutschen die Halbinsel Shandong für ihre kolonialen Bestrebungen ausgesucht haben – mal abgesehen davon, daß das Deutsche Reich sich als letzte westliche Macht ein Stück aus dem chinesischen Kuchen geschnitten hat, von dessen lukrativer, dem Meer zugewandten Ostseite nicht mehr viel übrig war. Die Landschaft der Halbinsel erinnert ein wenig an eine europäische Mittelgebirgslandschaft, und auch das Klima ist, zumindest für chinesische Verhältnisse, gemäßigt. Selbst im Sommer weht eine frische Brise vom Ostchinesischen Meer herüber und läßt die Temperaturen selten über 30 Grad steigen. Im Winter wird es zwar auch sehr kalt, sibirische Temperaturen wie im restlichen Nordchina sind hier aufgrund der ausgleichenden Wirkung des Meeres jedoch nicht zu erwarten.

Während die Hauptstadt Jinan bestenfalls als Umsteigestation interessant ist, sind Qingdao, Qufu und der Taishan vor allem bei chinesischen Touristen beliebte Ausflugsorte. In Qingdao locken Sandstrände, frische Meeresfrüchte und natürlich das berühmte Bier. Nach Qufu fährt man, um Konfuzius, dem Ahnherr aller chinesischen Verhaltesregeln die Aufwartung zu machen und den Taishan, einer von fünf heiligen Bergen des Daoismus, haben schon die chinesischen Kaiser bestiegen, in dem Bestreben, dem Himmel ein Stück näher zu sein.

Qingdao

Während sich in den anderen ehemals von ausländischen Mächten besetzten Küstenstädten Chinas die westliche Architektur auf einzelne Stadtteile beschränkt, ging man in Qingdao 青岛 mit deutscher Gründlichkeit vor. Die bestehenden chinesischen Fischerdörfer wurden abgerissen und eine typische deutsche Kleinstadt auf die Halbinsel gesetzt, welche die Chinesen ›grüne Insel‹, Qingdao nannten. Es war im Jahre 1898, als die Deutschen mit der Gründung der Stadt Qingdao (Tsingtao nach der alten Umschrift) und der Pacht des angrenzenden Jiaozhou auf die koloniale Bühne Chinas traten. Es dauerte keine zwei Jahre, und schon

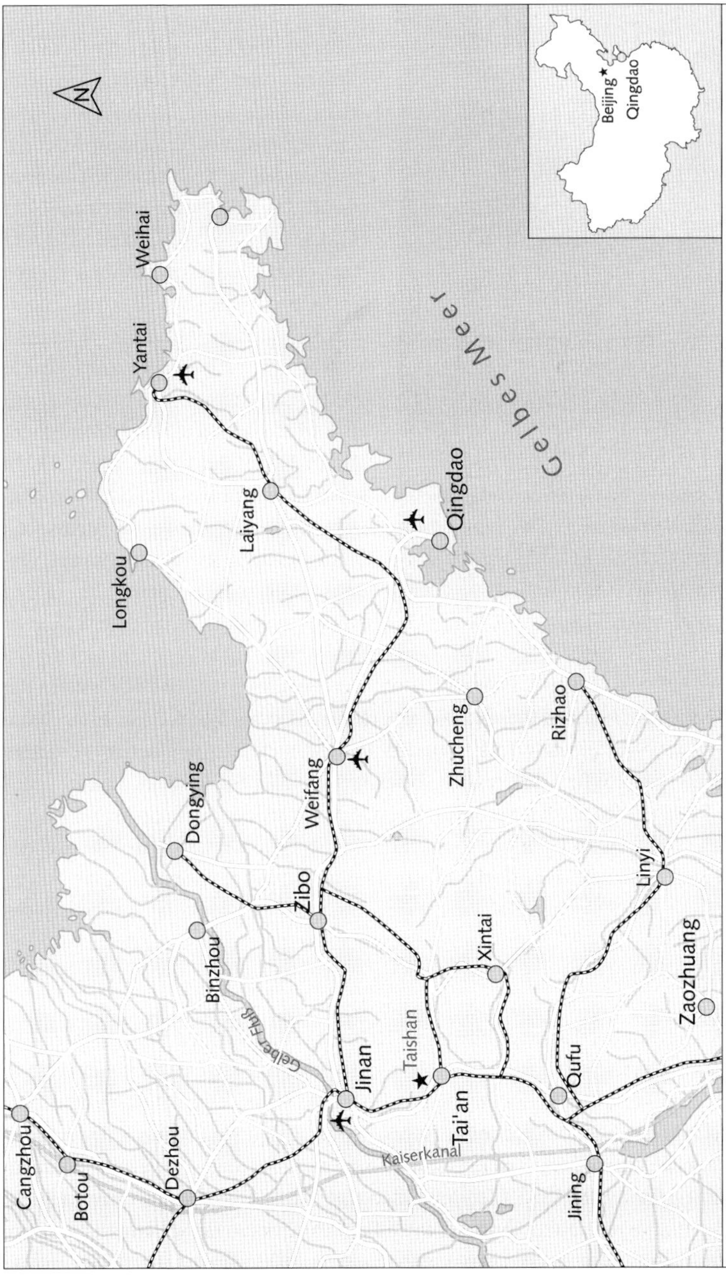

Die Halbinsel Shandong 山东

Fast food – Slow ride

wurden sie zum Hauptdarsteller. Als im Jahre 1900 der deutsche Gesandte Clemens von Ketteler bei Qingdao ermordet wurde, und man diesen Mord dem chinesischen Geheimbund der sogenannten Boxer (chinesisch Yihetuan, ›Bund der Rechtschaffenheit und der Harmonie‹) zuschrieb, wurde der Ruf laut, Vergeltungsmaßnahmen gegen China und seine Bevölkerung einzuleiten. Eine gleichzeitige Kriegserklärung der Kaiserwitwe Cixi an die Westmächte lieferte den Vorwand, mit aller Härte gegen China vorzugehen. ›Germans to the front!‹, hieß es. In seiner Hunnenrede vom 27. Juli 1900 wies Kaiser Wilhelm die deutschen Soldaten an, keine Rücksicht auf Verluste zu nehmen: »Kommt ihr vor den Feind, so wird derselbe geschlagen! Pardon wird nicht gegeben! Gefangene werden nicht gemacht! Wer euch in die Hände fällt, sei euch verfallen! Wie vor tausend Jahren die Hunnen unter ihrem König Etzel sich einen Namen gemacht, der sie noch jetzt in Überlieferung und Märchen gewaltig erscheinen läßt, so möge der Name Deutscher in China auf 1000 Jahre durch euch in einer Weise bestätigt werden, daß es niemals wieder ein Chinese wagt, einen Deutschen scheel anzusehen!« Auch wenn der Wortlaut der Rede in der späteren Veröffentlichung abgemildert wurde, waren dies die Worte, mit denen die deutschen Soldaten nach China fuhren, wo sie an der Spitze der sogenannten ›Acht-Mächte-Armee‹ Beijing besetzten. Angesichts des damaligen brutalen Vorgehens deutscher Truppen ist es erstaunlich, wie stolz die Bewohner Qingdaos heute auf das deutsche Erbe sind.

Mit Beginn des Ersten Weltkrieges 1914 fand die deutsche Kolonialherrlichkeit an Chinas Ostküste jedoch ein jähes Ende. Japan besetzte Qingdao und bekam es laut dem Versailler Vertrag nach dem Ersten Weltkrieg zugesprochen, eine Entscheidung, die den Zorn der chinesischen Intellektuellen auf sich zog und Katalysator für die Vierte-Mai-Bewegung war, die endgültig die geistigen Pforten zum modernen China aufriß. 1922 schließlich gab Japan Qingdao an China zurück, nur um 1938 wiederzukehren und die Stadt ein zweites Mal bis 1945 zu besetzen. Seitdem in chinesischer Hand, gewann Qingdao, neben Dalian wichtigste Hafenstadt Nordchinas, mit Beginn der Reform- und Öffnungspolitik zunehmend an wirtschaftlicher Bedeutung und hat heute hinter Shanghai, Dalian und Tianjin den viertgrößten Hafen Chinas. Neben der weiterhin erfolgreichen Qingdao-Brauerei haben sich zahlreiche Industrieuntennehmen angesiedelt, so daß die Stadt inzwischen der eigentlichen Provinzhauptstadt Jinan den Rang abgelaufen hat. Qingdao ist heute eine boomende Stadt, wie die rasch wachsende Skyline beweist. Zwischen den Hochhäusern schmiegt sich das alte koloniale Qingdao an die grünen Hänge und lädt zu einem Bummel in die Vergangenheit ein.

Sehenswürdigkeiten

Qingdao ist eine Stadt, die man zu Fuß entdecken muß. Zum einen, weil die öffentlichen Verkehrmittel chronisch überfüllt und langsam sind, zum anderen, weil es zum Radfahren einfach zu steil ist. Die Orientierungspunkte sind der Bahnhof im Westen, die Sankt-Michaelis-Kathedrale an der Zhongshan Lu 中山路 im Stadtzentrum sowie die ehemalige Gouverneursresidenz im Osten

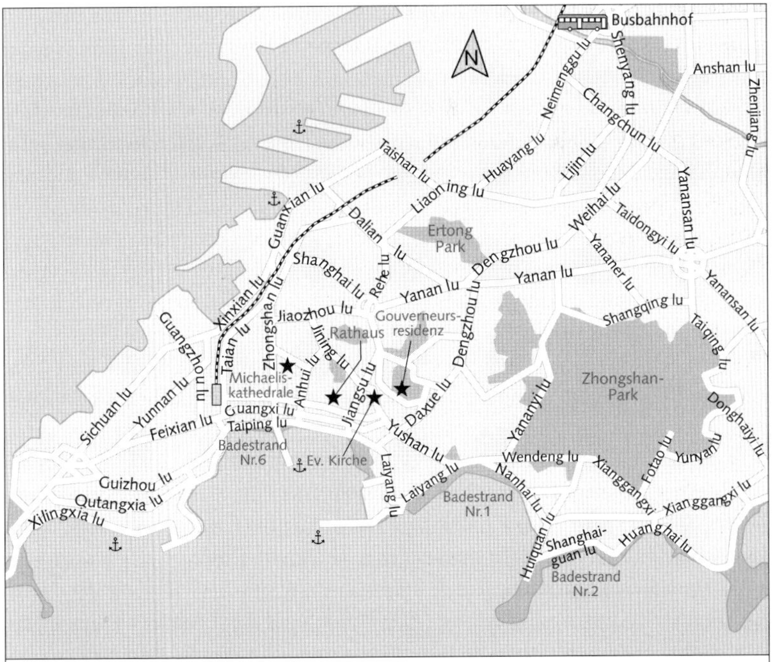

Quingdao 青岛, Zentrum

der Innenstadt. Idealerweise beginnt man einen Spaziergang am Bahnhof Huochezhan 火车站, dessen Uhrenturm und Teile der Fassade noch an den alten Kolonialbahnhof erinnern, den die Deutschen an gleicher Stelle bauten.

Verläßt man den Bahnhof in Richtung Osten, so erreicht man nach 500 Metern die Zhongshan Lu, heute und zu Kolonialzeiten (wie der ehemalige Name Friedrichsstraße verrät) die Haupteinkaufsstraße der Stadt. An beiden Seiten der Straße finden sich noch gut erhaltene, inzwischen teilweise renovierte Kolonialbauten, unter ihnen der frühere Tsingtao-Club, ein Jugendstilgebäude auf der rechten Straßenseite sowie der Fachwerkbau des ehemaligen Seemannsheims, in dem sich das Deutsche Reich um die Keuschheit junger Matrosen sorgte. 500 Meter in Richtung Norden, am ›Qingdao Hotel‹ (Qingdao Fandian 青岛饭店), zweigt die Qufu Lu 曲阜路 nach Osten ab. Folgt man ihr, so erreicht man nach einigen hundert Metern den Vorplatz der Sankt-Michaelis-Kathedrale (Tianzhu Jiaotang 天主教堂), eine um die Jahrhundertwende konzipierte, jedoch erst 1934 fertiggestellte katholische Kirche im neoromanischen Stil. In der Kulturrevolution geschlossen, beherbergt sie heute wieder eine kleine katholische Gemeinde.

Nördlich der Kathedrale verläuft die Dexian Lu 德仙路 in südöstliche Richtung. Folgt man ihr und biegt an der nächsten Kreuzung in die Yishui Lu 依水路, so erreicht man dort, wo die Straße einen Bogen nach Norden macht, den ehemaligen Gouverneurspalast, das heutige Rathaus, 1906 gebaut und 1989 von der Stadtregierung im ähnlichen Stil erweitert. Der Yishui Lu folgend, erreicht man an der Kreuzung Longshan Lu 龙山路 die protestantische Christuskirche (Jidu Jiaotang 基督教堂), ein schlichter Jugendstilbau, der zu Kolonialzeiten der deutschen Gemeinde als Gotteshaus diente. Wenige Meter östlich, in der Longshan Lu 26, befindet sich das ehemalige Wohnhaus des deutschen Gouverneurs. Heute ist in dem imposanten Bau mit seinen ineinander verschachtelten Giebeln und Türmchen das ›Qingdao Ying Hotel‹ (Qingdao Ying Binguan 青岛迎宾馆) untergebracht, nicht die luxuriöste, aber mit Abstand die beste Adresse, eine Nacht in Qingdao zu verbringen.

Nach dem etwa vier Kilometer langen Spaziergang durch Qingdao haben Sie sich ein Bad verdient! Qingdao hat einige der schönsten Strände Chinas, wenn diese auch, vor allem im Stadtgebiet, an Wochenenden und Ferientagen ein wenig überlaufen sind. Auf einer kleinen Landzunge am östlichen Ende von Strand Nr. 2 thront das einer Burg gleichende Huashi Lou 花石楼, die ehemalige Sommerfrische des Gouverneurs und letzter Aufenthaltsort Chiang Kai-sheks, bevor er 1949 nach dem Sieg der Kommunisten nach Taiwan floh.

Sollten Sie in Erwartung einer Bierverkostung die Besichtigung der Qingdao-Brauerei (Qingdao Pijiuchang 青岛啤酒厂) auf das Ende des Tages legen, werden Sie enttäuscht sein. Die Besichtigung der Brauerei ist eine eher trockene Angelegenheit. Die 1903 gegründete Brauerei, damals unter dem Namen

›Germania-Brauerei‹, liegt in der Dengzhou Lu 邓州路 (die zu Kaisers Zeiten ›Hauptmann-Müller-Straße‹ hieß) in einem eher unansehnlichen Industrieviertel im Norden der Stadt. Individuelle Besichtigungen sind leider nicht möglich, CITS organisiert allerdings Touren für etwa 60 Yuan pro Person. Zurück in der Innenstadt, können Sie das gerade besichtigte Getränk auch in natura genießen. Viele Restaurants und Geschäfte schenken immer noch Bier vom Faß aus, was sonst in China eher selten zu bekommen ist. In Qingdao ist es Tradition und erinnert an die Anfänge des Bierkonsums in China, als man sich Bier zumeist mit Eimern und sogar Plastiktüten am Laden um die Ecke holte, ein Bild, das man auch heute zuweilen noch sieht.

Das von der historischen ›Germania-Brauerei‹ gebraute Bier war schon nach kurzer Zeit auch bei Chinesen beliebt, und die Brauerei produzierte weitaus mehr als für den täglichen gehobenen Durst der rund 5000 deutschen Bewohner Qingdaos notwendig gewesen wäre. Der augenscheinliche Erfolg des Gerstensafts rief zwei chinesische Geschäftsmänner auf den Plan, die 1915 in Beijing die erste chinesische Brauerei gründeten, die heute ebenfalls noch existierende ›Shuangheshuang‹-Brauerei (heute ›Five Star‹, Wuxing 五星). In der ersten Zeit stellte die Brauerei jeden Tag einige Eimer Freibier vor die Werkstore und beobachtete mit Freude, daß diese reißenden Absatz fanden. Von dort an feierte das Bier auch in China seinen Siegeszug und ist heute neben Tee und Schnaps das dritte Nationalgetränk. Auch die Qingdao-Brauerei führt ihre Erfolgsstory fort und konkurriert heute mit Carlsberg um die Vorherrschaft auf dem asiatischen Biermarkt.

Seinen guten Geschmack verdankt das Bier aus Qingdao dem Laoshan-Mineralwasser, mit dem es gebraut wird. Falls man die Quelle besichtigen will, empfiehlt sich ein Ausflug in das Laoshan-Gebirge 崂山, 40 Kilometer östlich von Qingdao. Seit der Song-Dynastie gibt es hier einige daoistische Tempel, unter ihnen der Taiqing Gong 太清宫, der ›Palast der Höchsten Reinheit‹. Von hier kann man in einer mehrstündigen Wanderung den 1132 Meter hohen Gipfel des Laoshan erreichen, von dem man einen phantastischen Blick auf das Meer hat.

Hochzeitspaar am Strand von Qingdao, im Hintergrund Huashi Lou

Vorwahl: +86/532.
Post: Hauptpost in der Anhui Lu 安徽路 5.
Bank: Bank of China, Zhongshan Lu 中山路 68.
Reisebüro: CITS, Nanhai Lu 南海路 9, Tel. 2880390.

Internationale Flüge gibt es nach Seoul, Osaka und Fukuoka, Direktflüge außerdem nach Beijing, Shanghai, Dalian, Kunming, Xi'an und Hongkong. Air China hat ein Büro in der Zhongshan Lu 中山路 29.

Der Bahnhof, unverkennbar an seinem deutschen Glockenturm, liegt im Zentrum, etwa 500 Meter nördlich des Badestrands Nr. 6 in der Tai'an Lu 泰安路. Empfehlenswerte Direktverbindungen gibt es nach Beijing (10 h), Shanghai (18,5 h), Nanjing (18 h) zum Taishan (6 h) und nach Qufu (7 h). Alle Züge fahren über die Provinzhauptstadt Jinan (4 h).

Die zentrale Busstation befindet sich gegenüber dem Bahnhof. Von hier fahren Busse unter anderem nach Yantai (3,5 h) und Jinan (4 h).

Eine interessante Fährverbindung besteht viermal in der Woche mit Incheon in Südkorea (19 h). Außerdem gibt es Boote nach Shimonoseki in Japan (39 h). Die Fährverbindungen mit Shanghai und Dalian sind leider eingestellt worden. Schiffe nach Dalian fahren von Yantai, 200 Kilometer nördlich von Qingdao und sind die schnellste Verbindung von Qingdao in Chinas Nordosten. Alle Schiffe fahren vom Zhonggang-Hafen 中港 im Nordwesten der Stadt.

›Shangri-la Hotel‹ (Xianggelila Dajiudian 香格里拉大酒店), 5 Sterne, Xianggang Zhonglu 香港中路 9, Tel. 3883838, Fax 388 78 78. Exzellentes Luxushotel im Südosten der Stadt.
›Qingdao Ying Hotel‹ (Qingdao Ying Binguan 青岛迎宾馆), 3 Sterne, Longshan Lu 龙山路 26, Tel. 2808888. Stilvolles Mittelklassehotel in der ehemaligen Gouverneursresidenz.
›Qingdao Hotel‹ (Qingdao Fandian 青岛饭店), 3 Sterne, Zhongshan Lu 中山路 53, Tel. 2891888, Fax 2862464. Zentral gelegenes Mittelklassehotel mit Zimmern in jeder Preislage.

Schnitzel und Kartoffelsalat sucht man vergeblich in Qingdao, und auch ansonsten ist vom kulinarischen Erbe der einstigen Kolonialmacht Deutschland wenig übriggeblieben. Dafür ist das Bier immer noch nach dem deutschen Reinheitsgebot gebraut. Die Marke Tsingtao-Bier bekommt man allerdings eher selten in der Stadt, das lokale Bier heißt Laoshan 崂山啤酒, schmeckt ähnlich gut und wird meist als Bier vom Faß (Shengpi 生啤 bzw. Zhapi 扎啤) ausgeschenkt. Dazu werden Meeresfrüchte angeboten, die selbst in kleinen Restaurants frisch auf den Tisch kommen. Das Tagesangebot

schwimmt zumeist in kleinen Aquarien im Schaufenster.
Der Nachtmarkt an der Uferstraße Taiping Lu 太平路 gehört zu den besten Chinas und bietet auf mehr als einem Kilometer Länge ein reichhaltiges Angebot an Fischen, Meeresfrüchten und Fleischspießen.
In der zweiten Augusthälfte findet in Qingdao jährlich ein großes Bierfest statt.

Jinan

Sofern Sie nicht nach Qingdao fliegen, werden Sie auf Ihrem Weg dorthin durch Jinan 济南, die Provinzhauptstadt Shandongs kommen. Viel zu sehen gibt hier nicht, sollten Sie jedoch auch Qufu und den Taishan besuchen, kann es sein, daß Sie in Jinan umsteigen und ein paar Stunden in der Stadt verbringen müssen. Die Tempel und Parks der Stadt sind nicht spektakulär, haben aber den Vorteil, daß sie kaum von Touristen besucht werden und so viel ihrer Ursprünglichkeit bewahrt haben. Der ›Berg der Tausend Buddhas‹ (Qianfo Shan 千佛山) im Südosten der Stadt ist eine Ansammlung buddhistischer Figuren, die, auch wenn viele während der Kulturrevolution beschädigt wurden, einen Besuch lohnen. Die Stadt ist außerdem berühmt für ihre mehr als 100 Quellen, deren bekannteste, die Baotu-Quelle (Baotu Quan 趵突泉) in einem schönen Park etwa vier Kilometer südwestlich des Bahnhofs liegt. Haben Sie ein wenig mehr Zeit, so empfiehlt sich ein Ausflug

Autoboot in Jinan

zum 33 Kilometer südwestlich Jinans gelegenen Shentong-Kloster (Shentong Si 神童寺). Teile des Klosters, unter anderem die Simen-Pagode (Simen Ta 四门塔) datieren bis ins 6. Jahrhundert zurück und gehören zu den ältesten erhaltenen buddhistischen Bauwerken Shandongs. Bus Nr. 22 fährt von der Kreuzung Wei Erlu 纬二路 und Jing Silu 经四路 (etwa ein Kilometer südlich des Bahnhofs entlang der Hauptstraße) direkt zu der Klosteranlage und benötigt etwa 90 Minuten für die einfache Stecke.

Vorwahl: +86/531.
Post: Die Hauptpost befindet sich an der Ecke Jing Erlu 经二路/Wei Erlu 纬二路.
Bank: Bank of China, Luoyuan Dajie 罗园大街 22.
Reisebüro: China Shandong Travel Service (Zhongguo Shandong Lüxingshe 中国山东旅行社) in der Lishan Lu 历山路 185, Tel. 2608598, organisiert Touren zu allen Zielen innerhalb Shandongs.

Jinan verfügt über Direktverbindungen mit fast allen großen chinesischen Städten, unter anderem mit Beijing, Shanghai, Kunming, Xi'an, Guangzhou und Hongkong. Das Air China Büro liegt in der Luoyuan Dajie 罗园大街 198, Tel. 6010333.

Jinan ist ein wichtiger Eisenbahnknotenpunkt, gute Verbindungen gibt es nach Qingdao (4 h), Beijing (5 h), Shanghai (11 h) und Xi'an (17 h). Der Hauptbahnhof befindet sich am nördlichen Ende der Wei Erlu 纬二路.

Interessante Busverbindungen unter anderem nach Qingdao (von der Busfernstation 长途汽车占 im Norden der Stadt, 4,5 h), Qufu (2,5 h) und Tai'an (2 h) am Fuße des Taishan. Busse zu den beiden letzten Orten fahren vom Busbahnhof gegenüber dem Hauptbahnhof.

›Shandong Longqiantan Hotel‹ (Shandong Longqiantan Binguan 山东龙千潭宾馆), 3 Sterne, Wei Sanlu 纬三路 11–15, Tel. 6057777, Fax 6055678. Ausgezeichnetes Mittelklassehotel in der Nähe des Bahnhofs.

Die meisten Restaurants liegen in den Straßen des Viertels südwestlich des Bahnhofs, deren systematische Namensgebung der Straßen die Orientierung einfach macht (Jing Lu 经路 1–10 in der Ost-West-Richtung, Wei Lu 纬路 1–10 von Nord nach Süd). Hier gibt es auch mehrere Nachtmärkte. Ausgezeichnete Maultaschen
(Jiaozi 饺子) bereitet das ›Xibei Jiaozi Cheng‹ 西北饺子城 an der Ecke Jing Qilu 经七路 und Wei Balu 纬八路 zu.

Qufu

Qufu 曲阜 ist die Heimatstadt von Konfuzius (Kongzi 孔子 auf Chinesisch), und bis heute ist die Stadt fest in der Hand der Kong-Familie. Wenn Sie sich wundern, warum der Hauptbahnhof in Yanzhou und nicht in der Stadtmitte liegt, hier die Antwort: Die Kong-Familie fürchtete, die Ruhe des berühmten Vorfahren würde gestört und verwehrte sich erfolgreich gegen die ursprünglichen Pläne, die Trasse bis nach Qufu zu legen. Selbst im heutigen China ist der Einfluß der Familie Kong ungebrochen. Der derzeitige Bürgermeister der Stadt ist auch wieder ein Nachfahre des berühmtesten aller chinesischen Philosophen.

Bedenkt man, daß während der Kulturrevolution Konfuzius einer der Hauptangriffsziele war und dies der Stadt nicht gut bekommen ist, ist es erstaunlich, wie seit den 1980er Jahren die Anlagen des Ortes wieder im alten Glanz erstanden, oder, wie böse Zungen behaupten, mehr glänzen denn je. Der Philosoph machte postum eine Karriere, von der er zu Lebzeiten noch nicht einmal träumen konnte. Verschmäht wanderte er von Ort zu Ort, von Fürstentum zu Fürstentum und bat um Gehör für seine Ideen, meist vergebens. Selbst in seinem Heimatstaat, dem Fürstentum Lu, stießen seine Ideen auf taube Ohren. Erst nach seinem Tod, vor allem während der Han-Dynastie (206 v. Chr.–20 n. Chr.), erkannte man das Potential seiner Ideen und erhob diese zur Staatsideologie. Der Konfuzianismus war seitdem immer eine Herrschaftsideologie, die den Regierenden die Rechtfertigung ihres Handelns gab und den Untertanen die Unterwürfigkeit auferlegte. Von Pflichten der Herrscher gegenüber dem Volk, ebenfalls integraler Bestandteil der konfuzianischen Lehre, abstrahierte man geschickt.

Auch die heutige Regierung hat erkannt, daß ein wenig Obrigkeitshörigkeit beim Volk nicht schaden könnte und unterstützt den Konfuziuskult nach Kräften.

Der Konfuziustempel

Die Orientierung in Qufu ist einfach, denn der Konfuziustempel nimmt etwa ein Fünftel der Stadtfläche ein und steht in der Stadtmitte. Angeblich wurde der erste Tempel an dieser Stelle bereits kurz nach dem Tod von Konfuzius im Jahre 478 vor Christus errichtet. Die heutige Form und Größe erhielt er in der Ming- und der Qing-Dynastie, als großzügige Erweiterungsbauten dem ursprünglich eher bescheidenen Tempel hinzugefügt wurden. Betritt man den Tempel durch den Südeingang an der Shendao Lu 神道路, so befindet man sich auf der einen Kilometer langen Zentralachse, die, wie in chinesischen Tempeln üblich, von Süd nach Nord ausgerichtet ist. Der zentrale Weg führt durch neun Ehrentore, deren Verzierungen auf die konfuzianische Doktrin hinweisen. Berühmt ist der

Kalligraphiestudio in Qufu

Tempel für seine über 1000 Steinstelen, deren Inschriften bis in die Han-Dynastie zurückdatieren und zu den meist kopierten des Landes gehören. Die Stelen ruhen auf dem mythischen Tier Bixi, einer Schildkröte mit dem Kopf eines Drachen, den Krallen eines Adlers und den Schuppen eines Fisches. Ähnlich wie im Stelenwald in Xi'an wurde mit den Stelen eine unveränderbare und fast unverwüstliche Bibliothek aufgebaut, die die Schriften des Meisters der Nachwelt überlieferte und an die Besuche und Kommentare berühmter Gelehrter und Staatsmänner erinnert.

Im zentralen Hof des Tempels steht der Aprikosenaltar (Xing Tan 杏坦) und die 31 Meter hohe Halle der Großen Vollendung (Dacheng Dian 大成殿). Auf dem Aprikosenaltar, seit dem 16. Jahrhundert von einem Pavillon geschützt, soll Konfuzius, unter einem Aprikosenbaum sitzend, seinen Schülern seine Lehre dargelegt haben. In der Halle der Großen Vollendung werden die großen Zeremonien zu Ehren des großen Weisen abgehalten, die größte zu Ehren seines Geburtstags am 28. September wird auch heute noch mit viel Pomp gefeiert. Von der Halle erzählt man sich, daß sie die Halle der Höchsten Harmonie in der Verbotenen Stadt an Prunk noch übertroffen haben soll. Angeblich ließ die Kong-Familie anläßlich eines Besuches des Kaisers Qianlong im 18. Jahrhundert die drachenverzierten Säulen mit roter Seide abhängen, um den Kaiser nicht zu beschämen.

In der letzten Halle im Norden des Tempels, der Shengji Dian 圣迹殿, wird auf 120 Stelen das Leben des Konfuzius dargestellt. Weiter östlich, hinter der an das Studium der Klassiker gemahnenden Halle der Riten und Lieder (Shili Tang 诗理堂) steht die Lu-Mauer, in welcher der Überlieferung zufolge ein Nachfahre des Konfuzius dessen Schriften vor der Verbrennung durch Qin Shihuangdi gerettet haben soll. Als diese in der Han-Dynastie wiederentdeckt wurden, trugen sie maßgeblich zur Renaissance der konfuzianischen Lehre bei.

Im Nordosten des Konfuziustempels schließt sich die Residenz der Familie Kong (Kongfu 孔府) an. Von der Han- bis zur Qing-Dynastie war Qufu praktisch exterritoriales Gebiet mit eigener Verwaltung und Steuergesetzgebung. Unter dem Schutz des Kaisers prosperierte die Kong-Familie und häufte Reichtümer und Schätze an, die heute in den eindrucksvollen Hallen der ehemaligen Familienresidenz ausgestellt sind. Die meisten Mitglieder der Familie, angeblich ebenso wie der Meister selbst, sind im ›Wald der Familie Kong‹ (Konglin 孔林) beigesetzt, einem 200 Hektar großen Waldgebiet im Norden Qufus, das man im Rahmen eines geruhsamen Spaziergangs besichtigen kann.

Vorwahl: +86/537.
Post: in der Gulou Beijie 鼓楼北街 8–1 nördlich des Trommelturms.
Bank: Bank of China, Dongmen Dajie 东门大街 96.
Reisebüro: Qufu Tourist Information Centre, Gulou Beijie 鼓楼北街 4, Tel. 4655777/4496500.

Qufu hat zwei Bahnhöfe, sechs Kilometer im Osten der Stadt (Dongzhan 东站) und in Yanzhou 兖州, 16 Kilometer westlich der Stadt. Die meisten Züge halten in Yanzhou, Verbindungen gibt es unter anderem nach Jinan (3 h) und Tai'an (2 h) am Taishan.

Busse verbinden den Bahnhof Yanzhou im 15-Minuten-Takt mit Qufu. Busse gibt es außerdem nach Qingdao (7 h), nach Tai'an am Fuße des Taishan (1 h) und nach Jinan (2,5 h). Die Busstation befindet sich am Ende der Shendao Lu 神道路, 400 Meter südlich des Konfuziustempels.

›Queli Hotel‹ (Queli Binshe 阙里宾社), 3 Sterne, Zhonglou Jie 钟楼街 15, Tel. 4411300, Fax 4412022. Das Mittelklassehotel im chinesischen Stil ist das beste Haus am Platz.
›Post Hotel‹ (Youzheng Binguan 邮政宾馆), 3 Sterne, Gulou Beijie 鼓楼北街 8, Tel. 4483888. Exzellentes Mittelklassehotel im Stadtzentrum.
›Confucius Mansions Hotel‹ (Kongfu Fandian 孔府饭店), 1 Stern, Datong Lu 大同路 1, Tel. 4411783, Fax 4413786. Einfaches Hotel mit Schlafsälen und einfachen Doppelzimmern mit Bad/WC.

Ausgezeichnetes Essen bekommt man in den Hotelrestaurants des ›Queli‹ und des ›Post Hotels‹. Fleischspieße und Meeresfrüchte in reicher Auswahl bekommt man auf dem Nachtmarkt Ecke Nanmen Dajie 南门大街 und Wumaci Jie 五马祠街.

Der Taishan

Der Taishan 泰山 ist eng mit dem chinesischen Schöpfungsmythos verknüpft. Einst, als der Kosmos noch im Chaos lag und Erde und Himmel noch eins waren, wurde Pangu zwischen Himmel und Erde geboren. Durch sein Wachstum schob er diese immer weiter auseinander, bis sie nach 18 000 Jahren vollständig getrennt waren und Pangu vor Erschöpfung starb. Seine Augen wurden Sonne und Mond, sein Blut verwandelte sich in die Flüsse und sein Kopf und die Extremitäten bildeten die fünf heiligen Berge Chinas. Der Taishan ist der Kopf Pangus, und so fällt ihm eine wichtige Rolle in der chinesischen Mythologie zu. Den Berg zu besteigen heißt nicht nur, dem Himmel ein Stück näher zu sein, es ist auch ein Symbol für die Harmonie zwischen Himmel und Erde. Die Kaiser, denen das vom Himmel verliehene Mandat auch entzogen werden konnte, bestiegen den Berg als Zeichen ihrer engen Beziehung mit den Mächten des Himmels. Eigentlich hätten sie die Runde zu allen fünf heiligen Bergen machen müssen, die meisten ließen es aber bei der Besteigung des Taishan als Symbol ihrer Himmelsnähe bewenden.

Heute tun es ihnen einige hunderttausend Chinesen im Jahr gleich, nach Einsamkeit sollte man folglich nicht suchen, wenn man den Taishan be-steigt. Das Städtchen Tai'an 泰安 am Fuße des Berges ist Ausgangspunkt für die Besteigung des Taishans und kann von Jinan oder Qufu mit Bus oder Bahn erreicht werden. Übernachtungsmöglichkeiten gibt es sowohl in Tai'an als auch auf dem Taishan selbst.

›Herzschlösser‹ am Aufstieg zum Taishan

Treppensteigen in den Himmel

Der Taishan ist wohl einer der touristisch am besten erschlossenen Berge der Welt. Anders als der Kaiser, der in Ermangelung anderer Möglichkeiten die in Stufen angelegte zentrale Route wählen mußte, hat der moderne Besucher die Wahl zwischen der zentralen Route, der westlichen Route oder der Kombination aus Bus und Seilbahn, die ihn, in der Hochsaison zusammen mit bis zu 60 000 Menschen (die Rekord-

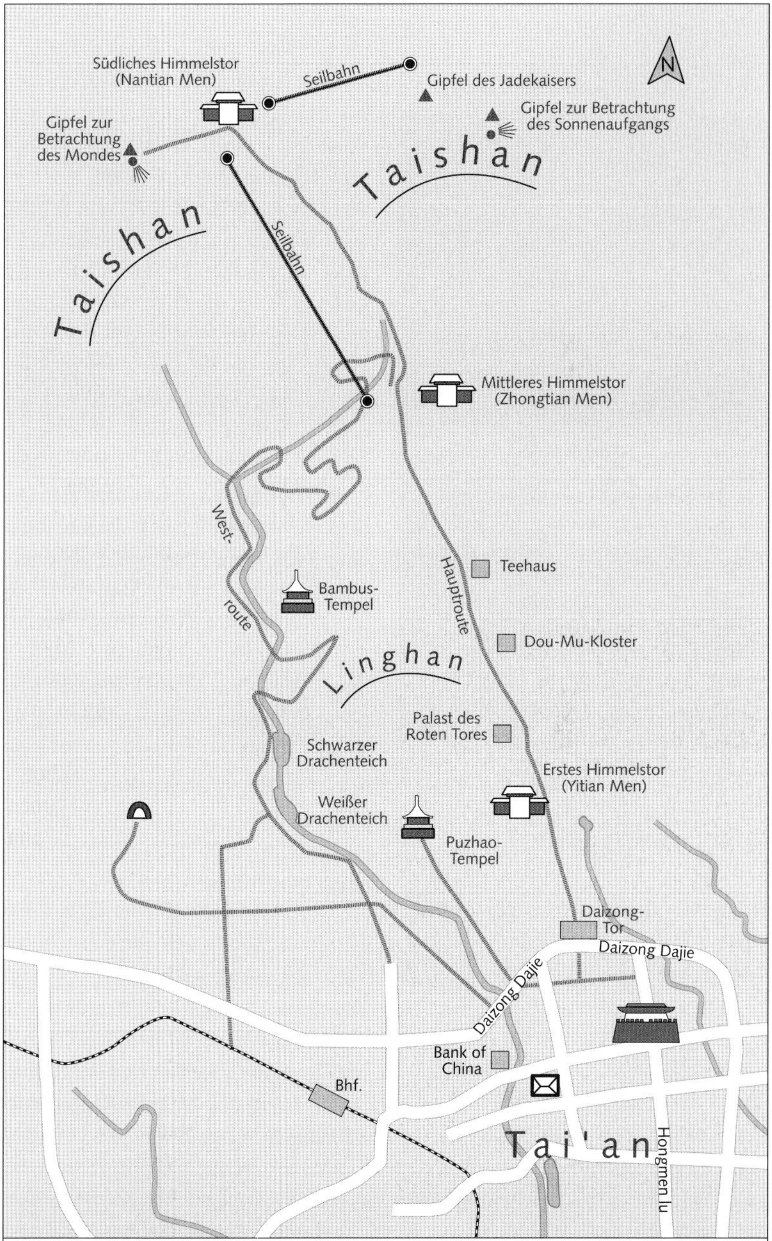

Routen auf den Taishan 泰山

Treppensteigen in den Himmel

zahl vom 1. Mai 2001), auf den Gipfel bringt. Man sollte auf jeden Fall die zentrale Route wählen, es sei denn, man hat es eilig, da diese einer intuitiven Wanderung in die chinesische Mythologie gleich kommt. Wie ein Museum unter freiem Himmel reiht sich entlang des Aufstiegs Kalligraphie an Kalligraphie, werden, für das unkundige Auge leider nicht verständlich, Anspielungen und Allegorien aufgezeichnet und die Geschichte des Taishan erzählt. Einst glaubte man, daß in der Region um den Taishan die Geschicke eines jeden Menschen entschieden wurden. Von einer Pilgerfahrt auf den Berg erhoffte man sich die Besserung des persönlichen Schicksals. Auch heute sieht man alte und gebrechliche Menschen die zentrale Route nehmen; der Mythos des Berges ist ungebrochen, und auf dem Weg zum Mythos nimmt man keine Seilbahn.

Am Mittleren Himmelstor (Zhongtian Men 中天门) treffen die zentrale und die westliche Route wieder zusammen. Von hier sind es noch etwa drei Stunden Fußweg zum Gipfel. Mit der Seilbahn, die von hier bis zum Gipfel führt, geht es um einiges schneller, eine Alternative, die sich empfiehlt, will man den Berg als Tagesausflug besteigen. Die einfache Route von Tai'an zum Gipfel beträgt ungefähr acht Kilometer, bei knapp 600 Metern Höhenunterschied zwischen dem Mittleren Himmelstor und dem Gipfel. Auf der zentralen Route sind insgesamt 6660 Treppen zu bewältigen.

Wie auch der Huangshan und der Emeishan, ist der Taishan berühmt für seinen Sonnenaufgang. Der Gipfel des Berges gleicht inzwischen fast einer Kleinstadt, Übernachtungsmöglichkeiten gibt es zur Genüge. Die Bevölkerung einer Kleinstadt scheint auch auf den Beinen zu sein, wenn am frühen Morgen die Aussicht auf einen nicht-wolkenverhangenen Sonnenaufgang lockt. Doch wie bei allen anderen berühmten Bergen Chinas ist die Sonne nicht immer zu Gast, wenn mehrere tausend Gipfelstürmer die Kamera im Anschlag haben. Mao Zedong hatte anscheinend Glück mit dem Wetter. Beim Anblick des Sonnenaufgangs auf dem Taishan soll er seinen berühmten Satz ›Der Osten ist rot!‹ geprägt haben.

Post, Bank sowie Busstation und Bahnhof befinden sich in Tai'an 泰安.
Vorwahl: +86/538.
Bank: Bank of China, Dongyue Dajie 东月大街 48.
Post: Hauptpost in der Dongyue Dajie 9.
Reisebüro: CITS hat ein Büro in der Hongmen Lu 红门路 22 auf dem Weg von Tai'an zum Taishan, Tel. 8228797.

Der nächste Flughafen liegt in Jinan, eine gute Stunde mit Bus oder Bahn von Tai'an entfernt.

Der Bahnhof von Tai'an befindet sich im Osten der Stadt, am Kreisel Longtan Lu und Caiyuan Dajie. Tai'an liegt an der Hauptstrecke von Beijing nach Shanghai, daher gibt es fast stündlich eine Zugverbindung nach Jinan (1,5 h). Weitere Direktverbindungen unter anderem nach Beijing (7 h), Shanghai (10 h), Qingdao (5,5 h), Xi'an (17 h) und Nanjing (9 h).

Den zentralen Busbahnhof findet man direkt am Hauptbahnhof in Tai'an, von hier bestehen Busverbindungen unter anderem nach Jinan (2 h), Qufu (1 h) und Qingdao (6 h).

›Shenqi Hotel‹ (Shenqi Binguan 神憩宾馆), 3 Sterne, Tel. 8223866 Fax 8207619. Mittelklassehotel auf dem Gipfel, Vierbett- und Doppelzimmer jeweils mit Dusche/WC.
›Xianyu Hotel‹ (Xianyu Binguan 仙居宾馆), 1 Stern, Tel. 8239984, Fax 8226877. Einfaches Hotel, ebenfalls am Gipfel, mit Dreibett-, Vierbett- und Doppelzimmer, letztere mit Dusche/WC.
›Yuzuo Hotel‹ (Yuzuo Binguan 御座宾馆), Daimiao Beijie 岱庙北街 3, Tel. 8223852, Fax 8223180. Gutes Mittelklassehotel nahe dem Dai-Tempel in Tai'an.

Die Popularität des Taishan ist so groß, daß man im Prinzip während des ganzen Aufstiegs essen könnte: Garküche reiht sich an Garküche, das nächste Restaurant ist auch nie weit entfernt, und wo weder das eine noch das andere existiert, bieten garantiert fliegende Händler einige Snacks an.
In Tai'an empfiehlt sich das ›Dongfang Meishi Lin‹ 东风美食林 in der Daimiao Beijie 岱庙北街 20. Vor allem die im Tontopf zubereiteten Gerichte sind ausgezeichnet.

Shanghai

Wie keine andere Stadt Chinas steht Shanghai 上海 für Fortschritt, Reichtum und Kommerz und so zeigt sie sich auf den ersten Blick von ihrer modernen Seite: verchromte Pfeiler, Glasfassaden, und immer wieder Baustellen, auf denen in Rekordzeit die Lücken zwischen den Wolkenkratzern gefüllt werden. Schon auf dem Weg vom Flughafen in die Stadt sieht sich manch ein Ausländer gezwungen, alle China-Klischees über Bord werfen. Rechts und links der Schnellstraßen, Brücken und mehrstöckigen Übergänge erstreckt sich ein Meer von Baukränen: quadratkilometergroße Baustellen vor einer hypermodernen Skyline, die jede Stadt Europas mühelos in den Schatten stellt. Nirgendwo auf der Welt werden auf so engem Raum so viele Bauarbeiter beschäftigt und Wohnungen, Fabrikanlagen und Shopping Malls in futuristischem Design aus dem Boden gestampft. Wo sich gestern noch eine Reihe vermoderter Holzhäuser schief über die Straße lehnten, liegt heute ein Prachtboulevard, eine Wohnanlage oder zumindest ein Einkaufszentrum. Selbst gestandene Shanghaier verharren hin und wieder stirnrunzelnd: »Hier stand doch früher…«

Der Kontrast liegt immer nur wenige Straßenzüge entfernt. In den engen Gassen der Altstadt, beherbergen die traditionellen Lilong-Wohnanlagen des 19. Jahrhunderts noch immer ganze Großfamilien. In den malerischen aber höchst unkomfortablen Gassen treffen sich abends auf dem Gehsteig teeschlürfende Majong-Spieler genauso wie zeitunglesende Senioren, im Hintergrund eine qualmende Garküche und der lautstarke Zank eines nachbarlichen Ehepaars – noch hat die Abrißbirne nicht jeden Winkel der Stadt erreicht.

Über 16 Millionen Menschen drängen sich heute an den Ufern des Huangpu-Flusses, darunter allein mehr als drei Millionen Wanderarbeiter ohne offizielle Wohnerlaubnis. Shanghai gilt als Schaufenster der Volksrepublik, die Verkörperung des modernen China und der Traum eines jeden Chinesen schlechthin. Vom neuen Reichtum beseelt, strengt sich die Mittel- und Oberschicht an, über fünfzig Jahre sozialistischer Enthaltsamkeit nachzuholen. Mit Erfolg versteht sich, denn so gehört es sich für einen Shanghaier.

Wenn die neue Elite in den westlichen Etablissements zum Tanz antritt, geht es deshalb nicht nur um Spaß am Feiern, sondern auch um Kontakte und das Gesehenwerden, um Gespräche über das neueste Handy-Modell oder die angesagteste Trend-Boutique. Shanghai ist eitel, schnelllebig, dem Rest des Landes immer einen Schritt voraus und stolz darauf.

Hinter der glitzernden Fassade verbirgt sich im übrigen die Kaderschmiede der Volksrepublik schlechthin. Keine andere Stadt hat in den letzten zwei Jahrzehnten so viele wichtige politische Persönlichkeiten hervorgebracht wie das ehemalige

Sündenbabel Shanghai. Das Bürgermeisteramt ist die sichere Fahrkarte in die allerhöchsten Ebenen der Landespolitik: Zhu Rongji beispielsweise, einst Bürgermeister von 1988 bis 1991 und späterer Ministerpräsident, oder Jiang Zemin, der die Stadt von 1985 bis 1988 regierte und von hier den Weg zum Präsidenten und Parteichef antrat. Auch Huang Ju, Mitglied des Ständigen Ausschusses des Politbüros, amtierte von 1991 bis 1995 noch als Bürgermeister Shanghais.

Geschichte

In historischer Hinsicht gilt Shanghai, zumindest im eigenen Land, geradezu als Parvenü – schließlich können fast alle anderen Großstädte auf eine glorreiche Geschichte über mehrere Dynastien hinweg verweisen. Bis zur Mitte des 16. Jahrhunderts war Shanghai jedoch eine eher unbedeutende Küstensiedlung. Erst zwischen dem 17. und 19. Jahrhundert profitierte die Stadt von der Nähe zur reichen Hinterland-Provinz Jiangsu, deren Waren (meist Seide, Reis und Fisch) im Hafen von Shanghai umgeschlagen wurden. Als die Briten in den 1830ern erstmals Interesse an der Hafenstadt bekundeten, hatte Shanghai gut 390 000 Einwohner. Anträge der britischen East India Company, die nur zu gerne mit China direkte Handelbeziehungen eingehen wollte, beschied der Kaiser Qianlong eindeutig negativ.

Tee und Seide waren zwar in Großbritannien überaus begehrt, während in China jedoch kaum Nachfrage nach ausländischen Gütern bestand. Erst als man

Kolonialbauten am Bund, der Uferpromenade von Shanghai

auf britischer Seite indisches Opium nach China verschiffte, schlug die Handelsbilanz zugunsten der Briten um. Legal war dies nicht – Opium war seit Jahrzehnten strengstens verboten – doch die Gewinnspanne für die britischen wie chinesischen Händler war groß. Die Größen des Drogenhandels standen in den Diensten der East India Company, aber auch William Jardine und James Matheson, zwei Schotten, die mit ihrer Firma Jardine, Matheson & Co. große Teile der Shanghaier Wirtschaft kontrollieren sollten, erkannten die Chancen, die sich dank des Opiums nun auftaten.

Der Versuch, dieser Drogenschwemme Herr zu werden, endete 1839 im Opiumkrieg (siehe Kapitel Geschichte) und führte dazu, daß Shanghai 1842 im Rahmen des Vertrages von Nanjing doch noch, wenn auch erzwungenermaßen, für den ausländischen Handel geöffnet wurde. Ein Zusatzvertrag von 1843 garantierte den zukünftigen britischen Handelsniederlassungen Exterritorialrechte – der Startschuß für den Boom Shanghais als Zentrum des europäischen Chinahandels. Noch im selben Jahr wurde das British Settlement nördlich der Chinesenstadt gegründet, die Amerikaner folgten 1848 in Form einer Missionsstation im etwas nördlicher gelegenen Hongkou. Ein Jahr später entstand die Französische Konzession im Südwesten der Stadt.

Den sofortigen, enormen Zuwachs an chinesischer Bevölkerung hatte Shanghai indes nicht den Briten, sondern den politischen Zuständen des Reiches zu verdanken. Abertausende flüchteten sich vor dem Taiping-Aufstand (1851–1864) in die ausländischen Gebiete, die von den Aufständischen nicht eingenommen werden konnten.

Ein weiterer Opiumkrieg, der unter fadenscheinigen Gründen vom Zaun gebrochen wurde, endete 1858 mit dem Vertrag von Tianjin und brachte den westlichen Mächten weitere territoriale Zugewinne. Die französische Konzession wurde auf 10 Quadratkilometer und die britisch-amerikanische Siedlung auf 22 Quadratkilometer erweitert. 1863 schlossen sich die benachbarten und ohnehin in enger Zusammenarbeit verbliebenen Briten und Amerikaner zum International Settlement zusammen.

Weiteren enormen chinesischen Zulauf erhielt Shanghai durch die Boxer-Unruhen 1900 und die Revolution 1911. Im Jahr 1915 lebten hier bereits gut 1,5 Millionen Menschen. Mittlerweile hatte sich Shanghai zum wirtschaftlichen Zentrum Chinas schlechthin entwickelt. Hier war das Banken- und Industriezentrum des Landes, und wer im Asiengeschäft eine Rolle spielen wollte, ließ sich hier mit einer Repräsentanz nieder. Parallel entwickelte sich Shanghai aber auch in intellektueller Hinsicht zum Zentrum für neue Ideen. Zum einen gab es hier ein modernes Schulwesen und Missionarsschulen, zum anderen flüchteten sich viele Intellektuelle vor der Verfolgung durch die diversen Machthaber Chinas in das exterritoriale Shanghai.

Die Zeichen der neuen Zeit

Nicht immer waren die neuen Bewegungen von den Kolonialbehörden gerne gesehen, richteten sie sich doch oft auch gegen die ausländische Kontrolle. Einer der Streitpunkte war die Regierung Shanghais, denn sowohl im Stadtrat der französischen Konzession als auch im Shanghai Municipal Council (SMC) des International Settlement waren trotz einer Bevölkerungsmehrheit von 95 Prozent Chinesen nur Ausländer vertreten. Auch die Arbeitsbedingungen der Lagerarbeiter, Rikscha-Kulis und Fabrikarbeiter, darunter viele Kinder, sorgten für wiederkehrende Proteste.

Als die Kommunistische Partei Chinas 1921 in Shanghai gegründet wurde, engagierte sie sich daher zuerst für die Ziele der Arbeiter und organisierte Streiks und Gewerkschaftstreffen. Zwischen 1925 und 1927 gelang es ihr so, den Einfluß unter den Arbeitern Shanghais erheblich zu vergrößern. Der Generalstreik von 1925 beispielsweise erfaßte mindestens 20 000 Menschen. Als Demonstranten jedoch die verhafteten Genossen aus einer Polizeistation befreien wollten, eröffnete die britische Polizei das Feuer und verursachte damit eine landesweite Streikwelle. Als der Konflikt schließlich Monate später beigelegt wurde, erhielten erstmals auch Chinesen einen Sitz im SMC. Trotzdem war der Frieden nur von kurzer Dauer, bereits 1927 erschütterte ein weiterer Streik die Stadt, diesmal allerdings mit mehr als einer Million Teilnehmern. Zur großen Überraschung der kommunistischen Initiatoren jedoch marschierte der vermeintliche Verbündete Chiang Kai-shek mit den republikanischen Truppen in die Stadt ein und ließ in einer regelrechten Menschenjagd alle vermeintlichen Kommunisten und Sympathisanten standrechtlich erschießen. Mehr als 5000 Menschen wurden innerhalb weniger Tage hingerichtet.

Die Lebensbedingungen der Chinesen blieben also erbärmlich, während sich Shanghai zum Sündenpfuhl der Welt entwickelte. »Wenn Gott Shanghai gewähren läßt, sollte er sich bei Sodom und Gomorrha entschuldigen«, hieß es unter den katholischen Missionaren der dreißiger Jahre, die im Angesicht von grassierender Prostitution, Glückspiel und Kriminalität erfolglos das keusche Leben predigten. Nirgendwo sonst auf der Welt gab es so viele Huren wie in Shanghai, das eine stattliche Rate von einer Prostituierten pro 130 Einwohner aufweisen konnte. Zahllose Mafiabanden, sogenannte Triaden, trieben in Shanghai ihr Unwesen, blieben aber von den Kolonialmächten meist unbehelligt, solange sie sich nicht an Europäern vergriffen. Die französische Kolonialregierung ernannte sogar zeitweise den Mafioso und Chef der ›Grünen Bande‹ Huang Jinrong zum Polizeichef. Mehr als 100000 Bandenmitglieder lebten 1930 unter den drei Millionen Shanghaiern. Dazu kamen zirka 150000 Tagelöhner – allerärmste Zuwanderer und Gelegenheitsarbeiter, die sich als Rikschafahrer oder Lagerhausträger verdingten.

Kein Wunder, daß sich hier auch ein regelrechter Menschenhandel etablieren konnte, der sich heute noch im deutschen Verb ›shanghaien‹ niederschlägt. Als Auswanderer zogen viele Chinesen in die Neue Welt, wo sie abermals unter erbärmlichen Bedingungen auf Plantagen oder im Eisenbahnbau schufteten. Da ein Großteil der Kulis selbst nicht für die Kosten der Überfahrt aufkommen konn-

Akrobaten in der Altstadt

te, waren sie auf die Kredite von ›Brokern‹ angewiesen. Ähnlich wie die heutigen Schlepper, ließen sich diese die Summe in lebenslanger Abhängigkeit und mit hohen Zinsen abstottern. War die in Übersee ›bestellte‹ Menge von Arbeitern nicht rechtzeitig aufzubringen, schreckte man auch nicht davor zurück, die fehlenden Personen zu shanghaien und willkürlich entführte junge Männer zu verschiffen.

Einen empfindlichen Dämpfer erhielt das sündige Leben jedoch 1937, als Japan im Rahmen seiner Invasion Chinas in die chinesischen Gebiete Shanghais einmarschierte. Mit dem Angriff auf Pearl Harbour 1941 wurden auch die Bewohner des International Settlements und der Französischen Konzession über Nacht zu Feinden und verschwanden meist bis 1945 in Internierungslagern im Shanghaier Hinterland.

Nach dem Ende des Bürgerkrieges und dem Sieg der Kommunisten 1949 verlor Shanghai schlagartig an Bedeutung. Die ausländischen Landbesitzer wurden enteignet und des Landes verwiesen, nur eine Handvoll Ausländer durfte in der Stadt bleiben. Der internationale Handel verlagerte sich fortan nach Hongkong, das bis dato immer im Schatten von Shanghai gestanden hatte. Von einem Tag auf den anderen verschwanden Prostituierte, Bettler, Mafiosi und Kinderarbeiter. Vorsichtshalber hatte die Kommunistische Partei die Stadt dem ideologisch gefestigten Veteranen Marschall Chen Yi unterstellt, der bis 1958 als Bürgermeister fungierte. In industrieller Hinsicht jedoch blieb Shanghai eines der wichtigsten Zentren des Landes. Von hier aus nahm 1966 die Kulturrevolution ihren Weg – ein Faktum, das viele Reformer später der Stadt geradezu persönlich übel nahmen. Entgegen aller Vernunft wurde Shanghai erst relativ spät für ausländische Investitionen geöffnet – und übernahm sofort wieder die Rolle als regionales Zugpferd. Das erste europäische Auto-Joint-Venture ›Shanghai Volkwagen‹ entstand beispielsweise 1984 hier. Die Folgen lassen sich heute landesweit nicht mehr übersehen: Jedes zweite Auto in China ist nämlich ein Santana aus der Shanghaier Fabrikation.

1990 wurde schließlich der Stadtteil Pudong zur Wirtschaftssonderzone erklärt. Besucher, die das Shanghai der 1980er kennen, dürften sich heute überhaupt nicht mehr orientieren können, denn zwischenzeitlich wurden komplette Stadtviertel eingestampft und in futuristischem Design neu errichtet, ein komplexes System von Stadtautobahnen, teils mehrstöckig, aufgebaut und nicht zuletzt auch in punkto Design allerhand nachgeholt. Manch eine Gasse ist heute unter der Last der Leuchtreklame kaum mehr wiederzuerkennen.

Die Hauptader der Stadt ist die Nanjing Lu, die am östlichen Ende auf die Uferpromenade Bund stößt. Straßen, die im rechten Winkel zum Bund liegen tragen meist Städtenamen, verlaufen sie parallel zum Bund, wurden sie nach chinesischen Provinzen benannt. Zur Orientierung wird auch heute noch oft die alte koloniale Einteilung in ausländische Konzessionen verwendet.

Die Juden von Shanghai

David Sassoon, ein Bombayer Jude irakischer Herkunft, besaß bereits das größte Handelsimperium am Persischen Golf. Erste Opiumlieferungen in das Reich der Mitte hatten sich als äußerst lohnend erwiesen – da traf es sich gut, daß die Briten gerade den Opiumkrieg gewonnen und exterritoriale Zonen an der Küste des Kaiserreichs errichtet hatten. 1844 entsandte er seinen Sohn Elias in das nun englische Hongkong, mit der Direktive, den China-Indien-Handel auszubauen. Weisungsgemäß vervielfachte er den Opium- und Baumwollhandel und brachte den Großteil des Marktes unter seine Kontrolle. 1850 wandte sich Elias Sassoon dem Festland zu und schlug in Shanghai Quartier auf. Bald ließ er weitere Juden irakischen Ursprungs, aus Bombay nachkommen, die nicht nur als Angestellte das Vermögen der Sassoon-Gruppe vermehrten, sondern sich schnell auch selbst erfolgreich in die Shanghaier Handelswelt emporarbeiteten. Gemeinsam war allen, daß sie ursprünglich sephardischer Abstammung waren, also Nachfahren von Ende des 15. Jahrhunderts aus dem wieder christlichen Spanien geflohenen Juden.

Lange blieb die kleine, aber elitäre jüdische Gemeinschaft unter sich. Gerade einmal tausend Sephardim lebten zu Beginn des zwanzigsten Jahrhunderts in Shanghai. Erst zum Ende der 1920er Jahre wurde es voller in den Synagogen, denn politische Unruhen im Zarenreich, Pogrome und die Revolution 1917 zwangen zahlreiche russische Juden zur Emigration nach Nordchina. Als Wunschziel galt China kaum, antisemitische Hetzkampagnen waren hier jedoch nicht zu befürchten. Der chinesischen Bevölkerung war es schlichtweg egal, welcher Religion die Fremden nachgingen. Mit der japanischen Invasion in der Mandschurei 1931 zogen die meisten Flüchtlinge weiter nach Shanghai. Wirklich interessant als Fluchtort wurde Shanghai aber mit dem Aufstieg Hitlers. Shanghai, so sprach es sich bald herum, stellte keine Bedingungen für die Einreise und war als einziges ›Land‹ der Welt ohne Visum zu bereisen. Fast 25 000 europäische Juden machten sich bis 1939 über Genua auf den Weg nach Fernost.

Wer Shanghai rechtzeitig erreicht hatte, schien vor Verfolgung erst einmal sicher – und doch dem Hungertod nahe. Gerade einmal 100 Dollar Reisegeld hatte man den deutschen Juden bei der Abreise zugestanden. Nur wenige fanden eine Arbeitsstelle. Trotz der ständigen Befürchtung, die japanische Regierung könnte dem Drängen ihrer deutschen Verbündeten nach Ausweisung der Juden nachgeben, entwickelte sich Hongkou zum Judenviertel Shanghais und besaß bald eine rege Kulturszene. Jüdische Zeitungen, Kaffeehäuser, Theater und Musikgruppen entstan-

den, allen Sprach- und Kulturbarrieren zum Trotz. Rund um die Changyang-Straße sind die Spuren auch heute noch sichtbar. Wer sich in die Seitengassen und Hinterhöfe wagt, findet hier und da sogar noch eine verblaßte deutsche Inschrift.
Auch die alteingesessenen Juden traten nun auf den Plan. Ihren Bemühungen und den Hilfsleistungen des American Joint Committee war es zu verdanken, daß nahezu alle Emigranten das Shanghaier Exil überlebten. Das European Refugee Committee finanzierte allein durch Spenden zahlreiche Verpflegungsstationen, auf die ein Großteil der Flüchtlinge bis zum Ende des Krieges angewiesen waren, organisierte die Verteilung der Sammel-Unterkünfte – meist Gebäude der Sassoon-, Kadoorie- oder Hardoon- Familie – errichtete eine Klinik und verhandelte mit der japanischen Generalkommandatur. Gerade die altruistischen Leistungen der jüdischen Oberschicht sind den chinesischen Bewohnern des Hongkou Viertels bis heute in Erinnerung geblieben. Kein Wunder, denn die chinesische Oberschicht kümmerte sich, in den für die einheimische Bevölkerung nicht minder bitteren Zeiten, meist herzlich wenig um das Elend ihrer Landsleute.
Erst im Februar 1943, als die japanische Armee ganz Shanghai besetzte, wurde der Alltag der jüdischen Shanghaier jäh unterbrochen. Während viele der alteingesessenen Juden als britische Staatsangehörige in den Internierungslagern verschwanden, wurden die nunmehr staatenlosen Juden aus Europa, sofern sie nicht ohnehin dort wohnten, nach Hongkou umgesiedelt. Auch wenn die japanischen Besatzer stets von einer ›Designated Area‹ sprachen, verwandelten sie das Viertel in ein streng bewachtes Ghetto. Wer sich bis dahin durch eine Arbeitsstelle außerhalb Hongkous hatte ernähren können, fand sich nun in der Schlange der Suppenküche wieder. Krankheiten und später auch Bombardierungen in der Endphase des Krieges forderten zahlreiche Opfer.
Erst 1945 öffneten sich die Tore von Hongkou wieder, und die Juden von Shanghai waren frei, der Zweite Weltkrieg beendet. Doch noch immer tobte in China der Bürgerkrieg – Grund genug, sich schleunigst um ein Visum für die USA oder Israel zu bemühen. Erstaunlich viele Juden blieben trotzdem in Shanghai. Immerhin zehntausend harrten bis zur kommunistischen Machtübernahme 1949 aus. Dann setzte der unfreiwillige Exodus ein. Die chinesische Führung war entschlossen, die ehemaligen Kolonialherren ein für allemal vor die Tür zu setzen, und so wurden alle Ausländer des Landes verwiesen.
Einzel- und Gruppenführungen sowie viele weitere Erläuterungen zur jüdischen Geschichte von Hongkou gibt es unter www.cjss.org.cn.

Der Bund

Fast alle Reisenden werden ihren Stadtrundgang im ehemaligen International Settlement am Bund (Waitan 外滩) beginnen. Zu Recht, denn die Uferpromenade des Huangpu zwischen Waibaidu-Brücke und Jingling Lu, heute Zhongshan Dongyilu 中山东一路, ist das Symbol schlechthin für die koloniale Vergangenheit Shanghais. Hier versuchten sich die diversen Kolonialherren und Firmen gegenseitig zu übertreffen, hier standen die Zentralen des europäischen Asiengeschäfts. Mitte der 1990er Jahre wurde die Promenade übrigens umfassend renoviert und neu gepflastert. Für einen Gesamtüberblick empfiehlt sich die Dachterrasse des ›Peace Hotels‹ 和平饭店(Ecke Nanjing Lu), lohnender jedoch ist es, die Häuser einzeln in Augenschein zu nehmen.

Das erste Gebäude am nördlichen Ende des Bunds ist die Hausnummer 33. Mit dem Bau des britischen Konsulats wurde noch in der Amtszeit des ersten Konsuls Balfour begonnen, es brannte aber 1870 ab, wurde 1873 wieder aufgebaut und gehört heute der Stadtverwaltung. Die benachbarte Nummer 31, heute die nationale Bodenschatzbehörde, beherbergte einst die japanische Schiffahrtsgesellschaft Nippon Yusen Kaisha.

Im Anschluß daran liegt das ehemalige Gebäude der Banque de l'Indochine (Nr. 29). Im Stil der französischen Klassik gehalten, wird es heute von der Everbright Bank genutzt. Als nächstes folgt die neoklassizistische Nummer 28, einst als Glen Line Building der Glen Line Steamship Company bekannt. In den 1830ern beherbergte es zeitweilig auch das Deutsche Generalkonsulat, heute wird es ebenfalls von der Everbright Bank genutzt.

Die Nummer 27 ist aufgrund der vier Säulen am Eingang besonders gut zu erkennen. Anfang der 1920er im Stil der Neorenaissance gebaut, diente es einst als Hauptsitz der Firma Jardine, Matheson & Co. und dient heute der Shanghai Foreign Trade Company sowie diversen andere Gesellschaften als Dienstsitz. Eine Nummer weiter, in der 26, war einst die Yangtse Insurance Company zu Hause. 1916 erbaut, wurde es nach 1949 von der China Food Import & Export Corporation genutzt und gehört seit 1998 der Agricultural Bank of China.

Auch in der benachbarten Nr. 24 ist heute eine Bank zu Hause, die Industrial Bank of China. Das neoklassizistische Gebäude mit japanischen und ägyptischen Elementen gehörte einst der Yokohama Specie Bank. Gleich nebenan, auf der Nummer 23 und dem ursprünglichen Gelände des 1937 abgerissenen deutschen Club Concordia, steht die Bank of China – eines der wenigen Gebäude, die sich noch im Besitz der Original-Erbauer befinden.

Das Nachbarhaus Nr. 20 galt einst als beste Adresse Shanghais: bei seiner Eröffnung 1929 war das Cathay Hotel mit 77 Metern das höchste Gebäude der Stadt. 1949 wurde der Eigentümer Victor Elice Sassoon enteignet und das Hotel

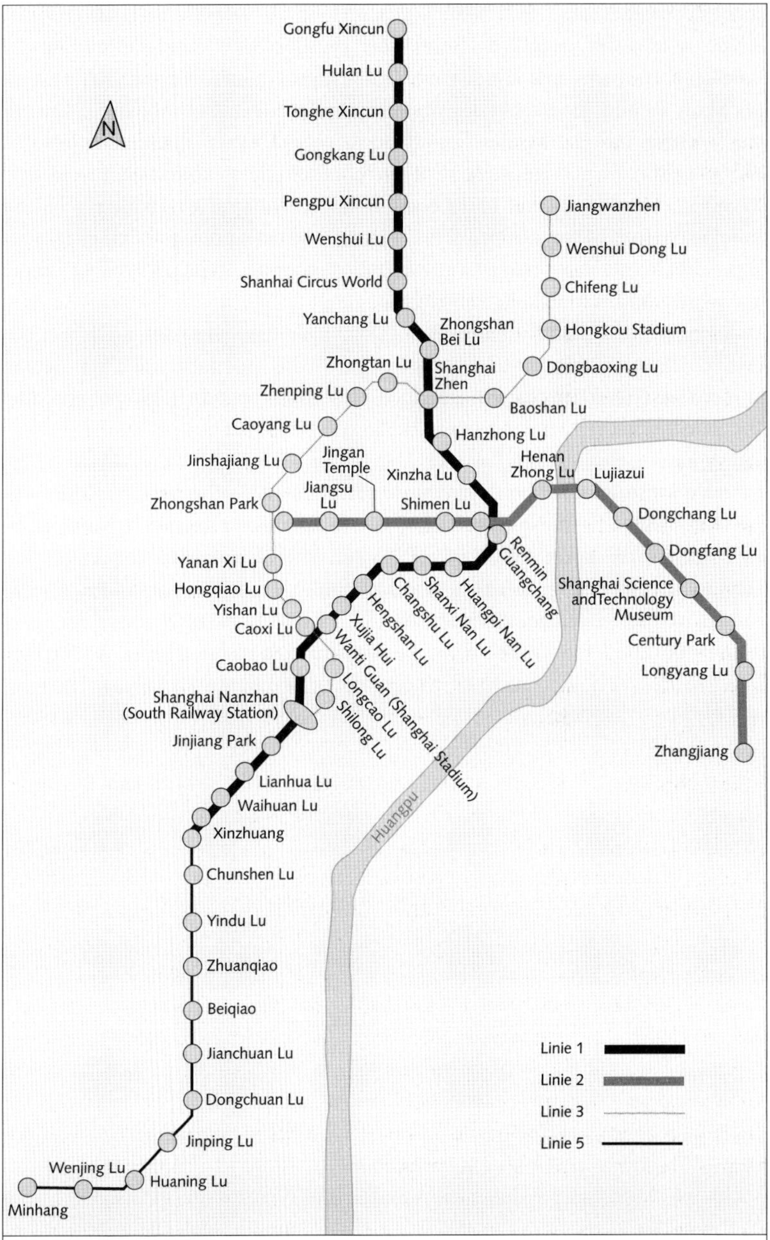

Metroplan Shanghai

erst 1956 wieder unter dem Namen Peace Hotel als Vier-Sterne-Haus eröffnet. Seither gehört der abendliche Besuch der Hotelbar samt Live-Aufführung der Jazz-Combo wieder zum klassischen Touristenprogramm. Die größte Attraktion der Show ist allerdings nicht die künstlerische Qualität der Darbietung, sondern die Tatsache, daß die Musiker der Band in nahezu Originalbesetzung aus den 1930ern auftreten und jeden Moment tot vom Stuhl fallen könnten. Obwohl zwischen Hausnummer 20 und 19 die Nanjing Lu verläuft, gehört das Haus 19 heute zum Peace Hotel. Als es 1906 als Palace Hotel eröffnet wurde, galt es ebenfalls als Top-Adresse. Als Sun Yat-sen 1911 zum Präsidenten der Republik ernannt wurde, ließ er hier die Feierlichkeiten ausrichten.

In der benachbarten Nummer 18 ist dann wieder die Finanzwelt zu Hause: Die 1923 eröffnete Filiale der Chartered Bank of India, Australia and China wurde im neoklassizistischen Stil erbaut. Auch diese Bank wurde 1949 enteignet und das Gebäude hat seitdem eine ganze Reihe von Behörden beherbergt. Bei Drucklegung dieses Buches stand es leer. Die darauffolgende Nummer 17, heute die American Insurance Association, wurde ebenfalls 1923 erbaut und bis 1951 von der North China Daily News genutzt. Nur ein Jahr später wurde die Nummer 16 errichtet, wo die japanische Bank of Taiwan ihren Firmensitz einrichtete. Seit 1956 ist hier die Shanghai Arts & Crafts Import & Export Corporation zu finden.

Das nächste Gebäude, die Russisch-Chinesische Bank in Nummer 15, sorgte 1910 für allerhand Trubel, denn die Konstruktion des deutschen Architekten Heinrich Becker galt als recht verwegen. Heute nutzen die Shanghaier Devisen-

Der Bund

börse und die Shanghai Gold Exchange die Adresse. Das frühere Gebäude der Bank of Communications auf Nummer 14 ist ein relativer Neubau, wurde es doch erst 1948 fertiggestellt. Auf dem einstigen Gelände der Deutsch-Asiatischen Bank ist heute unter anderem die Bank of Shanghai zu finden.

Besonders gut zu erkennen ist die Nummer 13, das ehemalige britische Zollamt. 1927 erbaut, wurde das neoklassizistische Gebäude zum Symbol der Demütigung Chinas durch die Kolonialmächte. 1854, als die Taiping-Rebellion ganz Südchina erschütterte, hatte der chinesische Kaiser die Zollverwaltung den Briten übertragen. Obwohl dies generell als absolute Schmach empfunden wurde, profitierte der Kaiserhof enorm von dieser Lösung, denn erstmals verschwand nicht ein Großteil der Einnahmen in den Taschen der korrupten Beamten! Die Uhr des Zollamts, der ›Big Ching‹, stammt übrigens noch aus dem Vorgängergebäude. Angeblich verwirrt sein Geläut den Feuergott, der die viertelstündlichen Glockenschläge für Feueralarm hält und deshalb selbst keine Feuer in der Stadt mehr zündet.

In der Hausnummer 12 war einst die führende Bank Asiens untergebracht: Die Hongkong and Shanghai Banking Corporation bezog den neoklassizistischen Bau 1923. Die Mosaiken in der Lobby (Darstellungen aller Standorte der Bank, die menschlichen Tugenden und die Sternzeichen) waren übrigens 1949 nach der Machtübernahme der Kommunisten von Unbekannten unter einer Schicht Kalkputz versteckt worden und wurden erst 1997 bei Renovierungsarbeiten wiederentdeckt. Das prachtvolle Gebäude wird seit 1997 von der Pudong Development Bank genutzt und ist somit dem Publikum zugänglich. Den beiden Bronzelöwen vor dem Haupteingang Nase oder Pfoten zu reiben soll Glück bringen, und so glänzen die beiden Tiere stets wie frisch gewienert.

Nicht ganz so opulent ist das benachbarte Stammhaus der China Merchants Steam Navigation Company, die Nummer 9. Mit dem Baujahr 1901 gehört es zu den ältesten Gebäuden der Promenade und repräsentiert mit den umlaufenden Balkonen den typischen Compradoren-Stil des 19. Jahrhunderts. Seit 1998 sitzt hier die China Merchants Holding.

Gleich nebenan, in der Nummer 7/8, ließ die Great Northern Telegraph Company 1908 ihren Hauptsitz errichten. Der verspielte Stil soll an die Loire-Schlösser erinnern. Heute sind die Bank of Bangkok und das thailändische Generalkonsulat unter dieser Adresse zu finden. In der Hausnummer 6 befand sich einst die erste chinesische Bank von Shanghai. Die Commercial Bank of China wurde 1897 errichtet, aber schon 1906 wieder angerissen und mit gotischer Fassade neu errichtet.

Die jetzige Huaxia Bank in der Nummer 5 aus dem Jahr 1925 gehörte einst der japanischen Nisshin Kisen Kaisha Shipping Company. Daß diese Adresse unter Nachtschwärmern gut bekannt ist, liegt an ›M on the Bund‹ im obersten Stockwerk. Das Etablissement der gehobenen Gastronomie bietet einen wunderbaren Ausblick über den Bund. Passend dazu wird sich auch das Union Building der Hausnummer 3 in Kürze präsentieren: Einst der Sitz der Union Insurance Company, soll es demnächst als Vergnügungscenter dienen. Der Shanghai Club in Haus Nummer 2 hat hingegen seine besten Tage bereits hinter sich. Ab 1910 bezog der britische Club dieses Gebäude und machte die ›Long Bar‹ (mehr als 33 Meter lang) zum inoffiziellen Machtzentrum der Stadt. Heute steht das Gebäude (noch) leer. Das letzte Gebäude des Bund, die Nummer 1 mit barocker Fassade, wurde 1916 fertiggestellt, befand sich im Besitz der Asiatic Petroleum Company und wurde später zum Shell Building.

Besonders eindrucksvoll wirkt die Bund-Promenade nach Sonnenuntergang aus Sicht der Schiffe, die als Touristenboote unter dem etwas irreführenden Begriff Hafenrundfahrt abends über den Huangpu-Fluß kreuzen. Etwa um 22 Uhr wird die Uferbeleuchtung allerdings ausgeschaltet. Wer die Fahrt im Tageslicht unternimmt, wird mit der gleichen Aussicht belohnt, die sich schon frühen Shanghai-Reisenden bot, denn die Kais befanden sich einst direkt am Bund.

Die Nanjing Lu

Vom Bund aus ergibt sich tags wie nachts die Möglichkeit, in die Nanjing Lu 南京路 abzubiegen. Einst war sie unter dem Namen ›Bubbling Well Road‹ das Zentrum des International Settlements, heute präsentiert hier die Volksrepublik auf über fünf Kilometern Länge den neuen Überfluß. Fast tausend Kaufhäuser, Boutiquen und Einkaufsmärkte im Stil der amerikanischen Shopping-Malls konkurrieren bis spät in die Nacht um den gefüllten Geldbeutel. Nach Einbruch der Dunkelheit flackern in bester Hongkong-Manier die Leuchtreklamen auf, und bis der letzte Rolladen heruntergelassen wird, kann es gut und gerne Mitternacht werden. Bereits 1908 wurde die Straße erstmals mit einem festen Straßenbelag versehen, im Jahr 1999 wurde sie teilweise in eine Fußgängerzone verwandelt. Zur besseren Orientierung wird die Nanjing Lu in eine Ost-Sektion (Nanjing Donglu 南京东路) vom Bund bis zum Volksplatz (Renmin Guangchang 人民广场) und eine West-Sektion (Nanjing Xilu 南京西路) vom Volksplatz bis zum westlichen Ende) geteilt.

Vor allem der östliche Teil bietet sich für ausgedehnte Bummel an, denn hier liegen die meisten Geschäfte. Aber auch nach Ladenschluß bleibt die Nanjing Donglu belebt. Verblüffte Ausländer müssen oft zweimal hinschauen, wenn in den heißen Sommernächten ganze Familien im besten Pyjama wie Schlafwandler durch die Fußgängerzone flanieren. Seit die Straße modernisiert wurde, sind die Holzbänke ein beliebter Treff für nachbarschaftliche Schachduelle und ausgedehnte Freiluft-Schwätzchen im Nachtgewand. Die Wohnungen sind eng, daran

In der Nanjing Lu

ändert auch das Wirtschaftswachstum erst einmal nichts, und so wird die Nanjing Donglu kurzerhand zum Wohnzimmer.

Für den Bummel über die Nanjing Lu sollten Sie sich Zeit nehmen, denn auf der Mitte der Strecke, direkt am Volksplatz befindet sich das Shanghai-Museum 上海博物馆. Die ständige Ausstellung gehört zu den Highlights der chinesischen Museumswelt, der Bronze-Sammlung bescheinigen Experten sogar Weltniveau. Das Museum ist von 9 bis 17 Uhr geöffnet.

Die Nanjing Xilu

Weiter gen Westen beginnt die Nanjing Xilu 南京西路. Sie ist vor allem für Architektur-Freunde von Interesse, denn rechts und links der Straße sind zahlreiche ›Lilong‹-Wohnanlagen erhalten: Als während des Taiping-Aufstandes (1851–1864) die Bevölkerung Shanghais schlagartig anwuchs, wurde es eng in der Stadt. Slums wollte der britische Konsul Harry Smith Parkes von vorneherein vermeiden, und so ließ er die später für Shanghai so typischen Lilong-Anlagen erschaffen. Entlang einer Hauptgasse wurden kleine Stichstraßen errichtet, an denen Arbeiterunterkünfte entstanden. Sie verfügten nach chinesischem Stil über einen kleinen Innenhof, Erdgeschoß und einen ersten Stock. Oft waren die Räume hintereinander angereiht, wobei die Ausstattung und Größe je nach Lage und Baujahr variierte. Von einer Mauer umgeben, waren die Anlagen nur durch ein oder zwei Haupttore zu betreten. In Anlehnung an ihre steinernen Tore (chin. Shikumen) werden die Anlagen heute, besonders in englischsprachigen Reiseführern, auch als Shikumen-Häuser bezeichnet. Viele Lilong mußten mittlerweile neuen Prachtbauten weichen.

Die Französische Konzession

Wer südlich in die Xizang Lu 西藏路 abbiegt, landet bald in der Französischen Konzession, die sich südwestlich anschließt. Auch heute wieder ist ihre Hauptstraße, die Huaihai Lu 淮海路 die exquisiteste Shopping-Meile des Landes. Das chinesische Mode-Mekka rühmt sich ganz zu Recht, noch immer mit Paris und Mailand konkurrieren zu können. In den Edelboutiquen, deren Preise auch kauffreudigen Ausländern den Atem verschlagen, wird nicht nur Armani verkauft, sondern auch getragen. Die Huaihai Lu ist das Aushängeschild Chinas, der Beweis sozusagen, daß das Wirtschaftswunder nicht nur statistisch sondern auch real existiert – und einer der wenigen Orte Chinas, an denen man tagsüber in Jeans und T-Shirt durchaus auffällt. Die meisten Besucher jedoch ziehen abends in die einstige französische Dependance, denn hier befinden sich die meisten Diskotheken, Bars und Pubs. Besonders schön renoviert sind die Straßen rund um die Hengshan Lu, wo sich auch zahlreiche Straßencafés etablieren konnten.

In der Lishui Lu

Die Altstadt

Östlich von der Französischen Konzession und ergo südlich des International Settlements liegt die Chinesische Altstadt, die einst als ›Chinesenstadt‹ von einer Stadtmauer umgeben war. Wo einst der Wassergraben lag, verläuft heute eine Rundstraße, die Renmin Lu 人民路 und Zhonghua Lu 中华路. Die Stadtmauer selbst wurde nach der Revolution 1911 als Zeichen des Neubeginns abgerissen. Über das alte Nordtor sind es dann nur wenige

Teehaus im Yu-Garten

Schritte bis zum Antiquitätenmarkt der Fuyou Lu 福佑路. Auch ohne konkrete Kaufabsichten (und im Wissen um Plagiat und Nepp) ist der Markt eine bunte Angelegenheit mit vielen Mao-Andenken und Kulturrevolutions-Erinnerungen.

Richtig malerisch chinesisch, wenn auch nur im Nachbau, wird es in der benachbarten Lishui Lu 丽水路. Hier hat die Stadtverwaltung die Atmosphäre der Qing-Dynastie wiederbelebt und so gehört die Ladengasse heute zu den absoluten Touristenattraktionen. Dies übrigens nicht nur bei ausländischen Besuchern, so daß es hier mitunter recht eng werden kann.

Das wahre Prunkstück der Altstadt jedoch ist der Yu-Garten (Yuyuan 豫园). Er wurde bereits 1559 in der Ming-Dynastie von einer kaiserlichen Beamtenfamilie angelegt. Nachdem die Familie verarmte, geriet der Garten in Vergessenheit und wurde erst im 18. Jahrhundert wieder restauriert. Der Yuyuan ist typisch für den klassischen chinesischen Garten: Auf geringstem Raum wird durch Wände und geschickte Einteilung die Illusion von Größe erzeugt. Wer nach dem Besuch des Gartens einen Blick auf den Stadtplan wirft, wird überrascht sein, wie klein die Anlage in Wirklichkeit ist. Kurze Zeit diente er sogar als Gangster-Quartier, als 1853 die Geheimgesellschaft der ›Kleinen Schwerter‹ den Pavillon des Frühlings bezog und von dort aus gegen den Kaiserhof agierte. Gleich neben dem Yu-Garten liegt das Huxinting-Teehaus 湖心亭, ein durch und durch traditionelles Etablissement und ideal für eine kleine Pause bei Tee und Dim-Sum-Häppchen. Für Geister ist das Teehaus allerdings nicht zu betreten, denn diese können bekanntlich prinzipiell nur geradeaus laufen und sind daher nicht in der Lage, die Zick-Zack-Brücke zu überqueren.

Pudong

Nach einem ausgiebigen Bummel durch die traditionelle und (nach westlichem Empfinden) typisch chinesische Altstadt, bietet sich die Möglichkeit zum absoluten Kontrastprogramm. Fahren Sie mit der U-Bahn nach Pudong 浦东, auf die andere Seite des Huangpu-Flusses. Der ehemalige Vorort, einst Gemüse-Lieferant für die Großstadt, ist mittlerweile das Symbol schlechthin für wirtschaftlichen Aufschwung und Fortschritt – auch für die abends über den Bund flanierenden Wanderarbeiter, die staunend ob des farbigen Lichterspektakels der beleuchteten Wolkenkratzer verharren, denn dies ist das Zeichen, daß der Luxus auch für sie selbst (vielleicht) irgendwann greifbar sein könnte. Hier hat die Volksrepublik innerhalb weniger Jahre aus Ackerland eine futuristisch anmutende City erschaffen, die nicht nur ländliche Besucher beeindruckt, sondern auch den Shanghaiern täglich aufs Neue das Selbstbild bestätigt: Hier wird Geld gemacht – und große Politik. Wahrscheinlich deshalb wurde das Jinmao Dasha, mit 420 Metern eines der höchsten Gebäude der Welt, in Pudong erbaut.

Altes Werbeplakat

Das beliebteste Ausflugsziel überhaupt ist jedoch der Fernsehturm ›Pearl of the Orient Tower‹ 东方明珠, mit 468 Metern der höchste Fernsehturm Asiens und das Wahrzeichen des neuen Shanghai. Mit seiner kitschig und geradezu schmerzhaft bunten Illumination illustriert er ganz vorzüglich die Geschmacksunterschiede zwischen Ost und West. Man ist stolz in Shanghai auf dieses Bauwerk, das die meisten Westler in bestem Falle etwas ratlos zurückläßt. Und so kommt auf den meisten Hafenrundfahrten erst Bewegung in die chinesischen Bootspassagiere, wenn die Dampfer am Fernsehturm vorbeigleiten. Während innerhalb weniger Minuten alle Familienmitglieder davor abgelichtet werden, bleibt die ebenfalls beleuchtete Bund-Promenade links liegen. Wer sich selbst in der ›Perle des Orients‹ umsehen möchte, fährt mit der U-Bahn Nr. 2 bis zur Station Lujiazui 陆家嘴. Der Turm ist von 8.30 bis 21.30 Uhr geöffnet.

Das Judenviertel Hongkou

Vom Fernsehturm aus ist auch die nächste Station des Rundgangs ersichtlich: Am nördlichen Ufer des Huangpu, östlich des Suzhou-Flusses liegt das Stadtviertel Hongkou 虹口区. Besonders Reisende, die hier im ›Ocean Hotel‹ übernachten, sollten es sich nicht nehmen lassen, das umliegende Viertel auf einem Spaziergang zu entdecken. Hier fanden während des Dritten Reiches Tausende von deutschen und österreichischen Juden Zuflucht. An manch einer Hauswand lassen sich bei genauem Hinsehen sogar noch deutsche Inschriften entdecken. Das Kernstück ist die Changyang Lu 长阳路, wo sich auch die ehemalige Ohel-Moishe-Synagoge 摩西会堂 befindet (Hausnummer 62). Heute wird sie als Museum genutzt. Wang Faliang, einer der Initiatoren und Museumsführer, hat sein ganzes Leben in Hongkou verbracht und kennt viele der jüdischen ehemaligen Bewohner noch aus eigener Erinnerung. Nehmen Sie sich Zeit für seine englischsprachige Führung, es lohnt sich! Bisher ist Hongkou am besten per Taxi zu erreichen, die U-Bahn-Linie 4 via Hongkou ist aber bereits im Bau.

Der Jade-Buddha-Tempel

Viel Geschichte und wenig Spirituelles scheint Shanghai zu bieten. Trotzdem gibt es auch hier zwei große und sehenswerte Tempelanlagen. Der Jade-Buddha-Tempel Yufo Si 玉佛寺 liegt an der Anyuan Lu 安源路 174 im Westen der Stadt. Als der Mönch Huigen 1882 zwei weiße Jade-Buddhas von einer Pilgerreise aus Burma mitbrachte, entstand der Plan, einen Tempel zu bauen, um sie zu beherbergen. Der Bauplan wurde aber erst von 1918 bis 1928 im Stil der Song-Dynastie umgesetzt. Die Buddhas stellen den historischen Buddha Shakyamuni sitzend in Erwartung der Erleuchtung und liegend beim Eintritt ins Nirvana dar.

Der Longhua-Tempel

Der älteste und größte Tempel Shanghais, der Longhua-Tempel 龙华寺, liegt weit im Süden der Stadt an der gleichnamigen Longhua Lu 龙华路. Erstmals wurde im Jahr 242 an dieser Stelle ein buddhistischer Tempel errichtet. Immer wieder wurde die Anlage jedoch durch Kriege zerstört, zuletzt durch die Taiping-Rebellion Mitte des 19. Jahrhunderts, so daß heute ein Großteil aus der Qing-Dynastie stammt. Die Pagode des Tempels jedoch wird auf das 10 Jahrhundert datiert.

Ausflüge in die Umgebung

Zhujiajiao

Nur eine Stunde Busfahrt von Shanghai entfernt liegt der Kreis Qingpu. Kaum vorzustellen, daß nahe der Weltstadt Shanghai noch unberührte qing- und mingzeitliche Kleinstädte existieren, wer sich in Richtung Hinterland aufmacht, wird jedoch eines Besseren belehrt.

In Zhujiajiao 玉家角 beispielsweise, einem kleinen Ort am Dingshan-See, wurden die alten Gassen und Kanäle liebevoll restauriert und sehr behutsam für den Tourismus erschlossen. Wer für das Wasserland Jiangsus keine Zeit findet, kann hier den Charme des ländlichen China schnuppern.

Ab Shanghai Stadium (mit der U-Bahn-Linie 1 vom Renmin Guangchang in 6 Stationen Richtung Südwesten zu erreichen) fährt von 7 Uhr bis 16.30 Uhr regelmäßig ein Touristenbus, Endstation ist das Eingangstor von Zhujiajiao. Weitere Bilder und Infos sind unter www.zhujiajiao.com zu finden.

Putuoshan

Auf der gleichnamigen Insel 普陀山 in der Bucht von Hangzhou (ca. 250 Kilometer entfernt) befindet sich einer der heiligen vier Berge des Buddhismus, der Sitz der barmherzigen Boddhisattva Guanyin. Vor allem Pilger machen sich deshalb per Boot auf den Weg, um ihr in einem der zahlreichen Tempel zu huldigen. Weltliche Reisende besuchen Putuoshan vor allem wegen seiner Strände und ruhigen Atmosphäre. Mit einer Fläche von nur 12 Quadratkilometern ist die Insel auch zu Fuß gut zu erkunden.

Anreise: Ab Luchaogang Hafen 芦潮港 steuern Schnellboote die Insel in nur dreieinhalb Stunden an. Ab Shanghai Shiliupu Hafen 十六铺码头 existiert ein Zubringer-Bus. Zurück geht es per Nachtboot.

Chinesische Fischer; Am Ufer des Erhai
Eselskarren in Kashgar; Ausflugsboot auf dem Westsee in Hangzhou

Panasonic

Vorwahl: +86/21.
Post: Das Paketpostamt für Auslandssendungen befindet sich in der Sichuan Lu 四川路 (einer Seitenstraße der Nanjing Donglu), direkt am Ufer des Suzhou Creek. Im Nachbargebäude befindet sich eine normale Post für Briefsendungen.
Bank: Bank of China, direkt am östlichen Ende der Nanjing Donglu.

Fast alle Großstädte Europas und praktisch alle Flughäfen Chinas bieten direkte Flugverbindungen nach Shanghai an. Reisende die am ca. 50 km entfernten neuen Pudong-Flughafen ankommen, können seit Dezember 2002 per Transrapid mit max. 430 km/h in die Stadt rauschen. Ab Hongqiao Airport, der älteren Variante, ist die Anfahrt per Taxi oder Shuttle-Bus (18 km) um einiges kürzer.

Shanghai hat Direktverbindungen mit praktisch jeder Stadt Chinas. Im Erste-Klasse-Wartesaal des Bahnhofs befindet sich ein spezieller (anglophoner) Ticketschalter für Ausländer.

›Sofitel Hyland‹ 上海海仑宾馆, 4 Sterne, Nanjing Donglu 南京东路 505, Tel. 63205888, Fax 63204088. In punkto Service und Zimmer sicher genauso gut wie viele andere hochwertige Vier-Sterne-Hotels der Stadt. Der Blick vom Frühstückszimmer über die Nanjing Donglu, sozusagen den Nabel Shanghais, allerdings ist unschlagbar. Zentraler kann man kaum wohnen.
›Park Hotel‹ 国际饭店, 3 Sterne, Nanjing Xilu 南京西路 170; Tel. 63275225; Fax 63276958. Das Art-Deco-Gebäude von 1934 vermittelt noch ein wenig von der Atmosphäre des alten Shanghai und liegt sehr zentral.
›Pujiang Hotel‹ 浦江饭店, Huangpu Lu 15 黄浦路, 1 Stern, Tel. 63246388, Fax 63243179. Einst beherbergte der Jugenstilbau unter dem Namen Astor Hotel die Crème der europäischen Kolonialreisenden, heute gilt das Hotel als preiswerte Alternative für Backpak-ker. Zentral gelegen (nahe Bund) und immer noch stilecht eingerichtet die erste Wahl für knappe Budgets.

Tagsüber ist die Zhapu Lu 乍浦路 eine ganz normale Seitengasse der Nanjing Donglu. Wenn jedoch abends die Lichterreklame eingeschaltet wird, verwandelt sie sich in einen Freßtempel. Hier werden vor allem Meeresfrüchte und Fisch frisch zubereitet (das potentielle Opfer schwimmt ihnen am Eingang im Aquarium entgegen) und natürlich allerhand Leckereien, die auf dem westeuro-

Rollender Imbiß; Ausflugsboot auf dem Westsee in Hangzhou
Chinesischer Kräuterdoktor; Scharfes auf dem Markt

päischen Speiseplan nicht vorkommen. Preislich liegen die Restaurants in der Oberklasse, garantieren dafür aber auch ganz sicher ein Gaumenerlebnis.

Ebenfalls stilecht speist man im Cross-over-Restaurant und Nachtclub ›The Dome‹, Xinle Lu 55. Einst eine orthodoxe Kirche, wurde die Lokalität 2003 zum gastronomischen Erlebnistempel umgebaut.

Das Pflichtprogramm: Die Nanjing Donglu, Chinas bekannteste Einkaufsstraße. Bücher und Schreibwaren gibt es vor allem in der Fuzhou Lu 福州路, einer Parallelstraße der Nanjing Lu. Falls der Lesestoff unterwegs ausgegangen ist, hier ist die Gelegenheit ihn wieder auf Englisch oder Deutsch aufzustocken! Für teure Kleidung und Luxusartikel gilt die Französische Konzession rund um die Huaihai Lu noch immer als erste Adresse der Stadt.

Typische Mitbringsel finden Sie wahrscheinlich am besten auf den Märkten. Schmerzhaft früh öffnet der Antiquitätenmarkt in der Fuyou Lu (福右路) in der Altstadt rund um den Yu-Garten. Noch vor Sonnenaufgang wird aufgebaut, und nach acht Uhr – morgens versteht sich – haben die besten Stücke meist schon einen neuen Besitzer gefunden. Danach geht es direkt zur Dongtai Lu 东台路, wo viele dieser Schnäppchen etwas teurer wieder ausliegen – diesmal allerdings auch mit englischer Beschriftung.

Das Viertel zwischen Hengshan Lu, Changshu Lu und Maoming Lu in der ehemaligen Französischen Konzession ist der Mittelpunkt des Shanghaier Nachtlebens. Startpunkt der Nightlife-Tour sind die Bars und Restaurants der Hengshan Lu. Die frisch restaurierte Fußgängerzone am westlichen Ende der Huaihai Lu ist das Reich der in Shanghai lebenden Ausländer und schon am späten Nachmittag gut besetzt. Hier entspannt sich die internationale Gemeinschaft bei Live-Musik und Cocktails, hier ist die ›Hip‹-Szene der Weltstadt Shanghai zu Hause. Von dort geht es, sofern körperlich noch fit, mit dem Taxi zur Maoming Nanlu. Egal ob im ›Babylon‹, ›Yin Yang‹ oder ›DKD's‹, die Diskotheken sind vollgepackt. Aktuelle Infos zum Shanghaier Nachtleben gibt es im Internet unter www.thatsshanghai.com.

Als erholsame Alternative bietet sich eine Hafenrundfahrt ab dem Bund an. Die Tickets sind bereits tagsüber in den kleinen Verkaufsstellen am nördlichen Ufer des Bund zu erstehen, die Verkäufer sprechen passabel Englisch, die Schiffe legen aber am südlichen Ende des Bund ab.

Wasserland Jiangsu und Anhui

Die Provinz Jiangsu ist nicht umsonst Partnerprovinz von Baden-Württemberg. Mit einigem Recht könnte man sie ›chinesisches Musterländle‹ nennen, ist sie doch eine der reichsten Provinzen Chinas. Die großen Städte Nanjing und Suzhou müssen sich in punkto Modernität nicht vor Shanghai verstecken, das Hinterland ist eine von Chinas Kornkammern und der Kaiserkanal immer noch eine der wichtigsten Wasserstraßen Ostchinas.

Bereits vor dem Bau des Kaiserkanals im 7. Jahrhundert war die Region um die Mündung von Kaiserkanal und Yangzi eine der reichsten in China. Von Hangzhou im Süden nach Yangzhou im Norden zog sich ein Netz von kleinen und großen Kanälen, die bis heute wichtige Verkehrsverbindungen des boomenden Yangzi-Deltas sind. Im ›Land von Fisch und Reis‹ 鱼米之乡, so die chinesische Bezeichnung der Region, entwickelte sich über die Jahrhunderte eine Wasserkultur, die immer eine gewisse Eigenständigkeit hatte. Man war stolz auf den wirtschaftlichen Erfolg und stellte ihn mit Freuden zur Schau. Ähnlich wie das Bürgertum im Europa des 18. Jahrhunderts, strebten die reichen Kaufleute im Yangzi-Delta danach, den Lebensstil des Hofes nachzuempfinden. Vor allem in der südlichen Song-Dynastie (1127–1279) gefiel sich der Geldadel in der Kopie der kaiserlichen Kultur. Er baute sich Residenzen, die an die kaiserliche Gartenarchitektur angelehnt waren, frönte der Kalligraphie und gab sich musikalischen

Am Kaiserkanal bei Suzhou

und kulinarischen Genüssen hin. Nach Gründung der Volksrepublik China lange Zeit unterdrückt, erinnert man sich heute wieder gern an die glorreiche Vergangenheit und läßt sie mit großem Aufwand wiederaufleben. Nicht immer historisch exakt, jedoch mit Liebe zum Detail entdeckt man seit einigen Jahren viele der in Vergessenheit geratenen Wasserdörfer: historische Kaufmannsflecken, von Kanälen durchzogen und bis vor kurzem oft nur auf dem Wasser zu erreichen. Sollten

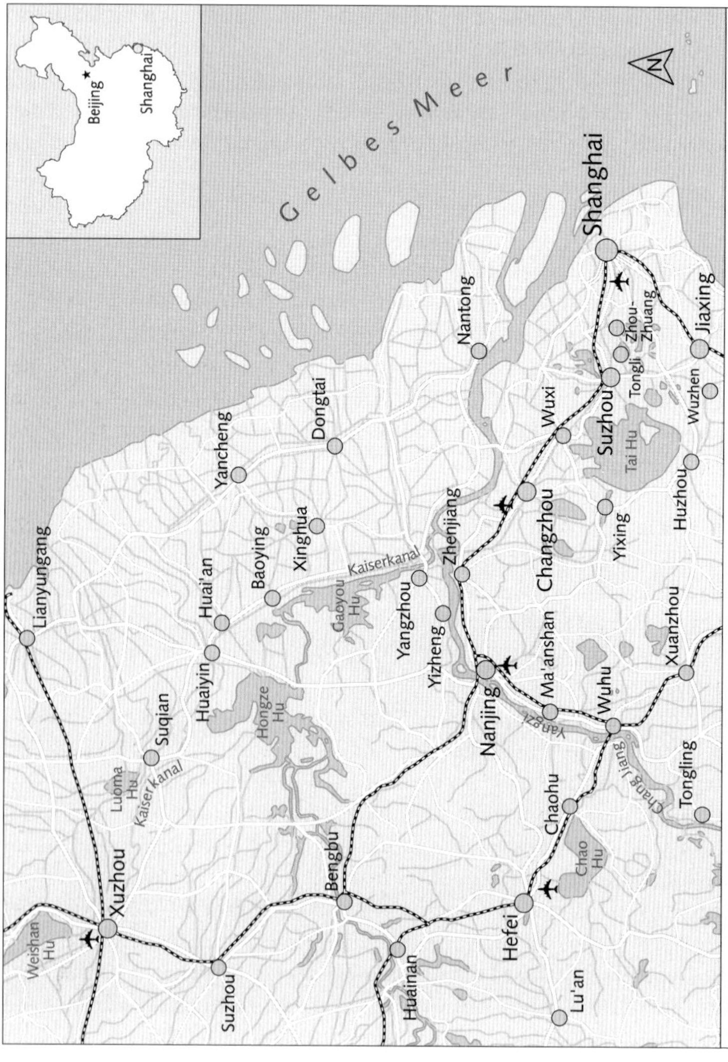

Übersicht über die Provinz Jiangsu

Sie Zeit haben, machen Sie einen Abstecher nach Tongli 同理, Zhouzhuang 周庄 oder Wuzhen 乌镇 und werfen Sie einen Blick in die bourgeoise Vergangenheit des Yangzi-Deltas.

Wie nah Arm und Reich in China beieinander liegen können, zeigt die Nachbarprovinz Anhui. Sobald der Bus die Provinzgrenze passiert, wird es holprig auf den Landstraßen. Landschaftlich mag Anhui mit vielen Superlativen locken, wirtschaftlich ist es jedoch vor allem Exporteur von Wanderarbeitern. Vielleicht sind deshalb nur wenige Regionen Anhuis touristisch erschlossen. Und daß sie dann doch gewaltig in den Reise-Statistiken auftaucht, hat vor allem mit den Gelben Bergen zu tun, einer Landschaft, die es nicht nur auf die Liste des UNESCO Weltnaturerbes geschafft hat, sondern auch bei nahezu allen Chinesen auf der Wunschliste zu besichtigender Sehenswürdigkeiten ganz oben steht.

Nanjing

In klimatischer Hinsicht haben die Bewohner von Nanjing 南京 gleich dreifach Pech gehabt. Als Bewohner einer subtropischen Stadt am Delta des Yangzi schwitzen sie im Sommer bei Temperaturen, die nicht selten die 40-Grad-Marke überschreiten. Im Winter geht es ihnen nicht viel besser, denn die kalten Winde des Nordens dringen weit nach Süden vor und bringen Schnee und Eis in die sonst so milden Subtropen. Da trifft es sich schlecht, daß die idyllische Stadt am Südufer des Flusses liegt. Hier nämlich verläuft die ›Heizungs-Grenze‹ Chinas, die den beheizten Norden vom unbeheizten Süden trennt. Und, nein, es handelt sich nicht um ein obskures internationales Abkommen, sondern schlichtweg um eine Tradition, die den Nanjingern regelmäßig jeden Winter eine Reihe Frostbeulen beschert. Erst der Reichtum der letzten Jahre hat einige moderne Architekten dazu bewegen können, sich gegen die Tradition und für die warmen Füße zu entscheiden.

Dabei könnten es sich die Nanjinger durchaus leisten. Das Pro-Kopf-Einkommen der Bewohner liegt in China ganz vorne, nur die benachbarten Shanghaier verfügen über mehr Geld. Beiden gemein ist, daß sie im Rest Chinas als Sparheimer und Pfennigfuchser verschrien sind. Nicht ganz zu Unrecht, denn während in Guangdong, der zweitreichsten Provinz des Landes, verspiegelte Sonnenbrillen, Piepser und mindestens ein Handy zur Grundausstattung der Neureichen gehören, glauben die Delta-Chinesen an Bescheidenheit und vernünftige Geldanlagen. Die allzu deutliche Zurschaustellung des gefüllten Kontos gilt als geradezu unanständig. Der solide Wohlstand der Region rund um Nanjing zeigt sich daher erst auf den zweiten Blick. Ausnehmend sauber ist es, auch auf dem Lande, und die Wohnungen sind deutlich besser ausgestattet als im Rest des Reiches.

Und noch ein Luxus fällt dem ausländischen Besucher sofort ins Auge: Nanjing ist ausnehmend grün. Auch wenn viele Bäume der Modernisierungswut der Stadtväter weichen mußten, bleibt ein Großteil der Innenstadtstraßen bis jetzt noch von alten Platanen überschattet. Besonders im Sommer ist hier die Seniorenfraktion der dahinter liegenden Wohnanlagen zu finden, auf der Bambusliege, beim Nickerchen, im Gespräch oder beim gemütlichen Kartenspiel. Überhaupt ist hier von der Hektik des benachbarten Shanghai nicht mehr viel zu spüren. Zeit für ein Schwätzchen ist immer da, und wer im Backofen Chinas wohnt, lernt spätestens im August, daß unnötige Eile höchstens zum Kreislaufkollaps führt. Wer länger in China unterwegs ist, dürfte Nanjing deshalb als eher erholsam erleben. In Anbetracht dieser oft betulichen Stimmung überraschen die aktuellen Einwohnerstatistiken. Etwa 5,5 Millionen Bewohner hat der Bezirk Nanjing, wobei zirka 2,5 Millionen davon im eigentlichen Stadtgebiet leben.

Geschichte

Bereits früh in der Geschichte taucht Nanjing in den Annalen auf. Das Königreich Chu erbaute die Stadt Jinling um das Jahr 330 vor Christus herum. Auch heute noch wird der Begriff ›Jinling‹ vom Hotelnamen bis zur Gemüsekonserve für allerhand gewinnträchtige Anspielungen genutzt. An den Ufern des mächtigen Yangzi gelegen, blieb die Stadt, obwohl sie mehrfach zerstört und wieder aufgebaut wurde, ein wichtiges wirtschaftliches Zentrum und immer wieder auch Hauptstadt verschiedener Reiche. Nach dem Ende der Han-Dynastie im Jahre 220 avancierte sie erstmals zur Kapitale des Reiches Wu. Auch die östliche Jin-Dynastie des vierten Jahrhunderts, die südlichen Dynastien des fünften und sechsten Jahrhunderts und die südlichen Song des zwölften Jahrhunderts wählten Nanjing als Hauptsitz. Nach dem Ende der Mongolenherrschaft 1368 schaffte Nanjing erneut den Sprung auf die internationale Bühne, denn von hier ließ der Ming-Kaiser Hongwu eine gigantische Armada losziehen, deren wichtigste Mission bestechend einfach und doch geradezu größenwahnsinnig war: Über 300 Schiffe mit 30 000 Mann Besatzung ließ der Kaiser ab 1405 unter dem Kommando seines Vertrauten, dem Eunuchen Zheng He, um die Welt segeln, um den Ruhm Chinas zu mehren. Unter den fremdenfeindlichen Konfuzianern des Hofes löst er damit geradezu Panik aus. Bereits 1420 verlegte der Nachfolger Yongle die Hauptstadt wieder ins konservative Beijing und ließ alle seetauglichen Schiffe zerstören.

Politisch wurde es damit erst einmal ruhig um Nanjing, nicht jedoch in wirtschaftlicher Hinsicht. Umgeben von fruchtbaren Äckern, von einem der Landwirtschaft zuträglichen Klima begünstigt und nahe dem Kaiserkanal, blieb Nanjing eine wichtige Handelsstadt des Südens.

Erst mit dem Ende des ersten Opiumkrieges 1842 fand Nanjing erneut den Weg in die internationalen Geschichtsbücher. Hier wurden die ›ungleichen Verträge‹ zwischen China und Großbritannien unterzeichnet, die fortan China in einen semi-kolonialen Staat verwandeln sollten. In direkter Reaktion darauf entstand die Bewegung des Taiping-Aufstandes. Innerhalb weniger Wochen überrannten die Rebellen fast ganz Südchina und regierten ab 1853 das ›Reich des Himm-

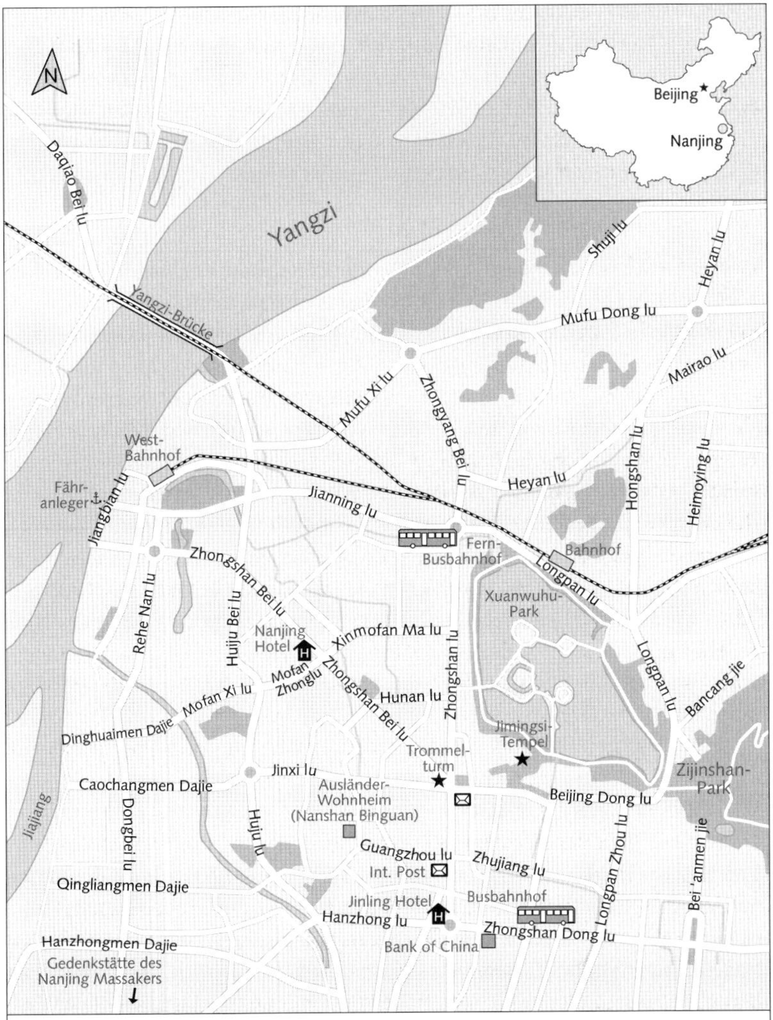

Nanjing 南京, Zentrum

Brückenrevolutionäre in Nanjing

lischen Friedens‹ von Nanjing aus. Für die Bewohner war dies jedoch nur ein kurzes Glück. Als die Rebellen im Jahre 1864 von einer Allianz ausländischer Truppen und kaiserlicher Armee geschlagen wurden, schlachteten die siegreichen Truppen fast 100000 Bewohner der Stadt ab.

Kurz nach dem Ende der Kaiserzeit 1911 wurde Nanjing erneut zur Hauptstadt Chinas – theoretisch, denn de facto war das Land doch in zahlreiche Einflußgebiete der Warlords zerteilt. Erst 1928, nachdem Chiang Kai-shek im Nordfeldzug das Reich wieder geeint hatte, wurde es wirklich zum Sitz der Nationalregierung.

Und wieder dauerte es nur wenige Jahre, bevor die Bewohner bitter dafür büßen mußten: 1937 wurde Nanjing von den japanischen Truppen eingenommen und dabei innerhalb weniger Tage ein Drittel der Einwohner (also mehr als 300000 Menschen!) massakriert. Kein Wunder, daß auch heute noch Japaner eher verhalten aufgenommen werden. Zu deren großer Verwunderung, denn noch immer wird dieses dunkle Kapitel nicht an japanischen Schulen gelehrt. Mit dem Ende des Zweiten Weltkrieges verließen die japanischen Truppen die Stadt, und erneut wurde Nanjing zur Hauptstadt. Theoretisch ist sie es auch heute noch – allerdings nur aus der Sicht der taiwanesischen Regierung, die es im Laufe der Jahre kurioserweise versäumt hat, die ›Übergangslösung‹ Taipeh als offizielle Hauptstadt zu deklarieren.

Sehenswürdigkeiten

Auch als prosperierende Großstadt ist Nanjing recht übersichtlich geblieben. Im Zentrum der Stadt liegt die Hauptverkehrsader Zhongshan Lu 中山路, deren beiden Anfangs- und Endkreuzungen Gulou (Trommelturm) 鼓楼 und Xinjiekou (Neue Kreuzung) 新街口 jeweils rechts und links zu weiteren Einkaufsstraßen führen. Ein weiteres Zentrum liegt an der Kreuzung der Zhongshan Beilu 中山北路 und der Hunan Lu 湖南路.

In der Innenstadt muß der Trommelturm Gulou 鼓楼 vor allem zu Orientierungszwecken herhalten. 1382 erbaut, diente er einst als Zeitansage und Warndienst. Heute ist er eher mager ausgestattet, besticht aber mit einem schönen Blick über die Innenstadt.

Jimingsi-Tempel

Ganz in der Nähe befindet sich auch der Geheimtip für alle erholungsbedürftigen Touristen: Der versteckte Jimingsi-Tempel 鸡鸣寺 im Nordosten des Zentrums (Zwischen Beijing Donglu 北京东路 und der Stadtmauer) läßt nicht nur strapazierte Ausländerherzen höher schlagen, sondern ist auch unter den einheimischen Buddhisten als Ruhepol beliebt. In der mongolischen Yuan-Dynastie (1271–1368) wurde der Hügel als Exekutionsplatz genutzt – eine Altlast, mit der sich die folgende Dynastie nicht herumschlagen wollte. Um die Geister der Toten zu befrieden, ließ der Ming-Kaiser Hongwu daher hier einen buddhistischen Tempel errichten, der auch heute noch von zahlreichen Nonnen bewohnt wird und dank ausführlicher Restaurationsarbeiten zu den schönsten der Stadt zählt. Die meisten ausländischen Besucher treibt weniger die Spiritualität ins Kloster, als ein rein weltlicher Grund. Das vegetarische Restaurant hat einen guten Ruf und bietet ganz nebenbei den besten Blick über Stadtmauer, Xuanwu-See und die Nordstadt.

Auf dem kleinen Parkstreifen an der Beijing Donglu gegenüber der Jimingsi Lu findet hin und wieder ein Kalligraphie-Markt statt, dessen Exponate aus privater (meist studentischer) Hand den Vergleich mit den Artikeln der Souvenirshops nicht scheuen müssen, preislich aber um ein Vielfaches günstiger sind.

Xuanwu-See

Wer sich auf dem Gulou-Platz nach Norden wendet, erreicht über die Zhongyang Lu 中央路 den 430 Hektar großen Xuanwu-See (Xuanwuhu 玄武湖). Auch wenn die Einheimischen beliebig durch die Tore schlendern: Für Auswärtige (und als solche sind Ausländer ganz bestimmt zu erkennen!) wird Eintritt erhoben. Im Inneren des Parks herrscht Picknick-Stimmung

Besonders in den frühen Morgenstunden und bei Einbruch der Dunkelheit finden sich hier viele kleine Grüppchen, die sich schweigend dem Qigong, Taijiquan oder westlicher Gymnastik hingeben. Auf geradezu schmerzhaft kitschigen Booten im Schwanenlook können Sie die fünf Inseln umrunden, die jeweils mit Brücken miteinander verbunden sind.

West-Bahnhof und Umgebung

Weiter im Nordwesten der Stadt liegt die doppelstöckige Brücke über den Yangzi 长江. Sie wird schon aus politischen Gründen praktisch allen Gruppen vorgeführt. Zusammen mit den sowjetischen Freunden geplant, stand das gigantische Projekt vor dem Aus, als sich die beiden größten Mächte des Ostblocks 1960 überwarfen. Die Baupläne der gerade begonnen Brücke verschwanden mit den russischen Fachleuten. Daß die chinesischen Ingenieure es trotzdem schafften, sie 1968 alleine fertigzustellen, darauf ist man in China zu Recht stolz. Optisch besonders reizvoll ist sie trotzdem nicht. Viel interessanter ist das nahe gelegene Viertel rund um den West-Bahnhof 西站. Die engen Gassen und traditionellen Wohnhöfe bieten keine spektakulären kulturellen Relikte oder statischen Meisterleistungen, dafür aber das alltägliche China mit all seinem Charme. Hier wird auf der Straße gezockt, sitzen Nachbarn abends noch stundenlang bei einer Flasche Bier zusammen vor dem Haus, brutzeln die Straßenköche auf dem Gehsteig, turnen die Alten noch gemeinsam die Frühgymnastik. Zahllose Straßenstände bieten zudem die Möglichkeit, die lokalen Spezialitäten zu probieren.

Yanziji

Eine weitere ruhige und leicht marode Sehenswürdigkeit ist auf vielen Stadtplänen gar nicht erst eingezeichnet, liegt sie doch im äußersten Norden der Stadt. Es sind die Höhlen-Klöster Toutaidong 头胎洞, Ertaidong 二胎洞 und Santaidong 三台东 nahe dem Schwalbenfelsen Yanziji 燕子矶 im Vorort Taiping Cun am Yangzi-Ufer. Architektonische Wunder haben sie nicht zu bieten, dafür aber eine Reihe von ruhigen Parks mit leicht moderigen und verlassenen Klöstern, die einen schönen Spaziergang am Ufer ergeben. Vom Schwalbenfelsen selbst bietet sich Nanjings bester Blick über den Yangzi. Wer vollends in den eher unspektakulären Alltag der Stadt abtauchen möchte, kann von hier aus in die ›Schlafstädte‹ am anderen Flußufer übersetzen.

Gedenkstätte des Nanjing-Massakers

Erheblich schwerer verdaulich ist die Gedenkstätte des Nanjing-Massakers 大屠杀纪念馆 im Südwesten der Stadt. Die Ausstellung in der Chating Dongjie nahe dem Mochou-Park 莫愁湖公园 ist nichts für schwache Nerven, beleuchtet aber einen wichtigen Teil der Geschichte Nanjings. Etliche der heute über Achtzigjährigen haben das Massaker selbst erlebt!

Zijinshan

Die wichtigsten und mit Abstand beeindruckensten Sehenswürdigkeiten jedoch liegen am Zijinshan (Purpur-Goldberg 紫金山) vor den Toren der Stadt. Das Areal im Osten von Nanjing beherbergt so viele historische und politisch wichtige Stätten, daß selbst eine Dreitagestour nur das Notwendigste beinhalten kann. Allen voran das Sun Yat-sen Memorial (Zhongshanling 中山陵), die Grabstätte des Begründers des modernen China. Schon aus politischen Gründen kann es nur wenige Berührungspunkte zwischen der Kommunistischen Partei Chinas und der Guomindang-Partei Taiwans geben. In einer Hinsicht sind sie sich jedoch einig: Es ist Dr. Sun Yat-sen, der China von den Fesseln der Kaisermonarchie befreite und deshalb von den beiden Erzfeinden gleichermaßen verehrt wird. Umso schmerzhafter für die Taiwanesen, daß der erste Revolutionär Chinas in Nanjing begraben liegt.

Rund um das Mausoleum führen Wege durch den Wald – zum Xiaoling Grab (Mingxiaoling 明孝陵) zum Beispiel, der Ruhestätte des ersten Ming-Kaisers Hongwu (1327–1398). Noch zu Lebzeiten ließ er die Anlage anfertigen. Daß just an dieser Stelle bereits ein Regent (der König Sun Quan des Wu-Reiches aus dem dritten Jahrhundert) begraben lag, konnte ihn nicht davon abhalten. Er ließ den Vorgänger kurzerhand versetzen.

Der Weg dahin, die sogenannte Geisterallee (Shendao 神道), wird von Tieren und menschlichen Figuren gesäumt, die Geistern den Zugang verwehren sollen.

Das Mausoleum für Sun Yat-sen auf dem Zijinshan

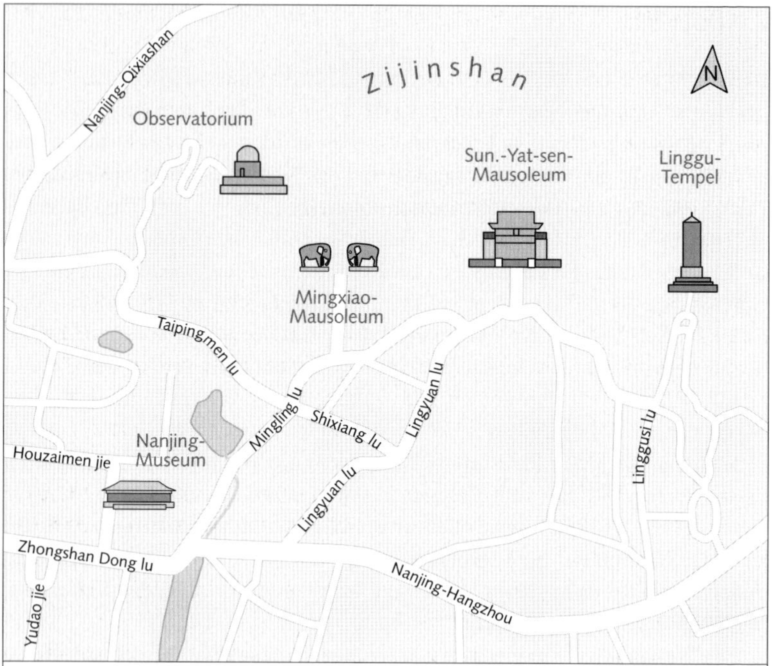

Das Zijinshan-Areal 紫金山

Löwen, Kamele, Elefanten und Pferde sind dabei leicht zu erkennen. Bei den beiden anderen Tieren, Xiezhi (eine Art Löwe mit Horn) und Qilin (den europäischen Einhorn ähnlich), handelt es sich um glückverheißende Fabeltiere. Ein wenig weiter lösen hohe Beamte und Militärs die Tierwelt ab. Der folgende Tempelkomplex wurde vor allem errichtet, um dem Kaiser nach seinem Tode weiter zu huldigen. Wo der Kaiser selbst begraben liegt, ist dabei noch unklar. Wahrscheinlich wohl nördlich des Soul Tower, letzte Sicherheit wird es aber erst geben, wenn die chinesische Regierung je das Grab öffnen läßt.

Ganz im Osten des Areals liegt die Anlage des Linggu-Tempels (Linggu Si). Bereits während der Liang-Dynastie (502–557) wurde sie errichtet. Dies allerdings um einige Meter weiter westlich. Beim Bau des Ming-Mausoleums war sie schlichtweg im Weg und wurde daher auf kaiserlichen Befehl an die heutige Stelle versetzt. Der buddhistische Tempel selbst ist noch immer aktiv und wird von Mönchen bewohnt. Besonders sehenswert ist die Tempelhalle Wuliangdian. Das 22 Meter hohe Steingebäude wurde 1381 gänzlich ohne Holzbalken oder Nägel errichtet und gilt als architektonische Meisterleistung.

Die dahinter liegende Linggu-Pagode (Linggu Ta 灵谷塔) wurde erst 1931 erbaut und erinnert an die Opfer des Nordfeldzuges von Chiang Kai-shek.

Die Hauptsehenswürdigkeiten des Zijinshan unter Streß und Zeitdruck anzusehen wäre geradezu eine Verschwendung. Das Areal lädt vor allem im Frühjahr und Sommer zu ausgedehnten Spaziergängen ein. Man sollte es genießen, denn es gibt in China nur wenige Gelegenheiten, so entspannt und malerisch von einer Sehenswürdigkeit zur anderen zu gelangen.

Vorwahl: +86/25.
Post: Internationales Postamt (inklusive Paketversand) in der Zhongshan Lu 中山路, kurz vor dem Xinjiekou-Kreisel 新街口.
Bank: Bank of China, Zhongshan Donglu 中山东路 3, kurz hinter dem Xinjiekou-Kreisel oder in der Hongwu Lu 洪武路 (nahe Zhongshan Nanlu) Nr. 29.
Reisebüro: Englischsprachiges Personal finden Sie im Reisebüro des ›Jinling Hotels‹ am Xinjiekou und in der Reiseagentur der Nanjing Universität direkt am Haupteingang des Ausländerwohnheims ›Xiyuan‹ 西苑, in der Jinyu Jie 金玉街, nahe der Kreuzung Beijing Xilu 北京西路 und Shanghai Lu 上海路. Auch am Bahnhof befindet sich auf der rechten Seite des Gebäudes ein Ausländerschalter, in dem Englisch gesprochen wird.

Nanjing ist von praktisch jeder chinesischen Großstadt per Direktflug zu erreichen.

Direktverbindungen mit Beijing, Shanghai (2–4 h), Xiamen, Hangzhou, der Hauptbahnhof befindet sich im Norden der Stadt an der Longpan Lu 龙蟠路.

Dank guter Zugverbindungen ist es für Touristen kaum interessant, Nanjing per Bus anzusteuern. Nur die Verbindung zum Huangshan, den Gelben Bergen, ist per Bus eindeutig besser und führt durch malerische Dörfer der Provinz Anhui. Die zentrale Busstation befindet am nördlichen Ende der Zhongyang Lu 中央路, nahe dem Hauptbahnhof.

›Jinling Fandian‹ 金陵饭店, 4 Sterne, Xinjiekou-Kreisel 新街口, Ecke Hanzhong Lu und Zhongshan Lu, Tel. 471 18 88 Fax 471 16 66. Das allererste Luxus-Hotel der Stadt gehört auch heute noch zu den besten Adressen und liegt in absolut zentraler Lage.
›Nanjing Fandian‹ 南京饭店, 3 Sterne, Zhongshan Beilu 中山北路 259, Tel. 330 18 88, Fax 330 69 98. Im Nordosten der Innenstadt gelegen und sehr ruhig – auch für europäische Verhältnisse.
Günstig und gut (ohne Stern):
Low Budget Reisende kommen im Ausländerwohnheim der Nanjing Normal University (Nanshan Binguan 南山宾馆, Ninghai Lu 宁海路, auf dem Hügel südlich des Haupt-

platzes) besonders günstig unter. Zudem soll es sich um den schönsten Campus Chinas handeln.

Die Küche Nanjings ist mild, auch für Ausländer-Mägen gut geeignet und vor allem bekannt für Fisch- und Enten-Gerichte. Sollte Ihnen der Sinn nach einer leckeren ost-westlichen Crossover-Küche stehen, bieten die kleinen Lokale rund um das Ausländerwohnheim ›Xiyuan‹ 西苑 der Nanjing University (Ecke Beijing Xilu und Shanghai Lu) oder rund um das Campus der Nanjing Normal University in der Ninghai Lu 宁海路 einen guten Mix aus westlichen Standardgerichten und den bei Langnasen beliebtesten Speisen der lokalen Küche. Als Zugeständnis an die zahlreichen ausländischen Studenten sind die Speisekarten zudem noch zweisprachig. Etwas abenteuerlicher aber dafür mit stilechter Atmosphäre sind die zahlreichen Straßenstände auf dem Konfuzius-Markt im Süden der Stadt, wo vor allem lokale Snacks angeboten werden. Vegetarier finden im Tempel-Restaurant des buddhistischen Jimingsi-Tempels in der Jimingsi Lu 鸡鸣寺路 eine besonders malerische Atmosphäre (nur mittags geöffnet).

Wie so oft in China, ist die Zhongshan Lu 中山路 mit ihren Seitenarmen Zhongshan Donglu 中山东路 und Hanzhonglu 汉中路 die Haupt-Verkehrsader und wichtigste Einkaufsstraße. Mindestens genauso interessant und preislich besonders günstig ist der Nachtmarkt in der Hunan Lu 湖南路, einer Seitenstraße der Zhong-yang Lu 中央路, die gegen- über dem Haupteingang des Xuanwu-Parks beginnt. Nach Sonnenuntergang werden hier Kleidung, Lederwaren, Spielzeug und allerhand Zinnober wie Plastik-Kakerlaken, Mao-Feuerzeuge etc. angeboten. Die beliebteste Adresse jedoch ist das Areal rund um den Konfuzius-Markt 夫子庙 im Süden der Stadt. Die Mischung aus Großmarkt und Gemischtwarenhandel bietet praktisch alles, was das Touristenherz höher schlagen läßt: günstige Seidenkleidung, traditionelle Kunstwaren, Markenkleidung dubioser Herkunft zu Preisen, die alle Skrupel sofort hinwegwischen, und all die kitschigen Mitbringsel, die zu Hause für viel Gelächter sorgen. Von morgens 8 Uhr bis Mitternacht sind die meisten Geschäfte geöffnet. Anderen Ausländern werden Sie hier eher selten begegnen, denn der Markt wird vor allem von einheimischen Händlern frequentiert. Falls Sie gerne shoppen und handeln: mindestens einen Tag für den Konfuzius-Markt einplanen!

Der Kaiserkanal

Vom Kaiserkanal zu sprechen, ist eigentlich falsch. Auf Chinesisch heißt der Kanal schlicht Da Yunhe 大运河, Großer Kanal, und bezeichnete eher das Kanalsystem als einen bestimmten Wasserlauf. Die Sui-Dynastie (581–618) ließ bestehende Kanäle verbinden und baute das Kanalnetz nach Norden aus, eine Arbeit, die bis in die Yuan-Dynastie (1279–1368) fortgeführt wurde, so daß schließlich zwischen Hangzhou im Süden und Beijing ein durchgehender, etwa 1800 Kilometer langer Hauptkanal bestand. Da die Küstenlinien chronisch von Piraten bedroht wurden, hatte das Reich der Mitte mit dem Kaiserkanal zum ersten Mal eine sichere und wetterunabhängige Wasserverbindung zwischen dem wirtschaftlich prosperierenden Süden und dem administrativen Zentrum im Norden. Tributgetreide, Seide und andere begehrte Waren des prosperierenden Yangzi-Deltas gelangten auf diesem Wege in die Kaiserstädte Xi'an, Luoyang und Beijing. Nach mehreren Jahrhunderten Teilung war der Kaiserkanal auch Zeichen der in der Sui-Dynastie wiederhergestellten Reichseinheit. Heute ist der Kaiserkanal nur noch in dem Viereck Hangzhou–Nanjing–Yangzhou–Shanghai von großer verkehrstechnischer Bedeutung. Vor allem der Abschnitt von Wuxi nach Suzhou und von hier weiter nach Pingwang 平望 am südlichen Ende des Tai-Sees (Taihu

Schiffer am Kaiserkanal

太湖) wird intensiv genutzt. Die Fahrt auf dem Kaiserkanal ist immer noch ein faszinierendes, wenn auch zuweilen geruchsintensives Erlebnis. Die Verkehrsdichte gleicht zuweilen chinesischen Hauptstraßen und die Treue der Schiffer zu Verkehrsregeln steht derjenigen der Kapitäne der Landstraße um nichts nach. Touristenboote verkehren zwischen Wuxi 无锡 und Suzhou sowie zwischen Suzhou und Pingwang. Eine noch bestehende Übernachtverbindung zwischen Suzhou und Hangzhou wird wohl mangels Nachfrage bald eingestellt werden.

Suzhou

Auch Suzhou 苏州, die Stadt, die Marco Polo einst mit Venedig verglich, und in seiner Heimat kräftig Schelte dafür bezog, hat in den letzten zehn Jahren eine Metamorphose von Alt nach Neu und wieder zurück hinter sich. Anfang der 1990er Jahre mußten die meisten alten Gebäude im Innenstadtbereich verbreiterten Straßen und modernen Gebäuden weichen. Als Segen erwies sich hier, daß Suzhou die Heimatstadt des Stararchitekten Ieoh Ming Pei ist, der unter anderem die Glaspyramide im Louvre und den Erweiterungsbau des Deutschen Historischen Museums in Berlin entwarf und auch bei der Umgestaltung des Suzhouer Stadtbildes zwar kein maßgebliches, jedoch dennoch ein einflußreiches Wörtchen mitreden konnte. Haben Besucher, die das Venedig des Orients Ende der 1990er Jahre besuchten, die Stadt eher als riesige Baustelle in Erinnerung, präsentiert sich Suzhou heute als moderne Stadt mit einem teilrestaurierten, meist der alten Architektur nachempfundenen Altstadtkern, in dem man erahnen kann, was Marco Polo

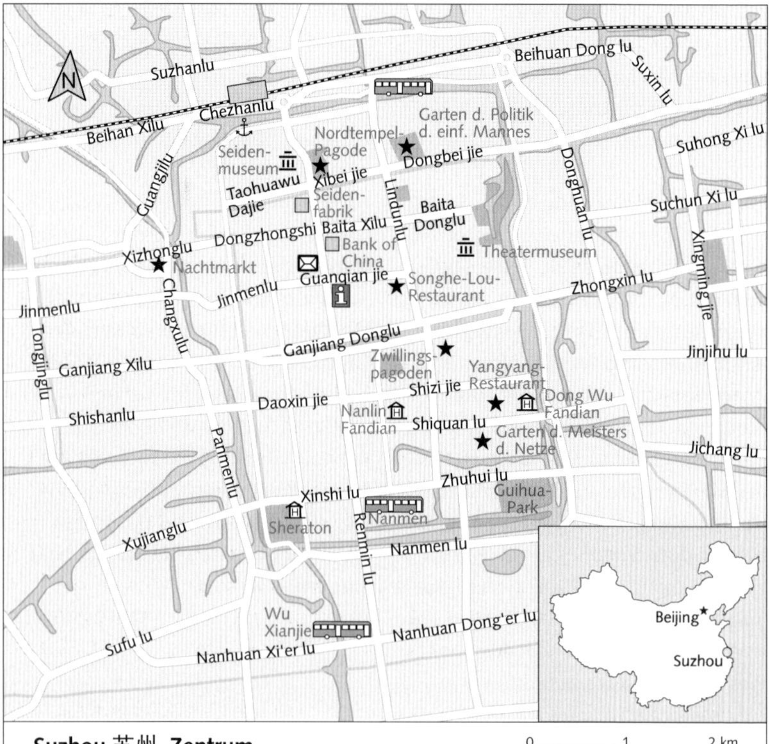

Suzhou 苏州, Zentrum

mit seinem Vergleich meinte. Suzhou hat über eine Millionen Einwohner und schickt sich an, High-Tech-Zentrum Ostchinas zu werden. Ein idyllisches Städtchen sollte man folglich nicht erwarten, aber durchaus eine Stadt, die zwischen Modernität und Tradition nicht ganz ihre Identität verloren hat.

Sehenswürdigkeiten

Für einen umfassenden Besichtigungsspaziergang ist Suzhou zu groß, die Sehenswürdigkeiten liegen zu weit über das Stadtgebiet verteilt. In der Shiquan Lu 石泉路 gegenüber dem ›Garten des Meisters der Netze‹ 网师园 vermieten mehrere kleine Läden sowie das Suzhou Hotel einfache chinesische Fahrräder. Auf einer etwa zehn Kilometer langen Runde durch den ursprünglichen Altstadtbereich zur Nordtempel-Pagode 北寺塔 und entlang der Renmin Lu 人民路 zurück zum Garten des Meisters der Netze kann man die schönsten Gärten sowie eine Reihe anderer Sehenswürdigkeiten der Stadt im Rahmen eine kleinen Fahrradtour entdecken. Alternativ kann man die erste Hälfte bis zur Nordpagode auch zu Fuß zurücklegen und den Rückweg mit dem Taxi oder öffentlichen Verkehrsmitteln gestalten. Der Innenstadtverkehr ist allerdings so dicht, daß man mit dem Rad, teilweise sogar zu Fuß schneller ist.

Garten des Meisters der Netze

Der Garten des Meisters der Netze 网师园 ist einer der kleinsten Gärten Suzhous, und unbestritten einer der schönsten. Trotz seiner gerade einmal 4000 Quadratmeter Größe wirkt er nie beengt und gilt bis heute als ein Meisterwerk der chinesischen Gartenbaukunst. Eine Kopie des westlichen Hofes steht seit 1981 im Metropolitan Museum of Art in New York. Der Name des Gartens geht auf die ›Sage vom Pfirsichblütenquell‹ des Dichters Tao Yuanming (365–427) zurück: Ein armer Fischer entdeckt ein Traumland, in dem die Bewohner unbeschwert von täglichen Sorgen, politischen Intrigen und in Frieden leben. Shi Zhengzhi, der den Garten im 12. Jahrhundert bauen ließ, erhoffte sich nach einer enttäuschenden Karriere als Beamter, angeekelt von Korruption und Intrigen, ein solches Refugium in dem Garten zu finden. Nach seinem Tod verfiel der Park und wurde im Jahre 1770 von einem kaiserlichen Beamten in der heutigen Form wiederhergestellt. Seit 1958 im Besitz der Stadt Suzhou ist der Garten heute Teil des Unesco-Weltkulturerbes.

Betritt man den Garten durch das Haupttor im Süden, so gelangt man zuerst in den Empfangsteil des Gartens. Eine ungewöhnlich hohe Geisterschwelle sollte

Garteneingang in Suzhou

wohl nicht nur böse Geister abhalten, sondern auch ungebetene Gäste. Die meisten Besucher schafften es nicht über die große Empfangshalle hinaus, in welcher der Hausherr Audienz hielt. Die Stühle der Gesprächspartner sind nebeneinander, nicht gegenüber aufgestellt, da es als unhöflich galt, sich auf während des Gespräches anzuschauen. Hinter der Empfangshalle schließen sich die Wohngebäude an. Hält man sich links, so erreicht man den ›Gang des Entenschießens‹ und blickt auf den zentralen Teich.

Im gegenüberliegenden ›Pavillon des Aufgehenden Mondes und der frischen Brise‹ erzeugt ein Spiegel den Eindruck von Weite. Er ist etwas schräg aufgehängt, so sieht man die eigene Spiegelung nicht und verfällt dadurch der Täuschung, der Garten ginge hinter dem Pavillon noch weiter. Am Teich saß der Hausherr einst mit ausgewählten Freunden, trank Wein und übte sich in der Kunst des Gespräches.

Der ›Pavillon des Waschens der Hutbänder‹ wurde auch zu Musikaufführungen genutzt, ein Vergnügen, das Sie heute nachvollziehen können. Jeden Abend von März bis November finden im Garten zwischen 19.30 und 21 Uhr Musik- und Theateraufführungen statt. In fünf Hallen und Pavillons kommen Chinesische Oper, Theaterszenen, Balladen und Musikstücke zur Aufführung, jedes Stück dauert etwa zehn Minuten und wird alle 15 Minuten wiederholt. So kann man bei einem Rundgang die abendliche Atmosphäre des stilvoll beleuchteten Gartens genießen und je nach Belieben den Aufführungen beiwohnen.

Durch die Altstadt von Suzhou

Verläßt man den Garten des Meisters der Netze durch den kleinen Nordausgang und überquert man die Shiquan Lu und eine kleine Kanalbrücke, so gelangt man am Kanal entlang zu den Zwillingspagoden (Shuangta 双塔), die man bereits von weitem sehen kann. Die beiden Pagoden wurden im 10. Jahrhundert von einem Bruderpaar aus dem Viertel gebaut, die sich von ihnen eine Verbesserung des Fengshui versprachen. Während die Pagoden noch die Originale sind, wurde der sie umgebende Tempel zerstört. In der kleinen Ausstellung werden die wenigen übriggebliebenen Artefakte der Tempelanlage gezeigt.

Etwas nördlich der Zwillingspagoden kommt man an eine vierspurige Straße, die Ganjiang Lu 干将路. Überquert man diese, so erreicht man den unrestaurierten Teil der Altstadt. Die schmale Pingjiang Lu 平江路 führt an einem Kanal entlang in Richtung Norden. Etwa nach 300 Metern zweigt die Zhongzhangjia Xiang 中张家巷 nach Osten ab. In der Hausnummer 14 auf der linken Seite befindet sich das Suzhouer Theatermuseum (Xiqu Bowuguan 戏曲博物馆 Tel. 67275338). Während die Ausstellung an sich eher uninteressant ist, ist das Gebäude des Museums ein gut erhaltenes Beispiel für die Hofarchitektur der Altstadt. Regelmäßig finden hier Aufführungen lokaler Opern und Balladen statt, mit etwas Glück kann man den Schauspielern auch bei den Proben zusehen.

Zurück auf der Pingjiang Lu erreicht man nach weiteren 500 Metern die Dongbei Jie 东北街, an welcher der ›Garten der Politik des Einfachen Mannes‹ 拙政

Pavillon im Garten des Meisters der Netzte

园 liegt. Oft findet man den Garten auch unter dem Namen ›Garten des bescheidenen Beamten‹ oder ›Garten der törichten Amtsperson.‹ Der letztere Name hat sich in vielen Übersetzungen eingebürgert, wohl auch, weil der Sohn des Erstbesitzers den Garten während einer einzigen Nacht verzockte und es wohl töricht erscheint, eine solche Kostbarkeit an so einen Sohn zu vererben. Ursprünglich im 16. Jahrhundert gebaut, erfuhr auch dieser Garten allerlei Erweiterungen und Veränderungen. Das heute fünf Hektar große Areal besteht genaugenommen aus mehreren Gärten, einem an westliche Parkanlagen erinnernden Eingangsteil, in dem temporäre, der Jahreszeit entsprechende Blumenaustellungen zu sehen sind, dem eigentlichen chinesischen Garten mit den Wohngebäuden sowie einem kleinen Bonsaigarten im Westteil der Anlage. Lassen Sie sich nicht täuschen, die Pagode im Westen, durch geschickte Anordnung der Außenmauern des Gartens in die Szenerie integriert als gehöre sie zur Anlage, gehört zum etwas westlich des Gartens gelegenen Nordtempel.

Von der 76 Meter hohen Nordtempel-Pagode, der größten ihrer Art südlich des Yangzi, hat man einen ausgezeichneten Blick auf Suzhou und den Kaiserkanal. Die Anlegestelle für eine Kaiserkanaltour 游船游览 liegt nur wenige Meter nördlich in Richtung Hauptbahnhof. Auch wenn Sie schon, von Wuxi kommend, auf dem Kaiserkanal gefahren sind, lohnt sich ein Blick auf Suzhou von der Wasserseite. Am kleinen Hafen gegenüber dem Bahnhof (Foreign Travellers Transportation Company Pier 外事旅游车船公司码头) kann man eine etwa einstündige Tour durch die Altstadtkanäle Suzhous buchen, Tel. 67 53 99 85.

Vorwahl: +86/512.
Post: Die Hauptpost liegt an der Ecke Renmin Lu 人民路 und Jingde Lu 京德路 direkt in der Stadtmitte.
Bank: Bank of China, Renmin Lu 490, direkt gegenüber der Post.
Reisebüro: CITS hat ein Büro direkt neben dem ›Lexiang Hotel‹. Das Hauptbüro ist in der Daichengqiao Lu 带成桥路 1, 3. Stock, Tel. 65 20 32 50. Die meisten Hotels können Ausflüge in die Umgebung, nach Tongli, Luzhi und Zhouzhuang organisieren, ebenso eine Fahrt auf dem Kaiserkanal.

Direktverbindungen mit Nanjing (2,5 h), Shanghai (50 min) und Hangzhou (3 h). Eine Direktverbindung mit Beijing besteht, allerdings nur mit dem ›Bummelzug‹ (22 h), ein Umweg über Shanghai ist schneller. Der Hauptbahnhof liegt im Norden der Stadt an der Chezhan Lu 车站路.

Die meisten Städte sind mit dem Zug schneller und bequemer zu erreichen. Einzig Hangzhou ist mit dem Bus etwas schneller an Suzhou angebunden als mit der Bahn. Die meisten Busse, unter anderem in die Wasserdörfer

Tongli und Zhouzhuang, fahren von der nördlichen Busstation etwa einen Kilometer östlich des Bahnhofs in der Beihuan Lu 北环路.

›Sheraton Suzhou Hotel & Towers‹ 吴宫喜来登大酒店, 5 Sterne, Xinshi Lu 新市路 388. Tel. 65103388 Fax 65100888, www.sheraton.com. Das mit Abstand beste Hotel in Suzhou im stilvollen, an die chinesische Gartenarchitektur angelehnten Design. Sehr zentrale Lage.

›Nanlin Fandian‹ 南林饭店, 3 Sterne, Gunxiufang 滚绣坊 20, Tel. 65194641. Schönes Mittelklassehotel, architektonisch an den Gartenbaustil angelehnt, nahe dem Garten des Meisters der Netze.

›Dongwu Fandian‹ 东吴饭店, 1 Stern, Wuyachang 乌鸦场 24/ Shiqian Lu 十全路, Tel. 65194437, Fax 65194590. Dieses von der Suzhou Universität geführte Hotel bietet einfache, aber saubere Zimmer mit und ohne Bad/WC. Etwa ein Kilometer westlich des Gartens des Meisters der Netze.

Die Suzhouer Küche lehnt sich sehr eng an die Shanghai-Küche an, das heißt, das Essen ist nicht scharf, mit viel Soße und nutzt die Nähe zum Wasser: Fisch und Meeresfrüchte werden auch in Suzhou sehr gerne gegessen. Vor allem im Altstadtbereich, um den Garten des Meisters der Netze in der Shiqian Lu 十全路 und entlang der Guanqian Jie gibt es viele Restaurants und Garküchen,die zumeist ausgezeichnetes Essen zu günstigen Preisen bieten. Berühmt ist das ›Songhe Lou‹ 松鹤楼, ein altes Familienrestaurant in der Guanqian Jie 观前街, dessen Geschichte bis ins 18. Jahrhundert zurückgeht. Sehr empfehlenswert, vor allem wegen seiner Teigtschen, ist das ›Yangyang Shuijiaoguan‹ 样样水饺馆 in der Shiquan Lu 144.

Suzhou ist weltberühmt für seine Seide. Seide in unterschiedlicher Qualität wird in der Stadt in vielen Läden und an unzähligen Marktständen angboten. Häufig handelt es sich aber nicht um echte Seide, sondern um Mischstoffe. Bei einem Angebot von fünf bestickten Seidenkrawatten für umgerechnet zwei Euro sollte man mißtrauisch werden. Das heißt nicht, daß man nicht das eine oder andere Schnäppchen in Suzhou erstehen könnte. Vorsicht ist aber auf jeden Fall angesagt. Echte Seidenstoffe in hochwertiger Qualität verkaufen die Suzhouer Seidenfabriken, so daß man den Einkaufsbummel mit einer interessanten Einführung in die Seidenherstellung verbinden kann. CITS kann Fabrikführungen organisieren, die Seidenfabrik mit angeschlossenem Geschäft (Sichouzhipin Guoji Lüyou Jiedaibu 丝绸制品国际旅游接待部, Tel. 67275875) in der Renmin Lu 人民路 658 kann man auch direkt besichtigen. Eine Alternative ist das äußerst interessante Seidenmuseum in der Renmin Lu 661, das ebenfalls ein kleines Verkaufsgeschäft hat. Große Kaufhäuser und Supermärkte gibt es entlang der Renmin Lu und der Guanqian Lu. Jeden Abend von 18.30–21.30 öffnet nahe der Shi Lu 十路 im Nordwesten der Stadt ein lebhafter Nachtmarkt, auf dem neben Snacks auch Seide und Kunsthandwerk angeboten werden.

Die Wasserdörfer Tongli, Zhouzhuang und Wuzhen

Suzhou hat den Ruf, das Venedig des Ostens zu sein. Auch wenn an vielen Stellen auch heute noch zu erahnen ist, daß die Stadt, wie Venedig, »vollständig auf dem Wasser gebaut ist« (Marco Polo), muß man doch einige Kilometer aufs Land fahren, um erfahren zu können, was das ›Land von Fisch und Reis‹ ausmacht. Wo in Suzhou zuweilen die Bulldozer gesiegt haben, behielten in den Wasserdörfern 水乡 zumeist die Denkmalschützer die Oberhand. Nicht immer hat sich hier, wie auch in anderen historischen Städten Chinas, die historische Exaktheit durchsetzen können. Dennoch symbolisieren die Wasserdörfer mit ihren Gärten, Familienresidenzen und der auf Handel und Schiffahrt zugeschnittenen Lebensweise die Kultur des Yangzi-Deltas, die anderswo lange verlorengegangen ist. Die Wasserdörfer sind von Suzhou, Shanghai und Hangzhou mit dem Bus zu erreichen. In allen beschriebenen Orten gibt es Übernachtungsmöglichkeiten.

Tongli

Nur angenehm wenige Touristen verirren sich in die 30 Kilometer südöstlich von Suzhou gelegene, 30 000 Einwohner zählende Kleinstadt Tongli 同理, die bis vor zwanzig Jahren nur über das Wasser zu erreichen war. Heute führt eine gut ausgebaute Straße von Suzhou über Wujiang 吴江 nach Tongli. Die Hauptattraktion des Ortes ist der Garten der Zurückgezogenheit und der Reflexion (Tui'en Yuan 退恩园). Der Name des im Westteil Tonglis gelegenen Gartens spielt auf einen Aphorismus aus der Östlichen Zhou-Dynastie (770–221 v. Chr.) an: »Sei dem Kaiser untertan, solange Du im Amt bist, und reflektiere Deine Fehler, wenn Du das Amt niedergelegt hast«. Die aus dem 19. Jahrhundert stammende Anlage ist aber bei weitem nicht der einzige Grund, nach Tongli zu kommen. Die engen Gassen der autofreien Innenstadt führen an kleinen Kanälen entlang in die Altstadt, mit ihren einfachen Wohnhäusern und den renovierten Familienresidenzen, die zu kleinen

Chinesische Gartenbaukunst

Die Harmonie der Natur ins Haus zu holen und die Unbilden der Gesellschaft vor den Toren zu lassen, dies war das Ziel der chinesischen Gartenbaukunst. Man schaffte sich ein kleines privates Reich nach den eigenen Vorstellungen. Der Garten, meist Residenz und Parkanlage in einem, war auch Spiegelbild der Geisteshaltung des Bewohners. Das Vorbild waren die prunkvollen kaiserlichen Gärten. Zwar verbot es der Anstand, dem Kaiser Konkurrenz zu machen, der Gartenbesitzer war jedoch unbegrenzter Herrscher seines Reiches und sparte oft nicht mit der Ausstattung. Dennoch soll ein chinesischer Garten nie überladen wirken. Die Kostbarkeit liegt im Detail, kunstvoll verzierte Holzintarsien, geschnitzte Ziegel, die die Wände verzieren, seltene Pflanzen und kostbare Fische, die Kois, die heute selbst im Westen für Unsummen gehandelt werden. Besonders auffällig sind auch die bizarren Kalkfelsen, meist aus dem Taihu-See, die integraler Bestandteil der Gartenarchitektur sind und je nach Größe und Form ein Vermögen kosten können.
Der chinesische Garten soll Harmonie ausstrahlen. Eckige und runde, konkave und konvexe Formen wechseln einander ab, künstliche Strukturen und natürliche Elemente halten sich die Waage. Zudem bedient man sich allerlei optischer und architektonischer Tricks. Die Außenmauern haben oft noch einen kleinen Durchgang, der, von innen nicht sichtbar, wenige Meter später wieder an einer Mauer endet. So entstand der Eindruck, der Garten ginge noch weiter. Man lieh sich die Landschaft der Umgebung aus, will heißen, man baute den Garten so, daß durch die Gebäude der Nachbarschaft wie Pagoden und Tempel der Eindruck von Größe entstand. Durch Fenster in den Mauern verlieh man der Szenerie dahinter einen Rahmen, so daß sie wie eine Malerei wirkte. Durch die geschickte Auswahl der Pflanzen nach Jahreszeit waren die Gärten immer grün, und das ganze Jahr über blühten unterschiedliche Pflanzen. Wandelgänge sorgten dafür, daß der Besitzer auch bei schlechtem Wetter durch sein Reich spazieren konnte. Wen er dazu einlud, konnte sich glücklich schätzen, nicht vielen wurde diese Gunst zuteil.
Heute sind viele der mehreren tausend Gärten im Yangzi-Delta restauriert und für die Öffentlichkeit zugängig. Jeder Garten ist eine Welt für sich, so daß es sich durchaus lohnt, mehr als einen zu besichtigen. Viele der Gärten haben ein kleines Teehaus, so daß man den Besuch mit einer Kostprobe der ausgezeichneten Teesorten der Region verbinden kann.

In Tongli

Museen ausgebaut wurden. Restaurants und Teehäuser laden zum Verweilen an. Entschließt man sich, die Nacht in Tongli zu verbringen, so kann man die Tagestouristen aus Suzhou, die zumeist am frühen Nachmittag die Stadt besichtigen, vermeiden. Suchen Sie sich ein lauschiges Plätzchen in einem der Restaurants am Wasser und genießen Sie eine angenehm untouristische Chinaerfahrung.

In Tongli gibt es mehrere Übernachtungsmöglichkeiten. Während in der Altstadt einige einfache Gästehäuser schönes Ambiente, aber äußerst wenig Komfort bieten, liegt das sehr zu empfehlende beste Haus am Platze ein wenig außerhalb, direkt am einen Kilometer östlich des Ortskerns gelegenen Tongli-See 同理湖. Das ›Tonglihu Holiday Village‹ (同里湖度假村, 3 Sterne, Tel. 0512/63 33 08 88) bietet große Zimmer mit Bad/WC mit Blick auf den See. Das ausgezeichnete Restaurant auf einem am Hotelkai ankernden Schiff bietet chinesische Küche vom Feinsten, wenn auch nicht gerade günstig. Tongli erreicht man von Suzhou aus mit dem Bus; Abfahrt alle halbe Stunde ab dem Nördlichen Busbahnhof.

Zhouzhuang

Zhouzhuang 周庄 war das erste Wasserdorf, das für den Tourismus erschlossen wurde. Seit 1998 Teil des UNESCO-Weltkulturerbes, ist Zhouzhuang eine der am besten erhaltenen traditionellen Städte im Yangzi-Delta. Zudem profitiert Zhouzhuang von der guten Verkehrsanbindung nach Shanghai und Suzhou. Ähnlich wie

Tongli und Wuzhen sieht Zhouzhuang vor allem Tagestouristen. Eine Übernachtung empfiehlt sich, da tagsüber die an sich ruhige Stadt doch etwas überlaufen ist. Am Abend teilt man die Kleinstadt nur mit ihren Bewohnern und den vielen Kunststudenten, die die klassische Stadtarchitektur Zhouzhuangs mit Vorliebe als Vorlage für ihre Malstudien nutzen. Eine stilvolle Übernachtungsmöglichkeit direkt in der Altstadt nahe der Taiping-Brücke (Taiping Qiao 太平桥) ist das Zhengu Tang (贞固堂, Tel. 57212009). Neben einem Stadtbummel durch die Altstadt kann man auch ein Schiff mieten und sich Zhouzhuang vom Wasser aus ansehen. Bootsverbindungen bestehen außerdem mit Tongli, das man auf diesem Wege innerhalb knapp mehr als einer Stunde erreicht. Busse von Shanghai nach Zhouzhuang fahren von dem Busbahnhof in der Yongxin Lu 永兴路 tagsüber jeweils zur halben Stunde und benötigen etwa zwei Stunden. Von Suzhou aus erreicht man die Stadt in einer Stunde, die Busse fahren stündlich ab der Nördlichen Busstation.

Wuzhen

In vielerlei Hinsicht ist das etwa 80 Kilometer südwestlich von Suzhou und 100 Kilometer östlich von Hangzhou gelegene Wuzhen 乌镇 mit Tongli oder Zhouzhuang zu vergleichen. Auch Wuzhen kann auf eine fast tausendjährige Geschichte zurückblicken, auch hier gibt es einen gut erhaltenen, renovierten Altstadtkern, durch den sich kleine Kanäle ziehen. In den letzten Jahren hat man Wuzhen allerdings zudem als Museumsdorf ausgebaut. Die Häuserzeilen an beiden Seiten des Östlichen Stadtkanals 东市河 beherbergen viele kleine Handwerksbetriebe, die dem Besucher die verschiedenen traditionellen Techniken unter anderem der Seidenherstellung, Stickerei und Teeröstung näherbringen. Auf dem zentralen Marktplatz zwischen der Huang Jie 横街 und der Xinhua Jie 新华街 liegt die ehemalige Residenz des Schriftstellers Mao Dun. Auf einer Opernfreibühne 戏台 und in einem kleinen Schattentheater 皮影戏馆 werden während des Tages jede Stunde kurze Aufführungen bekannter Stücke zum Besten gegeben.

Einen ausgezeichneten Überblick über Wuzhen kann man sich auf der Homepage der Stadt (www.wuzhen.com.cn) verschaffen. Hier werden auch die Übernachtungsmöglichkeiten und die traditionellen Restaurants der Stadt beschrieben. Direkt in der Altstadt am Östlichen Stadtkanal gelegen, liegt das ›Wuzhen Youth Hostel‹ (青年旅馆, Tel. 0573/8717678), das allerdings nur einfache Zimmer mit Gemeinschaftssanitäranlagen bietet. Wer ein wenig mehr Luxus sucht, ist im ›Midnight Grand Hotel‹ (子夜大酒店, Tel. 0573/8728088) richtig, das sich nach kürzlich erfolgter Renovierung von einem einfachen Mittelklassehotel zu einem stilvollen Hotel mit lokalen Designelementen gemausert hat. Ausgezeichnetes

Familie in Wuzhen

Essen in traditionellem Ambiente bekommt man im ›Jinjiang Mansion Restaurant‹ (九江楼, Tel. 0573/871 67 99). Wuzhen ist mit dem Bus von Hangzhou aus (stündlich 6.25 bis 19.15 Uhr ab dem Östlichen Busbahnhof 杭州汽车东站, Fahrtdauer etwa eineinhalb Stunden) zu erreichen.

Die Bergwelt des Huangshan

Der schönste Berg Chinas? Der Huangshan 黄山 natürlich! Gerade so, als sei diese Präferenz genetisch veranlagt, begegnet diese mythische Berglandschaft praktisch jedem Reisenden. Und falls nicht in Natura, dann doch zumindest in den Fragen der Einheimischen. Auf dem Huangshan gewesen zu sein, das ist der Traum eines jeden Chinesen und nötigt Respekt ab. Obwohl er weder zu den buddhistischen noch den daoistischen heiligen Bergen zählt, ist der Huangshan das Sinnbild schlechthin für ›chinesische Landschaft‹ und neben den Karstbergen von Guilin sicher auch eines der am meisten abgebildeten Motive der klassischen Landschaftsmalerei. Vom Wetter geschundene Kiefern, die sich vor malerischer Wolkenkulisse zerzaust an den Berg lehnen, Wanderwege entlang düster-melancholischer Nebelschwaden an schroffen Felsabrissen: Auch hierzulande ist die Landschaft der Gelben Berge, so die Übersetzung, als typisch chinesisch bekannt. In Anbetracht dieser überschwenglichen Lobesreden begegnen die meisten westlichen Besucher dem Huangshan mit hohen Erwartungen, wobei man vor allem

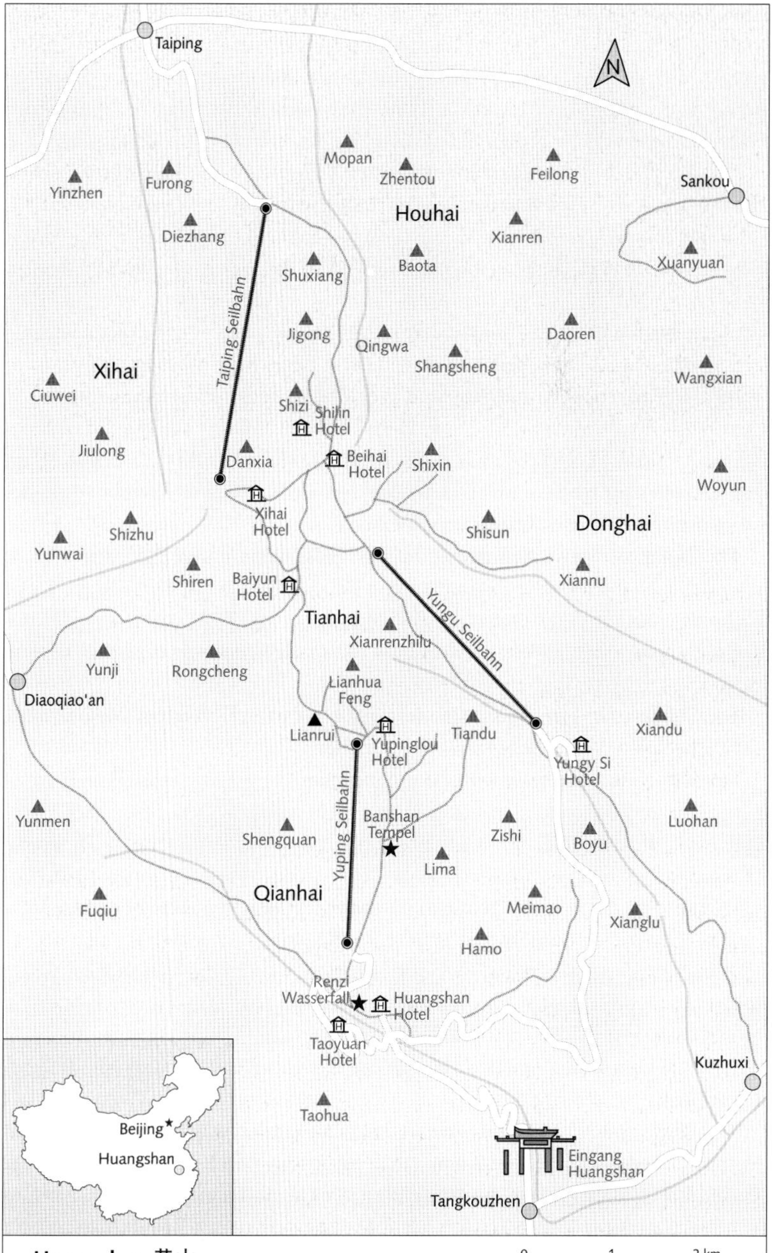

Huangshan 黄山

eines beachten sollte: Besuchen Sie diesen Ort NIE an einem öffentlichen Feiertag wie dem 1. Mai oder 1. Oktober. Dann nämlich kommt das halbe Land auf die originelle Idee, dem Berg einen Besuch abzustatten und tritt sich auf den schmalen Bergpfaden sprichwörtlich auf die Füße. Ruhe und kontemplative Atmosphäre findet man dann eher auf dem Shanghaier Hauptbahnhof als am Huangshan.

Für die in den Sonnenaufgang verliebten Chinesen ist der Huangshan schon allein deshalb eine Besonderheit, weil sich just jener hier ganz besonders spektakulär und himmlisch darstellt. Vorausgesetzt, man hat bereits Stunden im voraus seinen Platz auf dem Gipfel erfolgreich verteidigt. Fast genauso sehenswert, wenn auch höchst irdisch, ist das Spektakel kurz vor Sonnenaufgang, wenn sich die wenigen Bäume unter den Betrachtermassen biegen – ein verzweifelter Versuch sich von der Masse abzuheben! Tausende von Objektiven werden nun gezückt, wenn die Wolkendecke aufreißt und die Menge endlich ein geraunte s›Aah‹ hervorstößt. Oder auch nicht. Denn viele Faktoren müssen stimmen, damit der Huangshan sein Versprechen halten kann. Allzu oft sind Luftdruck, Feuchtigkeit oder einfach ganz trivial schlechtes Wetter schuld daran, daß die Objektive wieder unbenutzt in der Kameratasche verschwinden.

Die Natur zu bezwingen macht auf alle Fälle einen guten Eindruck, und so beweisen sich chinesische Potentaten und Politiker gerne am Berg. Sogar Deng Xiaoping erklomm den Huangshan medienwirksam in den obligatorischen Baumwollschlappen, die im Westen allemal als Gymnastikschuhe durchgehen dürften, im Reich der Mitte aber als adäquate Ausrüstung für mittelschwere Bergtouren gelten. Seither ziert Deng, ganz standesgemäß in kurzen Hosen und Wanderstock, als Werbeplakat den östlichen Treppen-Aufstieg.

Von der chinesischen Gewohnheit, ohne jede Ausrüstung ›schnell mal‹ einen Berg zu besteigen, sollte man sich übrigens nicht foppen lassen. Selbst jene Europäer, die klammheimlich den strapaziösen Aufstieg umgehen und mit der Seilbahn heranschweben, verausgaben sich schneller als gedacht auf den vielen Gipfelwegen. Gutes Schuhwerk und Getränke für unterwegs gehören unbedingt dazu.

Das Fazit vieler Besucher ist gemischt, und manch einer wendet sich ob der gigantischen Versprechen und des ›nur‹ schönen Naturerlebnisses fast ein wenig enttäuscht vom Huangshan ab – nur um am Fuße des Berges in schieres Entzücken zu verfallen. Es sind die traditionellen, scheinbar in einer vergangenen Zeitblase verhafteten Dörfer rund um den Huangshan, die dem Westler so unverhofft Freude bereiten.

Daß diese architektonischen Juwele in China kaum erwähnt werden, hat recht profane Gründe. Die Provinz Anhui, auch an besseren Stellen kaum als Hort der Modernität bekannt, ist arm. So arm, daß sich bis heute die meisten Menschen einfach nichts anderes leisten können, als ihre alteingesessenen Bauernhöfe aus der Qing- oder gar Ming-Dynastie. Wer mit dem Bus vom Huangshan nach Nanjing

Auf dem Gipfel des Huangshan

oder Shanghai fährt, darf sich auf einen vielstündigen Ausflug in die Geschichte Chinas freuen. Keine Werbetafeln, keine Hochhäuser, wenig Autos und schon gar keine Leuchtreklamen. Stattdessen grüne Landschaften und immer wieder traditionelle Dörfer, wie sie eigentlich nur noch in den Hongkonger Filmstudios stehen.

Auch in anderer Hinsicht lohnt sich die Investition einer Huangshan-Reise, zumindest wenn es nach dem Volksglauben geht: Wer mit dem Partner am Geländer des Gipfels ein Vorhängeschloß befestigt und den Schlüssel in den Abgrund wirft, darf sicher sein, daß die Beziehung ewig hält.

Die Bergtour

Die einfachste Methode ist sicher der Auf- und Abstieg per Seilbahn. Die westliche Variante beginnt am Ort Tangkou nahe dem Tempel des Barmherzigen Lichtes und endet nahe dem Lotosgipfel Lianhua Feng (1841 Meter). Zu Fuß erfordert dieser 15 Kilometer lange Weg viel Ausdauer. Dies obwohl oder vielleicht gerade weil alle Wege am Berg gut unterhalten und mit vielen Treppen ausgestattet sind. Acht bis zehn Stunden sollte man für die westlichen Treppen allemal rechnen und sich mit ausreichend Wasser für unterwegs versorgen. Die östliche Variante ab dem ›Yungu Si Hotel‹ ist nur 7,5 Kilometer lang, aber ebenfalls recht anstrengend und ein wenig steiler. Auch hier fährt eine Seilbahn, so daß sich niemand über Gebühr anstrengen muß. Oben angelangt gibt es ohnehin noch zahlreiche Möglichkeiten den einen oder anderen Gipfel zu erklettern. Da sich die Tour ohne Seilbahneinsatz kaum an einem Tag schaffen läßt, gibt es diverse Hotels am Gipfel. Ihre Preise verschlagen auch wohlhabenden Westlern den Atem – und sie sind dennoch fast immer ausgebucht. Falls Sie am Gipfel übernachten wollen, ist eine Vorausbuchung unbedingt notwendig.

Vorwahl: +86/559.

400 km von Shanghai entfernt, ist der Huangshan in 45 Minuten über den Flughafen Tunxi 屯溪 (auch als Huangshan Shi 黄山市 bekannt) zu erreichen. Per Bus dauert die Fahrt ab Nanjing, Shanghai und Hefei ca. 6–8 Stunden.

›Taoyuan Binguan‹ 桃源宾馆, 3 Sterne, Tel. 5562259, Hot Springs Scenic Zone, nahe dem westlichen Aufstieg gelegen. ›Beihai Binguan‹ 北海宾馆, 3 Sterne, Am Gipfel, Tel. 5562552. Der ideale Ausgangsort, um direkt nach einem frühen Frühstück auf den Sonnenaufgang zu warten.

Fast alle Hotels verfügen auch über ein Restaurant. Besonders auf dem Gipfel sind die Preise allerdings gesalzen. Am Fuße des Berges ist zum Beispiel das Restaurant des ›Huangshan Binguan‹ (黄山宾馆) empfehlenswert.

Ein Ausflug nach Jiuhuashan

Nicht minder schön, aber im Ausland fast völlig unbekannt ist die benachbarte Bergwelt des Jiuhuashan 九华山. Er ist einer der vier heiligen Berge des Buddhismus und dem Boddhisattva Kshitigarbha gewidmet, der über die Unterwelt wacht und den in die Hölle Verdammten beisteht. Pilger des Jiuhuashan hoffen, sich durch diese Reise und inständiges Fürbitten die Hölle zu sparen. Entsprechend höllisch sind auch die zahllosen Stufen auf dem acht Kilometer langen Aufstieg zum Gipfel Shiwang Feng. Der Blick auf 1342 Metern Höhe entschädigt aber für die Strapazen.

Im Sommer ist der Jiuhuashan per Direktbus von Huangshan Shi (Tunxi), Shanghai, Hefei und Nanjing zu erreichen. Sie halten in Jiuhuajie 九华街, wo sich der offizielle Eingang befindet. Mangels internationalem Tourismus ist die Auswahl an für Ausländer zugelassenen Hotels gering. Das relativ neue 3-Sterne-Hotel Jiuhua Shanzhuang 九华山庄 an der Furong-Brücke nimmt jedoch Ausländer auf.

Zhejiang und Fujian: Land der Auswanderer

Sattgrüne Hügel, Reisterrassen und viel zerklüftete Bergwelt. In landschaftlicher Hinsicht gehören die beiden südöstlichen Küstenprovinzen zur Superlative und trotzdem sind sie seit Jahrhunderten die Auswanderer-Provinzen schlechthin! So viele waren es bereits im Alten China, daß der Kaiserhof Anfang des 18. Jahrhunderts entnervt allen Bewohnern verbot, das Land zu verlassen. Genützt hat es wenig, und selbst heute sind die Fujianer und Zhejianger für ihre Risikobereitschaft in Sachen Auswanderung bekannt. Fragen Sie mal den Koch (Besitzer, Kellner, Lieferanten) ihres Lieblings-Chinarestaurants, aus welcher Provinz er stammt… Die Chancen sind hoch, daß er Fujian oder Zhejiang antwortet.

Der Grund für die hohe Fluktuation ist natürlich finanzieller Natur, denn noch immer sind die Einkommensunterschiede immens, und während in den Städten der Küstenregion das Wirtschaftswunder tobt, überleben die Bauern in der Bergregionen des Hinterlands auch heute nur dank mühsamer Handarbeit.

Innerhalb Chinas sind die beiden Provinzen vor allem für ihre exquisiten Teesorten bekannt, deren Preise auch spendablen Ausländern die Tränen in die Augen treiben. Manche der unfermentierten grünen bzw. halbfermentierten Oolong-Tees sind schon ab Erzeuger nicht unter 100 Euro das Kilo zu haben und gehen in Shanghai oder Hongkong für ein Vielfaches über den Ladentisch. Genauso bekannt ist die Zhejiang-Seide, die vor allem in Hangzhou in hunderten von Stoffen und Designs verkauft wird.

Klimatisch werden Fujian und Zhejiang vom subtropischen Monsunklima dominiert: Die Hauptregenzeit fällt in die Monate Mai, Juni und Juli, wobei die Niederschläge meist als heftige aber kurze Schauer fallen. Im Sommer reichen die Temperaturen bis zu 40 Grad im Schatten, wobei die hohe Luftfeuchtigkeit sensiblen Westler hin und wieder zu schaffen macht. In den Bergen und an der Küste sorgen die Höhe beziehungsweise die Meeresbrise für Erleichterung. Trotz der subtropischen Lage kann es im Winter recht kühl werden: Bis auf 5 Grad kann das Thermometer im Dezember/Januar fallen.

Xiamen

Auf den Reiseverläufen westlicher Gruppen ist Xiamen 厦门 nur selten zu finden. Schade eigentlich, denn die Inselstadt im Süden Fujians gehört definitiv zu den schönsten Städten Chinas und blickt auf eine lange und immer noch sichtbare

Geschichte zurück. Vielleicht liegt es einfach daran, daß die Xiamener den Tourismus bestenfalls als Zubrot sehen. Der wahre Mammon wird im Im- und Export erwirtschaftet. Und für einen gebürtigen Xiamener wäre es fast schon skandalös, nicht dem Reichtum entgegenzustreben. Bekannt für Geschäftssinn und Verhandlungsstrategie, gelten die Bewohner der südchinesischen Küstenstadt landesweit als Vorreiter der Öffnungspolitik und liegen, egal ob es um Senkrechtstarter-Karrieren, Wirtschaftswachstum oder Korruption geht, statistisch immer ganz vorne. Kein Wunder, daß die Xiamener höchstens noch die Kantonesen als ebenbürtige Konkurrenten durchgehen lassen. Der Zuzug wirtschaftlicher wie technischer

Fujian und Zhejiang

Fachkräfte gibt den Stadtbewohnern recht. Mittlerweile hat jeder fünfte Bewohner der Stadt einen Studienabschluß in der Tasche.

Daß die Stadt mit ihren 1,5 Millionen Einwohnern trotz beeindruckender Zahlen im Westen noch relativ unbekannt ist, mag daran liegen, daß die Xiamener selbst ihren Blick fest nach Osten gerichtet haben. Direkt gegenüber von Taiwan gelegen, orientiert sich Xiamen seit jeher eher an der kapitalistischen Enklave als an den Direktiven der fast 3000 Kilometer entfernten Hauptstadt. Ähnlich wie auch das Städtepaar Kanton–Hongkong, profitieren die Xiamener von einer besonders wichtigen Gemeinsamkeit: Das lokale Minnanhua, die ›Sprache südlich des Flusses‹, ist dem taiwanesischen Taiyu so ähnlich, daß die Verständigung mühelos über die Bühne geht. Daß sich trotz aller Gemeinsamkeiten bis in die achtziger Jahre kein offizieller Dialog mit den abtrünnigen Nachbarn entwickeln konnte, hat politische Gründe, denn nur wenige Kilometer vor der Küste Xiamens verläuft heute noch die Trennungslinie zwischen Taiwan und der Volksrepublik. Die zu Taiwan gehörigen Jinmen-Inseln, die bis in die siebziger Jahre unter dem lokalen Namen ›Quemoy‹ internationale Schlagzeilen machten, liegen kaum einen Katzensprung von der Stadt entfernt. Per Lautsprecher und Flugzettel warfen sich hier die beiden Regierungen Beschimpfungen an den Kopf, bei gutem Wetter konnten sich die Soldaten mit dem Fernglas in die Augen sehen. Erst als Xiamen 1981 eine der ersten vier Wirtschaftssonderzonen wurde, begann die neue Blüte der Stadt, die sich zum Vorreiter des ›Kapitalismus mit chinesischen Merkmalen‹ entwickelte.

Mittlerweile brauchen die Bewohner Xiamens keine optischen Hilfsmittel mehr, um waschechte ›Klassenfeinde‹ in Augenschein zu nehmen. Die volksrepublikanische Küstenmetropole gehört seit Jahren zu den beliebtesten Reisezielen taiwanesischer Besucher, deren Vorfahren nicht selten aus der Provinz Fujian stammen. Daß dabei eine gehörige Portion geradezu melancholisch motivierter Investitionen abfällt, ist den Stadtvätern natürlich recht. Die Erfolgsformel hieß auch in Xiamen ›Öffnung nach außen‹ – nicht jedoch, wie in Hongkong, nach Westen, sondern zum kulturell chinesischen Nachbarn Taiwan. Das Ergebnis, eine Art Rückbesinnung auf die klassische Tradition, gepaart mit eindeutig marktwirtschaftlichen Einflüssen kann sich sehen lassen. In punkto Lebensqualität gehört Xiamen eindeutig zu den Gewinnern der Reformpolitik.

Geschichte

Daß dies nicht immer der Fall war, wird den Xiamenern jeden Tag erneut vor Augen geführt. Weit müssen sie nicht blicken, um in die eigene Geschichte zu sehen, denn gerade einmal 500 Meter vor der Stadt liegt die Insel Gulangyu,

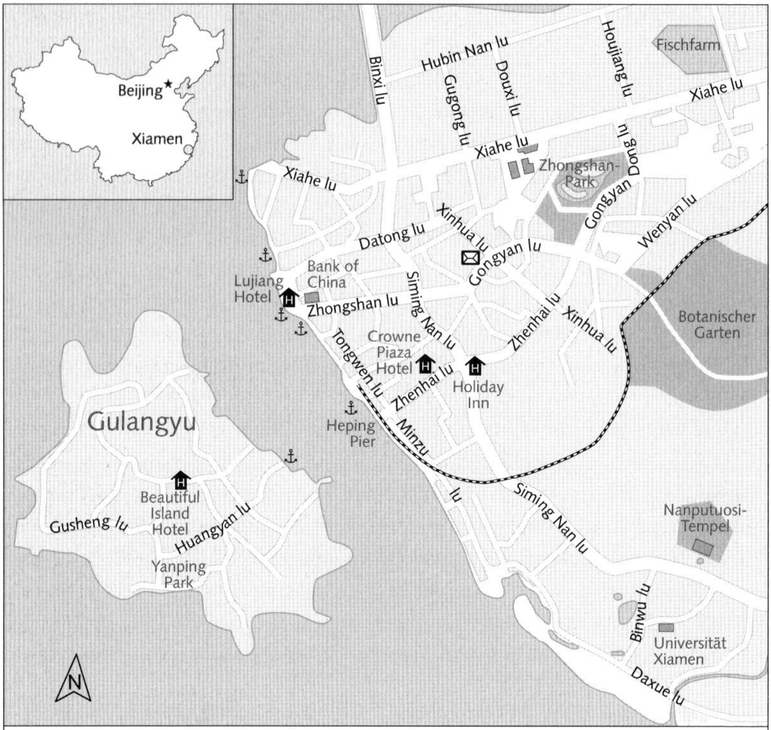

Xiamen 厦门, Zentrum

deren architektonisches Gesamtbild in den letzten hundert Jahren kaum verändert wurde. Verspielte Kolonialvillen mit großzügigen Gartenanlagen lassen ahnen, daß hier westliche Architekten am Werke waren, für Kunden, die ganz offensichtlich über erhebliche Mittel verfügten. Daß die feudalen Anwesen genaugenommen mit Drogengeldern erbaut wurden, ist der Insel heute nicht mehr anzusehen.

Zwar entwickelte sich Xiamen bereits in der Ming-Dynastie, also vor über 500 Jahren, zu einer der wichtigsten Hafenstädte Chinas, auf westlichen Landkarten erschien die damals noch unter dem Dialektnamen Amoy firmierende Stadt aber erst im 19. Jahrhundert. Im Streit um die Drogenimporte britischer Händler, dem sogenannten ›Opiumkrieg‹, unterlag das chinesische Kaiserreich 1842 gegen die ausländischen Invasoren. Fortan mußten die Behörden nicht nur den Opium-

Auf dem Markt

import dulden, sondern auch eine Reihe von Häfen, darunter Xiamen, für den Außenhandel öffnen.

Vom Festland abgeschottet, erwies sich Gulangyu als idealer Siedlungsort für die westlichen Händler, die die Insel in kürzester Zeit mit prunkvollen Villen überzogen. Nur einen Nachteil hatte die idyllisch gelegene Enklave: Mangels Platz, schließlich mißt Gulangyu nicht einmal zwei Quadratkilometer, waren die Bauherren gezwungen, eng aufeinanderzurücken. Heute erweist sich das architektonische Gedränge als Vorteil für die gut 20000 Bewohner. Autos oder gar Busse haben hier keinen Platz, motorisierte Verkehrsmittel wurden daher kurzerhand verboten. Wer heute auf Gulangyu lebt, darf abends mit der sprichwörtlich beruhigenden Erkenntnis ins Bett gehen, in der wohl leisesten Stadt Chinas zu wohnen. Einzig ein dezentes Musikgeklimper mag die nächtliche Stille hier und da unterbrechen, denn nirgendwo sonst in China besitzen so viele Menschen ein Musikinstrument wie hier.

Sehenswürdigkeiten

Auch in Xiamen dominieren nagelneue Wolkenkratzer das Straßenbild und lassen keinen Zweifel am neuen Reichtum seiner Bewohner. Ein-, zweimal von den großen Hauptstraßen abgebogen, liegt das alte Xiamen mit seinen malerischen Gassen und windschiefen Bauten wie eh und je da – renoviert versteht sich, denn an Geldmangel leidet Xiamen ganz sicher nicht. Wer sich in die Geschichte der Stadt vertiefen oder einfach nur durch die vielen Marktstraßen schlendern möchte, findet die Altstadt im Südwesten, eingerahmt von Zhongshan Lu 中山路 und Siming Nanlu 思明南路.

Der größte buddhistische Tempel Xiamens im Süden der Stadt ist mit der Buslinie Nr. 1 (Endstation Xiada-Universität 厦门大学) zu erreichen. Der über 1000 Jahre alte Nanputuo-Tempel 南普陀寺 wurde bereits in der Tang-Dynastie erbaut, zwischenzeitlich aber mehrfach zerstört und ist touristisch eher unbekannt. Trotzdem ist er einer der beeindruckensten Chinas. Auf mehr als 30000 Quadratmetern wird nicht nur diversen Inkarnationen Buddhas gehuldigt, sondern auch ausgebildet, und so wimmelt es rund um das Tempelgelände geradezu von jungen Mönchen, die sich über jede Möglichkeit, ihr Englisch auszuprobieren, freuen. Dank praller Klosterkassen (in Xiamen scheinen selbst die Mönche im Wohlstand zu leben) ist der religiöse Alltag hier überaus lebendig. Mittags ist das Klosterrestaurant auch für Besucher geöffnet. Die Anlage selbst ist von 6 bis 18 Uhr geöffnet. Direkt am Hang des Fünf-Alte-Männer-Gipfels 五老峰 gelegen, bietet der Nanputuosi auch Gelegenheit für die einzige wirklich schweißtreibende Aktivität Xiamens, dem Aufstieg zum Aussichtspunkt über die Stadt.

Gegenüber dem Tempel liegt die Universität von Xiamen, deren Sandstrand besonders in den Sommermonaten zahlreiche Studenten am Studium hindert. Abends stellen die lokalen Restaurantbesitzer hier Tische direkt ans Wasser und servieren das Seafood-Menü praktisch in der Brandung. Stilvoll und lecker!

Ein Ausflug nach Gulangyu 鼓浪屿 gehört bei einem Xiamen-Besuch zum absoluten Pflichtprogramm! Die Fähren zur Insel legen an der Hauptstraße Zhongshan Lu gegenüber vom ›Lujiang Hotel‹ ab und fahren bis zirka 23 Uhr im 15-Minuten-Takt. Die Fahrt selbst dauert nur wenige Minuten. Die historische Atmosphäre der Insel erschließt sich am besten während eines langen Spaziergangs. Keine Angst, verlaufen kann man sich eigentlich nicht, dazu ist die Insel einfach zu klein.

Vorwahl: +86/592.
Post: Die Hauptpost liegt an der Kreuzung von Xinhua Lu und Siming Donglu 思明东路.
Bank: Die Bank of China befindet sich in der Zhongshan Lu 10 中山路 wenige Meter vom Ufer entfernt.
Reisebüro: Praktisch alle großen Hotels besorgen Zugtickets und Flugscheine für ihre Gäste.

Xiamen ist per Direktflug von Singapur, Jakarta, Manila, Hongkong, Shanghai, Beijing oder einem der über 30 anderen Inlandsflughäfen zu erreichen.

Per Schiff ist Xiamen mit Hongkong und Shanghai verbunden. Sie legen am Heping-Pier an der Tongwen Lu 同文路 ab.

Per Direktzug ist Xiamen mit Nanjing, Shanghai und Hangzhou verbunden, per Bus geht es nach Fuzhou, Quanzhou und Guangzhou. Der Fernbusbahnhof liegt in der Hubin Nanlu 湖滨南路 im Norden der Stadt.

Wer den Luxus der internationalen Hotelketten liebt, findet in Xiamen ohnehin eine große Auswahl, den zahlreichen Geschäftsreisenden sei Dank. Richtig billig ist allerdings keine davon.
›Crowne Plaza Harbourview Hotel‹, 4 Sterne, Zhenhai Lu 镇海路 12–8, Tel. 202 33 33, Fax 203 66 66. Zentrale Lage und bekannt guter Service.
›Holiday Inn‹ (Jiari Huangguan Haijing Dajiudian 假日皇冠海景大酒店), 4 Sterne, Zhenhai Lu/Ecke Siming Nanlu 镇海陆思明南路, Tel. 20 23 03 33. Mitten in der Altstadt gelegen.
›Beautiful Island Hotel of Gulangyu‹ (Lizhidao Jiudian 丽之岛酒店), Longtou Road 龙头路 133, Tel. 206 34 06, Fax 257 06 31, www.lzd-hotel.com. Sehr freundlicher Service, und die Lage mitten auf der Insel Gulangyu ist unschlagbar! Auch ohne Stern auf 2-Sterne-Niveau.

Auf der Insel Gulangyu werden die in Deutschland eher seltenen und bizarr geformten Keshi-Perlen äußerst günstig angeboten. Direkt ab Erzeuger sind einfache Ketten bereits ab 2 bis 3 Euro zu haben. Nach oben ist der Preisgestaltung natürlich keine Grenze gesetzt, generell zahlt man zirka 10–20% des deutschen Ladenpreises.

Wuyishan

Atemberaubende Felsschluchten, schroffe Gipfel, und klare Bergflüsse – an landschaftlicher Schönheit mangelt es der Bergregion vor den Toren des Naturschutzgebietes Wuyishan 武夷山 nicht. Daß man trotzdem stundenlang wandern kann, ohne einer Menschenseele zu begegnen, hat eher geographische Gründe. An der Grenze zwischen Jiangxi und der südchinesischen Provinz Fujian gelegen, ist das ›Scenic Resort Wuyishan‹ bis heute ein Refugium der Naturliebhaber weitab der üblichen Reiserouten geblieben. Bei Überseechinesen, deren Vorfahren aus Fujian stammen, ist Wuyishan außerordentlich beliebt. Auch die Taiwaner zieht es in Mengen in die abgelegene Bergregion. Der Vorteil ist unübersehbar: Luxus und Infrastruktur einer ausgebauten Ferienregion? Ja, aber alles im chinesischen Stil. Europäisierte Menüs? Woher denn, dann würde es den chinesischen Besuchern sicher nicht munden, und so bleibt alles genauso, wie es der westliche Tourist eigentlich vorzufinden wünscht. Einen kleinen Wermutstropfen gibt es natürlich doch, nämlich die Sprache. Englisch gehört nicht zu den Disziplinen, die ein Angestellter an der Rezeption beherrschen muß. Andererseits kann man hier noch Überraschungen hervorrufen: ein waschechter Ausländer! Wie interessant! Daß die meisten chinesischen Besucher aus Übersee alle ebenfalls einen amerikanischen, australischen oder europäischen Paß in der Tasche tragen, ist dabei völlig nebensächlich, schließlich sehen die ganz ›normal‹ aus.

Für das Sightseeing-Programm von Wuyishan gibt es einen feststehenden Begriff: ›9 Flüsse, 36 Gipfel, 72 Felshöhlen und 99 Felsen‹ lautet das in China allseits bekannte Synonym für Wuyishan. Ganz so viele sind es dann zwar doch nicht, aber die Landschaftsformation kann sich sehen lassen. Am Rande des gleichnamigen Naturschutzgebietes und rund um den Jiuqu Xi, den Fluß der neun Biegungen, liegt eine skurril zerrissene Felslandschaft, die den Vergleich mit den bekannten Karstkegeln Guilins nicht scheuen muß. Viele der zahlreichen Schluchten sind nur mit Bergsteiger-Ausrüstung begehbar und beherbergen daher Tierarten, die anderenorts in China längst verschwunden sind: Leguane beispielsweise, Graseulen, sogar einige verstreute Tiger und Leoparden und auch die gefürchtete

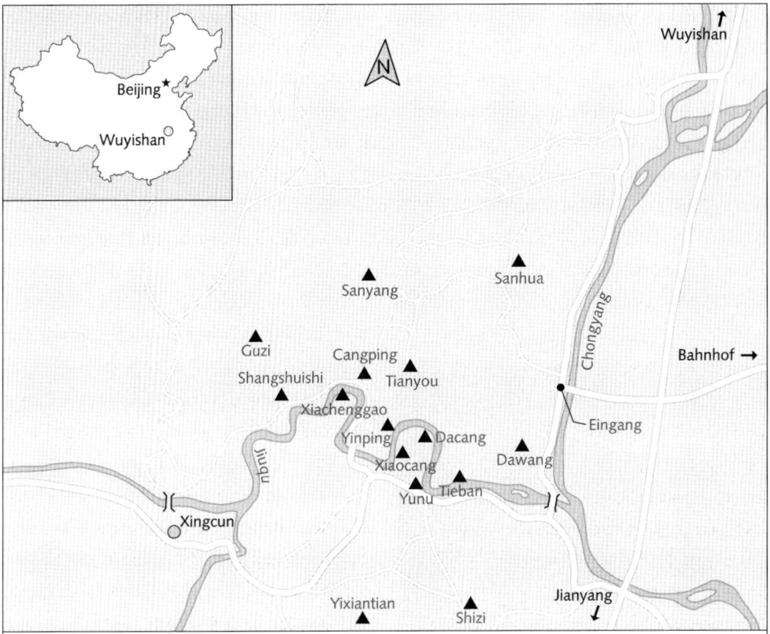

Die Bergregion Wuyishan 武夷山

Fünf-Schritte-Schlange, deren Opfer – so zumindest der vielversprechende Name – nach fünf Schritten zusammenbrechen.

Die Bewohner von Wuyishan sind stolz auf ihre Heimat – zu Recht, denn das Gebirge kann seinen Ruhm sogar doppelt belegen. Als UNESCO-Biosphärenreservat und World Heritage Site steht das Mittelgebirge gleich zweimal auf der Liste schützenswerter Gebiete. 57 000 Hektar unberührte Natur, nahezu vollständig mit subtropischem Regenwald bedeckt, wurden hier, quer durch die Provinzen Jiangxi, Fujian und Guangdong mit Gründung der Volksrepublik unter Naturschutz gestellt und 1987 in das UNESCO-Programm aufgenommen. Schon im 8. Jahrhundert stand die Bergwelt unter dem direkten Schutz des Kaisers. Daß die internationalen Wissenschaftler der UNESCO heute mehr mit der Erfassung der Artenvielfalt als konkreten Schutzmaßnahmen beschäftigt sind, hat einen einfachen Grund, denn erst als Ende der 90er Jahre der Flughafen Wuyi vor den Toren des Reservats fertiggestellt wurde, rückte das Gebirge überhaupt auf die touristische Landkarte, und eine allzu intensive industrielle Entwicklung ist rund um das Naturschutzgebiet auch heute kaum zu befürchten. Die nächste Großstadt ist weit, und Wuyishan gilt, zumindest außerhalb der Region, als klassisches Hinterland.

Ein wenig verwirrend ist allerdings die Namensgebung. Das Landschaftsschutzgebiet und ausgewiesene Tourismusziel Wuyishan 武夷山风景区 ist nicht mit dem direkt benachbarten UNESCO-Biosphärenreservat Wuyishan zu verwechseln (hier brauchen Sie eine Sondergenehmigung, um das Terrain überhaupt zu betreten). Auch die nächstgelegene Stadt samt Flughafen nennt sich Wuyishan, liegt aber noch einige Kilometer ab von der Ferienregion. Wer sich das Wuyishan-Gebirge als Tourist anschauen möchte, reist deshalb von Wuyishan-Stadt weiter nach Wuyigong 武夷宫, dem wichtigsten Dorf des Landschaftsschutzgebietes. Hauptreisezeit ist der Sommer, wenn der Rest Chinas unter einer Hitzeglocke schwitzt und Wuyishan mit angenehmen Temperaturen lockt. Doch auch im Herbst und Frühling lohnt es sich, zumal die Hotelpreise dann deutlich niedriger sind und auf den Wanderwegen kaum ein anderer Tourist unterwegs ist.

Bootsanlegestelle am Jiuqu Xi

Die Hauptattraktion und das absolute Muß auf dem Stundenplan ist natürlich die Fahrt über den Jiuqu Xi, den Fluß der neun Biegungen. Ganz klassisch, per Bambusfloß, dauert die neun Kilometer lange Fahrt von Xingcun nach Wuyigong entlang steiler Bergabrisse und imposanter Felsenhänge zwischen zwei und drei Stunden. Neben der Gelegenheit zu einem kapitalen Sonnenbrand und viel unberührter Natur bietet die Flußfahrt Geschichte zum Anfassen, und das ist durchaus wörtlich zu nehmen, denn noch immer thronen Felsensärge unbekannter Herkunft an den Steilhängen des Jiuquxi. Einfach so, ohne Absperrung, Elektrozaun oder andere Sicherheitsvorkehrungen – so wie das seit gut viertausend Jahren der Fall ist; und was zahlreiche Dynastien, Bürgerkrieg und Kulturrevolution überstand, darf auch heute noch so bleiben. Genau geklärt ist die Herkunft der Särge nicht, ebensowenig wie die religiöse Bedeutung der Bestattungsmethode. Ein paar versteckte Felsmalereien, sonst blieb nichts von der verschwundenen Zivilisation der Wuyi-Berge. Neueren Datums, zumindest im Maßstab der chinesischen Geschichte, sind die Tempel und Pagoden am Flußufer: Schon immer war die wilde Landschaft Refugium der Daoisten und anderer Philosophen, die hier Ruhe zur Meditation fanden und den ein oder anderen Lieblingsort mit einem Bauwerk schmückten.

Mit der Floßfahrt ist das Standardprogramm aber keinesfalls beendet. ›Kein Bergurlaub ohne Sonnenaufgang‹ lautet das Motto der chinesischen Urlauber, zumal die Gipfel der meisten Felsenblöcke knapp über die Wolkendecke reichen. Der eindringliche Hinweis vieler Reiseführer, besonders früh zu starten, ist indes eher grundlos, denn die morgendliche Nebelsuppe lichtet sich erst gegen zehn Uhr. Dank zahlreicher Metallstiegen lassen sich die meisten Gipfel problemlos erobern, die passenden Karten dazu gibt's im Hotel. Bequeme Menschen lassen sich per Motorrikscha durch die Landschaft kutschieren. Einen wirklichen ›Rikscha-Bahnhof‹ gibt es nicht, doch in der Regel kann man sich darauf verlassen, daß die lokalen Kleinunternehmer die vielversprechende ausländische Kundschaft geradezu wittern können und wie gerufen schon vor dem Hotel warten.

Vorwahl: +86/599.
Bank: Keine. Geld wechselt man am besten im Hotel.
Post: Briefmarken erhält man meist ebenfalls im Hotel.

Linienflüge zum gleichnamigen Flughafen Wuyishan gibt es ab Beijing, Shanghai, Guangzhou, Shenzhen, Xiamen und Fuzhou. Ab hier per Taxi weiter zum Hotel.

Ab Fuzhou fahren Busse die Region Wuyishan gleichermaßen an. In Nanping (南平) aussteigen und mit einem der Busse (Bahnhofsvorplatz) weiter nach Wuyigong.

Ab Fuzhou, Xiamen oder Quanzhou fahren Züge nach Wuyishan-Stadt.
Liegt auf der Strecke Nanjing–Fuzhou, Shanghai–Fuzhou, Hefei–Fuzhou, Xiamen–Wuyishan, Guiyang–Fuzhou. Weiter per Taxi oder Bus nach Wuyigong.

In Sachen Unterkunft und Gastronomie darf sich die Region Wuyishan internationaler Standards rühmen, denn für die zahlungskräftige Klientel der Überseechinesen und Taiwansen wurden Anfang der 1990er zahlreiche neue und angenehm dezente Anlagen gebaut. Drei- bis Vier-Sterne Hotels, die ihren Namen verdienen, gibt es also genug. Bei Reisen zur Hauptsaison rund um den 1. Mai, den 1. Oktober und im Hochsommer empfiehlt es sich, schon ab Deutschland über einen Veranstalter vorzubuchen.
›Wuyi Mountain Villa‹ (Wuyi Shanzhuang 武夷山庄), 4 Sterne, an der Hauptstraße nach Wuyishan-Stadt, Tel. 525 18 88. Besonders schön gelegen, etwas außerhalb von Wuyigong. Alle Zimmer mit Balkon oder Terrasse bieten Ausblick auf den schroffen Dafeng-Gipfel.
›Jiuqu Hotel‹ 九曲宾馆, 3 Sterne, Tel. 525 25 28, Fax 525 28 63. Liegt etwas westlich des Ortes, guter Service.

Die Seide

Wer als erster auf die Idee kam, aus dem Kokon der Seidenraupe zarte Stoffe zu weben, ist ungeklärt, und so behilft man sich heute in China mit der Legende von der Kaiserin Xi Lingshi, die einen Kokon in ihre Teetasse fallen ließ und überrascht feststellte, daß sich aus dem festen Kokon ein zarter Faden löste. Sehr viel wahrscheinlicher ist, daß ein innovativer Bauer die Schädlinge des Maulbeerbaums in bare Münze verwandelte. Sicher ist jedenfalls, daß sich ab 2700 vor Christus die Seide von der östlichen Provinz Jiangsu aus im ganzen Reich verbreitete. Schnell wurde das zarte Gewebe zum Symbol für Luxus schlechthin, unbezahlbar für die Massen, ein Muß aber für die Elite, die das leichte Gewebe besonders in den heißen Sommermonaten zu schätzen wußte. Die Kunde des edlen Stoffs sprach sich herum, und schon während der Han-Dynastie, um das 2. Jahrhundert vor Christus, war ein derart reger Ost-West-Handel entstanden, daß dessen Karawanen-Routen bald unter dem Namen Seidenstraße bekannt wurden.

Kein Wunder, daß das chinesische Kaiserreich eifersüchtig über das Geheimnis um die Seidenherstellung wachte und potentielle Spione wie Kollaborateure mit drakonischen Strafen belegte. 3000 Jahre blieb die Seidenherstellung so auf China beschränkt – kein schlechtes Ergebnis, bedenkt man die Halbwertzeit moderner Wirtschaftsgeheimnisse.

Im 3. Jahrhundert nach Christus schließlich, gelang es einer japanischen Mission, einige Seidenraupen und vier chinesische Spinnerinnen außer Landes zu schmuggeln und somit den Grundstein für die japanische Seidenherstellung zu legen. Damit war der Bann gebrochen, Indien und Thailand folgten, sogar im arabisch-persischen Raum wurde Seide produziert. Erfahrung und Qualität kamen den Chinesen dennoch zugute – immerhin konnte China bis heute seine Vormachtstellung auf dem Markt wahren. Fast 60 Prozent der weltweit produzierten Seide stammen auch jetzt noch aus dem Reich der Mitte.

Was die Raupe nicht kennt

Viel menschlicher Einsatz ist erforderlich, damit das Rohmaterial, der Kokon, überhaupt entsteht. Seidenraupen sind wählerisch und kulinarisch höchst einseitig orientiert. Allein die Blätter des Maulbeerbaums dürfen auf dem Speiseplan der Bombyx mori stehen, möglichst zart und frisch, klein gehackt und nie zu viele auf einmal. Das bedeutet Arbeit für den Raupenzüchter, denn es gilt gleichzeitig einen steten Nachschub zu sichern, die Temperatur zu kontrollieren und um den Beistand der Ahnen zu hoffen. Sollten die Maulbeerbäume von Schädlingen befallen werden oder einem Virus anheimfallen, ist die Existenzgrundlage vernichtet. Allein um das Material für ein Kilo Rohseide zu erwirtschaften, sind 220 Kilo Maulbeerbaumblätter nötig. Sechs Wochen brauchen die Raupen, um sich je durch etwa 40 Gramm Blätter zu fressen und schließlich als drei bis vier Zentimeter großer Kokon zu enden. Sobald die Verspinnung beendet ist, ist auch ihr Schicksal besiegelt. Über heißem Dampf wird der Kokon samt Bewohner versandfertig gemacht – das heißt abgetötet – und kommt in die Fabrik.

In einer Seidenfabrik

Nur nicht den Faden verlieren

Am schwierigsten ist es – wie so oft – den Anfang zu finden. Die Kokons müssen daher erst einige Runden im siedenden Wasser drehen, damit sich der Anfang des Seidenfadens löst. Bis zu zehn Fäden zusammengefaßt ergeben nun, verklebt durch den seideneigenen Wirkstoff Serizin, den Faden, der wiederum so oft mit weiteren Fäden kombiniert wird, bis er die erforderliche Stärke zur Weiterverarbeitung erreicht hat. Gut ein Fünftel des je Kokon 4000 Meter langen Fadens wird so verarbeitet. Was hier nicht auf der Spindel landet, kommt später trotzdem einem guten Zweck zu, denn seidenwattierte Winterjacken überzeugen auch im harten nordchinesischen Winter.

Bis zu fünf Kilo Seidenfaden werden so pro Arbeitstag und Arbeiterin hergestellt, ein Ergebnis von dem im Alten China niemand zu träumen wagte: Ganz ohne Maschinen nahm das sogenannte ›Reeling‹ einiger

Kokons mehrere Tage in Anspruch. Der Faden wird nun auf Spulen gezogen und kann dem nächsten Arbeitsgang zugeführt werden. Um die richtige Festigkeit zu erreichen, müssen ein letztes Mal Fäden miteinander verdreht werde. Spätestens jetzt entscheidet sich, welche Art von Seide gewebt werden soll: Crêpe beispielsweise erhält seinen edlen Knitter-Look durch eine Kombination von in verschiedene Richtungen gedrehten Fäden.
Sobald das Material gewoben wurde, hat das klebrige Serizin seine Schuldigkeit getan, und in einem alkalischen Bad wird die gummiähnliche Substanz entfernt. Erst jetzt bekommt die Seide ihren charakteristischen Glanz und verliert bis zu 30 Prozent Gewicht. Sofern eine gewisse Schwere gewünscht ist, muß der Stoff daher noch einmal behandelt werden: Metallische Salze, meist Zinn, werden zugefügt und auf dem Etikett vermerkt, denn dadurch wird die Seide brüchiger und anfälliger für Reinigungsschäden.

Vorsicht, Plagiat

Auch im Land der Seide haben findige Händler die Möglichkeiten der Chemie entdeckt, und so trägt manch ein zweifelhafter Stoff auf dem Markt das Etikett ›Quality Silk‹. Eines ist sicher: echte Seide ist nur schwer entflammbar. Wer mit dem Feuerzeug an der Stoffkante entlang fährt vernimmt allenfalls ein leichtes Glimmen, bevor die Flamme erlischt. Eine Testmethode, die, zugegebenermaßen, bei den Seidenhändlern fernöstlicher Basare kaum auf Anklang stößt, denn das chemische Plagiat brennt ganz im Gegensatz zu seinem teuren Bruder nämlich blitzschnell lichterloh und hinterläßt, im glimpflichen Falle, eine verschmurgelte Masse, die sich kaum mehr verkaufen läßt. Wer beim Kauf sicher gehen will, sollte also stattdessen den Stoff kräftig gegeneinander reiben – ein leicht elektrisches Gefühl deutet auf Kunstseide. Auch mit der Nase läßt sich echt und falsch auseinanderhalten. Ungewaschene echte Seide hat immer einen leicht parmesanartigen Geruch, der sich verstärkt. wenn das Material feucht wird. Und nicht zuletzt am Preis läßt sich die Qualität festmachen. Auch in Asien gehört Seide zu den Luxusartikeln. Wenn es allzu überraschend billig wird, ist wahrscheinlich Chemie im Spiel.

Hangzhou

Suchen Sie einen ausgefallenen Ort für Ihre Hochzeitsreise? Dann sind Sie in Hangzhou 杭州 am richtigen Ort. Nicht nur verspricht Hangzhou nach einem chinesischen Sprichwort das Paradies auf Erden, seine langen Uferpromenaden am Westsee sind für Chinesen auch Inbegriff der Romantik. In den langen Ferienwochen im Mai und Oktober flaniert Liebespaar neben Liebespaar am Ufer des Westsees, und die Wasseroberfläche ist fast vollständig bedeckt mit Tret- und Ruderbooten, Ausflugschiffen und chinesischen Barken. Auch wenn es zuweilen voll wird in Hangzhou, macht die Stadt, vom Westsee aus betrachtet, den Eindruck einer beschaulichen Kleinstadt, bis man sich einmal einen Stadtplan zur Hand nimmt und feststellt, daß der Westsee nur einen Bruchteil der Stadtfläche einnimmt und im äußersten Südwesten Hangzhous liegt. Mit den umliegenden Gemeinden bringt es Hangzhou inzwischen immerhin auf sechs Millionen Einwohner.

Urkundlich zum ersten Mal in der Qin-Dynastie (221–206 v. Chr.) erwähnt, erlebte die Stadt ihre Hochphase im 12. Jahrhundert. Noch bevor im 6. Jahrhundert die Sui-Dynastie (589–618) begann, das bestehende Kanalnetz im Yangzi-Delta auszubauen und Hangzhou damit zum südlichen Ende des Kaiserkanals bestimmte, machte sich die Stadt einen Namen als prosperierendes Zentrum des Handels und der Seidenherstellung. Überregionale Bedeutung erlangte die Stadt jedoch, als nach der Eroberung der damaligen Hauptstadt Kaifeng durch die Dschurdschen, der Song-Hof nach Süden abwanderte und Hangzhou 1238 zur neuen Hauptstadt ausrief. Auch wenn die Südliche Song-Dynastie nur 150 Jahre währte, blühte die ohnehin reiche Stadt während dieser Periode weiter auf. Die Einwohnerzahl verdreifachte sich auf über 1,7 Millionen Menschen, Hangzhou wurde zum politischen, künstlerischen und wirtschaftlichen Nabel der chinesischen Welt. Selbst als die Mongolen China überrannten und die neue Hauptstadt im heutigen Beijing errichten, behielt Hangzhou in den folgenden Jahrhunderten seine Bedeutung als Zentrum des Handels und der Kunst. Noch heute befindet sich eine der renommiertesten Kunsthochschulen Chinas in der Stadt, die auch in wirtschaftlicher Hinsicht kaum hinter Shanghai zurückliegt. Von der einstigen Pracht und Größe ist allerdings nur noch wenig zu sehen. Im Jahre 1861, während der Taiping-Rebellion, wurde die Stadt nach längerer Belagerung in Schutt und Asche gelegt, etwa 500 000 ihrer Bewohner verloren ihr Leben in den Kämpfen oder deren unmittelbaren Folgen wie Krankheit und Unterernährung.

In den 1990er Jahren schließlich sorgte ein großangelegtes Modernisierungsprogramm dafür, daß von der historischen Altstadt so gut wie nichts mehr übrigblieb. Hangzhou präsentiert sich heute als ultramoderne Großstadt, die kaum ein Tourist besuchen würde, wäre da nicht der Westsee und die ihn umgebenden

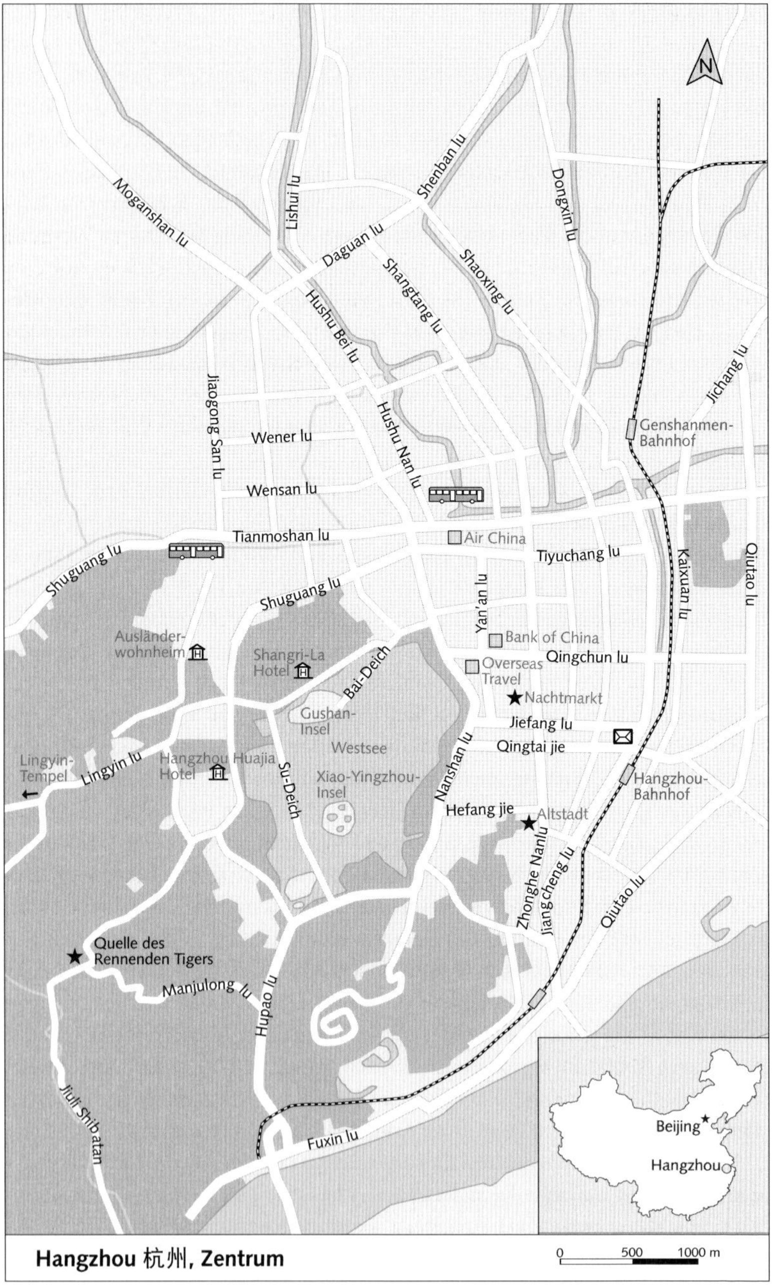

Hangzhou 杭州, Zentrum

Berge, Klöster und Teeplantagen. So aber hat die Stadt zwei Gesichter: die eher uninspirierte Neustadt und den zu Recht weltberühmten Westsee, Touristenmagnet seit über tausend Jahren.

Sehenswürdigkeiten

Die Ausflugsziele Hangzhous liegen zumeist west- und südlich des Westsees. Für einen Spaziergang entlang der Uferpromenade ist selbst der See ein wenig zu groß, zumindest sollte man für die zehn Kilometer lange Umrundung gutes Schuhwerk mitbringen. Wie meist in China ist das Fahrrad auch in Hangzhou ein ideales Verkehrsmittel, gerade weil der Großteil der Sehenswürdigkeiten im grünen Westteil der Stadt liegt. Sobald man den Westsee verläßt, hält sich auch der Verkehr in Grenzen. Die beiden Deiche, der Su Di 苏堤 und der Bai Di 白堤 (Di heißt Deich) sind für den Autoverkehr gesperrt. Alle Sehenswürdigkeiten liegen im Fünf-Kilometer-Umkreis des Westsees, so daß selbst eine Taxifahrt kein Vermögen kostet.

Der Westsee

Kaum ein anderer See regt die Phantasie der Chinesen so an wie der Westsee (Xihu 西湖). In vielen Städten hat man ihn kopiert, insgesamt 36 Mal in ganz China und einige Male in Japan. In Yangzhou gibt es den ›Schmalen Westsee‹, in Wuhan hat man den ›Ostsee‹ angelegt, dessen Vorbild unverkennbar der Westsee in Hangzhou ist. Die Legende erzählt, daß einst eine Perle, um die sich ein Phönix und ein Drache zankten, auf die Erde fiel und den Westsee bildete. Die Realität ist ein wenig profaner. Ursprünglich war das Gewässer eine Bucht des heute drei Kilometer entfernten Qiantang-Flusses 钱塘江, im 8. Jahrhundert hob man den See auf die heutige Tiefe von durchschnittlich 1,5 Meter aus und trennte ihn mit einer Sandbank vom Fluß. Der Su- und der Bai-Deich teilen den See in drei Teile, im zentralen Bereich lädt vor allem die größte der insgesamt drei Inseln, die Xiao-Yingzhou-Insel 小瀛洲岛, wörtlich ›die Insel der kleinen Ozeane‹, mit ihren vier kleinen Teichen, Teehäusern und Gartenanlagen zu einem Besuch ein. Am südlichen Ufer der Insel stehen drei kleine Steinpagoden im Wasser. In den jeweils fünf kleinen Öffnungen, werden zum Mondfest, dem ersten Vollmond im Herbst, Kerzen angezündet, die sich dann zusammen mit dem Mond im See spiegeln (Santan Yinyue, die drei Teiche, die den Mond widerspiegeln 三潭影月). Gesteuerte Ruderboote zur Insel können am nördlichen Ende des Su-Deiches oder auf der Insel Gushan 孤山 stundenweise gemietet werden und warten, während

Auf dem Westsee

man die Insel besichtigt. Alternativ fahren von mehreren Anlegestellen entlang des Sees Linienschiffe zur Insel, dies ist allerdings eher eine unromantische Angelegenheit, auch wenn das Design der Schiffe mit aufgesetzten Drachenköpfen den Eindruck historischer Authentizität erwecken möchte. Am Wochenende und vor allem während der ›Großen Wochen‹, den chinaweit freien Tagen im Mai und Oktober, empfiehlt es sich, auf den Besuch der Insel zu verzichten und statt dessen eine ausgedehnte Runde auf dem See zu drehen. Es sei denn, man möchte eine Stunde auf eine Anlegestelle warten.

Auch abends kann man sich ein Boot mieten und die erleuchtete Skyline Hangzhous vom Westsee aus genießen. Auf das Land zurückgekehrt, empfiehlt sich ein Spaziergang auf einem der beiden Deiche. Am nördlichen Ende des Su- und am westlichen Ende des Bai-Deiches erreicht man die Gushan-Insel 孤山岛, von deren Bergspitze man einen schönen Blick auf den Westsee hat. Am Fuße des Berges befindet sich auch das berühmteste Restaurant der Stadt, das Louwailou Caiguan 楼外楼餐馆 (siehe Essen und Trinken) sowie das Museum der Provinz Zhejiang (Zhejiangsheng Bowuguan 浙江省博物馆), in dem Gemälde, Kalligraphien, Porzellan sowie prähistorische Funde ausgestellt werden.

Straße in Shanghai
Werbung; Peak Tram auf Hongkong Island

本店佐料专门选用
Knorr
家楽牌
特色火鍋
正宗川味
川厨料理
配料独特
KTV
饭店
63063883

pierre cardi
皮尔·卡
北京精华时装公司
地址：北京东四北大街500号
皮尔·卡丹北京专营店
东四精华时装店
北京饭店专营店
百盛购物中心专营店
海淀兴海时装商社
城乡贸易中心专营店
通县银地大厦专营店
禁
酒后开

秘方感冒茶

華聯商廈
HUA LIAN COMMERCIAL BUILDING
上海时装股份有限公司
东亚饭店
自选海鲜
夜宵歌舞
时装公司
上海市第一食品商店
FASHION

Tempel der Zuflucht der Seelen

Die Geschichte des buddhistischen Tempels (Lingyin Si 灵隐寺) geht bis ins vierte Jahrhundert zurück. Das erste Kloster wurde von Huili gegründet, einem aus Indien stammenden buddhistischen Mönch, der im gegenüberliegenden Hügel einen Berg seiner Heimat wiederzuerkennen glaubte und dies als glückliches Zeichen wertete. Seitdem heißt der Hügel Feilai Feng 飞来峰, ›der Gipfel, der von weitem angeflogen kam‹. Mit großer Sicherheit würden wir heute keinen Tempel mehr an dieser Stelle finden, und auch die vielzähligen in den Fels gehauenen buddhistischen Figuren an den Berghängen gegenüber dem Tempel, unter ihnen der berühmte Lachende Buddha von Hangzhou, würden nicht mehr in der heutigen Form existieren, hätte nicht der damalige Premier Zhou Enlai in der Kulturrevolution einen Streit zwischen zwei rivalisierenden Gruppen der Roten Garden entschieden, von denen die eine den Tempel zerstören, die andere ihn erhalten wollte. Zhou Enlai stellte den Tempel unter seinen persönlichen Schutz und bewahrte ihn somit vor der Zerstörung. Der Tempel ist heute eher Touristenattraktion als aktiver Ort des Glaubens. Von der ursprünglichen Zahl von 3000 Mönchen, die hier im 19. Jahrhundert lebten, ist die kleine Mönchsgemeinde des Tempels noch weit entfernt.

Den Tempel erreicht man mit Bus Nr. 1 vom Westsee. Neben dem Tempel führt eine Seilbahn zum Nordgipfel (Bei Gaofeng 北高峰), von dem man bei schönem Wetter einen ausgezeichneten Blick auf Hangzhou und den Westsee hat.

Longjing-Tee

Kein Tempel und kein Palast lockt in die westlichen Berge der Stadt Hangzhou, nur eine gute Tasse Tee, diese aber vom besten, was man in China finden kann. Der Drachenbrunnen-Tee (Longjing Cha 龙井茶) ist über das Reich der Mitte hinaus bekannt und ist, salopp gesagt, der ›ChČteau Neuve de Pape‹ des Tees. Bis zu 400 Euro werden für ein Kilo guten Longjing gezahlt, das wäre von der chinesischen Kaufkraft her in etwa so, als würden Sie in Deutschland eine Flasche Wein für 4000 Euro kaufen. Erstaunlich einfach geht es dann aber entlang der Plantagen zu, wo man, neben einer Besichtigung mit einer kleinen Einführung in den Teeanbau und dessen Verarbeitung, auch eine Tasse Tee probieren kann, in niedrigeren Preiskategorien versteht sich.

Straße in Qingdao; Markt in Hongkong
Die Nanjing Lu in Shanghai bei Nacht

Nachdem man, vom Westsee kommend, eine kleine Serpentinenstraße hinter sich gelassen hat, erreicht man die Quelle des Rennenden Tigers (Hupao Quan 虎跑泉), deren Wasser angeblich am besten für die Zubereitung des Longjing-Tees geeignet ist. Wundern Sie sich nicht über die chinesischen Touristen, die versuchen, Münzen auf dem Wasser schwimmen zu lassen. Angeblich ist die Oberflächenspannung des Quellwassers so groß, das Münzen darauf nicht untergehen. Was für die alten Aluminiummünzen gegolten haben mag, ist für die massiveren neuen Ein-Yuan-Münzen definitiv nicht zutreffend, wie der von Münzen bedeckte Boden der Quelle belegt.

Folgt man der Straße von der Quelle in Richtung Süden, erreicht man die eigentlichen Teeplantagen. Die Teebauern der Umgebung sind durch den Tourismus zu bescheidenem Reichtum gelangt und betreiben seit einigen Jahren kleine Restaurants, in denen man neben dem obligatorischen Tee auch lokale Spezialitäten probieren kann. Inmitten von subtropischen Wäldern und Teeplantagen einen ›Süßsauren Fisch nach Westsee Art‹ (Xihu Cuyu 西湖醋鱼) zu verspeisen, gehört zu den angenehmen Chinaerfahrungen. Mit dem Ausflugsbus Nr. 3 (游 3) erreicht man die Teeplantagen vom Nordufer des Westsees in einer knappen halben Stunde. Alternativ kann man den Bus Nr. 27 nehmen.

Altstadt und Medizinmuseum

Hangzhou hat keine Altstadt mehr, sondern eine alte Straße, und die befindet sich in der Qinghefang Gujie 清河坊古街. Die hervorragend restaurierten Häuser lassen vermuten, wie Hangzhou einst einmal als Ganzes ausgesehen hat, bevor die alte Architektur als rückständig geltend im ganzen Stadtgebiet Hangzhous Version der Moderne weichen mußte. Das Medizinmuseum (Zhongyao Bowuguan 中药博物馆), in der 1874 von dem Kaufmann Hu Yueyan gegründeten, original erhaltenen Apotheke Huqing Yutang 胡庆余堂 untergebracht, ist das einzige seiner Art in China und bietet eine hervorragende Einführung in die chinesische Heilkunst. Museum und Altstadtstraße erreicht man mit Bus Nr. 8, Station Gulou 鼓楼.

Ein Ausflug nach Shaoxing

Sollte Ihnen nach einer Überdosis Tee der Sinn nach etwas anderem stehen, ist ein Ausflug in das knapp 70 Kilometer südöstlich von Hangzhou gelegene Shaoxing 绍兴 genau das Richtige! Bekanntlich liegen Literatur und Alkohol auch in China eng zusammen, und Shaoxing, Geburtsort des berühmtesten chinesischen Literaten der Neuzeit, Lu Xun, und des überall in China gerne getrunkenen Shaoxing-

Sesamölpresse in Hangzhou

Reisweines ist ein gutes Beispiel dafür. Auch wenn es Shaoxing inzwischen auch auf über vier Millionen Einwohner bringt, ist die gut erhaltene Altstadt immer noch ein gutes Beispiel dafür, daß auch in China Entwicklung und Tradition in Einklang gebracht werden können. Shaoxing ist ab Hangzhou mit Bus oder Bahn in einer Stunde zu erreichen. Übernachtungsmöglichkeiten gibt es reichlich, empfehlenswert ist das im Gartenstil gebaute ›Shaoxing Hotel‹ (Shaoxing Fandian 绍兴饭店), 4 Sterne, Tel. 0575/51 55 88, in der Huancheng Lu 9, nicht die günstigste, dafür aber die bei weitem stilvollste Option.

Vorwahl: +86/571.
Post: Das Hauptpostamt befindet sich in der Jiefang Lu 解放路 nahe dem Bahnhof, eine weitere Post näher am Westsee in der Yan'an Lu 延安路 etwas nördlich der Kreuzung zur Pinghai Lu 平海路.
Bank: Bank of China, Yan'an Lu 320, an der Kreuzung zur Qingchun Lu 青春路.
Reisebüro: Alle größeren Hotels organisieren Ausflüge zur Drachenbrunnenquelle und nach Shaxing. Overseas Travel Agency (Haiwai Lüxing-she 海外旅行社, Tel. 87 70 97 70) im Overseas Chinese Hotel (Huaqiao Binguan 华侨宾馆) kann bei der Besorgung von Zugtickets behilflich sein.

Hangzhou ist von praktisch jeder chinesischen Großstadt

per Direktflug zu erreichen. Air China hat ein Büro im fünften Stock des Radisson Plaza Hotels in der Tiyuchang Lu 体育场路 333.

Direktverbindungen unter anderem mit Beijing (16 h), Xiamen (25 h), Hongkong (24 h), Shanghai (2 h), Nanjing (5 h) und Suzhou (3 h) und Shaoxing (1 h). Der neugebaute, sehr übersichtliche Hauptbahnhof liegt im Westen der Stadt an der Huanshi Donglu 环市东路.

Für die meisten Ziele ist die Bahn die eindeutig bessere Alternative. Einzig nach Shaoxing, Suzhou und zum Huangshan, den ›Gelben Bergen‹ empfiehlt sich der Bus als Verkehrsmittel. Hangzhou hat vier Busbahnhöfe in den jeweiligen Himmelsrichtungen, als Faustregel gilt, daß die Busse immer von der Station abfahren, in deren Himmelsrichtung der Zielort liegt.

›Shangri-La Hotel‹ 杭州香格里拉饭店, 5 Sterne, Beishan Lu 78, Tel. 87077951, Fax 87073545. www.shangri-la.com. Bestes Hotel am Platz in ruhiger Lage direkt am Westsee.

›Hangzhou Huajia Shanzhuang‹ 杭州花家山庄, 3 Sterne, Hangzhou Santaishan Lu 杭州三台山路 25, Tel. 87976688. Ruhiges, etwas vom Westufer des Sees zurückgesetztes Mittelklassehotel im Grünen.

Wem einfache Verhältnisse nichts ausmachen kann im Ausländerwohnheim der Zhejiang University wohnen: Zheda Waiguo Liuxuesheng Lou 浙大外国留学生楼/Ecke Yugu 预估路 und Zheda Lu, am Haupttor der Zhejiang Universität 浙江大学, Tel. 87996092. Hier gibt es einfache Zimmer mit Bad.

Auch wenn sich die Hangzhouer Küche an die Shanghaier anlehnt, gibt es doch einige Unterschiede. Das Essen ist ein wenig schärfer, wenn auch immer noch sehr mild, und auch bei der Verwendung von Öl und Zucker ist man in Hangzhous Küchen ein wenig vorsichtiger. Eine original Hangzhouer Spezialität ist der ›Essigfisch‹ (Xihu Cuyu 西湖醋鱼), meist aus dem Westsee, in einer süßen Essigsauce gesotten. Gerne gegessen wird auch das Bettlerhuhn Jiaohuazi Ji 叫花子鸡, ein in Lotusblätter eingewickeltes, im Ofen gebratenes Huhn, und, benannt nach dem song-zeitlichen Dichter und ehemaligen Stadtgouverneur von Hangzhou, Su Dongpo, das Dongpo-Schwein (Dongpo Rou 东坡肉), durchwachsenes Schweinfleisch in Shaoxing-Reiswein 绍兴酒 mariniert. Auch die mit Teeblättern gekochten Shrimps 龙井虾仁 sind sehr zu empfehlen.

Entlang der Yan'an 延安路 und der Wushan Lu 吴山路 gibt es eine große Auswahl günstiger und guter Restaurants. Für gehobene Ansprüche empfiehlt sich das ›Louwailou Caiguan‹ (楼外楼菜馆, Tel. 87969023) eines der ältesten Restaurants der Stadt in der Gushan Lu 孤山路 30 auf der Gushan Insel.

Östlich des Westsees in der Renhe Lu 仁和路 83 liegt das ›Zhiwei Guan‹ 知味馆, Tel. 87018638, dessen Spezialität vor allem Teigtaschen (Dianxin 点心, das lokale Äquivalent zu Dim Sum) sind.
Sollte man zur Mittagszeit im Lingyin Si 灵隐寺 sein, so ist ein Besuch im ausgezeichneten vegetarischen Restaurant des Tempels ein Muß.
Während der im Winter warm und im Sommer kalt getrunkene Shaoxing-Reiswein nicht jedermanns Sache ist, findet der ausgezeichnete Longjing-Tee 龙井茶, in den Westbergen Hangzhous angebaut, auch unter Langnasen begeisterte Abnehmer. Vorsicht: eine Tasse guter Longjing-Tee kann soviel kosten wie ein Glas guter Wein bei uns.

Ganz oben auf der Einkaufsliste steht der Longjing-Tee, der überall in der Stadt in kleinen Teegeschäften verkauft wird. Den Tee direkt an der Quelle zu kaufen, ist nicht unbedingt die günstigere Variante. Falls Sie nach dem passenden Teeservice suchen, sollten Sie einen Abend für einen ausgedehnten Einkaufsbummel auf dem Nachtmarkt in der Wushan Lu 吴山路 einplanen. Die hier angebotenen Teekannen und -tassen stammen zumeist aus der Töpferstadt Yixing etwa 150 Kilometer nördlich von Hangzhou und sind in ganz China für Design und Qualität bekannt. Seien Sie aber trotzdem vorsichtig: Auch Mängelware landet auf dem Markt, die ist zwar billig und sieht im Regal gut aus, hinterläßt beim Teetrinken zuweilen jedoch nasse Füße.
Auch Seide läßt sich in Hangzhou gut und günstig erstehen. Stoffe findet man unter anderem in den großen Kaufhäusern der Innenstadt, westliche Schnitte und entsprechendes Design ist aber bei Seidenkleidung immer noch selten. Für einfache Seidenhemden und andere Souvenirs ist der Nachtmarkt in der Wushan Lu ebenfalls eine gute Adresse. Die meisten großen Kaufhäuser und Supermärkte befinden sich in der Jiefang Lu 解放路.

Entlang des Yangzi, in dessen Einzugsbereich mehr als die Hälfte aller Chinesen lebt, liebt man die Extreme. Hier entsteht der größte Stausee der Welt, frönt man einer Küche, die höchste Schärfetoleranz erfordert, und auch die Frauen, glaubt man dem chinesischen Volksmund, sind hier die schönsten.

Die Landesmitte

Den Yangzi flußabwärts

Changjiang 长江, ›langer Fluß‹, nennen die Chinesen ganz lapidar den wichtigsten Strom des Landes und weltweit drittgrößten Fluß. Der in Deutschland übliche Name Yangzi wird in China hingegen nur selten und für den Mündungsbereich des Unterlaufes verwendet. Mit einer Länge von mehr als 6300 Kilometern ist der Yangzi nicht nur eine wichtige Verkehrsader, sondern auch in kultureller Hinsicht höchst bedeutend: Er steht für die ›blaue‹, weltoffene Kultur der Süd-Chinesen, die sich als leidenschaftliche Händler und Seefahrer deutlich von der ethnozentrischen ›gelben‹ Kultur des Nordens unterscheiden. Daß er im Westen zu großem Ruhm gekommen ist, liegt nicht nur an den geographischen Superlativen, die mit ihm verbunden sind, sondern auch daran, daß der Dreischluchten-Staustamm am Mittellauf des Flusses zu den umstrittensten Bauwerken der Moderne gehört und die ausländischen Touristen gleich scharenweise anreisen, um einen letzten Blick auf die (noch) natürlichen Attraktionen des Yangzi zu werfen.

Chongqing

Nominell ist Chongqing 重庆 die größte Stadt der Welt. Um der Wahrheit genüge zu tun, bezieht sich dies auf die Verwaltungsregion Chongqing. Der eigentliche Stadtkern hat simple sechs Millionen Einwohner, vor zehn Jahren waren es gerade einmal halb soviele. Die oft angeführten 30 Millionen Einwohner rühren aus der Tatsache, daß im Zuge des Sanxia-Staudamm-Baus die Pekinger Zentralregierung eine Region von der halben Größe Deutschlands aus der Provinz Sichuan ausgliederte und Chongqing zuschlug, das seitdem eine regierungsunmittelbare Stadt ist und damit direkt Peking unterstellt ist. Auch wenn diese Maßnahme vor allem darauf zielte, den enormen logistischen und finanziellen Aufwand des Staudammprojektes zu koordinieren, wurde hiermit auch ein alter Streit aus der Welt geschafft. Das Verhältnis der ehemals größten Städte Sichuans, Chengdu und Chongqing, ist in etwa so innig wie das zwischen Düsseldorf und Köln. Stellen Sie sich vor, Köln samt Umland bekäme den Status eines selbständigen Stadtstaates und würde nicht mehr von Düsseldorf aus regiert, dann können Sie in etwa die Freude verstehen, die die Einwohner Chongqings verspürten, als die Stadt in die Eigenständigkeit entlassen wurde.

Auch finanziell hat sich die Maßnahme gelohnt. Die Gelder der Zentralregierung fließen nun direkt nach Chongqing und sie fließen reichlich. Heute sieht die Stadt wie ein Binnen-Hongkong aus, Hochhäuser prägen das Stadtbild, und die Berge, die das Stadtbild einst bestimmten, verschwinden zusehends hinter der

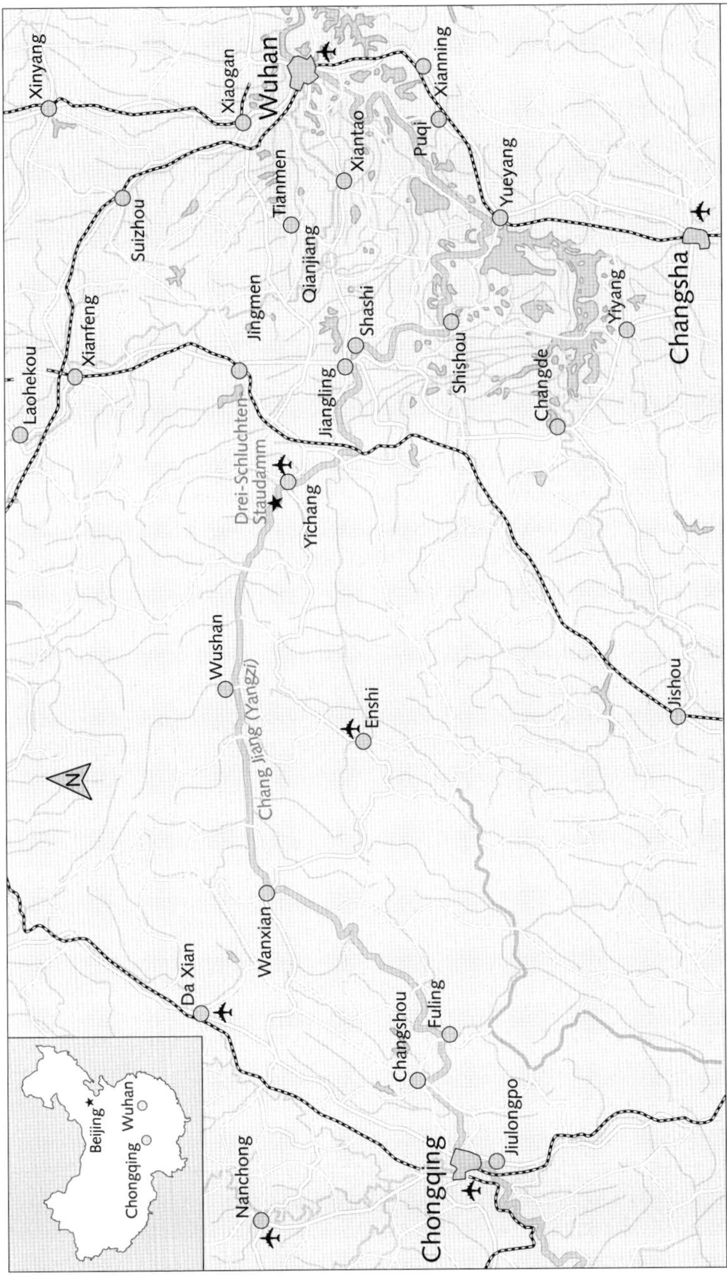

Übersicht über den Verlauf des Yangzi 长江 zwischen Chongqing und Wuhan

neuen Skyline. Trotz dieses rasanten Wandels blieben zwei Eigenheiten erhalten. Fahrräder, in anderen chinesischen Städten trotz zunehmender Motorisierung immer noch Verkehrsmittel Nummer eins, sucht man in Chongqing vergebens. Die Topographie der Stadt mag zwar ideal für Mountainbiker sein, für den chinesischen Durchschnittradler ist sie aber definitiv zu bergig. Es mag auch am Klima liegen, denn Chongqing ist einer der vier Glutöfen Chinas. Im Sommer wird die 40-Grad-Marke des öfteren geknackt, wenn auch nur selten offiziell, denn dann müßten die Behörden laut Gesetz Hitzefrei geben. Trotz des heißen Klimas sieht man die Sonne jedoch so selten, daß eine lokale Redensart sagt, die Hunde der Stadt würden bellen, sollte die Sonne jemals scheinen.

Geschichte

Bereits vor zwei Millionen Jahren gab es im Yangzi-Tal erste menschliche Ansiedlungen, wie archäologische Funde aus den 1990er Jahren belegen. Vieles spricht dafür, daß die Wiege der chinesischen Kultur nicht nur am Gelben, sondern auch am ›Langen Fluß‹, wie der Yangzi auf Chinesisch heißt, gestanden hat. Chongqing trägt seinen heutigen Namen seit 1190, als Prinz Zhaodun, kurz nach seiner Berufung zum Stadthalter des damaligen Gongzhou, zum Kaiser gekrönt wurde. Er brachte sein glückliches Schicksal im Zusammenhang mit der Aura der Stadt und nannte sie Chongqing, ›Doppeltes Glück‹. Auch wenn die Stadt bereits 1890

Blick auf Chongqing

Vertragshafen wurde und damit für Ausländer geöffnet, sorgte der schwer navigierbare Yangzi dafür, daß Chongqing ein isolierter Außenposten blieb.

Es war diese Isoliertheit, die Chongqing während des Zweiten Weltkrieges auf die politische Landkarte rückte. Nachdem mit der republikanischen Hauptstadt Nanjing und dem provisorischen Regierungssitz Wuhan die zwei wichtigsten administrativen Zentren in die Hand der Japaner gefallen waren, diente Chongqing zwischen 1937 und 1945 als Regierungssitz. Trotz zahlreicher Versuche der Japaner, die Stadt auf dem Flußwege zu erobern, war Chongqing nie gefährdet. An die massiven Bombenangriffe, die japanische Staffeln während dieser Zeit auf die Stadt flogen, erinnern die vielen in die Stadtberge geschlagenen Luftschutzbunker, die heute zumeist als Geschäfte und Restaurants genutzt werden. Heute ist Chongqing, am Zusammenfluß von Yangzi und Jialing-Fluß gelegen, wichtigster Warenumschlagplatz Südwestchinas und Wachstumsmotor für die gesamte Region.

Sehenswürdigkeiten

Da die meisten Sehenswürdigkeiten der Stadt relativ weit auseinander liegen, und das Fahrrad und Schusters Rappen aufgrund des bergigen Terrains und des dichten Stadtverkehrs keine wirklich praktikable Option sind, empfiehlt es sich, die Stadt im Rahmen einer organisierten Tour oder mit einem für den ganzen Tag gemieteten Taxi zu entdecken. Der öffentliche Nahverkehr ist nicht wirklich effektiv und kaum schneller als ein Fußgänger. Leider, aus dem Sichtwinkel des interessierten Besuchers, ist von der Altstadt mit ihren eng an die Berge gebauten, terrassenförmigen Häusern nicht mehr viel übriggeblieben. Für die Bewohner jedoch ist dies eher ein Segen, da die auf uns so romantisch wirkenden Häuser selten mehr als rudimentäre sanitäre Einrichtungen hatten, und pro Bewohner kaum mehr als drei Quadratmeter zur Verfügung standen. Vor allem um den Großen Platz des Volkes (Renmin Guangchang 人民广场) und die Einkaufmeile um die Minzu Lu 民族路 wird deutlich, wie sehr die Stadtväter bemüht sind, Chongqing den Anstrich einer aufstrebenden, modernen Stadt zu geben. An der Spitze des Großen Platzes des Volkes erhebt sich das berühmte ›Volkshotel‹ (Renmin Binguan 人民宾馆), ein kolossaler Bau aus den 1950er Jahren. Auch wenn das Hotel bereits bessere Zeiten gesehen hat, ist das Gebäude mit seiner dem Himmelstempel in Beijing nachempfundenen Großen Halle des Volkes ein interessantes Beispiel für den Versuch, sozialistische mit traditioneller Architektur zu verbinden. Beim Besuch der knapp 4000 Menschen fassenden, von den beiden Hotelflügeln umrahmten Versammlungshalle mit ihrer 65 Meter hohen lichten Kuppel können Sie sich einen Eindruck verschaffen, ob dieses Experiment gelungen ist. Als interessantes

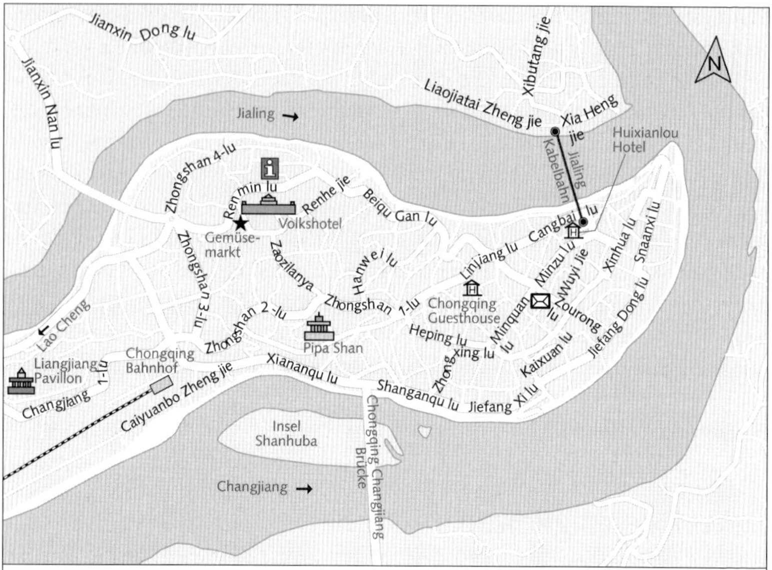

Chongqin 重庆, Zentrum

0 500 1000 m

Kontrastprogramm empfiehlt sich der Besuch des riesigen Gemüsemarktes in einer kleinen Seitenstraße etwa 300 Meter westlich des Hotels. Wenden Sie sich, vor dem Eingang des Hotels stehend, nach rechts und folgen Sie der Auffahrt zur Straße, dann können Sie den Markt nicht verfehlen.

Um der Hektik der Stadt ein wenig zu entfliehen und sich einen guten Überblick über Chongqing zu verschaffen, ist ein Ausflug zu einem der beiden Aussichtsberge der Stadt genau das Richtige. Der Mispelberg (Pipa Shan 枇杷山) ist mit 345 Metern die höchste Erhebung der Stadt und bietet neben einer guten Aussicht mit dem Stadtmuseum auch noch eine zusätzliche Attraktion. Ausgestellt werden unter anderem Dinosaurier-Skelette, die zwischen 1974 und 1977 in Zigong und Yangchuan ausgegraben wurden. An den Hängen des Gänsebergs (Eling Shan 鹅岭山) kann man noch Reste der Altstadt erblicken. Auf der engen Serpentinenstraße zum Gipfel fährt man zudem an einigen der nun anderweitig genutzten Luftschutzbunker vorbei. Vom Liangjiang-Pavillon hat man den vielleicht schönsten Blick auf die Stadt. Rechter Hand sieht man den Yangzi, zur linken Hand fließt der Jialing dem Yangzi entgegen. Auf der Sandbank unter der Yangzi-Brücke befand sich zu Kriegszeiten der Flughafen der Stadt. In dem kleinen Gebäude etwas unterhalb des Pavillons befindet sich ein Modell des Sanxia-Staudamms sowie ein etwa zwanzig Meter langes Wandgemälde mit den Drei Schluchten, inklusive

Flutungslinien und Umsiedlungsdaten, eine gute Einstimmung auf die bevorstehende Yangzi-Fahrt. Eine kleine, gefaltete Version des Gemäldes – Geschäft ist Geschäft – verkauft der Künstler in dem angeschlossenen Andenkenladen.

Haben Sie ein wenig mehr Zeit in Chongqing, empfiehlt sich der Besuch der ›Altstadt‹. Damit ist nicht die eigentliche Altstadt gemeint, von der, wie bereits erwähnt, wenig übriggeblieben ist, sondern die Lao Cheng 老城, ein kleines, ursprünglich belassenes und umsichtig renoviertes Viertel etwa 20 Kilometer den Jialing flußaufwärts. Hier finden Sie die für Sichuan einst so typische Mischung aus Restaurants, kleinen Läden und Teehäuser, in der Volkskünstler Balladen und Opernarien zum Besten geben. Die Lao Cheng erreichen Sie am besten mit dem Taxi oder im Rahmen einer organisierten Tour.

In Chongqing keinen Feuertopf zu essen, ist wie ein Münchenbesuch ohne Brezeln, Weißwurst, Radi und Weißbier. Das Bier fließt auch in Chongqing zumeist in Strömen, die Schärfe des Feuertopfes (nomen est omen!) gebietet die regelmäßige Flüssigkeitszufuhr. Aber keine Angst, heutzutage kommt der Feuertopf zumeist in den Varianten rot und weiß (Yin-Yang-Feuertopf) auf bzw. in den in der Mitte mit einem kreisrunden Loch versehenen Tisch. Während die rote Seite weiterhin eine Herausforderung an die Schärfetoleranz des westlichen Besuchers ist, besticht der weiße Feuertopf durch eine angenehme, vor allem durch Knoblauch und Ingwer verursachte Schärfe. Ansonsten ähnelt ein Feuertopfessen unserem Fondue, nur daß die Zutaten nicht in Öl, sondern Brühe trudeln und das Bestreben, jede davon individuell einem Gast zuzuordnen, bei Chinesen nur Kopfschütteln hervorrufen würde. Also hinein mit den Zutaten in den brodelnden Topf. Fleisch, je nach Gusto vom Schwein und Rind bis zu exotischeren Spezies, von denen Hund noch die harmloseste ist, aufgrund der längeren Garzeit zuerst, dann der Fisch und die Krabben, und schließlich das Gemüse. Aber keine Angst: Niemand wird Ihnen Hund oder Bisamratte unterschieben, es sein denn, Sie wünschen dies. Von Opium, oft als Geschmacksverstärker angeboten, sollten Sie aber auf jeden Fall die Finger lassen.

Die Große Halle des Volkes ist dem Himmelstempel in Beijing nachempfunden

Die beste Option, von Chongqing aus weiterzureisen, ist das Schiff – natürlich nicht irgendein Schiff. Auch wenn man sich die Reise auf einem der, zunehmend weniger werdenden Linienschiffe vielleicht romantisch vorstellt, kann die hautnahe Landeserfahrung sehr schnell wortwörtlich werden, wenn man sich in einem Unter-Deck-Schlafsaal mit fünfzig Chinesen wiederfindet und die Türen nur zu den Essenszeiten kurzzeitig geöffnet werden. Für eine unbeschwerte Reise oberhalb des Schiffrumpfes lohnt sich die Investition des einen oder anderen zusätzlichen Yuans.

Während man in der Nebensaison vor Ort durchaus ein gutes Ticket für einen Bruchteil des üblichen Preises ergattern kann, empfiehlt sich in der Hauptsaison auf jeden Fall eine rechtzeitige Buchung von Deutschland aus. Auch hier ist es angeraten, nicht auf den Cent zu schauen, da viele der günstigen Angebote nur landesüblichen Service und keine Garantie dafür bieten, daß die Drei Schluchten wirklich bei Tag durchfahren werden.

Vorwahl: +86/236.
Post: Minzu Lu 民族路, Nähe ›Chongqing Hotel‹.
Bank: Bank of China, Minzu Lu.
Reisebüro: CITS gegenüber dem ›Renmin Binguan‹, ist bei der Buchung von Schiffstickets behilflich.

Chongqing ist per Direktflug von Hongkong, Bangkok, Beijing, Shanghai, Xi'an, Kunming und annähernd jeder chinesischen Großstadt zu erreichen.

Die meisten Zugverbindungen Chongqings führen über Chengdu, so daß es sich fast empfiehlt, den Bus nach Chengdu zu nehmen und von dort weiterzufahren.

Mit der Fertigstellung der Autobahn zwischen Chongqing und Chengdu verkürzt sich die Busfahrt nach Chengdu auf knapp vier Stunden. Minibusse nach Dazu fahren etwa alle halbe Stunde und benötigen knapp drei Stunden für die 160 Kilometer lange Strecke. Der Busbahnhof liegt gegenüber dem Hauptbahnhof an der Nanqu Lu.

›Chongqing Guesthouse‹ (Chongqing Binguan 重庆宾馆),4 Sterne, Minsheng Lu 民生路, Tel. 3845888. Unter den hochwertigen Hotels das architektonisch interessanteste. Vor allem der VIP-Flügel hat Stil und Atmosphäre.
›Renmin Hotel‹ (Renmin Binguan 人民宾馆), 2 Sterne, Renmin Lu 人民路, Tel. 3851421, Fax 3852076. Riesiges Hotel in einer interessanten Mischung aus Zuckerbäckerstil und kaiserlicher Architektur, die allerdings nur in den teuersten Zimmern auf die Inneneinrichtung abfärbt.
›Huixianlou Hotel‹ (Huixianlou Binguan 会仙楼宾馆), 1 Stern, Minzu Lu 民族路, Tel. 384 5101. Einziges

Hotel mit für Ausländer zugänglichen Schlafsälen sowie preisgünstigen Doppelzimmern. Bei Backpackern beliebt und zentral gelegen.

Ausgezeichneten und preiswerten Huoguo (火锅), so der chinesische Name für Feuertopf, finden Sie entlang der Wuyi Jie 五一街 oder ›Feuertopfstraße‹, wie die Einheimischen sie nennen, parallel zur Minzu Lu, sowie, in der gehobenen Variante, in einigen der Hotelrestaurants. Achten Sie einfach auf die Piktogramme mit den unter und aus dem Topf aufsteigenden Flammen, dann haben Sie ein Feuertopf-Restaurant gefunden.

Chongqing ist ein Einkaufsparadies – für die Bauern aus der Umgebung. Souvenirs kaufen Sie jedoch besser woanders, während einer Yangzi-Kreuzfahrt haben Sie mehr als genug Gelegenheit dazu! Für Reiseproviant und einen Blick in die Schaufenster Sichuans empfiehlt sich ein Spaziergang entlang der Minzu Lu.

Die Höhlen von Dazu

Die Geschichte der buddhistischen Höhlen von Dazu 大足 beginnt mit einer Vertreibung. Während einer Rebellion in der späten Tang-Zeit kamen die flüchtenden Truppen des Kaisers Xizong durch Dazu und erregten den Argwohn der lokalen Bevölkerung. Um himmlischen Beistand zu gewährleisten und die Bevölkerung milde zu stimmen, kommandierte der General Wei Junjing seine Männer nach Beishan ab und ließ sie die Höhlen von Beishan (北山) aus dem Fels hauen. Im Jahre 892 begannen die Arbeiten an der etwa vier Kilometer nördlich von Dazu gelegenen Anlage, und sollten sich über insgesamt 250 Jahre hinziehen. Die Darstellungen sind vor allem Amitabha, dem transzendenten Buddha des Westlichen Paradieses, sowie dem korrespondierenden Boddhisattva Guanyin gewidmet.

Weitaus besser erhalten sind die 15 Kilometer nordöstlich von Dazu gelegenen Steinskulpturen des Schatzkammerberges (Baoding Shan 宝顶山). Als eines der letzten in China errichteten buddhistischen Höhlenklöster zeigt der Baoding Shan die zunehmende Vermischung von Buddhismus, Daoismus und Konfuzianismus und die Entwicklung des Buddhismus zu einer staatstragenden Religion. Vor allem die detaillierten, recht drastischen Höllendarstellungen in Höhle 20 erheben deutlich den moralischen Zeigefinger und fügen dem Buddhismus eine eigentlich nicht bekannte Ebene der Bestrafung jenseits des irdischen Lebens hinzu. Ebenso dominieren konfuzianistisch beeinflußte Themen viele der Darstellungen. Höhle 17 weist den historischen Buddha als Protokonfuzianer aus, andere Nischen stellen die wichtigsten Tugenden des Konfuzianismus sowie die

Kindespietät dar. Höhepunkte der buddhistischen Bildhauerkunst, die am Baoding Shan auf fast 1000 Jahre Erfahrung bauen konnte, sind die 31 Meter lange Figur des liegenden, ins Nirwana eingehenden Sakyamoni in Höhle 11 sowie die Darstellung der tausendarmigen Guanyin in der von einem kleinen Tempelvorbau geschützten Höhle 8.

Minibusse pendeln nach Bedarf zwischen der Busstation in Dazu und dem Baoding Shan. Alternativ kann man sich ein Motortaxi für einige Stunden mieten. Für den Baoding Shan sollte man mindestens einen halben Tag einplanen. Eine Übernachtung in Dazu ist möglich, aber einzig das ›Dazu Hotel‹ (Dazu Binguan 大足宾馆) entspricht einigermaßen westlichem Standard.

Dazu bedeutet übersetzt ›Großer Fuß‹ und rührt vermutlich von einem riesigen Fußabdruck des historischen Buddhas her, der angeblich hier einst entdeckt wurde, dessen Verbleib jedoch ungeklärt ist.

Eine Fahrt auf dem Yangzi nach Wuhan

Als der amerikanische Abenteurer Archibald Little Ende des 19. Jahrhunderts die ersten Versuche unternahm, Chongqing auf dem Yangzi von Wuhan aus mit dem Dampfboot zu erreichen, und damit diese wichtige Wasserstraße auch für die westlichen Mächte interessant machte, hätte er es sich nicht träumen lassen, daß dereinst Hunderte Boote täglich den Yangzi in beiden Richtungen befahren würden, einige davon so groß wie ein kleiner Ozeandampfer. Als er es schließlich im Jahre 1907 schaffte, wenn auch immer noch mit Hilfe von Treidlern an den kritischsten Stellen, ebnete er den Weg für die kommerzielle Erschließung der wichtigsten chinesischen Wasserstraße. Bis heute werden die meisten für Chongqing und das sichuanesische Hinterland bestimmten Waren über den Yangzi befördert, auch wenn die zunehmende Erschließung durch Auto- und Eisenbahnen die Bedeutung des Yangzi als Verkehrsader ein wenig abgeschwächt hat. Dies soll sich mit dem Bau des großen Staudamms am Ausgang der Drei Schluchten wieder ändern, dessen Hauptzweck neben der Elektrizitätsgewinnung und der Flutkontrolle die bessere Navigierbarkeit des Yangzi und seiner Nebenflüsse ist.

Über die Schiffspioniere auf dem Yangzi ranken sich viele Mythen; die Zeiten, als die Fahrt durch die Drei Schluchten als eine der gefährlichsten Flußpassagen galt, sind jedoch spätesten seit der ersten Flutung des Stausees Anfang 2003 vorbei, als der Pegel des Yangzi um etwa 65 Meter auf 135 Meter Meereshöhe angestaut wurde. Auch wenn die Passage durch die Schluchten nach der Flutung ein wenig an Dramatik verloren hat, ist die Bootsfahrt nach Wuhan immer noch eine lohnenswerte Reise, ein Ausflug in die chinesische Vergangenheit, in die ›Legende der Drei Reiche‹, und ermöglicht an der Baustelle des größten Staudamms der Welt, einen Blick in die Zukunft des Reichs der Mitte.

Von Chongqing nach Wanxian

Nutzen Sie den ersten Tag an Bord und machen Sie sich mit Ihrem Schiff vertraut. Vor allem in den ersten Stunden, wenn das Schiff die Stadtgrenzen Chongqings verlassen hat und durch das hier noch relativ breite Yangzi-Tal fährt, dominieren Grau- und Grüntöne das Uferbild, nur selten sieht man eine größere Stadt. Interessant wird es etwa gegen Mittag des ersten Tages, auch da die Flutung des Staudamms vielerorts bereits deutlich das Stadt- und Landschaftsbild verändert hat. In Fengdu, zumeist erste Anlegestation der Schiffe, ist von der früheren Stadt nichts mehr zu sehen. Die meisten der Einwohner wurden auf die gegenüberliegende Flußseite umgesiedelt. Von der ›Stadt der Geister‹, der eigentlichen Attraktion der Stadt, kann man die neue Stadt mit ihren an den Flußhang gebauten Hochhäusern gut überblicken.

Die ›Stadt der Geister‹ galt früher als der Sitz des Höllenkönigs, der nach dem Tod das weitere Schicksal eines jeden Menschen entscheidet. Die Legende erzählt, daß in der Han-Dynastie zwei daoistische Einsiedler namens Yu und Wang auf dem Berg wohnten und allerlei alchimistische Experimente veranstalte-

Eine Anlegestelle unterwegs

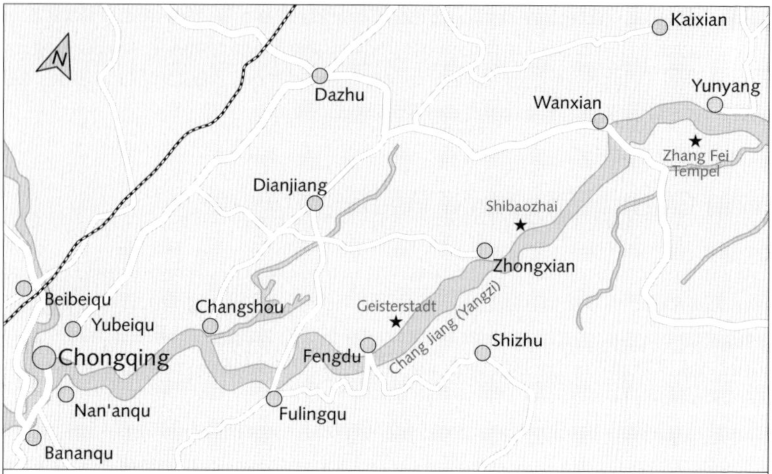

Der Yangzi zwischen Chongqing und Yunyang

ten. Der Schwefelgeruch und die Namen der beiden, (zusammengesetzt Yuwang, zu Deutsch: ›Höllenkönig‹), führte die Bewohner Fengdus zu dem Schluß, oberhalb ihrer Stadt befände sich der Sitz der Hölle. Während der Tang-Dynastie baute man die dazu passende infernale Infrastruktur. Auf dem Weg zum Gipfel, der den Palast des Höllenkönigs beherbergt, liegen verstreut viele daoistische, buddhistische und konfuzianistische Tempel. Um beim Höllenkönig vorzusprechen, mußten die Gläubigen allerlei Prüfungen bestehen, nach deren Ausgang sich ihr Schicksal entschied. Steigen Sie hinauf zur Hölle und statten Sie dem Höllenfürsten einen Besuch ab. Aber Vorsicht: Blicken Sie der Frau des Höllenkönigs nicht zu tief in die Augen! Sollten Sie sich nicht von dem verführerischen Blick der lebhaft wirkenden Figur in der Haupthalle hinter dem Höllenkönig lösen können, wird dieser Sie höchstpersönlich in die Verdammnis schicken. Was Sie dort erwartet, können Sie an der explizierten Darstellung der Höllenqualen in den beiden Seitenflügeln des Palastes ersehen. Heutzutage muß man übrigens nicht zu Fuß in die Hölle, eine Seilbahn bringt die Besucher zum Eingang der eigentlichen ›Stadt der Geister‹.

Etwa zwei Stunden flußabwärts passieren die Schiffe den ›Hort des Steinschatzes‹ (Shibaozhai 石宝寨). Auf einem hohen Felsen am Nordufer liegt ein kleiner buddhistischer Tempel. Der Legende nach spendete ein kleines Loch im Fels den Mönchen immer so viel Reis, wie sie gerade benötigten. Als sie die Habgier packte und sie das Loch vergrößerten, versiegte der ›Schatz aus dem Stein‹. Eine 56 Meter hohe Pagode aus dem 17. Jahrhundert sollte den Weg zum Gipfeltempel

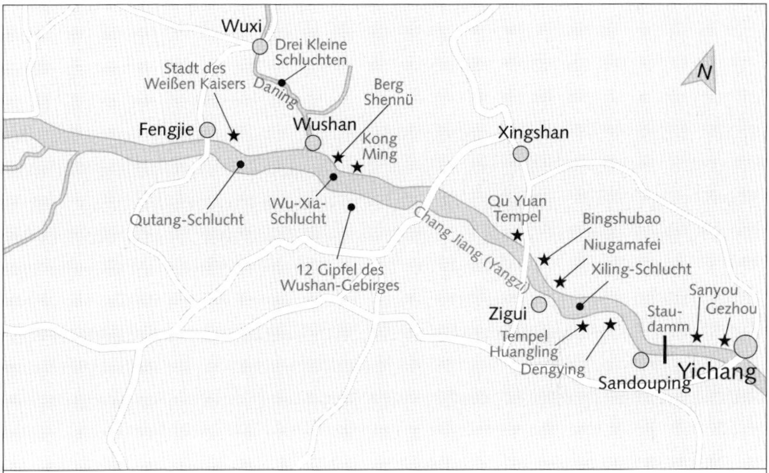

Der Yangzi zwischen Fengjie und Yichang

erleichtern. Da das Fundament der Pagode unterhalb der ersten Flutungslinie liegt, hat man zu ihrem Schutz einen Einfassungsdamm gebaut, so daß der Eingang sich nun bereits unterhalb der eigentlichen Pegelhöhe befindet.

Weitere zwei Stunden flußabwärts erreicht man Wanxian. Zwei Drittel der Stadt liegen unterhalb der finalen Flutungslinie von 175 Metern. Die meisten Schiffe ankern hier über Nacht.

Durch die Schluchten: von Wanxian nach Sandouping

Heute heißt es früh aufstehen. Die Schiffe verlassen Wanxian zumeist bei Morgengrauen, so daß die erste der Drei Schluchten bereits gegen 7 Uhr erreicht wird. Links des Eingangs der Qutang-Schlucht 瞿塘峡 thront die ›Stadt des Weißen Kaisers‹ (Baidicheng 白帝城). Zu Zeiten der Östlichen Han-Dynastie sah der Kaiser hier einen weißen Drachen aus einem Brunnen aufsteigen und deutete dies als gutes Omen. In der ›Stadt des Weißen Kaisers‹, wie sie seitdem genannt wurde, übergab der sterbende König von Shu, Liu Bei, die Amtsgeschäfte in die Hände seines getreuen Heeresführers Zhu Geliang.

Bei der Einfahrt in die Schlucht merken Sie, warum diese auch ›Blasebalgschlucht‹ genannt wird. Die Drei Schluchten, die sich über 200 Kilometer Länge erstrecken, sind Wetterscheide zwischen dem Roten Becken Sichuans und der

Yangzi-Tiefebene im Osten. In der Blasebalgschlucht verengt sich der Yangzi bis auf 100 Meter, die Luftmassen werden durch die Verengung gepreßt und erzeugen einen starken Sog. Zuweilen fühlt man sich am Eingang der Schlucht auf dem Schiff wie ein Sektkorken auf einer geschüttelten Flasche. Nach der ersten Flutung verlor die Qutang-Schlucht jedoch einiges an Dramatik. Auch der alte Treidelweg, der in dieser Schlucht noch gut erhalten war, verschwand fast vollständig unter den Wassermassen. Bis in die 1930er Jahre wurden die Lastenschiffe flußaufwärts durch die Schlucht getreidelt, eine Schufterei, die für die Treidler nicht selten tödlich endete. Allerdings ging die Flutung hier um nicht viel über den Pegel des jährlichen Hochwassers hinaus, der während der Flutwelle von 1998 hier 80 Meter über der Nullmarke erreichte. Am Eingang, dem sogenannten Kuimen, sieht man rechterhand noch Reste einer mit Holzbalken im Stein befestigten Galerie, vermutlich ein alter Handelsweg durch die Schlucht. Am Ausgang der gerade acht Kilometer langen Schlucht liegt das Dorf Daxi. Archäologische Funde aus der Umgebung des Dorfes datieren erste Siedlungen entlang des Yangzis auf 5000 vor Christus. Nicht wenige Wissenschaftler befürchten, daß mit der Flutung unzählige Artefakte verloren gehen werden, die noch im Boden um Daxi ruhen.

Die 40 Kilometer lange Hexenmeister-Schlucht (Wu Xia 巫峡) erreicht man bei Wushan. Zwölf bis zu 1000 Meter hohe Gipfel flankieren die Schlucht, um die sich viele Legenden ranken. Etwa gegen Hälfte der Schlucht erblickt man den berühmtesten, den Feengipfel (Shennü Feng 神女峰). Schaut man genau hin, so kniet eine zu Stein gewordene Frauenfigur unter dem Gipfel. Hierbei handelt es sich um Yuji, die jüngste Tochter der Himmelsmutter des Westens, die vor

Ausflug in eine der Nebenschluchten des Yangzi

Urzeiten dem sagenumwogenen Da Yu half, die Fluten des Yangzi zu bändigen. Der Legende nach war es Da Yu, der die Drei Schluchten schuf, indem er seinen Ochsen einen Durchbruch in das Bergmassiv stoßen ließ und es dem Yangzi ermöglichte, ins Meer abzufließen. Nun drohten zwölf Drachen, Unheil und neue Fluten über die Schluchten zu bringen. Yuji verwandelte die Drachen in Stein, die heutigen Berggipfel, und blieb als Wächterin in der Schlucht. Nach einer anderen Version der Geschichte handelt es sich bei den zwölf Gipfeln um Yuji und ihre elf Schwestern, die die Schiffer beschützen.Nach zwei Dritteln der Schlucht verlassen die Schiffe das Gebiet von Chongqing und fahren in die Provinz Hubei ein.

Bei der dritten, der Xiling-Schlucht (Xiling Xia 西灵峡), handelt es sich eigentlich um zwei Schluchten, die sich zusammen über 76 Kilometer erstrecken. Nach rund 50 Kilometern teilt eine breite Sandbank die Schluchten. Hier liegt auch der Standort des Sanxia-Staudamms. Die Xiling-Schlucht ist nicht nur die längste, sondern auch die tiefste der Drei Schluchten, die Berge auf beiden Seiten ragen bis zu 1300 Meter in die Höhe. Bis in die 1950er Jahre galt sie auch als die gefährlichste Schlucht, ehe einige der riskantesten Stellen durch Sprengungen entschärft wurden. Gleich am Eingang der Stadt liegt, beziehungsweise lag vor der Flutung, der Ort Zigui 秭归, Heimatstadt des berühmten Gelehrten und Dichter Qu Yuan (ca. 340–278 v. Chr.). Dieser warnte in seiner Eigenschaft als Hofberater des Staates Chu seinen König vergeblich vor den Expansionsbestrebungen des Nachbarlandes Qin. Als Chu einige Jahre später von den Truppen der Qin überrannt und Qu Yuan aufgrund einer Intrige in die Verbannung geschickt wurde, ertränkte er sich aus Kummer im Dongtian-See. Um zu verhindern, daß die Fische den beim Volk äußerst beliebten Qu auffraßen, fuhren die Anwohner mit Booten auf den See und warfen Reisklumpen als Fischfutter in das Gewässer. Heute erinnert das Drachenbootfest an die Geschichte, dann gibt es überall in China Drachenbootrennen und in Blätter gewickelten Reis. Die Stadt Zigui wird bis 2009 vollständig in den Fluten versunken sein, ein ›Neues Zigui‹ wurde gegenüber dem Staudamm errichtet, die Einwohner der alten Stadt umgesiedelt.

Die erste Hälfte der Schlucht unterteilt sich in mehrere Einzelschluchten, deren berühmteste die ›Schlucht des Schwerts und des Buchs der Waffenkunst‹ sowie die ›Schlucht der Ochsenleber und der Pferdelunge‹ sind. Der Überlieferung nach versteckte der Meisterstratege Zhu Geliang sein Vermächtnis, ein Lehrbuch der Kriegskunst, in einem der Felsen, auf daß nur ein würdiger Nachfolger es heben könne. An einem Felsen in Form eines Schwertes vermutet man diese Stelle, auf einen würdigen Nachfolger des Strategen wird jedoch noch gewartet. Die ›Schlucht der Ochsenleber und der Pferdelunge‹ zieht ihren Namen aus einer Felsformation, die eine ebensolche Form aufweist.

Am Ende eines spektakulären Tages erreichen die Schiffe Sandouping 三斗坪, Ort einer der größten Baustellen der Welt.

Die Drei Kleinen Schluchten

Zwei der Nebenschluchten des Yangzi sind für den Tourismus erschlossen, die Schlucht des Daning- 大宁河 und des Shennong-Flusses 神农河. Mit der Stauung des Yangzi sollen weitere Schluchten für den Fremdenverkehr geöffnet werden. Die Schluchten des Daning sind die eigentlichen ›Kleinen Drei Schluchten‹ 小三峡. Allerdings fahren die Ausflugsboote heutzutage nur noch selten weiter als zur zweiten der Kleinen Schluchten. Ein Ausflug durch die Longmen Xia, die zwölf Kilometer lange ›Drachentorschlucht‹ lohnt sich jedoch allemal. In Wushan 巫山, am Eingang der Wu-Schlucht, steigt man in kleine Motorboote um, die etwa 30 Personen fassen. Der Ausflug in die Drei Kleinen Schluchten dauert in etwa fünf Stunden. Inmitten der üppigen, subtropischen Vegetation ragen bizarre Felsformationen auf, die die chinesische Phantasie angeregt haben. Lassen Sie sich inspirieren und entdecken Sie die Göttin der Barmherzigkeit und Drachen, die um eine Perle kämpfen. Weitaus profaner sind die Reste eines alten Handelsweges, der, wie auch in der Qutang-Schlucht, in die Felswände geschlagen und mit Holzbalken befestigt wurde. Bereits zu Zeiten des Qin Shihuangdi im 3. Jahrhundert vor Christus führte eine wichtige Handelsroute entlang des Daning-Flusses. Hinter den Bergen, an dessen Ursprung, liegt die damalige Hauptstadt Xi'an.

Treidler auf dem Yangzi

Wesentlich ursprünglicher sind die Schluchten des Shennong-Flusses. In Badong 巴东 am Ende der Wu-Schlucht steigt man in kleinere Boote um. Bis zur ersten Flutung 2003 wurden die Ausflugsboote hier noch getreidelt. Die Quelle des Shennong liegt am Fuße der Shennong-Leiter, einem Berg, auf dem man den Sitz des mythischen Kaisers Shennong, Schutzpatron der Landwirtschaft und der Medizin vermutete. Dem Wasser des Flusses werden auch Heilkräfte zugeschrieben, ein Umstand, der dadurch zu erklären ist, daß im Oberlauf viele Heilpflanzen wachsen und vom Wasser flußabwärts geschwemmt werden. Der Ausflug entlang des Shennong dauert rund vier Stunden.

Der Drei-Schluchten-Staudamm

Der Yangzi ist mit seinen 6300 Kilometern der längste Fluß Chinas und nach Nil und Amazonas der drittlängste Fluß des Welt. Er entspringt auf dem Qinghai-Hochplateau und fließt bei Shanghai in das ostchinesische Meer. Yangzi heißt er eigentlich nur an der Mündung, im Oberlauf nennen ihn die Anwohner Goldsandfluß, auf chinesisch heißt er simpel Changjiang 长江 – Langer Fluß. 800 Millionen Menschen leben in seinem 1,8 Millionen Quadratkilometer umfassenden Einzugsgebiet, Millionenstädte wie Shanghai beziehen ihr Trinkwasser aus dem Fluß. Mit seinen über 700 Nebenflüssen entwässert er ein Fünftel Chinas. Würde er nicht bei Shigu in Yunnan seine Richtung um 180 Grad ändern, und wie die Parallelflüsse Mekong und Salween in Richtung indischen Subkontinent fließen, wäre die chinesische Kultur in der heutigen Form nicht denkbar.

Der Yangzi ist auch einer der drei sedimentreichsten Flüsse Chinas, wie seine gelbe Farbe vor allem im Sommer zeigt. Die Sedimente, angespült an den Ufern des Flusses, werden seit Jahrhunderten als nährreicher Schlamm auf die Felder gebracht und bilden eine wichtige Ressource im landwirtschaftlichen Jahreskreislauf. Alljährlich tritt er im Sommer, wenn das Schmelzwasser des Himalaja den Flußpegel anschwellen läßt, über die Ufer, manchmal dramatisch, wie 1998, als Tausende Chinesen in den Fluten starben und mehrere Millionen Bauern um ihre Existenz gebracht wurden, zumeist jedoch vorhersehbar, so daß das seit Jahrhunderten ausgeklügelte Ent- und Bewässerungssystem des Yangzi die Fluten abfangen konnte.

Der Mangel an elektrischer Energie ist ein Problem im Reich der Mitte. Dies wußte schon Sun Yat-sen, als er Anfang des 20. Jahrhunderts den Bau eines Staudamms in den Drei Schluchten anregte und sich in den USA nach der Machbarkeit eines solchen Vorhabens erkundigte. Nur mit einer ausreichenden Energieversorgung, so Sun, könne China modernisiert werden. 30 Jahre Krieg und soziales Chaos ließen die Idee zunächst in den Schubladen versinken. Mao Zedong hütete sich nach Gründung der Volksrepublik China, die Staudammidee wieder aufzunehmen. Mit zunehmender Verschärfung der außenpolitischen Lage und der Verschlechterung der Beziehungen zu der Sowjetunion und den USA fürchtete er, daß ein Staudamm dieser Größe ein bevorzugtes Bombenziel im Falle eines Krieges wäre.

Mit Beginn der Reform- und Öffnungspolitik, wurde das Thema Drei-Schluchten-Staudamm wieder aktuell. Mit Fertigstellung des Gezhou-Damms bei Yichang gingen die Planungen Mitte der 1980er Jahre in die heiße Phase. Während von Seiten unabhängiger Experten sowie der Weltbank große Zweifel an der Machbarkeit des Projektes geäußert wurden, kamen mehrere von der chinesischen Regierung in Auftrag gegebene Studien zu dem Schluß, der Bau eines Staudamms bei

Eine der größten Baustellen der Welt: die Staumauer bei Sanxia

Sandouping sei machbar. Die Stelle wurde ausgesucht, da nur hier der Boden aus Granit und nicht aus Sandstein besteht, wie dies in den Schluchten der Fall ist. Unter der Federführung des damaligen Premiers Li Peng, eines gelernten Wasserbauingenieurs, passierte das Projekt 1993 den Nationalen Volkskongreß, mit einer ungewöhnlich hohen Zahl von Enthaltungen (664) und Gegenstimmen (177). Im Winter 1994 wurde mit den Arbeiten begonnen.

30000 Arbeiter sind in dem Projekt beschäftigt, bei Fertigstellung wird die Staumauer 2,5, Kilometer lang und 120 Meter hoch sein. Die oft zitierte Höhe der Staumauer von 185 Metern bezieht sich auf die Meereshöhe. Nach offiziellen Angaben müssen 1,2 Millionen Menschen umgesiedelt werden, der Stausee wird eine Länge von 600 Kilometern und eine durchschnittliche Breite von 2 Kilometern haben. Die Kosten des Projekts werden inzwischen auf 120 Milliarden Euro beziffert, 20 Prozent davon für Infrastruktur- und Umsiedlungsmaßnahmen. Nach Fertigstellung sollen die 26 Turbinen bei einer nominellen Leistung von 18 200 MW bis zu 847 TWh Strom im Jahr liefern, das Äquivalent von etwa zwölf Kernkraftwerken.

Die auch in China laut geäußerte Kritik an dem Projekt füllt Bände. Neben Sicherheitsbedenken (erst 2001 zeigten sich Haarrisse in der Staumauer) ist es vor allem der massive Eingriff in das Ökosystem der Region, der den Kritikern Sorgen bereitet. Zudem zeigen die Erfahrungen am Gezhou-Damm, daß der geplante Energieausstoß aufgrund von Versandung der Turbinen gefährdet sein könnte.

Auch die Flutkontrolle könnte sich als ineffektiv erweisen, da zwei Drittel der Nebenflüsse des Yangzi erst hinter der Staumauer in den Fluß fließen.

Durch die Jahrhundertflut 1998 hat sich die innerchinesische Kritik an dem Projekt jedoch ein wenig abgeschwächt. In der staatlichen Propaganda steht die Flutbekämpfung so auch inzwischen ganz oben auf der Liste der Argumente für den Staudammbau. Doch auch wenn sich sämtliche Gegenargumente als grundlos erweisen sollten, so bleibt eine Frage stets offen und enthüllt den eigentlichen Hauptzweck des Projektes. In der Planungsphase wurde unter anderem die Alternative diskutiert, mehrere kleine Dämme an Nebenflüssen zu bauen. Die Vorteile liegen auf der Hand: Dezentrale Energiegewinnung näher am Verbraucher, genauere Feinregulierung der Flutkontrolle, weitaus geringerer Eingriff in das Binnenklima. Daß diese Pläne nie genauer geprüft wurden, lag daran, daß die chinesische Regierung, allen voran der damalige Premier Li Peng, einen großen Damm wollte, den größten der Welt, um zu zeigen, daß China in der Lage ist, dieses Mammutprojekt zu bewältigen. Vieles erinnert an die auch von Mao sehr geliebte Geschichte von Yugong, einem alten Bauern, der anfängt, einen riesigen Berg hinter seinem Haus abzutragen. Auf die Frage, ob sein Vorhaben nicht sinnlos sei, da er es nie zum Ende bringe könne, antwortet er: ›Die kommenden Generationen werden es vollbringen.‹ ›Yugong versetzt Berge‹ ist in China Synonym für eine Generationen umfassenden Aufgabe, die nur durch die Tatkraft der ersten Generation bewerkstelligt werden kann. Der Berg ist abgetragen, die kommenden chinesischen Generationen werden daran zu tragen haben.

Alte und neue Bebauung am Ufer

Von Sandouping nach Wuhan

Nur wenige der Yangzi-Schiffe fahren noch bis nach Wuhan, oft endet die Kreuzfahrt in Sandouping 三斗坪 oder in Yichang 宜昌. Auch wenn die Landschaft entlang des Flusses hinter Yichang zunehmend eintönig wird, ist die Eintagesfahrt nach Wuhan ein schöner Ausklang der Drei-Schluchten-Reise. Nach der etwa dreistündigen Schleusendurchfahrt erreicht man die etwa 25 Kilometer lange östliche Xiling-Schlucht. Deutlich ruhiger fließt das Wasser dahin, seit 1980 staut der Gezhou-Damm 葛洲坝 den Yangzi auf der gesamten Länge der Schlucht. Bei seiner Eröffnung war der Gezhou-Damm immerhin der sechstgrößte Staudamm der Welt. Mit einer Länge von 2,5 Kilometern und einer Höhe von 47 Metern wurde er auch als Testdamm für das große Staudammprojekt konzipiert. Seine Schleusen sind identisch mit den Einzelschleusen entlang des Sanxia-Damms und können somit ebenfalls Schiffe bis zu 10 000 Bruttoregistertonnen befördern. Die Stadt Yichang, an der der Mittellauf des Yangzi beginnt, wuchs mit dem Staudammprojekt und zählt heute sechs Millionen Einwohner, Anfang der 1980er Jahre waren es erst eine Million Menschen. Drei Stunden flußabwärts liegen die Doppelstädte Jingzhou 荆州 und Shashi 沙市, die auf jeden Fall einen Besuch lohnen. Große Teile der Stadtmauer sind gut erhalten und aufwendig restauriert. Im Stadtmuseum ist neben Bronzeartefakten auch eine über 2000 Jahre alte mumifizierte männliche Moorleiche zu sehen.

Die letzte Nacht fahren die Kreuzfahrtschiffe zumeist durch, so daß man Yueyang 岳阳 und den Dongting-See (Dongting Hu 洞庭湖), den größten See Ostchinas, nur bei Dunkelheit passiert. Der Dongting-See ist Teil des Wasserregulierungssystems des Yangzi und dient im Sommer als Flutungsbecken. Während der Jahrhundertflut 1998 waren die Städte entlang des Dongting am stärksten betroffen. Wuhan, die Provinzhauptstadt Hubeis, erreichen die Schiffe zumeist am frühen Vormittag.

Wuhan

Die meisten Besucher sehen von Wuhan 武汉 nur den Hafen und den Flugplatz. Die Hauptstadt der Provinz Hubei ist bevorzugter Ausgangs- beziehungsweise Endpunkt einer Yangzi-Kreuzfahrt und fällt bei vielen Rundreisen unter die Kategorie ›Transfer‹. Dabei hat die Stadt am Zusammenfluß von Yangzi und Han-Fluß eine Menge zu bieten. Die Kolonialarchitektur im Stadtteil Hankou braucht den Vergleich mit Shanghai nicht zu scheuen. Der Park um den Donghu (Ostsee) ist ein großzügig angelegtes Erholungsgebiet. Und das Provinzmuseum ist ein leider oft mißachtetes Kleinod.

Eigentlich handelt es sich bei Wuhan um drei Städte, Hankou (汉口), Hanyang (汉阳) und Wuchang (武昌), deren Zeichen zusammengesetzt Wuhan (武汉) bilden. Während Wuchang bereits 200 vor Christus in den chinesischen Quellen erwähnt wird und ab der Yuan-Dynastie ein wichtiger Handelsknotenpunkt war, ist der Stadtteil Hankou ein Produkt der Kolonialmächte. Bis Mitte des 19. Jahrhunderts stand hier nicht mehr als ein Fischerdorf. Mit der Öffnung Hankous als

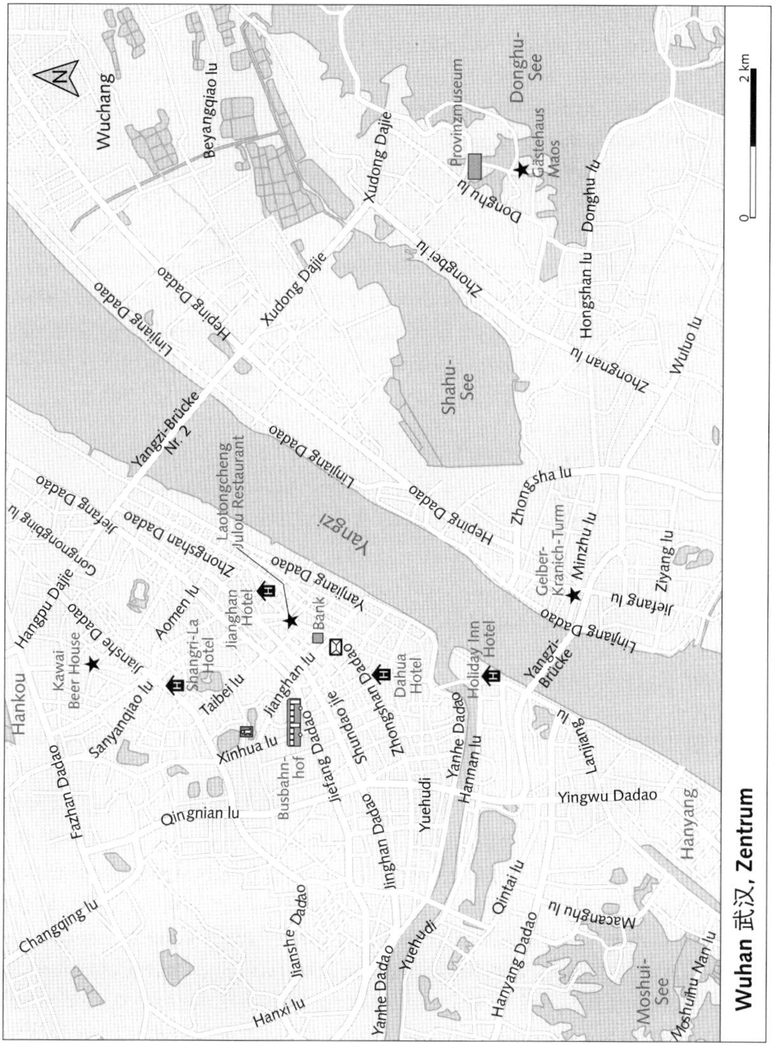

Wuhan 武汉, Zentrum

Vertragshafen für ausländische Mächte im Jahre 1860 siedelten sich Engländer, Franzosen, Russen, Japaner und Deutsche in den jeweiligen Konzessionen an. Noch heute prägt die Kolonialarchitektur aus dieser Zeit das Stadtbild Hankous, vor allem an der Uferpromenade, die in den letzten Jahren aufwendig restauriert wurde.

In Hanchang, dem dritten Stadtteil, wurde 1891 das erste moderne Stahlwerk Chinas gegründet. Neben Shanghai war Wuhan somit die einzige chinesische Stadt mit nennenswerter Industrie und einem großen Reservoir von Fabrikarbeitern. Es verwundert wenig, daß die Stadt über Jahrzehnte hinweg Brennpunkt sozialer Bewegungen war und die Kommunistische Partei in den 1930er Jahren in Wuhan eine ihrer größten Basen hatte.

Unzumutbare Lebensbedingung, ausländischer Einfluß und neue Ideologien führten zu einem der Schlüsselmomente der neueren chinesischen Geschichte: Im Jahre 1911 endete mit dem Aufstand der Eisenbahnarbeiter von Wuchang die Kaiserherrschaft in China.

Heute ist Wuhan wichtigster Verkehrsknotenpunkt Ostchinas. Neben der lokalen Schwerindustrie haben sich in den letzten Jahren auch ausländische Firmen wie Budweiser und Citroën in der Stadt angesiedelt. Trotz Yangzi-Boom spielt der Tourismus in der Sechs-Millionen-Stadt nur eine untergeordnete Rolle.

Sehenswürdigkeiten

Einen guten Eindruck von der Kolonialarchitektur bekommt der Besucher bereits bei der Ankunft mit dem Schiff. Die meisten Yangzi-Schiffe legen unweit der Hafenpromenade an, so daß man nach dem Verlassen des Schiffs einen kleinen Spaziergang entlang des Kais unternehmen kann. Auch ein Blick in die Seitenstraßen lohnt sich.

Während die Kolonialgebäude am Ufer restauriert sind, ist ein Abstecher in das kleine Gebiet zwischen der Uferstraße Yanjiang Dadao 沿江大道 und der Zhongshan Dadao 中山大道 auch ein Blick in die ursprüng-liche koloniale Vergangenheit, eine Zeitreise. Spätestens beim Anblick der neu gebauten Wuhaner Hochbahn sind, die parallel zur Jiefang Dadao Lu führt, sind Sie wieder in der chinesischen Gegenwart angekommen. Die Jiefang Lu ist die Hauptgeschäftstraße von Hankou, hier befinden sich die meisten Hotels sowie einige große Kaufhäuser.

Auf dem Weg von Hankou nach Wuchang haben Sie die Wahl zwischen zwei großen Yangzi-Brücken. Die südliche unweit des Hafens, ist ein Meilenstein in der chinesischen Geschichte. Bis zu ihrer Fertigstellung gab es auf der gesamten Länge des Yangzi keine Brücke über den Fluß. Passagiere der 1904 fertiggestellten Eisenbahnlinie von Beijing mußten in Hankou aussteigen, den Yangzi mit der Fähre überqueren und konnten erst dann ihre Reise in Richtung Südchina fortsetzen. Auf die 1957 fertiggestellte zweistöckige Brücke sind die Chinesen besonders stolz. Inmitten der heißen Planungsphase verließen die federführenden sowjetischen Ingenieure auf Geheiß Moskaus die Baustelle und nahmen sämtliche Baupläne mit. Die erste Brücke über den Yangzi, mit einer Straßen- und einer Eisenbahnebene, wurde daraufhin von chinesischen Ingenieuren ohne fremde Hilfe fertiggestellt und ist seitdem Symbol für die chinesische Unabhängigkeit. Einen guten Blick auf die Brücke hat man vom ›Gelben Kranichturm‹ (Huanghe Lou 黄鹤楼) auf einem kleinen Hügel am Wuchang-Ufer. Der 51 Meter hohe Turm wurde 1985 gebaut, im Gebäude befindet eine kleine Ausstellung über die Geschichte des Turmes, die bis in das dritte Jahrhundert zurückgeht, als ein erster Turm mit diesem Namen errichtet wurde.

Ebenfalls in Wuchang liegt die Hauptattraktion Wuhans, das Provinzmuseum. Der 1999 errichtete Neubau am Ostsee (Donghu 东湖) beherbergt die archäologischen Funde aus dem Grab des Fürsten Yi von Zeng. Als dieser 433 vor Christus verstarb, wurde er nicht nur mit seinen Konkubinen und seinem Schoßhund begraben, sondern nahm auch 125 Musikinstrumente sowie allerlei das Leben im Jenseits versüßende Dinge mit ins Grab. Vor allem ein reich verziertes Glockenspiel, mit einem Tonumfang von zehn Oktaven, das 65 zweitönige Bronzeglocken umfaßt, gilt als Sensation. Wie auch die anderen Grabbeigaben sind die Bronzeglocken Meisterwerke der Bronzegießerkunst. Die größte der Glocken wiegt 204 Kilogramm und ist 1,53 Meter lang. Durch Inschriften auf den großen Glocken konnte man die Spielweise rekonstruieren. Mit Holzbalken und Hämmerchen angestoßen, produziert jede der großen und mittleren Glocken zwei Töne, je nachdem, ob man sie von vorne oder von der Seite anschlägt. Nach der Restauration war das Originalglockenspiel wieder spielbar, heute kann man während einer kurzen Aufführung die polyphone Klangfülle auf einem Nachbau bewundern, unter anderem Beethovens ›Ode an die Freude‹, die immer wieder gern intoniert wird, wenn Langnasen im Saal sind.

Die museumstechnisch ausgezeichnet gestaltete Ausstellung zeigt neben dem Glockenspiel ein Modell des 1978 entdeckten Grabes, die Originalsärge sowie weitere Grabbeigaben wie bronzene, kunstvoll ziselierte Weingefäße, Lackwaren, Schmuck und Waffen. Ein weiteres Prunkstück ist die 1,43 Meter hohe Bronzefigur eines Fabelwesens, eines Kranichs mit Hirschgeweih, Symbol für ein langes Leben.

Nach dem Museumsbesuch empfiehlt sich ein Spaziergang am Ostsee, der in Laufdistanz vom Museum liegt. Wer sich für das Leben Mao Zedongs interessiert, kann einen Blick in das Gästehaus des Großen Vorsitzenden am Ostsee werfen, in dem er die Kulturrevolution von 1966 bis 1969 aussaß.

Vorwahl: +86/27.
Post: Zhongshan Dadao 中山大道, gegenüber der Bank of China.
Bank: Bank of China, Ecke Zhongshan Dadao 中山大道 und Jianghan Lu 江汉路, Hankou.
Reisebüro: CITS, Taibei Yilu 台北一路 26, Tel. 85784125.

Direktflüge von Hongkong, Beijing, Shanghai, Xi'an, Kunming und Kanton.

Wuhan ist wichtigster Eisenbahnkreuzungspunkt Chinas. Die Reise nach Beijing dauert 12, nach Shanghai 7, nach Kanton 15 und nach Xi'an 16 Stunden. Der Expresszug Beijing–Hongkong hält in Wuhan, nach Kowloon sind es von Wuhan 17 Stunden. Der Bahnhof Hankou liegt etwas außerhalb des Stadtzentrums an der Fazhan Dadao 发展大路.

Interessante Busverbindungen gibt es nach Yichang (4 Stunden), Changsha (5 Stunden) sowie zum Wudang Shan (9 Stunden). Busverbindungen nach Shanghai und Nanjing existieren, hier ist der Zug aber die bessere Option. Der zentrale Busbahnhof befindet sich an der Jiefang Dadao in Hankou, auf Höhe der Xinhua Lu.

Die Reise den Yangzi flußaufwärts nach Chongqing dauert vier Tage. Tickets gibt es direkt am Hafen oder über CITS. Eine andere interessante Option ist eine Schiffsreise flußabwärts nach Nanjing oder Shanghai, das in 10 bzw. 16 Stunden erreicht wird.

›Jianghan Hotel‹ (Jianghan Binguan 江汉宾馆), 5 Sterne, Shengli Jie 胜利街 245, Tel. 82811600, Fax 82814342. Luxushotel in einem renovierten Kolonialgebäude, das einst die französische Botschaft beherbergte. Ausgezeichnetes Restaurant.
›Holiday Inn Riverside‹ (Qingzhou Jiari Jiudian 晴州假日酒店), 4 Sterne, Renmin Lu 人民路, Tel. 3851421 Fax 3852076.
›Dahua Hotel‹ (Dahua Fandian 大华饭店), 2 Sterne, Zhongshan Dadao 中山大道 604, Tel. 85662999. Gutes, zentral gelegenes Mittelklassehotel. Einige Zimmer mit Balkon.

Fisch steht ganz oben auf der Speisekarte in Wuhan, vor allem Wels aus dem Ostsee (Donghu) ist zu empfehlen. Eine andere lokale Spezialität ist Doupi (豆皮), Tofuhaut, die mit verschiedenen Füllungen serviert wird. Ausgezeichnetes Essen serviert unter anderem das ›Laotongcheng Jiulou‹ (老同城酒楼) in der Dazhi Lu/Ecke Zhongshan Dadao. Nachtmärkte mit kleinen Garküchen gibt es in der Minsheng 民生 und der Jianghan Lu 江汉路. Ausgezeichnetes westliches Essen serviert das Lobbyrestaurant im ›Shangri-la Hotel‹. Wuhan ist Sitz einer einst von Deutschland gegründeten, inzwischen aber leider von Budweiser USA übernommenen Bierakademie. Immer noch ausgezeichnetes Bier, unter anderem das einzige in China gebraute Hefeweizen, serviert das ›Kaiwai Beer House‹ (凯威啤酒屋) in der Huangxiaohe Lu 黄孝河路 71, Tel. 82605679.

Der Donghu ist bekannt für seine Perlenzucht, bessere Qualität bekommen Sie allerdings in Nanjing oder Guilin. Die Haupteinkaufsstraßen sind die Jiefang Dadao 解放大道 und die Zhongshan Dadao 中山大道. Hier gibt es auch einige Supermärkte und Kaufhäuser.

Sichuan und Hunan

Scharfes Essen und Politik scheinen sehr gut zusammenzupassen, jedenfalls war dies im China des 20. Jahrhunderts so. Viele der maßgeblichen Parteiführer, unter ihnen Mao Zedong und Deng Xiaoping, kamen aus Sichuan oder Hunan, so viele, daß man sich im Volk über hohe Kader gerne mit der Dialektimitation beider Provinzidiome lustig machte. Im Südwesten Chinas kann man die ›S‹- und die ›Sch‹-Laute nicht auseinanderhalten, und das schafft bei einer Sprache, in der sich Bedeutungen von Silben zuweilen nur in der Nuance dieser Laute unterscheiden, einiges Verwirrungs- und Parodiepotential.

Auch wenn die beiden Provinzen viel gemeinsam haben, könnten sie unterschiedlicher nicht sein. Der vor allem bäuerlich bestimmten Kultur Hunans steht die Literatenkultur Sichuans entgegen. Während sich Sichuan zunehmend zu einem der Boomzentren Chinas entwickelt, versucht Hunan als eine der sogenannten ›Mittelprovinzen‹, die weder Zugang zum Meer noch eine Außengrenze haben, oft vergeblich, mit der wirtschaftlichen Entwicklung des Landes Schritt zu halten.

Verglichen mit den anderen Mittelprovinzen, vor allem mit Guizhou, Anhui und Jiangxi, leben die Hunanesen im Luxus. Nur vergleicht man sich in China ungern mit Schwächeren, sondern schielt lieber zum reichen Nachbarn. Und da erscheinen Guangdong und eben Sichuan unerreichbar. Hunan ist vielleicht eine der repräsentativsten chinesischen Provinzen, weil hier weder übertriebener Luxus noch bittere Armut ins Auge springen, und die Bewohner Hunans so chinesisch sind, wie man es sich nur vorstellen kann.

Derweilen kultivieren die Bewohner Sichuans ihre Eigenheiten. Über Jahrhunderte hinweg war das Königreich Shu, der Vorläufer Sichuans, nur lose mit China verbunden. Der Himalaya im Westen, die Yangzi-Schluchten im Osten und das Qingling-Gebirge im Norden bildeten natürliche Barrieren, die eine kulturelle Eigenständigkeit förderten. Noch heute ist man stolz, aus Sichuan zu sein, stolz

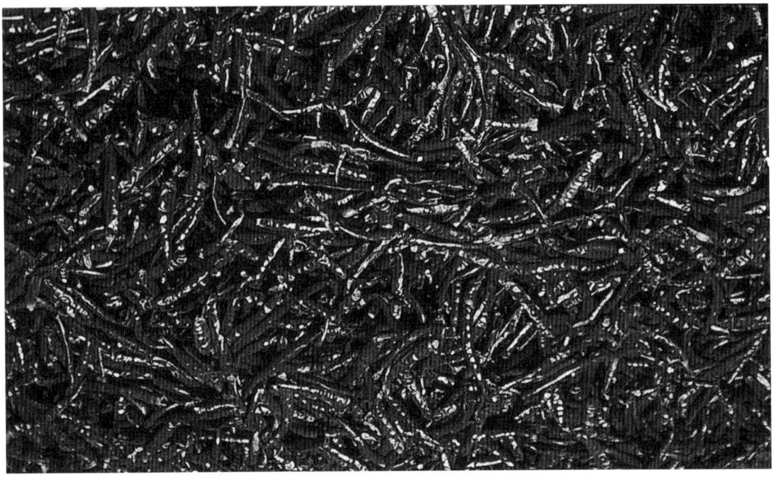

Scharfe Sache: Chillischoten aus Sichuan

auf die ausgefeilte Teehauskultur, das Essen und die hübschesten Frauen. Denn auch diese kommen angeblich aus Sichuan.

Eins haben die Provinzen jedoch auf jeden Fall gemeinsam: Man ißt gerne scharf, bis zu einem Grad, der den Uninitiierten an einen Frühjahrsputz im Verdauungstrakt denken läßt. Auch Mao und Deng waren dafür bekannt, daß sie es gern feurig mochten, in der Politik wie auf dem Teller. Heute kommt ein Großteil der Parteielite aus der Umgebung Shanghais. Dort ißt man mild, ölig und mit viel Soße. Womit jetzt nichts über den Wandel der politischen Kultur Chinas gesagt sein soll.

Sichuan

Sichuan 四川, Chinas größte Provinz, ist ähnlich wie Yunnan eine Provinz der Extreme. Ihr höchster Berg, der Gonggashan 贡嘎山, ragt 7556 Meter in den Himmel und ist der elfhöchste Berg der Erde. Der tiefste Punkt Sichuans liegt gerade einmal auf knapp 100 Meter über dem Meer. Während der Osten der Provinz, das sogenannte ›Rote Becken‹ (Hong Pendi) zwischen Chengdu und dem 1997 selbständig gewordenen Chongqing zu den am dichtesten besiedelten Landesteilen Chinas gehört und etwa 80 Prozent des Sozialproduktes der Provinz erwirtschaftet, erstrecken sich im Westen und Norden Sichuans die unendlichen Weiten des tibetischen Nomadenlandes. Sichuan ist in etwa so groß wie Frankreich

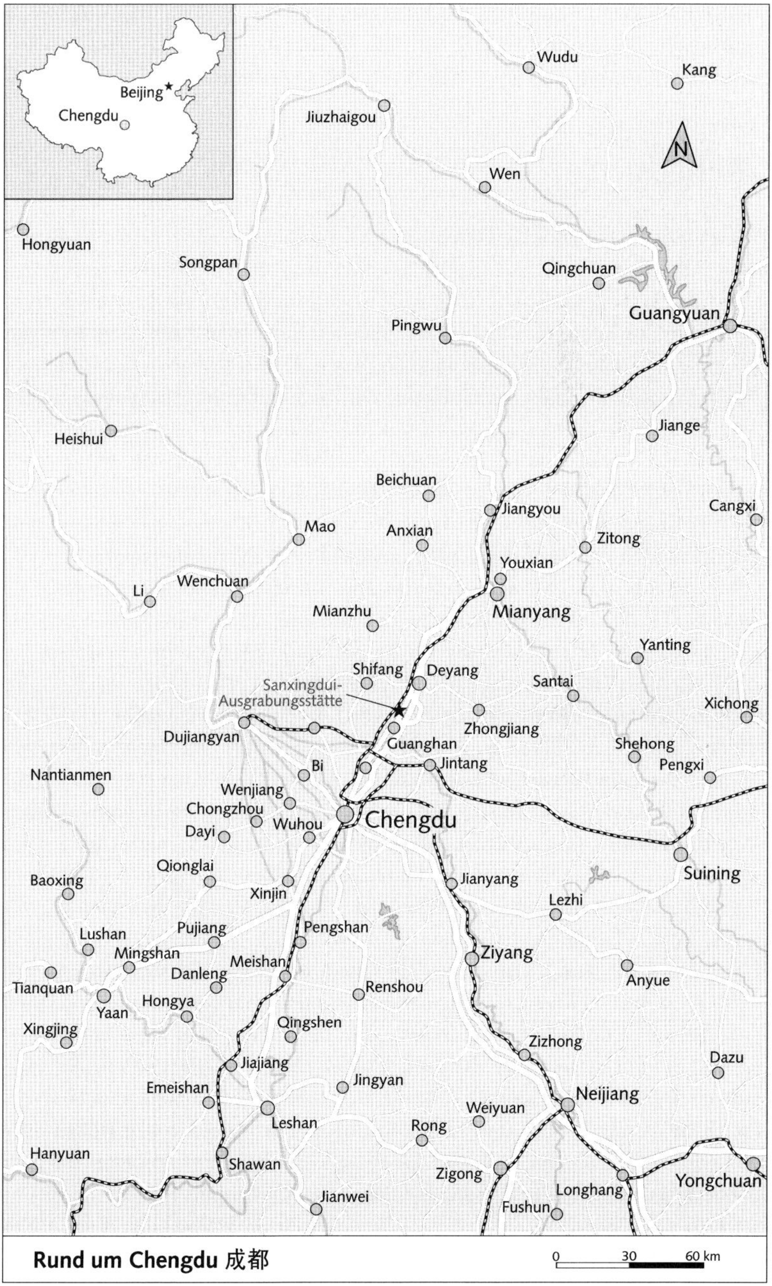

Rund um Chengdu 成都

und hat eine Bevölkerung von 110 Millionen Einwohnern und knapp eintausend Pandabären. Die dichten Wälder der Provinz sind die Heimat des chinesischen Wappentiers, dessen Überleben immer noch akut gefährdet ist.

Chengdu

Willkommen in der perfekten Stadt – so die wörtliche Übersetzung des Städtenamens. Kaum eine Stadt im Landesinneren ist so weltoffen, liberal und modebewußt wie Chengdu 成都. Die Stadt ist Wirtschaftsmotor für die gesamte Region und kulturelles Zentrum. Modetrends brauchen nicht lange, um ihren Weg von Ostchinas Metropolen nach Chengdu zu finden. Und trotzdem hat die Stadt ein Herz für Anachronismen. Am Nordende der Renmin Nanlu, Chengdus zentraler Magistrale, grüßt eine riesige Mao-Figur wie eh und je den zunehmend dichter werdenden Verkehr. Und in den unzähligen Teehäusern kann sich der geneigte Besucher der Illusion hingeben, in den letzten 100 Jahren hätte sich in China nichts verändert, während er eine Tasse Tee schlürft, den Baladenerzählern zuhört und sich die Ohren von einem der fliegenden Ohrenputzer reinigen läßt.

Mit dem Bau des Bewässerungssystems im 60 Kilometer entfernten Dujiangyan 都江堰 und der damit verbundenen Zähmung des Min-Flusses und der Bewässerung der tiefer gelegenen Regionen, wurde Chengdu im 3. Jahrhundert vor Christus als Jincheng (Brokatstadt) gegründet, ein Hinweis auf das Produkt, das über Jahrtausende das wichtigste Produkt der Stadt bleiben sollte. Durch die Seiden- und Teeproduktion reich geworden, entwickelte sich Chengdu über die Jahrhunderte zum angesehenen kulturellen Zentrum Westchinas. Die geographische Lage kam der Stadt zugute; die großen Umwälzungen und Kämpfe fanden zumeist anderorts, jenseits der schützenden Berge und Flüsse statt. Dies konnte dennoch nicht verhindern, daß die Stadt, seit der Tang-Dynastie (618–907) in Chengdu umbenannt, mehrmals Schauplatz blutiger Kämpfe war und zerstört wurde. Im 17. Jahrhundert verschanzte sich der nach Unabhängigkeit Sichuans strebende Rebell Zhang Xiangzhong mit seinen Truppen in der Stadt, gegen Ende des Bürgerkrieges 1949 war Chengdu eine der letzten Bastionen der unterlegenen Guomindang. Ungeachtet der Zerstörungen durch Krieg und Rebellion behielt die Stadt noch viel von ihrer alten Bausubstanz, bis Mitte der 1990er Jahre eine großangelegte Modernisierungswelle die bis dahin fast vollständig erhaltene Altstadt hinwegfegte. Die Reste der Stadtmauer waren bereits in den frühen 60er Jahren geschleift worden, an Stelle des Palast des Vizekönigs errichtete man die Mao-Statue, die bis heute Bestand hat. Nachdem Chongqing 1997 in die Eigenständigkeit entlassen wurde, ist Chengdu das Zentrum Sichuans, und trotz aller Modernisierungsmaßnahmen immer noch eine der charmantesten Städte Chinas.

Sehenswürdigkeiten

Was Sie auch immer machen in Chengdu, Sie landen früher oder später auf der Renmin Lu 人民路. Die Straße zieht sich als nördliche (北), mittlere (中) und südliche (南) ›Straße des Volkes‹ einmal von Nord nach Süd durch Chengdu, vom Hauptbahnhof bis zum Südbahnhof. Um die Stadt ziehen sich zwei Ringautobahnen, die erste und die zweite Ringstraße.

Chengdu hat nur wenige Sehenswürdigkeiten im eigentlichen Sinne. Die Stadt selbst ist die Sehenswürdigkeit, und es empfiehlt sich deshalb, auf gut Glück loszugehen, nach verbliebenen Altstadtgassen zu suchen und zwischendrin immer mal wieder in einem der unzähligen Teehäusern Rast zu machen. Vor allem die Gegend zwischen dem Brokatfluß (Jinjiang 锦江, oft auch als Nanhe 南河 im Stadtplan eingezeichnet) im Süden und der Renmin Donglu 人民东路 (die Straße hat auch einen Ableger in Richtung Osten) bietet sich für einen Entdeckungsspaziergang an.

Ein Stück weiter im Norden, in einer kleinen Nebenstraße der Renmin Zhonglu人民中路, liegt der zen-buddhistische Wenshu-Tempel (Wenshu Yuan 文殊院), der dem Bodhisattva der Weisheit gewidmet ist. Ursprünglich in der Tang-Dynastie gegründet, geht die heutige Form des Tempels bis ins 17. Jahrhundert zurück. In dem heute wieder äußerst aktiven Tempel ist neben dem geistigen auch für das leibliche Wohl gesorgt. Zum Tempel gehören ein ausgezeichnetes Teehaus und ein vegetarisches Restaurant, das sich, wie oft in buddhistischen Tempeln auf die fleischlose Imitation bekannter eigentlich fleischhaltiger Speisen spezialisiert hat. Probieren Sie ›Schweinefleisch süd-sauer‹ auf Tofubasis, und Sie werden kaum einen Unterschied schmecken! Sollte allerdings der Wunsch nach fleischlichen Genüssen übermächtig werden, bieten mehrere kleine Garküchen neben dem Tempeltor einfache aber ausgezeichnete Sichuaner Hausmannskost an, garantiert mit Fleischeinlage.

Das Grab des Wang Jian (Wangjian Mu 王建幕) im Nordwesten der Stadt an der Xi'an Lu 西安路, hielt man jahrhundertelang für den Musikpavillon des Zhuge Liang, jenen im Roman ›Die Geschichte der Drei Reiche‹ besungenen genialem Strategen und späterem König von Shu, dem man eine besondere Liebe zur Musik nachsagte. Groß war die Überraschung, als man 1942 die Grabkammer öffnete und diese eindeutig dem einstigen Tang-General, und nach dem Kollaps der Tang-Dynastie selbsternannten König von Shu, Wang Jian zuordnen konnte. Neben den Grabbeigaben, die in einer separaten Ausstellungshalle gezeigt werden, sind vor allem die lebhaften und detaillierten Steinreliefs von insgesamt 24 Musikern von großem Interesse. Anhand der Darstellungen kann man sich ein ausgezeichnetes Bild machen, wie wohl einst die kaiserlichen Hoforchester der Tang-Zeit ausgesehen haben.

Auch der daoistische Tempel der Türkisfarbenen Ziegen (Qingyang Gong 青羊宫) auf dem Gelände des Kulturparks (Wenhua Gongyuan 文化公园) ist einen Besuch wert. Die Legende erzählt, daß einst Laozi, Urvater der daoistischen Lehre, sich an dieser Stelle mit einem Freund verabredet hatte. Als dieser erschien, sah er jedoch nur einen kleinen Jungen, der Ziegen hütete. Da er wußte, daß Laozi die kindliche Unschuld als idealen Zustand erachtete, die Welt zu verstehen, und deshalb danach trachtete, diesen Zustand wiederzuerlangen, erkannte er den Freund in dem kleinen Jungen. Die Ziegen sind die Namensgeber des Tempels, und man hat ihnen ein Denkmal gebaut, zwei in Bronze gegossene Tiere, die, von der Grundform eine Ziege, Teile von allen zwölf chinesischen Tierkreis-

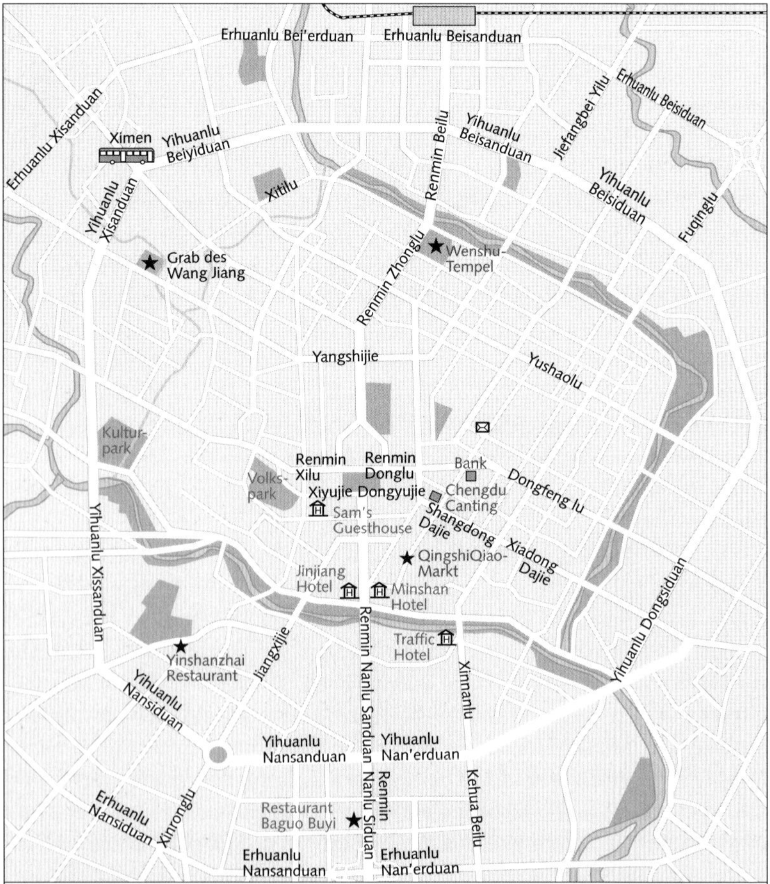

Chengdu 成都, Zentrum

zeichen inkorporieren und somit unter anderem Drachenhörner, Rattenohren und ein Schweinehinterteil haben. Falls Sie nach der Stadtbesichtung müde geworden sein sollten, streichen Sie über die Flanken der Tiere, das bringt Glück und verscheucht die Schmerzen des Körpers. Schneller und angenehmer hilft jedoch eine Tasse Tee. Die Hauptattraktion Chengdus sind sicherlich die öffentlichen Parks mit ihren Teehäusern. Neben dem bereits erwähnten Teehaus im Wenshu-Tempel ist das Teehaus im Volkspark (Renmin Gongyuan 人民公园) erste Adresse, um zu erfahren, was es mit der berühmten Sichuaner Teekultur auf sich hat. Nehmen Sie sich einen Nachmittag Zeit, bestellen Sie sich eine Tasse Tee, die, da die Teeblätter immer wieder ohne Geschmacksverlust mit heißem Wasser aufgegossen werden, nie leer zu werden scheint, bestellen Sie ein paar Schnacks wie Kürbiskerne, geröstete Nüsse und Wachteleier, und lauschen Sie der Musik, die hier zuweilen gespielt wird. Masseure bieten ihre Dienste an, und, falls Sie dies wünschen, können Sie sich von mit Bambusbestecken bewaffneten Männern in weißen Kitteln die Ohren putzen lassen. Was abstrus klingt, sorgt für eines der angenehmsten Gefühle oberhalb der Gürtellinie.

Sollte Sie angesichts der reichhaltigen Teekarte Ratlosigkeit erfassen, wird sich immer ein hilfreicher Chinese finden, der ein paar Worte Englisch kann und Ihnen bei der Auswahl hilft. Neben dem grünen Tee (Lücha 绿茶) sind verschiedene Blumentees (Huacha 花茶, meist Jasmin 茉莉花 und Chrysantheme 菊花, selten Lychee 荔枝) sowie der halbfermentierte Oolong-Tee (Wulong 乌龙) im Angebot. Schwarzen Tee wird man zwar auf Nachfrage bekommen, dies entspräche aber in etwa, in einem gehobenen deutschen Weinlokal nach einem Tetrapack zu fragen. Der fermentierte schwarze Tee wird zumeist aus den minderwertigen Blättern hergestellt und wird in China so gut wie nicht getrunken.

Sichuan hat eine der berühmten Küchen Chinas, und die Provinzhauptstadt einige der besten Restaurants in Sichuan. Man kann also nicht viel falsch machen, wenn es um das Essen geht. Wie in Chongqing, ist auch in Chengdu der ›Feuertopf‹ (Huoguo 火锅) die beliebteste Spezialität. Im Sommer wie im Winter findet man auf den Bürgersteigen kleine Garküchen, die ausschließlich Huoguo anbieten und die Zutaten auf einer niedrigen Auslage feilbieten. Aber die Sichuaner Küche bietet viel mehr als den Feuertopf, viele berühmte chinesische Gerichte stammen aus der Provinz. Neben Schweinegeschnetzeltem mit Fischgeschmack (Yuxiang Rousi 鱼香肉丝) und doppelt gebackenem Fleisch (Huiguorou 回锅肉) ist es vor allem der ›Tofu der pockennarbigen Alten‹ (Mapo Doufu 麻婆豆腐), der die Chengduer Küche berühmt gemacht hat. Was nicht sehr appetitlich klingt, sich aber weder auf Aussehen noch Geschmack, sondern auf die Erfinderin des Gerichtes, eine Frau Chen, die im 19. Jahrhundert ein Restaurant in Chengdu hatte, bezieht, ist eines der leckersten Tofugerichte in China, zubereitet mit Sojasauce, Essig, Knoblauch, schwarzen Bohnen, Blütenpfeffer und Chili.

Ausflüge in die Umgebung von Chengdu

Die Umgebung Chengdus ist reich an Attraktionen, die man jeweils im Rahmen eines Tagesausflugs besichtigen kann. Gerade einmal 18 Kilometer nördlich der Stadtmitte, im Außenbezirk Xindu, liegt das Kloster des Kostbaren Lichts (Baoguang Si 宝光寺), einer der schönsten buddhistischen Tempel Chinas. Hauptattraktion sind die 500 überlebensgroßen, teils skurril gestalteten Luohan-Figuren aus Ton, die in einer Seitenhalle des Tempels stehen. Wenn Sie genau hinsehen, werden Sie unter den buddhistischen Heiligen zwei Figuren entdecken, deren Kleidung und Pose sich deutlich von den anderen abhebt. Es handelt sich hierbei um die Qing-Kaiser Kangxi und Qianlong, die erheblich zum Wiederaufbau des Tempels beitrugen, nachdem dieser in der Ming-Dynastie durch ein Großfeuer zerstört wurde. Während diese Halle aus dem 19. Jahrhundert stammt, geht die Geschichte des Tempels bis in das erste Jahrhundert nach Christus zurück. Er ist damit eines der ältesten buddhistischen Klöster Chinas. Die heutigen Anlagen stammen aus dem 17. Jahrhundert, und überlebten die Kulturrevolution dadurch, daß Zhou Enlai das Kloster vorübergehend als Militärlager nutzen ließ und es somit vor den Roten Garden schützte.

Der Legende nach verbrachte der Tang Kaiser Xizong im Jahre 881 Teile seines Exils in dem Kloster und ließ die 30 Meter hohe Sheli Pagode (Sheli Ta 舍利塔) zum Schutz der dreizehn unter ihr begrabenen Buddhareliquien errichten. Wollen Sie Ihr Glück herausfordern? Neben dem Haupteingang des Tempels prangt ein großes rotes Fu 福, das chinesische Schriftzeichen für Glück. Stellen Sie sich etwa zehn Meter davor auf, schließen Sie die Augen und laufen Sie in Richtung Schriftzeichen. Wenn Sie das Schriftzeichen mit den Händen berühren, ist Ihnen Glück beschieden. Stoßen Sie aber nicht mit einem der vielen Chinesen zusammen, die das ebenfalls versuchen. Das ›Kloster des Kostbaren Lichts‹ erreichen Sie mit dem Bus vom nördlichen Busbahnhof (Beizhan 北站) 500 Meter westlich des Hauptbahnhofs oder mit dem Taxi.

Auch wenn es heute wenig spektakulär aussieht, ist das Bewässerungssystem von Dujiangyan 都江堰 eines der erstaunlichsten Wasserbauprojekte der Antike. Um den Min-Fluß zu bändigen, der in der Hochwassersaison regelmäßig das Rote Becken überflutete und große Schäden in der Landwirtschaft anrichtete, begann man Jahre 256 vor Christus unter dem Gouverneur Li Bing damit, ein ausgeklügeltes Bewässerungssystem zu errichten. Der Min-Fluß wurde geteilt, der neugeschaffene Seitenarm in Bewässerungskanäle geleitet, die bis heute eine Fläche von 6500 Quadratkilometern bewässern und wesentlich zur Fruchtbarkeit des Roten Beckens beitragen.

Den Ausflug nach Dujiangyan können Sie mit dem Besuch des Qingcheng Shan 青城山 verbinden, einem heiligen daoistischen Berg etwa 20 Kilometer von

Dujiangyan in Richtung Süden. An den Hängen des 1600 Meter hohen Berges befindet sich eine Ansammlung daoistischer Tempel. Die interessantesten sind der Jianfu Gong 建福宫 neben dem Eingang, der in die ›Höhle des Himmlischen Meisters (Tianshi Dong 天师洞) gebaute gleichnamige Tempel auf halber Höhe und der Shangqing Tempel 上清寺 auf dem Gipfel. Eine Wanderung zum ›Hinteren Qingcheng Shan‹ (Hou Qingcheng Shan 后青城山) ist eine ausgezeichnete Gelegenheit, die unberührte Bergwelt Sichuans zu genießen, die meisten Besucher beschränken sich auf den Qingcheng Shan. Übernachtungsmöglichkeiten gibt es sowohl in den meisten Tempeln als auch am Fuße des Qingcheng Shan. In Dujiangyan gibt es einige Mittelklassehotels, unter ihnen das Jinqiu Hotel (Jinqiu Binguan 金球宾馆, Tel. 7115616) in der Jianshi Lu. Beide Orte, Dujiangyan und der ›Qingcheng Shan‹ sind in einer guten Stunde mit dem Bus von der Ximen Busstation (Ximenzhan 西门站) zu erreichen.

Vorwahl: +86/28.
Post: Hauptpostamt an der Ecke Huanxing Jie 环行街 und Shuwa Beijie 疏挖北街 nahe dem Kulturpalast im Stadtzentrum.
Bank: Bank of China, auf der Jiefang Nanlu 解放南路 etwa 150 Meter nördlich des ›Jinjiang Hotels‹.
Reisebüro: Im ›Traffic Hotel‹ (Jiaotong Fandian 交通饭店) gibt es eine Reihe von Reiseagenturen, die sich auf Reisen nach Tibet spezialisiert haben, aber auch bei der Buchung von Zugtickets und Ausflügen in die Umgebung Chengdus behilflich sein können. Ein Preis- und Leistungsvergleich lohnt sich auf jeden Fall.

Chengdu ist mit allen größeren chinesischen Städten, inklusive Lhasa, per Direktflug verbunden. Internationale Verbindungen gibt es nach Osaka, Tokio, Singapur, Bangkok und Seoul. Direktflüge nach Indien sind im Gespräch.

Egal, in welche Richtung Sie Chengdu mit dem Zug verlassen, Sie befinden sich auf einer der schönsten Bahnlinien der Welt. Vor allem die Strecke nach Kunming mit ihren vielen Tunnels und Viadukten läßt das Herz eines jeden Eisenbahnfans höher schlagen. Direktzüge gibt es u.a. nach Beijing (28 h), Shanghai (36 h), Kunming (19 h) und Xi'an (17 h). Der Bahnhof befindet sich am Nordende der Renmin Beilu 人民北路.

Vor allem, um den Westen Sichuans zu besuchen, empfiehlt sich der Bus, in Abwesenheit anderer Alternativen, als Verkehrsmittel.
Auch wenn sich die Situation langsam bessert, gehören die Straßen in Richtung Tibet zu den schlechtesten in China und erfordern einen gewissen Hang zum Masochismus, vor allem, da die meisten Busse überfüllt sind und nur etwa alle vier

Stunden eine kurze Pause einlegen. Bedenkt man den Zustand der Straßen, so ist es nicht verwunderlich, daß die Busgesellschaften auf den Abschluß einer Versicherung bestehen und diese meist in den Ticketpreis einrechnen. Weniger anstrengende Busverbindungen gibt es nach Chongqing (2 h) und nach Leshan 乐山 und Emeishan 峨眉山 (jeweils knapp 3 h). Die beiden wichtigsten Busbahnhöfe der Stadt sind die Xin'anmen Busstation 新安们站 neben dem ›Traffic Hotel‹ und die Ximen Busstation 西门站 etwa 300 Meter westlich der Xi Yi Huanlu 西一环路 auf der Yingmenkou Lu 一门口路.

›Jinjiang Hotel‹ (Jinjiang Binguan 锦江宾馆), 5 Sterne, Renmin Lu 人民路 80, Tel. 85 58 22 22. Ältestes Luxushotel der Stadt, interessante Mischung aus sozialistischem Charme und luxuriösem Interieur.

›Traffic Hotel‹ (Jiaotong Fandian 交通饭店), 2 Sterne, Linjiang Lu 临江路 77, Tel. 85 45 10 17. Lange Zeit Treffpunkt der Rucksacktouristen, hat das gute Mittelklassehotel Zimmer für jeden Geldbeutel, von Mehrbettzimmern ohne Bad bis zum Doppelzimmer mit Bad/WC.

›Sam's Guesthouse‹, 1 Stern, Shanxi Jie 陕西街 130, Tel. 86 09 02 22, samtour@yahoo.com. In einem Seitenflügel des ›Rongcheng Hotels‹ (Rongcheng Binguan 蓉城宾馆) untergebrachtes Backpackerhotel mit einfachen Zimmern, teils mit Bad, teils ohne. In der Nähe des Renmin Gongyuan 人民公园.

Sehr gut, wenn auch nicht sehr billig, kann man alle Sichuaner Spezialitäten im ›Baguo Buyi‹ 巴国布衣 in der Renmin Lu probieren. Andere empfehlenswerte Restaurants sind die ›Chengdu Canting‹ 成都餐厅 in der Shandong Dajie 山东大街 134 und das ›Yinshanzhai‹ 钦善斋 in der Wuhouci Dajie 武侯祠大街 247, letzteres ein auf die Zubereitung von Heilgerichten spezialisiertes Restaurant.

Chengdu ist ein Einkaufsparadies, allerdings vor allem für Chinesen. Am interessantesten ist der Qingshiqiao-Markt 青石桥市场 in der Xinkai Jie 新开街, etwa 500 Meter östlich der Renmin Nanlu. Neben einem reichhaltigen Angebot für den Hobbytierzüchter, bietet der Markt vor allem getrocknete Früchte, Blumen und Pflanzen. An Abenden öffnet in der kleinen Straße südlich des ›Minshan Hotels‹ 岷山饭店 ein kleiner Nachtmarkt, auf dem Antiquitäten und Souvenirs angeboten werden. Langnasen sind hier die häufigsten Kunden, Handeln ist also auf jeden Fall angesagt! Gegenüber, etwas nördlich des Jinjiang Hotels ist ein Kunstmarkt, auf dem Kalligraphien und traditionelle chinesische Bilder angeboten werden.

Die meisten großen Kaufhäuser und Supermärkte befinden sich an der Renmin Donglu 人民东路 und an der Shandong Dajie 山东大街.

Sanxingdui

Woher sie kommen, weiß im Grunde genommen keiner so genau. Auch ihre Bedeutung ist ein Rätsel, genauso wie der Nutzen vieler Objekte. Trotzdem gelten die glubschäugigen Masken der südwestlichen Provinz Sichuan als absolut spektakulärer Fund, der die Kulturgeschichte Chinas grundlegend revolutionierte.

Wie so oft in der Geschichte der Archäologie war es eine Bauernfamilie, die 1929 bei Grabungsarbeiten an einer Bewässerungsanlage nahe Sanxingdui 三星堆 auf ein Stück polierte Jade stieß. Mehr als 400 Jadeobjekte trugen sie schließlich davon. Ein Vermögen für eine ländliche Familie! Kein Wunder, daß die Antiquitätenhändler in Chengdu, denen das Familienoberhaupt Yan Daocheng die seltenen Stücke verkaufen wollte, sich für die Herkunft der Steine interessierten und bald selbst vor Ort suchten.

Die außerordentliche Bedeutung der Funde jedoch wurde erst viele Jahre später deutlich. Wieder waren es einfache Arbeiter, Angestellte der Ziegelei Lanxing Second Brick Factory, die 1986 bei Baggerarbeiten auf Artefakte stießen und sofort die Behörden verständigten. Bereits im März 1986 begannen ernsthafte Ausgrabungen, die Sensationelles zutage förderten. Im Juni entdeckten die Archäologen eine Grube randvoll mit über vierhundert gut erhaltenen Objekten wie Goldzepter, goldene Masken, Bronzebilder, Jadetafeln, Jadedolche und Äxte sowie Elfenbeingegenstände von erstaunlicher Qualität. Nur wenige Wochen später wurde eine zweite Grube entdeckt, deren Ausbeute sogar noch reicher ausfiel:

Maske aus der Ausgrabung von Sanxingdui

mehr als 800 Objekte, darunter Goldwaren, eine bronzene Männerstatue, Masken, heilige Bronzebäume, Bronzebilder und Jadeobjekte, Ringe und zahlreiche Muscheln. Interessanterweise waren hier die Objekte in drei Schichten angeordnet, wobei die Elefantenstoßzähne oben lagen, die mittlere Schicht aus Bronzewaren bestand und die verbrannten Gegenstände, Kohle und kleine Bronzewaren den Boden bedeckten.

Bemerkenswert war, daß praktisch alle davon absichtlich zerbrochen worden waren und teils (meist die Knochen) auch noch verbrannt wurden, wie verkohlte Reste am Grunde der Grube zeigten. Alles in allem handelt es sich wahrscheinlich um Grabbeigaben – ein Körper wurde allerdings nicht gefunden, so daß der Zweck dieser Gruben weiterhin im Dunkeln bleibt. Um die Gruben herum wurden auf über 1325 Quadratmetern Ausgrabungsfläche 9 Hausruinen, 101 Feuerstellen und mehr als 100000 weitere Stücke Töpfer- Bronze-, Jade- und Lackwaren freigelegt.

Besonders die Muscheln sind es, die die Aufmerksamkeit vieler Archäologen erregen, denn Sichuan liegt viele Hunderte Kilometer vom Meer entfernt. Wahrscheinlich wurden sie von Reisenden mitgebracht. Ähnliches gilt für die Elfenbeinwaren. Da die vermeintlichen Sakralgegenstände verschiedene Stilrichtungen widerspiegeln, die im übrigen China nicht zu finden sind, geht man davon aus, daß Sanxingdui so etwas wie ein Wallfahrtsort gewesen sein könnte. Auch die verschiedenen Stilrichtungen der Bronzewaren deuten auf ausländischen Einfluß hin. Stünden nicht alle geographischen und geschichtlichen Fakten dagegen, der erste Eindruck ist bei allen Ausländern gleich: Hier waren Mayas oder Azteken am Werk! Kein Wunder, daß manch ein Ufo-Gläubiger in Sanxingdui Beweise für den Kontakt mit Außerirdischen vermutet.

Doch auch ohne Marsmenschen und Ufos ist die Bedeutung der Funde von Sanxingdui überaus weitreichend. In Fachkreisen ist man mittlerweile recht sicher, daß es sich um die Ba-Shu-Kultur des späten Neolithikums handelt. Dank der Ausgrabungen läßt sie sich nun auf den Zeitraum von zirka 2000 vor Christus datieren – also ungefähr zeitgleich mit der Shang-Dynastie! Und genau das ist es, was die archäologische Fachwelt wachrüttelte. Bis dato war das Weltbild der meisten Chinesen einfach: Die chinesische Hochkultur stammte aus der Ebene des Gelben Flusses, wo auch heute das Machtzentrum Chinas liegt. Das südwestliche Sichuan hingegen, die Agrarregion schlechthin, galt über die Jahrhunderte hinweg als Pampa, als kulturelle Einöde, deren Bewohner zwar dank ihrer scharfen Küche einen gewissen Ruhm erlangen konnten, sonst aber in Sachen Kultur ganz bestimmt nicht hervorstachen.

Dank Sanxingdui geriet die Theorie eines einzigen, lokalen Ursprungs der chinesischen Kultur ins Wanken – ganz offensichtlich waren die Shang keineswegs die einzige Hochkultur auf chinesischem Boden!

Doch wer waren die Ba-Shu eigentlich? Bis heute weiß man recht wenig über die Erschaffer der skurrilen Masken und Figuren. Sicher ist, daß Landwirtschaft, Viehzucht, Handwerk und Architektur bereits hoch entwickelt waren, denn die Bronzemasken und Statuen waren von höchster Qualität. Auch in religiöser Hinsicht deutet vieles auf einen festen Glauben, der um einiges unblutiger war als der zeitgleiche Shang-Kult. Menschenopfer scheint es nicht gegeben zu haben, stattdessen tauchen Bronzebäume mit Kultobjekten auf. Beeindruckend ist auch die Größe der Stadt, die mit mehr als 3,5 Quadratkilometern die Hauptstadt der Shang um einiges übertraf. Umgeben von einer Stadtmauer aus ungebrannten Ziegeln befanden sich im inneren Bereich kleine Dörfer, die wahrscheinlich die eigentliche Stadt schützen sollten. Fehlerfrei war dieses System offensichtlich nicht, denn vor zirka 3000 Jahren verschwand das Shu-Königreich sang- und klanglos – warum, das läßt sich heute nicht mehr nachvollziehen.

Für die Arbeiter der Ziegelei erwiesen sich die Funde übrigens langfristig als ungünstig: 1987 wurde sie geschlossen, um die archäologischen Stätten zu schützen.

Mit dem Zug oder Bus fährt man ab Chengdu-Hauptbahnhof nach Guanghan-Stadt 广汉 (Fahrtzeit etwa 30 bis 60 Minuten). Von dort fahren Taxis in wenigen Minuten nach Sanxingdui-Dorf. Die Ausgrabungsstätten sind täglich von 8 bis 17 Uhr zu besichtigen.

Emeishan

Neben den ›Gelben Bergen‹ (Huangshan 黄山) ist der Emeishan 峨眉山 des Chinesen liebster Gipfel. Zahlreiche Dichter besingen die Schönheit des Sonnenaufganges ebenso wie alle Reiseführer und die meisten Chinesen, die man trifft. »Du fährst zum Emeishan?! Der Sonnenaufgang ist wunderschön!«, heißt es dann zumeist. Und sie haben recht, ein sonniger Morgen auf dem Gipfel des heiligen buddhistischen Berges, Sitz des Bodhisattvas Samantabhadra (Puxian), gehört zu den schönsten Naturerlebnissen, die man in China haben kann. Auch weil sich in der Regel weniger Touristen als am Huangshan um einen Sonnenplatz auf dem Gipfel balgen. Doch erst einmal muß man den Gipfel erreichen. Auch wenn es inzwischen eine Seilbahn auf den Gipfel gibt und eine Autostraße bis kurz unter den Gipfel führt, ist das eigentliche Erlebnis am Emeishan die Besteigung des Berges. Wie bei anderen heiligen Bergen hat dies allerdings weniger mit Besteigung als vielmehr mit Treppensteigen zu tun. Von der Talstation auf 500 Metern Höhe bis zum auf luftigen 3099 Metern gelegenen Gipfel, sind Treppen in den Fels geschlagen, der Topographie angepaßt, das heißt in unregelmäßigem Abstand.

Auf dem Gipfel des Emeishan

Seit etwa 2000 Jahren siedelten in der einst abgeschiedenen Bergwelt des Emeishans Mönche. Während anfangs daoistische Einsiedler den Berg bewohnten, entstanden ab dem 6. Jahrhundert die ersten buddhistischen Klöster. Zur Blütezeit im 14. Jahrhundert soll es hier mehr als 100 Klöster gegeben haben mit einigen Tausend Mönchen. Heute sind noch 20 Klöster erhalten, zumeist neueren Datums. Kaum eine der Tempelanlagen überlebte die Kulturrevolution unbeschadet.

Am interessantesten sind der Baoguo Si 报国寺 (Si-Tempel) am Beginn des Pilgerweges (550 Meter), der Wannian Si 万年寺, einer der wenigen im Original erhaltenen Tempel an der Bergstation der ersten Seilbahn (1020 Meter) und der Gipfeltempel, der Jinding Si 金顶寺 (3077 Meter). In allen der genannten sowie in einer Reihe anderer Tempel gibt es einfache Übernachtungsmöglichkeiten. Etwas luxuriöser ist das ›Woyun Hotel‹ (Woyun Binguan 卧云宾馆) 500 Meter unterhalb des Gipfels. Zwar ist es möglich, den Berg innerhalb eines Tages zu besteigen, wenn man eine der Seilbahnen oder/und die Autostraße zur Hilfe nimmt, die Atmosphäre einer Tempelübernachtung auf dem Gipfel mit einem morgendlichen Bad in der Menge, um den Sonnenaufgang zu bewundern, ist einen Aufenthalt von zwei bis drei Tagen wert.

Will man den Berg besteigen, so hat man zwei Routen zur Auswahl. Die Nordwestroute beginnt am Baoguo Si auf 550 Metern Höhe. Von hier folgt man den noch relativ regelmäßigen Treppen bis zum Wannian Si. Über den Chu Si 初寺, den Yuxian Si 遇仙寺 und den sogenannten Elefantenbadeteich (Xixiang Chi 洗

象池) erreicht man nach 35 Kilometern die Jieyin-Halle (Jieyin Dian 接引殿) auf 2540 Meter Höhe. Von hier sind es noch 3,5 Kilometer bis zum Goldenen Gipfel (Jinding 金顶寺).

Für den Abstieg empfiehlt sich die Südostroute. Bis zum Yuxian Si auf 1680 Metern Höhe, etwa 12 Kilometer vom Gipfel entfernt, folgt man der Aufstiegsroute und zweigt dann rechts in Richtung Süden ab. Auf dem landschaftlich schönsten Weg des Berges erreicht man über den Xianfeng Si 仙峰寺 nach 28 Kilometern den Qinyin Pavillon 清音阁. Von hier folgt man der Aufstiegsroute weitere 11 Kilometer bis zum Baoguo Si und hat wieder den Ausgangspunkt erreicht.

Unterwegs werden Sie immer wieder auf die berühmt-berüchtigten Affen des Emeishan treffen. Generationen der Tiere leben von dem, was Pilger und Touristen ihnen geben, freiwillig oder nicht. Zuweilen artet das Verhalten der Tiere schon in Wegelagerei aus. Es empfiehlt sich auf jeden Fall, einen Stock in der einen und eine große Tüte Erdnüsse in der anderen Hand mit sich zu führen, um beide je nach Bedarf einzusetzen.

Sollten Ihnen Stufen oder Affen zu viel sein, können Sie große Teile des Weges auch mit dem Bus und der Seilbahn zurücklegen. Öffentliche Busse fahren vom Baoguo Si bis zur Jieyin Halle auf 2540 Metern Höhe, von dort führt eine Seilbahn bis zum Goldenen Gipfel. Alternativ kann man die 500 Höhenmeter bis zum Wanning Si mit einer weiteren Seilbahn zurücklegen. Vor allem, wenn man beide Touren laufen möchte und ein wenig knapp mit der Zeit ist, empfiehlt sich die Kombination aus Seilbahn und Fußweg.

Den Emeishan erreicht man von Chengdu aus in gut drei Stunden mit dem Bus ab der Xinnanmen-Busstation 新安们站 neben dem ›Traffic Hotel‹.

Leshan

Idealerweise verbindet man den Besuch des Emeishans mit einem Abstecher nach Leshan 乐山, wo ein 71 Meter hoher Buddha auf Ihren Besuch wartet. Die riesige Figur des Buddhas der Zukunft, Maitraya, wurde in den 90 Jahren zwischen 713 und 803 unter der Ägide des Mönches Haitong geschaffen. Am Zusammenfluß des Dadu-, Qingyi- und des Min-Flusses gelegen, erhoffte man sich von der Buddhafigur Schutz vor Schiffsunglücken, die aufgrund der reißenden Strömung häufig waren. Nach Fertigstellung des Buddhas verzeichnete man tatsächlich einen deutlichen Rückgang der Unglücke, wohl auch deshalb, weil man das herausgemeißelte Gestein in den Fluß warf und so viele der Untiefen ausglich. Sie können heute also gefahrlos eine Schiffahrt unternehmen und den riesigen Buddha vom Min-Fluß aus betrachten. Ausflugsboote fahren in regelmäßigen Abständen von der Uferpromenade an der Binjiang Lu 滨江路 gegenüber der Buddhafigur

Im Pandareservat von Wolong

ab. Alternativ führt von der Lingbao-Pagode (Lingbao Ta 灵宝塔) oberhalb des Buddhakopfes ein enger Weg auf die inzwischen stark erodierte Buddhafigur. Bootsfahrt und Buddhabesteigung lassen sich auch zu einem kombinierten Tagesausflug verbinden. Dazu verläßt man das Boot am Wuyou-Tempel (Wuyou Si 乌尤寺) etwa einen Kilometer südlich des Großen Buddhas und läuft am Ufer entlang zum Großen-Buddha-Tempel (Dafo Si 大佛寺). Den Großen Buddha von Leshan kann man im Rahmen eines Tagesausfluges von Chengdu aus besuchen. Es empfiehlt sich jedoch, eine Nacht in Leshan zu verbringen und den Ausflug mit einer Besteigung des Emeishan zu verbinden. Übernachtungsmöglichkeiten gibt es in Leshan (Jiazhou Binguan 嘉州宾馆, Tel. +86/833/213 98 88) sowie direkt an der Buddhafigur im Dafo Si (Nanlou Binguan 南楼宾馆, Tel. +86/833/23 38 11).

Pandareservat Wolong

Einst fand man den Großen Panda (Ailuropoda melanolecuca) in ganz Südchina, einige Exemplare waren sogar in Hebei in der Nähe von Beijing heimisch. Heute beschränkt sich der Bestand auf weniger als 1000 Exemplare, die meisten davon leben in Sichuan. Wolong 卧龙, mit einer Gesamtfläche von 2000 Quadratkilometern das größte von insgesamt 16 Pandareservaten in China, bietet nicht

Steinbuddha bei Leshan

精心保護世界遺產—樂山大佛

nur die Gelegenheit, Pandas jenseits der oft bedrückenden Verhältnisse chinesischer Zoos zu sehen, sondern ist auch ein durch seine unberührte landschaftliche Schönheit beeindruckender Nationalpark, den sich der Besucher auf ausgedehnten Wanderungen erschließen kann. Schon der Weg in das auf durchschnittlich auf 2000 Metern Meereshöhe gelegene Wolong ist spektakulär. Entlang des reißenden Pitiao-Flusses (Pitiao He 皮条河) erreicht man 140 Kilometer nordöstlich von Chengdu, am östlichen Ende des Nationalparks das ›China Conservation and Research Center for the Giant Panda‹ 中国卧龙大熊猫保护中心. Hier gibt es auch eine Übernachtungsmöglichkeit im ›Panda Inn‹. Informationen über mögliche Wanderungen in Wolong sind hier zu bekommen. Mehrtägige Ausflüge nach Wolong können in Chengdu organisiert werden. Die Reiseagenturen im ›Traffic Hotel‹ oder in ›Sam's Guesthouse‹ sind hierfür gute Ansprechpartner.

Songpan, Huanglong und Jiuzhaigou

Der Weg hierher ist beschwerlich, und so sieht die Bergregion in Westsichuan nur wenige westliche Besucher. Songpan 松潘 liegt auf 1800 Meter Höhe, die Naturschutzgebiete Jiuzhaigou 九寨沟 und Huanglong 黄龙 gehen bis über die 3000-Meter-Grenze, man sollte sich folglich in einer guten körperlichen Verfassung befinden, falls man einen Ausflug in diese Gegend plant. Songpan ist ein kleiner Marktflecken an der Grenze zum tibetischen Einflußgebiet. Obwohl die Bevölkerung vor allem aus Hui (chinesische Moslems) besteht, treffen sich hier an Markttagen die Bewohner der umliegenden Berggebiete, vor allem Tibeter und Qiang (Kampa). Von Songpan aus lassen sich Tagesausflüge nach Jiuzhaigou und Huanglong organisieren. Sehr zu empfehlen sind auch die mehrtägigen Reittouren in die Umgebung, die in Songpan unter anderem von Shunjiang Horse Treks 顺江旅游马队 und Happy Trails angeboten werden. Übernachtet wird in Zelten oder bei lokalen Familien, die Führer kümmern sich um die Verpflegung. Übernachtungsmöglichkeiten gibt es sowohl in Songpan als auch in Jiuzhaigou und Huanglong. Busse von Chengdu brauchen etwa zehn Stunden.

Eine beliebte Route von Songpan in Richung Norden ist die Straße von Sichuan in die Provinz Gansu 甘肃 über Zoige 若尔盖, Langmusi 浪木寺 und Xiahe 夏河. Für diese Route sollten sich Ihre Bandscheiben alle am richtigen Platz befinden und Höhen bis zu 4200 Meter sollten Ihnen nicht den Atem rauben. Entschädigt werden Sie mit einer unvergeßlichen Reise in das tibetische Grasland.

Die Halle des Ernteopfers im Himmelstempel von Beijing
Auf dem Gipfel des Emeishan; Auf dem Li-Fluß bei Guilin

祈年殿

德布达拉宫欢

Hunan

Der bekannteste Export der Provinz Hunan 湖南省 liegt einbalsamiert auf dem Platz des Himmlischen Friedens in Beijing. Wahrscheinlich würde Mao Zedong, berühmtester Sohn Hunans, sich in permanenter Rotation befinden, würde er sehen, wie sich die Volksrepublik China in den letzten Jahrzehnten entwickelt hat. Ein Blick in seine Heimatprovinz könnte die Rotation ein wenig verlangsamen. Vor allen auf dem Land hat sich hier seit Maos Zeiten nicht viel verändert. Sieht man von Changsha ab, wo die Spuren der Reformpolitik deutlich zu sehen sind, ist eine Reise nach Hunan auch immer eine kleine Zeitreise, vor allem, wenn Shaoshan, Maos Geburtsort auf dem Besuchsplan steht. Hier huldigt man dem Werk des Großen Vorsitzenden, indem man das revolutionäre Erbe hochhält und an jeder Ecke das Lieblingsgericht Maos anbietet: Hongshao Rou, eine fette Gulaschvariante, allerdings milder als die meisten Gerichte der Provinz. Eine Reise nach Hunan empfiehlt sich jedoch nicht nur als Blick in die revolutionäre Vergangenheit. Die Provinz hat auch einige der schönsten Naturschutzgebiete Chinas, allen voran der Wulingyuan im Nordwesten an der Grenze zu Hubei.

Changsha

Nein, Sie müssen kein schlechtes Gewissen haben, wenn Sie nicht länger als ein paar Stunden in Changsha 长沙 verbringen. Die Hauptstadt Hunans konkurriert mit Taiyuan um den Titel ›häßlichste Großstadt Chinas‹, und das ist wahrlich eine hartumkämpfte Disziplin.

Sollten Sie aber vorhaben, dem Geburtsort des Großen Vorsitzenden, Shaoshan, einen Besuch abzustatten, so führt Sie der Weg zu Mao gezwungenermaßen durch die Sechs-Millionen-Einwohner-Metropole. Und wenn Sie schon einen kleinen Abstecher in die chinesische Revolutionsgeschichte vorhaben, so ergänzt eine kleine revolutionäre Stadtbesichtigung den Blick in die real-sozialistische Vergangenheit der Volksrepublik China. Die ›Pädagogische Schule Nr. 1 der Provinz Hunan‹ (Diyi Shifan Xuexiao 第一师范学校) in der Shuyuan Lu 324 entführt den Besucher in die frühen Jahre Maos, als dieser erst Schüler (1913–1918) und dann Lehrer (1920–1922) an dieser Schule war. Um den Eindruck abzurunden, empfiehlt sich außerdem der Besuch des nun in ein Mao-Museum umgewandelten frü-

Der kleine Potala-Tempel in Chengde; Tempelanlage bei Dali
Moschee in Turfan

heren Hauptquartiers der Kommunistischen Partei Chinas in Hunan (Zhonggong Xiangxu Weiyuanhui Jiuzhi 中共湘区委员会旧址). Beide Sehenswürdigkeiten sind mit dem Bus Nr. 1 vom Hauptbahnhof aus zu erreichen.

Ein bizarrer Besuchspunkt ist auch das Lei-Feng-Museum (Leifeng Jinianguan 雷锋纪念馆) westlich der Stadt, etwa eine Stunde Fahrt mit den Bussen Nr. 12 und 315, jeweils bis zum Endhaltepunkt. Dem Mustersoldaten und Musterkommunisten Lei Feng, in den frühen 1960er Jahren zum uneingeschränkten Vorbild der Massen hochstilisiert, hat man hier ein Denkmal gesetzt. Die Propagandaposter und Darstellungen des selbstlosen Lei Feng, wie er zum Beispiel die dreckigen Socken eines seiner Kameraden wäscht, wirken heute auf den westlichen Besucher wie Karikaturen, aber sie waren bis in die 1970er Jahre häufig im chinesischen Straßenbild zu sehen.

Vorwahl: +86/731.
Post: Hauptpostamt an der Ecke Wuyi Zhonglu 五一中路 und Yingbin Lu 迎宾路.
Bank: Bank of China, in der Wuyi Zhonglu.
Reisebüro: Die englischsprachige Abteilung von CITS befindet sich im 11. Stock des Xiaoyuan Dasha 小园大厦 in der Wuyi Donglu 五一东路 46.

Es gibt Direktverbindungen nach Beijing, Shanghai, Chengdu, Kunming und viele andere chinesische Großstädte.

Die Stadt liegt auf der Schnellinie zwischen Beijing und Guangzhou. Direktzüge gibt es unter anderem nach Beijing (18 h) und Shanghai (20 h). Der Zug nach Shaoshan fährt täglich um 6.40 Uhr morgens und braucht knapp drei Stunden. Der Bahnhof befindet sich in der Wuyi Donglu 五一东路.

Busverbindungen gibt es halbstündig nach Shaoshan (2,5 h) und dreimal täglich nach Zhangjiajie/Wulingyuan (11 h). Der Busbahnhof befindet sich in der Chezhan Lu 车站路 61 gegenüber dem Hauptbahnhof.

›Chezhan Dasha‹ 车站大厦, 2 Sterne, Wuyi Donglu 五一东路 1, Tel. 229 33 66. Ideales Mittelklassehotel zwischen Haupt- und Busbahnhof.

Das ›Tucaidabaiwang‹ 土菜大霸王 in der Renmin Zhonglu 人民中路 226 hat ausgezeichnetes hunanesisches Essen. Ein Nachtmarkt mit vielen kleinen Garküchen befindet sich in der Chaoyang Lu 潮阳路, etwa 800 Meter westlich des Bahnhofs.

Es gibt bessere Orte, um Souvenirs einzukaufen. Auch Mao-Andenken kauft man besser in Shaoshan oder auf den Nachtmärkten in Beijing, Xi'an und Shanghai. Große Kaufhäuser und Supermärkte gibt es auf der Wuyi Donglu im Stadtzentrum.

Shaoshan

Die Tage sind vorbei, als Tausende von jugendlichen Roten Garden die Mao-Bibel schwenkend das Dorf Shaoshan 韶山 auf der Suche nach der idealen revolutionären Gesinnung stürmten. Auch wenn die Verehrung Maos vor allem auf dem Land noch tief verwurzelt ist, ist Shaoshan nicht unbedingt die bevorzugte Urlaubsdestination der reisewütigen neuen chinesischen Mittelschicht. Es sei denn, es steht ein besonderer Jahrestag an. An Maos 100. Geburtstag am 26. Dezember 1993 überfielen einige tausend Mao-Enthusiasten, Neugierige und Journalisten den Ort, Bauern opferten Schweine vor der neu errichteten Mao-Statue auf dem zentralen Dorfplatz und das frisch renovierte Geburtshaus Maos platzte aus allen Nähten. Inzwischen geht es eher beschaulich zu in Shaoshan, auch wenn der Ort wohl das am besten enttwickelte Dorf Chinas mit einer außergewöhnlich guten Verkehrsanbindung ist. Aus kulturrevolutionären Tagen stammt die Eisenbahnlinie nach Changsha und die Straßen sind für diesen Teil von China ausgezeichnet. Shaoshan hat zwei Teile, die sogenannte ›Neue Stadt‹ (Shaoshan Xincheng 韶山新城) mit dem Bahnhof und das eigentliche Dorf Shaoshan, etwa sechs Kilometer vom Bahnhof entfernt. Im Dorf steht das gut erhaltene Geburtshaus Mao Zedongs, in dem neben der historischen Inneneinrichtung auch Maos Schulranzen und Bilder seiner Familie ausgestellt werden. Das im lokalen Stil aus Lehmziegeln gebaute Bauernhaus befindet sich im Nordosten des Dorfes gleich neben dem Ortseingang. Im Süden des Dorfes werden im Mao-Museum gegenüber der 1993

Demonstration zu Ehren Maos in Shaoshan

anläßlich des 100. Geburtstags des Großen Vorsitzenden errichteten Mao-Statue Fotos der historischen Parteiführer ausgestellt.

Hat man ein wenig mehr Zeit, bietet sich eine Wanderung in die umliegenden Wälder an. Auch wenn ob des Rummels um Mao die Gegend um Shaoshan nicht gerade repräsentativ für Chinas ländliche Gebiete ist, hat man als westlicher Besucher selten eine so gute Chance, einen Blick auf das chinesische Landleben zu werfen. Der vom Dorf aus gut sichtbare Shao-Berg (Shaofeng 韶峰) ist ein guter Orientierungspunkt und kann in einer etwa einstündigen Wanderung erreicht werden.

In beiden Ortsteilen gibt es Übernachtungsmöglichkeiten, weitaus die beste Wahl ist das ›Shaoshan Hotel‹ (Shaoshan Binguan 韶山宾馆, Tel. 0732/568 50 80) im Dorfzentrum. Minibusse zwischen den beiden Ortsteilen verkehren regelmäßig, Busse nach Changsha fahren vom Busbahnhof in der Yingbin Lu 迎宾路 nördlich des Bahnhofs. Der einzige tägliche Zug nach Changsha verläßt Shaoshan um 17 Uhr.

Wulingyuan und Zhangjiajie

Abseits jeder westlichen Touristenroute ist das seit 1992 zum Weltkulturerbe der UNESCO gehörende Naturschutzgebiet Wulingyuan 武陵源 ein lohnenswerter Ausflug in den Nordwesten Hunans. Angehörige der Minderheiten der Bai, Miao und Tujia (Hakka) haben sich in dem zerklüfteten Karstgebiet mit seinen schroff aus der dichten subtropischen Vegetation ragenden kegelförmigen Bergen viel von ihrer ursprünglichen Kultur und Lebensweise erhalten. Das Naturschutzgebiet hat eine Gesamtfläche von 369 Quadratkilometern, wovon 97,9 Prozent von Wald bedeckt sind. Über 3000 Kalksteinnadeln ragen in den Himmel, fast 1000 davon sind mehr als 400 Meter hoch. Ausgedehnte mehrtägige Wanderungen sind möglich und können ebenso wie Rafting-Ausflüge im Dorf Zhangjiajie 张家界村 am Parkeingang organisiert werden. Die meisten Hotels in Zhangjiajie haben kleine Reiseagenturen. Die beste Übernachtungsoption im Dorf ist das ›Minzu Shanzhuang‹ (民族山庄, Tel. 0744/571 25 16) links an der Hauptstraße direkt im Dorfkern.

Die Stadt Zhangjiajie 张家界市, etwa eine Stunde Busfahrt vom gleichnamigen Dorf entfernt, bietet Direktverbindungen mit Bus und Zug nach Changsha (16 h). Direktflüge verbinden Zhangjiajie mit Beijing, Shanghai, Chongqing, Wuhan und Shenzhen.

Neben der nahezu unberührten Landschaft gibt es noch einen weiteren Grund, Wulingyuan vor allem im Sommer in die Reiseplanung einzubeziehen. Selbst im Sommer ist das durch das nahe Wuling-Gebirge beeinflußte Mikroklima angenehm mild. Die Jahresdurchschnittstemperatur liegt bei 15 Grad.

Mao Zedong

So manch ein chinesischer Bauer wünscht ihn sich angesichts der zunehmenden Verarmung vieler ländlicher Gebiete zurück, den Großen Vorsitzenden, der selbst bäuerlicher Herkunft war. Maos Sprache war einfach, exakt und abgesehen von seinem hunanesischen Dialekt für jeden verständlich. Sein großes Verdienst besteht darin, die aus dem Westen importierten kommunistischen Ideen in die für chinesische Verhältnisse angemessene Praxis umzusetzen. Dies hat er sicher nicht alleine bewerkstelligt, seine Kunst bestand jedoch immer darin, sich im richtigen Moment ins rechte Licht zu setzen, parteiinterne Feinde auszuschalten und die richtigen Allianzen zu knüpfen, die ihn an die Macht brachten und dort hielten.
Mit der Gründung der Volksrepublik China ging er 1949 als der Staatsmann in die Geschichte ein, der es geschafft hatte, Ordnung und soziale Sicherheit in das Reich der Mitte zu bringen. Westliche Intellektuelle, die China bis in die 1950er Jahre besuchten, waren begeistert von Mao und den Errungenschaften, die sie ihm zuschrieben. In der Formel 70/30, der offiziellen Position der KPCh zu Mao, 70 Prozent gut, 30 Prozent schlecht, stehen die 70 Prozent so auch für Maos frühen Jahre.
Mit der Zunahme parteiinterner Machtkämpfe, in denen sich Mao dank intensiver Verfolgung seiner politischen Gegner durchsetzen konnte, schottete Mao sich zunehmend vom Volk und der Realität ab. Der ›Große Sprung nach vorn‹ (1957/58) und die Kulturrevolution (1966–1976) waren auch Versuche eines alten Mannes, seine schwindende Machtbasis aufrechtzuerhalten. Der uneingeschränkten, abgöttischen Verehrung Maos in der Kulturrevolution stand ein rapider Autoritätsverlust unter der Oberfläche der Macht entgegen.
Sein Tod 1976 machte den Weg für die Reform- und Öffnungspolitik Deng Xiaopings frei, Maos letzten überlebenden Gegenspieler. Bis heute macht man Mao nicht für seine Fehler in den späteren Jahren seiner Regierung verantwortlich. Man braucht den Großen Vorsitzenden als kleinsten gemeinsamen Nenner, als Schutzheiligen in Autos und Bild über dem Altar. Längst ist Mao auch in China eine Pop-Ikone geworden. So macht es auch nichts, daß viele Chinesen die 70/30-Formel heute als 70 Prozent schlecht und 30 Prozent gut interpretieren. Unumstritten bleibt jedoch sein strategisches Geschick. Bücher, die Maos Militärstrategien als Leitfaden modernen Wirtschaftsmanagements umdeuten, sind Bestseller im Reich der Mitte.

In den beiden Provinzen Yunnan und Guanxi leben mehr als 30 der 56 chinesischen Volksgruppen. Yunnan galt lange Zeit als Ort der Strafversetzung. Heute zieht es den chinesischen Wang-Normalverbraucher vor allem im Winter in die für ihr mildes Klima bekannte Provinz. Nach Guangxi pilgern wie eh und je die Landschaftsliebhaber.

Der Südwesten

Die Provinz Yunnan

Kaum eine andere chinesische Provinz hat sich in den letzten 20 Jahren so gewandelt wie Yunnan 云南 an der Grenze zu Vietnam, Burma und Laos. Noch vor einigen Jahren lautete der lapidare Rat chinesischer Freunde an den westlichen Chinareisenden, bei Reisen nach Yunnan Vorsicht walten zu lassen, die Sicherheitslage sei unklar und die Bewohner gefährlich. Auch wenn diese Einschätzung schon damals jeder Grundlage entbehrte, war die chinesische Südwestprovinz in den Augen der meisten Chinesen unterentwickeltes Barbarenland, auch weil viele der heute 50jährigen die Region in schlechter Erinnerung hatten. Yunnan war eines der Gebiete, in die vormalige Rotgardisten während der Kulturrevolution verschickt wurden. Von der entbehrungsreichen Zeit unter den Minoritäten, die den Han-Chinesen nicht gerade freundlich gesinnt waren, ist heute nur das Produkt übrig geblieben, das die strafverschickten Jugendlichen damals anbauten: Yunnan-Kaffee, Chinas beste Bohne.

Heute ist Yunnan für die Chinesen das, was Mallorca für die sonnenhungrige deutsche Bevölkerung ist. Wenn der Rest des Landes in Schnee und Kälte versinkt, zieht es inzwischen nicht nur die verfrorenen westlichen Studenten, sondern auch viele Urlaubslustige der neuen chinesischen Mittel- und Oberschicht in die Südwestprovinz, um die ersten Sonnenstrahlen und ein wenig Grün zu erhaschen. Nicht umsonst sagt ein chinesisches Sprichwort, daß in Yunnan vier Jahreszeiten dem Frühling gleichen. Zwar wird jeder Besucher, der einmal eine kalte Dezembernacht oder einen heißen Julitag in der durchschnittlich auf 2000 Meter über dem Meer gelegenen Provinz verbracht hat, an der chinesischen Definition von Frühling zweifeln. Dennoch kann man das Klima in Yunnan mit gutem Gewissen als gemäßigt bezeichnen. Auch wenn man eine gewisse Regentoleranz mitbringen sollte, ist das durch den Monsun beeinflußte Yunnan eine der wenigen Provinzen Chinas, die man auch als hitzeempfindlicher Mensch im Sommer besuchen kann. Die Temperaturen liegen dann zwischen 15 und 30 Grad, auch abends kann man in den meisten Gegenden noch gut draußen sitzen.

Ethnisch und geographisch ist Yunnan die heterogenste chinesische Provinz. Von den 56 offiziell anerkannten chinesischen Volksgruppen (einschließlich der Han-Chinesen) leben 25 in dem 394 000 Quadratkilometer großen Gebiet zwischen Himalaya und dem laotischem Dschungel. Die höchste Erhebung, der Meili Xueshan (梅里雪山 Kawagebo) an der Grenze zu Tibet ist 6740 Meter hoch, der niedrigste Punkt ist die Grenzstadt zu Vietnam, Hekou, mit 74,6 Metern Höhe. Für Naturfreunde ist die Provinz ein Paradies: 15 000 verschiedene Pflanzenarten sind in Yunnan heimisch, 40 Prozent der chinesischen und 75 Prozent der tibetischen Heilkräuter sind hier neben fast 700 Blütenpflanzen zu finden. Zu den seltenen, anderorts ausgestorbenen Tierarten gehören der Schneeleopard, der Goldhaaraffe, der rote Panda und Schwarznackenkranich. Im Einzugsbereich der drei größten Flüsse Yunnans, dem Yangzi, dem Mekong und dem Salween (Nujiang 怒江) wechseln fast 7000 Meter hohe, schneebedeckte Berge mit bis zu 4000 Meter tiefen Schluchten.

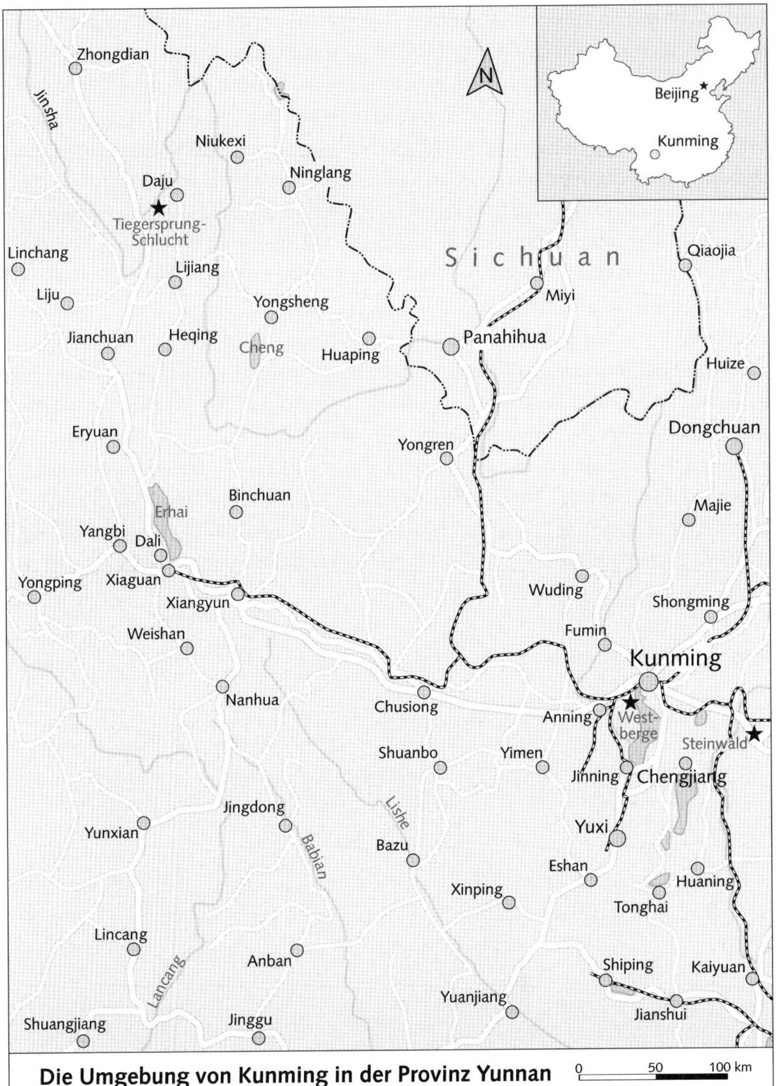

Die Umgebung von Kunming in der Provinz Yunnan

Geschichte

Zwar gaben viele der 24 Minoritäten ihre Geschichte und damit die Geschichte Yunnans in Legenden, Fresken und Tänzen weiter, um einen Überblick über die Geschichte der Provinz zu bekommen, ist man jedoch vor allem auf chinesische Quellen angewiesen. Dies hat den Nachteil, daß alles, was wir über die historische Entwicklung Yunnans wissen, durch die chinesische Brille kommentiert wird, das heißt aus dem Blickwinkel der im eigenen Selbstverständnis kulturell höherstehenden Nation. Bis heute liest man in chinesischen Reiseführern, daß erst die Tang-Dynastie Kultur und Wissen nach Yunnan brachte. Dabei weist vieles darauf hin, daß in Yunnan bereits vor mehr als 2000 Jahren eine Hochkultur existierte, die dem nördlichen Nachbarn kaum nachstand. Die Dian-Kultur, in chinesischen Quellen zuerst 339 vor Christus erwähnt, hinterließ eindrucksvolle Bronzegefäße und -artefakte, die heute im Provinzmuseum in Kunming zu bewundern sind. Etwa ab dem 3. Jahrhundert, als der mächtige Nachbar China nach dem Ende der Han-Dynastie in Krieg und Chaos versank, fiel das Dian-Reich aus dem Fokus der chinesischen Historiker und damit in Vergessenheit.

Vermutlich waren es Thai-Stämme aus dem Süden, die die Herrschaft an sich rissen und das Machtzentrum von Kunming nach Westen in die Region um den Erhai-See verlagerten. Das mächtige Nanzhao-Reich und sein Nachfolger, das Königreich von Dali, beherrschten große Teile Yunnans sowie Teile der heutigen Staaten Laos, Burma und Vietnam. Mit dem wiedererstarkten China der Tang-

Dorf bei Dali am Erhai

Dynastie lieferten sich die Armeen Nanzhaos eine Reihe von blutigen Schlachten, eingerahmt von kurzfristigen, vor allem gegen tibetische Expansionsbestrebungen gerichtete Allianzen.

Auch wenn die chinesischen Kaiser Yunnan seit dem 8. Jahrhundert als Teil Chinas betrachteten, waren es erst die Mongolen, die die Truppen des Dali-Reiches im 13. Jahrhundert besiegten und die Region endgültig in das chinesische Reich integrierten. Mit der Befriedung des chinesischen Südwestens wurde Yunnan weitgehend uninteressant für chinesische Historiker. Erst im späten 19. und frühen 20. Jahrhundert wurde der Provinz wieder die Aufmerksamkeit zuteil, die sie angesichts ihrer strategisch wichtigen Lage am Schnittpunkt des Reichs der Mitte mit dem kolonialen Südostasien verdient hatte. Vor allem die Franzosen versuchten, in Yunnan Fuß zu fassen und so gegenüber den in Burma stehenden Briten einen entscheidenden strategischen Vorteil zu erlangen.

Noch heute erinnert die Schmalspurbahn von Kunming nach Hekou sowie der yunnanesische Rotwein (Yunnan Ganhong 云南干红), einst entdeckt und ausgebaut von französischen Missionaren, an die starke französische Präsenz in der Zeit zwischen Opiumkrieg und Zweitem Weltkrieg. Die legendäre Burmastraße endete in Kunming und der ›Humb‹, die alliierte Luftbrücke nach China während der japanischen Besatzung in den 40er Jahren des 20. Jahrhunderts, führte über die Ausläufer des Himalayas in die Hauptstadt Yunnans.

Heute ist Yunnan mehr denn je Chinas Tor nach Südostasien. Dennoch hat das chinesische Sprichwort, nach dem ›die Berge hoch seien und der Kaiser weit‹ in Yunnan immer noch seine Gültigkeit. Zwischen dem Vorurteil, Chinas ›Wilder Westen‹ zu sein und der neu gewonnenen Reputation als Urlaubsparadies ist Yunnan auf dem Weg, seinem Ruf als ›etwas andere chinesische Provinz‹ in positiver Weise gerecht zu werden.

Kunming

Sie sei die ›Stadt des Ewigen Frühlings‹ und Chinas schönste Provinzhauptstadt, so wird es dem Besucher gesagt und Kunming 昆明 gibt sich alle Mühe, diesem Bild zu entsprechen. Wer die Stadt bis Mitte der 90er Jahre besuchte, erinnert sich an eine angenehme, wenig urbane Stadt, mit schmalen Alleen, die von zweistöckigen Häusern aus Holz und Stein gesäumt wurden. Ende der 90er Jahre erreichte der chinesische Wirtschaftsboom auch Kunming, nicht zuletzt aufgrund der Internationalen Gartenschau, die 1999 in der Stadt stattfand. Die Bevölkerung wuchs von 1,5 Millionen Menschen im Jahre 1990 auf nunmehr fast 4 Millionen. Nach Jahren des Umbruchs, in der die Innenstadt Kunmings fast vollständig umgestaltet wurde, gibt sich die Stadt als moderne chinesische Metropole, wenn auch ein

Im Cuihu-Park von Kunming

wenig grüner als die meisten vergleichbaren Provinzhauptstädte, und, wie die gesamte Provinz, vom Klima verwöhnt. Das jährliche Temperaturmittel liegt bei 16 Grad, selbst im Dezember wird es selten kälter als 5 Grad.

Bereits vor knapp 2400 Jahren war Kunming die Hauptstadt des hochentwickelten Dian-Reiches. Zu Zeiten des Nanzhao-Reiches war es neben Dali zweite Hauptstadt. Nachdem die Stadt nach der Eroberung durch die Mongolen 1274 kaum urkundlich erwähnt wird, versuchten die Kaiser der Ming-Dynastie im 14. Jahrhundert, Kunming zu einem lokalen Verwaltungszentrum auszubauen. Von der damals errichteten gewaltigen Stadtmauer ist heute jedoch nichts mehr zu sehen. Unter dem abtrünnigen General Wu Sangui und seinen Nachfolgern genoß die Stadt zwischen 1644 und 1681 de facto Unabhängigkeit, ehe die von Norden nachrückenden Truppen der Mandschus Kunming wieder dem chinesischen Reich einverleibten.

Mitte des 19. Jahrhunderts während einer großen Moslem-Revolte überrannt und gebrandschatzt, erweckte Kunming zunehmend die Aufmerksamkeit der Kolonialmächte Frankreich und England. Während des Zweiten Weltkrieges erlangte die Stadt als Endpunkt der Burmastraße überregionale Bedeutung. Nachdem die Japaner 1942 das burmesische Lashio erobert hatten und damit den Nachschub über die Burmastraße abschnitten, war der Kunminger Flughafen von 1942 bis 1945 Endpunkt der Luftbrücke, mit dem die Alliierten die chinesischen Truppen mit Waffen für den Kampf gegen die Japaner unterstützten, und damit wichtigster Warenumschlagsplatz Südwestchinas.

Nach Gründung der VR China bauten die Kommunisten Kunming als wichtiges Verwaltungs- und Industriezentrum Südwestchinas auf. Heute ist die Stadt Chinas Tor zu Südostasien und wichtiges Tourismuszentrum.

Sehenswürdigkeiten

Trotz seiner fast vier Millionen Einwohner ist Kunming immer noch eine recht übersichtliche Stadt. Die meisten der Sehenswürdigkeiten liegen im Nordwesten der Stadt und lassen sich außer mit Taxis und den öffentlichen Verkehrsmitteln auch sehr gut mit dem Fahrrad erreichen. Das ›Camellia Hotel‹ (Chahua Fandian 茶花饭店, Tel. 316 30 00) in der Dongfeng Lu 东风路 vermietet Fahrräder für 10 RMB am Tag.

Ein guter Ausgangs- und Orientierungspunkt ist der große ›Platz der Volksregierung‹ (Renmin Zhengfu Guangchang 人民政府广场) an der Kreuzung der Nord-Süd-Achse, der Beijing Lu 北京路 und der Ost-West-Traversale, der Dongfeng Lu. Am frühen Morgen kann man hier den Pensionären beim Taijiquan zuschauen , gegen Abend treffen sich Musik- und Opernliebhaber. Folgt man der Beijing Lu Richtung Norden, so erreicht man nach knapp zwei Kilometern die Yuantong Lu 圆通路, benannt nach dem gleichnamigen Tempel.

Der Yuantong-Tempel 圆通寺 gehört zu den ältesten Tempeln der Stadt und erstrahlt, nachdem er während der Moslem-Revolte im 19. Jahrhundert und in der Kulturrevolution zweimal fast vollständig zerstört wurde, nach Restaurierungen Mitte und Ende der 90er Jahre wieder im alten Glanz. Die bis in die Tang-Dynastie zurückgehende Tempelanlage gleicht eher einem Palast als einem Tempel und bietet eine interessante Mischung aus chinesischen und südostasiatischen Einflüssen. Das heutige Design stammt aus dem 14. Jahrhundert. Durch das Ehrentor und einen kleinen Park erreicht man das eigentliche Eingangstor des Tempels, mit den vier Himmelskönigen, Maitreya, dem Dickbauchbuddha und Weituo, dem Beschützer des Buddhismus. Geht man durch dieses Tor, so erblickt man durch die dichten Rauchschwaden der Räucherstäbchen hindurch die eigentliche Tempelanlage. Entlang des kleinen Teiches, in dessen Mitte sich ein der Göttin der Barmherzigkeit Guanyin geweihter Pavillon befindet, kann man auf beiden Seiten zur Haupthalle des Tempels gelangen, in der sich die übliche Phalanx der drei Buddhafiguren findet, des vergangenen, des gegenwärtigen und des zukünftigen Weltenzyklus. Interessant an dieser Halle sind vor allem die geschnitzten Drachensäulen. Einst, so erzählt die Legende, lebte hier ein Drache, der erst mit dem Bau des Tempels befriedet werden konnte. Der im südostasiatischen Stil gehaltene Tempel hinter der Haupthalle ist ein Geschenk Thailands. Im Inneren des für Besucher nicht zugänglichen Gebäudes befindet sich eine vergoldete

Statue Sakyamonies. Leider enden die Treppen hinter dem Tempelgebäude an einer Steinmauer, sonst könnte man von hier in den dahinterliegenden Kunminger Zoo aufsteigen, von dessen Gelände man einen ausgezeichneten Blick auf die Stadt hat.

Folgt man der Yuantong Lu Richtung Westen, so erreicht man nach 500 Metern den Cuihu-Park 翠湖公园, eine auf den Qing-Kaiser Kangxi zurückgehende Gartenanlage mit mehreren, miteinander verbundenen Seen, über die Brücken im

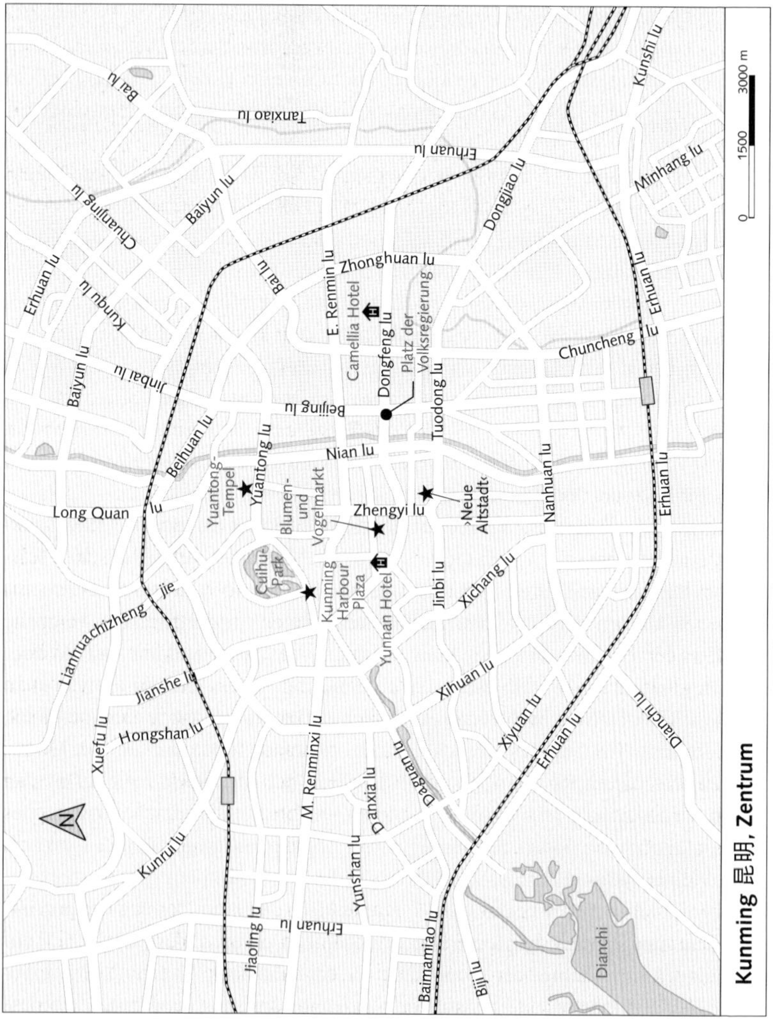

Kunming 昆明, Zentrum

Der Yuantong-Tempel

klassischen chinesischen Stil führen. Wenngleich neueren Datums, ist der Park auf jeden Fall einen Besuch wert. Am Osteingang laden Teehäuser zum Verweilen ein, die nicht nur die ausgezeichneten lokalen Teesorten ausschenken, sondern auch die eine oder andere lokale Gaumenfreude auf der Speisekarte haben. Im Parkinneren treffen sich die Freunde der Volksmusik und der lokalen Oper und geben ihr Können zum Besten.

Entlang des südöstlichen Seeufers führt die Uferpromenade zurück in Richtung Innenstadt. Es empfiehlt sich, auf Höhe des ›Kunming Harbour Plaza Hotels‹ 昆明海逸酒店 nach links abzubiegen und der kleinen Straße zu folgen, bis man wieder die Dongfeng Lu erreicht. Auf Höhe des Kunsttheaters zweigt die Guanghua Jie 光华街 ab und führt nach etwa einem Kilometer direkt zum Blumen- und Vogelmarkt 花鸟市场. Auch wenn mit zunehmendem touristischen Interesse dieser Markt inzwischen vor allem sogenannte Antiquitäten anbietet, lohnt sich ein Spaziergang zwischen den Marktständen allemal. Die die Marktstraße säumenden Bäume bilden ein natürliches Dach und tauchen die Stände, an denen Bonsaibäume, lebende Würmer als Vogelfutter und kleiner Gartennippes wie Laozi auf dem Wasserbüffel angeboten werden, zu jeder Tageszeit in ein grünes Halbdunkel.

Am südlichen Ausgang des Marktes finden sich die Reste der Kunminger Altstadt. Wer gerne an Garküchen lokale Spezialitäten probiert, der kommt hier auf seine Kosten. Vor allem zur frühen Abendzeit sind alle Sitzplätze der dann weit in die Straße hineinreichenden Garküchen besetzt und der hungrige Besucher hat die

Wahl zwischen Speisen aus allen Landesteilen: Maultaschen und Nudelsuppen in allen Variationen, Pilzgerichte, unzählige Spinatsorten, moslemische, bai- und dai-chinesische Gerichte. Mit der Zhengyi Lu 正义路 endet die Altstadt, besser gesagt, der Teil, der aus Denkmalschutzgründen noch erhalten ist. Folgt man ihr Richtung Süden, so erreicht man nach 300 Metern wieder die Dongfeng Lu. An der großen Kreuzung mit dem in realeren sozialistischen Zeiten einzigen Kaufhaus Kunmings stoßen Tradition und Moderne besonders hart aufeinander. Dreht man sich noch einmal um, so blickt man auf traditionelle Holzhäuser, die eine schmale Allee säumen. Vor einem baut sich das moderne Kunming auf, mit Hochhäusern, Spiegelfassaden und einem vierspurigen, stark befahrenen Kreisverkehr.

Durch die Unterführung, zu Maos Zeiten als Bunker gegen einen sowjetischen Überraschungsangriff geplant und heute als unterirdischer Markt genutzt, erreicht man am südlichen Ende die ›Neue Altstadt‹, eine Fußgängerzone, an der man, wie es inzwischen in den meisten chinesischen Städten Mode ist, Teile der Altstadt neu aufgebaut und als Einkaufsmeile ausgewiesen hat. Folgt man von hier der Dongfeng Lu nach Osten, erreicht man nach einem guten Kilometer wieder den Platz der Volksregierung.

Der Steinwald

Wie auch die Karstkegel von Guilin entstanden die Steinnadeln des Steinwaldes (Shilin 石林) vor etwa 270 Millionen Jahren, als sich das Tetismeer (Urmittelmeer) zurückzog und die durch Ablagerungen entstandenen Kalkformationen der Witterung aussetzte. Boden- und Seitenerosion formten die bizarren Karstgebilde, die heute fast eine Million Besucher im Jahr anziehen. Obwohl sich der Steinwald über 26 000 Hektar erstreckt, drängen sich die meisten Besucher auf einem 80 Hektar großen Areal im autonomen Kreis Lunan 鹿南.

Der Besucher hat die Wahl zwischen verschiedenen befestigten Rundwegen. Frauen der Sani, einer Untergruppe der Yi führen durch das Labyrinth von Felsspitzen, Höhlen und Tälern. Es empfiehlt sich auf jeden Fall, feste Schuhe zu tragen, da die Wege zum Teil sehr ausgetreten sind. Die bizarren Formen der Felsen haben, wie überall im Lande, die Phantasie der Chinesen angeregt. Mit ein wenig Einbildungskraft können Sie das ›Rhinozeros, das den Mond anblickt, das ›Elefantenbaby‹ und den ›Pilz der Unsterblichkeit‹ entdecken. Wer das Naturwunder des Steinwaldes in (relativer) Einsamkeit genießen möchte, dem empfiehlt sich der Besuch des zwölf Kilometer nordwestlich gelegenen, 300 Hektar großen ›Pilzwaldes‹, der, obwohl ähnlich spektakulär, weitaus weniger Besucher sieht. Falls Sie mehr Zeit in der Gegend verbringen wollen, stehen mit dem ›Shilin Hotel‹ (石林宾馆, Tel. 771 1401) dem ›Shilin Bishuyuan Hotel‹ (石林

Der Steinwald bei Kunming

避暑园宾馆, Tel. 771 10 88) und dem ›Yunlin Hotel‹ (云林宾馆, Tel. 779 54 10, Fax 779 54 09) drei Mittelklassehotels in unmittelbarer Nähe des Steinwaldeinganges zur Verfügung.

Ausflüge zum Steinwald organisiert unter anderem das Camellia Hotel. Seit 2002 fährt ein neuer Expresszug vom Südbahnhof Kunmings zum Steinwald. Abfahrt ist um 8.28 Uhr, der Zug zurück nach Kunming verläßt den Bahnhof um 15.54 Uhr. Die Fahrt dauert etwa 90 Minuten.

Dian-See, Westberge und Drachentor

Der an der südlichen Stadtgrenze gelegene Dian-See 滇池 ist mit 300 Quadratkilometern und 40 Kilometer Länge der größte See Yunnans. Am Westufer des Sees erstrecken sich die Westberge 西山, eine knapp 3000 Meter hohe Bergkette, auf der eine Gruppe buddhistischer und daoistischer Tempel in luftiger Höhe gebaut sind. Auf dem Weg zum auf 2500 Meter gelegenen Drachentor passiert man zuerst den Huating-Tempel (Huating Si 华亭寺), Kunmings größten buddhistischen Tempel, dessen Geschichte bis ins 11. Jahrhundert zurückgeht. Sehenswert sind hier vor allen die folkloristischen Wandmalereien, die in ihrem teils grotesken, teils bodenständigen Stil ein bewußtes Gegengewicht zu den kontemplativen Buddhafiguren bilden. Geht man den zunehmend schmaler werdenden Weg weiter bergauf, so kommt man zum Taihua-Tempel (Taihua Si 太华寺), der der Guanyin geweiht ist, und schließlich zum ›Pavillon der Drei Reinen‹ (Sanqing Ge 三清阁), einem ehemaligen mongolischen Sommerpalast, der seit dem 18. Jahrhundert als daoistischer Tempel dient. Schließlich erreicht man das Drachentor (Longmen 龙门), das zwischen 1781 und 1853 von daoistischen Mönchen aus dem Fels gehauen wurde. Der Blick vom Drachentor auf den Dian-See und Kunming ist atemberaubend.

Bambustempel

Der zwölf Kilometer nordwestlich von Kunming gelegene Bambustempel (Qiongzhu Si 筇竹寺) ist ein herausragendes Zeugnis der Originalität buddhistischer Kunst. In den Seitengebäuden des ursprünglich 1280 gebauten Tempels befinden sich 500 Luohan-Figuren, die der brillante sichuanesische Bildhauer Li Guangxiu zusammen mit fünf seiner Schüler von 1884 bis 1890 geformt hat. In der Darstellung von beispielhafter Frömmigkeit und Sünde bediente sich der Künstler nicht nur seiner surrealen Phantasie, sondern auch lokaler Vorbilder. So manch eine berühmte lokale Persönlichkeit fand sich auf nicht gerade vorteilhafte Weise dargestellt, und so verwundert es wenig, daß der Meister Kunming gleich nach der Fertigstellung der Figuren verließ.

Beide Ausflugsziele, die Westberge und der Bambustempel, sind mit Minibussen vom ›Yunnan Hotel‹ (Yunnan Fandian 云南饭店) in der Dongfeng Xilu 东风西路 aus zu erreichen.

Der Bambustempel

Vorwahl: +86/871.
Post: an der Kreuzung Beijing Lu/Dongfeng Lu.
Bank: alle großen Hotels einschließlich des ›Camellia Hotels‹ wechseln Bargeld und Reiseschecks, die Bank of China hat Filialen in der Renmin Lu und an der Beijing Lu nahe der Huangchen Nanlu.

Kunming ist per Direktflug von Bangkok, Chiang Mai, Singapur, Osaka, Seoul, Vientiane, Yangon, Hongkong, Shanghai und Beijing zu erreichen.

Kunming bietet Direktverbindungen mit Beijing (48 h), Shanghai (46 h), Chengdu (24 h) und Guilin (22 h). Auch wenn die Landschaft entlang der Strecke außerordentlich reizvoll ist, empfiehlt sich die Bahnfahrt nur für Reisende mit viel Zeit. Eine interessante Verbindung ist die Strecke nach Dali, die eine gute Alternative zu Bus und Flugzeug darstellt. (Ein Tag- und ein Nachtzug, jeweils 9 h).

Wichtige Busverbindungen gibt es nach Dali (5 h) und Lijiang (8 h). Die zentrale Busstation befindet sich auf der Beijing Lu, ca. 500 Meter nördlich des Hauptbahnhofs.

›Holiday Inn Hotel‹ (Yinghua Jiudian 樱花酒店), 5 Sterne, Dongfeng Dong Lu 东风东路 25, Tel. 31658 88. Luxushotel im Stadtzentrum mit westlichem Standard. Sehr gutes Frühstücksbuffet.
›Green Lake Hotel (Cuihu Binguan 翠湖宾馆), 4 Sterne, Cuihu Nanlu 翠湖南路 6, Tel. 5158888, Fax 5153286. Eines der ersten Luxushotels in Kunming. Sehr schöne Zimmer mit Blick auf den Cuihu, der Service läßt allerdings zu wünschen übrig.
›Camellia Hotel‹ (Chahua Fandian 茶花饭店), 2 Sterne, Dongfeng Lu 东风路 154, Tel. 3163000, Fax 3147033. Preiswertes Mittelklassehotel mit schönem Wintergartenrestaurant. Zimmer von Schlafsaal bis Doppelzimmer mit Bad, Business-Center und Reisebüros.Kostenloser Shuttleservice zum Flughafen.

›Gu Mingju‹ 古民居, Jingxing Jie 景星街 135–136, Tel. 3615966. In einem alten Teehaus in der Altstadt gelegen, bietet das Restaurant neben einer angenehmen Atmosphäre auch eine phantastische Auswahl lokaler Spezialitäten.
›Cooking School Xuechu Fandian‹ 学厨饭店, Dongfeng Lu 东风路. Gegenüber dem ›Camellia Hotel‹ gelegen, gibt dieses der Kunminger Kochschule angeschlossene Restaurant dem Besucher die Möglichkeit, die Spezialitäten der Yunnan-Küche für wenig Geld zu probieren. Der ideale Ort, um ›Über die Brücke Nudeln‹ 过桥米线 oder ›Huhn im Tontopf‹ 气锅鸡 zu probieren. Vorsicht: Um die Nachtruhe der Kochschüler zu gewährleisten, schließt das Restaurant um 20.30 Uhr.
›Upriver Club‹ (Shanghe Jiuba 上河酒吧), Houxin Lu 后心路 7. Von

Ye Yongxin, einem der renommiertesten chinesischen Avantgarde-Künstler, und seiner Frau geführt und dekoriert, bietet diese Bar in einer renovierten französischen Kolonialvilla eine gute Gelegenheit, einen Eindruck vom Kunminger Nachtleben zu bekommen. Gemütliches Ambiente mit wechselnden Ausstellungen und einer Kunstbuchhandlung.

Alles, was Kunming an lokalen Spezialitäten und Souvenirs zu bieten hat, findet man in Dali und Lijiang günstiger und in größerer Auswahl. Die großen Hotels wie das ›Kunming‹ und das ›Cuihu‹ sowie das ›Camellia‹ haben Souvenirshops, in denen sich auch Postkarten erstehen lassen. Entlang der Dongfeng und der Beijing Lu sowie am Ostufer des Cuihui finden sich Teeläden, etliche Supermärkte und einige Batikgeschäfte. Der ›Kunming Department Store‹ liegt an der Kreuzung von Dongfeng Xi und Zhengyi Lu. Ein guter Einkaufstip sind getrocknete Pilze. Ein halbes Pfund Steinpilze (Niuganjun 牛杆菌) kostet umgerechnet drei Euro.

Dali

Noch bis 1999 war Dali 大理古城, die zwischen dem Ohrensee (Erhai 洱海) und der bis zu 4200 Meter hohen Cang-Shan-Bergkette 苍山 gelegene Stadt mit ihren 25 000 Einwohnern nur mit öffentlichen, zumeist recht klapprigen Bussen zu erreichen. Je nach Wetter- und Straßenverhältnissen dauerte die 420 Kilometer Reise zwischen 8 und 15 Stunden. Mit der Eröffnung des Flughafens und der Einweihung der Bahnstrecke Kunming–Dali tauchte Dali Ende der 90er Jahre auch auf der touristischen Landkarte auf. Seitdem hat sich die Stadt deutlich verändert, nicht unbedingt zu ihrem Vorteil, wie viele der Rucksacktouristen beklagen, die Dali Mitte der 80er Jahre entdeckten und seinen Ruf als ›Zweites Kathmandu‹ prägten. Zu Recht drängt sich dem Besucher die Bezeichnung ›Chinesisches Disneyland‹ auf, wenn er die Fußgängerzone zwischen Nord- und Südtor zusammen mit Hunderten von in- und ausländischen Touristen entlanggeht. Der Tourismusboom hat jedoch auch seine guten Seiten. Während überall in China alte Bausubstanz vernichtet wird, steht der gesamte Stadtkern innerhalb der Stadtmauer unter Denkmalschutz. Neue Gebäude dürfen nur im traditionellen Stil gebaut werden. Die beiden Hauptstraßen der Altstadt, die Fuxing Lu 复兴路 und die Huguo Lu 护国路, sind für den Verkehr gesperrt und laden zum Flanieren ein. Letztere war sogar eine der ersten Fußgängerzonen in China überhaupt. In den 1950er Jahren hat man das Verwaltungszentrum der Region in das 14 Kilometer südlich gelegene

Xiaguan verlegt, um die ursprüngliche Bausubstanz Dalis zu schützen. Seitdem heißt Xiaguan auch ›Dali Stadt‹, was vor allem bei der Anreise mit Bus oder Bahn zur Verwirrung führen kann. Umgangssprachlich heißt Dali deshalb ›Dali-Altstadt‹ (Dali Gucheng).

Mitteltor in Dali-Altstadt

Die Teestraße und die Südliche Seidenstraße (Burmastraße) kreuzen sich im 14 Kilometer südlich gelegenen Xiaguan, und diese Lage an mehreren wichtigen Karawanenrouten machte Dali schon vor mehr als 1500 Jahren zu einem strategisch wichtigen Ort. Vom 8. Jahrhundert an regierte das Nanzhao-Reich von Dali aus wesentliche Teile Südostasiens. Obwohl nach der Eroberung durch die Mongolen 1253 des Status als Hauptstadt beraubt, blieb Dali aufgrund seiner geographischen Lage in den folgenden Jahrhunderten ein wichtiges lokales Machtzentrum. Die Bai 白 und die ethnisch verwandten Yi 彝 regierten das Gebiet um den Erhai, ohne große Einmischung der chinesischen Herrscher fürchten zu müssen. Während des großen Moslem-Aufstandes 1855 zogen sich die Rebellen, nachdem sie Kunming gebrandschatzt hatten, nach Dali zurück. Von den Engländern nicht ganz uneigennützig unterstützt, hielten sie sich bis 1873, als die Truppen der Qing mit französischer Hilfe die Region zurückeroberten. Historische Quellen sprechen von mehr als einer Millionen Opfern auf Seiten der chinesischen Moslems, den Hui.

Heute leben die 16 Volksgruppen der Region friedlich miteinander, selbst die Han-Chinesen werden nicht mehr als Fremdkörper empfunden. Vor allem die Bai spielen jedoch immer noch eine bestimmende Rolle in Politik und Wirtschaft.

Sehenswürdigkeiten

Die Altstadt Dalis läßt sich ohne Problem zu Fuß erkunden. Andere Verkehrsmittel verbieten sich fast von selbst, denn große Teile der Innenstadt sind für den motorisierten Verkehr und teils auch für Fahrräder gesperrt. Für Ausflüge zum Erhai oder zu den Drei Pagoden kann man in fast allen Hotels und in einigen Restaurants Fahrräder leihen. Auch Taxis gibt es inzwischen in Dali, die vor allem entlang der Bo'ai Lu 博爱路 auf zahlungskräftige Kundschaft lauern. Eine gute Alternative sind außerdem die Eselskarren, gewissermaßen die traditionellen Taxis der Stadt, die sich vor allem für einen Ausflug zum Erhai empfehlen und die um das Nordtor 北门 zu finden sind.

Ein Rundgang durch Dali beginnt idealerweise in der Huguo Lu 护国路, da sich hier die meisten Hotels befinden. Ein Problem, das viele Besucher bestätigen werden, ist es, die Straße erst einmal zu verlassen. Dutzende kleine Cafés, Schneiderläden und Galerien laden zum Verweilen ein. ›Yangrenjie‹ 洋人街, Ausländerstraße, heißt die Straße im Volksmund und in den chinesischen Reiseführern, und so kommen chinesische Touristen hierher, um Langnasen beim Pizzaessen zu fotografieren. So verlockend ein frisch gebrühter Espresso nach Wochen der den chinesischen Umständen geschuldeten Abstinenz auch sein mag, Dalis Altstadt hat weitaus mehr zu bieten als ›Banana Pancake‹ und das ›Dalai-Lama-Frühstück‹, letzteres erhältlich im ›Tibetan Café‹.

An der Kreuzung von Huguo und Fuxing Lu 复兴路, an der sich auch die Hauptpost befindet, folgt man, aus der Huguo Lu kommend, am besten der Fuxing Lu Richtung Süden. Im Zuge der Restaurierung der Altstadt 1998/99 wurden einige der alten, baufälligen Häuser durch neue Gebäude im traditionellen Stil ersetzt. Nicht immer hielt man sich an die historischen Vorbilder, und oft scheint es, als ob eher Einheitlichkeit als architektonische Stimmigkeit den Ausschlag beim Wiederaufbau gab. Trotz alledem gibt Dali dem Besucher einen guten Eindruck traditioneller chinesischer Stadtarchitektur.

Äußerst typisch ist die Wuhua-Pagode 五华塔 auf halbem Weg zum Südtor. Wie auch in anderen Städten der Region, unter anderem in Weishan oder Xiang-

Dali-Altstadt gleicht einem Freilichtmuseum

yun, steht die Pagode an der historischen zentralen Kreuzung der Stadt. Vier Gänge aus den entsprechenden Himmelsrichtungen vereinigen sich unter dem Gebäude, das 1999 an historischer Stätte neu errichtet wurde. Von der Aussichtsplattform hat man einen ausgezeichneten Blick auf die Stadt, den Erhai und den Cang-Shan. Schaut man genauer hin, so kann man neben den berühmten Drei Pagoden im Norden Dalis viele kleinere Pagoden ähnlichen Stils über das Tal verteilt sehen. Die Bai glaubten, die Pagoden wirkten wie Akkupunkturnadeln in der Erde und stellten auf die entsprechenden Punkte jeweils eine Pagode, die die Energieströme der Erde regulieren sollte.

Folgt man der Fuxing Lu, so erreicht man nach weiteren 500 Metern das südliche Stadttor, neben dem Nordtor einzig erhaltener Teil der aus der Ming-Dynastie stammenden Stadtmauer. Seit 1999 hat man große Teile der Stadtmauer wieder aufgebaut, so daß es nun möglich ist, die gesamte Südmauer zu erlaufen. Geht man durch das Tor, so befindet man sich in der südlichen Vorstadt, dem traditionellen Schnitzereiviertel. Wer wissen will, wie die in den Geschäften der Altstadt angepriesenen Holzschnitzereien hergestellt werden, kann in einer der vielen kleinen Werkstätten den Handwerkern bei ihrer filigranen Arbeit zuschauen. Etwa 300 Meter vom Südtor entfernt lockt das ›Mekong Center of Art‹ (MCA) mit hausgebackenem Kuchen, einer kleinen Kunstgalerie und dem einzigen Swimmingpool der Stadt.

Die Drei Pagoden

Vor allem für chinesische Touristen ist der etwa zwei Kilometer nördlich der Stadt gelegene Chongsheng-Tempel 崇圣寺 mit dem Wahrzeichen der Stadt, den Drei Pagoden 三塔, der beliebteste Besichtigungspunkt Dalis. Nach der Verlegung der Nanzhao-Hauptstadt nach Dali im Jahre 750 wurde der Chongsheng-Tempel als Staatstempel ausgebaut, nachdem König Kolofeng hier vor der Machtübernahme als Mönch gelebt hatte. Die älteste und mit knapp 70 Metern zugleich höchste, sechzehnstöckige Pagode stammt aus dem 9. Jahrhundert und wurde nach dem Vorbild der Kleinen Wildganspagode in Xi'an erbaut. Die beiden kleineren, jeweils 42 Meter hohen Pagoden wurden im 11. Jahrhundert errichtet. Seit 1995 nicht mehr begehbar, sind die Pagoden vor allem ein lohnendes Fotomotiv. Die Spiegelung der Pagoden in dem kleinen, etwas nördlich gelegenen künstlichen Teich lockt am späten Nachmittag, wenn die Sonne die Pagoden gut ausleuchtet, viele Fotofreunde an. Die Tempelanlage hinter den Drei Pagoden ist jüngeren Datums, die Gebäude wurden anläßlich der Rückkehr Hongkongs und Macaus zum Mutterland gebaut. Sie beherbergen ein kleines Museum der Tempelgeschichte.

Die Drei Pagoden

Ausflüge in die Umgebung

Hat man ein wenig mehr Zeit, so sollte man diese auf jeden Fall für einen Ausflug in die Umgebung Dalis nutzen. Lohnenswerte Ausflüge sind der Zhonghe-Tempel 中和寺, der Erhai (Er-See) sowie die nördlich von Dali gelegenen Städte Xizhou 喜洲, Zhoucheng 周城 und Shaping 沙坪. Zum auf 2600 Metern gelegenen Zhonghe-Tempel, von dem man einen phantastischen Blick auf das Erhai-Tal hat, führt eine Doppelsesselbahn, deren Talstation nahe der Drei Pagoden liegt. Alternativ kann man den Tempel von Dali aus auch über einen ausgetretenen, leider aber nicht beschilderten Wanderweg erreichen. Ein neu angelegter Höhenwanderweg führt vom Zhonghe-Tempel Richtung Süden zum Gantong-Tempel 感通寺. Hier kann man eine weitere Sesselbahn ins Tal nehmen und mit dem Bus Nr. 4 nach Dali zurückfahren.

Ein ebenfalls äußerst lohnenswerter Ausflug ist der Besuch des Montagsmarktes in Shaping, 30 Kilometer nördlich von Dali gelegen. Auf den wichtigsten und größten Wochenmarkt der Gegend strömen Bauern aus den Dörfern um den Erhai und bieten neben Obst und Gemüse auch Alltagsgegenstände und Souvenirs feil. Kräuterdoktoren sind hier ebenso zu finden wie ein Zahnarzt. Allein der Anblick des fußbetriebenen Bohrers und der als Referenz ausgelegten gezogenen Zähne kuriert eventuelle Zahnschmerzen des Betrachters auf Jahre. Viele der Cafés in der Altstadt organisieren Minibusse für den Marktbesuch. Wenn möglich empfiehlt sich ein Zwischenstop in Zhoucheng und Xizhou, zwei Städte, die auf dem Weg nach Shaping liegen. Auf dem Marktplatz von Zhoucheng steht die größte historische Freiluftbühne Yunnans. In der Stadt mit vorwiegend moslemischer Bevölkerung werden außerdem die blau-weißen Batikstoffe hergestellt, die das Stadtbild Dalis bestimmen. Der Besuch einer der Werkstätten ist möglich.

Das nur selten besuchte Xizhou bietet dem Besucher einen ungeschminkten Blick in die für die Gegend typische Holzarchitektur mit ihren labyrinthartigen Innenhöfen. Besonders lohnenswert ist die ehemalige Residenz eines lokalen Heerführers, der in den 1920er und 1930er Jahren zusammen mit seiner französischen Frau in Xizhou residierte. Im letzten der insgesamt fünf Innenhöfe des nun als Restaurant dienenden Gebäudekomplexes an der Südseite des Marktplatzes steht ein Gebäude im Stil der französischen Renaissance, das Wohnhaus der französischen Gemahlin.

Vorwahl: +86/872.
Hauptpostamt: Ecke Huguo/Fuxing Lu 护国/复兴路.
Bank: Bank of China, Fuxing Lu.
Reisebüro: CITS Dali befindet sich in der Bo'ai Lu 博爱路. Allerdings sind die meisten Cafés und Hotels weitaus effektiver in ihrem Service.

Dali ist mit dem Bus ab Kunming (5 h), Lijiang 丽江 (3 h) und Zhongdian 中甸 (8 h) zu erreichen. Die meisten Busse halten am westlichen Ende der Huguo Lu. Die zentrale Busstation ist an der Kaserne etwas südlich des Südtors auf der Fuxing Lu.
Kleine Reisebüros und die meisten Cafés sind bei der Besorgung von Bustickets gegen einen geringen Aufpreis behilflich.

Der Flughafen liegt 28 Kilometer südöstlich der Stadt. Direktverbindungen bestehen mit Kunming und Jinghong 景洪.

›MCA Guesthouse‹, 2 Sterne, Tel. 2673666, Fax 2673999, Wenxian Lu 文献路. Etwas abseits außerhalb des Südtors gelegen eine ruhige Alternative zu den Stadthotels. Stilvolle Anlage mit Pool und Restaurant. Zimmeroptionen von Schlafsaal bis Suite.
›Old Dali Four Seasons Inn‹ (Siji Kezhan 四季客站), 1 Stern, Tel. 2673666, Bo'ai Lu 博爱路 51. Einfaches, aber stilvoll um einen traditionellen Innenhof gebautes Guesthouse in der Altstadt.

›MCA Guesthouse‹. Ideal für einen gemütlichen Abend am Pool mit ausgezeichnetem lokalem und westlichem Essen. Für Gruppen gibt es auf Anfrage auch ein Spezialitäten-Buffet.
›Kathy's Kitchen‹, Huguo Lu 护国路. Zentral in der Huguo Lu gelegen lädt das Café mit seinen Tischen auf der Sonnenseite der Huguo Lu zum Nachmittagkaffee ein.

›Jim's Peace Café‹, Bo'ai Lu 博爱路. Eines der ersten Cafés, die in Dali aufmachten. Der Besitzer, Jim, ist ein guter Ansprechpartner für nicht-alltägliche Ausflüge in die Umgebung Dalis. Spezialität des Hauses: Jim Nr.1, ein Cocktail, dem aphrodisierende Wirkung nachgesagt wird.

Mit dem Tourismusboom ist die Altstadt von Dali ein großes Einkaufsparadies geworden. Batiken und Stoffe, Tee, Schmuck und Marmor sind die lokalen Spezialitäten. Der Buchladen in der Huguo Lu rechts neben dem Eingang des ›Dali Hotels ist eine Fundgrube für englische und deutsche Chinaliteratur.

Lijiang

Im Schatten des 5596 Meter hohen Jadedrachenschneeberges auf 2450 Metern über dem Meeresspiegel, an der historischen Grenze des chinesischen und des tibetischen Einflußgebietes gelegen, waren Lijiang 丽江 und das nahe gelegene Baisha wichtige Zwischenstops der Karawanen, bevor sie den beschwerlichen Weg nach Tibet antraten. Die Naxi, mit 250000 Menschen die stärkste Bevölkerungsgruppe, agierten als Zwischenhändler, ihr kleines Fürstentum als Pufferstaat zwischen Tibet und China. Nicht ganz zufällig wählten die Naxi den Frosch als ihr Symboltier: klein, beobachtend und zur rechten Zeit bereit zu einem großen Sprung.

Geschichte

Erste Siedlungen der ursprünglich nomadisch lebenden Naxi sind in der Region bereits in der Tang-Dynastie nachzuweisen. Lange Zeit war das 15 Kilometer talaufwärts gelegene Baisha die Hauptstadt der Naxi, ehe sie ihr Zentrum im 13. Jahrhundert in die eigentliche Marktmetropole Dayan, dem heutigen Lijiang verlagerten. In den Jahrhunderten danach versuchten die Naxis, gute Beziehungen mit dem chinesischen Kaiserreich aufrecht zu erhalten. Der Mu-Clan verstand sich als eine Art Statthalter Beijings und verteilte Lehen an seine Gefolgschaft. Noch heute haben die meisten Naxis Familiennamen wie Yang 杨 und Lin 林, in denen das Zeichen für Mu 木 (Holz) als Bestandteil vorkommt. Aus den unzähligen Scharmützeln und Kleinkriegen der Region hielten sich die Naxis in der Folgezeit weitgehend heraus. Als die Truppen Mao Zedongs während des Langen Marsches durch Lijiang kamen, wurden sie jedoch mit offenen Armen begrüßt, und nicht

Dorf bei Lijiang

wenige Naxi-Männer schlossen sich den kommunistischen Truppen an. Während des Zweiten Weltkrieges war Lijiang ein wichtiger Zwischenstop des ›Humb‹, der Luftversorgungslinie, mit der General Stilwell die chinesischen Truppen im Kampf gegen Japan versorgte. Die Reste des damals benutzten Flughafens am Fuße des Jadedrachenschneeberges lassen sich heute jedoch nur noch erahnen.

Im Februar 1996 zerstörte ein Erdbeben der Stärke sieben große Teile der Stadt. 3000 Menschen starben, über 16 000 wurden verletzt. An vielen Türen der Altstadt sieht man bis heute im Andenken an die Toten weiße anstatt der ansonsten üblichen roten Neujahrsbilder. Was als menschliche Katastrophe begann, erwies sich jedoch in konservatorischer Hinsicht langfristig als glückliche Fügung. Nicht nur die UNESCO, auch die chinesische Regierung war beeindruckt, daß viele der alten Häuser Lijiangs den Erderschütterungen standhielten, während große Teile der Neustadt wie Kartenhäuser zusammenklappten. Mehrten sich vor dem Erdbeben die Stimmen, die befürchteten, Lijiangs Altstadt könnte den Modernisierungsbestrebungen der lokalen Behörden zum Opfer fallen, so führten die massiven Hilfsmaßnahmen und die Aufnahme der Altstadt Lijiangs in das UNESCO-Weltkulturerbe 1997 dazu, daß die historische Bausubstanz weitgehend gerettet wurde. Viele Millionen Yuan wurden seitdem in die Restaurierung gesteckt und heute ist es die Neustadt, die gefährdet erscheint. Im Jahre 2003 wurden die gerade einige Jahre alten Häuser und der Markt entlang des nördlichen Endes der Altstadt abgerissen und als ›neue‹ Altstadt wieder aufgebaut.

Sehenswürdigkeiten

Im Gegensatz zu anderen chinesischen Städten hatte Lijiang nie eine Stadtmauer. Obgleich dies für eine von nicht immer freundlich gesinnten Nachbarn umgebene Stadt seltsam anmutet, gibt es dafür eine einfache Erklärung. Das Schriftzeichen für den Familiennamen der Fürstenfamilie, Mu 木, entspricht dem Schriftzeichen für Holz. Dieses Schriftzeichen in einer Umrandung 困 (kun) bedeutet ›Schwierigkeiten‹. Der Mu-Clan innerhalb einer Stadtmauer wäre also der Baum in der Umrandung gewesen, eine nicht gerade Glück verheißende Symbolik. Alle Vorsicht nutzte jedoch nichts. Der letzte männliche Sproß der Mu gab sich dem Opium hin und verzockte den Familienbesitz. Heute erinnert ein nach alten Plänen vollständig im Jahre 2000 neu erbauter Palast im Süden der Altstadt an die einstige Macht des Mu-Clans.

Der Spaziergang durch Lijiang beginnt an dem großen Wasserrad nahe der Kreuzung von Zhendong Lu 镇东路 und Dongda Jie 东大街 gegenüber dem ›Grand Lijiang Hotel‹. Hier verzweigt sich der Jade-Fluß (Yushui He 玉水河) zu einem ausgeklügelten Kanalsystem, das in alten Zeiten die gesamte Altstadt bewässerte. Folgt man der Xinyi Jie 新义街, so betritt man den Teil der Altstadt, der nach der Restaurierung weitgehend sein Gesicht behalten hat. An einem kleinen Kanal laden mehrere Restaurants und Cafés zum Verweilen ein. Im Din-Din Restaurant (Xue Lou 雪楼) kann man nicht nur Naxi-Spezialitäten wie frittierte Libellen probieren, das Restaurant gibt dem Besucher auch einen guten Eindruck der klassischen Hofarchitektur der Naxis. Schräg gegenüber liegt das ›Old Town Inn‹ 古城客站, ein Hotel, das sich, wenn auch neu gebaut, an der Architektur einer alten Familienresidenz orientiert. Folgt man der Straße, so kommt man am First Bend Inn vorbei in die Mishi Xiang 密士巷. Vor allem abends kann man hier am Ufer des Jade-Flusses ausgezeichnet essen und zuweilen sogar Life-Musik lauschen.

Ein Stück weiter, wo die Mingshi Xiang die Wuyi Jie 五一街 kreuzt, geht man über die älteste noch erhaltene Brücke Lijiangs und erreicht schließlich den zentralen Marktplatz, die Sifang Jie 四方街. In der Gegend um die ›Quadratstraße‹, so die wörtliche Übersetzung, lagen die ersten Ansiedlungen Lijiangs. Bis heute ist hier täglich Markt, wenn auch zunehmend Souvenirs statt Gemüse und Obst verkauft werden.

Überquert man die Sifang Jie und folgt der Xinhua Jie 新华街, so erreicht man nach einigen hundert Metern bergauf die Wanggu-Pagode (Wanggu Lou 望古楼). Von hier hat man einen ausgezeichneten Blick auf Lijiang. Im Osten liegt die Altstadt, nach Norden und Westen erstreckt sich die neue Stadt fast bis zum Jadedrachenschneeberg, bei schönem Wetter ein gewaltiger Anblick. Um zum Ausgangspunkt unseres Spazierganges zurückzukehren, folgt man entweder dem

Altstadtdächer in Lijiang

Höhenweg Richtung Norden, oder läuft zurück zur Sifang Jie. Durch die Dong Dajie, die allerdings relativ überlaufenen ist, erreicht man nach einem knappen Kilometer wieder das Wasserrad.

Auf halber Strecke kann man die Gelegenheit nutzen, sich eine Eintrittskarte für die abendliche Aufführung traditioneller Naxi-Musik zu reservieren. Der Andrang ist groß, wenn auch der Ruhm dem Orchesterleiter Xuan Ke etwas zu Kopf gestiegen ist. Etwa zwei Drittel des knapp 90-minütigen Programms bestreitet Xuan Ke selbst, allerdings rein verbal und auf Chinesisch. Wesentlich unprätentiöser kann man eine Kostprobe der Naxi-Musik bei einem Ausflug nach Baisha genießen.

Ausflüge von Lijiang

Heilong Tan

Äußerst lohnend ist, vor allem bei schönem Wetter, ein Ausflug zum Heilong Tan 黑龙潭, dem Schwarzen-Drachen-Teich. Der Park liegt etwa zwei Kilometer nördlich der Altstadt und läßt sich entlang des Jade-Flusses bequem zu Fuß erreichen. Der Heilong Tan fängt das Schmelzwasser des Jadedrachenschneeberges auf und speist das Lijianger Bewässerungssystem. Zentraler Fotostop ist der in der Mitte des Teiches gelegene Pavillon des Mondumarmens (Deyue Lou 得月楼).

Zwischen dem türkisblauen Wasser des Teiches und dem schneebedeckten Massiv des Jadedrachenschneeberges ist der Pavillon das perfekte Postkartenmotiv. Das heutige Gebäude stammt aus dem Jahre 1962. Der ursprüngliche Pavillon brannte 1950 ab, als sich ein hoher Offizieller zusammen mit seiner heimlichen Geliebten nach einem in dem Pavillon genossenen Festmahl verbrannte. Am nördlichen Ausgang des Parks befindet sich ein kleines Museum der Naxi- und Dongba-Kultur. Wenn es auch museumstechnisch nicht auf dem neuesten Stand ist, lohnt sich ein Besuch. Neben Dongba-Schriftrollen und Schamanengewändern beherbergt das Museum auch eine kleine historische Fotoausstellung und ein Modell der Lijianger Altstadt.

Baisha

Bevor die Mongolen im 13. Jahrhundert die Region eroberten, war Baisha 白沙 die Hauptstadt der Naxis. Die bis heute gut erhaltenen religiösen Wandmalereien auf dem Gelände des damaligen Königspalastes wurden in der Zeit zwischen 1385 und 1619 von chinesischen, tibetischen und Naxi-Künstlern gestaltet und sind in der Verbindung verschiedener Stile einmalig. Eindrucksvoll ist auch die Deckeninnenkonstruktion, die ein tibetisches Bagua (Ying- und Yang-Symbol) bildet. Am Eingang der Anlage kann man gegen eine kleine Spende einem Naxi-Orchester lauschen. Das 15 Kilometer nördlich von Lijiang gelegene Baisha erreicht man mit dem Taxi, Fahrrad oder Bus Nr. 6.

Die Tigersprungschlucht Hutiaoxia

Etwa 90 Kilometer nordwestlich von Lijiang liegt eine der tiefsten Schluchten der Erde, die Tigersprungschlucht 虎跳峡. Von den Gipfeln des Habaschneeberges und des Jadedrachenschneeberges, beide weit über 5000 Meter hoch, fallen die Felswände fast 4000 Meter senkrecht bis zum Yangzi ab, der hier noch Goldsandfluß heißt, Reminiszenz an die einstigen legendären Goldfunde an den Ufern des Oberlaufes. Es ist möglich, die Tigersprungschlucht als Tagesausflug von Lijiang aus zu besichtigen. Um die dramatische Schönheit der Schlucht erfassen zu können, empfiehlt sich jedoch auf jeden Fall eine zweitägige Wanderung von Qiaotou 桥头 nach Daju 大具 am Westausgang der Schlucht. Busverbindungen ab/bis Lijiang sind vorhanden. Wenn auch anspruchsvoll, so ist der obere

Die Tigersprungschlucht

Wanderweg die bessere Option, da der untere Weg durch die Schlucht inzwischen asphaltiert ist. Übernachtungsmöglichkeiten gibt es inzwischen viele in der Schlucht, allerdings stehen nur einfache Unterkünfte zur Verfügung, vergleichbar mit deutschen Berghütten. Besonders schön gelegen ist die Ortschaft Hetaoyuan (核桃园, deutsch Walnußgarten) ungefähr auf halben Weg durch die Schlucht. ›Sean's Spring Guesthouse‹ (Shanquan Shanzhuang 山泉山庄) bietet einfache Doppelzimmer und Schlafsäle, jeweils mit geteilten sanitären Einrichtungen, und ausgezeichnetes lokales und westliches Essen.

Vorwahl: +86/888.
Hauptpostamt: Minzhu Lu 民主路.
Bank: Bank of China, Ecke Xin Dajie 新大街/Fuhui Lu 福惠路.
Reisebüro: Man wendet sich am besten an die Cafés oder Hotels.

Lijiang ist mit dem Bus ab Kunming (8 h), Dali (3 h) und Zhongdian (5 h) zu erreichen. Es gibt mehrere Busstationen. Die beiden wichtigsten Stationen sind die nördliche Busstation auf der Xin Dajie 新大街 unweit der Mao-Statue und die Express-Busstation auf der Xueshan Lu 雪山路.

Der Flughafen liegt 25 km südlich der Stadt. Direktverbindungen bestehen mit Kunming, Jinghong, Shanghai und Guangzhou. Shuttlebusse zum Flughafen fahren vom CAAC-Gebäude in der Fuhui Lu 福惠路.

›Lijiang Grand Hotel‹ (Gelan Dajiudian 格兰大酒店), 3 Sterne, Tel. 5128888, Fax 5127878, Zhendong Lu 镇东路. Einziges Hotel mit westlichem Servicestandard, die Zimmer sind aber stark renovierungsbedürftig.
›Old Town Inn‹ (Gecheng Kezhan 故城客站), 3 Sterne, Tel. 5189000, Xinyi Jie 新义街. Stilvolles, einer traditionellen Familieresidenz nachempfundenes Hotel am Eingang der Altstadt.
First Bend Inn (Diyiwan Kezhan 第一弯客站), 1 Stern, Tel 5181688, Mishi Xiang 密士巷. Einfaches, aber sehr stilvolles Gästehaus in einem traditionellen Innenhof. Vor allem bei Rucksacktouristen beliebt.

›Din-Din Restaurant‹ (Xuelou Fandian 雪楼饭店), Xinyi Jie 新义街. Ausgezeichnetes lokales Essen in stilvollem Ambiente, englische Speisekarte.
›Well Bistro‹, Mishi Xiang 密士巷. Café im westlichen Stil, das von Pizza über Lasagne bis zur Musik alles bietet, was der heimwehkranke Reisende braucht.

Souvenirs, Batiken und Nachbildungen der Dongba-Schriftzeichen finden sich in unzähligen Läden der Altstadt. Filme und Fotobedarf kauft man am besten entlang der Dong Dajie 东大街 oder der Fuhui Lu 福惠路. Hier gibt es auch einige Supermärkte.

Zhongdian/Shangri-La

Wer keine Zeit hat, Tibet zu besuchen, dem ist ein Abstecher nach Zhongdian 中甸 zu empfehlen. Auf neueren Karten werden Sie die Kleinstadt vergeblich suchen. 2002 wurde Zhongdian in ›Shangri-La‹ umbenannt. Damit wurde per Dekret der Zentralregierung der Streit entschieden, ob es sich bei der Gegend um das von James Hilton in seinem Roman ›Verlorener Horizont‹ beschriebene ›Shangri-La‹ handle. Shangri-La ist im Tibetischen der Ort, wo ›Sonne und Mond im Herzen wohnen‹. Zutreffend oder nicht, jedenfalls gab die Umbenennung der lokalen Tourismusindustrie einen zusätzlichen Schub, und Zhongdian ist nun von Kunming aus in einem 50-minütigem Flug zu erreichen. Die neue Straße von Lijiang wurde 2004 fertiggestellt und verkürzt die Busfahrt in die Hauptstadt der Naxi auf vier Stunden. Im Zuge der Umbenennung wurde Zhongdian ›re-tibetisiert‹, wie die Einheimischen es nennen. Die ursprünglich eher uninspirierten Betonbauten im chinesischen Stil bekamen zumeist eine tibetische Fassade oder mußten Gebäuden weichen, die dem tibetischen Baustil nachempfunden sind. Während die Stadt an sich mit Ausnahme des lokalen Marktes auf der Changzheng Lu 长征路 eher uninteressant ist, sind es vor allem die Ausflugsmöglichkeiten, die die Fahrt nach Zhongdian lohnen. Von der Stadt gut sichtbar, thront das Songzalin-Kloster (Guihua Si 归化寺) auf einer Hügelkette im Norden. Das historisch an der Grenze des Einflußbereiches des Panchen und des Dalai Lamas gelegene, im 17. Jahrhundert gebaute Kloster war wichtiges religiöses Zentrum und eines

Gebetsfahnen bei Zhongdian

der bedeutendsten lamaistischen Klöster außerhalb des tibetischen Kerngebietes. Nach Wiedereröffnung und Restaurierung leben heute hier wieder ungefähr 1000 Mönche.

Weitere lohnenswerte Ausflugsziele sind das 60 Kilometer östlich von Zhongdian gelegene Naturschutzgebiet um den Bita-See (Bitahai 碧塔海) und die weitere 40 Kilometer östlich gelegenen Kalksteinterrassen von Baishuitai 白水台. Letztere sind der Geburtsort der Dongba-Tradition der Naxi. Eine Rundtour von der Tigersprungschlucht nach Zhongdian und über den Bitahai, Baishuitai und Haba 哈巴 zurück nach Qiaotou 桥头 ist möglich.

Vorwahl: +86887.
Hauptpostamt: Ecke Changzheng 长征路 und Xiangyang Lu 县养路.
Bank: Bank of China, Ecke Changzheng/Hongqi Lu 红旗路.
Reisebüro: CITS, Changzheng Lu.

Zhongdian ist mit dem Bus ab Dali (8 h) und Lijiang (4 h) zu erreichen. Die Busstation befindet sich am Kreisverkehr am nördlichen Ende der Changzheng Lu.

Der Flughafen liegt 5 km südlich der Stadt. Tägliche Direktverbindungen bestehen nach Kunming. Einmal wöchentlich gibt es einen Flug nach Lhasa.

›Gyalthang Dzong Hotel‹ (Jiantan Binguan 建坦宾馆), 3 Sterne, Tel. 8223646, Fax 8223620. Exzellentes Hotel im lokalen Stil. Hat ein gutes Restaurant mit tibetischem Ambiente und Feuerstelle. Auf Nachfrage organisiert das Hotel Tagesausflüge zu den Tempeln der Umgebung sowie mehrtägige Trekking- und Reittouren, unter anderem zum Bitahai, nach Baishuitai und nach Haba.
›Tibet Hotel‹ (Yongsheng Fandian), 1 Stern. Tel. 8223263, Fax 8223863, Tuanjie Lu 团结路. Gutes Preis-Leistungsverhältnis, nahe der Innenstadt gelegen. Schlafsäle und Doppelzimmer mit Bad. Auch das Tibet Hotel kann bei der Organisation von Ausflügen in die Umgebung behilflich sein.

Das Restaurant im ›Gyalthang Dzong Hotel‹ bietet ausgezeichnetes tibetisches, chinesisches und westliches Essen. Entlang der Changzheng Lu 长征路, der Jiantang Donglu 建坦东路 und der Tuanjie Lu 团结路 gibt es zahlreiche Garküchen und kleine Restaurants. Eine sehr zu empfehlende lokale Spezialität ist tibetischer Feuertopf, der von einigen Restaurants in der Innenstadt angeboten wird.

Am nördlichen Ende der Hauptstraße Changzheng Lu befinden sich der zentrale Markt und mehrere Souvenirstände. Ein Kaufhaus mit einem Supermarkt liegt an der Kreuzung von Changzheng Lu und Jiantan Dong Lu.

Xishuangbanna

Selten verirren sich westliche Touristen in den äußersten Südwesten der Volksrepublik. Für viele chinesische Urlauber ist die Region an der Grenze zu Laos und Burma jedoch beliebtes Urlaubsziel und mit die exotischste Destination, die sie innerhalb der Landesgrenzen ansteuern können. Der südostasiatische Einfluß ist nicht zu übersehen in Xishuangbanna 西双版纳, den ›Zwölf Reisanbaugebieten der Thai‹, wie Sipsawn Panna (so die nicht sinisierte Schreibweise) übersetzt heißt. Es waren die Dai (Thai), die nach der Eroberung Dalis durch die Mongolen nach Süden abwanderten, die lokalen Volksgruppen in die Berge verdrängten und die heute in Xishuangbanna die Bevölkerungsmehrheit bilden. Ihre Verwandten zogen im 13. Jahrhundert weiter Richtung Süden und gründeten mit dem Lanna Thai das erste thailändische Reich auf dem Boden des heutigen Thailand. Die Beziehungen sind bis heute, ungeachtet politischer Verwicklungen, eng geblieben. Seit 2003 gibt es eine Flugverbindung von Bangkok über Chiang Mai nach

Die Region Xishuangbanna 西双版纳

Jinghong, der Hauptstadt Xishuangbannas. Klimatisch ähnelt die Region sehr stark Nordthailand, dem feuchten, schwülen Sommer steht ein kühlerer, sehr trockener Winter entgegen. Von November bis März liegen die Temperaturen durchschnittlich bei 19 Grad, das Temperaturmittel von April bis September liegt bei 25 Grad.

Jinghong

Seit Eröffnung des Flughafens im Jahre 1990 löste Jinghong 景洪 das 170 Kilometer nördlich gelegene Simao als Tor zu Xishuangbanna ab. Auch wenn mit dem folgenden Tourismusboom große Teile der Stadt vollständig neu gestaltet wurden, hat sich Jinghong viel von seinem rückständigen Charme erhalten können. Nur in den Außenbezirken sind Hochhäuser (meist Hotels) zu finden. In der Innenstadt ist zwar wenig von der traditionellen Holzarchitektur übriggeblieben, die Stadtplaner hatten jedoch ein Einsehen und bauten selten höher als fünf Stockwerke. Die Straßen der sehr gut zu Fuß erlaufbaren Innenstadt sind mit Palmen gesäumt, die Atmosphäre erinnert eher an eine verschlafene tropische Kleinstadt als an eine lokale Verwaltungsmetropole und Tourismushochburg.

Vor einem Tempel in Jinghong

Nur die neue Mekongbrücke (mit zwei Brücken über den Mekong besitzt Jinghong die Hälfte aller Brücken über den 5300 Kilometer langen Fluß), eine interessante Spannseilkonstruktion, weist auf die wichtige Rolle Jinghongs als Verkehrsknotenpunkt hin. Bis 2005 soll die Autobahn Kunming–Singapur durch Jinghong gehen, ein gewagtes Unterfangen, kennt man den Zustand der Straßen zwischen Xishuangbanna und dem 1500 Kilometer entfernten Kunming. Bis es soweit ist, ist die Brücke vor allen Dingen wichtiger Orientierungspunkt für Besucher.

Einige Meter flußaufwärts befindet sich einer der besten Nachtmärkte Yunnans. Wollten Sie schon immer mal frittierte Bienenwaben mit ›madiger‹

Fleischeinlage probieren? Dann sind Sie hier richtig. Aber keine Angst, auch für den konventionellen Appetit ist gesorgt. Sprachprobleme gibt es nicht, die vielen frischen Fleisch- und Gemüsesorten liegen auf der Auslage neben einem kleinen Grill und dem Wok und können zu schmackhaften Mahlen kombiniert werden. Bananenblüte mit Schweinefleisch, eine lokale Spezialität, sollte man ebenso probiert haben wie den im Bambusrohr gedämpften Reis. Sind Sie auf der Suche nach einem Absacker? Das eher westlich angehauchte Nachtleben findet um die Manting Lu 曼厅路 im Süden der Stadt statt.

Ausflüge von Jinghong

Die eigentlichen Sehenswürdigkeiten liegen außerhalb Jinghongs. Äußerst lohnenswert ist ein Ausflug nach Ganlanba 橄榄坝, eine Kleinstadt 30 Kilometer den Mekong flußabwärts. Die Straße dorthin führt am Fluß entlang und ist vor allen Dingen bei schönem Wetter ein idealer Fahrradausflug. Am Südende Ganlanbas liegt das Dorf Man Chunman 曼楚曼, dessen originäre Dorfstrukturen noch gut zu erkennen sind. In den letzten Jahren wurde es als Museumsdorf für den Tourismus erschlossen. Wenn man will, kann man für einen oder mehrere Tage bei einer Dai-Familie wohnen, oder Dai-Spezialitäten vom heimischen Herd probieren. Die Tanzvorführungen und das nachgestellte ›Poshui Jie‹ 泼水节, das Neujahrsfest, sind jedoch eher etwas für den Geschmack chinesischer Touristen.

Befindet man sich auf einem organisierten Ausflug, so besucht man zumeist am Nachmittag den Botanischen Garten von Menglun 勐仑, etwa 50 Kilometer von Jinghong Richtung laotische Grenze gelegen. Der großzügig angelegte Garten beherbergt mehr als 3000 verschiedene Pflanzenarten und rechtfertigt einen eigenen Tagesausflug. Seit 2003 gibt es auf dem Gelände des Botanischen Gartens auch ein gutes Mittelklassehotel, so daß eine Übernachtung in Menglun möglich ist.

Hat man ein paar Tage mehr Zeit und ist gut zu Fuß, sollte man eine mehrtägige Wanderung zu den Minoritäten-Dörfern der Hani, Bulang und Lahu an der burmesischen Grenze in Erwägung ziehen. Das ›Forrest Café‹ in Jinghong sowie einige lokale Reiseagenturen veranstalten mehrtägige Trekkingtouren von Damenglong 大蒙龙 nach Bulanshan 布兰山. Die Wanderung ist anspruchsvoll, übernachtet wird bei Bauernfamilien, so daß man deutliche Abstriche beim Komfort machen muß.

Ein weiterer interessanter Ausflug ist das Naturschutzgebiet Sancha He 三岔河, knapp 50 Kilometer nördlich von Jinghong an der Straße nach Simao. Mit etwas Glück kann man hier noch wild lebende Elefanten beobachten. Auch hier gibt es Übernachtungsmöglichkeiten.

Vorwahl: +866 91.
Hauptpostamt: Am Kreisel Ecke Jinghong Xi 景洪西 und Jinghong Nan Lu 南路.
Bank: Bank of China, Ecke Jinghong Dong 景洪东 und Ganlan Nan Lu 橄榄南路.
Reisebüro: CITS, Ganlan Zhong Lu 橄榄中路.

Für alle Fernverbindungen sollte man unendliche Geduld und gepolsterte Hosen mitbringen. Kunming ist in 48, Dali in ca. 54 Std. erreichbar. Außer für Kurzstrecken ist der Bus allein schon aufgrund der schlechten Straßenverhältnisse nicht zu empfehlen.

Der Flughafen liegt 5 km südwestlich der Stadt. Täglich gibt es etwa 15 Flüge nach Kunming, sowie je zwei Flüge nach Dali und Lijiang. Seit Jinghong in den Routenplan von Thai Airways aufgenommen wurde, gibt es nun an fünf Tagen eine Direktverbindung mit Chiang Mai und Bangkok.

›Tai Garden Hotel‹ (Taiyuan Jiudian 泰园酒店), 5 Sterne, Nonglin Nan Lu 农林南路 8, Tel. 212 38 88, Fax 212 60 60. In einer großen Gartenanlage mit Pool gelegenes Luxushotel mit thailändischem Management.
›Xishuangbanna Hotel‹ (Banna Binguan 版纳宾馆), 2 Sterne, Ganlan Lu 橄榄路, Tel. 212 36 79, Fax 212 33 68. Eine Straße vom Mekong entferntes Mittelklassehotel, unweit des Nachtmarktes gelegen. Es hat einen schönen Vorgarten und ein gutes Preis-Leistungsverhältnis.
›Dai Building Inn‹ 傣家楼, Manting Lu 曼厅路. Einfachste Bambushütten mit Gemeinschaftsbad, atmosphärisch, aber äußerst einfach. Beliebt bei Rucksacktouristen.

Um die Manting Lu gibt es unzählige Familierestaurants mit gutem, unprätentiösem Essen sowie gelegentlichen Tanzvorführungen, deren Lautstärke allerdings den Essensgenuß trüben kann. Am nördlichen Ende der Straße finden sich einige Restaurants wie das ›Forrest Café‹, die sich auf westliches Essen spezialisiert haben, aber auch lokales Essen anbieten. Das beste Essen und die größte Auswahl findet man auf dem Nachtmarkt an der neuen Mekongbrücke.

Souvenirs und lokale Spezialitäten findet man auf dem Jademarkt in der Zhuanghong Lu zwischen Ganlan Lu und Jinghong Bei Lu. Das größte Kaufhaus mit einem gut sortierten Supermarkt befindet sich an der Kreuzung der Jinghong Dong mit der Minhang Lu 民航路.

Die Provinz Guangxi

Als der amerikanische Präsident Nixon 1973 nach Jahrzehnten eisiger Funkstille in den chinesisch-amerikanischen Beziehungen zum ersten Mal die Volksrepublik China besuchte, machte er auch einen Abstecher nach Guilin in der Provinz Guangxi 广西. Angeblich soll er dem damaligen Premier Zhou Enlai gegenüber behauptet haben, er hätte nie eine schönere Landschaft als jene in Guilin gesehen. Nun ist Nixon nicht eben für seine Wahrheitsliebe in die Geschichte eingegangen; diese Aussage werden jedoch zumindest die Chinesen nie anzweifeln. Auch wenn Guilin seinen Provinzhauptstadtrang 1914 an Nanning abtreten mußte, gilt es für Chinesen immer noch als Inbegriff schöner Landschaft in China. Shanshui, ›Berg und Wasser‹, die chinesische Bezeichnung für Landschaft, hat ihren Ursprung in Guilin und bezeichnet zudem das klassische Genre der traditionellen chinesischen Landschaftsmalerei. Die hohe Luftfeuchtigkeit in der subtropischen Region ist der Grund, warum die Karstkegel zumeist von Nebel und Wolken umhangen sind. Seien Sie also nicht enttäuscht, wenn Sie beim Besuch Guilins keinen wolkenlosen Himmel haben. Bei strahlendem Sonnenschein ist die Karstlandschaft, zumindest in der chinesischen Ästhetik, nur halb so schön.

Geschichte

Vor 200 Millionen Jahren bedeckte das Urmittelmeer die Region um Guilin. Mit dem Zurückweichen des Meeres und der tektonischen Erhebung des Meeresbodens entstand im Laufe von Jahrmillionen durch Erosion und Verkarstung die heute weltberühmte Zuckerhutlandschaft von Guilin. In den chinesischen Quellen findet die Region zum ersten Mal in der Qin-Dynastie Erwähnung. Um den Nachschub seiner Truppen, die sich anschickten, das heutige Guangxi und Guangdong dem chinesischen Reich einzuverleiben, und spätere Tributzahlungen zu gewährleisten, ließ Qin Shihuangdi, Reichseiniger und Bauherr der Terrakotta-Armee, einen Kanal zwischen dem Yangzi und Südchina bauen. Der 34 Kilometer lange Lin-Kanal verband den Xiang- mit dem Li-Fluß und stellte seinerzeit die wichtigste Nord-Süd-Wasserverbindung Chinas dar. Heute fällt es schwer, sich vorzustellen, daß der beschaulich vor sich hinfließende Li-Fluß einst eine der wirtschaftlich und politisch wichtigsten Wasserstraßen Chinas war.

Im 17. Jahrhundert erlangte Guilin noch einmal große politische Bedeutung, als sich die versprengten Angehörigen der kaiserlichen Familie auf der Flucht vor den Mandschus in Guilin niederließen und die Region wie ein Königreich führten. Eine verwitterte Seelenstraße und mehrere Ming-Gräber nahe dem Yao-

Bambusfloß auf dem Li-Fluß

Shan im Westen Guilins erinnern heute noch an dieses kurze Interregnum. Im Zweiten Weltkrieg flohen viele Nordchinesen vor den nachrückenden Japanern nach Guangxi, das neben Sichuan und Yunnan auch wichtigstes Rückzugsgebiet der chinesischen Guomindang-Truppen war.

Seit 1955 ist die Provinz autonomes Selbstverwaltungsgebiet der Zhuang, mit 15 Millionen Angehörigen immerhin größte anerkannte Minorität Chinas. Neben den Zhuang, die weitgehend assimiliert sind, wohnen in den Berggebieten Guangxis vor allem Minoritäten wie die Miao und die Dong, die weite Teile ihrer Kultur beibehalten haben. Nur 30 Prozent der Bevölkerung sind Han-Chinesen, in den großen Städten wie Guilin und Nanning stellen sie jedoch bei weitem die Mehrheit. So ist die Provinz demographisch zweigeteilt. Den han-chinesischen Ballungsgebieten und Flußtälern stehen die meist von Minoritäten bewohnten Bergregionen gegenüber. Diese Teilung ist auch eine wirtschaftliche: Während Städte wie Guilin auch dank des Tourismus seit einigen Jahren den Anschluß an den Wirtschaftsboom geschafft haben, gehören die Nordwestregionen Guangxis zu den ärmsten Gebieten Chinas.

Guilin

Auch wenn sich die Einwohnerzahl innerhalb der letzten zehn Jahre annähernd verdoppelt hat – 2004 lebten 900 000 Menschen in der Stadt – hat Guilin 桂林 immer noch den Charakter einer Kleinstadt. Das mag daran liegen, daß der Besucher Hochhäuser im Stadtgebiet vergeblich suchen wird. Keines der Häuser, ob Bank, Hotel oder Kaufhaus, darf die Karstberge Guilins überragen, eine Bestimmung, die darauf zielt, den Charakter einer in die Karstlandschaft eingebetteten Stadt zu bewahren. Die Förderung des Tourismus hat in Guilin Priorität, das neben Landschaft und etwas Leichtindustrie (unter anderen produziert Henkel

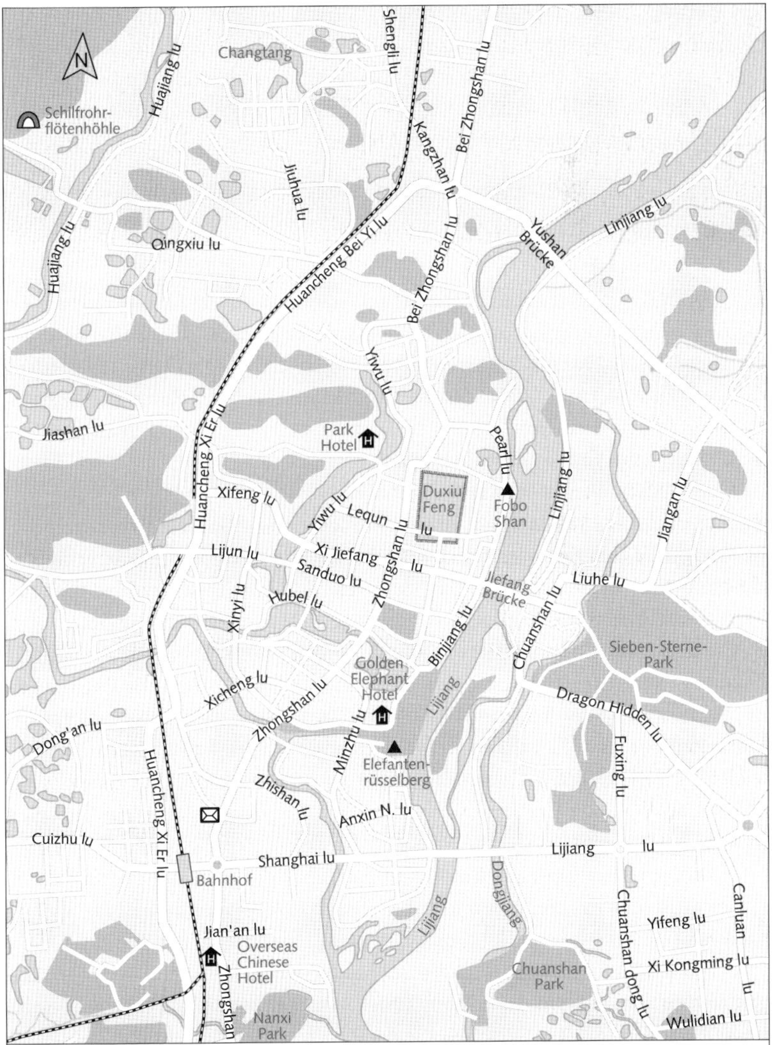

Guilin 桂林, Zentrum

Waschmittel in der Stadt) nicht viel zu bieten hat, was einen dauerhaften Boom rechtfertigen würde. So ist man seitens der Stadtregierung auch sehr bemüht, die Bausünden anderer Städte zu vermeiden und die ohnehin schon grüne Stadt weiter zu begrünen.

Etwas nördlich des Fubo-Berges (Fubo Shan 伏波山) mußte ein erst Mitte der 1990er Jahren gebauter Appartementkomplex einer ausgedehnten Parkanlage mit See weichen. Die Uferpromenade des Li-Flusses wurde komplett erneuert und die noch aus den 1970er Jahren stammende große Li-Flußbrücke im Stadtinneren durch eine moderne Brückenkonstruktion ersetzt. Die zentrale Hauptstraße, die Zhongshan Lu 中山路, benannt nach Sun Yat-sen, wurde verbreitert und in der Stadtmitte entstand ein großer Platz mit Fußgängerzone.

Sehenswürdigkeiten

Ein Großteil der Hotels befindet sich im Stadtzentrum und damit unweit der meisten Sehenswürdigkeiten. Der Autoverkehr beschränkt sich weitgehend auf die Hauptstraßen, so daß ein Spaziergang durch die Nebenstraßen und entlang des Li-Flusses ideal ist, um die Stadt zu entdecken. Direkt am Zusammenfluß von Li- und Pfirsichblütenfluß liegt der Elefantenrüsselberg (Xiangbi Shan 象鼻山). Seine Silhouette gleich tatsächlich einem großen Elfanten, dessen Rüssel in den Li-Fluß taucht. Die Legende erzählt, daß einst Dayu, der mythische Kaiser und Bändiger der Fluten des Gelben Flusses, auf seinem Lieblingselefanten nach Guilin geritten sei. Als Dayu weiterreiten wollte, weigerte sich der Elefant, verliebt in die Landschaft des Ortes, Guilin zu verlassen. Aus Zorn über den Eigensinn des Tieres verwandelte ihn der Kaiser in Stein und ließ in am Li-Fluß zurück.

Entlang der Uferpromenade des Pfirsichblütenflusses (Taohua Jiang 桃花江) kommen Gourmets auf ihre Kosten. Kulinarische Spezialitäten der Region sind im Angebot, Li-Fluß-Karpfen, Flußkrebse, Wasserkastanien und Wassernüsse. Menschen mit einer Schlangenphobie sollten die Straße großflächig meiden, da auch diese Delikatesse auf dem Bürgersteig vor den Restaurants in kleinen Drahtkäfigen auf kundige Gourmets wartet. Sollten Sie Schlange einmal probieren wollen, sind Sie in diesen Restaurants richtig.

Schlange ist eine Spezialität in Guilin. Sie haben die Wahl zwischen frittierten Schlangenstückchen, bei denen der Teig jedoch den Schlangengeschmack übertönt, Schlangensuppe mit Huhn und Berberitze, der kräftigende Wirkung zugesprochen wird und die bei Erkältung helfen soll, sowie kroß gebackener Schlangenhaut, die, auch wenn es seltsam klingt, als Delikatesse gilt. Normalerweise bestellt eine Gruppe eine Schlange, die dann nach Auswahl durch die Gäste frisch geschlachtet und in den oben beschriebenen drei Zubereitungsarten serviert wird.

Ein Gaumenerlebnis der besonderen Art ist die mit hochprozentigem Schnaps aufgegossene Schlangengalle sowie das auf gleiche Weise zu sich genommene Schlangenblut. Sind Sie in einer größeren Gruppe unterwegs, empfiehlt es sich, je nach Schlangenlust an zwei getrennten Tischen Platz zu nehmen.

Entlang der Uferpromenade folgen Sie dem Li-Fluß in entgegengesetzter Richtung und erreichen die neue Brücke nach etwa 800 Metern. Von hier sehen Sie bereits den Fobo Shan 伏波山, den Wellenbrecherberg, der vom Ufer einige Meter in den Fluß ragt. Etwa zweihundert teils steile Stufen führen auf den knapp 150 Meter hohen Berg, eine Anstrengung, die sich vor allem bei schönem Wetter lohnt. Vom Gipfel, auf dem sich ein kleiner Andenkenkiosk befindet, überblickt man die ganze Stadt bis hin zum 960 Meter hohen Yao Shan 窑山, der höchsten Erhebung entlang des Li-Flusses. Am Fuße des Fobo Shan befindet sich ein kleines Höhlensystem mit Buddhafiguren, meist neueren Datums. Der Blick von der Aussichtsterrasse am dem Li-Fluß zugewandten Höhlenausgang ist ein beliebtes Fotomotiv.

Ein weiterer beliebter Aussichtberg ist der ›Gipfel der einsamen Schönheit‹ (Duxiu Feng 独秀峰), der sich auf dem Campusgelände der pädagogischen Hochschule (Guilin Shifan Daxue 桂林师范大学), etwa 500 Meter nordwestlich des Fobo Shan befindet. Die Hochschule wurde auf den Überresten des ehemaligen Ming-Palastes gebaut, die Gebäude sind dem Palaststil der Ming nachempfunden. Am Fuße des Berges stellt eine kleine Kunstgalerie klassische und moderne Malerei der Region aus. Die Preisgestaltung orientiert sich allerdings am Geldbeutel reicher Japaner, so daß vom Kauf ohne langwieriges Handeln eher abzuraten ist.

Verläßt man den Campus in Richtung Süden, so kann man Reste der Stadtmauer und Teile der Altstadt entdecken. Zu Zeiten der Ming-Dynastie befand sich hier die Stadtgrenze. Folgt man der Straße nach Westen, so erreicht man nach etwa 500 Metern die zentrale Hauptstraße, die Zhongshan Lu 中山路. Ein Spaziergang entlang der Haupteinkaufsstraße von Guilin gibt dem Besucher einen guten Eindruck, wie weit auch die Bewohner Guilins bereits auf dem Weg der Konsumgesellschaft gekommen sind. Mit etwas Glück werden Sie Zeuge einer der vielen Musik- und Tanzaufführungen auf dem zentralen Platz der Fußgängerzone ein Stückchen südwärts.

Ausflüge von Guilin

Einer der schönsten Fahrradausflüge in China, der auch für ungeübte Radfahrer geeignet ist, ist die Fahrt mit dem Zweirad zur Ludi Yuan 芦笛岩, der ›Schilfrohrflötentropfsteinhöhle‹, einer der wenigen Orte, dessen chinesische Bezeichnung auch für Langnasen einfacher auszusprechen ist als die Übersetzung. Die fünf

Kilometer lange Strecke führt durch Reisfelder am idyllischen Pfirsichblütenfluß entlang. Räder lassen sich in jedem größeren Hotel leihen, alternativ erreicht man die Tropfsteinhöhle mit dem Taxi, dem Tuk-Tuk (einer Art Kabinenroller, der in ganz Asien verbreitet ist) oder dem Bus Nr. 3, der vom Bahnhof abfährt.

Die Höhle selbst, von der ein etwa zwei Kilometer langer Rundgang begehbar ist, wurde im Zweiten Weltkrieg als Luftschutzkeller benutzt. Die zentrale Halle, der ›Kristallpalast des Drachenkönigs‹ kann bis zu 1000 Personen aufnehmen. Ganzjährig herrscht eine angenehme Temperatur von 19 Grad in der Höhle. Dicke Pullover braucht man für den Besuch folglich nicht mitzunehmen, festes Schuhwerk ist allerdings angesichts des zum Teil äußerst rutschigen Bodens ein Muß. Für die Besichtigung sollte man eine sachkundige Führung und viel Phantasie mitbringen. Die gewaltigen Tropfsteine bilden einen Pilzwald, eine gewaltige chinesische Pagode, Gemüse in allen Variationen und einen Schneemann mit dem Aussehen Helmut Kohls. Wo die Phantasie nicht ausreicht, hilft ihr die bonbonfarbige, raffinierte Ausleuchtung auf die Sprünge. Im Kristallpalast erblicken Sie ein aus Stalagmiten gebildetes Modell der Guiliner Karstlandschaft, von einer Empore erstreckt sich die Skyline von New York vor den Augen des Besuchers. Begrüßt werden Sie von einer Löwenfamilie aus Tropfstein, ein Mitglied der Familie sagt Ihnen am Ausgang auf Wiedersehen.

Während die Ludi Yuan den Eintritt von 40 RMB auf jeden Fall wert ist, lohnt sich der Besuch des Sieben-Sterne-Parks im Osten der Stadt jedoch nur, wenn Sie zuvor noch nie einen Panda gesehen haben. Doch selbst das Pandagehege des Parks ist zumeist leer. Die alte Pandadame scheint, als hätte sie Mao Zedong noch persönlich die Pfote gegeben und zeigt sich, weit jenseits des Pensionsalters, nur noch selten der Öffentlichkeit.

Vorwahl: +86/773.
Bank: Bank of China, Shanhu Beilu 山湖北路 5, an der Ecke Zhongshan Lu 中山路.
Hauptpost: Zhongshan Zhonglu 中山中路 49.
Reisebüro: CITS, Binjiang Lu 滨江路 41, Tel. 2823518.

Guilin ist mit allen großen chinesischen Städten zumeist mehrmals täglich verbunden, unter anderem mit Beijing, Shanghai, Kunming, Xi'an und Hongkong. Internationale Verbindungen bestehen mit Seoul.

Der Bahnhof liegt im Süden der Stadt, an der Zhongshan Nanlu 中山南路. Obwohl direkte Verbindungen nach Beijing (24 h), Shanghai (26 h) und Kanton (8 h) bestehen, sind Tickets nur äußerst schwer zu bekommen. Falls Sie Guilin mit dem Zug verlassen wollen, empfiehlt es sich, bei einer Agentur im voraus zu buchen. Eine sicherlich spektakuläre Reise verspricht der Zug Beijing–Hanoi, der einen Zwischenhalt in Guilin hat.

Die zentrale Busstation befindet sich ein wenig nördlich des Bahnhofs. Von hier fahren Busse nach Yangshuo (1,5 h), Longsheng (3 h), Nanning (5 h) und sogar ein Luxus-Nachtbus nach Hongkong (12 h).

Kaum eines der Hotels in Guilin hält das, was es verspricht. In der Hauptsaison im Oktober sind alle Hotels über Wochen ausgebucht; der Gast merkt dies am bestenfalls indifferenten Service. Die beiden sogenannten Fünf-Sterne-Hotels, das ›Royal Garden Hotel‹ und das ›Sheraton‹ erfüllen keinesfalls gehobene Ansprüche. Besonders das Rückgebäude des ›Sheraton‹ hat bestenfalls Jugendherbergscharakter und ist zu meiden.

›Park Hotel‹ (Guihu Fandian 桂湖饭店), 4 Sterne, Luoshishan Lu 螺蛳山路 1, Tel. 2558899. Idyllisch am Gui-See gelegenes Hotel im chinesischen Stil. Zimmer haben teilweise Balkone, die auf die Karstberge blicken.

›Golden Elephant Hotel‹ (Guilin Jinxiang Dajiudian 桂林金象大酒店), 3 Sterne, Binjiang Lu 滨江路 36, Tel. 2808888. Freundliches Mittelklassehotel gegenüber dem Elefantenrüsselberg.

›Overseas Chinese Hotel‹ (Huaqiao Dasha 华侨大厦), 1 Stern, Shengli Qiaotou 胜利桥头, Tel. 3835753. Etwas in die Jahre gekommen, aber immer noch ein gutes Preis-Leistungsverhältnis, Backpacker-Hotel.

Guilin ist eine Touristenstadt; viele der touristisch ausgerichteten Restaurants bieten wenig und schlechtes Essen für einen gehoben Preis. Die kleinen Restaurants entlang der Nanhuan Lu 南环路 gegenüber dem Elefantenrüsselberg bieten lokale Spezialitäten zu moderaten Preisen an. Das Hotelrestaurant des ›Sheraton Hotels‹ ist ausgezeichnet, wenn auch auf westlichem Preisniveau. An der Ecke Zhongshan Zhong Lu 中山中路 und Jiefang Lu 解放路 gibt es einige Garküchen, die auf Nudeln und Maultaschen spezialisiert sind.

Für einen Tee oder Drink in klassischem chinesischem Ambiente empfiehlt sich das Teehaus im Nanmen 南门, dem Südtor, auf der Ronghu Beilu 榕湖北路. Auf der Zhengyang Lu 正阳路 zwischen Zhongshan Zhong Lu und der Uferpromenade des Li ist in den letzten Jahren eine kleine Amüsiermeile mit Bars und Restaurants entstanden.

Flußfahrt auf dem Li-Fluß

»Urlaub wäre so schön, wenn es die Touristen nicht geben würde«. Dieser Spruch kommt einem unweigerlich während einer Fahrt auf dem Li-Fluß in den Sinn. Die Fahrt gehört sicherlich zum Schönsten, was eine Urlaubsreise durch China landschaftlich zu bieten hat. Dies hat sich leider herumgesprochen, und so sieht der Li-Fluß in der Hauptsaison schon einmal 100 Schiffe mit je rund 50 Reisenden täglich. Hinzu kommt, daß der Staat inzwischen das Monopol auf die Li-Flußfahrt zwischen Guilin und Yangshuo 阳朔 hält und private Konkurrenz

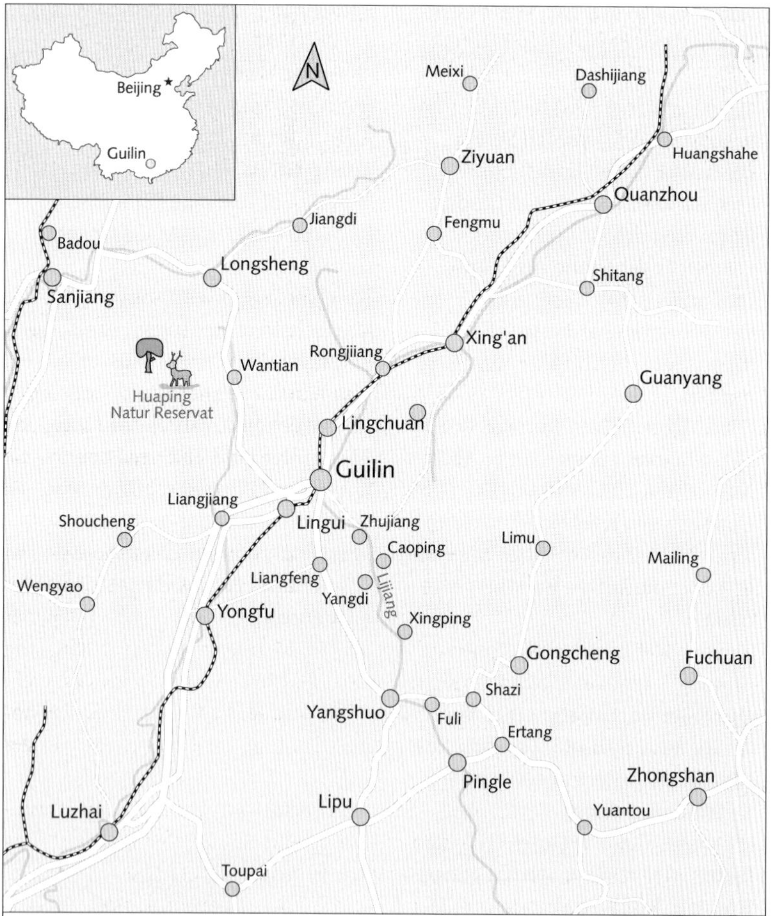

Rund um Guilin 桂林

Landschaft bei Guilin

zum Teil rabiat ausgeschaltet hat. Alternativen gibt es folglich wenige, einzig die Fahrt von Yangshuo nach Fuli 福利 ist eine legale Variante. In Yangshuo lassen sich zuweilen kleine Abstecher mit privaten Ausflugsbooten organisieren, sobald diese jedoch die Strecke Yangshuo–Guilin befahren, drohen saftige Strafen und der Entzug der Lizenz. Lassen Sie sich aber trotzdem nicht abschrecken, richten Sie sich darauf ein, daß sie nicht allein auf dem Fluß sind und genießen Sie die Märchenlandschaft entlang des 60 Kilometer langen Flußabschnittes, den die Touristenboote befahren.

Der Hafen für Ausländer liegt in Zhujiang 珠江, etwa eine Stunde Busfahrt von Guilin entfernt. Die Prozession der Schiffe verläßt den Hafen gegen 9.30 Uhr. Während die erste Stunde eher einer Ouvertüre gleicht, wird die Landschaft hinter Caoping 草坪 zunehmend spektakulärer. Zwischen Yangdi 扬堤 und Xingping 兴坪 schließlich ragen die Karstberge bis zu 700 Meter vom Ufer empor, dicht bewachsen von subtropischer Vegetation. Wasserbüffel baden im Fluß, Kormoranfischer paddeln auf kleinen Flößen durch den Fluß, ihre Kormorane an der Floßseite aufgereiht.

Die Kapitäne sind Meister ihres Fachs und kennen den Fluß in- und auswendig. Dies ist auch notwendig. Immer wieder berührt der Schiffsrumpf kurz das Flußbett, vor allem in der Trockenzeit ist die Fahrrinne nicht breiter als wenige Meter und kaum zwei Meter tief. Nach vier bis sechs Stunden, je nach Wasserstand, erreichen die Schiffe Yangshuo.

Yangshuo

Spätestens, wenn man sich ein Rad oder eine Motorrikscha mietet und von Yangshuo 阳朔 am Aprikosenfluß entlang zum Mondberg (Yueliang Shan 月亮山) fährt, gibt es keine Zweifel mehr an der chinesischen Redensart, nach der die Landschaft von Guilin nur von der Yangshuos übertroffen wird. Ein Besuch in Yangshuo ist auch ein Blick zurück in die Vergangenheit, ein Eindruck, wie Guilin wohl vor 20 Jahren ausgesehen haben muß, eine Kleinstadt mit engen Straßen und Gassen, niedrigen Häusern und wenig Verkehr. Letzteres könnte man von Yangshuo nicht mehr behaupten, hätten die lokalen Behörden nicht vor einigen Jahren die Busse aus dem Stadtbild auf den riesigen Parkplatz im Norden der Stadt verbannt. Heute verbindet eine Straßenbimmelbahn das Stadtzentrum mit dem Parkplatz und verhindert ein Verkehrschaos. Immerhin, man hat gelernt aus der Zeit, als Hunderte von Bussen die Hafenpromenade verstopften.

Yangshuo erwacht nur einmal am Tag so richtig zum touristischen Leben, zwischen 14 und 15.30 Uhr, wenn die Armada der Li-Fluß-Schiffe Yangshuo erreicht und innerhalb einer Stunde bis zu 3000 Touristen die Stadt durchqueren. Sollten Sie in einer Gruppe reisen, überreden sie Ihren Reiseleiter, etwas länger in Yangshuo zu bleiben! Nach einer Stunde ist der Spuk vorbei, die Souvenirstände kehren zu vernünftigen Preisen zurück (was nicht heißt, daß Sie nicht handeln sollten!) und Yangshuo zeigt sich als geruhsame Kleinstadt, mit angenehmen Cafés und Restaurants, die chinesische und internationale Spezialitäten auf der englischsprachigen Speisekarte haben, eingebettet in eine Landschaft, die zu Recht als zauberhaft beschrieben wird.

Man sollte das mediterrane Ambiente der Xi Jie 西街 verlassen und ein wenig durch die Nebenstraßen laufen. Im Jahre 2004 hat man die Altstadt von Yangshuo bis zur Diecui Lu 叠翠路 erweitert, kleine Bars, Cafés und Restaurants laden nun auch hier zum Verweilen ein. Erreicht man die Diecui Lu, so hat man das touristische Yangshuo verlassen. Die einfachen Restaurants entlang der Straße bieten eine gute Alternative, lokale Spezialitäten wie Wels in Bier (Pijiu Yu 啤酒鱼) und Süßwassershrimps zu kosten.

Die eigentliche Attraktion Yangshuos jedoch liegt in seiner Umgebung. Viele der Cafés bieten Ausflüge zum Mondberg an, wahlweise mit dem Fahrrad, dem Tuk-Tuk oder dem Minibus. Typischerweise schließt ein solcher etwa fünfstündiger Ausflug ein Mittagessen in einer Bauernfamilie mit ein. Während der Ausflug auf dem Hinweg zum Mondberg der wenig befahrenen Hauptstraße folgt, führt der Rückweg über Feldwege zurück nach Yangshuo. Eine weitere interessante Alternative ist ein Ausflug nach Fuli 福利, einer kleinen Marktstadt 30 Kilometer flußabwärts. Zweimal täglich fahren Ausflugsschiffe vom Yangshuoer Hafen nach Fuli und nach einem kurzen Aufenthalt wieder zurück. Das Mieten eines

Der Mondberg

privaten Bootes ist ebenfalls möglich, wenn auch nur, zumindest offiziell, für kurze Strecken. Neuerdings ist es sogar möglich, alte LKW-Innenschläuche zu mieten und sich den Li-Fluß hinuntertreiben zu lassen, inklusive organisiertem Rücktransport nach Yangshuo. Auskunft dazu gibt es entweder direkt am Hafen oder in einem der Backpackercafés.

Vorwahl: +86/773.
Bank: Bank of China, Binjiang Lu 滨江路 nahe dem Hafen.
Post: Hauptpost an der Kreuzung Xi Jie 西街/Pantao Lu 蟠桃路.

Im Zehn-Minutentakt nach Guilin (1,5 h). Abfahrt von der Busstation Diecui 叠翠路/Pantao Lu 蟠桃路. Weitere Verbindungen nach Liuzhou und Wenzhou, von hier weiter mit dem Schiff nach Kanton.

Die Boote auf dem Li-Fluß verkehren im Personenverkehr nur von Guilin nach Yangshuo und fahren leer zurück. Tagesausflüge nach Fuli sind möglich.

›Paradise Hotel‹, 4 Sterne, Xi Jie 西街 116, Tel. 882 21 09. Wunderschönes Hotel, etwas zurückgesetzt von der Xi Jie. In der Hauptsaison allerdings von Gruppen überlaufen.
›Morning Sun Hotel‹ (Chenguang Jiudian 陈光酒店), 2 Sterne, Chengzhong Lu 城中路 4, Tel. 881 38 99. Dem lokalen architektonischen Stil nachempfundenes familiengeführ-

tes Mittelklassehotel. Geschmackvoll eingerichtete Zimmer zumeist mit Balkon.
›Sihai Hotel‹ (Sihai Fandian 四海饭店), Xi Jie 西街, Tel. 882 20 13.
Einfaches Hotel im Herzen der Fußgängerzone. Große Auswahl vom Schlafsaal bis zum Doppelzimmer mit Bad.

Ausflug nach Longsheng und Sanjiang

Jenseits der Touristenrouten liegt die Mittelgebirgslandschaft im Nordwesten Guilins. Kaum ein westlicher Tourist verirrt sich hierhin, was angesichts der Attraktionen der Region unverständlich ist. Vor allem die Reisterrassen bei Longsheng 龙胜, wo sich über eine Höhe von bis zu 800 Meter Terrassenfeld an Terrassenfeld reiht, sowie die Dörfer des Dong-Volkes unweit Sanjiangs 三江 mit ihren filigranen Holzkonstruktionen, sind allemal eine Reise wert. Etwa 30 Kilometer östlich von Longsheng liegen in einem vor allem von Zhuang und Miao bewohnten Flußtal heiße Quellen, die man von Longsheng aus mit regionalen Minibussen in etwa einer Stunde erreicht. Seit 2004 gibt es hier auch eine Übernachtungsmöglichkeit. Sowohl Longsheng als auch Sanjiang lassen sich von Guilin aus mit Überlandbussen erreichen, Unterkunft in Mittelklassehotels ist möglich. Eine abenteuerliche

Dorf in der Nähe von Longsheng

Route für die man gute Bandscheiben mitbringen muß, führt von Sanjiang über Kaili in die Provinz Guizhou. Fährt man von Sanjiang weiter Richtung Süden, erreicht man bei Rong'an wieder ein Karstgebiet, das ähnlich spektakulär wie die Gegend um Guilin ist und sich entlang des Rong-Flusses bis kurz vor Liuzhou zieht. Sowohl Longshen als auch Sanjiang lassen sich von Guilin aus mit Bussen erreichen, Unterkunft in Mittelklassehotels ist möglich. Einige Cafés in Yangshuo bieten zweitägige Touren in die Region an, die staatlichen Reisebüros CITS und CTS veranstalten mehrtägige Wanderungen entlang der Reisterrassen, teilweise mit Übernachtung bei Bauernfamilien. Der Berliner Veranstalter China By Bike hat eine Radtour in dieser Region im Programm.

Busse nach Longsheng und Sanjiang verkehren regelmäßig von der Guiliner Busstation nördlich des Bahnhofs.

In Longsheng: ›Tourist Hotel‹ (Lüyou Binguan 旅游宾馆), 1 Stern, Gonglong Lu 公龙路, Tel. 7517206. Exzellentes Mittelklassehotel in zentraler Lage.
›Riverside Hotel‹ (Kaikai Lüshe 开开旅社), an der Straße von Guilin, etwa 500 Meter vor der Brücke auf der rechten Seite. Einfache Zimmer mit Bad auf dem Flur. Die Besitzerin ist Englischlehrerin und freut sich über jede Gelegenheit, Englisch zu sprechen und ihre Stadt vorzustellen.
In Sanjiang: ›Chengyang Bridge Hotel‹ (Chengyang Qiao Binguan 程阳桥宾馆). Bestes Hotel in der Stadt, was nicht viel heißen mag. Saubere Doppelzimmer mit Bad.
In Chenyang: ›Chengyang Bridge National Hotel‹ (Chengyang Qiao Zhaodaisuo 程阳桥招待所). Einfaches, aber stilvolles Hotel in traditioneller Holzbauweise nahe der Wind- und Regenbrücke in Chengyang, etwa 20 Kilometer südlich von Sanjiang.

Im wohlhabenden Perlflußdelta weist man gern auf die Offenheit und Progressivität der südlichen Lebensart hin. Und ist zu Recht stolz auf die wirtschaftlichen und kulturellen Errungenschaften der Region. Und natürlich die kantonesische Küche, die entgegen allen Vorurteilen viel mehr zu bieten hat als Hund und Katze.

Der Süden

Die Provinz Guangdong

Ganz geheuer sind den Nordchinesen die Einwohner der Provinz Guangdong (Kanton 广东) nicht. Man erzählt sich, daß die Kantonesen alles essen, was vier Beine hat, außer Tischen, und man macht sich über die für die meisten Chinesen unverständliche Sprache lustig, die offiziell als Dialekt des Chinesischen gilt, dem Mandarin aber weniger nahe ist als das Holländische dem Deutschen. Andererseits war es vor allem die chinesische Südprovinz mit ihren Sonderwirtschaftszonen, die den ersten wirtschaftlichen Boom Anfang/Mitte der 1980er Jahre auslöste, und das nötigt den erfolgsorientierten Chinesen einigen Respekt ab. Vor allem in den 1990er Jahren gab es des öfteren Reibereien zwischen der Zentralregierung in Beijing und den Provinzbehörden, die sich weigerten, allzu viel von ihrem erwirtschafteten Überschuß zur Entwicklung finanzschwacher Provinzen abzugeben. Heute hat man sich arrangiert. Die Kantonesen nehmen den Ausspruch Deng Xiaopings wörtlich, daß einige zuerst reich werden würden, und tun alles dafür, daß dies auf sie selbst zutrifft. Auch wenn die anderen Küstenprovinzen in den letzten Jahren aufgeholt haben, ist die Provinz am Perlflußdelta immer noch Symbol für das chinesische Wirtschaftwunder, und darauf ist man hier stolz.

Um schließlich die Verwirrung um den Namen Kanton ein wenig aufzulösen: Kanton ist eigentlich der verwestlichte Name der Provinz Guangdong, wird aber seit Kolonialzeiten als Synonym für die Stadt Guangzhou verwendet.

Geschichte

Die Region der heutigen Provinz Guangdong gehörte nicht immer zum chinesischen Machtbereich. Der Überlieferung nach waren es die Truppen des Qin Shihuangdi, die im 3. Jahrhundert vor Christus das Perlflußdelta eroberten und es dem chinesischen Reich einverleibten. Als China mit dem Niedergang der Han-Dynastie im 2. Jahrhundert nach Christus auseinanderfiel, entstand hier das unabhängige Königreich Nanyue, das sich eher nach Südostasien als nach China orientierte. Guangzhou, die Hauptstadt, war damals bereits eine wichtige Hafenstadt, von der aus Seide und andere chinesische Produkte bis nach Indien und zur Arabischen Halbinsel verschifft wurden.

Als Teil der ›Seidenstraße des Meeres‹ kam die Region frühzeitig mit nichtchinesischen Kulturen in Kontakt. Anfang des 16. Jahrhunderts, Guangdong war mit der wiedererstarkten chinesischen Zentralmacht erneut Teil des Reichs der Mitte, trafen die ersten portugiesischen Seefahrer im Hafen von Guangzhou ein und erhielten vom chinesischen Kaiser die Erlaubnis, sich in Macao niederzu-

In Guandong sollte man sich auf kulinarische Überraschungen gefaßt machen

lassen. Guangdong sollte auch über die folgenden Jahrhunderte Brennpunkt der Handelsbestrebungen des Westens bleiben.

Seit dem Jahre 1757 waren diese Kontakte auf Guangzhou beschränkt, Ausländer durften sich in der Stadt nur auf der Insel Shamian niederlassen und frei bewegen. Mit dem Handel von Opium versuchten die Engländer seit Ende des 18. Jahrhunderts verstärkt, ihre durch den massiven Import chinesischer Güter wie Seide, Tee und Porzellan extrem negative Handelsbilanz auszugleichen und das Tor zu weitereichenden Handelsbeziehungen mit China aufzustoßen. Der Opiumhandel lief fast ausschließlich über das Perlflußdelta und damit den Hafen Guangzhous. Auf Geheiß des Kaisers ließ im Jahre 1839 der Beamte Lin Zexu 20 000 Tonnen konfisziertes Opium verbrennen, was zum ersten Opiumkrieg führte, in dessen Folge China nicht nur Hongkong an die Engländer abtreten mußte, sondern auch die Insel Shamian ausländisches Konzessionsgebiet wurde.

Als Folge der deutlich spürbaren ausländischen Präsenz in der Region entwickelte sich eine starke nationale Bewegung, die gleichzeitig die Ideen des Westens übernahm und von ausländischen Bildungseinrichtungen profitierte. Sowohl Hong Xiuquan, der als ›jüngerer Bruder Jesu‹ den Taiping-Aufstand anführte, als auch der erste Präsident und geistige Vater der bürgerlichen Revolution Chinas stammten aus der Umgebung Guangzhous. Sowohl die Kommunisten als auch die Nationalisten bildeten in Guangzhou ihre Gefolgsleute aus, während der ersten Einheitsfront (1921–1925) legten beide Fraktionen in der von sowjetischen Beratern unterstützten Militärakademie Whampoa den Grundstein für den späteren Bürgerkrieg. Nach dem Bruch zwischen Kommunisten und Nationalisten war Guangzhou in den 1920er Jahren immer wieder Schauplatz von Arbeiteraufständen, die von den Nationalisten unter Chiang Kai-shek brutal niedergeschlagen wurden.

Nach Gründung der VR China 1949 blieb die Region wichtiges wirtschaftliches und administratives Zentrum Südchinas. Die zweimal im Jahr stattfindende Kanton-Messe entwickelte sich in den 1980er Jahren zum wichtigsten Schaufenster des chinesischen Außenhandels. Die Nähe zu Hongkong, dessen Bevölkerung vor allem aus Guangdong kommt, bedeutete für die Provinz einen steten Fluß der Unterstützung von den in die Kronkolonie geflohenen Verwandten. Es waren auch diese Transferleistungen, die den Wirtschaftboom der Region begründeten, zusammen mit der Verlagerung der Produktionsstätten von Hongkong über die Grenze auf das chinesische Festland. Die Großstädte der Provinz sind reich geworden und ziehen einen nicht versiegen wollenden Strom von Wanderarbeitern aus dem Hinterland an. Reichtum und Armut liegen in Guangdong noch näher zusammen als in den meisten anderen chinesischen Provinzen.

Guangzhou (Kanton)

Die Sechs-Millionen-Stadt Guangzhou 广州 sieht nur wenige Touristen, was einerseits verständlich ist, da sie etwas ungünstig jenseits der Haupttouristenrouten liegt, die zumeist direkt von Guilin nach Hongkong führen, andererseits aber auch sehr schade, da Guangzhou eine Stadt mit viel Charme ist, wenn auch erst auf den zweiten Blick. Die Mischung von etwas angestaubtem Kolonialambiente mit der chinesischen Vision von Moderne, angesiedelt in einer Stadt, die zu Recht weltweit für ihre Küche berühmt ist, lohnt den Abstecher nach Guangzhou. Auch wenn das subtropische Klima der Region nicht unbedingt zum Flanieren geeignet ist, lädt Guangzhou dennoch zu einem Stadtbummel ein. Die meisten Sehenswürdigkeiten der Innenstadt lassen sich ab der Insel Shamian mit der U-Bahn und zu Fuß erreichen.

Shamian

Einst ausländisches Konzessionsgebiet, ist die kleine Insel Shamian 沙面岛 am Perlfluß heute ein grüne Oase mitten im Stadtgebiet. Während bis vor wenigen Jahren die Kolonialbauten der Insel dem langsamen Zerfall überlassen wurden, hat man inzwischen ihr Potential erkannt. Immer mehr entwickelt sich Shamian zum Vergnügungsviertel mit schicken Restaurants und Bars in kolonialem Ambiente. Die Kolonialbauten stehen mittlerweile unter Denkmalschutz und werden sukzessive restauriert. Die Denkmalschützer gingen im Jahre 2001 sogar so weit, den Abriß des berühmten Wild Swan Hotels an der Südwestspitze der Insel zu fordern, da seine Hochhausarchitektur die historische Atmosphäre der Insel zerstöre. Im Inselpark am Perlfluß treffen sich im Morgengrauen die Senioren des

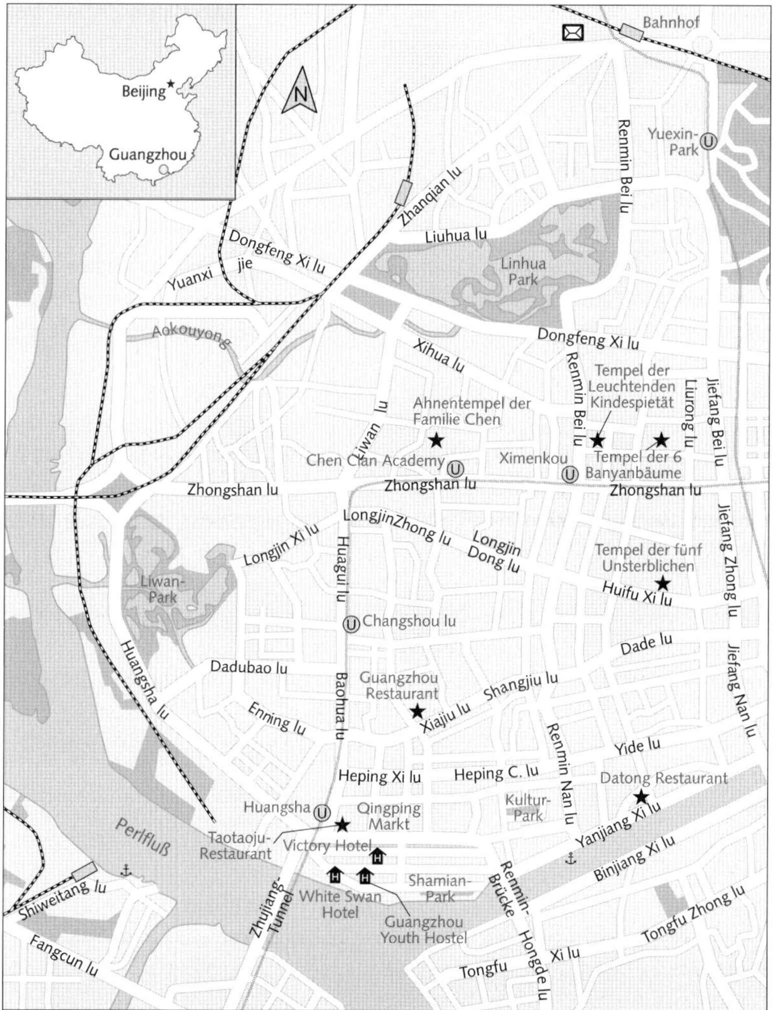

Guangzhou 广州 (Kanton)

Viertels zur Frühgymnastik, während des Tages haben die Laienopernsänger hier ihren Treffpunkt. In Lucy's Bar und im Rose Garden am Flußufer kann man den Tag gemütlich bei einem Bier ausklingen lassen. Das Bier heißt ›Perlfluß‹, und das sollte man nicht wörtlich nehmen, sonst dürfte man nicht über die Uferbegrenzung schauen. Mehrere Hotels gibt es auf der Insel, vom Schlafsaal bis zur Luxussuite ist für jeden Geldbeutel und Geschmack etwas dabei.

Geht man am amerikanischen Konsulat vorbei am Westende der Insel über eine kleine Brücke, so erreicht man die U-Bahn-Station Huangsha 黄沙. Von hier brechen wir zu einer kleinen Stadtbesichtigung auf.

Ahnentempel der Familie Chen

Zwei Stationen in Richtung Ostbahnhof 广州东站 sind es bis zum Ahnentempel der Familie Chen 陈家祠, nach dem auch die U-Bahn-Station benannt ist. In der Kulturrevolution fast vollständig zerstört, beherbergt der einst der Ahnenverehrung der Chen-Familie gewidmete Tempel heute nach der umfassenden Rekonstruktion in den 1980er Jahren das Kunstgewerbemuseum der Provinz Guangdong. Die buntglasierten Tonfiguren auf dem Dachfirsten sind eine dreidimensionale Anthologie der chinesischen Legenden und Erzählungen, allein für die detailgetreuen Darstellungen berühmter Szenen aus der chinesischen Literatur lohnt der Besuch des Tempels. Gleich hinter dem Eingang im rechten Seitenflü-

Rauchopfer in einem Tempel in Guangzhou

gel kann man einen Blick in die Vergangenheit werfen. In mehreren Räumen hat man die Außenfassade und Inneneinrichtung eines typischen Guangzhouer Altstadthauses rekonstruiert. Auf der Mittelachse sind die Meisterstücke der lokalen Handwerkskunst ausgestellt, unter anderem ein aus Elfenbein geschnitztes chinesisches Prunkschiff inklusive der mehr als hundertköpfigen detailverliebt dargestellten Besatzung. Im linken Seitenflügel kann man in einem kleinen Geschäft Beispiele für das berühmte Guangdonger Eierschalenporzellan bewundern, das natürlich auch zum Verkauf bereitsteht.

Tempel der Sechs Banyan-Bäume

Nur eine weitere U-Bahn-Station (西门口) entfernt, zu Fuß vom Ahnentempel aber nur über die stark befahrene Zhongshan Lu 中山路 zu erreichen, liegt der Tempel der Sechs Banyan-Bäume 六榕寺. Ursprünglich auf Anregung des Gründers des Zen-Buddhismus, Bodhidharma, im 6. Jahrhundert gebaut, geht der Name der heutigen Anlage auf den berühmten song-zeitlichen Dichter Su Dongpo zurück, der sich von den wunderschön gewachsenen Banyan-Bäumen im Hofe des Tempels zu einer Kalligraphie inspirieren ließ. Die sechs namensgebenden Bäume sind heute leider nicht mehr zu sehen, auch wenn immer noch einige Banyan-Bäume auf dem Tempelgelände stehen. Gleich hinter dem Eingang erhebt sich die 57 Meter hohe, im Volksmund Blumenpagode genannte Pagode der 1000 Buddhafiguren, das Wahrzeichen der Stadt. Vor allem bei gutem Wetter lohnt sich der beschwerliche Aufstieg auf die trotz jüngst erfolgter Renovierung leicht zur Seite geneigten Pagode. Im linken Seitengebäude, hinter einer der Guanyin gewidmeten Halle, befindet sich die Totengedenkhalle des Tempels. Jeder der kleinen hinter Glas gefaßten roten Wandzettel entspricht einem Verstorbenen, manchmal auch einem Ehepaar. Der Platz für die Gedenktafeln wird vom Kloster für eine festgelegte Zeit vermietet und bildet eine der Haupteinnahmequellen des Tempels. Hierbei richtet sich der Preis nach dem Rang des Tempels. Ein weißer Zettel zeigt eine Reservierung zu Lebzeiten an.

Weitere Sehenswürdigkeiten

Einige Gassen in Richtung Westen befindet sich der Tempel der Leuchtenden Kindespietät 光孝寺, der älteste Tempel der Stadt, dessen Geschichte bis in das 3. Jahrhundert zurückgeht. Heute ist die von Touristen kaum besuchte, dem Zen-Buddhismus geweihte Anlage der aktivste Tempel der Stadt. Südlich des Haupteinganges schließt sich ein traditionelles Wohnviertel, teils Anfang des

20. Jahrhunderts, teils in den 1950er Jahren gebaut an, in dem kleine Läden vor allem Räucherstäbchen und anderen Tempelbedarf verkaufen. Folgen Sie der kleinen Gasse vom Eingang des Tempels in Richtung Süden, so erreichen Sie nach etwa 500 Metern wieder die U-Bahn-Station Ximenkou 西门口. Auf dem Weg dorthin kommen Sie an kleinen Dim-Sum-Restaurants vorbei, ein idealer Snack, da die Auswahl leichtfällt. Die Teigtaschen in allen Variationen sind am Eingang in Bambusdampfsieben aufgestellt, Sie müssen nur auf das Gewünschte deuten. Wollen Sie sich auch ohne Sprachkenntnisse über die Füllung vergewissern, dann lassen Sie sich den Preis aufschreiben. Bis 10 Yuan für eine Lage ist unbedenklich, sobald es teurer wird, könnte auch der beste Freund des Menschen unter dem Nudelteig versteckt sein.

Am Ximenkou 西门口 angekommen, überqueren Sie die Zhongshan Lu 中山路, folgen ihr bis zur nächsten größeren Kreuzung und biegen dann in die Liurong Lu 六榕路 Richtung Süden ein. An der Huifu Xilu 惠富西路 angekommen, wenden Sie sich nach Osten und erreichen nach wenigen Metern, auf einem offenen Platz gelegen, den Tempel der Fünf Unsterblichen 五仙观. Dieser daoistische Tempel erinnert an die Fünf Unsterblichen, die der Legende nach in mythischer Zeit den Bewohnern in einer Hungersnot zu Hilfe kamen, auf jeweils einem Ziegenbock reitend. Seit dieser Zeit heißt Guangzhou auch die ›Ziegenstadt‹. Auch dieser Tempel wurde in der Kulturrevolution vollständig zerstört und ist heute eher schlicht. Im rechten Vorraum befindet sich eine kleine Einführung in die Stadtgeschichte Guangzhous.Um nach Shamian zurückzukehren, können Sie ein Taxi nehmen oder Sie laufen die nahegelegene Renming Lu 人民路, die Haupt-Nord-Südverbindung Guangzhous entlang bis zum Perlfluß, wo sie an der Renmin-Brücke auch wieder auf die Shamian-Insel treffen.

Ein weiterer interessanter Spaziergang führt von der Shamian-Insel in Richtung Norden zum Qingping-Markt 清平市场, 1979 einer der ersten sogenannten ›Freimärkte‹, mit denen Deng Xiaoping die Reformperiode einläutete. Bis vor einigen Jahren hätte man den Markt weder auf nüchternen Magen noch kurz nach dem Essen betreten sollen, jedenfalls nicht als geruchsempfindlicher Mensch. Vor allem der ›Frischfleischmarkt‹ war nichts für schwache Nerven und glich eher einem Zoo als einem Lebensmittelmarkt. Nicht zuletzt aufgrund der SARS-Krise – für die Erkrankung wurde der Verzehr der als Delikatesse geltenden Zibetkatze verantwortlich gemacht – haben die Behörden ein waches Augen auf das Sortiment der Lebendtierhändler des Marktes. Alles jenseits von Huhn, Rind, Fisch und Schwein darf nur noch als Haustier angeboten werden, dementsprechend ist diese Sektion des Marktes, in der einst Käfig an Käfig exotische Tiere zum Verzehr angeboten wurden, nun fast verwaist. Direkt nach der Überquerung der im Norden an die Shamian-Insel angrenzende Liu'ersan Lu liegt die Medizinsektion des Marktes, auf der neben Ginseng, Heilkräutern und Gewürzen auch exotischere

Imposante Dachverzierung

Sache wie Schlangenhaut, getrocknete Seepferdchen und Hirschpenis angeboten werden. Der Hauptteil der medizinischen Abteilung befindet sich seit einigen Jahren in dem neugebauten mehrstöckigen Gebäude links neben dem Markteingang.

Folgt man der Marktgasse in Richtung Norden, so erreicht man nach einem guten Kilometer die Xiajiu Lu 下九路, eine Fußgängerzone entlang einer renovierten Straßenzeile aus dem frühen 20. Jahrhundert. Vor allem abends lohnt sich ein Bummel durch die Fußgängerzone, wo man von Ladenschluß noch nie etwas gehört hat. Einige der renommiertesten Restaurants der Stadt liegen hier, es empfiehlt sich folglich, zur abendlichen Essenszeit hierher zu kommen.

i Vorwahl: +86/20.
Post: Das Hauptpostamt liegt direkt neben dem Hauptbahnhof. In der Shamian Sanjie 沙面三街 auf Shamian gibt es ein kleines Postamt, das ebenfalls internationalen Service anbietet.
Bank: Alle größeren Hotels tauschen Bargeld und Reiseschecks, das gleiche gilt für fast alle Filialen der Bank of China. Günstig liegen die Banken am Ostbahnhof sowie etwas nördlich vom Tempel der Sechs Banyan-Bäume in der Liurong Lu 六榕路.
Reisebüro: Die Guangzhou Tourism Information Line hat die Telefonnummer 86661275. Das ›Guangzhou Youth Hostel‹ auf Shamian bietet einen günstigen und effek-

tiven Buchungsservice für Zug-, Boot- und Flugtickets. Die Website www.thatsguangzhou.com macht aktuelle Information zu Restaurants, Ausstellungen und Bars auf Englisch zugänglich.
Das deutsche Konsulat befindet sich auf Shamian, im 19. Stock des ›Guangdong International Hotel‹ in der Huanshi Lu 环市路 339, Tel. 83306533, Fax 83317033.

Guangzhous neuer Flughafen hat im September 2004 seine Tore geöffnet. Direktverbindungen bestehen zu allen großen chinesischen Städten sowie nach München, Singapur, Amsterdam und Sydney. Air China hat ein Büro in der Huanshi Lu 环市路 181 (Hotline 86682000), Flugtickets können allerdings auch in allen größeren Hotels gekauft werden.

Guangzhou hat zwei große Bahnhöfe, den Hauptbahnhof (广州站, Endstation der Metro 2) von dem vor allem Züge in den Norden, unter anderen nach Beijing (24 h) und Shanghai (26 h) abfahren. Züge nach Hongkong (1h 40) über Shenzhen (1 h) fahren ab dem Ostbahnhof (Dongzhan 东站), den man mit der Metrolinie Nr. 1 erreicht. Fahrkarten kann man direkt am Bahnhof oder im Hotel oder Reisebüro kaufen.

Komfortable Überlandbusse fahren von Guangzhou nach Shenzhen, Hongkong, Zhuhai und Macau. Während der Zug nach Hongkong die bequemere und schnellere Alternative ist, ist der Bus um einiges günstiger. Der Bus nach Guilin ist schneller als der Zug, benötigt aber immer noch 13 Stunden. Andere empfehlenswerte Busverbindungen bestehen nach Nanning (Provinz Guangxi 15 h) und Haikou auf Hainan (16 h). Guangzhou hat drei große Busbahnhöfe, der Fernbahnhof (省汽车站) mit den wichtigsten Verbindungen liegt 500 Meter westlich des Hauptbahnhofs an der Huanshi Xilu 环市西路, der Liuhua Busbahnhof (流花车站) direkt gegenüber.

Von der Werft Nanhai 南海 in Pingzhou 平洲, die in den südlichen Vororten liegt, fahren Schnellboote zweimal täglich um 9.15 und 16.00 in zweieinhalb Stunden nach Hongkong (Kowloon). Tickets und Shuttlebusse gibt es im ›White Swan Hotel‹ oder an der Zhoutouzui-Werft (洲头咀码头). Von Zhoutouzui fuhren früher die beliebten Übernachtschiffe nach Hongkong, Macao und in die Provinz Guangxi. Diese werden wohl bald eingestellt. Weitere Informationen gibt es unter www.turbojet.com.hk.

›White Swan Hotel‹ 天鹅宾馆, 5 Sterne, Shamian Nanjie 沙面南街 1, Tel. 81886968, Fax 81862288. Nach der kompletten Renovierung 1999 eines der besten Hotels in China. Stilvoll eingerichtete Zimmer, exzellente Restaurants und ausgezeichnete Lage auf Shamian.

›Victory Hotel‹ 胜利宾馆, 3 Sterne, Shamian Beijie 沙面北街, Tel. 81 86 26 22 Fax 81 91 24 13. Stilvolles Mittelklassehotel, im Norden Shamians.

›Guangzhou Youth Hostel‹ 省外办招待所, 1 Stern, Shamiansi Jie 沙面四街 2, Tel. 81 88 42 98, Fax 81 88 49 79. Günstiges Hotel auf Shamian, Doppelzimmer und Mehrbettzimmer jeweils mit Dusche/WC. Das Reisebüro im Erdgeschoß ist freundlich und effektiv.

Dim Sum 点心, auf Deutsch ›das Herz berühren‹, sind die Spezialität Guangzhous. Aber auch die Guangzhouer Küche jenseits der gefüllten Teigtaschen kann sich sehen lassen. Probieren Sie Kruste vom Spanferkel 烤乳猪, oder Meeresfrüchte 海鲜 in allen Variationen. Zwar hat vor allem die Guangzhouer Küche die Chinarestaurants weltweit beeinflußt; Sie werden jedoch schon bald merken, daß ›Schweinefleisch süßsauer‹ in guten Restaurants in etwa so oft anzutreffen ist wie Currywurst in deutschen Nobelrestaurants.

Drei der besten Restaurants liegen in laufbarer Entfernung zur Insel Shamian, das ›Datong Jiujia‹ 大同酒家, Tel. 81 88 89 88, unmittelbar an der Kreuzung Renming Lu 人民路 und Yanjiang Lu 沿江路, das ›Guangzhou Jiujia‹ 广州酒家, Tel. 81 88 83 88, eines der besten Restaurants am Platze nahe der Fußgängerzone in der Wenchang Nanlu 文昌南路 und das ›Taotaoju‹ 陶陶, Tel. 81 81 57 69, eines der besten Dim-Sum-Restaurants in der Dishipu Lu 第十铺路 20, das zudem berühmt für seine Mondkuchen ist. Aber auch viele der kleinen Garküchen zwischen Shamian und der Fußgängerzone in der Xiajiu Lu 下九路 bieten einfaches, aber gutes Essen.

Die Bars auf Shamian laden zu einem gemütlichen Bier und der Guangzhouer Version westlichen Essens ein. Vor allem ›Lucy's‹ 露丝酒吧, Tel. 81 87 41 06, und ›Rose Garden Club‹ 玫瑰园俱乐部, Tel. 81 92 28 08, beide im Shamian-Park, sind angenehme Gartenlokale.

Guangzhou ist keine touristisch ausgerichtete Stadt. Mit etwas Geduld und Verhandlungsgeschick findet sich auf dem Jade- und Antiquitätenmarkt an der Ecke von Wenchang Lu 文昌路 und Changshou Lu 长寿路 ein gutes Mitbringsel nicht nur aus Jade.

Von hoher Qualität ist das Eierschalenporzellan, das in vielen Läden in Guangzhou, aber auch im Ahnentempel der Familie Chen angeboten wird.

Auch Tee gibt es in Guangzhou günstig und in ausgezeichneter Qualität zu erstehen. Vor allen nahe dem Qingping-Markt gibt es einige kleine Teeläden, mit reichhaltiger Auswahl, in denen man jede Sorte auch probieren kann, allen voran der ›Shunfu Teeladen‹ 顺富茶庄 in der Shanmulan Lu 杉木栏路 123.

Shenzhen

Wollen Sie hier wirklich hin? Auch wenn sich die Stadtregierung alle Mühe gibt, Parks, Tempel und Grünanlagen zu errichten, kann sie über die Tatsache nicht hinwegtäuschen, daß Shenzhen 深圳 am Reißbrett entstanden ist, oder schlimmer, per Dekret gegründet und dann dem Wildwuchs überlassen wurde. Hätte man den Bewohnern des gleichnamigen Fischerdorfes Anfang der 1970er Jahre erzählt, daß in 30 Jahren an gleicher Stelle eine der sich am rasantesten entwickelnden Städte der Welt stehen würde, sie hätten herzlich gelacht. Heute hat Shenzhen nicht nur eine der höchsten Wachstumsraten der Volksrepublik, sondern auch die höchste Kriminalitätsrate und einen mehr als lockeren Umgang mit Prostitution. Während in den 1980er Jahren eine Art Gründerstimmung in der Stadt herrschte und viele Intellektuelle hierherkamen, um ihr Glück (und weniger staatliche Überwachung) zu suchen, ist die Stadt heute ein Moloch mit spiegelverglasten Fassaden.

In Hongkong kann man den ›Shopping Guide Shenzhen‹ erstehen. Vielleicht ist dies wirklich das einzige, was man in dieser Stadt machen kann – einkaufen. Sollte es Sie dennoch einmal nach Shenzhen verschlagen, dann suchen Sie sich ein komfortables Hotel, machen ein paar Fotos von der teils eindrucksvollen Hochhausarchitektur und lassen sich auf keinen Fall zu einem Besuch einer der ›Sehenswürdigkeiten‹ überreden, es sei denn, Sie möchten Extremerfahrungen in Sachen Kitsch sammeln. Gehen Sie gut essen, Shenzhen hat einige der besten (und teuersten) Restaurants Chinas.

Für eines jedoch lohnt sich ein Besuch der Stadt, besser gesagt, die Durchreise: Innerchinesische Flüge sind ab Shenzhen oft nur halb so teuer wie ab Hongkong, bei annähernd gleicher Anfahrtszeit ab Hongkong Central. Eine Schnellfähre verbindet den Shenzhener Flughafen in eineinhalb Stunden mit Hongkong Island, eine durchaus überlegenswerte Alternative. Zwischen dem Hongkonger und dem Shenzhener Flughafen verkehrt zudem stündlich ein Shuttlebus und seit 2004 auch sechsmal täglich ein Schnellboot (Informationen unter www.turbojetseaexpress.com.hk). Der Shenzhener Flughafen, Tel. 0755/777 67 89, etwa 40 Kilometer nordwestlich von Shenzhen gelegen, bietet Direktverbindungen zu nahezu allen chinesischen Großstädten.

Großmutter mit Enkelin in Lijiang
Vater und Sohn in Dali; Auf dem Markt in Kashgar

Chinas Ex-Kolonien Hongkong und Macau

Küsten-Großstädte mit vorgelagerten Inseln gibt es in China genug. Das Besondere an Hongkong und Macau ist, daß sie beide bis vor wenigen Jahren westliche Kolonien waren und damit ein Hort kapitalistischer Weltanschauung, während im eigentlichen China noch eifrig über den korrekten sozialistischen Kurs gestritten wurde. Für die Kommunisten Chinas, ja eigentlich für fast alle Chinesen, waren Hongkong und Macau daher der Inbegriff des westlichen Imperialismus. Und trotzdem gab es keinen einzigen Versuch, diese ›Schmach‹ zu beseitigen – aus vielerlei Gründen. Zum einen ließen sich vor allem über Hongkong aber auch Macau diskret all die kapitalistischen Geschäfte führen, die dem jungen sozialistischen Staat schlecht zu Gesicht standen. Zum anderen waren die internationalen Verwicklungen im Falle eines Angriffs auf die Kolonien schlicht nicht einzuschätzen. Nicht zuletzt war die Beijinger Führung vielleicht gar nicht so erpicht darauf, die zahllosen, gerade erst geflohenen Anti-Kommunisten, Mafiosi und Glücksritter wieder ins Reich zu zwingen. Die ersten Versuche Portugals, seine kostspielige Kolonie Macau zurückzugeben, wurden in den 1980ern von Beijing jedenfalls dankend abgelehnt.

Hongkong

Geographisch ist Hongkong 香港 ein schwieriges Terrain: Die an der Mündung des Perlflusses gelegene Sieben-Millionen-Metropole besteht aus der Halbinsel der New Territories mit der Spitze Kowloon, der Hauptinsel Hong Kong Island und mehr als 200 Inseln, deren Zahl dank intensiver Landgewinnungsprogramme schwankt. Felsige Küsten, steile Hügel und zerklüftete Buchten prägen die Landschaft, die einst fast vollständig mit subtropischem Wald bedeckt war. Heute findet sich hier vor allem sekundärer Bewuchs aus Büschen und Gräsern. Der schroffen Landschaft ist es zu verdanken, daß sich Hongkong keineswegs als durchgehende Besiedlungsfläche über das gesamte Territorium erstreckt – nur 30 Prozent der Fläche ist bebaut –, sondern zwischen den höchst kompakten Stadtteilen auch zahlreiche grüne Inseln geblieben sind. In geradezu englischem Understatement

Mann in Kashgar; Junge mit Lastenfahrrad
Ein fröhlicher Mönch in Xiahe

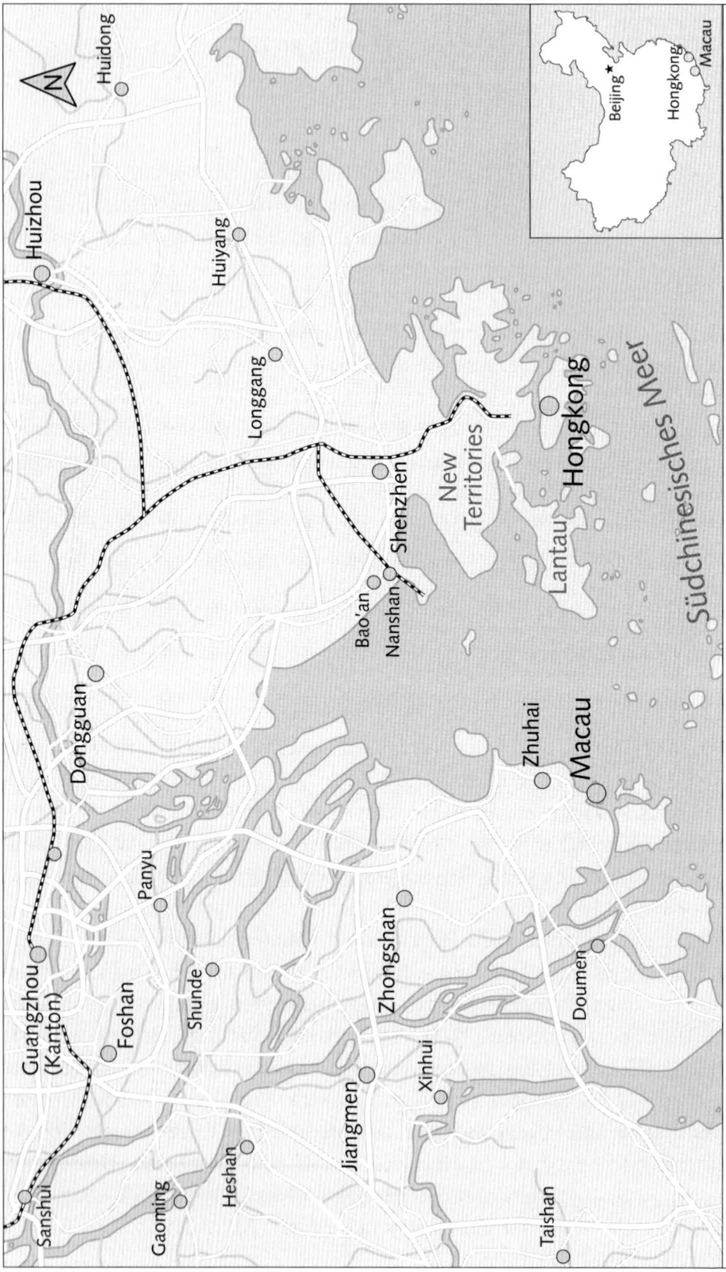

Das Perlflußdelta 珠江三角洲

ist es der Stadtverwaltung gelungen, diese grünen Oasen zu pflegen und dennoch für den Menschen zu erschließen, ohne es an die große Glocke zu hängen. Keine Metropole Asiens verfügt über mehr Grünflächen als Hongkong, 40 Prozent der Stadtfläche stehen unter Naturschutz.

Touristisch war Hongkong schon lange vor der Übernahme durch die Volksrepublik erschlossen, denn schon früh hatte es sich als internationales Drehkreuz des Flugverkehrs etablieren können. Und so bot es sich für westliche Asientouristen an, zwischen zwei Flügen einige Tage in Hongkong einzulegen. Durchschnittlich 3,5 Tage verbringt seither der deutsche Reisende in der Exkolonie. Genug Zeit, um die Reisekasse mit einer ausgiebigen Shopping-Extase zu strapazieren, ins abendliche Lichtermeer einzutauchen und einen Blick vom Victoria Peak zu werfen – und nebenbei auch alle Vorurteile zu bestätigen. Nicht zu Unrecht gilt Hongkong als echte Handelsmetropole, wird den Hongkongern ein übertriebener Geschäftssinn und viel Freude am Geldverdienen nachgesagt. Und trotzdem hat sich hier, unbeschadet von politischen Kampagnen, viel chinesische Alltagskultur halten können. Während in der Volksrepublik ein Großteil der religiösen Stätten und Traditionen zerschlagen wurde, ist in den Exkolonien Hongkong und Macao der ursprüngliche Glaube erhalten geblieben.

Geschichte

Der ›duftende Hafen‹ Heung Gong (hochchinesisch Xianggang, von den Briten zu Hong Kong gewandelt), so die wörtliche Übersetzung des Namens, war bis zur Ankunft der Engländer eine eher unbedeutende Siedlung. Nicht einmal siebentausend Menschen, meist Bauern, Fischer, Händler und Klein-Piraten lebten hier. Zwar gibt es diverse Funde, die darauf hindeuten, daß das Gebiet seit dem Neolithikum durchgehend bewohnt war, doch die Region blieb bis zur Song-Dynastie sehr dünn besiedelt.

Angesichts der Bedrohung durch nördliche nomadische Völker zogen ab dem elften Jahrhundert immer mehr Han-Chinesen nach Südchina. Bis zur Küste drangen jedoch nur wenige von ihnen vor – unter anderem fürchtete man die permanenten Überfälle von Piraten. Einer der Freibeuter, Koxinga, brachte es gegen Ende der Ming-Dynastie sogar zu Nationalruhm, als er die untergehende Dynastie gegen die Qing-Invasoren verteidigte und sich viele Jahre auf Taiwan halten konnte. Während des Kampfes gegen den patriotischen Piraten zeigte sich die Qing-Armee skrupellos, aber erfinderisch: Ein 25 Kilometer breiter Küstenstreifen wurde von allen Siedlungen ›gesäubert‹, um Koxinga den Nachschub abzugraben. Auch die Ursprünge Hongkongs fielen dieser Maßnahme wahrscheinlich größtenteils zum Opfer.

Die ersten europäischen Kontakte nach Südchina entstanden im 16. Jahrhundert, doch erst 1685 wurde der Freihandel im Kantoner Hafen erlaubt, allerdings nur über Kompradoren, also feste chinesische Zwischenhändler, so daß kein direkter Kontakt zur chinesischen Bevölkerung entstehen konnte. Mit der British East India Company kam 1699 Bewegung in den Handel, schon 1711 wurde der erste feste britische Handelsposten in Hongkong gegründet.

Chinesische Waren wie Seide, Tee, Porzellan und Gewürze waren in Europa überaus gefragt, während in China kaum ein Bedarf an ausländischen Produkten herrschte. Findige Händler jedoch kamen schnell auf den Gedanken, das Opium aus den indischen Kolonien nach China zu exportieren. Die Droge erwies sich als Verkaufsschlager, und schnell kippte die Handelsbilanz nun zugunsten der Briten. Mit Besorgnis betrachtete der Kaiserhof in Beijing die Entwicklung an der Südküste des Reiches: Zum einen schwanden zusehens die Silbervorräte Chinas, zum anderen ließ sich die enorme wirtschaftliche Belastung durch den Wegfall vieler Arbeitskräfte kaum übersehen. Mehr als sechs Millionen Menschen waren der Droge in Südchina verfallen. Kein Wunder, daß sich am Kaiserhof der Widerstand regte.

1839 traf der kaiserliche Abgesandte Lin Zexu in Hongkong ein, um ein für allemal mit dem leidigen Problem aufzuräumen. Eine Petition an die englische Königin hatte jedoch nicht den gewünschten Erfolg. Wutentbrannt ließ Lin die britischen Opiumvorräte beschlagnahmen und verbrennen. Der aus diesem Zwischenfall resultierende Krieg (Erster Opiumkrieg) endete bereits 1841 mit einer Niederlage für China und der Besetzung von Hong Kong Island durch die Briten. Im Vertrag von Nanjing 1842 wurde das Territorium endgültig und für immer den Briten zugesprochen. Nach dem Zweiten Opiumkrieg, der unter lapidarem Vorwand vom Zaun gebrochen wurde, mußte China im Jahre 1860 auch die gegenüberliegende Halbinsel Kowloon an die Briten abtreten. Die erste Kolonie auf chinesischem Boden war entstanden.

Als Handelsstützpunkt der Briten, aber auch der Amerikaner, entwickelten sich die Bevölkerungszahlen rasant. Gut 7000 Einwohner hatte Hongkong 1842, im Jahre 1850 waren es bereits 30 000. Nur zehn Jahre später zählte man bereits 120 000 Menschen. Größtenteils handelte es sich um Chinesen, die in Hongkong Zuflucht vor der Taiping-Rebellion suchten oder in China in Ungnade gefallen waren. Zur Jahrhundertwende lebten hier bereits 300 000 Einwohner. Dies und auch diverse militärische wie praktische Gründe, beispielsweise das Fehlen natürlicher Trinkwasserquellen, führten dazu, daß Großbritannien im Juni 1898 dem chinesischen Staat abermals Land abrang, wenn auch nur auf Zeit. Für 99 Jahre wurden die New Territories nördlich der Halbinsel Kowloon sowie die Outlying Islands gepachtet. Einen weiteren Schub von Einwanderern mußte die Stadt 1911 anläßlich der chinesischen Revolution und dem Ende der Kaiserzeit verkraften.

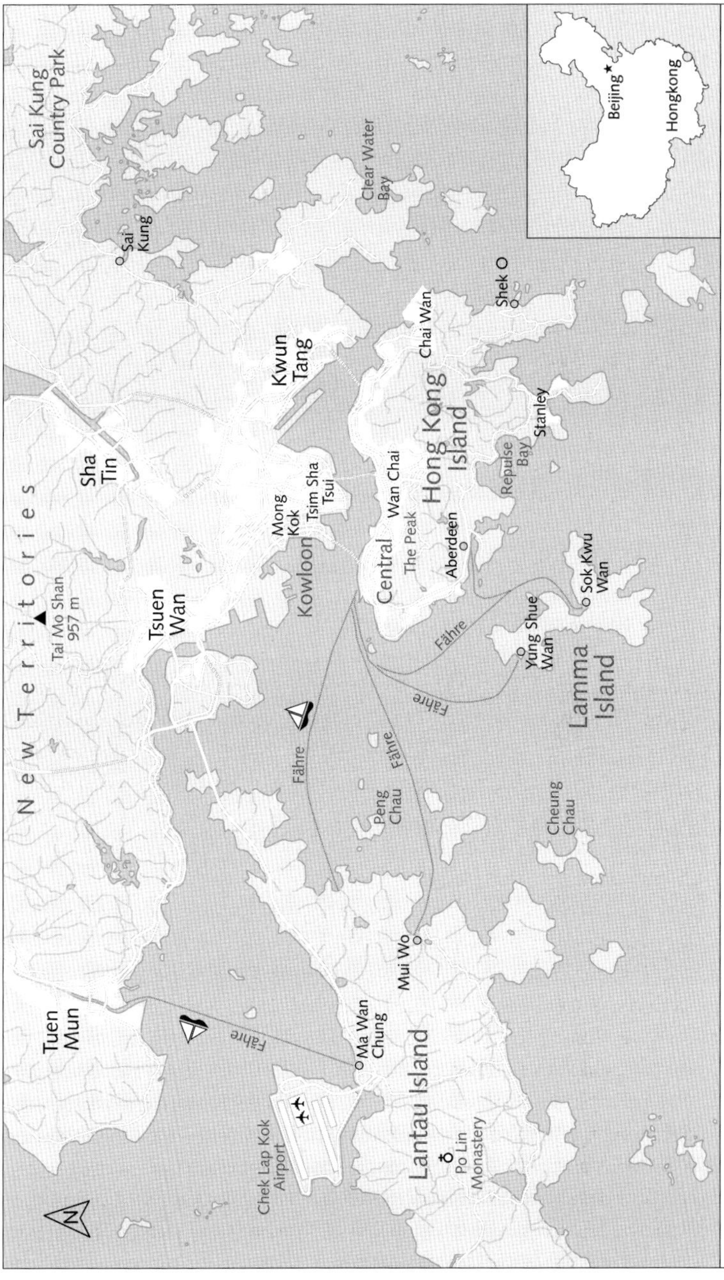

Hongkong 香港, Übersicht

Dschunke vor der Skyline von Hong Kong Island

Der weitere Aufstieg zur Megastadt war nunmehr kaum aufzuhalten. Bereits 1930 verzeichnete die Kronkolonie mehr als eine Million Einwohner.

Während des Zweiten Weltkrieges wurde Hongkong im Winter 1941 von Japan angegriffen und nach nur wenigen Tagen erobert. Als die japanische Besatzung 1945 endete, lebten nur noch 750 000 Einwohner in der Stadt. In den nächsten Jahren, die vom chinesischen Bürgerkrieg zwischen Kommunisten und Guomindang geprägt waren, hatte Hongkong jedoch wieder einen enormen Zustrom von Flüchtlingen zu verkraften. Abermals wuchs die Bevölkerung um ein Vielfaches. Einerseits führte dies zu großen sozialen Problemen, waren doch viele Flüchtlinge praktisch besitzlos gekommen. Andererseits profitierte die Stadt von der Zuwanderung dieser meist qualifizierten Kräfte, die sich schnell eine neue Existenz aufbauten. Zudem verlegten nun die meisten ausländischen Firmen ihre China-Niederlassungen von Shanghai nach Hongkong. Stand die Kronkolonie bisher im Schatten der Metropole Shanghai, änderte sich dies schlagartig mit der Machtübernahme der Kommunisten auf dem Festland. Zwar traf das internationale China-Embargo zu Beginn der 1950er auch Hongkong empfindlich, doch das ›Tor nach China‹ blieb die einzige Alternative für viele Geschäfte, die über offizielle Kanäle nicht abgewickelt werden konnten.

Als billiger Produktionsstandort der Leichtindustrie machte sich Hongkong in den folgenden Jahren einen internationalen Namen, obwohl es mit dem Beginn der Kulturrevolution auf dem Festland auch in der Kolonie zu blutigen Zwischenfällen kam. Abermals wurde Hongkong zum Zufluchtsort für chinesische Bürger, allen Grenzanlagen und Kontrollen zum Trotz.

Als Anfang der 1980er in der Volksrepublik die wirtschaftliche Öffnungspolitik für Schlagzeilen sorgte, war Hongkong gezwungen umzuschwenken. Jenseits der Grenze waren die Wirtschaftssonderzonen Shenzhen und Zhuhai gegründet worden, und zahllose Industriebetriebe verlagerten nun ihre Produktion in das preislich unschlagbar günstige China. Fortan konzentrierte man sich in Hongkong, abermals mit Erfolg, auf das Dienstleistungsgewerbe. Auch heute noch gilt die Stadt neben Tokyo als das Finanz- und Bankenzentrum Asiens.

Mit der Öffnungspolitik begegneten sich China und der Westen auch wieder auf diplomatischer Ebene. Aus gegebenem Anlaß, denn der Ablauf des Pachtvertrages der New Territories rückte näher. 1982 begannen die Gespräche zwischen Margaret Thatcher und Deng Xiaoping über das Schicksal Hongkongs nach dem 1. Juli 1997. Schnell war klar, daß Deng auf eine Korrektur der ›ungleichen Verträge‹ drängte und nicht, wie erhofft, Hongkong vollständig den Briten überlassen würde. Theoretisch war im Juli 1997 zwar nur die Rückgabe der New Territories sowie Kowloons und der Outlying Islands fällig, eine Trennung Hongkongs in einen britischen und chinesischen Teil jedoch wäre in der Praxis kaum machbar gewesen.

Im Jahre 1984 wurde schließlich die Sino-British Joint Declaration unterzeichnet. Der Vertrag sah die Rückkehr Hongkongs an China vor, dies aber unter dem Motto ›ein Land, zwei Systeme‹. Für 50 Jahre sollte Hongkong noch in innenpolitischen Fragen unabhängig und selbständig entscheiden können, bevor es endgültig in das volksrepublikanische System eingegliedert werden würde. Diese Entscheidung war im übrigen nicht nur auf Hongkong gemünzt, sondern galt auch als Signal an Taiwan, das aus der Sicht Beijings langfristig ebenfalls wieder in den Schoß der Volksrepublik zurückkehren soll. Bisher blieben die Bemühungen allerdings fruchtlos.

Anfang der 1990er sorgte der letzte britische Gouverneur Chris Patten noch einmal für Trubel, als er kurz vor der Übergabe tiefgreifende Änderungen des politischen Systems vornahm. Über 150 Jahre hatte Großbritannien die Kolonie recht undemokratisch regiert – nun plante Patten die Reform der Mitbestimmung und sorgte so in Beijing für schlechte Laune. Viele wohlhabende Hongkonger bemühten sich derweil um einen ausländischen Paß – waren doch viele Einwohner der Stadt einst explizit vor den Kommunisten geflohen und nun keinesfalls erpicht darauf, unter volkrepublikanischer Herrschaft zu leben. Großbritannien kam für die meisten allerdings als Auswanderungsland nicht in Frage, denn es hatte dem Großteil der Bewohner seiner Kolonie nur einen Paß zweiter Klasse zugestanden, der unter dem Titel ›British National Overseas‹ nicht zum Umzug ins Mutterland berechtigte.

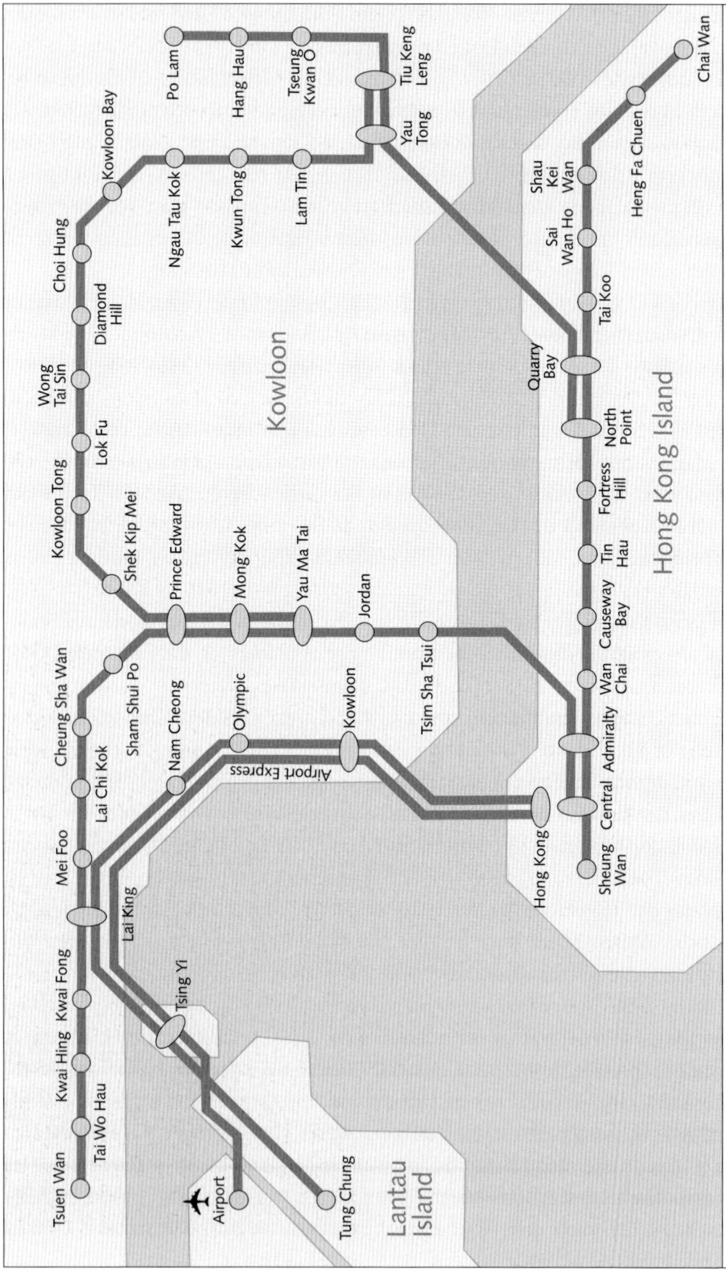

Metroplan Hongkong

Mit den pompösen Feiern zur Rückkehr Hongkongs wurde demonstrativ der Titel ›Royal‹ aus allen Clubs, Vereinigungen und Stätten gelöscht. Dank des Status als Sonderverwaltungsgebiet (›Special Administrative Region SAR‹) blieb der Alltag der meisten Menschen (noch) unangetastet. In den theoretisch immer noch unabhängigen Medien jedoch macht sich bereits heute eine starke Tendenz zur Selbstkontrolle bemerkbar. Daß längst nicht alle Hongkonger mit der historischen Entwicklung zufrieden sind, zeigen die wiederkehrenden Demonstrationen gegen den Chief Executive von Hongkong Tung Chee-hwa.

Die Halbinsel Kowloon

Der Startpunkt fast jeder Sightseeing-Tour ist die Halbinsel Kowloon 九龙. An ihrer Südspitze, dem Stadtteil Tsim Sha Tsuei, befindet sich die Star Ferry Anlegestelle, die in den Victoria Harbour ragt. Der Blick vom Quai über den Hafen gehört wahrscheinlich zu den meistfotografierten der Welt. Die berühmten Dschunken kreuzen hier aber nur noch selten. Sollte dennoch eine vor das Objektiv segeln, gehört sie wahrscheinlich dem Hong Kong Tourist Board.

Von hier zieht sich quasi als Hauptschlagader die Nathan Road bis an die Grenze der New Territories. Sie wurde nach dem Gouverneur Sir Matthew Nathan benannt und verspricht vor allem eines: Einkaufen bis zum Umfallen. Hier liegt die Welt der Kreditkarten, Einkaufszentren und allerneuester Modetrends. Ein Blick in die Seitengassen zeigt jedoch, daß Prunk und Glitter nicht immer weit reichen. Gegenüber der Peking Road befinden sich die berühmt-berüchtigten Chungking Mansions: Düstere Blocks, die mehr als 150 Billigabsteigen beherbergen. Dem ständigen Wechsel unterworfen, mag sich hier und da durchaus das eine oder andere ›Juwel‹ verbergen, die meisten der fensterlosen Schlafboxen lassen jedoch auch hartgesottene Globetrotter erschaudern.

Hochhäuser in Kowloon

Im Nordosten von Kowloon, an der Ecke Chatham East Road und Science Museum Road befindet sich das absolut sehenswerte Hongkong Science Museum. Alle Ausstellungen sind so konzipiert, daß die Besucher selbst ex-perimentieren können. Das Museum ist Dienstag bis Sonntag von 13 bis 21 Uhr geöffnet. Mittwochs entfällt der Eintritt. Unter http://hk.science.museum kann man bereits ab Deutschland einen Blick auf die Ausstellung werfen.

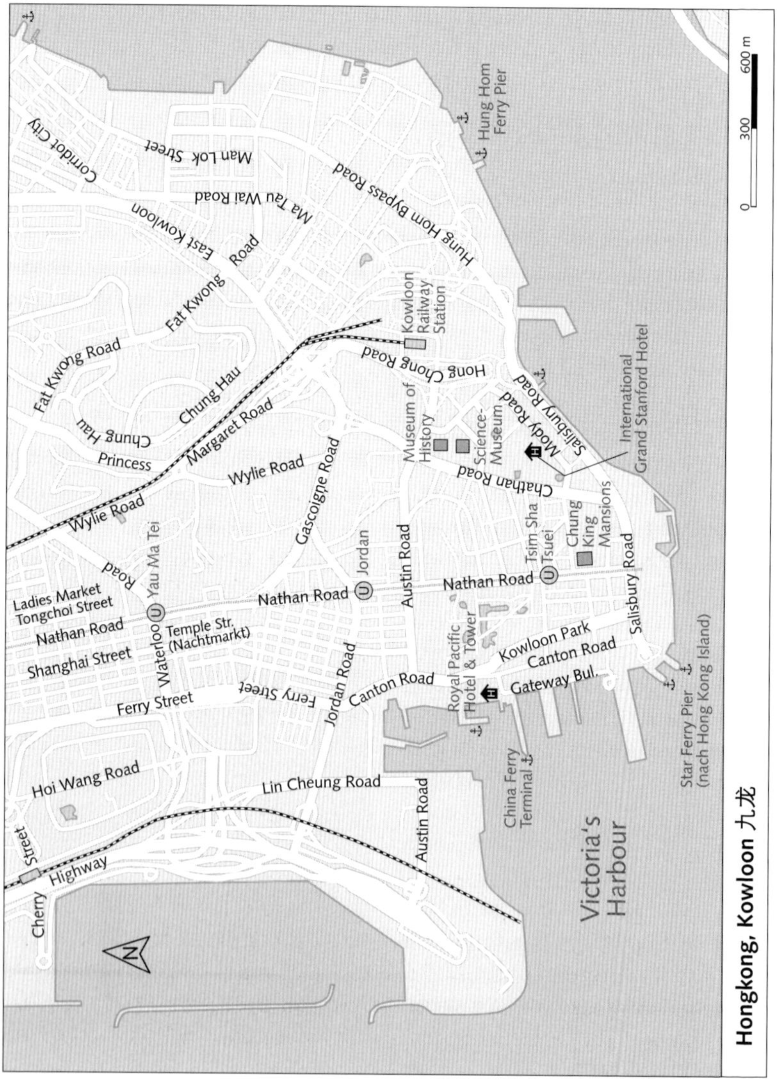

Hongkong, Kowloon 九龙

Das gegenüberliegende ›Hong Kong Museum of History‹ kann ebenfalls wärmstens empfohlen werden, denn – ganz ehrlich – über die Geschichte Hongkongs weiß kaum ein Reisender etwas. Kein bißchen verstaubt, sondern peppig aufgemacht, richtet sich die Ausstellung auch an jüngere Besucher, die durch zahlreiche mulimediale Angebote die Vergangenheit erkunden sollen. Das Geschichtsmuseum ist täglich außer Dienstag von 10 bis 18 Uhr geöffnet.

Folgt man der Nathan Road von Tsim Sha Tsuei nach Norden, erreicht man die Stadtteile Yau Ma Tei und Mong Kok. Die engen Gassen und dampfenden Garküchen lassen keine Zweifel, daß Hongkong im Grunde genommen immer eine chinesische Stadt geblieben ist. Wer sich nicht der Atmosphäre wegen nach Mong Kok begibt, wird es wahrscheinlich wegen der Märkte tun. Jeden Abend schlagen auf der Temple Street Hunderte von Händlern ihre Klapptische auf, und von der (fast) echten Marken-Handtasche über Designerkleidung bis zu singenden Feuerzeugen ist hier alles zu haben, was für den Fernen Osten vermeintlich typisch ist. Wer sich der totalen Shopping-Extase hingeben möchte, steigt an der U-Bahn-Station Jordan aus, erledigt den Temple Market westlich der Nathan Road und begibt sich dann Richtung Norden zur Tongchoi Street (direkt zu erreichen über die U-Bahn-Station Yau Ma Tei oder Mong Kok), die sich auf der östlichen Seite parallel zur Nathan Road hinzieht und mit dem Ladies Market lockt. Unermüdliche beginnen die Tour bereits am späten Nachmittag im nördlichen Sham Shui Po an der gleichnamigen U-Bahn-Station. In den Straßen rund um die Kreuzung der Guilin Street und Changshawan Street findet man vor allem günstige Waren und Kleidung aus der Volksrepublik.

Fast schon in den New Territories liegt der Siksik Yuan Tempel an der nordöstlichen U-Bahn-Station Wongtaisin. Der überaus beliebte Tempel ist eigentlich dem daoistischen Stadtgott Wongtaisin gewidmet, beherbergt aber auch eine Konfuziushalle. Die buddhistischen Einflüsse sind ebenfalls recht offensichtlich – eine typisch lockere chinesische Mischung. 1921 wurde der Tempel erbaut, aber erst Ende der 1950er für das allgemeine Publikum geöffnet. Bis dahin stand er nur den Mitgliedern der Tempelsekte offen.

Hong Kong Island

Mittlerweile gibt es zwar eine schnelle U-Bahn-Verbindung zwischen Kowloon und Hong Kong Island 香港岛, die standesgemäße Ankunft per Star Ferry ist aber ungleich beeindruckender, gibt sie doch die Sicht auf den Victoria Harbour und die Skyline Hongkongs frei. Wer also klassisch per Boot anreist, landet am Star Ferry Terminal, der auch Ausgangspunkt für die Ausflüge auf die abgelegenen Inseln ist.

Hong Kong Island ist eine höchst heterogene Insel: Im Norden drängen sich die City-Stadtteile Central, Wan Chai und Causeway Bay mit ihren Wolkenkratzern, während der Nordwesten vor allem als Schlafstätte dient. Die Betonblöcke Kennedytowns gehören ganz bestimmt nicht zu den besseren Wohngegenden. Der Western District und Sheungwan hingegen verraten die Zugehörigkeit zu China. Im Süden der Insel hingegen residieren – etwas verallgemeinert – vor allem die wohlhabenden Hongkonger: Shek O im Osten, Stanley und die Gegend um die Bucht Repulse Bay sind sehr europäisch geprägt und überaus gepflegt. Wirklich überraschend, weil es so gar nicht recht in das Bild von Hongkong passen will, ist das Zentrum der Insel. Unberührte Landstriche, dichtes Grün und steile Berge dominieren die Landschaft.

Die Sehenswürdigkeit Hong Kong Islands schlechthin ist der Victoria Peak. Mit 554 Metern ist er zwar nicht der höchste Berg der Stadt, aber sicher der bekannteste. Von hier aus überblickt der Betrachter die gesamte ›Innenstadt‹ und den Hafen. Nachts bietet sich ein bizarres Lichterspektakel, das Hobby-Fotografen in helle Aufregung versetzt, tagsüber hängt die Sicht von den Wetterverhältnissen ab. Alles in allem ist der Peak ein absolutes Muß für alle Hongkong Erst-Fahrer, zumal sich seit 1888 niemand mehr im Schweiße seines Angesichts heraufquälen muß, sondern mit der Peak Tram fast bis an den Gipfel gleiten kann. Die Talstation liegt an der Garden Road, die letzte Bahn fährt um Mitternacht ab.

Western und Sheung Wan

Westlich der Star Ferry Anlegestelle liegen die Stadtteile Western und Sheungwan. Zwischen getrockneten Quallen-Snacks, Spezialhändlern für Totenbedarf (papierne Autos, Waschmaschinen und ähnliches für die Ahnenopfer) und Teegeschäften herrscht das traditionelle und typische China-Flair wie vor 100 Jahren. Etwas moderner geht es natürlich schon zu, schließlich flackern auch hier nachts die Leuchtreklamen, doch die Atmosphäre stimmt. Falls Sie der Gedanke an getrocknete Quallen oder andere skurrile Kulinaria anzieht, dann sollten Sie die Des Voeux Road West und die davon abzweigende Winglok Street beziehungsweise den Bonham Strand West ansteuern, denn hier befinden sich ganz besonders viele Geschäfte mit getrockneten Meeresfrüchten, Vogelnestern oder Ginseng. In der Manwa Lane – einer kleinen Verbindungsgasse zwischen beiden Straßen – gibt es übrigens besonders viele Stempelschnitzer. Ein chinesischer Stempel ist ein individuelles Souvenir, auf das man meist nur wenige Stunden warten muß. Gleich um die Ecke liegt die Koshing Street, wo sich die traditionellen Apotheken aneinanderreihen. Interessenten für traditionelle Medizin werden die Läden Hongkongs zwar immer ein wenig teurer finden als ihre volksrepublikanischen

Pendants, die Beratung erfolgt jedoch in Englisch – ein echter Vorteil, denn die chinesische Medizin kennt manch ein hilfreiches Mittel. Konventionellere Souvenirs chinesischen Stils gibt es dann einige Straßenzüge weiter bergauf in der Hollywood Road, Hongkongs Antiquitätenmeile, und der Upper Lascar Row, die als ›Cat Street‹ bekannt ist. Hier findet jeden Nachmittag ein malerischer Flohmarkt statt.

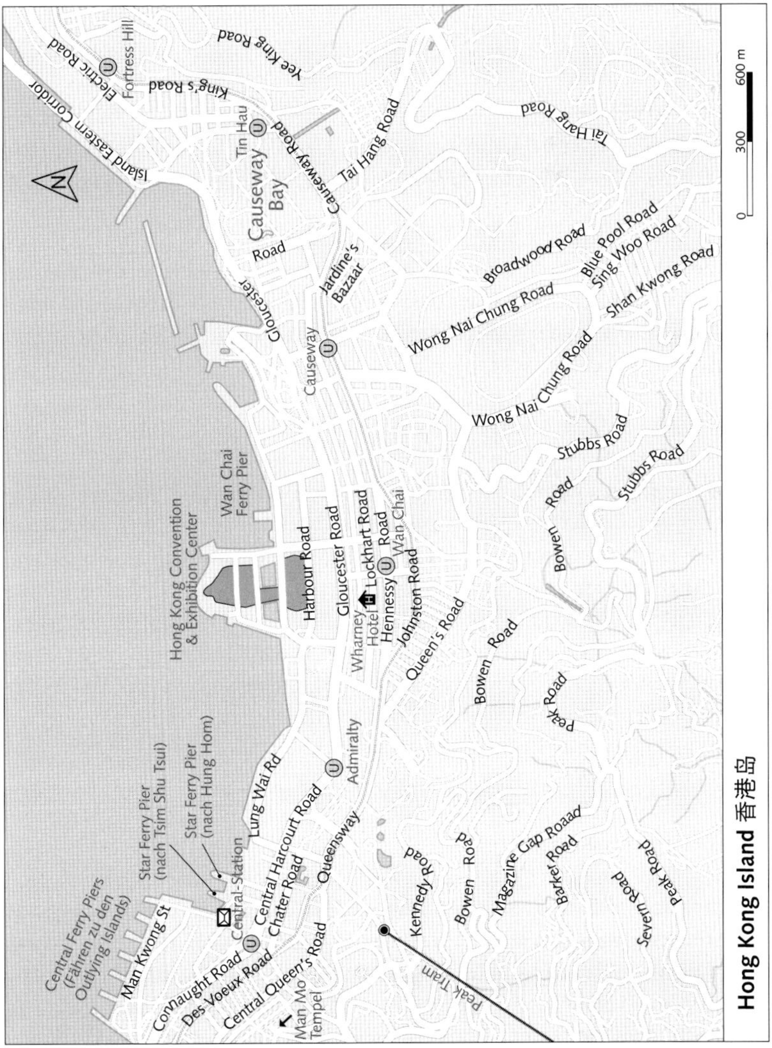

Hong Kong Island 香港岛

Zwischen diversen Shopping-Touren sollten Sie sich aber auch Zeit nehmen für den Manmo-Tempel. Diese daoistische Andachtsstätte liegt ebenfalls an der Hollywood Road, wurde 1847 erbaut und ist den Göttern der Literatur (Man) und des Krieges (Mo) gewidmet. Der Manmo-Tempel gehört zu den größten Tempeln Hongkongs und ist dementsprechend gut besucht.

Central

Gleich neben Sheung Wan schließt sich östlich das Viertel Central an. Hier dominiert die Finanzwelt. Als ›Bankenzentrale Asiens‹ beherbergt Hongkong fast 200 verschiedene Banken sowie unzählige Finanzdienstleister, Börsenmakler und Investmentgesellschaften. Modernität heißt das Motto der Architekten, die in Central tätig waren.

Es erfordert schon ein wenig Kunst und Überblick, um in Central überhaupt noch den Boden zu betreten, denn eine Unzahl von Übergängen, Brücken und Fußgänger-Balustraden verbinden die vielen Hochhäuser auf der ersten und zweiten Etage. Besonders bei regnerischem Wetter ist dies eine trockene Alternative, Hongkong zu erkunden. Schnäppchen sind hier allerdings nicht zu erwarten und ohne eine strapazierbare Kreditkarte bleibt Ihnen nur der kleine Markt in der Liyuen East und West Road nahe dem Ufer übrig. In einer derart luxuriösen und modernen Umgebung ruft der ›Escalator‹ nur noch wenig Erstaunen hervor, dabei handelt es sich mit 800 Metern Länge um das weltweit größte überdachte Rolltreppensystem überhaupt. Es verbindet die Des Voeux Road mit der Conduit Road im Wohngebiet der Mid-Levels. Von 6 bis 10 Uhr morgens fährt sie bergab und transportiert so eine ganze Armada von Angestellten aus den Wohnvierteln der ›Mid-Levels‹ nach Central. Ab 10.30 Uhr bis Mitternacht fährt sie bergauf. Wer in der Mitte an der Hollywood Road aussteigt, findet westlich des Escalators in den Straßen Shelley Street, Elgin Road, Peel Street, Staunton Road und Old Bailey Street das Kneipen- und Barviertel SoHo. Der Name leitet sich als Abkürzung der Bezeichnung ›South of Hollywood Road‹ ab.

Wan Chai und Causeway Bay

Weiter nach Osten schließt sich Wan Chai an. Mit dem Roman ›Die Welt der Suzie Wong‹ beziehungsweise seiner Verfilmung wurde Wan Chai mit einem Schlag weltberühmt. Als Rotlichtviertel fungiert es allerdings schon lange nicht mehr. Heute ist Wan Chai für seine Bars mit Livemusik bekannt und sollte vor allem abends auf dem Programm stehen. Nur wenige Schritte weiter liegt Causeway

Straße in Wan Chai

Bay, das sich wieder des Touristen liebster Zeitbeschäftigung verschrieben hat: shoppen, shoppen, shoppen! Neben den vielen modernen Konsumtempeln sorgen der Straßen- und Nachtmarkt von Jardine's Bazaar für Schnäppchen.

Falls Sie sich nicht entscheiden können, welches dieser Stadtviertel Sie zuerst erkunden möchten, bietet sich eine Fahrt mit der Doppeldecker-Straßenbahn an. Seit 1904 verkehrt sie über die Des Voeux Road zwischen der Westspitze Kennedy Town und Shau Kei Wan am östlichen Ende der Insel. Der Fahrpreis von derzeit 2 Hongkong-Dollar wird erst beim Aussteigen bezahlt – ohne Wechselgeld, deshalb sollte man den Betrag passend bereit halten.

Der Süden von Hong Kong Island

Während der Norden von Hong Kong Island allen Vorurteilen gerecht wird, ist der Süden vor allem von Grün geprägt. Hier liegen die Country Parks Pok Fu Lam, Tai Tam, Aberdeen und Shek O. Zur Überraschung vieler Touristen ist es hier möglich, nur wenige Kilometer von der Skyline entfernt, stundenlang einsam durch beeindruckende Landschaften zu wandern. Der ›Hongkong Trail‹ beispielsweise, eine anspruchsvolle Trekking-Strecke über 50 Kilometer, führt quer durch die Insel und erfordert gute Kondition, will man ihn an einem Tag schaffen.

Der Stadtteil Aberdeen an der Westküste ist sicher am bekanntesten. Einst war der Hafen von Tausenden von Bootsfamilien besiedelt, die ihr ganzes Leben auf dem Wasser verbrachten. Heute sind es vor allem die schwimmenden Restaurants, die abends die Menschen anziehen, jedoch nur noch sehr bedingt zu empfehlen sind. Wahrscheinlich verdankt der ›duftende Hafen‹ Hongkong seinen Namen den Händlern von Aberdeen, denn noch zur Zeit der ersten England-Kontakte wurde hier Weihrauch umgesetzt, eine wahrhaft duftende Ware.

Bewegt man sich weiter südlich, wird Hong Kong Island idyllischer – und teurer. Es sind vor allem die Reichen der Stadt, die rund um die Bucht Repulse Bay und Deep Water Bay ihre Villen gebaut haben. An warmen Tagen sind die Strände dieser Orte trotzdem heillos überlaufen. Die südliche Halbinsel Stanley steht auf der Beliebtheitsliste ebenfalls ganz oben. Dies liegt allerdings nicht nur an der Qualität der beiden Badestrände, sondern auch an der lebhaften Kneipenszene. Tagsüber zieht es die Besucher allerdings meist an den Stanley Market, der mit seinen günstigen Produkten aus der Volksrepublik zu den billigsten der Stadt zählt. Das wellenförmige Hochhaus über der Stanley-Bucht hat es übrigens mit einer geomantischen Besonderheit international zu Ruhm gebracht: Das acht Stockwerke hohe Loch in der Mitte soll den Drachen des dahinterliegenden Berges den täglichen Strandgang ermöglichen. Reisende mit eindeutig zu viel Zeit und alle die, die bereits zehnmal in Hongkong waren, können in Stanley auch ihren Hang zum Kitsch befriedigen: Das Haus der taiwanesischen Schlagersängerin Teresa Tang, die fast ihr ganzes Leben in Hongkong verbrachte, steht seit ihrem Tod 1993 dem Publikum offen. Die Adresse ist Carmel Road 18, das Haus ist täglich bis 16.30 Uhr geöffnet.

Häuser in Aberdeen im Süden von Hong Kong Island

Strand und nur Strand finden Sie dagegen in der Siedlung Shek O, die ebenfalls fest in den Händen der Upper Class ist. Der Big Wave Bay Beach und der Shek O Beach sind nicht ganz so überlaufen wie ihre Konkurrenten im Westen der Insel.

New Territories

Bis in die 1970er waren die New Territories 新界 durchaus noch eine ländliche Idylle. Heute findet man in der westlichen Hälfte vielerorts Industrieansiedlungen und Trabantenstädte – wohin sonst sollte Hongkong auch wachsen, wenn nicht in die New Territories!

Ganz ohne Highlights sind natürlich auch die westlichen Gebiete nicht. Das 380 Hektar große Naturschutzgebiet Mai Po und die Mangroven-Bucht Deep Bay im Nordwesten zum Beispiel lohnen einen Besuch. Das große Feuchtgebiet dient zahllosen Zugvögeln als Zwischenstation und gilt als eines der ornithologischen Highlights Südchinas: mehr als 340 Vogelarten wurden hier gesichtet. Aufgrund seiner Nähe zur innerchinesischen Grenze gilt es als Sperrgebiet und eignet es sich nicht für individuelle Stippvisiten. Das Hong Kong Tourist Board bietet aber regelmäßig geführte Touren an.

Ein wenig südlich davon, in Kam Ting nahe Yuen Long, liegt das Wehrdorf Kat Hing Wai. Der ummauerte Familiensitz des Tang-Clans entstand im 17. Jahrhundert und zeugt von gehörigem Respekt gegenüber den Feinden, denn hohe Mauern, Wassergräben und Schießscharten schützen das Dorf vor der Außenwelt. Einst waren die Wehrdörfer typisch für die Region, heute ist Kat Hing Wai eines der letzten (bewohnten) seiner Art. Kat Hing Wai ist ab der MRT-Station Tsuen Wan per Bus zu erreichen. Ganz in der Nähe, ebenfalls bei Tsuen Wan, liegt auch der höchste Berg Hongkongs, der 957 Meter hohe Taimo Shan.

Der Osten der New Territories ist vor allem grün. Naturparks, Stauseen, Berge und viele malerische Buchten mit unbewohnten Inselchen machen die Gegend zu einem echten Rückzuggebiet für gestreßte Städter. Allen voran die Halbinsel Sai Kung mit dem 7600 Hektar großen Sai Kung Country Park. Die einzige größere Siedlung der Halbinsel ist die Kleinstadt Sai Kung, die man per Minibus ab der MTR Station Choihung erreicht. Hier startet der McLehose Trail, der das High Island Reservoir umrundet und dann via Taimo Shan nach Tuen Mun im Westen der New Territories führt. Aber auch ohne schweißtreibende Ambitionen ist Sai Kung einen Tagesausflug wert. Wanderer stoßen hier übrigens immer wieder auf verlassene Dörfer. Vom Fischfang mögen die wenigsten noch leben, und so sind die Jungen längst ins Zentrum gezogen.

Südlich von Sai Kung liegt Clearwater Bay, das sich ebenfalls wohltuend von vielen anderen Regionen Hongkongs abhebt. Schon die Busfahrt durch grüne

Hügel und viele unberührte Wiesen läßt die Hektik der innerstädtischen Gebiete vergessen. Hin und wieder erhascht man vom Bus aus auch einen Blick auf das Meer, das hier wirklich noch blau ist. Den traumhaften Strand erreichen Sie ebenfalls mit dem Bus ab der MTR-Station Chunghoi.

Outlying Islands

Praktisch alle größeren Inseln sind per Fähre vom Outlying Islands Ferry Pier auf Hong Kong Island zu erreichen. Obwohl die Abfahrtszeiten sehr variieren, kann man von 7 bis 22 Uhr mit regelmäßigen Fähren rechnen.

Lantau

Mit 142 Quadratkilometern ist Lantau 蓝岛 fast doppelt so groß wie Hong Kong Island und damit die größte Insel Hongkongs überhaupt. Trotzdem ist sie bis auf wenige Dörfer nur spärlich besiedelt, und nur etwa 30000 Menschen wohnen hier. Zumindest der Süden und mittlere Teil der Insel sind auch heute noch von der wilden Landschaft dominiert, die keinesfalls den Eindruck erweckt, in einer der lebhaftesten Metropolen der Welt zu liegen. Ganz im Norden der Insel ist es allerdings vorbei mit der Ruhe, denn seit der neue Großflughafen Chek Lap Kok fertiggestellt wurde, donnern im Minutentakt die Flugzeuge über die Berge. Gut, daß die Anbindung an die südlichen Orte dank der unwegsamen Topographie recht schlecht ist, so sind große Trabantenstädte erst einmal nicht zu befürchten.

Die meisten Reisenden beginnen ihre Tour durch Lantau am Po-Lin-Kloster. Es wurde erst 1927 gegründet, ist aber mit Abstand der größte Tempel Hongkongs. Sein riesiger, 23 Meter hoher Bronze-Buddha (Tiantan-Buddha) ist schon von weitem sichtbar. Er ist noch recht neu, denn er wurde erst 1993 in China gegossen. Das vegetarische Restaurant des Tempels lohnt ebenfalls einen Besuch und ist bis 16.30 Uhr geöffnet. Das Kloster ist per Bus zur Endhaltestelle Ngong Ping ab der Fährenanlagestelle Mui Wo (Silvermine Bay) zu erreichen.

Eine andere Alternative ab Mui Wo ist der Fußweg zur Bucht Discovery Bay, der etwa zwei Stunden durch malerische Landschaften zu einer exklusiven Siedlung führt, die wiederum per Schnellboot mit Central verbunden ist. Unterwegs bietet das Trappistenkloster eine ruhige Pausengelegenheit. Gespräche mit den Mönchen sollten Sie aber nicht erwarten, da die Trappisten ein Schweigegelübde ablegen.

Richtig idyllisch wird es auch am entgegengesetzten Ende der Insel, im Fischerdorf Tai O. Hier wohnen die Nachfahren des Volkes der Tanka, die traditionell von der Salzherstellung lebten. Viele der Tanka-Häuser sind auf Stelzen ins Wasser hineingebaut. An den Wochenenden ist Tai O direkt per Fähre ab Central und Tuen Mun in den New Territories zu erreichen, unter der Woche bleibt nur der Bus ab Mui Wo.

Lamma Island

Lantaus kleine Schwester Lamma 南丫岛 liegt ebenfalls südlich von Hong Kong Island. Ohne Autoverkehr, Busse oder andere großstädtische Lärmquellen gilt die drittgrößte Insel Hongkongs ebenfalls als Refugium der Stille und dient großstadtmüden Ausländern sowie traditionellen Fischer-Familien als Rückzugsgebiet. Wanderer schätzen den einsamen, aber gut ausgebauten Weg von Yung Shue Wan nach Sok Kwu Wan. Immer in dieser einen Richtung übrigens, denn nahe Yung Shue Wan wurde der Strand mit einem Kohlekraftwerk ›verschönt‹. Wer hier startet, hat es den gesamten Weg im Rücken – oder, in umgekehrter Richtung, im Blick. Die zweite Attraktion der Insel offenbart sich erst, wenn auch der letzte müde Wanderer in einem der beiden Dörfer angekommen ist: Lammas Fischer bringen ihren Fang vor Ort frisch auf den Tisch und unterhalten zahlreiche Seafood-Restaurants, deren Angebot auch gestandene Kowlooner regelmäßig anreisen läßt.

Yung Shue Wan wird zirka einmal pro Stunde ab dem Outlying Islands Ferry Terminal angefahren. Zurück ab Sok Kwu Wan können Sie entweder Aberdeen (etwa alle 1,5 Stunden) oder Central (alle 2,5 Stunden) ansteuern.

Cheung Chau

Die Insel Cheung Chau 长洲 südlich von Lantau ist dörflich geblieben, obwohl sie zu den beliebtesten Ausflugszielen der ehemaligen Kolonie gehört. Immerhin 20 000 Menschen wohnen hier auf nur zweieinhalb Quadratkilometern, doch kein Haus zählt mehr als zwei Stockwerke, kein Auto darf hier legal über die Straßen holpern. Ein bißchen Stille, ein bißchen Idylle und viele kulinarische Gelegenheiten machen den Reiz der Insel aus. Einst der Rückzugsort gefürchteter Piratenbanden, ist Cheung Chao heute das Wochenendziel verliebter Pärchen und mit dem Tungwan Beach auch Ausflugsort für Schwimmer und Windsurfer.

Zum Festival der Göttin Tin Hau im April/Mai explodiert die Insel in einem farbigen lauten Spektakel. Kaum haben sich die Einwohner vom Feiern erholt, folgt im Mai das Bun Festival, auch als ›Fest der hungrigen Geister‹ bekannt, rund um den Paktai-Tempel. Die Prozessionen der kostümierten Kinder auf Bambusstelzen, inmitten der Brötchen-Speise für hungrige Geister, gehören zu den

Höhepunkten jeder Touristentour. In allen anderen Monaten ist der Tempel an der Pakshe Street zwar erheblich ruhiger aber nicht minder sehenswert. Zu erreichen ist Cheung Chau zirka einmal pro Stunde per Fähre ab dem Outlying Island Pier von Hong Kong Island.

Das Fremdenverkehrsamt von Hongkong in Frankfurt verfügt über eine reichhaltige und sehr informative Palette an Materialien und Stadtplänen, die gratis an Reisende abgegeben werden. Da die Angestellten auf Anfrage nur ein Standardpaket verschicken, lohnt es sich, anzurufen oder per Email das genaue Interessensgebiet anzugeben, um alle passenden Hefte zu erhalten. Wer im Internet bestellt, kann ankreuzen, welche Broschüre er erhalten möchte.
Hong Kong Tourism Board, Humboldtstr. 94, 60318 Frankfurt, Tel. 069/95 91 29-0, frawwo@hktb.com, www.discoverhongkong.com.
Vorwahl: +852.
Post: General Post Office, Connaught Place 2, Central.

Neben der staatlichen Fluggesellschaft Cathay Pacific fliegen zahllose weitere Fluggesellschaften Hongkong mehrmals täglich an. Der Flughafen liegt auf der Insel Lantau, ist aber per Taxi, Airport-Express oder (günstiger!) per Airport-Bus schnell zu erreichen. Individualreisende mit Hotelbuchung sollten auch nach den Hotel-Shuttle-Bussen Ausschau halten, die vor der Ankunftshalle halten.

Per Zug ist Hongkong selbstverständlich auch zu erreichen. Vor allem Reisende von oder in die Volksrepublik werden diese Möglichkeit nutzen. Die Züge nach China selbst fahren ab dem Bahnhof Hung Hom auf Kowloon. Theoretisch ist es möglich, ab Deutschland per Zug nach Moskau, von dort mit der Transsibirischen Eisenbahn und dann ab Beijing mit dem Kowloon-Express auf dem Landweg nach Hongkong zu reisen. Etwas Zeit (acht Tage oder mehr) braucht man dafür allerdings schon.

Hochpreisige und luxuriöse Unterkünfte gibt es zu Tausenden in Hongkong, während preiswerte Übernachtungsgelegenheiten eher rar sind. Wer ohne Hotelreservierung anreist, findet eventuell auch an den Reservierungsschaltern in der Ankunftshalle des Flughafens eine geeignete Unterkunft.
›Intercontinental Grand Stanford‹, 5 Sterne, 70, Mody Road, Tsim Sha Tsui East, Tel. 27 21 51 61. Direkt an der Uferpromenade und an der KCR-Station Kowloon gelegen und mit großartigem Blick über den Victoria Harbour.
›Royal Pacific Hotel & Tower‹, 4 Sterne, 33, Canton Rd., Tsim Sha

Tsui, Tel. 27 36 11 88. Ideal für Ausflüge, da es direkt über dem China/Macau Ferry Terminal liegt. ›Wharney Guangdong Hotel‹, 3 Sterne, 57–53 Lockhart Road, Wan Chai, Tel. 28 61 10 00. Zentrale Lage auf Hong Kong Island.

Überall in der Stadt kann man gut essen und trinken. Der Klassiker schlechthin ist Dim Sum. Die kleinen, vielfältigen Häppchen werden in speziellen Lokalen serviert. Hier fahren die Kellner mit Präsentierwagen an den Tischen entlang, der Gast bedient sich nach Belieben, bezahlt wird hinterher anhand der Notizen des Personals. Eine weitere Spezialität sind natürlich Meeresfrüchte. Besonders malerisch und frisch servieren die Restaurants von Sok Kwu Wan auf Lamma Island. Direkt an der Anlegestelle der Fähre gelegen, sind sie nicht zu übersehen. All zu lange trödeln dürfen Sie hier aber nicht, das letzte Boot nach Hong Kong Island (und damit die letzte Fahrgelegenheit zum Hotel!) legt gegen Mitternacht ab.

Beeindruckend modern, teuer und trendy sind die Kaufhäuser der Nathan Road, aber es lohnt sich, in die Seitengassen abzubiegen. Hier finden sich zahlreiche Schmuckläden und Kamerageschäfte. Modische Kleidung, Musik, Feuerzeuge, Taschen und günstige Uhren gibt es vor allem auf den zahlreichen Nachtmärkten wie dem Temple Street Night Market oder dem Ladies Market in Mong Kok. Auch der Cat Street Market nahe Hollywood Road lohnt einen Besuch, wenn Sie auf der Suche nach Souvenirs sind.

Macau

Im Vergleich zur großen Schwester Hongkong, blieb Macau 澳门 international immer ein wenig unbeachtet. Daß sich trotzdem jedes Jahr gut zehn Millionen internationale Reisende nach Macau verirren, hat wenig mit kulturellem Interesse zu tun: Nirgendwo sonst in Asien kann man so ausgiebig und legal der Spielleidenschaft nachgehen. Besonders Chinesen erweisen sich meist als leidenschaftliche Zocker, die im Elan und der Hoffnung auf einen Gewinn schnell eine ganze Existenz verspielen. In der Volksrepublik, in Taiwan oder in Hongkong sind Spielen und Wetten nur beim Pferderennen erlaubt. Und so verwundert es nicht, daß mehr als die Hälfte der Besucher aus Hongkong stammt und die andere Hälfte fast ausschließlich aus volksrepublikanischen Chinesen und Taiwanesen besteht. Westliche Reisende verirren sich meist nur für einen Tagesausflug nach Macau.

Das ist eigentlich schade, denn die Stadt ist nicht nur um einiges erholsamer als Hongkong, sondern mit der kulturellen Mischung aus portugiesischen und chinesischen Elementen weltweit einmalig.

Geschichte

Auf der Suche nach neuen Märkten landeten 1513 erstmals portugiesische Seefahrer am Perlflußdelta – und stießen auf wenig Gegenliebe am chinesischen Kaiserhof. Warum man in Beijing trotzdem nur wenige Jahre später doch einer permanenten ausländischen Siedlung zustimmte, bleibt unklar. Wahrscheinlich imponierte dem Kaiser das resolute Vorgehen gegen die gefürchteten lokalen Piraten, die auch den Chinesen große Probleme bereiteten. Auf alle Fälle erhielten die Portugiesen 1557 offiziell das Siedlungsrecht in der Ortschaft Ama-Gao, dem späteren Macau. Der Name leitet sich von der chinesischen Göttin A-Ma ab (auch als Tin Hau bekannt), die vor allem bei Seefahrern beliebt ist. Einst rettete sie als Passagier verkleidet eine Dschunke, die vor der Küste Südchinas im Sturm unterzugehen drohte. Nachdem sie das Meer und den Wind beruhigt hatte, ging sie in dieser Bucht (kantonesisch Gao) an Land, so daß ihr hier nicht nur ein Tempel gewidmet wurde, sondern auch die Bucht diesen Namen behielt.

Keiner anderen europäischen Macht sollte es in den nächsten hundert Jahren gelingen, sich in China niederzulassen, und so verfügte Portugal lange über ein

Am Largo do Senado

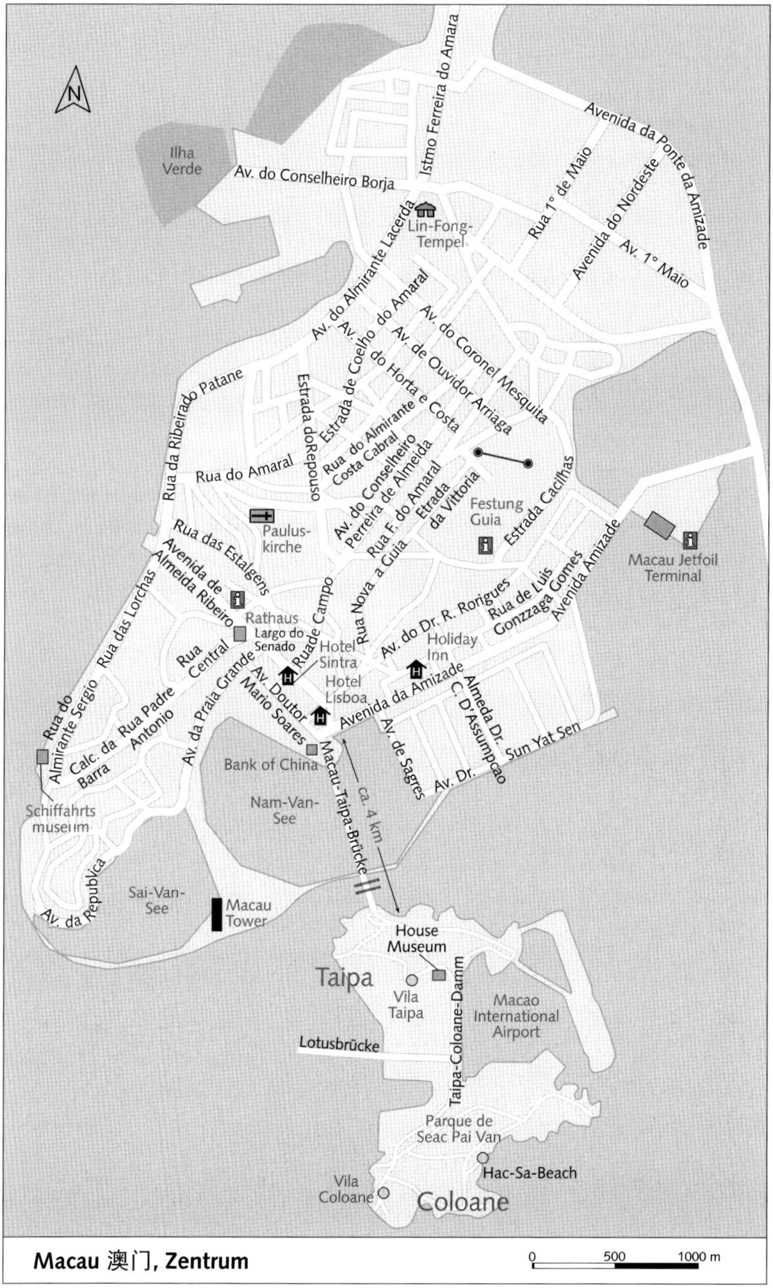

Macau 澳门, Zentrum

Die Ruine der Basilica do Sao Paulo

Monopol im europäischen Chinahandel. Die kleine Siedlung prosperierte und entwickelte sich schnell zu einem Zentrum der katholischen Missionierung. Im Jahre 1565 gründen Jesuiten das erste Kloster von Macau, 1576 wurde der erste katholische Bischof ernannt. Problematisch blieben die permanenten Angriffe durch Piraten – immerhin gab es hier reichlich Beute zu machen! Aber auch holländische Schiffe bedrohten immer wieder die Stadt, die sie 1622 sogar zu erobern suchten.

Erst als der Qing-Kaiser Kangxi 1685 den indirekten Handel über Mittelsmänner (Kompradoren) in Kanton zuließ, verlor Macau deutlich an Bedeutung. Nicht mehr Portugal, sondern England wurde nun die wichtigste Handelsmacht an der chinesischen Küste. Da in Kanton jedoch nur saisonal gehandelt werden durfte, blieb Macau ein wichtiges Siedlungsgebiet für Ausländer. Als Großbritannien in den Opiumkriegen die Kolonie Hongkong erstritt, ging auch Portugal in die Offensive und ließ sich Macau als Kolonie überschreiben. Territoriale Zugewinne waren daran freilich nicht gebunden, denn die portugiesischen Truppen erwiesen sich als wenig imposant.

Mit dem Gouverneur Guimaraes wandelte sich jedoch Macaus Schicksal Mitte des 19. Jahrhunderts. Er führte das Glücksspiel ein und legalisierte es durch die Vergabe von Lizenzen. Fortan wurde Macau zum Eldorado aller Glücksritter. Selbst die Zeit des Zweiten Weltkrieges überstand die Stadt recht glimpflich, denn als neutrale Macht blieb es von der japanischen Besatzung verschont. Ähnlich wie Hongkong mußte Macau (je nach volksrepublikanischer Politik) immer wieder große Flüchtlingswellen verkraften. Im Jahre 1966 wurde Macau einige Tage von Roten Garden besetzt, die sich aber schnell zurückzogen.

Eine weitere wichtige Wende erfolgte mit dem Ende der portugiesischen Militärdiktatur 1974, denn der neuen Linksregierung standen die alten Kolonien schlecht zu Gesicht. Zudem erwiesen sie sich als zunehmend kostenintensiv. Wiederholt versuchte Portugal, Macau an China zurückzugeben – vergeblich.

Erst im Rahmen der chinesisch-britischen Hongkong-Verhandlungen wurde auch ein Rückgabe-Vertrag mit Portugal ausgehandelt. Die Bedingungen waren im Grunde genommen dieselben wie für Hongkong. Auch nach dem Stichtermin am 20. 12. 1999 soll Macau noch fünfzig Jahre unverändert existieren. Nur in außenpolitischen und militärischen Fragen vertritt Beijing die kleine Ex-Kolonie.

Sehenswürdigkeiten

Die Sonderverwaltungszone Macau besteht aus der Halbinsel Macau an der Grenze zur Wirtschaftssonderzone Zhuhai sowie den Inseln Taipa und Coloane. Ingesamt ist Macau nicht einmal 29 Quadratkilometer groß und läßt sich gut zu Fuß erkunden. Derartige Zahlenangaben sind allerdings schnell veraltet, denn die Stadtregierung arbeitet an diversen Landgewinnungsprogrammen. Brücken und Schnellstraßen verbinden die Inseln, deren Gesamtfläche nur ein Bruchteil der Fläche Hongkongs beträgt. Von den derzeit 450 000 Einwohnern sind nur 3 Prozent Portugiesen, die absolute Mehrheit von gut 95 Prozent stellen ethnisch und sprachlich die Kantonesen. Nur die verbleibenden 2 Prozent Macanesen sind ein ethnisches und kulturelles Mischprodukt.

Die Halbinsel Macau ist das Zentrum der Sonderverwaltungszone und der lebhafteste Teil Macaus. Praktisch alle Sehenswürdigkeiten befinden sich in erlaufbarer Nähe zum zentralen Dreieck des Largo do Senado mit dem 1558

Skywalk auf dem Macao Tower

Drachenbootrennen

erbauten Rathaus Leal Senado. Das Wahrzeichen Macaus, die Fassade der Basilica do Sao Paulo (Kirche des Heiligen Paulus) liegt nur wenige hundert Meter nördlich des Largo do Senado. Jesuiten errichten das Holzgebäude 1602. Lediglich die Fassade wurde aus Granit gefertigt. Als das Gebäude 1835 abbrannte, blieb daher nur der Eingang stehen. Wer die Stufen zur Basilika erklimmt, wird mit einem Ausblick über die Stadt belohnt. Besser noch läßt sich Macau aber von der Festung Guia aus überblicken, die Mitte des 17. Jahrhunderts erbaut wurde und der höchste Punkt Macaus ist. Der Leuchtturm der Guia gilt als ältester der chinesischen Küste, obwohl er erst 1865 errichtet wurde. Falls man es eilig hat, läßt sich der zirka einstündige Aufstieg umgehen: Ab Flora Garten am Fuße des Berges startet eine Seilbahn.

Die bei chinesischen Besuchern so beliebten Spielcasinos sind für Europäer meist keine besondere Attraktion, einen Blick auf das traditionelle Hotel Lisboa mit seinem Casino sollten Sie trotzdem werfen, schließlich ist es das Geschäft mit dem Glück, das die macanesische Staatskasse im grünen Bereich hält. Die Atmosphäre an den Automaten und Spieltischen ist allerdings alles andere als entspannt und auch nicht ganz so exklusiv wie in den europäischen Casinos. Als abendlichen Abschluß, zumindest für alle die, die in Macau übernachten, bietet sich ein Besuch des Vergnügungsviertels Nape an der Promenade Avenida Marginal da Baia Nova im Südosten der Halbinsel.

Etwas weiter im Norden, kurz vor der Grenze zur Sonderwirtschaftszone Zhuhai, liegt der Lin-Fong-Tempel. Einst wurde der daoistische Tempel auch als Gästehaus genutzt. Dem berühmtesten Besucher Lin Zexu ist sogar ein kleines Museum gewidmet. Er war einst als Gesandter des Kaisers nach Süden gereist, um dem britischen Opiumschmuggel Einhalt zu gebieten. Der daraus resultierende Opiumkrieg erwies sich als wahrhaft wegweisendes Ereignis für die Region des Perlflußdeltas.

Völlig unhistorisch und richtig aufregend ist die höchste Sehenswürdigkeit Macaus: Der Macau Tower am Largo da Torre de Macau ist mit 338 Metern Höhe der zehnthöchste freistehende Turm der Welt. Dies allein würde ihn zu einer netten Aussichtsplattform machen. In Macau jedoch bleiben die Gäste nicht hinter der Glasscheibe, mehrfach täglich bietet das Management den SkywalkX an: Auf 233 Metern Höhe werden die Teilnehmer angeseilt und umrunden den Tower – von außen! Weitere Informationen gibt es unter www.macautower.com.mo.

Die Ponte de Amizade (Friendship Bridge) und die Governador Nobre de Carvalho Bridge verbinden die Halbinsel Macao mit dem vorgelagerten Eiland Taipa. Im Osten der Insel befindet sich der notorisch unterforderte Flughafen, der ganz offensichtlich für ein bisher nicht stattgefundenes Wachstum konzipiert wurde. Auch wenn die Moderne in Form von Hochhäusern langsam auch in Taipa ankommt, ist Taipa doch um einiges dörflicher als Macau. Das Dorf Taipa Village illustriert heute noch, wie abgelegen die Insel einst war. Das Dorfzentrum ist vor allem abends gut besucht: In der zentralen Rua Rua da Cunha (Food Street) probieren Sie besonders malerisch die lokale Küche mit ihren chinesisch-portugisiesichen Kreationen. Am östlichen Rand des Dorfes liegt das ›House Museum‹. Spektakuläres ist hier nicht zu erwarten, aber eine ansprechende Darstellung des Alltagslebens der macanesischen Familien Anfang des 20. Jahrhunderts. Einen kurzen Fußweg von hier in Richtung Osten liegt der Damm, der Taipa mit dem zwei Kilometer entfernten Coloane verbindet.

Gar nicht lange ist es her, da lagerten auf Coloane vor allem Piraten, die sich dank der dichten Bewaldung und der zahllosen Höhlen in den Klippen ganz hervorragend verstecken konnten. Noch 1910 fand hier der letzte Überfall statt.

Heute sind es vor allem gestreßte Macaner, die sich am Strand oder beim Trekking erholen. Immer noch hat Coloane den Charme einer abgelegenen Insel und ist größtenteils unbebaut. Coloane Village im Westen der Insel ist die einzige größere Siedlung. Ab dem Seac Pai Van Park durchziehen verschiedene Trekking-Pfade das Areal. Im Anschluß wäre ein Strandbesuch möglich, entweder am Cheoc Van Beach im Süden oder am dunkelsandigen Hac Sa Beach.

Vorwahl: +853.
Das Macau Fremdenverkehrsbüro in Wiesbaden sendet auf Anfrage kostenlose Reiseführer und Karten zu: Fremdenverkehrsamt Macau, Schenkendorfstr.1, 65187 Wiesbaden, Tel. 0611/267 67 30, macau@discover-fra.com, www.macautourism.gov.mo oder www.macau-info.de.

Der Macau International Airport liegt auf der Insel Taipa. Direkte Flüge ab Europa gibt es zur Zeit nicht, lediglich von Taiwan (Taipei und Kaohsiung), Thailand (Bangkok), den Philippinen (Manila) und natürlich der VR China wird die Stadt direkt angeflogen, zum Beispiel ab Shanghai, Beijing, Chengdu, Fuzhou und Hangzhou.

Alternativ bestehen auch zahlreiche Zugverbindungen in die Volksrepublik via Zhuhai.

Die meisten Reisenden erreichen Macau per Boot oder Fähre ab Hongkong. Ab dem China/Macau Ferry Terminal auf Kowloon und dem Shuntak Centre in Central auf Hong Kong Island legen mehrfach täglich die Boote zum Macau Jetfoil Terminal ab. Vorreservierungen sind meist nicht nötig.

›Hotel Lisboa‹, 5 Sterne, Rua Comendador Kou Ho Neng, Tel 577666. Das Luxushotel der Stadt schlechthin und eine echte Institution. Im Erdgeschoß befindet sich das bekannte Casino Lisboa.
›Holiday Inn‹, 4 Sterne, Rua de Pequim 82–86, Tel. 783333. Mitten im Zentrum gelegen und nur wenige Minuten von der Fähre nach Hongkong.
›Hotel Sintra‹, 3 Sterne, Avenida D. João IV, Tel. 710111. Zentral, nahe der Macau Taipa Bridge und nur wenige Minuten zum Wasser.

Wie auch in Hongkong sind die Garküchen und Straßenstände in der Regel empfehlenswert. Wenn es etwas gehobener sein soll: Das ›A Lorcha‹ in der Rua do Almirante Sergio 289 gilt als eines der besten portugiesischen Restaurants von Macau.
Der ›Club Militar de Macau‹ in der Avenida da Praia Grande 795 ist ebenfalls eine bekannte Adresse für gelungene Küche und bietet dazu noch die koloniale Atmosphäre des letzten Jahrhunderts.
Auf der Insel Coloane ist das Restaurant ›Fernando's‹ am Hac Sa Beach empfehlenswert. Hier entspannen sich vor allem die in Macau lebenden Ausländer.

Auch wenn Macau in punkto Einkaufen nicht mit Hongkong mithalten kann, gibt es trotzdem einige Märkte, die einen Besuch lohnen. Am Largo Leal Senado und in den Seitengassen wird Kleidung aus chinesischer Fabrikation besonders günstig verkauft. Auch der lokale Goldschmuck gilt als Schnäppchen.

Die Insel Hainan

Die Chinesen lieben Metaphern. Vor allem, wenn in ihnen chinesische Orte mit berühmten Orten des Westens verglichen werden. Shanghai ist das Paris des Orients, der Bund das Manhattan Chinas und Suzhou das Venedig des Ostens. So wird Hainan 海南岛 gerne als Hawaii Chinas bezeichnet, was sicherlich übertrieben ist. Wer mit Hainan Strandparties und Surfvergnügen assoziiert, der wird von der größten Insel Chinas enttäuscht sein. Bis Ende der 1980er Jahre dämmerte die Insel noch im tropischen Dämmerschlaf, die touristische Entwicklung Hainans hat seitdem zwar ein atemraubendes Tempo vorgelegt, beschränkt sich jedoch immer noch auf wenige Flecken an der Ost- und Südküste. Vor allem das Inselinnere mit dem höchsten Berg der Insel, dem Wuzhishan, ist wenig touristisch erschlossen und bietet eine interessante Abwechslung zum Strandleben. Die meisten Besucher Hainans kommen dennoch wegen der kilometerlangen Sandstrände, die in China ihresgleichen suchen. Auch wenn die Insel kein Hawaii und erst recht kein Ko Samui ist, sie ist dennoch das Beste, was China an tropischer Atmosphäre und entspanntem Strandleben zu bieten hat. Vor allem die Strände rund um Sanya im Süden sind eine gute Wahl, einen Chinaaufenthalt mit einem Badeurlaub abzuschließen. Und ein extensives Nachtleben wird dennoch geboten, dieses beschränkt sich jedoch zum Leidwesen westlicher Hotelanrainer auf Karaoke. Vielleicht ist dies der Ort, um der Chinesen liebsten Zeitvertreib einmal auszuprobieren.

Landschaft auf der Insel Hainan

Geschichte

Auch wenn man es heute nicht glauben mag, war Hainan lange Zeit Verbannungsort für unliebsame Beamte während des Kaiserreichs. Nicht umsonst heißt die Südspitze der Insel bei Sanya ›Das Ende der Welt‹. Hainan galt als Barbarenland unter chinesischer Jurisdiktion. Piraten, Malaria und die in chinesischen Augen barbarischen Sitten der Insel machten es zu einem gefürchteten Verbannungsort, oder, wie Li Deyu, der in Ungnade gefallene Minister der Tang-Dynastie (618–906) sein unfreiwilliges Exil nannte, ›dem Tor zur Hölle‹. Noch bis Ende der 1980er Jahre galt die Insel als rückständig und kein Chinese (von Ausländern ganz zu schweigen) wäre auf die Idee gekommen, hier seinen Urlaub zu verbringen.

Dies änderte sich schlagartig, als die Beijinger Zentralregierung die Insel 1988 zur Sonderwirtschaftszone erklärte und riesige Summen in die Entwicklung steckte. Vor allem der Tourismus wurde großzügig gefördert. In weniger als zehn Jahren entstand hier eine touristische Infrastruktur, für die die meisten Urlaubsgebiete ein halbes Jahrhundert brauchen. Mitte der 1990er Jahre hatte Hainan

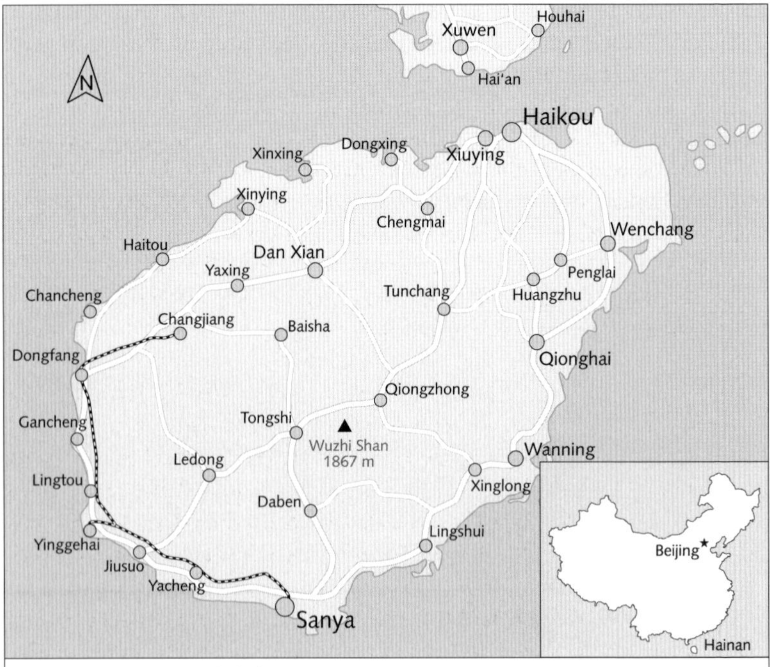

Die Insel Hainan 海南岛

die größte Dichte an Luxuslimousinen in China, was sich bei genauerem Hinsehen als die größte aufgedeckte Verschwendung von Staatsmitteln in der jüngeren chinesischen Geschichte entpuppte. Fast die gesamte Provinzregierung mußte zurücktreten und hinterließ ein großes Erbe von Luxusautos mit Rechtssteuerung; viele der Limousinen wurden illegal aus Hongkong importiert. Daß nicht alles Geld in fahrbare Untersätze gesteckt wurde, sieht man heute an der Skyline der Hauptstadt Haikou. Die Insel boomt, neben Leichtindustrie und Dienstleistungen macht der Tourismus 80 Prozent der Wirtschaftsleistung Hainans aus, Tendenz steigend.

Haikou

Die für chinesische Verhältnisse relativ kleine Provinzhauptstadt Haikou 海口 mit ihren knapp 600 000 Einwohnern ist Hainans Tor zur Außenwelt und für viele Besucher nur eine Transitstation auf dem Weg zum nächsten Strand. Auch wenn die Stadt nicht zu den Highlights eines Chinabesuches gehört, ist ihr etwas angestaubter kolonialer Charme durchaus einen kurzen Aufenthalt wert. Die palmengesäumten Boulevards laden zu einem kleinen Stadtspaziergang ein, das Essen, vor allem Meeresfrüchte, ist eine interessante Mischung aus chinesischen und südostasiatischen Einfüßen.

Im Stadtzentrum Haikous ist der koloniale Einfluß in der Architektur unverkennbar. Vor allem in der Gegend um die Xinhua Lu 新华路 stehen noch viele der an Macao oder Goa erinnernden Kolonialbauten, die allerdings nicht immer im besten Zustand sind. Ein kleines Stück weiter in Richtung Norden, entlang der Zhongshan Lu 中山路 sollte man die Gelegenheit nutzen, über einen der vielen Straßenmärkte zu laufen, auf denen der südostasiatische Einfluß auf die Alltagskultur der Insel deutlich wird. Auch wenn Haikou einige interessante Tempel hat, liegen diese jedoch etwas außerhalb des Stadtzentrums. Mit dem Taxi oder öffentlichen Bussen sind sie aber gut zu erreichen.

Der Tempel der Fünf Würdenträger (Wugong Ci 五宫祠) liegt etwa zwei Kilometer außerhalb des Stadtzentrums im Osten in der Haifu Dalu 海府大道. Die Busse 11 und 12 halten in der Nähe des Haupteingangs. Errichtet wurde der Tempel in Erinnerung an fünf Beamte, die zu Kaisers Zeiten nach Hainan verbannt wurden, unter ihnen der berühmte Dichter der Song-Dynastie, Namensgeber des Tempels der sechs Banyanbäume in Guangzhou und des Su-Deiches in Hang-zhou, Su Dongpo.

Ebenfalls trotz Verbannung hoch angesehen war der Ming-Beamte Hai Rui, dessen Grab 海瑞幕 in den südwestlichen Außenbezirken der Stadt liegt. Die Geschichte Hai Ruis war ein Thema während der Kulturrevolution. Der Thea-

Im Tempel der Fünf Würdenträger

terregisseur Wu Han adaptierte sie 1965, um Mao Zedong zu kritisieren. der den damaligen Marschall Peng Dehuai Ende der 1950er absetzen ließ, als dieser zu Recht vor den Folgen des ›Großen Sprungs nach vorn‹ warnte. So ist es nicht weiter verwunderlich, daß das Grab während der Kulturrevolution fast vollständig zerstört wurde. Das inzwischen komplett wiederhergestellte Grab, Symbol für aufrechte Beamte, die bei Zeiten warnend ihre Stimme erheben, liegt in der Shugang Dadao 疏港大道 und ist mit dem Bus Nr. 2 zu erreichen.

Vorwahl: +86/898.
Post: Das Hauptpostamt liegt in der Jiefang Xilu 解放西路. Eine weitere Post ist etwas südlich des Busbahnhofs an der Ecke Daying Lu 大英路 und Nanbao Lu 南宝路.
Bank: Alle größeren Hotels tauschen Bargeld und Reiseschecks, die Bank of China liegt in der Datong Lu 大同路 33.
Reisebüro: CITS hat ihr Hauptbüro im ›Oversea Chinese Hotel‹ (Huaqiao Binguan 华侨宾馆) in der Datong Lu 大同路 17, Tel. 66757455, Fax 66231585.

Der Flughafen von Haikou befindet sich 25 Kilometer südöstlich des Stadtzentrums. Direktverbindungen gibt es nach Beijing, Shanghai, Guangzhou, Hongkong und Shenzhen sowie nach Bangkok. Air China hat ein Büro im ›Hainan Civil Aviation

Hotel‹ (Hainan Minhang Binguan 海南民航宾馆) in der Haixiu Dadao 海秀大道, Tel. 66763166.

Zwar gibt es einen Bahnhof in Haikou, die Eisenbahnlinie entlang der Westküste der Insel nach Sanya dient jedoch nur dem Güterverkehr.

Die Fertigstellung der neuen Autobahn entlang der Ostküste hat die Fahrzeit von Haikou nach Sanya 三亚 nicht nur auf drei Stunden verkürzt, sondern auch um einiges bequemer gemacht. Komfortable Überlandbusse nach Sanya fahren alle halbe Stunde von 7 Uhr morgens bis ca. 19 Uhr vom Busfernbahnhof 长途汽车站 in der Nanbao Lu ab. Ebenfalls von hier verkehren die Fernbusse nach Guangzhou 广州 und Zhanjiang 湛江, beide Verbindungen sind eine Kombination aus Bus und Fähre. Busse zu den meisten Zielen auf Hainan, unter anderem Wenchang 文昌, Xinglong 兴隆 und Tongzha 通什, fahren zumeist ab dem östlichen Busbahnhof 汽车东站 in der Haifu Dadao.

Auch wenn Haikou zwei Passagierhäfen hat, fahren die meisten Schiffe vom Passagierterminal des neuen Hafens (Haikou Xingang 海口新港) ab, der von der Busstation gegenüber dem ›Haikou Hotel‹ (Haikou Binguan 海口宾馆) mit Minibussen zu erreichen ist. Schiffsverbindungen gibt es unter anderem nach Zhanjiang 湛江 in Guangdong (zweimal täglich, 4 h), nach Guangzhou (alle zwei Tage, 25 h) und Shenzhen (täglich 18 h). Eine interessante Variante, sollten Sie nach Guilin weiterreisen wollen, ist die Übernachtfähre nach Beihai 北海 an der Südspitze der Provinz Guangxi.

›Crowne Plaza Hainan Spa & Beach Resort‹, 5 Sterne, 皇冠滨海温泉酒店, Qiongshan Dadao 琼山大道 1, Tel. 65966888. Etwas außerhalb in Flughafennähe gelegen, exquisite Ressortanlage für hohe Ansprüche.
›Overseas Chinese Hotel‹, 3 Sterne, (Huaqiao Dasha 华侨大厦), Datong Lu 大同路 17, Tel. 66708430, Fax 66772094. Angenehmes Mittelklassehotel im Stadtzentrum.
›Friendship Hotel‹, 1 Stern, (Hainan Youyi Dajiudian 海南友谊大酒店), Datong Lu 大同路 2–1, Tel. 66225566, Fax 66218200. Preiswertes und gutes Hotel im Stadtzentrum.

Es überrascht nicht, daß Hainan für seine frischen und exzellent zubereiteten Meeresfrüchte bekannt ist. Haikou hat einige der besten (und teuersten) Meeresfrüchterestaurants in China. Eine gute Übersicht findet man unter www.hainandiscovery.com. Aber auch die meisten kleinen Restaurants bieten ausgezeichnetes und frisches Essen. Meeresfrüchte und Fische werden zumeist in kleinen Aquarien im Schaufenster ausgestellt, so daß man auch als Sprachunkundiger eine gute Wahl treffen kann. Es empfiehlt sich aber auch immer, nach dem Preis zu fragen. Manch ein Fisch, auch in kleinen Restaurants, kostet pro Kilo soviel wie ein mittleres chinesisches Monatseinkommen, und das sind immerhin inzwischen umgerechnet 200 Euro. Marktstände entlang der Zhongshan Lu bieten gutes und günstiges Essen. Ein idealer Durstlöscher sind die Kokosnüsse, die es überall am Straßenrand zu kaufen gibt.

Haikou ist sicherlich keine Stadt, deren Angebot die Kreditkarte glühen läßt, es sei denn, man lädt Geschäftsfreunde zu einem Meeresfrüchtebankett ein. Auch Souvenirs kauft man besser in Sanya. Warenhäuser und Supermärkte mit der für China typischen Auswahl gibt es im Stadtzentrum, auch die meisten Hotels haben kleine Läden.

Von Strand zu Strand entlang der Ostküste

Falls Sie es nicht zu eilig haben, nach Sanya zu kommen, nehmen Sie sich ein wenig Zeit, die attraktive Ostküste Hainans zu erkunden. Da sich die Tourismusentwicklung vor allem auf den Süden der Insel konzentriert, findet man hier noch nahezu unberührte aber nicht minder schöne Sandstrände, günstige Hotels und eine einfache, aber ausreichende touristische Infrastruktur. Städte wie Wenchang 文昌, Xinglong 兴隆 und Xincun 新村 werden kaum von westlichen Touristen besucht obwohl sie weitaus mehr als ein geruhsames Strandleben zu bieten haben.

Mit der Autobahn Haikou–Sanya, die an der Ostküste entlangführt, sind diese Städte verkehrstechnisch gut zu erreichen, sogar Tagesausflüge von Haikou oder Sanya sind möglich.

Wenchang

Die beiden bekanntesten Frauen der neueren chinesischen Geschichte wurden in Wenchang 文昌 geboren, Song Meiling, spätere Frau Chiang Kai-sheks und Song Qingling, die Gattin Sun Yat-sens. Die östlichste Stadt der Insel ist aber vor allem für ihre ausgedehnten Kokosnußplantagen bekannt. Über 500 000 Kokospalmen wachsen in der Umgebung der Stadt, die auch die ›Königin der Kokospalmen‹ genannt wird. Entlang der kürzlich erschlossenen Küste liegen einige günstige Strandressorts. Wenchang ist ab Haikou in einer guten Stunde mit dem Bus zu erreichen.

Xinglong

Seit den fünfziger Jahren des letzten Jahrhunderts ist Xinglong 兴隆 bevorzugter Siedlungsort von Überseechinesen aus Vietnam, Indonesien und Malaysia, die als Geschäftselite dort oft Verfolgungen und Anfeindungen ausgesetzt waren, weshalb viele Menschen in der Stadt Englisch sprechen. Der Ort hat eine ausgeprägte südostasiatische Atmosphäre, der Kaffee der Xinglong Overseas Chinese Farm ist in ganz China bekannt und berühmt. Sehenswert ist vor allem der Botanische Garten (Xinglong Redai Zhiwuyuan 兴隆热带植物园) drei Kilometer südlich der Stadt, der einen ausgezeichneten Einblick in die Flora und Fauna Südostasiens bietet. Nach einem ausgedehnten Spaziergang durch den Garten können Sie ausnahmsweise einmal bei einem lokalen Kaffee die chinesischen Touristengruppen beobachten, die zwischen Haikou und dem Strand hier Station machen.

So leer sind die Strände nur selten

Vor einigen Jahren stand Xinglong für einige Wochen in der Weltöffentlichkeit, als ein amerikanisches Spionageflugzeug nach einer Konfrontation mit chinesischen Jagdflugzeugen auf dem Militärflughafen der Stadt notlanden mußte. Nach gründlicher Untersuchung des Flugzeuges durch chinesische Militärs wurde es schließlich nach einigen Wochen an die US-Amerikaner zurückgegeben.

Busse nach Xinglong fahren stündlich ab Haikou und brauchen etwa zwei Stunden für die 150 Kilometer lange Strecke.

Xincun

Vor allem Angehörige der Danjia-Minorität leben in dem Fischerdorf Xincun 新村 (wörtlich: neues Dorf), das neben dem Fischfang hauptsächlich von der Perlenzucht lebt. Die eigentliche Attraktion ist allerdings die Affeninsel etwa einen Kilometer vor der Küste Xincuns, die man mit einer kleinen Fähre erreichen kann. Etwa eintausend Makakken leben auf der Insel, die als Ganzes unter Naturschutz steht. An Touristen gewöhnt, sind die Affen zahm und lassen sich gerne von den Besuchern mit Erdnüssen füttern. Passen Sie aber auf jeden Fall auf ihre Taschen und Kameras auf, es sei denn, Sie wollen einem kamarabehängten Affen hinterherjagen. Xincun erreicht man von Sanya aus in einer Stunde mit dem Bus. Übernachtungsmöglichkeiten gibt es im nahegelegenen Lingshui sowie im ausgezeichneten nahe Xincun gelegenen ›Nirvana Hotel‹ (Lingshui Tianlang Dujiajiudian 陵水天朗度假酒店), Tel. 83 36 82 88, Fax 83 36 80 14.

Sanya

Im Süden von Sanya 三亚 liegt die einzige Sehenswürdigkeit der Stadt, das ›Ende der Welt‹ (Tianya Haijiao 天涯海角). Viele Chinesen kommen hierher, um sich am südlichsten Zipfel Chinas fotografieren zu lassen. Allzuviel zu sehen gibt es nicht, aber man kommt nach Sanya auch nicht zum Sightseeing, sondern um die Sonne, die Strände und das Meer zu genießen. Und davon hat die immerhin 440 000 Einwohner zählende Stadt reichlich. Die Jahresdurchschnittstemperaturen liegen bei 25 Grad, im Winter immer noch bei 21 Grad. Das Wasser hat dann immer noch eine Durchschnittstemperatur von 19 Grad. Die beiden Hauptstrände Sanyas liegen östlich der Stadt: der Da-Donghai-Strand und die Yalong Bay.

Etwa drei Kilometer südöstlich von Sanya gelegen, ist der Da-Donghai-Strand 大东海海滩, der ›Hausstrand‹ der Stadt, leicht von der Stadtmitte mit dem Minibus zu erreichen. Da sich die meisten der großen Ressorthotels an diesem Strand befinden, kann es in der Hauptsaison zuweilen sehr voll werden. Für einen reinen Strandurlaub bietet der etwa einen Kilometer lange Strand alle Annehmlichkeiten, die man für diese Art der Erholung erwartet: gute Strandrestaurants, Imbißbuden, die zum Teil gute gegrillte Meeresfrüchte anbieten, Hotels mit eigenem Sandstrand und Swimmingpool, Schnorchel- und Tauchmöglichkeiten sowie einen Shuttlebus-Service in die Stadt und zum Flughafen.

Auf der Negativseite stehen eine Reihe von bis spät in die Nacht geöffneten Karaokebars, eher aufdringliche Souvenirverkäufer und an chinesischen Feiertagen das Gefühl, die Hälfte der sonnenhungrigen chinesischen Bevölkerung wäre über den Strand hergefallen.

Weitere vier Kilometer vom Da-Donghai-Strand in Richtung Osten liegt die Yalong Bay (Yalong Wan 亚龙海湾), eine Bucht mit einem sieben Kilometer langem Sandstrand und einigen der besten Hotels der Insel. Viele der Hotels haben eigene Strände, doch selbst für den Tagesbesucher bleibt genug öffentlicher Strand zum Schwimmen, Schnorcheln oder Sonnenbaden. Die ›Bucht des asiatischen Drachen‹, so die Übersetzung, ist von Sanya mit Hotelshuttlebussen und dem öffentlichen Bus Nr. 102 ab Yuya Dadao 榆亚大道 nördlich des Da-Donghai-Strandes zu erreichen. In der Nebensaison und an Wochenenden bieten die Hotels entlang der Yalong Bay vergünstigte Konditionen, mit etwas Nachfragen kann man in Beijing, Shanghai oder Hongkong gute Angebote für einen All-inclusive-Strandurlaub in der Yalong Bay finden.

Vorwahl: +86/08 99.
Post: Das Hauptpostamt liegt an der Ecke Jiefang Lu 解放路 und Xinfeng Lu 新风路. Eine Außenstelle befindet sich am Da-Donghai-Strand in der Yuya Dadao 榆亚大道.
Bank: Die Bank of China hat eine Filiale in der Yuya Dadao.
Reisebüro: Die Dragon Travel Agency 龙旅行社 hat ihr Büro in der Luling Lu 鹿岭路 1, Tel. 821 35 26.

Der Flughafen von Sanya liegt 18 Kilometer nördlich des Stadtzentrums. Direktverbindungen gibt es nach Beijing, Shanghai, Guangzhou, Hongkong und Shenzhen.

Busse nach Haikou fahren alle halbe Stunde ab dem Busbahnhof in der Jiefang Lu. Ins Inselinnere nach Tongzha 通什 fahren Minibusse ebenfalls alle halbe Stunde.

Die Direktverbindungen mit Hongkong, Macao und Guangzhou sind eingestellt, alle Schiffsverbindungen von Hainan gehen inzwischen ab Haikou.

›Holiday Inn Yalong Bay‹ (亚龙海湾假日酒店), 5 Sterne, Yalong Bay 亚龙海湾, Tel. 88 56 56 66, Fax 88 56 56 88. Gutes Preis-Leistungsverhältnis an einem der schönsten Strandabschnitte der Insel.
›South China Hotel‹ (Nanzhongguo Dajiudian 南中国大酒店), 3 Sterne, Yuhai Lu 榆海路, Tel. 88 21 98 88, Fax 88 21 40 05. Beste Option im Mittelklassebereich direkt am Da-Donghai-Strand.
›Seaside Holiday Inn Resort‹ (BinhaiDujiacun 滨海度假村), 1 Stern, Yuya Dadao 榆亚大道, Tel. 88 21 38 98, Fax 88 21 20 81. Guter Kompromiß zwischen Lage und preiswerter Unterkunft in Doppelzimmern mit Bad/WC.

Sollten Sie weder Fisch noch Meeresfrüchte mögen, haben Sie in Sanya ein Problem, denn Sie müssen damit leben, daß der eine oder andere Chinese

Sie komisch anschaut. Aber keine Angst, der Tourismusboom in Hainan hat über die letzten zehn Jahre auch eine ganze Menge Chinesen aus allen Landesteilen nach Sanya gelockt, und so finden Sie alle großen Küchen des Landes vertreten. Für den Sprachunkundigen empfehlen sich die vielen Garküchen entlang des Da-Donghai-Strandes. Ob Gemüse, Meeresfrüchte oder Fleisch, ein Fingerzeig auf die appetitliche Auslage der Garküchen reicht, und Ihnen wird ein wohlschmeckendes Mahl zubereitet.

Suchen Sie nicht nach den Souvenirs, Sie werden von den Erinnerungsstücken, besser gesagt, von den Verkäufern derselben gefunden, zuweilen leider auch, wenn Sie am Strand liegen, gemütlich in der Sonne dösen und an nichts Schlimmes denken. Was auch immer Sie kaufen wollen, handeln Sie bis an die Schmerzgrenze, möglichst aber nicht die eigene. Denken Sie aber immer auch daran, daß Handeln kein Krieg, sondern soziales Ritual ist. Beim Kauf der überall in Sanya erhältlichen Perlen ist äußerste Vorsicht geboten, da viele Fälschungen angeboten werden. Einen gut sortierten Supermarkt (和平超市) gibt es an der Haupttouristenmeile, der Yuya Dadao Nr. 30.

Das Inselinnere

Ähnlich wie auf anderen ost- und südostasiatischen Inseln ist das Inselinnere Hainans Siedlungsgebiet von Minderheiten. Vor allem im 19. Jahrhundert flohen diese vor dem Bevölkerungsdruck der Han-Chinesen in das bergige Terrain rund um Tongzha (Tongshi 通什). Heute leben etwa 1,2 Millionen Angehörige von insgesamt 39 verschiedenen Minderheiten auf der Insel, zumeist im Inselinneren. Zur größten Gruppe zählen die Li, die die Insel bereits seit mehr als 3000 Jahren bewohnen, sowie die Miao (Hmong), die außer in Hainan auch in großen Teilen Südchinas, Laos, Nordthailands und Vietnams zu finden sind. Obwohl das Inselinnere landschaftlich extrem reizvoll ist und eine ähnliche ethnische Vielfalt aufweist wie die Vielvölkerprovinz Yunnan, verirren sich vergleichsweise wenige Touristen hierher. Hainans Ruf als Bade- und Seafoodparadies verdeckt diese eher ruhige Seite der Insel.

Für einen Ausflug ins Landesinnere sollte man sich mindestens einen Tag Zeit nehmen und eine Übernachtung in Tongzha einplanen. Aber auch ein mehrtägiger Ausflug ins Inselinnere ist eine, wenn auch selten genutzte Möglichkeit. Busse von Sanya nach Tongzha fahren alle halbe Stunde und brauchen knapp zwei Stunden für die 80 Kilometer lange Strecke. Das ›Tongzha Resort Hotel‹ (Tongzha

Betelnußverkäuferin

Lüyou Shan-zhuang 通什旅游山庄, Tel. 86623188) im Nordosten Tongzhas bietet stilvolle Zimmer mit Terrasse.

Ein Ausflug zum höchsten Berg der Insel, dem Fünf-Finger-Berg (Wuzhishan 五指山) gewährt einen ausgezeichneten Einblick in die einzigartige tropische Flora und Fauna der Insel sowie in die Lebensgewohnheiten der verschiedenen Minderheiten. Für den Abstecher zum 60 Kilometer nordöstlich von Tongzha gelegenen Berg sollte man mindestens einen, wenn nicht zwei Tage einplanen. Am Fuße des Berges gibt es mit dem ›Wuzhishan Binguan‹ (五指山宾馆, Tel. 8622878) eine einfache Übernachtungsmöglichkeit.

In Ermangelung einer verläßlichen Ausschilderung sollte man allerdings eine gute Hainankarte und zumindest rudimentäre Chinesischkenntnisse mitbringen.

Viele Hotels in Sanya bieten Tagesausflüge ins Inselinnere an, die meistens einen Besuch eines Minoritätenparks bei Tongzha miteinschließen. Dieser ist wiederum eher eine chinesisch-touristische Erfahrung.

Entlang der Seidenstraße kamen Buddhismus, Christentum und Islam nach China. Auch Nudeln und angeblich sogar die Pizza fanden hier den Weg von China nach Italien. Eine Reise in Chinas ›Wilden Westen‹ führt zu den Hui und den Uiguren, auf einer der ältesten Handelstraßen der Welt.

Die Seidenstraße

Chinas Nordwesten

Seit der Qin-Dynastie, das heißt, seit dem zweiten Jahrhundert vor Christus, zählten die chinesischen Kaiser die Gebiete jenseits der Wüste Gobi zu ihrem Einflußbereich. Auch wenn China während der Han-Dynastie sogar bis hinter den Pamir reichte, ganz geheuer war den Chinesen der Westteil ihres Reiches nie. Man erzählte sich im Reich der Mitte seltsame Geschichten über Menschen und Gebräuche jenseits der Wüste, und kein Chinese hätte freiwillig die schützenden Mauern der eigenen Kultur verlassen, die buchstäblich in der Festung Jiayuguan, dem westlichen Ende der Großen Mauer, ihr Ende hatten. So kam es, daß der Handel entlang der Seidenstraße vor allem in der Hand der Turkvölker lag, die somit auch als Puffer zwischen den großen Mächten des Ostens und des Westens fungierten.

Ihre Hochzeit hatte die Seidenstraße in der Tang-Dynastie (618–906), als Chang'an, das heutige Xi'an, als östliches Ende der Seidenstraße und Reichshauptstadt zur Millionenstadt anwuchs und arabische Händler neben Gewürzen und Pflanzen auch westliche Religionen wie den Islam und das Christentum nach China brachten. Auch der Buddhismus konnte sich entlang der Seidenstraße ausbreiten, die unzähligen buddhistischen Höhlenklöster in den Provinzen Gansu und Xinjiang sind bis heute faszinierende Zeugnisse der buddhistischen Kunst in Chinas Nordwesten.

Auf dem Weg zum Markt

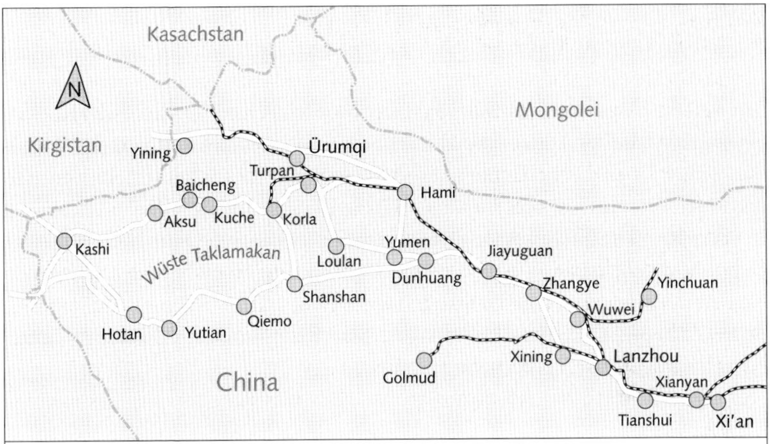

Die chinesische Seidenstraße

Eine weitere Blüte erlebte die Handelstraße während des 13. und 14. Jahrhunderts, als die Mongolenherrschaft über fast den gesamten Verlauf der Seidenstraße zum ersten und einzigen Mal eine relativ sichere Passage von Europa nach China ohne große bürokratische Hindernisse ermöglichte. Marco Polo kam auf diese Weise nach China und ist bis heute der bekannteste Reisende auf der Seidenstraße. Ab dem 14. Jahrhundert läuteten die wachsende Fremdenfeindlichkeit der Ming-Dynastie sowie die Zunahme der Bedeutung von Seeverbindungen den Niedergang der Seidenstraße ein. Schon Marco Polo wählte für seine Rückkehr den Seeweg, andere Händler sollten seinem Beispiel folgen.

Chinas Nordwesten verkam zum Außenposten, zum Verbannungsort unliebsamer Intellektueller, von den Ming über die Qing bis hin zur neuen Dynastie unter Mao, als sich nach der Kampagne gegen die ›Rechtsabweichler‹ in den 1950er Jahren und später in der Kulturrevolution viele Studenten und Künstler, in der ›Barbarenprovinz‹ Xinjiang wiederfanden. Auch der spätere Kultursminister Wang Meng wurde einst nach Westen verbannt. Daß entlang der Seidenstraße über Jahrhunderte von den Chinesen unabhängige Großkulturen existierten, die, wie die Toba, die im 4. Jahrhundert als Nördliche Wei-Dynastie ganz Nordchina regierten, den Chinesen durchaus ebenbürtig waren, geriet in Vergessenheit.

Heute hat die Seidenstraße kaum etwas ihrer Faszination eingebüßt. Der Reisekomfort entlang der Route ist seit der Zeit, als Karawanen oft nur mit wenigen Überlebenden ihr Ziel erreichten, um einiges gestiegen. Dennoch sollte man die Reisestrapazen auf dieser Strecke nicht unterschätzen. Die Eisenbahnfahrt zwischen Xi'an und Urumqi, so lohnenswert sie auch ist, dauert auch heute noch knapp 40 Stunden, der Anschlußzug nach Kashgar fügt dem noch einmal 24 Stunden Reisezeit hinzu. Busse sollten, wenn man sich überhaupt in diesem Teil des Landes für sie entscheidet, möglichst ab einer Fahrtdauer von vier Stunden gemieden werden, es sei denn, man hat, angesichts der schlechten Straßen in der Region, einen guten Chiropraktiker dabei oder der Reiseführer kennt einen guten Masseur am Zielort. Doch das Erfahren, im wörtlichen Sinne, ist Teil des Erlebnisses Seidenstraße. Gönnen Sie sich die Muse und die Zeit für Chinas ›Wilden Westen‹.

Apropos Zeit: Interessanterweise besteht die chinesische Regierung auf einer einheitlichen Zeitzone in allen Landesteilen. Für die Bewohner der westlichen Gebiete bedeutet dies, daß die Sonne (theoretisch) erst am frühen Vormittag Beijinger Zeit aufgeht. Kein Wunder, daß so manch eine entlegene Siedlung klammheimlich ihre eigene Zeitrechnung einführte.

Kashgar

Lange ist es her, daß Kashgar (Kashi) 喀什 eine der wichtigsten Zwischenstationen der Seidenstraße war. Hier trafen die Süd- und die Nordroute nach der Durchquerung der Wüste Taklamakan zusammen, für die chinesische Welt war es der letzte Außenposten und für die arabischen Händler die erste Berührung mit dem Reich der Mitte. Mit dem Zerfall der Sowjetunion und der Öffnung der Grenzen nach Kasachstan, Tadschikistan und Usbekistan für den lokalen Handel kam auch Bewegung in das verschlafene Städtchen, dessen Bevölkerung zumeist uighurisch ist, mit einem steigenden Anteil von Han-Chinesen. Zwar sind die Zeiten vorbei, als sich Russen, Amerikaner und Engländer Anfang des 20. Jahrhunderts im politischen Schachspiel um die Erschließung der Ölvorkommen in Zentralasien nervös beäugten und einen Hauch von großer Welt nach Kashgar brachten, heute noch sichtbar in den jeweiligen Konsulaten. Die internationale Atmosphäre der 190000 Einwohnerstadt ist jedoch auffällig, und neben Uighuren, Kasachen und Han-Chinesen findet man hier Händler aus Afghanistan, Pakistan und Rußland, allerdings erstaunlich wenige Langnasen.

Mit dem 11. September 2001 ist auch hier der Tourismus aus dem Westen zum Erliegen gekommen, zuweilen verirrt sich der eine oder andere abenteuerlustige Radler nach der Überquerung des Karakorum Highway in die Stadt, einige Rucksacktouristen und selten eine Reisegruppe. Kashgar ist eine Stadt, die man auf sich wirken lassen muß, nicht schön, aber von einem archaischen Charme, den auch die modernen Einheitsbauten auf den Hauptstraßen nicht zerstören können. Während es im Winter unangenehm kalt werden kann, ist die auf 1289 Metern Höhe gelegene Oase Kashgar im Sommer eine angenehme Erholung im Vergleich zum brütend warmen Wetter auf der restlichen Seidenstraße.

Sehenswürdigkeiten

Die Innenstadt von Kashgar ist recht übersichtlich, man kann die Stadt getrost zu Fuß erkunden. Die meisten Hotels vermieten einfache Räder chinesischer Bauart, so daß auch das Fahrrad eine gute Alternative ist. Eselskarren, einst das einzige ›öffentliche‹ Verkehrsmittel, dürfen leider tagsüber nicht mehr ins Stadtzentrum fahren.

Achten Sie bei Ihrer Reiseplanung auf jeden Fall darauf, daß Sie einen Sonntag in Kashgar verbringen. Der Sonntagsmarkt (Xingqiri Shichang 星期日市场) ist die größte Attraktion der Stadt. Auf dem knapp zehn Hektar großen Areal an der Aizilaiti Lu 艾孜来提路 im Nordosten der Stadt drängen sich jeden Sonntag etwa 50 000 Menschen durch die engen Marktgassen. Während die ersten Händler bei Morgengrauen ihre Stände aufbauen, erreicht der Markt seinen Höhepunkt gegen die Mittagszeit. Es empfiehlt sich, am frühen Vormittag hierherzukommen, einen Einkaufsbummel durch die Marktstände zu machen und sich gegen 13 Uhr, wenn kaum ein Durchkommen durch die enggestellten Marktgäßchen mehr ist, ein ruhiges Beobachtungsplätzchen zu suchen. Fotofreunde werden auf jeden Fall auf ihre Kosten kommen. Neben den Uighuren, die einen Großteil der Besucher ausmachen, kommen auch Kasachen, Tadschiken, Usbeken und Kaschmiri auf den Markt, oft in den entsprechenden Trachten. Auch das Angebot läßt das Herz des Souvenirjägers höher schlagen. Kunstvoll gewebte und bestickte Baumwoll- und Seidenstoffe, Schmuck, Teppiche, handgefertigte Lederschuhe, bestickte

Vater und Sohn

Hüte und Gewürze gehören neben allerlei Dingen des alltäglichen Bedarfs zum Angebot der mehreren tausend Stände und kleinen Läden. Für das leibliche Wohl ist ebenfalls gesorgt, Kebabstände, Garküchen und Bäckereien, meist nur ein tragbarer Kohleofen und eine Teigschüssel, gibt es reichlich. Der Sonntagsmarkt ist relativ leicht zu finden. Folgen Sie von der Stadtmitte aus einfach den Menschenmassen, wo diese sich aus allen Richtungen treffen, befindet sich der Markt, der sich allerdings zumeist bis in die anliegenden Straßen und Gassen erstreckt. In dem Gedränge von Menschen, Ständen und Eselkarren kann man schnell den Überblick verlieren, achten Sie auf jeden Fall auch auf Taschendiebe.

Kashgar hat etwa 90 Moscheen, von denen die meisten in der Kulturrevolution zerstört und in den letzten zwei Jahrzehnten wieder aufgebaut wurden. Die größte, die Id-Kah-Moschee 艾提尕尔清真寺 in der Ai Tiga'er Lu 艾提尕尔路, kann bis zu 20000 Gläubige aufnehmen und gehört zu den größten islamischen Gotteshäusern in China. Eine Besichtigung ist möglich, Männer wie Frauen sollten allerdings darauf achten, daß Arme und Beine bedeckt sind. Um die Moschee gibt es eine Menge kleiner Garküchen, vor allem auf dem Bazar an der einige Meter östlich verlaufenden Jiefang Beilu 解放北路, die einfaches aber gutes uighurisches Essen anbieten. Auch der Nachtmarkt gegenüber der Moschee ist eine gute Adresse, um die lokalen Spezialitäten zu probieren.

Vorwahl: +86/998.
Post: Hauptpostamt in der Renmin Lu 人民路 40 in der Stadtmitte.
Bank: Bank of China, Renmin Xilu 人民西路 239.
Reisebüro: CITS Foreign Independent Traveller (FIT) hat ein Büro im ›Chini Bagh Hotel‹ in der Seman Lu 色满路 93.

Im Sommer gibt es tägliche Flüge nach Urumqi, im Winter viermal die Woche. Das Büro der Xinjiang Airline liegt in der Jiefang Nanlu 解放南 95.

Eine faszinierende Bahntrasse führt von Kashgar durch die Wüste Taklamakan. Für die 1999 fertiggestellte Strecke benötigt der Zug zwischen 23 und 30 Stunden. Unterwegs hält er in Korla 库尔拉 und in Daheyan 大河沿, dem Bahnhof von Turfan 吐鲁番.

Während die Nonstop-Busse nach Urumqi, gerade angesichts der bequemen Zugverbindung kaum anzuraten sind, bietet Kashgar einige interessante internationale Busverbindungen nach Kirgistan und Pakistan. Während die Strecke über den Torugart-Paß nach Kirgistan für westliche Ausländer noch gesperrt ist (Stand Anfang 2005), verkehren regelmäßige Busse von Kashgar nach Sost in Pakistan über den Karakorum Highway. Für die 500 Kilometer lange Strecke benötigt der Bus zwei Tage,

Wasser und Proviant sollte man auf jeden Fall reichlich dabei haben.

Russisch oder Britisch? Beide ehemalige Konsulate sind heute zu Hotels umgebaut und verströmen immer noch ein wenig die Atmosphäre des ›Great Game‹.

›Seman Hotel‹ (Seman Binguan 色满宾馆), 4 Sterne, Seman Lu 色满路 170, Tel. 2552147, Fax 2552861. Zimmer für jeden Geldbeutel, vom Schlafsaal mit Gemeinschaftsbad bis hin zur Suite im ehemaligen Russischen Konsulatsgebäude.

›Chini Bagh Hotel‹ (Qiniwake Binguan 其尼瓦克宾馆), 3 Sterne, Seman Lu 色满路 93, Tel. 2842299, Fax 2823842. Fünfstöckiger Neubau, wo sich einst das Britische Konsulat befand. Mittelklassehotel mit Schlafsälen und Standarddoppelzimmern mit Bad/WC.

Sollten Sie Sehnsucht nach Brot haben, hier sind Sie richtig! Fladenbrote frisch aus dem Holzkohleofen werden überall an der Straße verkauft, ebenso wie Kebabspieße und handgezogene Nudeln (Lamian 拉面). Neben vielen kleinen Garküchen bieten das ›Seman Hotel‹ und das ›Chini Bagh Hotel‹ ausgezeichnetes uighurisches Essen.

›John's Café‹ (Yuehan Zhongxi Canting 约翰中西餐厅) und das ›Oasis Café‹, beide in der Nachbarschaft des ›Seman Hotels‹, bieten gutes chinesisches und uighurisches Essen sowie eine englische Speisekarte.

Auf dem Sonntagsmarkt finden Sie Waren aus ganz Zentralasien. Neben Seide, Teppichen und Lederwaren sind die bestickten Hüte der verschiedenen Volksgruppen, handgefertigte und filigran verzierte Messer sowie Silber- und Goldschmiedearbeiten. Handeln ist nicht nur Tradition, sondern ein Muß auf den Märkten und in den Geschäften der Stadt. Neben dem Sonntagsmarkt bietet sich die Gegend um die Id-Kah-Moschee für einen ausgedehnten Einkaufsbummel an. Die Antiquitäten- und Handwerksläden führen ausgezeichnete Ware zu teilweise exquisiten Preisen.

Urumqi

Urumqi 乌鲁木齐, die auf 900 Meter über dem Meeresspiegel gelegene Hauptstadt der Autonomen Region Xinjiang, ist eine der wenigen Städte in Chinas Nordwesten, in der die Bevölkerung vor allem aus Han-Chinesen besteht. Wunschziel war es nicht für die meisten Bewohner, die entweder in der Kulturrevolution nach Xinjiang geschickt wurden oder deren Abschlußnoten zu Zeiten der zentralen Jobvergabe nicht für einen lukrativen Posten in Ostchina gereicht haben. Hinzu

Faszinierende Bahnstrecke entlang der Seidenstraße

kommen einige Glücksritter, die die Nähe zu Zentralasien dazu nutzen, allerlei legalen und weniger legalen Geschäften nachzugehen. Es gibt keine richtigen Sehenswürdigkeiten in Urumqi, die Stadt ist meistens nur Zwischenstation auf dem Weg von oder nach Kashgar oder zum Himmelsgebirge. Sieht man über die eintönige realsozialistische Architektur hinweg, in der einige wenige spiegelverglaste Hochhäuser wie Fremdkörper stehen, kann ein kurzer Entdeckungsspaziergang durch die Innenstadt durchaus lohnenswert sein. Urumqi ist einer der wichtigsten Verkehrsknotenpunkte entlang der Seidenstraße, das Stadtbild ist geprägt von Händlern aus Zentralasien, Ostchina und Rußland. Nicht überraschend ist das Essensangebot der Stadt eines der variantenreichsten und interessantesten Chinas.

Etwa 115 Kilometer östlich von Urumqi liegt in den Bergen der Himmelssee (Tianchi 天池). Die Umgebung des klaren Sees auf knapp 2000 Metern Höhe bietet ausgezeichnete Wandermöglichkeiten in dem vor allem von kasachischen Nomaden bewohnten Bergland. Mehrtägige Trekkingtouren zum ganzjährig schneebedeckten Himmelsgebirge (Tianshan 天山), dessen höchster Berg der 5445 Meter hohe ›Gipfel Gottes‹ (Bogeda Feng 博格达峰) ist, können vor Ort organisiert werden. Übernachtung am See in Yurten ist möglich. Busse von Urumqi zum Himmelssee fahren jeden Morgen gegen 9 Uhr vom Nordtor des Volksparks (Renmin Gongyuan Nanmen 人民公园北门) und benötigen knapp drei Stunden für die Strecke.

Vorwahl: +86/991.
Post: Das internationale Postamt befindet sich im Norden der Stadt an der Youhan-Kreuzung 友好路口.
Bank: Bank of China an der Ecke Jiefang Beilu 解放北路 und Minzu Lu 民族路.
Reisebüro: Mehrere Reiseagenturen im ›Lüyou Hotel‹ (Lüyou Binguan 旅游宾馆) in der Xinhua Beilu 新华北路, unter anderem CITS.

Direktflüge gibt es in die Oasenstädte Kashgar, Aksu, Hotan und Korla. Tägliche Flüge nach Beijing, Shanghai, Chengdu, Chongqing, Langzhou, Guangzhou, Xi'an und Hongkong. Internationale Direktverbindungen gibt es nach Almaty, Bishkek, Islamabad, Novosibirsk und Moskau.

Mit dem Ausbau der Eisenbahnlinie zwischen Lanzhou und Urumqi hat sich die Fahrzeit zwischen Urumqi und Ostchina um einiges verkürzt. Geduld braucht der Reisende trotzdem, auch wenn die Strecke entlang der Seidenstraße äußerst kurzweilig ist. Direktzüge verkehren nach Beijing (49 h), Shanghai (51 h), Lanzhou (30 h), Xi'an (44 h) und Dunhuang (14 h). Vor allem letztere Verbindung ist ebenso wie der Zug nach Kashgar sehr zu empfehlen.
Der Bahnhof liegt im Südwesten der Stadt an der Xibei Lu 西北路.

Interessant sind vor allem die Busverbindung nach Turfan (3 h) und der internationale Bus nach Almaty in Kasachstan. Busse fahren vom Fernbusbahnhof in der Heilongjiang Lu 黑龙江路 etwa einen Kilometer nördlich des Bahnhofs.

›Hoi Tak Hotel‹ (Haide Jiudian 海德酒店), 5 Sterne, Dongfeng Lu 东风路 1, Tel. 232 28 28. Bestes Haus am Platz in zentraler Lage.
›Xinjiang Electrical Hotel‹ (Xinjiang Dianli Binguan 新疆电力宾馆), 3 Sterne, Minzu Lu 民族路 57, Tel. 282 19 11, Fax 282 60 31. Mittelklassehotel im Stadtzentrum.
›Bogeda Hotel‹ (Bogeda Binguan 博格达宾馆), 1 Stern, Guangming Lu 光明路 10, Tel. 282 39 10, Fax 281 57 69. Vor allem bei Rucksacktouristen beliebtes, einfaches Hotel mit Schlafsälen und Doppelzimmern mit Bad/WC.

Das Essen in Urumqi ist sicherlich das Beste an der ansonsten eher uninspirierten Stadt. Eine gute Auswahl der verschiedenen Spezialitäten wie Fladenbrot mit Kebab (Nang 馕), Pilav (Zhuafan 抓饭) oder mit Lammfleisch gefüllte Teigtaschen (Yangrou Baozi 羊肉包子) findet man auf dem Nachtmarkt in der Wuyi Lu 五一路, etwa 500 Meter nordöstlich des Bahnhofs.

Turfan und Kashgar sind definitiv die besseren Orte, um Souvenirs zu kaufen. Kaufhäuser und Supermärkte gibt es im Stadtzentrum um den Volksplatz (Renmin Shichang 人民市场).

Turfan

Vor allem wenn Kashgar nicht auf Ihrer Reiseroute steht, ist der Besuch der 50 Meter unter dem Meeresspiegel gelegenen Oasenstadt Turfan 吐鲁番 ein Muß. Wenig deutet heute darauf hin, daß die Turfan-Senke, deren niedrigster Punkt 154 Meter unter dem Meeresspiegel liegt, einst der strategisch wichtigste Ort der historischen Seidenstraße war. Hier, wo die damals wie heute gefürchtete Wüste Taklamakan beginnt, teilte sich die Handelsstraße in eine nördliche und eine südliche Route, die Städte Jiaohe 交河 und Gaochang 高昌, westlich beziehungsweise östlich von Turfan gelegen, waren einst mächtige Handelsstädte, die große Teile der heutigen Provinz Xinjiang kontrollierten. Von deren Ruhm und Glanz sind heute nur noch Ruinen übriggeblieben. Turfan selbst, eine vor allem von Uighuren bewohnte Oase mit 240 000 Einwohnern, hat wenig Sehenswürdigkeiten, aber viel Atmosphäre zu bieten. Ausflüge nach Jiaohe und Gaochang, zu den buddhistischen Höhlen von Bezeklik und den Flammenden Bergen (Huoyan Shan 火焰山) unternimmt man am besten von Turfan aus, so daß sich, auch wenn man Turfan als Tagesausflug von Urumqi aus besuchen könnte, mindestens zwei Übernachtungen in der Stadt empfehlen.

Klimatisch wartet Turfan mit gleich zwei Rekorden auf: Die Oase ist sowohl die heißeste als auch die trockenste Stadt Chinas. Sonnencreme und eine Kopfbedeckung sind bei sengender Sonne und Temperaturen bis knapp unter 50 Grad im Schatten ein Muß. Dank eines ausgeklügelten Bewässerungssystems, das in der Oase seit Jahrtausenden Landwirtschaft ermöglicht, ist Turfan berühmt für seine Trauben und für seinen Wein. Der in der Nähe von Turfan angebaute Cabernet Sauvignon der Marke ›Loulan‹ kann sich durchaus mit westlichem Wein messen und gehört zu Chinas besten Sorten.

Das Zentrum der Oase umfaßt einen knappen Quadratkilometer, man kann die Stadt also getrost zu Fuß bewältigen. Viele der Bürgersteige, vor allem entlang der Hauptstraßen Qingnian Lu 青年路 und Wenhua Lu 文化路 sind größtenteils mit Trauben überrankt, die willkommenen Schatten spenden. Die Mittagshitze sollte man im Sommer aber auf jeden Fall meiden und in einem der vielen kleinen Gartenrestaurants verbringen. Obwohl die größten Attraktionen Turfans außerhalb der Stadt liegen, empfiehlt sich ein kleiner Spaziergang durch die Straßen der Oase. Von der Qingnian Lu, in der sich die meisten Hotels befinden, liegt in Richtung Osten die sogenannte Altstadt, dort, wo die chinesische Einheitsarchitektur langsam in die traditionellen uighurischen Häuser aus gestampftem Lehm übergeht. Während der ›chinesische‹ Teil Turfans zunehmend anderen chinesi-

Minarett in Turfan

Fassadendetail an einer Moschee in Turfan

schen Kleinstädten gleicht, hat sich in der Altstadt noch viel der traditionellen Lebensweise erhalten. Ein besonderes Bewässerungssystem versorgt die Häuser mit Wasser, zu denen meist auch ein kleiner Garten gehört. Trauben werden hier angebaut, aber auch Melonen und Gemüse. In hohen, scheunenähnlichen Gebäuden mit winzigen Löchern in den Lehmwänden werden die Trauben zum Trocknen ausgelegt. Rosinen und Trockenfrüchte aus Turfan sind in ganz China bekannt. Sollten Sie unterwegs Hunger bekommen: Viele Haushalte verdienen sich ein kleines Zubrot, indem sie Fladenbrot und Bagels backen und zum Verkauf anbieten.

In entgegengesetzter Richtung, von der Qingnian Lu erst die Muna'er Lu 木纳尔路 und dann die Laocheng Lu 老城路 nach Osten, befindet sich der Basar von Turfan. Obwohl der Markt nicht mit dem Sonntagsmarkt in Kashgar zu vergleichen ist, tummeln sich hier an Wochenenden ebenfalls einige tausend Händler und potentielle Käufer, zumeist allerdings aus der Umgebung Turfans.

Mit etwas Glück findet sich auch hier das eine oder andere Souvenir, auch wenn das Warenangebot vor allem am alltäglichen Bedarf orientiert ist.

Ausflüge von Turfan

Das ›Oasis Hotel‹ und das ›Turfan Hotel‹ organisieren Tagesausflüge, die alle wichtigen Ausflugspunkte der Gegend abdecken. Alternativ kann man einen der Minibusse für ungefähr 150 Yuan (zuweilen nach zähem Handeln) am Tag mieten, die auf der Suche nach Kundschaft die Hauptstraßen entlangfahren.

Der Ausflug in Richtung Westen zu den etwa acht Kilometer entfernten Ruinen von Jiaohe 交河 schließt zumeist eine Besichtigung des Bewässerungssystems der Stadt mit ein. Seit über 2000 Jahren versorgt das weitverzweigte Netz von unterirdischen Kanälen, den sogenannten ›Karez‹, vom Schmelzwasser des Himmelsgebirges (Tianshan 天山) gespeist, die Oase Turfan. Durch den unterirdischen Verlauf vor Verdunstung geschützt, ermöglichten die Karez überhaupt erst die Ansiedlung von Menschen in der extrem trockenen Turfan-Senke. Als vitales System wurde es von Generation zu Generation ausgebaut, die Gemeinde finanziert den Erhalt der Bewässerungskanäle, ohne die Turfan seiner Existenzgrundlage beraubt wäre. Es war die Zerstörung der Karez während einer Stammesfehde, die den Niedergang der nahegelegenen Stadt Gaochang 高昌 einleitete.

Man kann an den vom Sand glattgeschliffenen Ruinen der Festung Jiaohe noch viel der ehemaligen Struktur der Stadt erkennen. Von den Mongolen unter Dschingis Khan wurde sie im 13. Jahrhundert zerstört. Daraufhin verlagerte man das administrative Zentrum der Region nach Gaochang, und überließ Jiaohe dem Zerfall. Geht man die Straßen der Ruinenstadt entlang, die auf einer von zwei Flüssen eingeschlossenen Klippe gebaut wurde, so kann man die Größe Jiaohes ermessen, das einst als Garnisonsstadt die Turfan-Senke kontrollierte und vom 2. bis ins 5. Jahrhundert Hauptstadt eines uighurischen Königreiches war.

Es wurde von der Stadt Gaochang abgelöst, die vom 7. bis ins 17. Jahrhundert wichtigste Stadt der Region war und ihrerseits im 9. Jahrhundert Hauptstadt eines uighurischen Teilreiches war. Vieles weist daraufhin, daß die Struktur Gaochangs der damaligen chinesischen Hauptstadt Chang'an nachempfunden wurde. Mit der schwindenden Bedeutung der Seidenstraße als vitaler Verbindung zwischen Orient und Okzident lag auch Gaochang mit einem Male weitab der Verkehrsadern und wurde im 17. Jahrhundert in der bereits angesprochenen Stammesfehde vollständig zerstört. Auch wenn chinesische Archäologen in den letzen Jahren angefangen haben, Teile der Stadt zu rekonstruieren, sieht man in Gaochang wenig mehr als die Ahnung von einst stolzen Mauern.

Die Flammenden Berge bei Turfan

Wesentlich interessanter sind die Gräber von Astana (Asitana Gumuqu 阿斯塔那古幕区) einige Kilometer nordwestlich der Ruinenstadt. Hier war vermutlich der Begräbnisplatz Gaochangs, bis heute hat man etwa 400 Grabkammern gefunden. Einige der Gräber, deren Wandmalereien einen guten Einblick in die Kultur der damaligen Zeit geben, kann man besichtigen, in einem ist der mumifizierte Körper eines Verstorbenen ausgestellt.

Etwas nördlich von Astana, in einem engen Tal der Flammenden Berge, die sich tatsächlich wie steingewordene Flammen über der Turfan-Senke abzeichnen, liegt das buddhistische Höhlenkloster von Bezeklik (Baizikelike Qianfo Dong 柏孜克里克千佛洞). Leider ist von den einst prächtigen Wandmalereien nicht viel übriggeblieben. Maßgeblich dazu beigetragen haben westliche Archäologen, die in der Zeit vor dem Ersten Weltkrieg große Teile der wertvollen Bilder abtrugen und nach Europa brachten. Ein Großteil der Malereien von Bezeklik fand bei einem Bombenangriff auf das Völkerkundemuseum in Berlin während des Zweiten Weltkriegs ihr Ende.

Wenn Sie wollen, können Sie auf dem Rückweg nach Turfan einen Abstecher zum zweittiefsten Punkt der Erde machen (nach dem Toten Meer). Viel zu sehen gibt es am 154 Meter unter dem Meeresspiegel gelegenen Aiding Hu 艾丁湖, einem fast ausgetrockneten Salzsee, allerdings nicht. Einen Besuch wert ist allerdings das Emin-Minaret mit der dazugehörigen Sugong-Moschee (Sugongta 苏公塔) in den östlichen Außenbezirken Turfans.

Vorwahl: +86/995.
Post: Postamt an der Laocheng Lu 老城路 im Westen der Stadt.
Bank: Bank of China, Laocheng Lu 18.
Reisebüro: CITS hat ein Büro im Oasis Hotel 绿洲宾馆 in der Qingnian Beilu 青年北路.

Der nächste Bahnhof ist Daheyan 大河沿, 58 Kilometer nördlich von Turfan. Minibusse zum Bahnhof fahren etwa alle halbe Stunde von der Busstation nördlich des Bazars und brauchen etwa 90 Minuten. Der Nachtzug nach Dunhuang stellt die beste Verbindung zwischen den beiden Städten dar, er fährt am frühen Abend. Direktverbindungen von Daheyan bestehen außerdem nach Kashgar.

Busse nach Urumqi fahren tagsüber etwa alle Stunde und brauchen knapp drei Stunden für die 155 Kilometer lange Strecke.

›Oasis Hotel‹ (Lüzhou Binguan 绿洲宾馆), 3 Sterne, Qingnian Beilu 青年北路 41, Tel. 8522491, www.the-silk-road.com. Stilvolles Hotel im Stadtzentrum, im lokalen Stil eingerichtete Zimmer.

›Turfan Hotel‹ (Tulufan Binguan 吐鲁番宾馆), 2 Sterne, Qingnian Nanlu 青年南路 2, Tel. 8522310, Mittelklassehotel im Süden des Stadtzentrums. Doppelzimmer mit Bad/WC sowie Schlafsäle mit öffentlichem Bad. Schöner Innenhof.

Neben dem Bazar im Südosten der Stadt findet man

ausgezeichnetes, wenn auch einfaches lokales Essen in den kleinen Restaurants entlang der Laocheng Lu 老城路 und der Wenhua Lu 文化路 sowie auf den vielen kleinen Nachtmärkten an allen größeren Kreuzungen der Innenstadt.
›John's Information Café‹ (Yuehan Zhongxi Canting 约翰中西餐厅) gegenüber dem Turfan Hotel hat chinesische, uighurische und westliche Speisen zu moderaten Preisen und den Vorteil einer englischsprachigen Speisekarte.
In den Hotels gibt es gute Restaurants, wenn auch preislich eher auf touristischem Niveau.

Auch wenn sich der Bazar von Turfan nicht mit dem Sonntagsmarkt in Kashgar messen kann, findet man auch hier eine gute Auswahl an Stoffen, Schmuck und Teppichen. Wie überall in China und speziell entlang der Seidenstraße, ist Handeln hier absolut angesagt. Dinge des täglichen Bedarfs gibt es entlang der Qingnian Lu 青年路 und der Laocheng Lu 老城路.

Dunhuang und die Mogao-Grotten

Gäbe es nicht die Mogao-Grotten 莫高窟 30 Kilometer östlich der Stadt, man würde Dunhuang 敦煌 heute nicht anmerken, daß sich hier einst eine der wichtigsten Handelsstationen der Seidenstraße befand. Nahezu während des gesamten ersten Jahrtausends wurden hier die Karawanen vor oder nach dem beschwerlichen Weg durch die Wüste umgeladen. Die Stadt Shazhou, unmittelbar westlich des heutigen Dunhuang gelegen, war ein Hauptverbindungsglied zwischen dem Reich der Mitte und der restlichen Welt. Heute ist Dunhuang ein verschlafenes Nest, das kaum Touristen sehen würde, gäbe es nicht die Sehenswürdigkeiten der Umgebung. Die Stadt kann man sich in einer guten Stunde erlaufen, im Innenstadtbereich zwischen der Huangcheng Lu 环城路 und der Yangguan Lu 阳关路 sind noch Reste der traditionellen Bebauung erhalten, auch der große Markt nahe dem Dang-Fluß 档河 im Westen der Stadt und das kleine Kreismuseum (Xian Bowuguan 县博物馆) an der Yangguan Donglu 阳关东路 sind einen kurzen Besuch wert.

Über 1300 Jahre, von der nördlichen Wei-Dynastie im 4. Jahrhundert nach Christus bis hin zu den Restaurierungs- und Ergänzungsarbeiten der frühen Qing-Dynastie, arbeitete Generation um Generation, Dynastie nach Dynastie an den in einem kleinen Tal des Dachuan-Flusses gelegenen buddhistischen Mogao-Grotten. Dominant sind die Höhlen aus den Dynastien der Wei (4.–5. Jahrhundert), Sui (6. Jahrhundert), Tang (7.–10. Jahrhundert) und der Song (11.–12. Jahrhundert), deren unterschiedlicher Stil dem Besucher einen guten Überblick über die Entwicklung der buddhistischen Kunst entlang der Seidenstraße gibt. Während die Figuren der Wei-Grotten noch deutlich indischen Einfluß zeigen, nähern sich die Darstellungen über die Jahrhunderte immer mehr der chinesischen Ästhetik, bis hin zu den fast barock anmutenden Buddhadarstellungen der Qing-Dynastie.

Neben den meist kleinen und mittelgroßen Grotten und Nischen beinhalten die Höhlen Nr. 96, 130 und 158 große, durch hölzerne Überbauten vor Witterungseinflüssen geschützte Buddhafiguren, in Höhle 158 eine 16 Meter lange Darstellung des liegenden, ins Nirwana eingehenden historischen Buddhas im Kreise seiner Gefolgsleute. Außer den figürlichen Darstellungen sind vor allem die Malereien von großem Interesse, die die Wände der meisten Grotten bedecken. Sie reichen oft bis zur Decke und bilden eine Stilbreite von figürlichen bis fast abstrakten Darstellungen ab, die man so in keinem anderen der buddhistischen Höhlenklöster entlang der Seidenstraße findet.

Nachdem die Grotten in der späten Qing-Dynastie dem Zerfall anheim gegeben wurden und einige Höhlen zwischenzeitlich als Militärlager dienten, machte im Jahre 1900 der Fund von über 50 000 historischen Schriftrollen durch den daoistischen Mönch Wang Guolu die internationale Forschergemeinde auf die Höhlen von Dunhuang aufmerksam. Zwischen 1907 und 1930 kamen Forscher aus aller Welt, unter anderem der Engländer Aurel Stein, der Franzose Paul Pelliot und der Russe Sergej Oldenburg nach Dunhuang und brachten unschätzbare Werte in ihren Besitz, die heute zumeist in Museen in London, Paris und St. Petersburg ausgestellt sind. Der Ausverkauf nationaler Kulturgüter und die drohende weitere

Sanddünen bei Dunhuang

Zerstörung der Mogao-Grotten rief die chinesischen Behörden auf den Plan. Nach Gründung der Volksrepublik 1949 begannen die Restaurationsarbeiten an den Grotten, die teilweise bis heute andauern, Anfang der 1960er Jahre jedoch weitgehend abgeschlossen waren. Seit 1961 steht die Anlage unter direktem Schutz der Beijinger Regierung, während der Kulturrevolution hielt der damalige Premier Zhou Enlai seine schützende Hand über die Grotten und bewahrte sie somit vor der Zerstörung durch die Roten Garden.

Die Gesamtanlage umfaßt knapp 500 Höhlen und Nischen, von denen allerdings, vor allem aus konservatorischen Gründen, nicht alle, der Öffentlichkeit zugänglich sind. Es empfiehlt sich unbedingt, die Dienste eines Führers in Anspruch zu nehmen; auch die Buchung eines deutschsprachigen Führers ist möglich. Für die Besichtigung sollte man mindestens einen ganzen Tag einplanen. Mehrere kleine Restaurants am Eingang der Anlage bieten einfaches Essen und Getränke an. Jeden Morgen um 8 Uhr fährt ein Bus vom ›Feitian Hotel‹ zu den Grotten, alternativ kann man einen Minibus oder ein Taxi für ca. 100 Yuan mieten.

Neben den Mogao-Grotten sind die Dünen des Singenden Sandes (Mingsha Shan 鸣沙山) die zweite große Attraktion Dunhuangs. Auch wenn die teilweise einige hundert Meter hohen Dünen sechs Kilometer südlich der Stadt eindrucksvoll sind und man einen phantastischen Blick auf Dunhuang und dessen Umgebung hat, handelt es sich dabei schlichtweg um Sanddünen, die Volksfestatmosphäre rund um das abgezäunte Areal ist für den westlichen Besucher nicht so richtig nachzuvollziehen. Zu den angebotenen Aktivitäten gehört neben Kamelreiten und Sandsurfen auch Paragliding.

Man kann aber auch in Ruhe eine der Dünen ersteigen und den Sonnenuntergang über der Wüste genießen. Die Dünen erreicht man mit dem Taxi oder dem Fahrrad. Die flache Strecke durch die Wüste ist vor allem am späten Nachmittag sehr angenehm zu radeln. Das ›Feitian Hotel‹ verleiht Fahrräder für 2 Yuan die Stunde.

Vorwahl: +86/937.
Post: Hauptpostamt ab der Ecke Yangguan Zhonglu 阳关中路 und Shanzhou Beilu 山州北路.
Bank: Bank of China, Yangguan Zhonglu gegenüber der Gasse Wenmiao Xiang 文庙巷.
Reisebüro: CITS hat ein Büro im ›Dunhuang Hotel‹ (Dunhuang Binguan 敦煌宾馆), Tel. 8823012.

Der Flughafen liegt etwa 13 Kilometer außerhalb der Stadt auf dem Weg zu den Mogao-Grotten. In der Sommersaison gibt es Direktflüge nach Xi'an, Lanzhou, Beijing, Urumqi und Jiayuguan, im Winter nur nach Xi'an und Lanzhou. Air China hat ein Büro in der Yangguan Donglu 阳关东路, Tel. 8822389.

Der Bahnhof von Dunhuang liegt 130 Kilometer entfernt in Liuyuan 柳园, auch wenn in den chinesischen Fahrplänen ›Dunhuang‹ steht. Durchgehende Züge gibt es nach Turfan (12 h), Urumqi (15 h), Lanzhou (20 h), außerdem nach Beijing, Xi'an und Shanghai.

Alle Busse fahren ab der Busstation an der Ecke Huancheng Nanlu 环城南路 und Mingshan Lu 鸣山路. Busse nach Liuyuan zum Bahnhof fahren alle halbe Stunde, weitere Busverbindungen gibt es nach Jiayuguan (7h) und Lanzhou (22 h). Bei letzterer Verbindung ist allerdings der Zug vorzuziehen. Der Bus nach Golmud in der Provinz Qinghai fährt über einen 4000 Meter hohen Paß und braucht zwischen 12 und 18 Stunden. Diese Route ist auf keinen Fall zu empfehlen, außer man möchte nach Tibet weiterfahren.

›Silk Road Dunhuang Hotel‹ (Dunhuang Shanzhuang 敦煌山庄), 3 Sterne, Dunyue Lu 敦月路, Tel. 888 20 88, Fax 888 20 86 www.the-silk-road.com. Im lokalen Stil gebautes Hotel der gehobenen Mittelklasse, etwas außerhalb der Stadtzentrums.
›Dunhuang Hotel‹ (Dunhuang Binguan 敦煌宾馆), 3 Sterne, Yangguan Donglu 阳关东路 14, Tel. 882 24 15, Fax 882 23 09. Gutes Mittelklassehotel im Stadtzentrum mit schöner Gartenanlage.
›Feitian Hotel‹ (Feitian Binguan 飞天宾馆), 2 Sterne, Mingshan Lu 鸣山路, Tel. 882 23 37. Zentral gelegenes Hotel mit günstigen Doppelzimmern sowie Schlafsälen.

Wie zumeist in Chinas kleineren Orten, ist der Nachtmarkt (Dunhuang Yeshi 敦煌夜市) die beste Option, wenn es um gutes und preiswertes Essen geht. Südlich der Yangguan Donglu 阳关东路, gegenüber dem Kreismuseum (Xian Bowuguan 县博物馆) gelegen, wetteifern hier auf einem kleinen Platz gut ein Dutzend Restaurants um die Gunst der Kunden, und bieten Nudeln, Teigtaschen und Gegrilltes an.
›Charlie Johng's Café‹ (Fengwei Canting 风味餐厅), an der Mingshan Lu gelegen, hat eine englische Speisekarte und bietet einfaches westliches und chinesisches Essen.

Jiayuguan

In Jiayuguan 嘉峪关 war für die Chinesen lange Zeit die Welt zu Ende. Das Fort am westlichen Ende der Großen Mauer entließ die Reisenden ins Ungewisse, wo sie den Elementen, den Räuberbanden und der kulturellen Barbarei ausgeliefert waren. Auch wenn sich das chinesische Territorium zumeist um einiges weiter in Richtung Westen erstreckte, war das im Jahre 1372 erbaute Jiayuguan dennoch lange Zeit die letzte befestigte Militärgarnison. Die restaurierte Anlage kann man heute als Tagesausflug von der gleichnamigen Stadt an der Eisenbahnlinie Xi'an–Dunhuang–Turfan–Urumqi besichtigen. Übernachtungsmöglichkeiten gibt es im Zentrum der Stadt Jiayuguan, unter anderem im ›Jiayuguan Hotel‹ (Jiayuguan Binguan 嘉峪关宾馆, Tel. 0947/622 62 31). Die Züge auf der Seidenstraße fahren in unmittelbarer Nähe an dem Fort vorbei, das vor den schneebedeckten Bergen des knapp 4000 Meter hohen Hei-Gebirges (Heishan 黑山) ein lohneswertes Fotomotiv aus dem Zugfenster darstellt.

Lanzhou

Lanzhou 兰州 besuchen nicht viele Touristen, geschweige denn Reisende aus dem westlichen Ausland. Wundern Sie sich also nicht, wenn Sie angestarrt werden, hier sind europäische Besucher selbst die Attraktion in einer ansonsten an Attraktionen armen Stadt. Lanzhou ist vor allem eine Durchgangsstation, Umsteigebahnhof nach Xining in der Provinz Qinghai, nach Xiahe und ins tibetische Grasland. Sollten Sie ein wenig Zeit mitbringen, machen Sie einen kleinen Spaziergang durch die Straßen der Innenstadt. Das erfrischend untouristische Ambiente Lanzhous mit seinen Märkten und Garküchen macht einen halbtägigen Aufenthalt in der Stadt zu einer angenehmen Angelegenheit.

In Lanzhou

Vorwahl: +86/931.
Post: Hauptpostamt an der Ecke Minzhu Lu 民主路 und Pingliang Lu 平凉路.
Bank: Bank of China, Tianshui Lu 天水路.
Reisebüro: CITS hat ein Büro im zweiten Stock des Lüyou Dasha 旅游大厦 in der Nongmin Xiang 农民巷.

Direktflüge nach Beijing, Shanghai, Chengdu, Guangzhou, Urumqi, Kunming und Shenzhen. Die Airline China Northwest hat ein Büro in der Donggang Xilu 东岗西路, Tel. 882 1964. Der Flughafen ist 90 Kilometer im Norden der Stadt. Shuttlebusse verkehren vom Büro der China Northwest.

Interessante Zugverbindungen unter anderem nach Xi'an, Urumqi, Xining, Shanghai, Jiayuguan und Chengdu. Der Bahnhof befindet sich am südwestlichen Ende der Tianshui Lu.

Es gibt zwei Busstationen in Lanzhou. Vom Westbahnhof an der Xijin Xilu fahren Busse nach Linxia, Xiahe und Dunhuang. Der Ostbahnhof in der Pingliang Lu 平凉路 bedient Xi'an und Tianshui. Wie in Sichuan ist der Kauf einer Reiseversicherung mit dem Busticket obligatorisch.

›Lanzhou Legend Hotel‹ (Lanzhou Feitian Dajiudian 兰州飞天大酒店), 4 Sterne, Tianshui Lu 天水路 599, Tel. 888 2876. Luxushotel im Stadtzentrum.
›Friendship Hotel‹ (Youyi Binguan 友谊宾馆), 3 Sterne, Xijin Xilu 西津西路 16, Tel. 233 3051, Fax 233 3051. Ruhig gelegenes Mittelklassehotel etwas außerhalb des Stadtkerns, preisgünstige Doppelzimmer im alten ›sozialistischen Flügel‹.
›Lanzhou Hotel‹ (Lanzhou Fandian 兰州饭店), 2 Sterne, Donggang Xilu 东岗西路 434, Tel. 863 6321, Fax 841 8608. Renoviertes Hotel aus den Zeiten, als Stalin noch zu den Freunden Chinas gehörte, dennoch nicht ohne Charme. Dreibettzimmer und Doppelzimmer mit Bad/WC.

Ausgezeichnetes Essen findet man auf den Straßenmärkten der Stadt, die zu den besten Chinas gehören. Lanzhou liegt an der Trennlinie zwischen dem chinesischen Kernland und der Seidenstraße, und das merkt man dem lokalen Essen auf das Angenehmste an.
Empfehlenswert sind die Garküchen entlang der Nongmin Xiang 农民巷, einer kleinen Seitengasse der Donggang Xilu 东岗西路.
Das ›Baisuiji‹ 百岁鸡, wörtlich Hundert-Jahre-Altes-Huhn, etwa 50 Meter westlich der Kreuzung von Donggang Xilu und Tianshui Lu 天水路, gehört zu einer Kette von Feuertopf-Restaurants, die eine Art Hühnerfondue mit Gewürzen anbieten, eine lokale Spezialität.
Probieren Sie auch, wofür Lanzhou berühmt ist: handgemachte Nudeln mit Rindfleisch, Niurou Lamian 牛肉拉面.

Xiahe

An der Grenze zum tibetischen Grasland gelegen, ist Xiahe 夏河 bereits deutlich von der tibetischen Kultur beeinflußt. Wie die Provinz Qinghai, Teile von Nord-Yunnan und Nord-Sichuan gehörte die Gegend um Xiahe zum Einflußbereich des eher beijingfreundlichen Panchen Lamas, Gebiete, die nach der Besetzung Tibets im Jahre 1950 den Provinzen Yunnan, Sichuan, Gansu und Qinghai zugeschlagen wurden. Mehr als 50 Prozent der Bevölkerung Xiahes sind Tibeter, aber auch der islamische Einfluß ist deutlich spürbar: Die Hui (chinesische Moslems) machen immerhin zehn Prozent der Bewohner Xiahes aus.

Xiahe ist eigentlich keine Stadt, sondern eine Ansammlung von han-chinesischen Siedlungen und tibetischen Dörfern rund um das Kloster Labrang (Labulang Si 拉卜楞寺). Die 1709 errichtete Anlage ist eines der größten lamaistischen Klöster außerhalb Tibets und ist, nachdem es in der Kulturrevolution fast vollständig zerstört wurde, heute wieder Zentrum des tibetischen Buddhismus in Nordchina. 1200 Mönche leben in dem fast einen Quadratkilometer großen Klosterareal, verglichen mit 4000 Mönchen vor 1949. Da sich in den letzten Jahren zunehmend der alte Brauch wieder durchsetzt, daß ein Sohn aus jeder tibetischen Familie ins Kloster gehen sollte und viele Familien ihre Kinder in das Kloster schicken, um ihnen eine Ausbildung zu ermöglichen (die Klosterausbildung umfaßt auch Rechnen und Schreiben), ist die Zahl der Mönche jedoch wieder ansteigend. Auch wenn der Eintritt zu der Klosteranlage frei ist, ist eine Besichtigung der Hauptgebäude nur in Form einer Führung möglich. Ein englischsprachiger Führer läßt sich am Kassenhäuschen im Zentrum des Areals organisieren.

Neben der Besichtigung des Labrang-Klosters empfiehlt sich ein Ausflug in das tibetische Grasland, das jenseits der Stadtgrenzen beginnt. Etwa 14 Kilometer westlich der Stadt liegt das Sangke-Grasland (Sangke Caoyuan 桑科草原). Tibetische Nomaden schlagen hier im Sommer ihre Zelte auf und weiden ihre Yak-Herden. Während der Sommermonate ist es möglich, hier in Yurten zu übernachten, organisiert durch das ›Labrang Hotel‹. Das Sangke-Grasland erreichen Sie mit dem

Tibetische Nomaden

Taxi, dem Tuk-Tuk oder dem Rad. Für letztere Art der Fortbewegung sollten Sie gute Kondition mitbringen. Xiahe liegt auf knapp 3000 Metern Höhe. Wundern Sie sich nicht, wenn Ihnen nach wenigen Metern die Luft ausgeht. Leihräder gibt es in den meisten Hotels und einigen Restaurants.

Vorwahl: +86/941.
Post/Bank: Erledigen Sie besser in Lanzhou.
Reisebüro: CITS hat ein Büro im ›Labrang Hotel‹ (Labulang Binguan 拉卜楞宾馆).

Busverbindungen gibt es nach Linxia 临夏, Lanzhou 兰州 und nach Sichuan über Hezuo 合作. Der Busbahnhof liegt am östlichen Ortsausgang. Die Strecke nach Chengdu über Hezuo, Langmusi 朗木寺, Zoige (Ruogai 若盖) und Songpan 松潘 führt zum größten Teil durch das tibetische Grasland und beinhaltet einige über 4000 Meter hohe Pässe. Gute Gesundheit und noch bessere Bandscheiben sind unbedingte Voraussetzung, sollten Sie diese Fahrt planen, die drei bis vier Tage dauert.

›Labrang Hotel‹ (Labulang Binguan 拉卜楞宾馆), 1 Stern, Tel. 7121849. Ruhig gelegenes Hotel etwa drei Kilometer außerhalb des Stadtzentrums.
›Overseas Tibetan Hotel‹ (Huaqiao Binguan 华侨宾馆), 1 Stern, Renmin Xijie 人民西街 77, Tel. 7122642. Einfaches, aber sauberes Hotel im Zentrum, sowohl Schlafsäle als auch Doppelzimmer mit Bad/WC.
›Tara Guesthouse‹ (Zhouma Lüshe 卓玛旅社), Renmin Jie 人民街 75, Tel. 7121274. Einfaches Hotel im Zentrum, Schlafsäle und Doppelzimmer jeweils mit Gemeinschaftsbad.

Entlang der Hauptstraße (Renmin Jie 人民街) bieten die meisten Restaurants eine Mischung aus chinesischer und tibetischer Kost. Während Tsampa (gemahlene Hirse) und Buttertee nicht jedermanns Sache sind, stellen tibetische Maultaschen (Momos) und Yak-Milch-Joghurt eine interessante Abwechslung zur chinesischen Kost dar. Ausgezeichnetes tibetisches Essen bekommt man im ›Xueyu Restaurant‹ (Xueyu Canting 雪域餐厅) in der Renmin Xijie 人民西街, in der Nähe der östlichen Gebetsmühlen des Klosters La-brang.

Tibetisches Kunsthandwerk finden Sie in einigen Geschäften entlang der Renmin Jie, unter anderen Teetassen aus Silber und Holz, Schals, Yakfelle und Schmuck.

Reisetips von A bis Z

Anreise

Reisende nach China haben eine enorme Auswahl: Air China, Lufthansa, China Eastern und zahlreiche andere internationale Fluggesellschaften bieten Direktflüge in die Küstenmetropolen Beijing, Shanghai, Kanton und Hongkong an, und via Bangkok läßt sich auch der Südwesten Chinas schnell erreichen. Etwas geruhsamer und vor allem langwieriger ist die Anreise mit der Transsibirischen und Transmongolischen bzw. Transmandschurischen Eisenbahn von Moskau nach Beijing. Fünf bis sechs Tage dauert die Reise quer durch Sibirien. Fahrkarten für diese Strecke sind allerdings oft knapp, wer sich für diese Option entscheidet, sollte sich rechtzeitig mit einem Transsib-Spezialveranstalter in Verbindung setzen.

Apotheken

Praktisch alle wichtigen Arzneimittel aus Europa sind auch in China erhältlich. In der Regel sind zwar die Packungen auf Chinesisch beschriftet, auf dem Beipackzettel jedoch steht auch immer der europäische Name.

Ärztliche Versorgung

In den Großstädten sind mittlerweile viele Krankenhäuser und Zahnarztpraxen in ausländischer Kooperation entstanden. Auch gibt es immer mehr Ärzte, die Englisch oder sogar Deutsch sprechen. Auf dem Lande ist die Versorgung jedoch noch immer recht rudimentär und für ernste Erkrankungen kaum geeignet.

Ausrüstung und Gepäck

Ersatz für defekte Koffer oder Rucksäcke erhalten Sie in jeder chinesischen Großstadt. Spezialausrüstung für Trekking-Touren jedoch muß unbedingt aus Europa mitgebracht werden. Allgemein gilt: je kleiner das Gepäck desto besser. Die Gepäcknetze der Züge und Busse sind eher sparsam ausgelegt und für einen ordentlichen Rucksack viel zu klein.

Autofahren

Selber zum Lenkrad greifen – das kommt in China kaum in Frage. Touristen dürfen ohnehin kein Auto steuern, in China lebende Ausländer verzichten meist freiwillig darauf. Alles in allem ist der Straßenverkehr viel zu unübersichtlich und die Versicherungslage mehr als ungeklärt. Als zahlungskräftiger Ausländer dürften Sie von vornherein an jedem Unfall schuld sein – selbst wenn Sie nur im parkenden Auto sitzen. Besser ist es,einen einheimischen Fahrer zu mieten.

Baden

Auf der Insel Hainan gibt es mittlerweile zahllose Ressort-Anlagen, die sich ganz auf ausländische Badegäste spezialisiert haben. Ansonsten ist China kein ausgewiesenes Ziel für Badeferien. Natürlich gibt es entlang der Küste immer wieder auch schöne

Strände und Ferienorte, aber man muß schon das Bad in der Menge lieben, um sich an einem chinesischen Strand wohlzufühlen. Da die meisten Chinesen nicht schwimmen können, spielt sich der Trubel fast ausschließlich am Ufer ab. Die Präsenz eines (halbnackten) Ausländers fällt eindeutig in die Kategorie Attraktionen.

Behinderte

Rollstuhlfahrer oder Blinde dürften China als überaus schwieriges und gefährliches Reiseziel empfinden. Weder im Straßenverkehr, den öffentlichen Verkehrsmitteln oder Hotels ist man auf Behinderte eingestellt. Sie werden nicht unbedingt diskriminiert, aber leider auch nicht gefördert und oft mit unverhohlener Neugier beobachtet.

Diplomatische Vertretungen

▸ In Deutschland

Botschaft der Volksrepublik China, Märkisches Ufer 54, 10179 Berlin, Tel. 030/27 58 80, Fax 27 58 82 21, www.china-botschaft.de.

Außenstelle der Botschaft der VR China, Kurfürstenallee 12, 53177 Bonn, Tel. 0228/955 97 16, Fax 36 23 50.

Generalkonsulat der VR China, Elbchaussee 268, 220605 Hamburg, Tel. 040/82 69 75, Fax 82 27 60 22.

Generalkonsulat der VR China, Romanstr. 107, 80639 München, Tel. 089/17 30 16 12, Fax 17 30 16 19.

▶ In der Schweiz:
Botschaft der VR China in der Schweiz, Kalcheggweg 10, 3000 Bern Tel. 031/44 73 33.

▶ In Östereich:
Botschaft der VR China in Österreich, Metternichgasse 4, 1030 Wien, Tel. 01/7143 14 90.

▶ In China:
Deutsche Botschaft 德国大使馆, Dongzhimenwai Dajie 17, Sanlitun 东直门外大街, 三里屯, Beijing 北京, China, Tel. +8610/65 32 21 61, Fax 65 32 53 36, www.deutschebotschaft-china.org.

Deutsches Generalkonsulat 德国领使馆, New Century Plaza, 188 Wujiang Lu 吴江路, Shanghai 上海, China, Tel. +8621/62 17 28 84.

Deutsches Generalkonsulat 德国领使馆, Guangdong International Hotel, 19. Stock, 339 Huanshi Lu 环市路, Guangzhou 广州, China, Tel. +8620/83 30 65 33.

Österreichische Botschaft
Ecke Dongwu Jie 东五街/Xiu Shui Nan Jie 秀水南街, Beijing 北京, China, Tel. 65 32 20 61, Fax 65 32 15 05.

Schweizer Botschaft
Dongwu Jie 东五街 Nr. 3, Beijing 北京, China, Tel. 65 32 27 36, Fax 65 32 43 53.

▶ In Hongkong:
Ministry of Foreign Affairs of the PRC-Visa Office, 5 Fl., Lower Block, China Resources Building, 26, Harbour Road, Wanchai, Hong Kong, Tel. +852/28 27 18 81.

Deutsches Konsulat, United Centre, 95 Queensway, Central, Hong Kong, Tel. +852/21 05 87 88.

Schweizerisches Konsulat, Gloucester Tower, The Landmark, 11 Peddar Street, Central, Hong Kong, Tel. +852/25 22 71 47.

Österreicherisches Konsulat, Wang Kee Bldg., 34 Connaught Rd., Central, Hong Kong, Tel. +852/25 22 80 86.

Einkaufen
Passionierte Shopper und Preisdrücker haben in China ihr Traumland gefunden. Sogar in den staatlichen Kaufhäusern ist der Preis bei größeren Mengen mittlerweile oft Verhandlungssache, und auf dem Markt gehört Feilschen ohnehin zum guten Ton. Mangelnde Chinesisch-Kenntnisse sind kein Hinderungsgrund, denn China scheint das Land mit der höchsten Taschenrechner-Dichte zu sein – dies allerdings nicht aufgrund fehlender Kopfrechen-Künste, sondern um auch sprachunkundigen Käufern den Preis anzuzeigen. Die Öffnungszeiten sind ebenfalls ganz auf Konsum ausgelegt: Staatliche Kaufhäuser sind

meist täglich bis 19 Uhr geöffnet, private Geschäfte, vor allem in Metropolen wie Shanghai oder Kanton, lassen oft erst zwischen 22 und 23 Uhr die Rolläden herunter. Besonders günstig sind Seidenwaren, Kleidung generell, Kunstgegenstände, Tuschezeichnungen und Kalligraphien.

Eintrittspreise
Kaum ein Land der Erde verändert sich so schnell wie China. Vor allem Eintrittspreise und Öffnungszeiten von Sehenswürdigkeiten schwanken selbst bei bekannten Ausflugszielen beträchtlich. In der Regel haben Sehenswürdigkeiten zwischen 10 und 17 Uhr geöffnet, Ausnahmen sind selten. Chinesische Eintrittspreise sind im Vergleich zum Einkommensniveau des Landes relativ hoch, Ermäßigungen gibt es für westliche Touristen nicht. Für Tempel ist von freiwilligen Spenden (hier sollte man zwischen fünf und zehn Yuan geben) bis hin zu 60 Yuan Eintritt zu rechnen, Ausflugsparks können bis zu 120 Yuan Eintritt kosten.

Elektrizität
Die Spannung beträgt, wie in Deutschland, 220 Volt. Je nach Region sind aber Adapter für zweifache bzw. dreifache Flachstecker erforderlich. Größere Hotels halten sie vorrätig.

Feiertage
Zahlreiche nationale und regionale Feiertage richten sich nach dem traditionellen Mondkalender und finden daher von Jahr zu Jahr an unterschiedlichen Terminen statt. Vor allem während des chinesischen Neujahrsfests im Februar/März sind praktisch alle Geschäfte und zahlreiche Restaurants geschlossen. Hinzukommt der überdurchschnittliche Reiseverkehr, da man über Neujahr traditionell die Familie besucht. Wer zu diesem Zeitpunkt eine Reise plant, sollte Zugfahrkarten unbedingt im voraus reservieren. Auch am 1. Mai und in der Woche rund um den 1. Oktober wird es in den Bahnhöfen und Flughäfen eng, da auch die Chinesen die Liebe zum Reisen entdeckt haben.
Feststehende nationale Feiertage sind: 1. Januar, 8. März (internationaler Frauentag), 1. Mai (Tag der

Arbeit), und 1./2. Oktober (Gründung der Volksrepublik China).

FKK

Bitte nicht! Sie würden damit allen anderen Strandbesuchern den kollektiven Herztod bescheren und den Überlebenden ein Ereignis, das diese ganz bestimmt nie wieder vergessen. Selbst oben-ohne ist in China keineswegs akzeptabel.

Fotografieren/Filme

Herkömmliche 100 ISO Kleinbildfilme gibt es auch in China nahezu überall. Höhere Lichtempfindlichkeiten hingegen sind meist nur in Großstädten zu haben. Bei Diafilmen versagen auch große Fotogeschäfte, der kleine Plastikrahmen hat sich in China nie durchsetzen können.
Die Durchleuchtungsgeräte der internationalen Flughäfen Chinas sind filmsicher. Entgegen aller Aufkleber und Hinweise des Personals trifft dies aber nicht immer auf die teils antiquierten Geräte der Bahnhöfe zu, wo ebenfalls Gepäckkontrollen stattfinden.
Digital-Fotografen finden in China mittlerweile alles was man braucht: Chip-Karten aller Größen und Hersteller genauso wie die richtigen Batterien. Dies zumindest in den Großstädten. Wer sich aufs Land begibt, sollte unbedingt die passende Ausrüstung dabeihaben.

Geld und Devisen

Wer sich in Sachen Geld nicht gleich als Laie outen möchte, darf erst einmal Vokabeln lernen: Für jeden Geldschein sind mindestens zwei Bezeichnungen im Umlauf. Offiziell wird mit dem Renminbi, dem ›Volksgeld‹ bezahlt. 1 Renminbi (auch Yuan oder Kuai) entspricht 10 Jiao (Mao) und 100 Fen.
So verworren die Bezeichnungen auch sind, Geldbeschaffung ist fast nie ein Problem. Kreditkarten sind mittlerweile in den Großstädten gang und gäbe, Reiseschecks werden in den staatlichen Banken gerne genommen, und an vielen Geldautomaten ist auch die Euroscheckkarte gut für Bares, sofern sie den Aufdruck ›Maestro‹ trägt. Nur wer sich weit von den Touristenzentren entfernt, sollte eine Notration chinesischer Währung dabei haben. Seit Abschaffung der Devisenwährung ist

Schwarztausch übrigens nicht mehr lohnenswert (und ohnehin illegal), auch wenn sich hier und da noch Vertreter des grauen ›Bankbusiness‹ finden – der Kurs ist meist schlechter als in der Bank, und ohne Quittung läßt sich der Renminbi bei Ausreise nicht zurücktauschen.
1 Euro entspricht etwa 10 Renminbi, wobei der Renminbi an den Dollar gekoppelt ist, sein Umtauschkurs ändert sich deshalb mit den Dollarschwankungen.

Gesundheit
Obligatorische Impfungen gibt es für Touristen aus Europa zwar nicht, aber die klassischen Tetanus-, Polio- und Diphterie-Impfungen sollte der Reisende mitbringen. Auch eine Immunisierung gegen Hepatitis A und B kann ratsam sein, besonders wenn abgelegene Gebiete auf der Reiseroute stehen. Malaria ist zwar selten in China, für Reisen nach Süd-Yunnan, Guizhou und Guangxi lohnt es sich aber, beim Tropeninstitut nachzufragen.
Die häufigste Erkrankung bleibt der ordinäre Schnupfen, denn chinesische Ladeninhaber besitzen ein ausgeprägtes Faible für eiskalte Klimaanlagen. Wie auch sonst in Asien gehören Eis und ungeschältes Obst nicht auf den Speiseplan. Ob das Leitungswasser der Großstädte mittlerweile wirklich trinkbar ist, sollte man, sofern abenteuerlustig, erst gegen Ende der Reise ausprobieren: Magen-Darm-Erkrankungen sind häufig und lassen sich nur durch gute Hygiene vermeiden: nur gekochte Speisen verzehren, unbenutzte oder gut gespülte Stäbchen verwenden und vor allem häufig die Hände waschen!
Außerdem gilt: Sonnenschutzmittel mitbringen! Generell gibt es dies

zwar schon hier und da, doch Chinesen bewegen sich sowieso NIE in der prallen Sonne, wenn es sich vermeiden läßt. Nehmen Sie vor allem bei Reisen in den Süden mindestens Faktor 12 mit.

Grenzübertritte

Früher durfte man höchstens sehnsüchtig über die Grenzen blicken – heute sind folgende Übergänge in die südostasiatischen Nachbarländer auch für Ausländer passierbar:

China–Vietnam:
Lang Son/Dong Dang, Mong Cai, Lao Cai. Das Visum muß bereits in Deutschland besorgt werden.

China–Laos
Mohan/Boten
Das Visum muß vor Abreise besorgt werden.

China–Myanmar
Mong La, Muse, Nan Khan, Loi Jal, Kyu Koat
Das Visum muß vor Abreise besorgt werden, unter ausdrücklicher Erwähnung des gewünschten Grenzübergangs. Tagesvisa sind vor Ort erhältlich (Border Pass).
Weitere Informationen erteilt Indochina Services unter Tel. 08151/77 02 50.

Informationen vor Reiseantritt

Fremdenverkehrsamt der VR China, Ilkenhansstr. 6, 60433 Frankfurt, Tel. 069/52 01 35, Fax 52 84 90,

www.china-tourism.de.
Hong Kong Tourism Board, Humboldtstr. 94, 60318 Frankfurt, Tel. 069/957 12 90, Fax 597 80 50, www.discoverhongkong.com.

Fremdenverkehrsamt Macau, Schenkendorfstr. 1, 65187 Wiesbaden, Tel. 0611/267 67 30, Fax 267 67 60, www.macau-info.de.

Internet

Von unterwegs schnell mal die E-Mails aufrufen oder einen Gruß nach Hause senden, das ist mittlerweile kein Problem mehr. Praktisch alle Hotels ab 3 Sterne aufwärts haben einen zugänglichen Internetanschluß. In den großen Städten gibt es dazu viele Internet-Cafés, die bis spät in die Nachtstunden geöffnet sind.

Kinder

China-Urlaub mit Kindern, das ist sicher eine anstrengende Angelegenheit. Andererseits sind die meisten Chinesen ausnehmend kinderlieb und abgehärtet, wenn es um Geschrei oder Kleckereien geht. Mit einem quengeligen Kind abends noch ein Restaurant zu besuchen, das ist in China wahrscheinlich einfacher als in Deutschland. Babys unter einem Jahr sind in China nicht ganz so gut aufgehoben, da ihr Immunsystem noch nicht unbedingt auf die vielen neuen Krankheitskeime eingestellt ist.

Kleidung

Ab Kleidergröße 42 und Schuhgröße 39 (Frauen) und 43 (Männer) aufwärts wird das Angebot der chinesischen Läden dünn. Darunter jedoch finden Sie mehr als genug Möglichkeiten, eventuelle Lücken in der Garderobe aufzufüllen.

Klima

Allgemeine Angaben zum Klima Chinas sind mit Vorsicht zu genießen. Immerhin erstreckt sich das Reich der Mitte von kühl-gemäßigt bis tropisch über vier Klimazonen. Wenn die Einwohner Beijings noch mit Schneestürmen kämpfen, kann auf Hainan schon Badewetter herrschen. Nördlich des Yangzi-Flusses sind Winter-Temperaturen von bis minus 20 Grad keine Seltenheit, im Sommer dagegen kann das Thermometer landesweit bis auf 40 Grad klettern. Auch die Luftfeuchtigkeit spielt für das Wohlbefinden des Reisenden eine große Rolle. Je südlicher, desto feuchter, lautet hier die Grundregel. Dank Internet muß sich aber niemand mehr vom Klima überraschen lassen. Unter http://weather.yahoo.com lassen sich jederzeit die aktuellen Wettervorhersagen aller chinesischen Großstädte abrufen.

Generell gelten die Monate Mai, September und Oktober als angenehmste Reisezeit.

Kriminalität

Noch immer ist die Kriminalitätsrate erheblich geringer als in Europa. Vor allem gegenüber Ausländern halten sich die lokalen Missetäter zurück, denn hier drohen besonders harte Strafen. Alles in allem tun Sie trotzdem gut daran, die auch in Europa angemessenen Vorsichtsregeln einzuhalten. Das heißt: Natürlich können Sie nachts im Dunkeln unterwegs sein, der Weg durch den Park ist aber genauso unangemessen wie in Berlin oder München. Frauen werden feststellen, daß sich die Blicke und Übergriffe in Grenzen halten. Dies liegt nicht nur an der Emanzipation der Frauen, sondern auch daran, daß Ausländerinnen aus chinesischer Sicht oft nicht sehr weiblich wirken. In den touristischen Zentren sollten Sie sich vor Taschendieben in acht nehmen und Wertsachen im Hotelsafe verwahren lassen. Paß und Schecks gehören immer in den Bauchgurt. Unter dem T-Shirt versteht sich. Verschließbare Koffer sind von Vorteil, da zum Beispiel die Bahn kein unverschlossenes Gepäck transportiert. Falls längere Bahnfahrten auf dem Plan stehen, nehmen Sie ein Fahrradschloß mit und befestigen so das Gepäck am Gepäcknetz.

Lärm

China ist ein lautes Land. Auch in guten Hotels kann es passieren, daß sich nachts um drei noch Gäste angeregt auf dem Gang unterhalten. Reisende mit leichtem Schlaf sollten Ohrenstöpsel mitnehmen.

Landkarten

Stadtpläne und Landkarten in mittlerer Touristen-Qualität gibt es in China an jeder Ecke. Die englische Beschriftung läßt jedoch oft zu wünschen übrig. Richtige Trekking- oder Fahrrad-Touren sollten Sie eventuell mit eigenem Material bestreiten.

Maße und Gewichte

In China wird wie in Europa mit Metern (mǐ 米)und Kilos (gòngjīn 公斤) gemessen. Daneben gibt es noch die traditionellen Einheiten Chi (0,33 Meter 尺), Li (0,5 Kilometer 里) und Jin (1 Pfund 斤). An den Straßenständen kann es vorkommen, daß die traditionelle Maßeinheit Liang (ungefähr 50 Gramm 两) verwendet wird.
Auch die Schuhgrößen und Kleidergrößen sind oft nach europäischem Vorbild angegeben.

Post

Die Postämter (邮局) sind meist von 9 bis 18 Uhr geöffnet. Hier erhalten Sie die üblichen Briefmarken etc. Wer unterwegs Ballast abwerfen und einige Souvenirs nach Hause schicken möchte, muß sich dazu an das internationale Postamt (国际邮局) wenden. Die Adressen sind im jeweiligen Regionalteil angegeben.

Presse und Fernsehen

Das allgemeine staatliche Fernsehen ist natürlich auf Hochchinesisch gehalten. Es gibt jedoch auch einen englischsprachigen Kanal (CCTV9). CCTV 5, der Sportsender, überträgt jeweils Samstag und Sonntag ein Bundesligaspiel live. In den internationalen Hotels empfangen Sie fast immer CNN und teils sogar Deutsche Welle TV. An der Rezeption erhalten Sie in der Regel die staatliche englischsprachige Tageszeitung ›China Daily‹.

Reiseveranstalter

China by Bike, Karlsgartenstr. 19, 12049 Berlin, Tel. 030/6225645, Fax 62720590, info@china-by-bike.de, www.china-by-bike.de.

China Germany Special Tours GmbH, Leonrodstraße. 77, 80636 München, Tel. 089/127091-0, Fax 127091-199, china-reisen@china-reisen.de, www.china-reisen.de.

China Tours Hamburg GmbH, Rehkoppel 7, 22119 Hamburg, Tel. 040/819738-0, Fax 819738-88, info@china-tours.de, www.china-tours.de.

DERTOUR GmbH & Co. KG, Emil-von-Behring-Straße 6, 60424 Frankfurt a. M., Tel. 069/958832 50, service@dertour.de, www.dertour.de.

E/T/C Edutainment Travel Company GmbH, Neureutherstraße 27, 80799 München, Tel. 089/27306680, Fax 27306682, info@edutainment-travel.com, www.edutainment-travel.com.

East Asia Tours GmbH, Wichertstraße 16–17, 10439 Berlin, Tel. 030/44668890, Fax 4459517, eatw@eatberlin.de, www.eastasiatours.de.

GeBeCo, Holzkoppelweg 19a, 24118 Kiel, Tel. 0431/5446-0, Fax 0431/5446111, contact@gebeco.de, www.gebeco.de.

GO EAST Reisen GmbH, Bahrenfelder Chaussee 53,

22761 Hamburg,
Tel. 040/896909-0 Fax 894940,
info@go-east.de, www.go-east.de.

Lernidee Reisen GmbH,
Dudenstraße 78, 10965 Berlin,
Tel. 030/7860000, Fax 7865596,
team@lernidee-reisen.de,
www.lernidee-reisen.de.

Olympia-Reisen GmbH,
Siegburger Str. 49, 53229 Bonn,
Tel. 0228/400030, Fax 466932,
info@olympia-reisen.com,
www.olympia-reisen.com.

Reisedienst Wunderlich GmbH,
Oldesloer Str. 17,
23795 Gladebrügge,
Tel. 04551/960910, Fax 960911,
reisedienst-wunderlich@t-online.de,
www.rdw-reisen.de.

Studiosus Reisen München,
Riesstraße 25, 80992 München,
Tel. 089/50060-0,
Fax 089-50060-100,
tours@studiosus.com,
www.studiosus.de.

TSA-Travel Service Asia Reisen,
Schmelzweg 10, 88400 Biberach,
Tel. 07351/373210-77,
Fax 373211,
TSA-Reisen@t-online.de,
www.travel-service-asia.de.

Ventus Reisen GmbH, Krefelder Str. 8,
10555 Berlin, Tel. 030/3910033-2, -3,
Fax 3995587, office@ventus.com,
www.ventus.com.

Restaurantpreise

Garküche:	5 – 20 RMB
Einfaches Restaurant:	10 – 50 RMB

Mittelklasserestaurant: 50–150 RMB
Luxusrestaurant: 150–500 RMB

Sonnenschutz

Sonnenbrillen mit UV-Schutz und Sonnencreme mit hohem Lichtschutzfaktor sind in China nicht immer erhältlich und sollten vorsichtshalber mitgebracht werden.

Telefon

Fast alle großen Hotels bieten Direktwahl ins Ausland an. Für Deutschland wählen Sie die Vorwahl 0049. In den Großstädten finden Sie mittlerweile auch Kartentelefone, die ebenfalls Auslandsgespräche zulassen. China hat ein ausgezeichnetes Mobilfunknetz, das bis in die abgelegensten Winkel des Landes reicht. Ob der eigene Mobilfunkanbieter Roaming-Verträge mit chinesischen Partnern hat, sollte man vor der Reise erfragen. Telefonkarten (Dianhua Ka 电话卡) bekommt man in den meisten Supermärkten, Zeitungskiosken, an Flughäfen sowie in den Telekommunikationsabteilungen der Kaufhäuser. SIM-Karten (Prepaid Zhuzhi Ka 诸值卡) gibt es in allen großen Städten, vor allem in den Läden der China Telecom 中国电信 und der China Unicom 中国联通 zu kaufen. Eine SIM-Karte kostet je nach Nummer und Gültigkeiten (einige Karten gelten nur für die jeweilige Region) zwischen 100 und 500 RMB, hier sind 50 RMB Gesprächsguthaben enthalten. Aufladekarten (Chongzhi Ka 充值卡) in den Nominationen 50 und 100 RMB gibt es in den oben genannten Läden.

Trinkgeld

Noch vor wenigen Jahren verbot die sozialistische Ehre jedes Trinkgeld. Mittlerweile nehmen es die meisten Dienstleister nicht mehr ganz so genau mit den politischen Prinzipien. Je touristischer und städtischer, desto eher wird Trinkgeld erwartet. Wer auf dem Land allzu großzügig gibt, darf aber mit Verwunderung rechnen. Hier hat sich der ›Tip‹ noch nicht durchgesetzt. Lokale Fremdenführer und Fahrer hingegen werden üblicherweise mit zwei bis fünf US-Dollar pro Tag bedacht.

Unterkunft

Hotels auf internationalem Standard gibt es mittlerweile in rauhen

Mengen. Erstaunlich wenige davon jedoch im Low-Budget-Bereich. Wenn der Geldbeutel wirklich knapp ist, dann sind die Studentenwohnheime für Ausländer eine gute Adresse, denn freie Zimmer werden auch tageweise vermietet. Viele der sauberen, aber einfachen Herbergen, die es natürlich auch gibt, sind für Ausländer schlicht nicht zugelassen. Je nach Geldbeutel, kann es durchaus sinnvoll sein, die Unterkunft bereits von Deutschland aus zu buchen. Entgegen landläufiger Meinung ist es nicht günstiger, ein Hotelzimmer ab 3 Sternen aufwärts vor Ort zu buchen. Hier ein Überblick über ungefähre Preisspannen in Hotels, wobei es große Unterschiede zwischen Stadt und Land gibt.

kein Stern	10– 100 RMB
1 Stern	80– 250 RMB
2 Sterne	100– 300 RMB
3 Sterne	200– 800 RMB
4 Sterne	400–1200 RMB
5 Sterne	800–2500 RMB

Versicherungen
Eine Reisekrankenversicherung gehört immer dazu. Wichtig: Achten Sie auf die Rückholklausel! Alles andere ist eine Frage der persönlichen Vorlieben. In China verschwindet das Gepäck nicht öfter oder seltener als in anderen Ländern. Zumindest auf dem Flughafen. Sollte Ihnen das Gepäck unterwegs geklaut werden, erwartet die Versicherung eine Strafanzeige bei der örtlichen

Polizei, was garantiert mehr als einen halben Tag kostet.

Visum
Der Reisepaß muß noch mindestens sechs Monate gültig sein, damit die Botschaft der VR China oder eines der Konsulate das Visum erteilen. Der Antrag kann persönlich oder von einem Bevollmächtigten (z.B. einem Visaservice, den die meisten Reiseveranstalter bieten) abgegeben werden. Aktuelle Visabestimmungen und Antragsformulare gibt es unter www.china-botschaft.de oder www.china-tourism.de im Internet. Wer auf der Reise einen Abstecher in eines der Nachbarländer plant, sollte schon in Deutschland ein Visum für die zweimalige Einreise beantragen. Viele Regionen Chinas haben übrigens ihre Visabestimmungen vereinfacht. Aktuelle Auskünfte geben die diplomatischen Vertretungen.

Zahlen

Die Handzeichen für die gängigen Zahlen unterscheiden sich erheblich von den europäischen Gesten: siehe Sprachführer.

Zeit

Trotz der immensen Ost-West-Ausdehnung gilt im gesamten Land einheitlich MEZ plus sieben Stunden, die Sommerzeit wurde nach einigen verwirrenden Versuchen wieder verworfen. Aufgrund dieser Regelung geht in den westlichen Gebieten Chinas die Sonne erst vormittags auf. Kein Wunder also, daß manch ein abgelegenes Dorf in Xinjiang seine eigene Zeit eingeführt hat. Inoffiziell versteht sich.

Zoll

400 Zigaretten, 2 Flaschen Spirituosen sowie Devisen in unbegrenzter Höhe sind zollfrei. Offiziell müssen Devisen und Wertsachen (z.B. Kameras) bei der Einreise deklariert werden und zusammen mit der Deklaration bei der Ausreise wieder vorgelegt werden, eine Regelung, die jedoch nicht mehr forciert wird. Filmkameras ab 16 mm sind genehmigungspflichtig.

China im Internet

www.china-botschaft.de
Nicht nur für Visaanträge gut: Auf den Webseiten der chinesischen Botschaft gibt es aktuelle Nachrichten und Links.

www.cri.com.cn/germany/sprachen/
Sprachlich Interessierte finden hier 60 Lektionen à fünf Minuten, die neben Erläuterungen zur chinesischen Alltagssprache auch viele einfache Übungen enthalten.

www.zhongwen.com
Diese englische Sprachseite beeindruckt durch ein reichhaltiges Angebot: von der Übersetzung westlicher Namen bis zum ausführlichen Wörterbuch sowie einer erschöpfenden Einführung in die Sprachstruktur und allerhand anderen linguistischen Bonbons.

www.sinophil.de
Eine wirklich sehr ausführliche Sammlung interessanter Links.

www.sinopolis.com
Ein wenig business-lastig ist diese englischsprachige Seite schon, aber eindeutig von Profis geschrieben. Vor allem Wirtschafts- und Technologie-Interessierte finden hier eine Fülle von Informationen.

www.chinafokus.de
Reportagen, Hintergrundberichte und Informationen in Hülle und Fülle.

www.chinaknowledge.de und **www.chinaproject.de**
Beide Seiten nehmen sich jedes noch so vermeintlich nebensächlichen Aspekts der chinesischen Kultur an und sind deshalb unerläßlich für China-Freunde.

www.100jia.net
Praktisch alle wichtigen Quellen der klassischen chinesischen Philosophie wurden auf dieser privaten Seite zusammengetragen und als Originaltext sowie Übersetzung hinterlegt. Trocken wird es trotzdem nicht, denn auch Fragen zum Alltagsleben der Menschen im Alten China finden Erwähnung. Fazit: für Fachleute genauso geeignet wir für China-Neulinge. Und in punkto Design gehört die Seite ohnehin in die Oberliga.

www.thatsbeijing.com
Aktueller Veranstaltungskalender für Peking.

www.thatsshanghai.com
Aktueller Veranstaltungskalender für Shanghai.

www.thatsguangzhou.com
Aktueller Veranstaltungskalender für Guangzhou (Kanton).

www.auswaertiges-amt.de
Reisewarnungen, Einreisebestimmungen und die Adressen der diplomatischen Vertretungen in allen Ländern.

Glossar

Arhat (chin. Luohan 罗汉)
Ursprünglich ein Mensch, der die Erleuchtung und damit die Befreiung aus dem Wiedergeburtskreislauf Samsara aus eigener Kraft anstrebt. Im chinesischen Kontext bezeichnet der Begriff einen buddhistischen Heiligen, dem zumeist allerlei magische Kräfte zugesprochen werden.

Blaue Kultur
Auf die Fernsehserie ›Elegie an den Gelben Fluß‹ (chin. Heshang, 1988) zurückgehende Bezeichnung für die südchinesische Kultur (Blau = Meer). Gilt als progressiv, nach außen gewandt.

Buddhismus (chin. Fojiao 佛教)
Auf den historischen Buddha Siddhartha Gautama (6. Jhd. v. Chr.) zurückgehende Weltreligion. Weltweit etwa 400 Millionen Anhänger. Hauptströmungen: Theravada, Mahayana, Zen (Chan)-Buddhismus, Lamaismus.

Boddhisattva (chin. Pusa 菩萨)
Wörtlich: ›Erleuchtungswesen‹. Erleuchteter Mensch im Mahayana-Buddhismus, der aus Nächstenliebe auf den Eingang ins Nirwana verzichtet und auf die Erde zurückkehrt, um den Menschen zu helfen. Der in China am meisten verehrte Bodhisattva ist Avalokiteshvara (chin. Guanyin 观音).

Daoismus (auch Taoismus, chin. Daojiao 道教)
Auf die philosophische Schule des historisch nicht verbürgten Laotze (chin. Laozi 老子, ›Alter Meister‹) zurückgehende chinesische Volksreligion. Neben Konfuzianismus und Buddhismus eine der ›Drei Lehren‹, die das chinesische Geistesleben maßgeblich prägten. In der philosophischen Spielart vor allen bei Intellektuellen, in der volksreligiösen Variante vor allem auf dem Land weit verbreitet.

Deng Xiaoping (1904–1997)
In Sichuan geboren, gilt Deng als Vater der chinesischen Reformpolitik. Der Teilnehmer des Langen Marsches gehörte seit 1949 zur Führungsspitze der Partei, fiel aber immer wieder Säuberungskampagnen zum Opfer. Nach dem Tod Mao Zedongs 1976 wurde er rehabilitiert und bestimmte bis zu seinem Tode als graue Eminenz im Hintergrund die politische Entwicklung im Reich der Mitte.

Faktionen
Um bestimmte Führungspersönlichkeiten konzentrierte politische Seilschaften. Entspricht in etwa den ›Fraktionen‹ einer parlamentarischen Demokratie.

Fengshui
Wörtlich ›Wind und Wasser‹, chinesische Lehre von der Harmonie in der Natur sowie zwischen Natur und Bebauung. Der als Synonym be-

nutzte Begriff Geomantik hat sich eingebürgert, bedeutet ursprünglich jedoch nur ›Weissagung aus der Erde‹.

Gelbe Kultur
Auf die Fernsehserie ›Elegie an den Gelben Fluß‹ (chin. Heshang, 1988) zurückgehende Bezeichnung für die nordchinesische Kultur (Gelb = Lößstaub). Gilt als konservativ, nach innen gewandt, rückständig.

Han-Chinesen
Selbstgewählte Bezeichnung der chinesischen Bevölkerungsmehrheit (92 Prozent der Gesamtbevölkerung) in der VR China, zurückgehend auf den Han-Fluß und den durch ihn beschriebenen Machtbereich der gleichnamigen Dynastie.

Hu Jintao (geb. 1942)
Aktueller Staatspräsident und Generalsekretär der KPCh. Gilt als blasser Technokrat und Zögling Jiang Zemins.

Jiang Zemin (geb. 1926)
Ehemaliger Staatspräsident und Generalsekretär der KPCh, einflußreichster chinesischer Politiker in den 1990er Jahren. Aktuell immer noch der starke Mann im Hintergrund.

Konfuzianismus (chin. Rujiao 儒教)
Auf Konfuzius (chin. Kongzi 孔子, ›Meister Kong‹, 551 v. Chr.–479 v. Chr.) zurückgehende Philosophie, die in der Vermischung mit Daoismus und Geisterglaube sowie dem Ahnenkult oft religiöse Züge annimmt. Die Fünf Beziehungen (Vater–Sohn, Herrscher–Volk, Mann–Frau, älterer Bruder–jüngerer Bruder, älterer Freund–jüngerer Freund) beherrschen seit Jahrhunderten maßgeblich das chinesische Denken und die daraus abgeleitete Gesellschafts- und Herrschaftsstruktur.

Werbung für die Ein-Kind-Politik

KPCh
Abkürzung für ›Kommunistische Partei Chinas‹, 1921 in Shanghai gegründet, zur Zeit ca. 66 Millionen Mitglieder.

Mandarin
Auf dem nordchinesischen Dialekt basierende, auch Putonghua (›allge-

meine Sprache‹) genannte chinesische Amtssprache. Mit ca. 880 Millionen Sprechern die am weitesten verbreitete Sprache der Welt.

Mao Zedong (1893–1976)
In Shaoshan in der heutigen Provinz Hunan geboren, bestimmte er wie kein anderer Politiker die Geschicke Chinas im 20. Jahrhundert. Rief 1949 in Beijing die Volksrepublik China aus und wird trotz verheerender Fehler in späten Jahren immer noch von großen Teilen der chinesischen Bevölkerung verehrt.

NVK
Abkürzung für ›Nationaler Volkskongreß‹, chinesisches Parlament mit Sitz in Beijing. Knapp 3000 Delegierte aus allen Provinzen, Autonomen Regionen und Regierungsunmittelbaren Städten, jährlich eine ca. zweiwöchige Sitzung Anfang März.

Abbrennen von Feuerwerk verboten

Sinisierung
Assimilierung an die chinesische Kultur

Sun Yat-sen (1866–1925)
Kantonesischer Name des ersten Präsidenten der Republik China (Mandarin: Sun Yixian). Republikgründer und Vater der chinesischen Revolution, der sowohl in der Volksrepublik als auch in Taiwan verehrt wird. In der VR China unter seinem Exilnamen Sun Zhongshan bekannt, unzählige Straßen und Plätze sind nach ihm benannt.

Zhou Enlai (1898–1976)
Neben Mao und Deng einflußreichster chinesischer Politiker der ersten 30 Jahre der VR China, lange Zeit Ministerpräsident. Gilt im Volk als Mann hinter Mao, der in der Kulturrevolution noch schlimmere Auswüchse verhinderte.

Literaturhinweise

▶ Geschichte

Schmidt-Glintzer, Helwig: Das neue China. Von den Opiumkriegen bis heute, München 1999.
Moderne Geschichte knapp zusammengefaßt.

Gernet, Jacques: Die chinesische Welt, Frankfurt 1988.
Der Klassiker zur Geschichte des Alten China schlechthin.

Spence, Jonathan D.: Chinas Weg in die Moderne, München 2001.
Ein spannender Überblick der letzten 400 Jahre chinesischer Geschichte, aufbauend auf dem Niedergang der Ming-Dynastie über die Fremdherrschaft der Mandschu bis zur Jahrtausendwende.

▶ Kulturführer

Hauser, Françoise: Reisegast in China, Dormagen 2004.
Von den wichtigsten Fettnäpfchen bis zum Umgang mit dem Kulturschock.

▶ Regionale Führer

Schmitt, Steffi: Shanghai Promenade, Hongkong 2004.
Das mit Abstand ausführlichste Werk über Shanghai.

▶ Politik

Heilmann, Sebastian: Das politische System der Volkrepublik China, Wiesbaden 2002.
Die Rolle von Staat und Partei wird in diesem Buch ausführlich erläutert.

Snow, Edgar: Roter Stern über China, Frankfurt a. Main 1975.
Ausführlicher, gut geschriebener Bericht des amerikanischen Journalisten Edgar Snow, der während des Zweiten Weltkriegs das chinesische Sowjetgebiet in Yan'an besuchte und unter anderen mit Mao Zedong zusammentraf.

▶ Reportagen

Kristof, Nicholas D. u. Wu Dunn, Sheryl: China erwacht. Die zwei Gesichter einer Weltmacht, Berlin 1997.
Das amerikanisch-chinesische Journalistenpaar leuchtet auch die dunklen Ecken der chinesischen Gesellschaft aus. Sehr spannend, sehr gut recherchiert und eines der besten Bücher, das je über China geschrieben wurde.

Anhalt, Gert: Chinas nackte Fallschirmspringer. Alltag und Menschen zwischen Mao und McDonalds, München 1999.
Der Auslandskorrespondent der ARD beleuchtet die Widersprüche Chinas, sehr humorig und gut beobachtet.

Spengler, Tilman: Das Glück wartet draußen vor der Stadt, Berlin 2002.
Reportagen und Erzählungen aus dem Alltag aus der Feder eines Sinologen.

Strittmatter, Kai: Atmen einstellen, bitte! Pekinger Himmelsstürze, Wien 2001.
Noch eine Sammlung von modernen Reportagen – nette Reiselektüre.

▸ Sprachführer/Lehrmethoden

Stermann, Klaus: Langenscheidts Sprachführer Chinesisch (mit Kassette), München 1998.
Immer noch aktuell und gut aufgearbeitet.

Hauser, Françoise u. Sommer, Katharina: Chinesisch kulinarisch. Wort für Wort, Bielefeld 2002.
Der Sprachführer rund um Restaurant und Markt.

▸ Psychologie

Sun, Longji: Das ummauerte Ich. Die Tiefenstruktur der chinesischen Mentalität, Berlin 1994.
Unerbittlich nimmt der taiwanesische Psychologe die chinesische Gesellschaftsstruktur ins Visier.

▸ Philosophie/Religion

Lao Tse: Tao Te King. Das Buch vom rechten Wege und der rechten Gesinnung, München 2000.
Das Grundlagenwerk des Daoismus.

Dschuang Dsi: Das wahre Buch vom südlichen Blütenland, München 2002.
Der zweite daoistische Klassiker. Etwas gefälliger als das Werk des Laozi.

Hierzenberger, Gottfried: Der Glaube der Chinesen und Japaner, Kevelaer 2003.
Nicht sehr wissenschaftlich aber gut verständlich.

Reiter, Florian C.: Religionen in China. Geschichte, Alltag, Kultur, München 2002.
Die wissenschaftlichere Alternative, teils aber eine recht schwere Kost.

Mah, Adeline Yeh: Der Ursprung der zehntausend Dinge. Die spirituelle Welt Chinas, München 2003.
Eine skurrile Mischung aus Lebenserinnerungen und philosophischen Essays. Trotzdem eine schöne Einführung in die religiösen Vorstellungen der Chinesen.

Eberhard, Wolfram: Lexikon chinesischer Symbole. Die Bildsprache der Chinesen, München 2001.
Die Kutur Chnas ist voller Symbolik: Schlagen Sie hier nach!

Ess, Hans van: Der Konfuzianismus, München 2003.
Der Konfuzianismus kurz und knapp zusammengefaßt.

▶ Romane/Biographien
Pu, Yi: Ich war Kaiser von China, München 1987.
Die Autobiographie des letzten Kaisers von China.

Mao, Dun: Shanghai im Zwielicht, Frankfurt 1985.
Der Roman spielt im verruchten Shanghai der dreißiger Jahre.

Ba, Jin: Die Familie, Berlin 2002.
Das bekannteste Familien-Epos der chinesischen Literatur.

Lao, She: Eine Erbschaft in London, Ost-Berlin 1988.
Vater und Sohn aus China verschlägt es ins London der zwanziger Jahre. Eine schöne Parodie auf die interkulturelle Verständigung, bevor dieser Begriff überhaupt erfunden wurde.

Wei Hui: Shanghai Baby, München 2001.
Der autobiographisch geprägte Roman, der im Künstlermilieu des heutigen Shanghais spielt, handelt von einer jungen Schriftstellerin, die in einer platonischen Beziehung lebt und sich auf eine stürmische Affäre einläßt.

Dai Sijie: Balzac und die kleine chinesische Schneiderin, München 2002.
Der gefeierte Roman aus Frankreich erzählt von zwei pfiffigen chinesischen Studenten, die es in ein gottverlassenes Bergdorf verschlagen hat.

Viele klassische chinesische Romane (u.a. Der Traum der roten Kammer, Die drei Reiche, Die Räuber vom Liang Schan Moor, Kin Ping Meh) sind in deutscher Übersetzung im Inselverlag erschienen.

Über die Autoren

Françoise Hauser, geb. 1967, hat in Erlangen, Nanjing (VR China) und Tainan (Taiwan) Sinologie und Geographie studiert. Nach einigen Jahren im China-Tourismus lebt sie heute als freie Journalistin und Autorin in Frankfurt. Bisherige Buchveröffentlichungen: der Sprachführer ›Chinesisch kulinarisch‹ (Bielefeld 2003, zusammen mit K. Sommer) und ›Reisegast in China‹ (Dormagen 2004) sowie zahlreiche Artikel in Reisemagazinen. Unter www.fulan.de ist sie im Internet zu erreichen.

Volker Häring, geb. 1969, studierte in Berlin und Beijing Sinologie, chinesische Sprache und Politologie. Er ist Mitbegründer des Reiseveranstalters ›China By Bike‹, organisiert Rad- und Trekkingtouren in Asien und schreibt Artikel für mehrere Reisemagazine und Wochenzeitungen. Mit seiner Band ›Alptraum der Roten Kammer‹ (www.china-rock.de) bringt er chinesische Rockklassiker auf deutsche Bühnen. Wenn er nicht gerade durch China radelt, lebt er in Berlin. Per E-Mail ist er unter reise@china-by-bike.de zu erreichen.

Kartenregister

Sach- und Personenregister

Ortsregister

Bildnachweis

Volker Häring, außer:
Christof Gebhardt: 67u., 326u., 372, 374, 375, 378, 463, 477, 480, 483, 487; Françoise Hauser: 70, 228, 243, 245, 255, 316, 319, 325, 420, 435, 522; Renate Loose: 222o.; Macau Government Tourist Office: 470, 472, 473, 474; National Tourist Administration of the People's Republik of China: 207, 209; Ilka Schneider: 12, 44, 52, 65, 119o., 159, 161, 169, 170, 171, 172, 191, 192, 222u., 223, 250, 252, 327, 392, 395, 398, 402, 411, 445, 457, 517, 518; Bodo Thöns: 234.

Titelbild: Johann Maria Just, Chinesisches Neujahrsfest
S. 14/15: Ilka Schneider, Jindian-Park in Kunming
S. 146/147: Volker Häring, Kleiner Potala-Tempel in Chengde
S. 236/237: Volker Häring, Shanghai
S. 334/335: Volker Häring, An Bord eines Yangzi-Schiffes
S. 386/387: Ilka Schneider, Läden in Kunming
S. 432/433: Volker Häring, Blick auf Hongkong
S. 488/489: Volker Häring, Die Ruinen von Gaochang